Konrad Löw

MARX UND MARXISMUS

Hoffnung:

*You can fool all the people some of the time,
and some of the people all the time,
but you cannot fool all the people all of the time.*

Abraham Lincoln

Konrad Löw

Marx und Marxismus

Eine deutsche Schizophrenie

OLZOG

Die Deutsche Bibliothek - CIP-Einheitsaufnahme

Löw, Konrad :
Marx und Marxismus : Eine deutsche Schizophrenie / Konrad Löw. -
München: Olzog, 2001
ISBN 3-7892-8051-8

Die Herausgabe dieses Bandes wurde gefördert durch die
informedia-Stiftung
Gemeinnützige Stiftung für Gesellschaftswissenschaften
und Publizistik, Köln

ISBN 3-7892-8051-8
© 2001 Olzog Verlag GmbH, München
Besuchen Sie uns im Internet: http://www.olzog.de

Alle Rechte, insbesondere das Recht der Vervielfältigung und Verbreitung sowie der Übersetzung, vorbehalten. Kein Teil des Werkes darf in irgendeiner Form (durch Fotokopie, Mikrofilm oder ein anderes Verfahren) ohne schriftliche Genehmigung des Verlages reproduziert oder unter Verwendung elektronischer Systeme gespeichert, verarbeitet, vervielfältigt oder verbreitet werden.

Umschlagentwurf: Gruber & König, Augsburg
Satz: Verlagsservice G. Pfeifer / EDV-Fotosatz Huber, Germering
Druck- und Bindearbeiten: Himmer, Augsburg
Printed in Germany

Inhalt

Vorwort 9

Teil I
Karl Marx, das unbekannte Wesen

I. Eine aktuelle Herausforderung 13
    1. Zitate, die zum Nachdenken einladen 13
    2. Da muß doch etwas dran sein! 13
    3. Die Kurzvita vom offenen Grabe 17

II. Biographische Daten 18
    1. Karl Marx 18
    2. Friedrich Engels 18
    3. Die enge Arbeitsgemeinschaft 19

III. „Das Entwicklungsgesetz der menschlichen Geschichte" 21
    1. Die Bedingungen geschichtlicher Veränderungen 21
    2. Welche Perioden durchläuft die Menschheitsgeschichte? 23
    3. Was folgt daraus mit Blick auf die Zukunft? 24
    4. Stellungnahme 25

IV. Die Lehre vom Mehrwert 27
    1. Die objektive Wertlehre 27
    2. „Das Geheimnis der Plusmacherei" 28
    3. Die gerechte Ausbeutung 29
    4. Stellungnahme 30

V. Der Revolutionär 34

VI. War Humanismus das Motiv? 36
    1. Der Abituraufsatz in Deutsch 37
    2. Die Jugendgedichte des Studenten 39
    3. Die Dissertation 40
    4. Aus Artikeln 41
    5. Aus Briefen 43
    6. Der arme Prasser 43

Inhalt

VII. Marx und die Opfer des Kommunismus	47
1. Ein humanes Naturell?	48
2. Die Rechtsordnung	49
3. Das Sittengesetz	50
4. Die Sprache	52
VIII. Wie erklärt sich der Erfolg?	54
1. Die Dialektik?	55
2. Die rücksichtslose Kritik	56
3. Die wunderbaren Verheißungen	57
4. Der Religionsersatz	58
5. Die Arbeitswerttheorie	59
6. Engels' Vorbild	60
7. Das liebe Geld	61
IX. Ist Marx für immer tot?	64
1. Marxismus	64
2. Kommunismus	69
X. In Erz gegossen, von Erich Honecker eingeweiht, von der Bundeshauptstadt Berlin konserviert	73

Teil II
Quellenlexikon Marxismus

Zum Gebrauch	80

Amerika, Amerikaner	81	Demokratie	122
Arbeit	87	Deutsche, Deutschland	126
Arbeit, Recht auf -	90	Dialektischer Materialismus	
Arbeiterbewegung	92	(Diamat)	132
Arbeitsteilung	97	Diktatur des Proletariats	137
Arbeitszeit	100	Dogmatismus	140
Ausbeutung	103		
Bakunin, Bakunisten	106	Egoismus	143
Bayern	110	Ehe	146
Bedürfmis	113	Eigentum	149
Börse	115	Emanzipation	152
Bourgeoisie	118	England	154

Inhalt

Entfremdung	157	Österreich	275
Erziehung	160		
		Parlament, Parlamentarismus	279
Familie	164	Partei	281
Föderalismus	167	Philosophie	290
Frankreich, Franzosen	169	Planwirtschaft	293
Frau	173	Polen	295
Freiheit	177	Presse	298
		Preußen	302
Geld	180	Produktionsweise	307
Gerechtigkeit	182	Proletariat, Proletarier	311
Gewalt	185	Proudhon, Proudhonisten	316
Gewerkschaften	188		
Gleichheit	192	Rache	320
		Rasse	322
Historischer Materialismus		Recht, Rechtsstaat	325
(Histomat)	195	Religion	328
Humanismus	199	Revolution	331
		Rußland, Russen	338
Internationale Arbeiterassoziation			
(Erste Internationale, IAA)	201	Schweiz, Schweizer	347
		Selbstbestimmungsrecht	
Juden, Judentum	205	des Volkes	350
		Sinn des Lebens	354
Kapital	210	Sozialdemokratische Partei	
Kinderarbeit	215	Deutschlands (SPD)	356
Klassen	218	Sozialismus	363
Kommune, Pariser	221	Staat	367
Kommunismus	225		
Krieg	230	Terror	371
Krisensehnsucht	234	Tschechen	373
Lassalle	238	Unternehmer	376
Liebe	244		
Liebknecht	247	Verelendungstheorie	380
Literaten	253	Vernichtungsdrang	383
Mandat, imperatives	256	Wahrhaftigkeit	386
Mazzini	258	Weltanschauung	390
Menschenbild	261	Wissenschaft, Wissenschaftler	393
Menschenrechte	265		
Moral	267	Zins	397
		Zwangsarbeit	399
Nation	271		

Inhalt

Literaturverzeichnis 402

Stichwortverzeichnis 410

Anhang 423

Hinweise:
Der Pfeil (→) vor einem Substantiv verweist auf das gleichnamige Kapitel in Teil II.
Die Buchstaben a.a.O. (am angegebenen Ort) in den Fußnoten verweisen auf das Literaturverzeichnis.

Vorwort

Marx und Marxismus sind Themen, die auf unabsehbare Zeit nicht der Vergangenheit angehören. Marx war ein Deutscher. Von ihm stammt *Das Manifest der Kommunistischen Partei*, jene Streitschrift, die nach Auflagenhöhe, Verbreitungsgebiet und Wirkung nicht ihresgleichen hat in der gesamten politischen Weltliteratur. In den alten Bundesländern sind zahlreiche Straßen nach ihm benannt, in den neuen sind es nicht nur Straßen, die an ihn erinnern, sondern auch gewaltige Standbilder und Plastiken. Sie manifestieren, so ist zu vermuten, das Verlangen, ostdeutsche Identität zu konservieren.

Alle Täter der im *Schwarzbuch des Kommunismus* aufgelisteten Verbrechen verstanden sich als Marxisten, und doch erfährt Marx von namhaften Repräsentanten des demokratischen Deutschland bemerkenswerte Würdigungen. Mit einem Millionenaufwand des Bundes und von Bundesländern werden seine und Engels Aufzeichnungen editiert. Die weit mehr als einhundert Bände werden in jeder größeren Bibliothek die Blicke der Besucher auf sich ziehen und Bewunderung auslösen.

Doch was verdanken wir Marx? Ist seine Lehre das Ergebnis nüchternen wissenschaftlichen Forschens oder entspringt sie revolutionärer Sehnsucht? Welches waren seine Impulse und Ziele? Marx und Marxismus sind also aktuelle Herausforderungen. Ihnen nachprüfbar fundiert zu begegnen ist der Zweck dieses Buches, das in Teil I systematisch die zentralen Fragen zu beantworten sucht, Marxens Werk und Leben verknüpft.

„Wenn man sich für irgendeine Aussage auf Marx beruft und einen Beleg aus Marx dafür beibringt, muß man darauf gefaßt sein, daß einem ein anderer Marxtext entgegengehalten wird" – schrieb Oswald von Nell-Breuning. Diese Kalamität wird durch Teil II behoben. Der Lexikonteil, eine überarbeitete und erweiterte Fassung des *Quellenlexikon Marxismus,* vermeidet jegliche Retusche und verdeutlicht die Widersprüche, die in vielen Aussagen der Freunde stecken. Es ist ferner bestrebt, jenen kosmetischen Tendenzen entgegenzuwirken, die nicht nur in östlichen Publikationen, dort aber ganz besonders, an der Tagesordnung waren.

Den Anstoß zum Lexikonteil gab vor allem die Beobachtung, daß in der nahezu unübersehbaren Marxliteratur manche Zitate mit stereotyper Regelmäßigkeit immer wieder auftauchen, obwohl es zum gleichen Thema viele und nicht selten auch vielfältige Äußerungen der Freunde gibt, deren vollständige Berücksichtigung eine Fülle der selbstsicheren Aussagen über den Marxismus ändert, wenn nicht sogar ins Gegenteil verkehrt.

Vorwort

Die selektive Ausbeutung der literarischen Hinterlassenschaft der Freunde ist mitunter Absicht, um so einen Marxismus nachweisen zu können, der dem eigenen Geschmack und den eigenen Bedürfnissen entspricht. In der Regel ist dieser Eklektizismus aber darauf zurückzuführen, daß die wenigsten von denen, die sich über Marx äußern oder gar nur informieren wollen, die Jahre aufwenden können, die erforderlich sind, um das Opus, wie es in den 42 Bänden *Marx-Engels-Werke* (MEW) niedergelegt ist, durchzuarbeiten. Um wieviel mehr gilt das Gesagte für die im Entstehen begriffene MEGA (Marx-Engels-Gesamtausgabe).

Was ein Mensch denkt, können wir nie mit letzter Sicherheit feststellen. Soweit sich keine Bedenken aufdrängen, gehen wir davon aus, daß Äußerungen Meinungsäußerungen sind, das heißt die Meinung dessen wiedergegeben, der sich geäußert hat. Weisen die Quellen Widersprüche auf, und das ist hier häufig der Fall, ist der Korrespondenz der Freunde weit größeres Gewicht beizumessen als den Briefen an dritte und den Veröffentlichungen. Ihr Schriftwechsel hat geradezu tagebuchartigen Wert. Und dennoch bleibt er nach wie vor weitgehend unberücksichtigt. Heinz Abbosch hat Recht, wenn er schreibt: „... für unsere Kenntnis dieses Werks sind diese Briefe unerläßlich. Lange Zeit hielt man es für angebracht, sie zu ignorieren oder nur illustrativ zu verwenden. Indessen enthüllen sie hier zwei Menschen so vollständig, daß Rückschlüsse nicht allein auf ihren Charakter, sondern auch auf ihr Denken möglich werden."
K.L.

Teil I

Karl Marx, das unbekannte Wesen

I. Eine aktuelle Herausforderung

1. Zitate, die zum Nachdenken einladen

Richard von Weizsäcker als amtierender Bundespräsident:
 "Buchenwald lag in der Nähe des Ettersberges, von dem Goethe so oft ins thüringische Land geschaut hatte. Seine Sprache, die Sprache von Martin Luther und Friedrich Hölderlin, von Karl Marx und Thomas Mann, von Hugo von Hofmannsthal und Siegmund Freud wurde von Unmenschen und Verbrechern mißbraucht und geschunden."[1]

Marion Gräfin Dönhoff, Herausgeberin von DIE ZEIT:
 "Vom 18. Jahrhundert bis zum Ersten Weltkrieg gab es ein gemeinsames europäisches Bewußtsein: Montesquieu, Rousseau, Voltaire, Goethe und Diderot, Hegel und Marx hatten es geschaffen. Jeder kannte des anderen Werke. Jeder las jeden."[2]

Michail Gorbatschow, der letzte Präsident der Sowjetunion, zu Beginn des Jahres 2000:
 "Wir brauchen mehr Jesus und mehr wirklichen Karl Marx. Jesus und Marx sind die wichtigsten Ideengeber unserer Zeit. Wir sind nur Ausführende."[3]

2. Da muß doch etwas dran sein!

Weizsäcker, Dönhoff, Gorbatschow stehen mit ihren Ansichten nicht allein, sind nur besonders hervorstechende Repräsentanten eines sehr weit verbreiteten positiven Marx-Urteils, das sich nicht auf Deutschland beschränkt und das neben anderen folgende Persönlichkeiten teilen: Leonardo Boff, Willy Brandt, Erich Fromm, Hans Küng, Wolfgang Leonhard, Karl Popper, Karl Renner, Werner Sombart, Walter Scheel, Joseph Schumpeter, Paul Tillich.[4] Im neuesten Prospekt des Akademie Verlages, Berlin, steht mit Blick auf die *Karl Marx/Friedrich Engels. Gesamtausgabe* [MEGA] zu lesen: "Zur Zeit arbeiten

---

[1] Richard von Weizsäcker "Reden und Interviews" Bd. 2, Presse- und Informationsamt der Bundesregierung (Hg.), Bonn 1986 S. 33 f.
[2] Marion Gräfin Dönhoff in: Inge von Kruse "115 Portrait-Photographien" München 1992 S. 106.
[3] Michail Gorbatschow in einem Interview mit Franz Alt, abgedruckt in Junge Freiheit 18. 2. 00.
[4] Siehe zu allen Genannten: Löw "Der Mythos Marx..." a.a.O.

I. Eine aktuelle Herausforderung

Wissenschaftlerteams in Deutschland, Rußland, Frankreich, Italien, den Niederlanden, Dänemark, den USA und Japan an der MEGA, die damit das bedeutendste Projekt dieser Art ist, das auch von der Europäischen Union gefördert wird."[5]. So nimmt es nicht wunder, was im Oktober 1999 eine Umfrage unter Nutzern des BBC-Online-Dienstes zutage förderte: Wer ist der größte Geist des zu Ende gegangenen Jahrtausends? Die Antwort der – relativen – Mehrheit: Karl Marx.[6] Er rangiert demnach vor Albert Einstein, Isaac Newton, Charles Darwin, William Shakespeare, Thomas von Aquin, Immanuel Kant.

An der Umfrage beteiligten sich – den Presseberichten zufolge – einige tausend Menschen. Wie viele davon haben sich ein eigenes Urteil anhand der literarischen Quellen und der nüchternen Fakten gebildet?

Vor dreißig Jahren wurde ich gebeten, neben meinen staatsrechtlichen Vorlesungen, insbesondere über die Verfassung der Bundesrepublik Deutschland und die Verfassung Bayerns, auch Veranstaltungen zum politischen System der „Deutschen Demokratischen Republik" anzubieten. Bereits beim Studium des ersten Artikels der dortigen Verfassung stieß ich auf ein Bekenntnis zum Marxismus-Leninismus. Daher sah ich mich veranlaßt, die Lehre des Karl Marx und seines Freundes Friedrich Engels sowie die des Wladimir Iljitsch Uljanow, genannt Lenin, anzusprechen. Also mußte ich mich vorher damit vertraut machen. Dies tat ich – der gebotenen Eile wegen – anhand der bei uns damals gängigen Sekundärliteratur. In dem Maße, wie ich später die Zeit fand, die Quellen selbst zu befragen, veränderte sich mein Verständnis ihrer Meinungen, insbesondere ihrer Motive und Ziele. Zunächst wagte ich, der Jurist, es kaum, die über Marx üblichen Ansichten kritisch zu hinterfragen, waren doch meine Hörer an der Hochschule für Politik München überwiegend Wähler marxistisch-leninistischer Listen, soweit sie überhaupt zum Wählen gingen. Doch der Widerspruch gegen meine mit zahlreichen Zitaten untermauerte Argumentation blieb aus. Dafür nannte mich ein angehender Philosoph öffentlich einen „Faktenterroristen", wodurch mein Selbstbewußtsein in Sachen Marx nicht gerade geschmälert wurde.

Dann griff ich zur Feder, um meine *dissenting opinion* deutschlandweit mit einer Reihe einschlägiger Publikationen in den Raum zu stellen.[7] Das Echo

---

[5] Akademie Verlag „Neuerscheinungen Geisteswissenschaften. Herbst 2000" S.8.
[6] Nach Frankfurter Rundschau 2. 10. 99 S.32.
[7] Siehe das Literaturverzeichnis.

I. Eine aktuelle Herausforderung

ermutigte mich, jede sonstige Gelegenheit wahrzunehmen, um den Mythos Marx tunlichst auf die historische Größe zu reduzieren. Von Wien bis Bremen, von Zürich bis Greifswald lösen die Korrekturen am Marxmonument nur verlegenes Staunen aus. So ist die Versuchung groß, jeden, der sich positiv über Marx äußert, nach seiner Begründung zu fragen, auch die eingangs Zitierten: Im Falle der Gräfin Dönhoff geschah dies durch die Konrad-Adenauer-Stiftung Hamburg, die die hochangesehene alte Dame zu einem Streitgespräch über ihr kühnes Statement einlud. Doch sie lehnte ab. Wie sollte sie es glaubhaft machen können, daß jeder der Genannten jeden las, da doch alle anderen schon tot waren, als Marx mit dem Verfassen von Texten begann?
Gorbatschow schrieb ich einen fünf Seiten langen Brief, der, ins Russische übertragen, am 10. April 2000 in der Gorbatschow-Stiftung, Moskau, ausgehändigt worden ist. Auf fernmündliche Rückfrage kam die Antwort, eine Stellungnahme sei derzeit wegen großer Arbeitsüberlastung nicht möglich.
In meinem Brief an den letzten Präsidenten der Sowjetunion heißt es: „Diese [Ihre] Ansicht teilen auch andere namhafte Persönlichkeiten. So äußerte der Träger des Friedenspreises des Deutschen Buchhandels 1980 und Ehrendoktor der Ostberliner Humboldt-Universität seit 1985, der Priester, Poet und Ex-Kulturminister Nicaraguas, Ernesto Cardenal nach der friedlichen Revolution: ‚Was scheiterte, war nicht der Marxismus, weil das, was praktiziert wurde, nicht Marxismus, sondern nur eine Karikatur davon war... Ich glaube, daß beide leben: Jesus und Marx.' Im Time-Magazin kam Lance Morrow zu Wort, der Moses, Jesus, Marx aneinander reihte und die Judenverfolgungen darauf zurückführte, daß alle drei unbequeme ethische Forderungen aufgestellt hätten.
Doch wo finden sich Belege für die Richtigkeit dieses für die meisten Zeitgenossen schockierenden Standpunktes, glaubten sie doch zu wissen, Christus und Marx seien Antipoden?... Sie, Herr Präsident, wollen mitwirken, die solide Basis für eine bessere Welt zu schaffen. Damit Ihre verdienstvollen Bemühungen aussichtsreich sind, muß eine Vertrauensbasis errichtet werden. Ohne Wahrhaftigkeit kann das nicht gelingen. Wo können wir, um das Eingangszitat aufzugreifen, jenen ‚Karl Marx lesen', der uns den richtigen Weg weist... Bitte beweisen Sie uns, daß der Wahrheitsgehalt Ihrer Äußerungen zu Ehren von Marx größer ist als in dem Dönhoff-Zitat. Wir wollen weiter von Ihrer Offenheit und Redlichkeit überzeugt sein."
Auch Richard von Weizsäcker bat ich um eine Begründung (Brief 22. 10. 99), indem ich ihn im Anschluß an das eingangs Zitierte fragte: „Aber war es nicht gerade der von Ihnen so liebevoll an Goethes Seite gestellte Marx, der in deut-

I. Eine aktuelle Herausforderung

scher Sprache derlei Unmenschlichkeiten und Verbrechen in Verfolgung eigener Absichten zu legitimieren wußte durch seinen Vernichtungsdrang, durch seine Gewaltbereitschaft, durch seine Bejahung der Diktatur des Proletariats, durch seine Äußerungen über die Juden, über die Slawen, über die konkurrierenden Kommunisten usw., durch seinen Ruf nach einem heiligen Krieg gegen Rußland?"

Darauf der Bundespräsident a.D. (Brief 26. 11. 99): „... Sofern Sie aber wenigstens ein inhaltliches Wort über Karl Marx von mir hören wollen, dann bekenne ich, die Äußerungen von Bischof Lilje, Professor Gollwitzer und vielen anderen für zutreffend zu halten, in denen diese Autoren Zitate des jungen Marx für wichtig genug halten, um sie beim Aufbau einer freien Gesellschaft ernsthaft zur Kenntnis zu nehmen."

Damit konnte ich mich nicht zufrieden geben und insistierte (Brief 30. 11. 99): „Ich habe alle Marxtexte, insbesondere die Marx-Engels-Werke, zweimal durchgelesen, weiß aber wirklich nicht, von welchen ‚Zitaten des jungen Marx' die Rede ist. Ich kenne sie nicht. Mit derlei Hinweisen namhafter Persönlichkeiten mußte ich mich schon des öfteren auseinandersetzen, immer mit dem Ergebnis, daß man mir die Nachweise schuldig blieb."
Der Bundespräsident entsprach der Bitte und legte seine Karten auf den Tisch (Brief 14. 12. 99): „Nach meiner Kenntnis heißt es bei Karl Marx, zur Kritik der Hegelschen Rechtsphilosophie, Fischer Bücherei, Band 1, Seite 28, es seien ‚alle Verhältnisse umzustoßen, in denen der Mensch ein erniedrigtes, ein geknechtetes, ein verlassenes, ein verächtliches Wesen ist'."
Meine Replik (Brief 17. 12. 99): „Ihre Argumentation bestätigt, was ich zu wissen glaubte. Sie stützt sich auf einen einzigen Satzteil aus Marx, der allen Marxkennern wohlvertraut ist, da er zu den fünf (!) Phrasen zählt, die die Marxadoranten immer wieder zugunsten ihres Idols anführen, ohne auch nur mit einem einzigen quellenkritischen Wort auf den Kontext und die nach Hunderten zählenden kontradiktorischen Kernaussagen einzugehen... Dieser Modus procedendi erscheint mir weder moralisch noch wissenschaftlich vertretbar. Im Kontext gelesen antizipiert das Zitierte, was mich bei der Lektüre des *Manifests der Kommunistischen Partei* erschaudern ließ: ‚gewaltsamer Umsturz aller bisherigen Gesellschaftsordnung'! Wer dieses Programm zu verwirklichen trachtet, nimmt Leichenberge in Kauf. Es gehört für mich zu den betrüblichsten Erfahrungen, daß im Schatten dieser ungeheuerlichen Absichtserklärung die wohlklingenden zwölf Worte eine solche PR-Wirkung in akademischen, vor allem in theologischen Kreisen entfalten konnten."

I. Eine aktuelle Herausforderung

Dem Bundespräsidenten ist es sehr hoch anzurechnen, daß er den kritischen Fragen – anders als die meisten anderen – nicht ausgewichen ist. Doch kann ein aus dem Zusammenhang gerissener, noch dazu ungenau wiedergegebener Satzteil das in Erz gegossene, im Herzen Berlins errichtete Standbild des Karl Marx und seines Freundes Friedrich Engels historisch vertretbar tragen? Sicherlich nein! Suchen wir also weiter nach einem solideren Fundament, fragen wir zunächst seinen Sozius und Mitstreiter, worin er die Verdienste von Marx erblickt.

3. Die Kurzvita vom offenen Grabe

Bei der Bestattung von Karl Marx soll Friedrich Engels – so wird berichtet – „ungefähr folgendes" geäußert haben:
„Am 14. März nachmittags ein Viertel vor drei [1883] hat der größte lebende Denker aufgehört zu denken...
Wie Darwin das Gesetz der Entwicklung der organischen Natur, so entdeckte Marx das Entwicklungsgesetz der menschlichen Geschichte...
Damit nicht genug. Marx entdeckte auch das spezielle Entwicklungsgesetz der heutigen kapitalistischen →Produktionsweise und der von ihr erzeugten bürgerlichen Gesellschaft. Mit der Entdeckung des Mehrwerts war hier plötzlich Licht geschaffen...
So war der Mann der Wissenschaft. Aber das war noch lange nicht der halbe Mann. Die Wissenschaft war für Marx eine bewegende, eine revolutionäre Kraft...
Denn Marx war vor allem Revolutionär."[8]
Engels ist insofern beizupflichten, als Geschichtsphilosophie (III.), Nationalökonomie (IV.) und revolutionäre Agitation (V.) das Denken und Schreiben von Marx bestimmt haben. Welches waren die Motive seines Handelns (VI.)? Können sich kommunistische Verbrecher auf ihn berufen (VII)? Wie erklärt sich der Erfolg (VIII.)? Ist Marx für immer tot (IX.)? Doch vorab einige Angaben zu Marx und seinem *alter ego*, Friedrich Engels (II).

---

[8] MEW a.a.O. 19,335f.

II. Biographische Daten

1. Karl Marx

Er wurde am 5. Mai 1818 in Trier als Sohn des Advokaten Heinrich Marx und seiner Frau Henriette, geb. Presburg, geboren. Beide Elternteile entstammen Rabbinerfamilien. 1824 erfolgte durch Taufe der Eintritt in die lutherische Kirche. 1835 legte Karl am Friedrich Wilhelm Gymnasium das Abitur ab und begann in Bonn das Jurastudium, das er ein Jahr später in Berlin fortsetzte, wo er zur Philosophie überwechselte. 1841 erwarb er in Jena, das er nie aufgesucht hatte, den Doktorgrad. 1842 wurde er für einige Monate Chefredakteur der neu gegründeten Rheinischen Zeitung. Im selben Jahr begegnete er erstmals Friedrich Engels, der ihn damals wie folgt charakterisierte:

> „Wer jaget hinterdrein mit wildem Ungestüm?
> Ein schwarzer Kerl aus Trier, ein markhaft Ungetüm.
> Er gehet, hüpfet nicht, er springet auf den Hacken
> Und raset voller Wut, und gleich, als wollt' er packen
> Das weite Himmelszelt und zu der Erde ziehn,
> Streckt er die Arme sein weit in die Lüfte hin.
> Geballt die böse Faust, so tobt er sonder Rasten,
> Als wenn ihn bei dem Schopf zehntausend Teufel faßten."[9]

1843 heiratete Marx Jenny von Westphalen. Aus der Ehe sind sechs Kinder hervorgegangen. 1844 begann die lebenslängliche Freundschaft mit Engels. Sie stellten ihre übereinstimmende Weltsicht fest und vereinbarten Gemeinschaftsprojekte. Nach Zwischenstationen in Brüssel und Paris begab sich die Familie Marx 1849 auf Dauer nach London, wo Marx am 14. März 1883 starb.

2. Friedrich Engels

Engels stammt aus pietistischem Hause. Er wurde am 28. November 1820 in Barmen, heute ein Stadtteil Wuppertals, als Sohn eines erfolgreichen Fabrikanten geboren. Noch vor dem Abitur verließ er auf Wunsch des Vaters das Gymnasium und begann eine kaufmännische Lehre. 1850 begab er sich auf Dauer nach England, wo er in Manchester arbeitete, und zwar in einer Fabrik, die zur Hälfte seinem Vater gehörte, bis er dann im Wege der Erbfolge

---

[9] MEW a.a.O. Ergbd. 2,300 f.

II. Biographische Daten

Miteigentümer wurde. Als wohlhabender Mann übersiedelte er 1869 nach London. Dort starb er kinderlos am 5. August 1895.

3. Die enge Arbeitsgemeinschaft

In einem Essay, betitelt „Friedrich Engels", heißt es resümierend: „Und wenn man fragt, was Engels denn nun eigentlich geschaffen und ausgerichtet hat, was er hinterläßt, dann muß man paradoxerweise antworten: „Marx – und den Marxismus. Ohne Engels kein Marx..."[10] Daran ist zumindest so viel richtig, daß die Familie Marx im Elend umgekommen wäre, hätte ihr nicht Engels über Jahrzehnte hinweg seit den fünfziger Jahren großherzig unter die Arme gegriffen. Engels verzichtete nicht nur auf Honorare für Zeitungsartikel, sondern auch auf den Nachweis seiner Autorenschaft, beides zu Gunsten von Marx. Die beträchtlichen, aber unregelmäßigen Zahlungen wurden ab 1868 in feste regelmäßige Alimentationen umgewandelt. Doch es war weit mehr als nur Materielles, was Engels in die Gemeinschaft einbrachte. Um Marxens Ehe zu retten, spielte Engels sogar den Vater eines Kindes, dessen leiblicher Vater der Freund gewesen ist, und sorgte nach dessen Tode für die ehelichen Kinder, als ob es die eigenen wären.

Mehrere Bücher und Schriften nennen beide als Autoren, so *Die Heilige Familie, Die deutsche Ideologie, Das Manifest der Kommunistischen Partei*. Als der erste Band von *Das Kapital* erschien, verfaßte Engels unter eigenem und fremden Namen mindestens neun Besprechungen, um das Werk bekannt zu machen. Band 2 hat Engels nach mühsamen Überarbeitungen veröffentlicht, von Band 3 ist Engels sogar der Autor zahlreicher Passagen. Engels' *Antidühring*[11] fand mehr Leser als *Das Kapital* und diente so in bemerkenswerter Weise der Expansion des →Marxismus.

War er Marxens böser Geist oder war er dessen Opfer? Beide Ansichten werden vertreten; doch keine ist richtig. Nach dem Tod des Freundes schreibt Engels in einem Brief: „Das Stückchen vom bösen Engels, der den guten Marx verführt hat, spielt seit 1844 unzählige Male abwechselnd mit dem andern Stückchen von Ahriman-Marx, der den Ormuzd-Engels vom Wege der Tugend abgebracht."[12]

---

[10] Sebastian Haffner u.a. (Hg.) „Preußische Profile" Berlin 1980 S. 167.
[11] Der genaue Titel lautet: „Herrn Eugen Dührings Umwälzung der Wissenschaft". Der Text wurde zunächst im Vorwärts abgedruckt (3. 1. 77 – 7. 7. 78). MEW a.a.O. 20,3 ff.
[12] MEW a.a.O. 36,15.

II. Biographische Daten

Alles spricht dafür, daß sich da zwei Menschen fanden, die unabhängig voneinander übereinstimmende Ansichten entwickelt hatten.

Was aber „Das Entwicklungsgesetz der Geschichte" und die Lehre vom Mehrwert anlangt, so ist Marx der alleinige geistige Vater. Davon soll nun die Rede sein, handelt es sich doch nach Engels' Urteil um die beiden Spitzenleitungen des Freundes.

III. Das Entwicklungsgesetz

III. „Das Entwicklungsgesetz der menschlichen Geschichte"[13]

Als Atheist war Marx Materialist, will sagen, daß für ihn nichts Geistiges, sondern nur Körperliches, eben die Materie, das Ursprüngliche, das Primäre gewesen ist. Hegels Dialektik faszinierte ihn auf seine Weise. Engels' Versuch, die Entwicklung der Natur dialektisch zu erklären (→Diamat), billigte er. Doch ausführlicher ist er auf diese Themen nicht eingegangen, insbesondere kann sich keine dieser Auffassungen auf Marx als Urheber berufen. Anders verhält es sich mit dem →historischen Materialismus (Histomat). Insofern ist Marx der Baumeister, der vorhandenes Material in eigenwilliger, origineller Weise zusammengefügt hat. Freilich, auch diesbezüglich gibt es keine längeren Abhandlungen aus seiner Feder, was, wenn wir uns die Fülle seiner schriftlichen Äußerungen vergegenwärtigen und seinen Anspruch, das Gesetz der Geschichte erkannt zu haben, doch sehr überrascht. Dennoch ist Engels beizupflichten, der behauptet, Marx habe „kaum etwas geschrieben, wo sie [seine Geschichtsauffassung] nicht eine Hauptrolle spielt."[14]

Worum geht es im Histomat? Er benennt die „Gesetze", nach denen sich die Menschheitsgeschichte vollzogen haben soll und vollziehen werde. Demgemäß heißt es im *Kommunistischen Manifest*: „Die Kommunisten [vor allen anderen natürlich Marx selbst]... haben theoretische vor der übrigen Masse die Einsicht in die Bedingungen (1.), den Gang (2.) und die allgemeinen Resultate der proletarischen Bewegung (3.) voraus."[15]

1. Die Bedingungen geschichtlicher Veränderungen

Zu den Kernelementen der Marxschen Theorie zählen die Begriffe: Produktivkräfte und Produktionsverhältnisse, Basis und Überbau. Auch wenn uns Marx diesbezüglich keine systematische Abhandlung bietet, wird doch hinlänglich klar, was mit den genannten Worten gesagt sein soll. *Produktivkräfte* sind jene Kräfte, die der Mensch zur Gewinnung seiner Lebensmittel, zur Sicherung seiner Existenz einsetzt, die geistigen (Verstand und Erfahrung), die physischen (Arbeitskraft) und die in Werkzeug und Maschinen vergegenständlichten geistig-physischen Kräfte (Arbeitsgerät).

---

[13] Eine ausführliche Darstellung dieses „Gesetzes" in Löw „Die Lehre..." a.a.O., insbes. S. 74.
[14] MEW a.a.O. 37,464.
[15] MEW a.a.O. 4,474.

III. Das Entwicklungsgesetz

Produktionsverhältnisse sind die Rechtsbeziehungen der am Produktionsprozeß beteiligten Menschen zu den Rohstoffen, den Arbeitsgeräten und den Arbeitsprodukten. Marx nennt die Produktionsverhältnisse auch „*Eigentumsverhältnisse*".[16]
Machen wir uns das Gesagte an Hand von Beispielen klar. Der Sklave ist weder Herr der Rohstoffe noch der Arbeitsgeräte noch der Arbeitsprodukte. Insofern gleicht er dem Leibeigenen und dem Arbeiter im Kapitalismus. Die Rechtsposition des Leibeigenen ist jedoch dadurch besser, daß der Feudalherr keine unbeschränkte Verfügungsmacht über ihn hat. Noch besser stellt sich – in rechtlicher Hinsicht – der moderne Arbeiter, da er über seine Arbeitskraft frei verfügen, das heißt Arbeit und Arbeitsplatz wählen und verlassen kann.
Basis, auch Produktionsweise genannt, ist die von Marx gewählte Bezeichnung für die Gesamtheit der Produktionsverhältnisse. Als *Überbau* bezeichnet Marx die rechtliche und politische Ordnung eines Gemeinwesens. Zum Überbau zählen ferner: Kunst, Kultur, Moral, Philosophie, Religion.
Der Überbau ist von der Basis abhängig, wie die bildhaften Ausdrücke schon vermuten lassen. Grundlegende Veränderungen im Bereich der Basis, etwa gänzlich neue Produktionsmittel wie die Dampfmaschinen, haben Auswirkungen auf den Überbau, nicht umgekehrt.
Der Motor der Menschheitsgeschichte ist der Mensch mit seiner wachsenden Arbeitserfahrung. Die Arbeit mit einfachem Arbeitsgerät führt zu einer Geschicklichkeit, die eine Verbesserung der Arbeitsgeräte bewirkt. Die Arbeit mit qualifizierterem Arbeitsgerät führt zu Arbeitserfahrung auf höherem Niveau usw., eine spiralenförmige Entwicklung, die schließlich ein anderes gesellschaftliches Bewußtsein des arbeitenden Menschen zur Folge hat. Der Arbeiter wird mit seinen Arbeitsbedingungen unzufrieden, und diese Unzufriedenheit führt dazu, daß er seine Arbeitsbedingungen als unangemessen empfindet, seine Fesseln sprengt, Revolution macht, die nächste Stufe der Entwicklung betritt. Eine neue Produktionsweise beginnt, und „damit wälzt sich der ganze ungeheure Überbau langsamer oder rascher um."[17]

---

[16] MEW a.a.O. 13,9.
[17] MEW a.a.O. 13,9.

III. Das Entwicklungsgesetz

Das Basis-Überbau-Schema

Über-bau	Philosophie, Moral, Kunst, Kultur, Religion	Bewußt-sein
	Politik – Recht	
Basis	Produktionsweise ⟨ Produktionsverhältnisse / Produktivkräfte ⟨ Arbeitserfahrung, Arbeitsgerät, Arbeiter	gesellschaftliches Sein

2. Welche Perioden durchläuft die Menschheitsgeschichte?

Mit der Ursünde, der Arbeitsteilung, kam der Klassenkampf. Marx: „Freier und Sklave, Patrizier und Plebäer, Baron und Leibeigener, Zunftbürger und Geselle, kurz, Unterdrücker und Unterdrückte standen im steten Gegensatz zueinander... Die aus dem Untergang der feudalen Gesellschaft hervorgegangene bürgerliche Gesellschaft hatte die Klassengegensätze nicht aufgehoben."[18]

Nach Marx gibt es insgesamt fünf solcher Produktionsweisen: Urgesellschaft, Sklavenhaltergesellschaft, Feudalismus, Kapitalismus, →Sozialismus/→Kommunismus. Marx prophezeit: „Das Kapitalmonopol wird zur Fessel der Produktionsweise, die mit und unter ihm aufgeblüht ist. Die Zentralisation der Produktionsmittel und die Vergesellschaftung der Arbeit erreichen einen Punkt, wo sie unverträglich werden mit der kapitalistischen Hülle. Sie werden gesprengt, die Stunde des kapitalistischen Privateigentums schlägt. Die Expropriateurs werden expropriiert."[19] „Mit dieser Gesellschaftsformation [eben dem Kapitalismus] schließt daher die Vorgeschichte der menschlichen Gesellschaft ab."[20]

---

[18] MEW a.a.O. 4,462 f.
[19] MEW a.a.O. 23,791.
[20] MEW a.a.O. 13,9.

III. Das Entwicklungsgesetz

Diese fünf Stadien reduzieren sich bei näherer Betrachtung auf drei, von denen zwei, nämlich die Urgesellschaft und der kommunistische Endzustand erhebliche Gemeinsamkeiten aufweisen wie Freiheit von Arbeitsteilung, →Freiheit von Entfremdung und Freiheit von Ausbeutung. Gleichartig sind auch die drei anderen Gesellschaftsformationen. Ihr gemeinsames Merkmal ist die Spaltung der Gesellschaft in →Klassen. Die Klassenkämpfe negieren den idealen Urzustand, der Kommunismus beendet diese Kämpfe. Auf einen kurzen Nenner gebracht lautet das Ergebnis in der Diktion Marxens: „Der Kommunismus ist die Position als Negation der Negation."[21]

3. Was folgt daraus mit Blick auf die Zukunft?

Die Zukunft gehört dem → Kommunismus. Alle Menschen werden schließlich in ihm auf Dauer leben. Die fortschrittlichsten Staaten marschieren an der Spitze: „Die kommunistische Revolution wird daher keine bloß nationale, sie wird eine in allen zivilisierten Ländern, d.h. wenigstens in →England, →Amerika, →Frankreich und →Deutschland gleichzeitig vor sich gehende Revolution sein."[22] Doch der namhafteste Theoretiker des Kommunismus hat sich mit der Ausschmückung „der eigentlichen Menschheitsgeschichte" kaum befaßt. Es gibt nur ganz wenige Äußerungen, die uns einen spaltbreit Einblick in das künftige Paradies gewähren. Da ist einmal jener Text, der, anscheinend im Rausch der Verzückung verfaßt, den Kommunismus als „das aufgelöste Rätsel der Geschichte"[23] bezeichnet. Im Kommunismus werde es keine Interessengegensätze mehr geben, weder der Individuen untereinander, noch der Individuen zum Kollektiv, keine Reichen einerseits und Armen andererseits. Daher werde die Kriminalität fast zum Erliegen kommen.[24] Die Menschen seien dann in vielerlei Berufen ausgebildet, und so mache es die kommunistische Gesellschaft möglich, „heute dies, morgen jenes zu tun, morgens zu jagen, nachmittags zu fischen, abends Viehzucht zu treiben, nach dem Essen zu kritisieren, wie ich gerade Lust habe, ohne je Jäger, Fischer, Hirt oder Kritiker zu werden."[25] In der höheren Phase des Kommunismus werde

---

[21] MEW a.a.O. Ergbd. 1,546.
[22] MEW a.a.O. 4,374.
[23] MEW a.a.O. Ergbd. 1,536.
[24] MEW a.a.O. 2,539.
[25] MEW a.a.O. 3,33.

III. Das Entwicklungsgesetz

der Grundsatz gelten: „Jeder nach seinen Fähigkeiten, jedem nach seinen Bedürfnissen!"[26]

4. Stellungnahme

„Materialismus" im philosophischen Sinne meint, wie schon erwähnt, daß Stoffliches das Primäre und Ausschlaggebende sei. Im Histomat verhält es sich aber gerade umgekehrt. Das Werkzeug ist zwar scheinbar tote Materie. Doch in ihm steckt Geist von jenen, die es erdacht und geschaffen haben. Nur in der Hand vernunftbegabter Wesen erfährt es den zweckbestimmten ertragreichen Einsatz. Gänzlich immateriell ist die Arbeitserfahrung, gänzlich immateriell sind auch die Produktionsverhältnisse, eben die Rechtsbeziehungen. Was soll also „Materialismus" in diesem Zusammenhang?

Die Arbeitserfahrung der unmittelbaren Produzenten spielt in der Menschheitsgeschichte eine große Rolle. Die epochalen Erfindungen verdanken wir aber weit überwiegend Menschen, die systematisch geforscht und experimentiert haben, also nicht in den gewöhnlichen Arbeitsprozeß integriert gewesen sind. Voraussetzung für diesen Stand ist Arbeitsteilung, die Marx als Menschheitsfluch disqualifiziert.

Nach Marx hängt das Bewußtsein von der Produktionsweise ab. Ist nicht seine rebellische Person der beste Beweis gegen die Richtigkeit dieser These? Gab es nicht in ein und derselben Produktionsweise die unterschiedlichsten Bewußtseinsformen, etwa Konservative einerseits, Umstürzler andererseits, um nur die Extreme kurz zu erwähnen? Im 20. Jahrhundert wetteiferten sozialistische, kapitalistische und erheblich unterentwickelte Staaten. Hatten die Menschen ein je eigenes Bewußtsein in moralischer, kultureller, religiöser Hinsicht? War etwa die Arbeitsmoral in den sozialistischen Staaten höher? Warum dann die weit geringere Produktivität der Wirtschaft aller Sparten in all diesen Staaten?

Wenn es an der schlechteren Qualität der Werkzeuge gelegen hat, so wird gerade durch diesen Einwand die Marxsche Lehre an einem entscheidenden Punkt widerlegt. Denn nach Marx sollten doch die technisch führenden

---

[26] MEW a.a.O. 19,21.

III. Das Entwicklungsgesetz

Staaten zuerst für den Kommunismus reifen. Doch keiner der vorab Berufenen – „England und Amerika" u.a. – hat je diesen Weg eingeschlagen.

Die Fünfstadienlehre hat nicht einmal hinsichtlich der ersten Stadien Weltgeltung, ist vielmehr eurozentriert. Ferner: Wo sind Beweise für die harmonische Urgesellschaft? Auch sie kannte das Eigentum, kannte Kampf und Krieg. In seiner Zeit gab es sowohl Kapitalisten als auch Sklavenhalter, man denke nur an die USA. Entsprechendes gilt für das 20. Jahrhundert (Arbeitslager in der Sowjetunion, im Dritten Reich und zahlreichen anderen Staaten). Weder in der Antike noch irgendwann später konnten sich die Sklaven selbst befreien, obwohl Marx doch behauptet hatte, die Unterdrückten würden – sobald dazu die Zeit reif – ihre Fesseln sprengen.
Bis heute hat keine marxistisch-kommunistische Partei auch nur behauptet, sie habe einen kommunistischen Staat geschaffen. Die Sowjetunion, Jugoslawien, Albanien, VR China, Kuba, Nordkorea, sie alle sprachen (und manche sprechen noch) bescheiden von Sozialismus, entwickeltem Sozialismus, real existierendem Sozialismus und dergleichen. Dabei war der Kommunismus nach Marx schon vor 150 Jahren überfällig.
Die meisten der Staaten, die, wie die DDR, den Weg in den Kommunismus angetreten haben, sind, da ökonomisch gescheitert, zum „Kapitalismus" zurückgekehrt, ein Vorgang, der für Marx wohl gänzlich unvorstellbar gewesen ist und ausreicht, um das von ihm entdeckte „Entwicklungsgesetz der menschlichen Geschichte" völlig zu diskreditieren.

IV. Die Lehre vom Mehrwert

IV. Die Lehre vom Mehrwert[27]

Marx hat viel geschrieben: Briefe, Aufsätze, Zeitungsartikel, Bücher. Die Bücher sind höchst polemische Auseinandersetzungen mit den Ansichten und den Charakteren einzelner Zeitgenossen und wurden jeweils im Verlaufe weniger Monate verfaßt. Eine Ausnahme bildet *Das Kapital. Kritik der politischen Ökonomie*. An ihm arbeitete Marx über Jahrzehnte hinweg, bis dann 1867 der erste Band erscheinen konnte. (Die Bände 2 und 3 wurden nach seinem Tode von Engels veröffentlicht.)

Das Werk mit seinen mathematischen Formeln und Gleichungen hat – vom Schlußkapitel abgesehen – ein streng wissenschaftliches Gepräge. Der sensationelle Inhalt läßt sich mit wenigen Sätzen skizzieren: Im Kapitalismus geht alles mit rechten Dingen zu. Trotzdem oder gerade deshalb muß und wird es zur Revolution kommen. Zu diesem paradoxen Ergebnis gelangt Marx mit Hilfe seiner objektiven Wertlehre (1.), die er auf die menschliche Arbeitskraft überträgt (2.). Daraus resultiert die gerechte Ausbeutung, die nach Abhilfe schreit (3.).

1. Die objektive Wertlehre

Man unterscheidet allgemein zwischen dem Gebrauchswert einer Ware für den jeweiligen Besitzer und dem Tauschwert. Mit Blick auf den Tauschwert vertrat Marx eine objektive Wertlehre. Danach entspricht der (Tausch-) Wert jeder Handelsware der Zahl der Stunden, die für die Produktion erforderlich gewesen sind[28]: „Rock und Leinwand sind aber nicht nur Werte überhaupt, sondern Werte von bestimmter Größe, und nach unserer Unterstellung ist der Rock doppelt soviel wert als 10 Ellen Leinwand. Woher diese Verschiedenheit ihrer Wertgrößen? Daher, daß die Leinwand nur halb soviel Arbeit enthält als der Rock, so daß zur Produktion des letzteren die Arbeitskraft während doppelt soviel Zeit verausgabt werden muß als zur Produktion der ersteren."[29] An

---

[27] Eine ausführliche Darstellung der Lehre und ihrer Kritik bietet: Löw „Die Lehre ..." a.a.O., insbes. S.119 ff.

[28] Wörtlich und noch genauer (MEW a.a.O. 23,54): „Es ist also nur das Quantum gesellschaftlich notwendiger Arbeit oder die zur Herstellung eines Gebrauchswerts gesellschaftlich notwendige Arbeitszeit, welche seine Wertgröße bestimmt."

[29] MEW a.a.O. 23,60.

IV. Die Lehre vom Mehrwert

die Stelle einer gewöhnlichen Ware kann auch Gold oder Geld treten, ohne daß das Äquivalenzgesetz beeinträchtigt wird.

Der Produzent verkauft seine Ware. Mit dem Erlös kauft er eine andere Ware. Laut Marx vermehrt der Handel sein Vermögen nicht: „Besieht sich der Leinweber nun das Endresultat des Handels, so besitzt er Bibel statt Leinwand, statt seiner ursprünglichen Ware eine andre vom selben Wert, aber verschiedner Nützlichkeit. [Marx arbeitet mit der Formel: Ware – Geld – Ware = W-G-W.] In gleicher Weise eignet er sich seine andren Lebens- und Produktionsmittel an."[30]

2. „Das Geheimnis der Plusmacherei"[31]

Wie kann Reichtum durch Einsatz von Ware oder Geld entstehen, wenn, wie es bei Marx heißt, Gleichwert gegen Gleichwert getauscht wird. Geben wir ihm wieder das Wort: „Der Kapitalist weiß, daß alle Waren, wie lumpig sie immer aussehn oder wie schlecht sie immer riechen, im Glauben und in der Wahrheit Geld, innerlich beschnittne Juden sind und zudem wundertätige Mittel, um aus Geld mehr Geld zu machen."[32] Doch auf welche Weise? Marx: „Kapital kann also nicht aus der Zirkulation entspringen, und es kann ebensowenig aus der Zirkulation nicht entspringen. Es muß zugleich in ihr und nicht in ihr entspringen."[33] Ein schier unlösbares Rätsel. Aber Marx löst es: „Um aus dem Verbrauch einer Ware Wert herauszuziehn, müßte unser Geldbesitzer so glücklich sein, innerhalb der Zirkulationssphäre, auf dem Markt, eine Ware zu entdecken, deren Gebrauchswert selbst die eigentümliche Beschaffenheit besäße, Quelle von Wert zu sein, deren wirklicher Verbrauch also selbst Vergegenständlichung von Arbeit wäre, daher Wertschöpfung. Und der Geldbesitzer findet auf dem Markt eine solche spezifische Ware vor – das Arbeitsvermögen oder die Arbeitskraft."[34]

Die menschliche Arbeitskraft ist demnach für Marx eine gewöhnliche Ware. Daher bestimmt sich ihr Wert nach der Arbeitszeit, die zur Produktion und Reproduktion der Arbeitskraft erforderlich ist, angenommen 8 Stunden täglich. Der Mensch kann aber mehr leisten als die erwähnten 8 Stunden.

---

[30] MEW a.a.O. 23,120.
[31] MEW a.a.O. 23,189.
[32] MEW a.a.O. 23,169.
[33] MEW a.a.O. 23,180.
[34] MEW a.a.O. 23,181.

IV. Die Lehre vom Mehrwert

Nehmen wir an 16 Stunden. Die vom Kapitalisten gekaufte Arbeitskraft muß täglich so viele Stunden produzieren, bis die physische Leistungsgrenze erreicht ist, also 16 Stunden. Der Eigentümer der Produkte, der Kapitalist, verkauft die vom Arbeiter produzierte Ware nicht zu den Gestehungskosten der Arbeitskraft, sondern zu ihrem wahren Wert. Die Differenz zwischen den Gestehungskosten und dem Erlös des Kapitalisten für seine Ware Arbeitskraft ist der Mehrwert. (In unserem Falle täglich: 16 Stunden − 8 Stunden = 8 Stunden.)

3. Die gerechte Ausbeutung

„Der Umstand, daß die tägliche Erhaltung der Arbeitskraft nur einen halben Arbeitstag kostet, obgleich die Arbeitskraft einen ganzen Tag wirken und arbeiten kann, und daher der Wert, den ihr Gebrauch während eines Tages schafft, doppelt so groß ist als ihr eigener Tageswert, ist ein besonderes Glück für den Käufer [Kapitalisten], aber durchaus kein Unrecht gegen den Verkäufer [Proletarier]...
Äquivalent wurde gegen Äquivalent ausgetauscht. Der Kapitalist zahlte als Käufer jede Ware zu ihrem Wert, Baumwolle, Spindelmasse, Arbeitskraft."[35] Auch wenn diese Texte geradezu unglaublich klingen, das sind keine Schreibfehler, keine auf *Das Kapital* beschränkten Entgleisungen, sondern feste Elemente seiner Lehre. Auf den Vorwurf, er sage, der von den Arbeitern allein produzierte Mehrwert verbleibe in ungebührlicher Weise den kapitalistischen Unternehmern, antwortete er: „Nun sage ich das direkte Gegenteil; nämlich, daß die Warenproduktion notwendig auf einem gewissen Punkt zur ‚kapitalistischen' Warenproduktion wird, und daß nach dem sie beherrschen *Wertgesetz* der ‚Mehrwert' dem Kapitalisten gebührt und nicht dem Arbeiter."[36]
Da ein Teil des Mehrwerts nicht konsumiert, sondern investiert wird, wächst das Kapital. Mit der Akkumulation geht die Zentralisation Hand in Hand. Sie bewirken, daß immer weniger immer reicher, immer mehr immer ärmer werden.

Gegen Ende des Buches wird das vorher Gesagte mit fanatischen Worten geradezu auf den Kopf gestellt. Der Kapitalist, der jede Ware zu ihrem wah-

---

[35] MEW a.a.O. 23,208f.
[36] MEW a.a.O. 19,382.

IV. Die Lehre vom Mehrwert

ren Wert gekauft, also niemanden übervorteilt hat, und der sie zu ihrem wahren Wert verkauft, erscheint nun plötzlich als Vampir: „Die Expropriation der unmittelbaren Produzenten [Proletarier] wird mit schonungslosestem Vandalismus und unter dem Trieb der infamsten, schmutzigsten, kleinlichst gehässigsten Leidenschaften vollbracht."[37] Schon weiter oben heißt es im *Kapital*: „Die Rate des Mehrwerts ist daher der exakte Ausdruck für den Exploitationsgrad der Arbeitskraft durch das Kapital oder des Arbeiters durch die Kapitalisten."[38] Der „Vernichter" ist ganz in seinem Element: „Auf einem gewissen Höhegrad bringt sie [die kapitalistische Produktionsweise] die materiellen Mittel ihrer eignen Vernichtung zur Welt. Von diesem Augenblick regen sich Kräfte und Leidenschaften im Gesellschaftsschoße, welche sich von ihr gefesselt fühlen. Sie muß vernichtet werden, sie wird vernichtet."[39]

4. Stellungnahme

In einer seiner zahlreichen Besprechungen von *Das Kapital* urteilt Engels: „Das Verhältnis von Kapital und Arbeit, die Angel, um die sich unser ganzes heutiges Gesellschaftssystem dreht, ist hier zum ersten Mal wissenschaftlich entwickelt, und das mit einer Gründlichkeit und Schärfe, wie sie nur einem Deutschen möglich war."[40] Chauvinismus hin oder her; können wir Deutschen auf dieses Werk stolz sein? Die Antwort ist ein klares Nein, und das aus folgenden Gründen:
Gekauft und verkauft wird nicht nach einem errechneten objektiven Wert, sondern *ausschließlich* nach subjektiver Wertschätzung, wobei sich die Kaufvertragsparteien zwar auf den Preis einigen, aber den Vertrag nur deshalb schließen, weil dem Verkäufer die Ware weniger Wert ist als die Gegenleistung, das Geld, dem Käufer aber mehr. Da die objektive Wertlehre handgreiflich falsch ist, heute deshalb auch keine Vertreter mehr findet, ist es müßig, sie ausführlich zu widerlegen. Nie galt sie auch nur vorübergehend im Alltag eines der sozialistischen Staaten. Damit fällt die Mehrwertlehre wie ein Kartenhaus in sich zusammen und zugleich Marxens ganzes Gedankengebäude.

---

[37] MEW a.a.O. 23,790.
[38] MEW a.a.O. 23,232.
[39] MEW a.a.O. 23,789.
[40] MEW a.a.O. 16,235.

IV. Die Lehre vom Mehrwert

Noch abwegiger ist die Übertragung der Arbeitswerttheorie auf die menschliche Arbeitskraft. Wer könnte berechnen, wie viele Stunden in die Produktion und Reproduktion der Arbeitskraft investiert worden sind. Das mag bei einer Leinwand, um Marxens Beispiel aufzugreifen, gerade noch möglich sein, ganz unmöglich aber schon bei einem Buch, weiß doch niemand, wie viele Käufer es findet, wie also die Arbeitszeit umzulegen ist. Welchem der möglicherweise zahlreichen Arbeitgeber sollen die „Produktionskosten" des Arbeiters (die von den Eltern investierten Stunden) aufgebürdet werden?

Die Behauptung, der Unternehmer kaufe die Arbeitskraft des ganzen Tages und der Arbeiter habe keinen Einfluß auf die Länge seiner tatsächlichen Inanspruchnahme, ist für den realitätsnahen Leser eine ungeheure Zumutung. Längst gab es in →England, wo Marx *Das Kapital* schrieb, gesetzliche Arbeitszeitregelungen, die zugunsten der Arbeiter zu seinen Lebzeiten verbessert wurden. Sie standen nicht nur auf dem Papier. Kommissare des Unterhauses, sogenannte Fabrikinspektoren, wachten über die Einhaltung der Bestimmungen. Daß insofern gar keine dauernde Verbesserung möglich sein sollte, ist eine nicht minder große Zumutung. Man braucht sich nur die Entwicklung von damals bis heute zu vergegenwärtigen, grob gesprochen von 72 auf 36 Stunden wöchentlich.

Wären nur Investitionen in Arbeitskraft, nicht jedoch in Arbeitsgerät und Rohstoffe, mehrwertschaffend, würde jedermann tunlichst in arbeitsintensiven Unternehmen sein Geld anlegen. Doch derlei Beobachtungen gibt es nicht.

Der Haupteinwand lautet jedoch, warum die überaus heftigen Vorwürfe an die Adresse der Kapitalisten, wenn sie, einem ehernen Gesetz folgend, den gerechten Lohn bezahlen und gar nicht anders handeln können?

Ferner: Warum füllt Marx mit dem Stoff, der sich auf wenigen Seiten darstellen läßt, ein dickes Buch (950 Seiten), das nicht zuletzt wegen unendlicher Wiederholungen langweilt, ja geradezu ungenießbar ist? Die Antwort, nicht für die Öffentlichkeit bestimmt, entnehmen wir einem Brief an Engels: „Ich dehne diesen Band mehr aus, da die deutschen Hunde den Wert der Bücher nach dem Kubikinhalt schätzen."[41] Engels hatte ihn aufgefordert: „Die Hauptsache ist, daß Du erst wieder mit einem dicken Buch vor dem Publikum debütierst..."[42]

---

[41] MEW a.a.O. 30,248.
[42] MEW a.a.O. 27,374.

IV. Die Lehre vom Mehrwert

> 1. Kapitel · Die Ware 79
>
> sondre, also nicht erschöpfende Erscheinungsform der menschlichen Arbeit. Diese besitzt ihre vollständige oder totale Erscheinungsform zwar in dem Gesamtumkreis jener besondren Erscheinungsformen. Aber so besitzt sie keine einheitliche Erscheinungsform.
>
> Die entfaltete relative Wertform besteht jedoch nur aus einer Summe einfacher relativer Wertausdrücke oder Gleichungen der ersten Form, wie:
>
> 20 Ellen Leinwand = 1 Rock
> 20 Ellen Leinwand = 10 Pfd. Tee usw.
>
> Jede dieser Gleichungen enthält aber rückbezüglich auch die identische Gleichung:
>
> 1 Rock = 20 Ellen Leinwand
> 10 Pfd. Tee = 20 Ellen Leinwand usw.
>
> In der Tat: Wenn ein Mann seine Leinwand mit vielen andren Waren austauscht und daher ihren Wert in einer Reihe von andren Waren ausdrückt, so müssen notwendig auch die vielen andren Warenbesitzer ihre Waren mit Leinwand austauschen und daher die Werte ihrer verschiednen Waren in derselben dritten Ware ausdrücken, in Leinwand. – Kehren wir also die Reihe: 20 Ellen Leinwand = 1 Rock oder = 10 Pfd. Tee oder = usw. um, d.h. drücken wir die der Sache nach schon in der Reihe enthaltene Rückbeziehung aus, so erhalten wir:
>
> C) Allgemeine Wertform
>
> $$\left.\begin{array}{r} 1 \text{ Rock} = \\ 10 \text{ Pfd. Tee} = \\ 40 \text{ Pfd. Kaffee} = \\ 1 \text{ Qrtr. Weizen} = \\ 2 \text{ Unzen Gold} = \\ 1/2 \text{ Tonne Eisen} = \\ x \text{ Ware A} = \\ \text{usw. Ware} = \end{array}\right\} 20 \text{ Ellen Leinwand}$$
>
> *1. Veränderter Charakter der Wertform*
>
> Die Waren stellen ihre Werte jetzt 1. einfach dar, weil in einer einzigen Ware und 2. einheitlich, weil in derselben Ware. Ihre Wertform ist einfach und gemeinschaftlich, daher allgemein.

Eine Seite aus *Das Kapital* zur Veranschaulichung des Gesagten. Sie zeigt, wie platte Behauptungen breitgewalzt werden.

IV. Die Lehre vom Mehrwert

War sich Marx der Tatsache bewußt, daß seine angebliche Entdeckung keiner Nachprüfung standhält? Vieles spricht dafür, so seine Leidenschaft für die →Börse. Ihm mußte doch klar sein, daß der Kurs der Aktien von höchst subjektiven Wertungen abhängt und nicht von real investierten Arbeiterstunden. Ferner die geschichtliche Entwicklung auf praktisch allen Gebieten: Lohnerhöhungen, Arbeitszeitverkürzungen, Evolution statt Revolution.
Vor allem spricht der Ekel Bände, den er empfand, wenn er an sein Werk dachte. Jeder halbwegs normale Autor, der glaubt, er habe etwas Wichtiges mitzuteilen, drängt ungeduldig auf die Veröffentlichung. Er aber begrüßte, wie Engels berichtet[43], jeden Vorwand, der eine Verzögerung des lange Angekündigten rechtfertigte und nannte es mehrmals „das ‚verdammte' Buch"[44], „Alp"[45], „Saubuch"[46], „Scheiße"[47] und „ökonomische Scheiße"[48]. – Verrät ein solches Empfinden nicht, daß da etwas faul ist, in der Sache, in der Psyche oder in beidem!

Engels sollte für eine Zeitung ein Resümee verfassen. Er gestand: „Es ist verdammt schwer, die dialektische Methode dem Revue lesenden Engländer klarzumachen, und mit den Gleichungen W – G – W [Ware – Geld – Ware] etc. kann ich doch dem Mob nicht kommen." Marx selbst ist es, der die Kritik bestätigt, die sich den gründlichen Lesern seiner Werke aufdrängt: Mysterien einerseits, Gemeinplätze andererseits in schwülstige Worte verpackt. Der Autor: „Der Pseudocharakter macht die Sache (die an sich = 0) keineswegs leicht verständlich. Umgekehrt. Die Kunst besteht darin, den Leser so zu mystifizieren und ihm Kopfzerbrechen zu verursachen, damit er schließlich zu seiner Beruhigung entdeckt, daß diese hard words [schwerverständlichen Wörter] nur Maskeraden von loci communes [Gemeinplätzen] sind."[49]

---

[43] MEW a.a.O. 36,385.
[44] MEW a.a.O. 31,178 und an anderen Stellen.
[45] MEW a.a.O. 29,232 und an anderen Stellen.
[46] MEW a.a.O. 30,359.
[47] MEW a.a.O. 31,321.
[48] MEW a.a.O. 27,228.
[49] MEW a.a.O. 32,91.

V. Der Revolutionär

Marx war, wie Engels hervorhebt, ein leidenschaftlicher Revolutionär, der sein Denken und Tun ganz in den Dienst dieser Leidenschaft stellte. Die beiden vorausgegangenen Kapitel beweisen das. „Das Entwicklungsgesetz der menschlichen Geschichte" führt nach seinen Prognosen unweigerlich in die proletarische →Revolution, bevor das Morgenrot einer ganz neuen Zeit anbricht. Was im Rahmen des historischen Materialismus ohne nähere Begründung bleibt, verdeutlicht *Das Kapital*. Doch warum konstruierte Marx eine Nationalökonomie, die „beweist", daß der Proletarier im Kapitalismus den gerechten Lohn erhält? Goß er damit nicht Wasser auf die Mühlen seiner Gegner, der Kapitalisten?

Was zunächst unglaublich, zumindest höchst paradox klingt, findet unschwer eine simple Erklärung: Marx betrieb, wie er schon im *Manifest der kommunistischen Partei* (1848) bekannte, den „gewaltsamen Umsturz aller bisherigen Gesellschaftsordnung."[50] Indem er behauptete, die Proletarier erhielten im Kapitalismus den gerechten Lohn, und gleichzeitig die Zustände als äußerst beklagenswert schilderte, zeigte er seinen Anhängern den einzigen Ausweg aus der Misere, die Revolution, da mehr als eine gerechte Entlohnung nicht zu erwarten, wohl gar nicht möglich sei. Der totale Umsturz habe eine gänzlich andere Produktionsweise zur Folge, eben den Sozialismus/Kommunismus mit der Abschaffung des Eigentums überhaupt, zumindest an den Produktionsmitteln, mit der Aufhebung des Geldes und der Warenproduktion zu Tauschzwecken.

Diese Kritik an Marx ist nicht neu, wurde schon zu seinen Lebzeiten geäußert und von Engels zusammengestellt: daß Marx „sich nicht aufhalten ließ durch falsche Schlüsse, wohl wissend, daß sie falsch waren", daß „er oftmals ein Sophist war, der auf Kosten der Wahrheit bei der Negation der bestehenden Gesellschaft ankommen wollte", und daß „er mit Lügen und Wahrheiten spielte wie Kinder mit Knöcheln".[51] Das war, wie erwähnt, zeitgenössische Kritik an Marx, die leider in Vergessenheit geraten ist.

Marx machte sich auch Gedanken über die Voraussetzungen einer Revolution und kam zu der Einsicht: „Bei dieser allgemeinen Prosperität, worin die Produktivkräfte der bürgerlichen Gesellschaft sich so üppig entwickeln, wie dies innerhalb der bürgerlichen Verhältnisse überhaupt möglich ist, kann von einer wirklichen Revolution keine Rede sein. Eine solche Revolution ist nur in den Perioden möglich, wo diese beiden Faktoren, die modernen Produktivkräfte und die bürgerlichen Produktionsformen, miteinander in

---

[50] MEW a.a.O. 4,493.
[51] MEW a.a.O. 36,19.

V. Der Revolutionär

Widerspruch geraten... Eine neue Revolution ist nur möglich im Gefolge einer neuen Krisis. Sie ist aber auch ebenso sicher wie diese."[52] Also war Marx von heißer → Krisensehnsucht erfüllt und brachte sie auch immer wieder zum Ausdruck mit Worten wie: „Indes gärt und kocht es offenbar, und nur zu wünschen, daß große Unglücksfälle in der Krim den Ausschlag geben."[53] „Die amerikanische Krise ... ist beautiful."[54] „Die Hunde von Demokraten und liberalen Lumpen werden sehn, daß wir die einzigen Kerls sind, die nicht verdummt sind in der schauderhaften Friedensperiode."[55] Frau Jenny veranschaulichte diese Einstellung in einem Brief: „Nicht wahr, an dem allgemeinen Krach und Zusammenrumpeln des alten Drecks hat man doch noch eine Freude... Obgleich wir die amerikanische Krise an unserm Beutel sehr verspüren..., so können Sie sich doch wohl denken, wie high up [glücklich beschwingt] der Mohr [Spitzname für Marx] ist. Seine ganze frühere Arbeitsfähigkeit und Leichtigkeit ist wiedergekehrt sowie auch die Frische und Heiterkeit des Geistes, die seit Jahren gebrochen war".[56]

---

[52] MEW a.a.O. 7,440.
[53] MEW a.a.O. 28,452.
[54] MEW a.a.O. 29,198.
[55] MEW a.a.O. 29,401.
[56] MEW a.a.O. 29,645.

VI. War Humanismus das Motiv?

Diese und zahlreiche ähnliche Äußerungen machen stutzig, provozieren die Frage nach den Antriebskräften, die das Denken und Handeln des namhaftesten Kommunisten bestimmten. Auch die heiße revolutionäre Sehnsucht, die ihm offenbar seine Theorien und „Gesetze" eingab, lassen Ausschau halten nach den Motiven, die ihn bestimmten. Typisch ist die Betrachtungsweise, die der namhafte Jesuit Oswald von Nell-Breuning vertrat: „Hatte man bis dahin [gemeint ist 1932, das Jahr, in dem die sogenannten Frühschriften veröffentlicht wurden] nur den grimmigen Kämpfer und Hasser, den eiskalten Denker, der zugleich ein glühender Revolutionär war, gekannt, so lernte man zu seiner Überraschung jetzt einen anderen, ganz von Menschlichkeit bestimmten Marx kennen, einen Mann, dem es um den Menschen ging, um die Menschenwürde und die menschenwürdige Behandlung eines jeden, der Menschenantlitz trägt."[57] Mit diesem begeisternden Urteil steht der Gottesmann nicht allein, zahlreiche namhafte Persönlichkeiten stoßen ins gleiche Horn.[58] Sir Karl Popper nennt in seinem berühmten, weltweit verbreiteten Buch *Die offene Gesellschaft und ihre Feinde* – allein sieben deutsche Auflagen – den Marxismus „eine wahrhaft humanitäre Bewegung" und fügt hinzu, es „kann doch über den humanitären Impuls des Marxismus kein Zweifel bestehen." „Humanität und Anstand waren für ihn [Marx] Voraussetzungen, die keiner Diskussion bedurften, die einfach hinzunehmen waren."[59]

Was kann zugunsten des „ganz von Menschlichkeit bestimmten" Marx vorgebracht werden? Von Nell-Breuning gab zur Antwort: „... den vorstehenden Ausführungen liegen keine Texte oder Meinungsäußerungen von Marx zugrunde, sondern nur heute allgemein verbreitete Erkenntnisse und Denkweisen..."[60] Auch Sir Karl Popper trat für die Richtigkeit seiner Ansicht keinerlei Beweis an. Andere, wie Richard von Weizsäcker und seine Gewährsleute, zitieren, wie eingangs belegt, ausschließlich den Marxsche „*kategorische Imperativ, alle Verhältnisse umzuwerfen*, in denen der Mensch ein erniedrigtes, ein geknechtetes, ein verlassenes, ein verächtliches Wesen ist..."[61]

---

[57] Oswald von Nell-Breuning „Auseinandersetzung mit Karl Marx" München 1969 S.82.
[58] Siehe Löw „Der Mythos Marx und seine Macher. Wie aus Geschichten Geschichte wird" München 1996 S.255.
[59] Karl Popper"Die offene Gesellschaft und ihre Feinde..." Tübingen 1992 Bd.1 S.96.
[60] Oswald von Nell-Breuning „Wir alle stehen auf den Schultern von Karl Marx" Stimmen der Zeit 76/621.
[61] MEW a.a.O. 1,385.

VI. War Humanismus das Motiv?

Diese Äußerung legt in der Tat die Annahme nahe, humanitäre Impulse hätten eine maßgebliche Rolle gespielt. Aber wir wissen weit mehr über den jungen Marx und müssen daher, den geradezu selbstverständlichen Regeln jedweder Wissenschaft folgend, auch die anderen Fakten und Texte berücksichtigen. Schon aus räumlichen Gründen soll nur der junge Marx näher betrachtet werden, zumal gerade er es ist, dem Mitleid mit der geschundenen Kreatur nachgesagt wird. So spricht Iring Fetscher von dem „aus besten europäischen Traditionen gespeisten Humanismus des jungen Marx." „Hoffnung und Wille zur Vermenschlichung der unmenschlichen Welt" seien „die ursprünglichen Triebfedern dieses Denkens und Handelns gewesen."[62] (Auch ich habe in meiner ersten einschlägigen Buchpublikation diese Ansicht geteilt.[63]) Als Zäsur bietet sich das Jahr 1843 an. Marx wurde in ihm 25 Jahre alt. Zu dieser Zeit erfolgte auch seine Hinwendung zum Kommunismus.

Um das Ergebnis vorwegzunehmen: Der Relativsatz „alle Verhältnisse umzuwerfen, *in denen der Mensch ... ein erniedrigtes Wesen ist*" (Hervorhebung K.L.), spielt praktisch keine Rolle. Solche „Verhältnisse" waren für ihn der Staat ganz allgemein und jede Religion, waren die bürgerliche Gesellschaft und das Judentum, waren die Rechtsordnung, insbesondere das Privateigentum, waren Ehe und Familie. Doch die Kampfansage an die alte Welt präzisiert sich erst allmählich. Den Ausgangspunkt bilden maßloses Selbstbewußtsein gepaart mit der Verachtung alles Vorgefundenen.

1. Der Abituraufsatz in Deutsch

Über den Schüler Karl lesen wir bei Eleanor, der jüngsten Marxtochter: „Meine Tanten haben mir oft erzählt, daß Mohr [Kosename für Karl] als Junge ein schrecklicher Tyrann war; er zwang sie, im vollen Galopp den Markusberg zu Trier hinunterzukutschieren, und was noch schlimmer war, er bestand darauf, daß sie die Kuchen äßen, welche er mit schmutzigen Händen aus noch schmutzigerem Teige selbst verfertigte. Aber sie ließen sich dies alles ohne Widerrede gefallen, denn Karl erzählte ihnen zur Belohnung so wundervolle Geschichten."[64] Für sich allein genommen ist dieser Bericht

---

[62] Iring Fetscher „Von Marx zur Sowjetideologie" in „Der Mensch im kommunistischen System" Tübinger Studien zur Geschichte und Politik Nr. 8 1957 S. 102.
[63] Konrad Löw „Grundwerte der Demokratie" München 1970, S. 35.
[64] Nach Hans Magnus Enzensberger (Hg.) „Gespräche mit Marx und Engels" Frankfurt a.M. 1981 S. 1.

VI. War Humanismus das Motiv?

ohne nennenswerte Aussagekraft. Er stammt aus zweiter Hand und wurde erst rund 70 Jahre nach dem geschilderten Sachverhalt aufgezeichnet. Andererseits, wenn er nicht den Tatsachen entsprechen sollte, so entspricht er doch offenbar den Vorstellungen, die sich damals schon nächste Angehörige von ihm machten: zu Gewalt neigende Herrschsucht; Verachtung der dummen Diener, die er mit schönen Geschichten betören kann.

Das erste uns überlieferte Schriftstück aus Karls Feder verdanken wir einer bewundernswerten Aufbewahrungspraxis. Alle Trierer Abiturarbeiten des Jahres 1835, auch die der Klassenkameraden, sind erhalten. Der Schulleiter, Herr Wyttenbach, kannte wohl vorab das Thema in Deutsch: „Betrachtung eines Jünglings bei der Wahl eines Berufes". Er bleute den Schülern rechtzeitig ein, nicht nur an die eigenen Belange zu denken. Daher ist in allen Arbeiten auch von der Verantwortung für das Gemeinwohl die Rede. Karls Aufsatz weist jedoch zwei Besonderheiten auf:

Er gebraucht sechsmal das Wort „vernichten"[65], während es in keinem Aufsatz der Mitschüler auch nur einmal Verwendung findet. Diese Vorliebe für „Vernichten" erklärt, warum ihn etwas später ein ehemaliger Mitstreiter den „Vernichter" taufte.[66]

Ferner meint Karl, wir sollten den Stand anstreben, „der uns die größte Würde gewährt"[67]. Dagegen ist nichts einzuwenden, jedoch gegen seine anschließende Definition von Würde: „Die Würde ist dasjenige, was den Mann am meisten erhebt, was seinem Handeln, allen seinen Bestrebungen, einen höheren Adel leiht, was ihn unangetastet, von der Menge bewundert und über sie erhaben dastehen läßt." Beide Besonderheiten legen den Verdacht nahe, daß er sich selbst maßlos überschätzt und andere als minderwertig eingestuft hat. Kein geringerer als Heinrich Heine hat ihn und seinesgleichen als „gottlose Selbstgötter"[68] charakterisiert. Wir werden sehen, daß Marx im späteren Leben diese Beurteilungen als „Selbstgott" und „Vernichter" auf vielfältige Weise durch sein Wort und sein Verhalten bestätigt hat.

---

[65] MEW a.a.O. Ergbd. 1,591 ff.
[66] Enzensberger a.a.O. S.50.
[67] MEW a.a.O. Ergbd. 1,593.
[68] Heinrich Heine – Säkularausgabe Berlin-Paris Bd. 23 K, 1976 S.121.

VI. War Humanismus das Motiv?

2. Die Jugendgedichte des Studenten

Als Student in Bonn, dann in Berlin verfaßte Marx – er ist nun um die 20 Jahre alt – 150 nach allgemeiner Ansicht literarische wertlose Jugendgedichte. Als Spiegelbild seiner Seele, als Schlüssel zu seinen Motiven sind sie wahre Fundgruben. Sie geben Einblick in die Zerrissenheit des Studenten, seinen Haß auf alles und jeden, seine Selbstvergottung. Dabei immer wieder „Vernichtung", „Vernichtung". (Mahatma Gandhi: „Haß führt in die Vernichtung."[69]) So erklärt sich, daß keines der Gedichte in eines der zahlreichen Schulbücher der „Deutschen Demokratischen Republik" Aufnahme fand, obwohl er in diesem Lande als „größter Sohn des deutschen Volkes"[70] gefeiert wurde. Hier eine kleine Auswahl:

„Wunsch

Könnt' ich die Seele sterbend tauchen
In der Vernichtung Ocean,
Mit einem Hauch das Herz verhauchen,
Verhauchen seinen Schmerz und Wahn!...
Ich will euch nicht ihr Ewigkeiten,
nicht euer schwindelnd, riesig Reich,
In der Vernichtung Arm, dem breiten,
Küßt Todeshauch mich mild und weich."[71]

„Des Verzweifelten Gebet ...

Einen Thron will ich mir auferbauen,
Kalt und riesig soll sein Gipfel sein,
Bollwerk sei ihm übermenschlich Grauen,
Und sein Marschall sei die düstr'e Pein!"[72]

---

[69] Mahatma Gandhi: „Hatred leads to destruction". So zitiert in Global House, EXPO 2000.
[70] „Thesen des ZK der SED" Einheit/ 83 S.10.
[71] MEGA² I1 S. 718.
[72] MEGA² a.a.O. I 1 640f.

VI. War Humanismus das Motiv?

„Menschenstolz ...

Götterähnlich darf ich wandeln,
Siegreich ziehn durch ihr ruinenreich,
Jedes Wort ist Glut und Handeln,
Meine Brust dem Schöpferbusen gleich."[73]

3. Die Dissertation

Mit einer Dissertation über *Differenz der demokritischen und epikuräischen Naturphilosophie* beendet er sein Studium. Die Vorrede dazu, die er wohl erst nach Abschluß des Verfahrens hinzugefügt hat, ist ein weiteres Dokument für die eingangs aufgestellte Vermutung, nämlich daß Marx maßlos selbstbewußt und voll Verachtung für andere gewesen sei. Dabei waren seine schulischen Leistungen nur gut durchschnittlich, an den Universitäten Bonn und Berlin entzog er sich jedem größeren Leistungsnachweis. Jena, wo er seine Dissertation einreichte, suchte er nie auf, legte also auch kein Rigorosum ab. Die ganze Prozedur ging unter recht fragwürdigen Umständen vor sich. Dennoch prahlt er, als habe er die Welt aus den Angeln gehoben, zumindest das Feuer auf die Erde gebracht:
„Die Form dieser Abhandlung würde einesteils streng wissenschaftlicher, anderseits in manchen Ausführungen minder pedantisch gehalten sein, wäre nicht ihre primitive Bestimmung die einer Doktordissertation gewesen...
Sachverständige wissen, daß für den Gegenstand dieser Abhandlung keine irgendwie brauchbaren Vorarbeiten existieren. Was Cicero und Plutarch geschwatzt haben, ist bis auf die heutige Stunde nachgeschwatzt worden."[74]
Im Text selbst begegnen wir Sätzen wie: „Die Philosophie [richtig müßte es heißen: Der Philosoph Marx] verheimlicht es nicht. Das Bekenntnis des Prometheus: *Geradheraus: Die Götter haß' ich allesamt* ist ihr eigenes Bekenntnis, ihr eigener Spruch gegen alle himmlischen und irdischen Götter, die das menschliche Selbstbewußtsein nicht als die oberste Gottheit anerkennen."[75]

---

[73] MEGA² a.a.O. I 1 488f.
[74] MEW a.a.O. Ergbd. 1,261.
[75] MEW a.a.O. Erbbd. 1,262

VI. War Humanismus das Motiv?

4. Aus Artikeln

Bereits 1842 wurde Marx mit der Leitung der Rheinischen Zeitung betraut, die Ende 1841 Kölner Industrielle und Liberale gegründet hatten. Der strengen Zensur wegen verließ er nach wenigen Monaten das Blatt, dem wenig später die Lizenz entzogen wurde. Höchst bezeichnend, wie er sich verabschiedete. Unter dem Namen Karl Grün verfaßte er ein Selbstporträt, das in der Mannheimer Abendzeitung erschienen ist und ihn wieder als Selbstgott und Vernichter ausweist:

„Dr. Marx ist wohl derjenige der Redaktoren, welcher dem Blatte die entschiedene Färbung gab…Die Leser … erinnern sich noch gar wohl des scharfen inzisiven Verstandes, der wahrhaft bewunderungswürdigen Dialektik, womit der Verfasser sich in die hohlen Äußerungen der Abgeordneten gleichsam hineinfraß und sie dann von innen heraus vernichtete: nicht oft ward der kritische Verstand in solcher zerstörungslustigen Virtuosität gesehen, nie hat er glänzender seinen Haß gegen das sogenannte Positive gezeigt, dasselbe so in seinen eigenen Netzen gefangen und erdrückt."[76]

Später erinnert sich Engels an die Absichten von damals und bestätigt das Gesagte: „Der Kampf wurde noch mit philosophischen Waffen geführt, aber nicht mehr um abstrakt-philosophische Ziele; es handelte sich direkt um Vernichtung der überlieferten Religion und des bestehenden Staats."[77]

1843 verfaßt Marx zwei Essays. Einer trägt den Titel: *Zur Kritik der Hegelschen Rechtsphilosophie*. In ihm begegnen wir dem immer wieder zitierten „kategorische Imperativ" als Teil eines längeren Satzes. Aufschlußreich ist, daß Marx die Worte „alle Verhältnisse umzuwerfen" unterstrichen hat, was geflissentlich nicht erwähnt wird, während die Klage über die Erniedrigung des Menschen ohne diese Betonung geblieben ist, ein Indiz dafür, daß es dem „Vernichter" vor allem eben darum ging, „alle Verhältnisse umzuwerfen", Revolution zu machen und die Berufung auf die Notlage weiter Kreise der Bevölkerung nur der Beschönigung dienen sollte. Dafür sprechen auch zahlreiche andere Passagen des Artikels, beispielsweise: „*Krieg* den deutschen Zuständen! Allerdings! Sie stehn *unter dem Niveau der Geschichte*, sie sind *unter aller Kritik*, aber sie bleiben ein Gegenstand der Kritik, wie der Verbrecher, der unter dem Niveau der Humanität steht, ein Gegenstand des *Scharfrichters* bleibt. Mit ihnen im Kampf ist die Kritik keine

---
[76] MEGA¹1. A., Bd. 1 S. 52.
[77] MEW a.a.O. 21,271.
[78] MEW, hier 1,380.

VI. War Humanismus das Motiv?

Leidenschaft des Kopfes, sie ist der Kopf der Leidenschaft. Sie ist kein anatomisches Messer, sie ist eine Waffe. Ihr Gegenstand ist ihr Feind, den sie nicht widerlegen, sondern *vernichten* will."[78] – Welch Ausbruch von Überheblichkeit und Brutalität! – Und dann noch ein Satz aus dieser Veröffentlichung, der uns zeigt, auf welcher Höhe Marx sich wähnt, von der herab er gnädigst die Deutschen zu Menschen zu machen geruht: „Wie die Philosophie im Proletariat ihre *materiellen*, so findet das Proletariat in der Philosophie seine geistigen Waffen, und sobald der Blitz des Gedankens gründlich in diesen naiven Volksboden eingeschlagen ist, wird sich die Emanzipation der *Deutschen* zu *Menschen* vollziehen."[79] Mit anderen Worten: um mächtig zu sein, braucht der Philosoph eine Waffe. Er findet sie in Gestalt einer Menschenmasse, in Gestalt des Proletariats. Und das Proletariat vermag nichts, es sei denn, daß sich ein Philosoph seiner erbarmt, es befruchtet. Das ist der Schlüsseltext zum Verständnis von Marx. Nicht aus Mitleid wendet es sich dem Proletariat zu, sondern um sich viele starke Arme dienstbar zu machen.

In dem Aufsatz *Zur Judenfrage*, im selben Jahr verfaßt, muß das Volk, aus dem er hervorgegangen ist, die härtesten Schmähungen einstecken. Abschließend heißt es: „Wir erkennen also im Judentum ein allgemeines gegenwärtiges antisoziales Element, welches durch die geschichtliche Entwicklung, an welcher die Juden in dieser schlechten Beziehung eifrig mitgearbeitet, auf seine jetzige Höhe getrieben wurde, auf eine Höhe, auf welcher es sich notwendig auflösen muß."[80] Vorab kommt in dem Aufsatz die Sprache auf den Staat und die Elemente, aus denen er sich zusammensetzt. Doch wo das Wort „Menschen" stehen müßte, steht bei Marx „Menschenkehricht" Auch später vergreift er sich auf diese demaskierende Weise im Ausdruck.[81]. Ist es vorstellbar, daß ein Menschenfreund so abscheulich sprachlich entgleist? Was hat er nur für ein →Menschenbild? Dem „Menschenkehricht entsprechen die „Völkerabfälle".[82]

---

[79] MEW, hier 1,391.
[80] MEW a.a.O. 1,373.
[81] MEW a.a.O. 1,359; 8,267; 28,625; 34,89.
[82] Siehe →Selbstbestimmungsrecht des Volkes.

VI. War Humanismus das Motiv?

5. Aus Briefen

Die Zahl der uns aus dieser Zeit (bis Ende 1843) überlieferten Briefe ist relativ gering. Trotzdem finden sich auch hier aufschlußreiche Indizien, um die in Marx wirksamen Antriebskräfte bloßzulegen. Aus dem Aufsatz *Zur Judenfrage* wurde eben zitiert. Zu seiner Vorgeschichte gehört, was Marx in einem Brief vom 13. März 1843 mitteilt: „Soeben kömmt der Vorsteher der hiesigen Israeliten zu mir und ersucht mich um eine Petition für die Juden an den Landtag, und ich will's tun. So widerlich mir der israelitische Glaube ist, so scheint mir Bauers Ansicht doch zu abstrakt." Hier wird das Zitat meist abgebrochen. Aber erst der folgende Satz verrät das Handlungsmotiv: „Es gilt soviel Löcher in den christlichen Staat zu stoßen als möglich und das Vernünftige, soviel an uns, einzuschmuggeln."[83]

Im Mai 1843 schreibt Marx an seinen damaligen Freund Arnold Ruge: „Laßt die Toten ihre Toten begraben und beklagen. Dagegen ist es beneidenswert die ersten zu sein, die lebendig ins neue Leben eingehen; dies soll unser Los sein."[84] Dieser auf die eigene Person gemünzten Feststellung, einer der ersten zu sein, folgt die „rücksichtslose Kritik alles Bestehenden": „Ist die Konstruktion der Zukunft und das Fertigwerden für alle Zeiten nicht unsere Sache, so ist desto gewisser, was wir gegenwärtig zu vollbringen haben, ich meine die rücksichtslose Kritik alles Bestehenden, rücksichtslos sowohl in dem Sinne, daß die Kritik sich nicht vor ihren Resultaten fürchtet und ebenso wenig vor dem Konflikte mit den vorhandenen Mächten."[85]

6. Der arme Prasser

Marx, der als Philosoph das → Geld abschaffen wollte, konnte als Alltagsmensch nie genug davon haben. Das wäre keine bemerkenswerte Auffälligkeit, hätte er insofern als Student nicht alle Kommilitonen übertroffen. Da er nicht über eigene Einnahmen verfügte, mußte er sich Geld beschaffen. Dabei legte er eine Rücksichtslosigkeit an den Tag, die schier maßlosen Egoismus offenbarte. Die ersten Belege dafür verdanken wir seinem Vater, Heinrich Marx, der sich liebevoll um den zu besten Hoffnungen berechtigen-

---

[83] MEW a.a.O. 27,418.
[84] MEW a.a.O. 1,338.
[85] MEW a.a.O. 1,344 f.

VI. War Humanismus das Motiv?

den Sohn sorgte, diese und andere Charaktermängel jedoch recht anschaulich tadelte. Hier vier Kostproben, aus jedem Jahr eine:

18. November 1835

„Lieber Karl!
Über drei Wochen sind verflossen, daß Du weg bist, und keine Spur von Dir! Du kennst Deine Mutter und ihre Ängstlichkeit, und dennoch diese grenzenlose Nachlässigkeit! Das bestätigt mir leider nur zu sehr die Meinung, welche ich trotz Deiner mancher guten Eigenschaft hege, daß der Egoismus in Deinem Herzen vorherrschend ist."[86]

Ähnliche Klagen werden in den 15 überlieferten Briefen immer häufiger.

19. März 1836:

„...Wenn Du daher etwas über die Schnur gehauen hast, so mag es, weil es muß, verschleiert werden. Aber ich versichere Dich, ‚das nec plus ultra' [Nicht-darüber-hinaus] ist das Ausgeworfene."[87]

9. Dezember 1837:

„Als wären wir Goldmännchen verfügt der Herr Sohn in einem Jahre für beinahe 700 Taler gegen alle Abrede, gegen alle Gebräuche, während die Reichsten keine 500 ausgeben... Auch Klagen Deiner Geschwister habe ich nachzutragen. Kaum sieht man in Deinen Briefen, daß Du deren hast; und die gute Sophie [Schwester von Karl], die für Dich und Jenny so viel gelitten, und die so überschwänglich ergeben ist, Du denkst ihrer nicht, wenn Du sie nicht bedarfst. "[88]

Im letzten Brief des todkranken Vaters, 10. Februar 1838, lesen wir: „So sind wir jetzt im vierten Monat des Justizjahres, und schon hast Du 280 Taler gezogen. So viel hab' ich diesen Winter noch nicht verdient."[89] Etwas früher schon finden sich die bitteren Worte: „Ich will und muß Dir sagen, daß Du Deinen Eltern viel Verdruß gemacht und wenig oder gar keine Freude."[90]

---

[86] MEGA¹ a.a.O. S. 184f.
[87] Ebenda 190 f.
[88] MEW a.a.O. 1,639 f.
[89] MEGA¹ a.a.O. S.228.
[90] Karl Marx/Friedrich Engels »Werke« (42 Bde.) Berlin (Ost) 1956 ff. a.a.O. Ergbd. 1,638.

VI. War Humanismus das Motiv?

Im Todesjahr des Vaters schlägt der Studiosus noch ganz andere pekuniäre Kapriolen. Aus Dokumenten, die erst vor wenigen Jahren veröffentlicht worden sind, geht hervor, daß er sich – der Selbsteinschätzung gemäß – offenbar anschickte, den Lebensstil des Sonnenkönigs zu imitieren: „Da das Universitätsgericht damals auch für Zivilklagen gegen Studenten zuständig war, wurden von Handwerkern und Kaufleuten Klagen wegen Zahlung für gelieferte Waren und Dienstleistungen gegen Marx erhoben. So forderte Anfang September 1838 der Schneidermeister Kremling für die Anfertigung von Kleidungsstücken 40 Taler, zweieinhalb Groschen... Anfang Oktober 1838 machte der Schneidermeister Selle für die Anfertigung für Oberbekleidung 41 Taler 10 Groschen geltend. Zu demselben Zeitpunkt machte Kremling wieder eine Forderung von 30 Talern geltend, die mit der Bemerkung ‚Execution schwebt noch' gemeldet wurde... Mitte November 1838 reichte Selle ein Vollstreckungsgesuch wegen der Forderung von 10 Talern ein..."[91] Allein mit diesen Beträgen hatte eine vierköpfige Familie ein Jahr leben können.
Die verwitwete Mutter war nicht bereit, zu Lasten der sechs anderen unversorgten Kinder Karls luxuriösen Lebenswandel zu finanzieren. So wurde sie zur „Alten"[92], die er nur noch um Geld anging, die er, falls sie nicht freiwillig zahlte, regelrecht kriminell erpreßte[93], und der er gar den Tod wünschte[94]. Auf der Suche nach Geld macht er später Freund Engels zu seinem Komplizen. „Dein Alter ist ein Schweinhund, dem wir einen hundsgroben Brief schreiben werden."[95] „Ich habe einen sichern Plan entworfen, Deinem Alten Geld auszupressen, da wir jetzt keins haben. Schreib einen Geldbrief (möglichst graß an mich), worin Du Deine bisherigen Fata erzählst, aber so, daß ich ihn Deiner Mutter mitteilen kann. Der Alte fängt an, Furcht zu bekommen."[96]
Die Rücksichtslosigkeit, die aus seinen Theorien spricht, war also nicht nur philosophische Marotte, sondern Lebensmaxime eines Egomanen, die sich immer und immer wieder bis zum Tode manifestierte und die für die eingangs zitierten Lobsprüche nicht den geringsten Raum läßt.

---

[91] Heinz Kissack „Neue Dokumente über die Studienzeit von Karl Marx..." Beiträge zur Marx-Engels-Forschung Heft 2 Berlin 1978.
[92] MEW a.a.O. 27,215,405
[93] MEW a.a.O. 27,226.
[94] MEW a.a.O. 30,311.
[95] MEW a.a.O. 37,93.
[96] MEW 27,131.

VI. War Humanismus das Motiv?

Zu dieser Einsicht gelangte spät auch Karl Popper. In der letzten Auflage des erwähnten Buches heißt es: „Mehr als 20 Jahre, nachdem ich dieses Buch schrieb, wurde mir Leopold Schwarzschilds Buch über Marx, *Der rote Preuße*, bekannt. Schwarzschild betrachtet Marx mit teilnahmslosen und sogar feindlichen Augen, und er stellt ihn immer als einen unsympathischen Menschen hin... Schwarzschild beschreibt ihn als einen Mann, für den das ‚Proletariat' bloß ein Instrument war, um seinen persönlichen Ehrgeiz zu befriedigen. Obgleich das vielleicht die Sache härter ausdrückt, als es das Beweismaterial zuläßt, so muß doch zugestanden werden, daß Schwarzschilds Beweismaterial niederschmetternd ist."[97] Die Berichtigung beweist, daß Popper sein Loblied ohne genauere Sachkenntnis angestimmt und es gleichwohl gewagt hat, jede kritische Anfrage von vornherein als indiskutabel abzuschmettern (wörtlich: „...kann doch über den humanitären Impuls des Marxismus kein Zweifel bestehen").

Diese Zusammenstellung einschlägiger Texte und Fakten aus dem Leben des jungen Marx dürfte jedermann in die Lage versetzen, die eingangs aufgeworfene Frage, ob sich bei ihm Spuren edler Menschlichkeit entdecken lassen, ob Mitleid ihn gar zum Kommunismus gedrängt hat, selb zu beantworten. Ganz realistisch stellt Engels fest: „... die Deutschen wurden *philosophisch* zu Kommunisten, durch Schlußfolgerungen aus ersten Prinzipien."[98] Daß er dabei in erster Linie an seinen Freund dachte, steht außer Zweifel. Dem „älteren", kommunistischen Marx (ab dem 26. Lebensjahre) werden ohnehin keine humanitären Anwandlungen angedichtet. Auch wenn die jeweiligen Motive der Menschen letztlich ein Geheimnis bleiben, so können wir gleichwohl mit einer an Sicherheit grenzenden Wahrscheinlichkeit gefühlskalten Messianismus als Triebfeder seines Handelns diagnostizieren.

Bereits im Februar 1849 kam der kommunistische Kampfgefährte Andreas Gottschalk zum selben Ergebnis: „Das Elend des Arbeiters, der Hunger der Armen hat für Sie [Karl Marx] nur ein wissenschaftliches, ein doktrinäres Interesse. Sie sind erhaben über solche Miseren. Als gelehrter Sonnengott bescheinen Sie bloß die Parteien. Die sind nicht ergriffen von dem, was die Herzen der Menschen bewegt."[99]

---

[97] Karl Popper „Die offene Gesellschaft und ihre Feinde" Tübingen 1992, Bd. 2 S. 494.
[98] MEW a.a.O. 27.190.
[99] Andreas Gottschalk „An Herrn Karl Marx" Freiheit, Arbeit Nr. 13, Köln 25. 2. 1849.

VII. Marx und die Opfer des Kommunismus

Das Weltweit verbreitete Werk *Schwarzbuch des Kommunismus* endet mit dem von Stéphane Courtois verfaßten Kapitel „Warum?". „Warum" folgt auf den Nachweis, daß Kommunisten weltweit annähernd 85 bis 100 Millionen Menschenleben vernichtet haben. „Warum", fragt Courtois, „etablierte sich der 1917 erstmals auftretende Kommunismus beinahe sofort als blutige Diktatur und dann als verbrecherisches Regime?"[100] Courtois befaßt sich anschließend mit dem Terror in der französischen Revolution und kommt zu dem Ergebnis: Die „Herrschaft der Tugend tötete Zehntausende."[101] Dann fährt er fort: „Diese Urerfahrung des Terrors scheint die wichtigsten revolutionären Denker des 19. Jahrhunderts kaum inspiriert zu haben. Marx hat ihr wenig Aufmerksamkeit geschenkt."

Ganz zu Recht wird Marx vor allen anderen erwähnt, denn Marx ist der bekannteste revolutionäre Denker. Unbestritten hat sein *Manifest der Kommunistischen Partei* die mit Abstand weiteste Verbreitung aller politischen Publikationen gefunden. Der gemeinsame Nenner aller Täter des *Schwarzbuchs* ist das Bekenntnis zu Marx, gefolgt von Lenin, der sich seinerseits als glühender Marxist gab. Courtois nimmt Marx vorsichtig aus dem Schußfeld: „Gewiß betonte und forderte er die ‚Rolle der Gewalt in der Geschichte'. Aber er sah darin eine sehr allgemeine These, die nicht auf eine systematische, absichtliche Gewaltanwendung gegen Personen zielte."[102] „Im Namen der Wahrheit ihrer Botschaft gingen die Bolschewiken von der symbolischen Gewalt zur tatsächlichen Gewaltanwendung über und errichteten eine absolute, willkürliche Herrschaft. Sie nannten sie ‚Diktatur des Proletariats' und nahmen damit einen Ausdruck auf, den Marx zufällig in einem Briefwechsel gebraucht hatte."[103]

Richtig hingegen ist, daß Marx nicht nur „zufällig in einem Briefwechsel" von →Diktatur des Proletariats schwärmt, vielmehr sein ganzes Schaffen spätestens seit dem 30 Lebensjahr, seit dem Erscheinen des *Kommunistischen Manifests* auf dieses Ziel gerichtet gewesen ist.

Und wie verhält es sich mit der nur „symbolischen Gewalt"? Auch insofern läßt sich anhand der authentischen Texte das genaue Gegenteil exakt nachweisen. Wenn wir vom materiellen Eigennutz absehen, bestimmen insbeson-

---

[100] Stéphane Courtois u.a. „Das Schwarzbuch des Kommunismus. Unterdrückung, Verbrechen, Terror" München 1998 S. 795.
[101] Ebenda S. 796.
[102] Ebenda.
[103] Ebenda S. 808.

VII. Marx und die Opfer des Kommunismus

dere die folgenden drei Kräfte unser Tun und Unterlassen, hemmen unsere Aggressionen: der angeborene Instinkt, den wir mit den höchstentwickelten Tieren gemeinsam haben, das uns auferlegte staatliche Recht und das uns angeborene und anerzogene Sittengesetz. Wenn Eltern für ihre Kinder sorgen, sie nicht vernachlässigen, so handeln sie in der Regel einem inneren Triebe folgend wie Tiere bei der Brutpflege. Aber nicht nur: Hinzu kommt das Bewußtsein einer rechtlichen und moralischen Pflicht, so zu handeln, daß das Wohl der Kinder optimal gefördert wird. Wirken die genannten Kräfte gemeinsam in eine Richtung, ist der Erfolg bestens gewährleistet.

Marx wollte, wie dargelegt, die →Revolution, die →Diktatur des Proletariats. War physische Gewalt gegen sein Naturell (1.), gegen sein Rechtsbewußtsein (2.), gegen sein sittliches Empfinden (3.)? Welche Rolle spielt seine haßerfüllte Sprache (4.). Bei der Beantwortung dieser Fragen spielen insbesondere die Stichworte →Liebe und Haß, →Recht, →Revolution, →Gewalt, →Terror, →Moral eine große Rolle. Im folgenden sollen diese Begriffe, wie die Freunde sie verstanden, kurz gedanklich verknüpft werden.

1. Ein humanes Naturell?

Daß sich Marx als Student in Bonn duellierte, kann höchstens als *Indiz* für Gewaltbereitschaft gewertet werden. Weit aufschlußreicher ist das bereits Gesagte. Da ist zunächst der häufige Gebrauch des Wortes „Vernichten", das geradezu unvermeidlich Gewaltanwendung impliziert. Da ist die Rücksichtslosigkeit gegenüber den Eltern, den Geschwistern, gegenüber der eigenen Frau und den Kindern. Auch in den Zeiten größter materieller Not, als fremde Hilfe dringend geboten gewesen wäre, unterläßt es der Vater, energisch nach einem Brotberuf Ausschau zu halten. Die Schilderung der Gattin ist herzerweichend: „Da die Ammen hier unerschwinglich sind, entschloß ich mich, trotz beständiger schrecklicher Schmerzen in der Brust und im Rücken, mein Kind selbst zu nähren. Der kleine arme Engel trank aber mir so viel Sorgen und stillen Kummer ab, daß er beständig kränkelte, Tag und Nacht in heftigen Schmerzen lag. Seit er auf der Welt ist, hat er noch keine Nacht geschlafen, höchstens 2 bis 3 Stunden. In der letzten Zeit kamen nun noch heftige Krämpfe hinzu, so daß das Kind beständig zwischen Tod und elendem Leben schwankte. In diesen Schmerzen sog er so stark, daß meine Brust wund ward und aufbrach; oft strömte das Blut ihm in sein kleines bebendes Mündchen. So saß ich eines Tages da, als plötzlich unsre Hauswirtin... ein-

VII. Marx und die Opfer des Kommunismus

trat."[104] Sie forderte, die Bezahlung der überfälligen Miete. Da Marx der Forderung nicht entsprechen konnten, wurde die Familie bei Kälte und Regen auf die Straße gesetzt. Das Jüngste starb wenig später an den Folgen der geschilderten Leiden. Nun fehlten die Mittel für den Sarg. Sicherlich litt das Herz des Genies, aber es war hart genug, um der sittlichen Pflicht zu widerstehen, sich in fremde Dienste zu begeben.

Marx und Freund Engels machten sich zeitlebens lustig über die Liebesbekenntnisse anderer Kommunisten, ihre „Liebessabbeleien, ihre „sentimentalen Brüderschaftsphrasen", ihre „Milde" und „Sanftmut". Sie bejahten hingegen revolutionäre Leidenschaft, „äußerste Verachtung", Hohn und Spott. „Bei uns ist eher Haß nötig als Liebe"[105], bekannte Engels. Von Stalin stammt der Satz: „Es ist unmöglich, den Feind zu besiegen, ohne gelernt zu haben, ihn mit ganzer Seele zu hassen."[106] (Alfred Rosenberg, einer der führenden Ideologen des Nationalsozialismus: „Die ‚Liebe' plus ‚Humanität' ist zu einer alle Lebensgebote und Lebensformen eines Volkes und Staates zersetzenden Lehre geworden und hat sich dadurch gegen die sich heute rächende Natur empört."[107]) Haßerziehung war fester Bestandteil in den Curricula der sozialistischen Staaten, die insofern also ganz im Geiste der kommunistischen Überväter handelten.

2. Die Rechtsordnung

Der staatlichen Rechtsordnung wurde von Marx und Engels mit philosophischer Rabulistik die Verbindlichkeit abgesprochen. Der Fortschritt selbst sei die eigentliche Verfassung. Recht ist dann, was die Stunde gebietet. Marx: „Mit demselben Recht mit dem die Franzosen Flandern, Lothringen und Elsaß genommen haben und Belgien früher oder später nehmen werden, mit demselben Recht nimmt Deutschland Schleswig: mit dem Recht der Zivilisation gegen die Barbarei, des Fortschritts gegen die Stabilität."[108]

---

[104] MEW a.a.O. 27,608.
[105] MEW a.a.O. 34,170.
[106] Nach G. Waidhausen „Die psychologische Schulung des sowjetischen Offiziers" Die Orientierung, 3. Beiheft 1966 S.7.
[107] Alfred Rosenberg „Der Mythus des XX. Jahrhunderts" München 1938 S. 169.
[108] MEW a.a.O. 5,395.

VII. Marx und die Opfer des Kommunismus

Da die Kommunisten an der Spitze des Fortschritts marschieren, ihnen die Einsicht in die Notwendigkeit zu eigen ist, handeln sie recht, was immer sie tun. Das gilt natürlich vor allem für Marx, den Entdecker des Gesetzes der Menschheitsentwicklung. Der kommunistische Revolutionär ist so vom Verbot physischer Gewalt entbunden, ja er ist geradezu verpflichtet, sie einzusetzen, wenn sie dem großen Ziele dient. Marx: „Die Gewalt ist der Geburtshelfer jeder Zeit, die mit einer neuen schwanger geht."[109] Engels in einem Brief an einen Dritten: „Abgesehen von der Frage der Moralität – um diesen Punkt handelt es sich hier nicht, ich lasse ihn also beiseite – ist mir als Revolutionär jedes Mittel recht, das zum Ziel führt, das gewaltsamste, aber auch das scheinbar zahmste."[110]

3. Das Sittengesetz

Der eben zitierte Text mit seinem Vorbehalt „Moralität" legt die Vermutung nahe, daß die Freunde eine moralische Selbstbindung nicht von vornherein ablehnten. Doch diese Annahme wäre nicht richtig, wie zahlreichen deutlichen Aussagen zu entnehmen ist, zum Beispiel: „Die Kommunisten predigen überhaupt keine *Moral*... sie stellen nicht die moralische Forderung an die Menschen: Liebet Euch untereinander, seid keine Egoisten...[111] So wird auch insofern jeder Form der Gewalt die Tür weit aufgestoßen. Die Worte dieser bekennenden Revolutionäre lassen an Deutlichkeit nichts zu wünschen übrig: „Vernichtungskampf und rücksichtslosen Terrorismus, nicht im Interesse Deutschlands, sondern im Interesse der Revolution."[112] Noch deutlicher: „Ich kenne nichts Autoritäreres als eine Revolution, und wenn man seinen Willen anderen mit Bomben und mit Gewehrkugeln aufzwingt, wie in jeder Revolution, dann scheint mir, daß man Autorität ausübt."[113]
Damit dürfte Courtois' Annahme, Marx habe, wenn er „Gewalt" in den Mund nahm, nur „symbolische Gewalt" gemeint, eindeutig widerlegt sein. Es gibt nicht *eine* Äußerung der Freunde, die Courtois für seine Behauptung zitieren kann, jedoch Dutzende, die das Gegenteil besagen und insbesondere unter

---

[109] MEW a.a.O. 23,779.
[110] MEW a.a.O. 37,327.
[111] MEW a.a.O. 3,229.
[112] MEW a.a.O. 6,286.
[113] MEW a.a.O. 33,374 f.

VII. Marx und die Opfer des Kommunismus

dem Stichwort „→Terror" zusammengefaßt sind. Das beginnt mit Engels' Selbstporträt aus dem Jahre 1842:

> „Doch der am weitsten links mit langen Beinen toset,
> Ist Oswald, grau berockt und pfefferfarb behoset.
> Auch innen pfefferhaft, Oswald der Montagnard,
> Der wurzelhafteste mit Haut und auch mit Haar.
> Er spielt ein Instrument: das ist die Guillotine..."[114]

Die Guillotine steht für den Terror der Französischen Revolution; Oswald ist das Pseudonym, das sich Engels gegeben hatte, unter dem er damals publizierte. Freund Marx stößt, wie nicht anders zu erwarten, ins selbe Horn. Für ihn gibt es, um an dieser Stelle wenigstens *einen* Beleg zu präsentieren, nur ein Mittel, „die mörderischen Todeswehen der alten Gesellschaft, die blutigen Geburtswehen der neuen Gesellschaft *abzukürzen*, zu vereinfachen, zu konzentrieren, nur *ein Mittel – den revolutionären Terrorismus*."[115]

Hannah Arendt sprach mit Blick auf die Verbrechen der Nationalsozialisten von der „Banalität des Bösen". Ist diese Betrachtungsweise wirklich richtig, oder war nicht auch das böse Tun dieser zwölf Jahre Ausfluß eines bösen Denkens, das durchaus beim ersten Hören so klingt, als sei es von Tatsachen ausgehend logisch abgeleitet? Hitler in einer Ansprache vor Offizieren der Wehrmacht am 22. Juni 1944: Die Natur „kennt vor allem nicht den Begriff der Humanität, der besagt, daß der Schwächere unter allen Umständen zu fördern und zu erhalten sei, selbst auf Kosten der Existenz des Stärkeren. Wer die Weltgeschichte von einem solchen falschen Standpunkt aus betrachtet, der muß irre werden an einer göttlichen Gerechtigkeit, muß irre werden an einer Vernunft dieses ganzen Daseins. Denn er wird immer auf die Tatsache stoßen, daß schwache Völker, die scheinbar nichts getan haben, von großen Nationen überwältigt, überwunden, beseitigt und auch ausgerottet werden. Allein nur der verbogene Mensch, der in seinem Denken nicht mehr ganz klar sehende Mensch, kann zu einer solchen Auffassung kommen... Die Natur kennt in der Schwäche keinen Milderungsgrund, sondern im Gegenteil, die Schwäche ist der Grund der Verurteilung."[116] Hitler, der „das Gesetz der Natur" kennt, handelt danach.

---

[114] MEW a.a.O. Ergbd. 2,300.
[115] MEW a.a.O. 5,457.
[116] Nach Hans Buchheim „Die SS – Das Herrschaftsinstrument Befehl und Gehorsam" Olten 1965 S.298 f.

VII. Marx und die Opfer des Kommunismus

Und im Marxismus? Wer den folgenden Text Engels' überdenkt, kann die frappierende Parallele schwerlich leugnen: „Daß diese Eroberung aber im Interesse der Zivilisation lag, ist bisher noch nie bestritten worden... Und endlich, welches ‚Verbrechen‘, welche ‚fluchwürdige Politik‘, daß die Deutschen und Magyaren zu der Zeit, als überhaupt in Europa die großen Monarchien eine ‚historische Notwendigkeit‘ wurden, alle diese kleinen verkrüppelnden, ohnmächtigen Nationchen zu einem großen Reich zusammenschlugen und sie dadurch befähigten, an einer geschichtlichen Entwicklung teilzunehmen, der sie, sich überlassen, gänzlich fremd geblieben wären! Freilich dergleichen läßt sich nicht durchsetzen ohne manch sanftes Nationenblümlein gewaltsam zu zerknicken. Aber ohne Gewalt und ohne eherne Rücksichtslosigkeit wird nichts durchgesetzt in der Geschichte, und hätten Alexander, Cäsar und Napoleon dieselbe Rührungsfähigkeit besessen, an die jetzt der Panslawismus zugunsten seiner verkommenen Klienten appelliert, was wäre da aus der Geschichte geworden!"[117]

Die Täter der im *Schwarzbuch des Kommunismus* aufgelisteten Verbrechen mißbrauchten also nicht das Andenken von Marx und Engels, indem sie sich als Marxisten ausgaben. Der Terror und die Gewalt, die sie praktizierten, wurden von den Ahnherrn des „wissenschaftlichen Sozialismus" als dem „Entwicklungsgesetz der menschlichen Geschichte" gemäß im voraus abgesegnet.

4. Die Sprache

Aus den Briefen der Freunde, insbesondere aus der gegenseitige Korrespondenz, triefen Haß und Verachtung (→Bakunin, →Lassalle, →Liebknecht, →Mazzini, →Proudhon). Sind insofern überhaupt Steigerungen möglich? Die ständigen Invektiven lassen nicht nur Rückschlüsse auf die Verfasser zu, sie werfen zugleich die Frage auf, welche Auswirkungen sie haben können.

Zu denen, die am intensivsten um die richtige Antwort gerungen haben, dürfte Viktor Klemperer zählen. In seiner Untersuchung *Die Sprache des „Dritten Reiches"* kommt es zu dem Ergebnis: „Aber Sprache dichtet und denkt nicht nur für mich, sie lenkt auch mein Gefühl, sie steuert mein ganzes seelisches Wesen, je selbstverständlicher, je unbewußter ich mich ihr überlasse. Und

---
[117] MEW a.a.O. 6,277 ff.

VII. Marx und die Opfer des Kommunismus

wenn nun die gebildete Sprache aus giftigen Elementen gebildet oder zur Trägerin von Giftstoffen gemacht worden ist? Worte können sein wie winzige Arsendosen: sie werden unbemerkt verschluckt, sie scheinen keine Wirkung zu tun, und nach einiger Zeit ist die Giftwirkung doch da."[118] Auch wenn die ursächliche Verknüpfung schlimmer Worte mit schlimmen Taten meist nicht exakt nachweisbar ist, die hohe Plausibilität von Klemperers Worten rechtfertigt den Vorwurf der „Scheibtischtäterschaft".

---

[118] Viktor Klemperer „LTI. Lingua Tertii Imperii. Notizbuch eines Philologen", Frankfurt a. M. 1982 S. 21.

VIII. Wie erklärt sich der Erfolg?

Alle Staaten, die sich zum Marxismus bekannt haben und auch jene, die sich noch dazu bekennen, sind gescheitert, haben zumindest ihre Attraktivität gänzlich eingebüßt. Lag es daran, daß sie Marxens Vorgaben nicht befolgt haben, oder sind sie gerade wegen ihrer Marxgläubigkeit in Schwierigkeiten geraten?

Die überraschende Antwort lautet: Der allgemein als erster Klassiker des Kommunismus anerkannte Marx hat sich mit „Kommunismus" kaum befaßt, hat die heile kommunistische Welt nicht näher beschrieben. Die wenigen konkreten Weisungen, die wir insbesondere im *Manifest der Kommunistischen Partei* finden, versuchten Lenin und seine Gefolgschaft, ebenso die Kommunisten der anderen Staaten, in die Tat umzusetzen. Sie besagen:

„Für die fortgeschrittensten Länder werden jedoch die folgenden [Maßregeln] ziemlich allgemein in Anwendung kommen können: 1. Expropriation des Grundeigentums... 2. Starke Progressivsteuer. 3. Abschaffung des Erbrechts. 4. Konfiskation des Eigentums aller Emigranten und Rebellen."[119]

Auch sonst hält der Marxismus nicht, was er verspricht. Das gilt für den historischen Materialismus ebenso wie für die Kritik des Kapitalismus. Selbstverständlich war nicht alles falsch, was Marx und Engels niedergeschrieben haben. Aber das Richtige war nicht neu und das Neue war nicht richtig. Der Beweis des Gegenteils wurde nie angetreten. Trotzdem der Siegeszug des Marxismus!

1917 kamen erstmals marxistische Kommunisten an die Macht, und zwar in Rußland. Sie mißachteten die Ergebnisse freier Wahlen, trugen die junge Demokratie zu Grabe, zerbrachen jeden Widerstand der Opposition mit äußerster Brutalität, traten die primitivsten Grundsätze rechtsstaatlicher Ordnung mit Füßen, ermordeten Hunderttausende Unschuldiger.[120] Dennoch schlugen Dutzende von Staaten den gleichen Weg ein, schworen auf den Marxismus, den Marxismus-Leninismus, den Marxismus-Leninismus-Stalinismus oder –Maoismus, viele unter massivem Druck, andere ohne äußeren Zwang wie Jugoslawien und Albanien in Europa, China und Nordkorea in Asien, Angola und Mosambik in Afrika, Kuba und Nicaragua in Amerika. Wie war dies möglich?

Als Gorbatschow 1985 zum Generalsekretär der Kommunistischen Partei der Sowjetunion gewählt wurde, lebte ein Drittel der Menschheit in Staaten, die auf den Marxismus-Leninismus eingeschworen waren. Auch außerhalb gab es

---

[119] MEW a.a.O. 4,481.
[120] Siehe Stéphane Courtois u.a. „Das Schwarzbuch des Kommunismus" München 1998.

VIII. Wie erklärt sich der Erfolg?

Millionen, die – trotz allem – Marx und Lenin verehrten, die sich unter ihre geistige Führung stellten.
Die historische Gestalt von Marx liefert ebenfalls keine Erklärung für den Erfolg. Marx war bei denen, die ihn näher kannten, ziemlich unbeliebt. Von den meisten seiner Kampfgenossen hatte er sich im Streit getrennt. Die Bande zu Mutter und Geschwister hatte er fast gänzlich zerrissen, seine Frau äußerte kurz vor ihrem Tode, sie sei angewidert vom ganzen männlichen Geschlecht, als Marx in der Millionenstadt London starb, gab ihm nur ein Dutzend das letzte Geleit. Und trotzdem der Erfolg. Welches sind die Hauptgründe dafür?

1. Die Dialektik?

Anläßlich des einhundertsten Todestages von Marx wurde in der Frankfurter Allgemeinen Zeitung genau diese Frage nach den Gründen des Erfolgs aufgeworfen. Die Antwort dort: „Vielleicht und vor allem durch einen Begriff, von dem Zauberkraft ausstrahlt: Dialektik. Dialektik meint Bewegung im Dreischritt."[121] Erinnert sei an „Position", „Negation", „Negation der Negation". Engels erläutert: „Die Dialektik ist aber weiter nichts als die Wissenschaft von den allgemeinen Bewegungs- und Entwicklungsgesetzen der Natur, der Menschengesellschaft und des Denkens."[122] Wenn dem so wäre, würden wir dem Gesetz auf Schritt und Tritt begegnen. Aber die Beispiele, die Engels in seinem *Antidühring* dem Leser zumutet, sind so handgreiflich falsch, daß sie nicht Gegenstand einer ernsthaften Prüfung sein können, so wenn er behauptet: „...findet so ein Gerstenkorn die für es normalen Bedingungen vor, fällt es auf günstigen Boden, so geht unter dem Einfluß der Wärme und der Feuchtigkeit eine eigne Veränderung mit ihm vor, es keimt; das Korn vergeht als solches, wird negiert, an seine Stelle tritt die aus ihm entstandne Pflanze, die Negation des Korns."[123]
Nein, das angebliche Gesetz ist nirgendwo nachweisbar, ist indiskutabel. Aber die Worte „Dialektik" und „→Dialektischer Materialismus" haben in den Ohren vieler einen geheimnisvoll fesselnden Klang. Und in der Tat, die in diesem Zusammenhang gebrauchten Begriffe und behaupteten Gesetze sind ein

---

[121] Graf von Krockow „Verheißung, dialektisch" Frankfurter Allgemeine Zeitung 14. 3.83.
[122] MEW a.a.O. 20,131 f.
[123] MEW a.a.O. 20,127.

VIII. Wie erklärt sich der Erfolg?

wertvolles Instrumentarium in den Händen Skrupelloser, um immer recht zu behalten, auch wenn sie sich noch so sehr geirrt haben. Dessen war sich Marx bewußt und er hat es auch mehrmals eingestanden, so in einem Brief an Engels: „Es ist möglich, daß ich mich blamiere. Indes ist dann immer mit einiger Dialektik wieder zu helfen. Ich habe natürlich meine Aufstellung so gehalten, daß ich im umgekehrten Fall auch recht habe."[124]

2. Die rücksichtslose Kritik

Marx predigte – wie ausgeführt – die rücksichtslose Kritik alles Bestehenden und wurde so zum Anwalt aller, die mit der Welt haderten. Ein Student pinselte an ein Gebäude der Universität Bayreuth: „Alles Scheiße!" Wer so empfindet, steht zumindest mit einem Bein im marxistischen Lager. Kein geringerer als Bert Brecht hat diesem Empfinden mit wohlgesetzten Worten Ausdruck verliehen und die Karl-Marx-Stadt (heute Chemnitz) ließ sie in Stein meißeln, wo der Besucher sie noch heute lesen kann:

> „Welche Niedrigkeit begingest du nicht, um
> Die Niedrigkeit auszutilgen?
> Könntest du die Welt endlich verändern, wofür
> Wärest du dir zu gut?
> Wer bist du?
> Versinke in Schmutz,
> Umarme den Schlächter, aber
> Ändere die Welt: sie braucht es! [125]

Auch viele Bürgerliche, denen Marxens „rücksichtslose Kritik alles Bestehenden" unbekannt oder wesensfremd ist, halten ihm zugute, er habe seine Finger in eine Wunde der Zeit gelegt. Und in der Tat, so ist es! Auch Hitler hat seine Finger in eine Wunde der Zeit gelegt, in den Vorwurf, Deutschland und Österreich seien die Alleinschuldigen am Ausbruch des Ersten Weltkrieges. Doch weder Marx noch Hitler betraten insofern Neuland. Ausnahmslos alle deutschen Parteien protestierten damals gegen die „Kriegsschuldlüge". Und Marx? Er war weder der erste noch der Einzige, der

---

[124] MEW a.a.O. 29,161.
[125] Bert Brecht „Gesammelte Werke in acht Bänden" Frankfurt a.M. 1979 Bd. 1 S.651.

VIII. Wie erklärt sich der Erfolg?

die Gebrechen seiner Zeit beim Namen nannte. Engels' *Die Lage der arbeitenden Klasse in England* bietet die Zusammenschau zahlreicher Aufsätze und Artikel, die andere verfaßt hatten. Engels: „Ich sitze bis über die Ohren in englischen Zeitungen und Büchern vergraben, aus denen ich mein Buch über die Lage der englischen Proletarier zusammenstelle."[126] Der Text ist höchst aufschlußreich. Gegen Ende schildert er, was kommen wird: „Die zur Verzweiflung getriebenen Proletarier werden die Brandfackel ergreifen... die Volksrache wird mit einer Wut geübt werden, von der uns das Jahr 1793 noch keine Vorstellung gibt. Der Krieg der Armen gegen die Reichen wird der blutigste sein, der je geführt worden ist. Selbst der Übertritt eines Teils der Bourgeoisie zur Proletarierpartei, selbst eine allgemeine Besserung der Bourgeoisie würde nichts helfen.."[127] Die behauptete Unentrinnbarkeit – verrät sie nicht, daß der Autor eben dies will. Wissen konnte er es nicht. Die Geschichte Englands nahm einen ganz anderen Verlauf. Bei Marx war es nicht anders. Auch er hat keinerlei einschlägige Feldforschung betrieben, sondern die Texte anderer, soweit sie ihm ins Konzept paßten, ausgewertet. Auch bei ihm ist die Katastrophe unvermeidlich.

3. Die wunderbaren Verheißungen

Im Rundschreiben des ersten Kongresses des Bundes der Kommunisten vom 9. Juni 1847 heißt es: „Wir vertreten eine große, eine herrliche Sache. Wir proklamieren die größte Umwälzung, die je in der Welt proklamiert worden ist, eine Umwälzung, die an Gründlichkeit, an Folgenreichtum nicht Ihresgleichen hat in der Geschichte."[128]
Der Kommunismus ist die Negation des Bestehenden. Das Bestehende ist aber das Gegenteil von dem, was eigentlich sein sollte. Also formuliert Marx: „Der Kommunismus ist die Position als Negation der Negation, darum das wirkliche, für die nächste geschichtliche Entwicklung notwendige Moment der menschlichen Emanzipation und Wiedergewinnung."[129]
Das klingt souverän, das klingt so, als ob einer spräche, der es genau weiß;

---

[126] MEW a.a.O. 27,10.
[127] MEW a.a.O. 2,504 f.
[128] Abgedruckt in Bert Andréas (Hg.) „Gründungsdokumente des Bundes der Kommunisten" Hamburg 1969.
[129] MEW a.a.O. Ergbd. 1, 546.

VIII. Wie erklärt sich der Erfolg?

eine wissenschaftliche Offenbarung also. Es klingt aber auch ungemein verheißungsvoll. Beide Elemente des Marxismus: die scheinwissenschaftliche Qualität der Lehre und die Qualität dessen, was sie verheißt, haben, wie zahlreiche Bekenntnisse beweisen, faszinierend gewirkt und wirken so oftmals auch heute noch. Dafür ein Beleg: „Bei der ersten Berührung mit dem Marxismus war es mir zumute, als ob mir ein Weltbild geoffenbart würde, das die Lösung für alle quälenden Probleme bot... Ich fand mit einem Schlag einen Religionsersatz, eine Geschichtsphilosophie, eine wissenschaftliche Methode, eine soziale Ethik, eine politische Strategie, und das alles fügte sich zu einem logisch koordinierten System zusammen. Daraus ergab sich ein solches Gefühl der Sicherheit und der Kraft, daß der dadurch gesteigerte Tonus wie ein beständiger leichter Rauschzustand wirkte."[130]

4. Der Religionsersatz

Im 19. Jahrhundert entfremdete sich der Arbeiterstand von den Kirchen. Er suchte nach einem Religionsersatz, den die Marxsche Lehre bietet, und nach einer neuen Bibel, die an die Stelle der alten treten sollte. Engels erkannte dieses Verlangen und nannte Marxens *Kapital* „Bibel" der Arbeiterklasse.[131] Die Arbeiter hatten ihr großes Buch, in dem, wie sie annahmen, alles Wichtige stünde. Kaum einer las es, nicht einmal ihre politischen Führer. Anläßlich einer Tagung „Hundert Jahre *Das Kapital*", veranstaltet vom ZK der SED in Ost-Berlin, hieß es im Grußwort des Vertreters der Kommunistischen Partei Kanadas: „Hätte man das eine Buch zu wählen, das mehr als jedes andere den Lauf der Weltgeschichte beeinflußt hat, so würde man zweifellos *Das Kapital* von Karl Marx wählen... Würden Sie die Mitglieder der Kommunistischen Partei oder auch der sozialistischen Partei eines beliebigen Landes fragen, ob sie *Das Kapital* gelesen haben, Sie stimmen darin mit mir überein-, dann würden die meisten mit ‚nein' antworten..."[132]
Der Marxismus ist ein Spiegelbild des Offenbarungsglaubens bis hinein in die Details seiner Verwirklichung. Dem biblischen Garten Eden entspricht im Marxismus der Urzustand, wie er vor allem von Engels beschrieben worden

---

[130] Hendrik de Man „Gegen denStrom" Stuttgart 1953 S. 57 f.
[131] MEW a.a.O. 31,407.
[132] J. Boyd in Dietz Verlag „*Das Kapital* von Karl Marx und seine internationale Wirkung" Berlin-Ost 1968 S.304.

VIII. Wie erklärt sich der Erfolg?

ist. Dann kommt der Sündenfall. Marx selbst ist es, der die Parallele zwischen Offenbarungsglauben und seiner Lehre zieht. Unter der Überschrift: „Das Geheimnis der ursprünglichen Akkumulation" schreibt er: „Diese ursprüngliche Akkumulation spielt in der politischen Ökonomie ungefähr dieselbe Rolle wie der Sündenfall in der Theologie. Adam biß in den Apfel, und damit kam über das Menschengeschlecht die Sünde."[133] Der Fluch der Sünde ist das „Jammertal", ein biblisches Wort, das auch Marx gebraucht.[134] Hier wie dort wird ein Erlöser geboren. Im Marxismus ist es das Proletariat. Den Abschluß der Vorgeschichte der Menschheit bildet nach der Bibel das Jüngste Gericht, nach Marx die Kommunistische Revolution, jeweils ein furchterregendes, für viele schmerzliches Ereignis. Doch sie läuten eine glückliche Endzeit ein. Der perfekte Kommunismus ist das biblische Land der Verheißung, „in dem Milch und Honig fließen" und wohin der Herr sein Volk führen wird, eine Endzeitlehre, die den Himmel auf Erden verheißt, den neuen Himmel und die neue Erde in eins verschmelzen läßt.[135]

5. *Die Arbeitswerttheorie*

Ein elematarer Bestandteil von Marxens Lehre ist, wie gezeigt, die Arbeitswerttheorie. Danach entstehen die Reichtümer nur durch menschliche Arbeit, und zwar entspricht ihr Wert der Stundenzahl, die für die Herstellung einer Ware aufgewendet worden ist. Der Unternehmer ist zwar im Produktionsprozeß ebenso notwendig wie der Dirigent im Orchester (Marx: „Der Befehl des Kapitalisten auf dem Produktionsfeld wird jetzt so unentbehrlich wie der Befehl des Generals auf dem Schlachtfeld"[136]), aber er hat keinen Anteil am Mehrwert. Daraus folgt, daß alle Reichtümer dieser Erde von den Arbeitern geschaffen worden sind und geschaffen werden. Doch was gehört ihnen? Außer ihrer Arbeitskraft nichts. Was müßte ihnen gehören? Alles! Diese Antwort legitimiert sie zur Enteignung der Enteigner oder, um es mit Marx zu sagen: „Die Expropriateure werden expropriiert."[137] Sind das nicht schier unwiderstehliche Sirenengesänge in den Ohren der Zu-Kurz-Gekommenen und derer, die sich dafür halten?

---

[133] MEW a.a.O. 23,741.
[134] MEW a.a.O. 1,379.
[135] Konrad Löw „Wie Marx Marxist wurde" Theologisches 1/90.
[136] MEW a.a.O. 23,350.
[137] MEW a.a.O. 23,791.

VIII. Wie erklärt sich der Erfolg?

6. Engels' Vorbild

Engels hat auf die deutschen Sozialdemokraten, die – global betrachtet – an der Spitze der sozialistischen Bewegung marschierten, einen nachhaltigen Eindruck hinterlassen. Er, der gebildete, wortgewandte, sprachbegabte Unternehmer tut alles, um seinen Freund als den Größten, Tüchtigsten erscheinen zu lassen und nennt sich selbst bescheiden „zweite Violine": „Ich habe mein Leben lang das getan, wozu ich gemacht war, nämlich zweite Violine zu spielen, und glaube auch, meine Sache ganz passabel gemacht zu haben. Und ich war froh, so eine famose erste Violine zu haben wie Marx."[138]. Erinnert sei an das überschwengliche Lob am offenen Grabe, wo er Marx vorbehaltlos auf eine Stufe neben Charles Darwin stellte. Marx habe u.a. das Gesetz der geschichtlichen Entwicklung entdeckt.

Da es in den Reihen der Sozialdemokraten immer noch viele Anhänger des 1864 an den Folgen einer Duellverletzung verstorbenen Ferdinand Lassalle gab, polemisierte er gegen den verhaßten Rivalen: „Man hat sich in Deutschland daran gewöhnt, in Ferdinand Lassalle den Urheber der deutschen Arbeiterbewegung zu sehen. Und doch ist nichts unrichtiger... Der ganze Inhalt seiner Schriften war entlehnt, selbst nicht ohne Mißverständnisse entlehnt, er hatte einen Vorgänger und einen intellektuellen Vorgesetzten, dessen Dasein er freilich verschwieg, während er seine Schriften vulgarisierte, und dieser intellektuelle Vorgesetzte heißt Karl Marx."[139] Wider besseres Wissen behauptete Engels zum höheren Ruhme des Freundes, dieser habe die Internationale Arbeiterassoziation, die 1864 in London entstanden war, gegründet.[140]

Wie sehr es Engels um die Wirkung und wie wenig es ihm um die Substanz ging, offenbaren Briefe wie der folgende: „Sei endlich einmal weniger gewissenhaft Deinen eignen Sachen gegenüber. Es ist immer noch viel zu gut für das Lausepublikum. *Daß* das Ding geschrieben wird, ist die Hauptsache; die Schwächen, die Dir auffallen, finden die Esel doch nicht heraus..."[141]

In der Korrespondenz mit dem Freund unterdrückt Engels kritische Einwände nicht gänzlich. Nach außen hin ist er jedoch immer voll des Lobes: „Solange es Kapitalisten und Arbeiter in der Welt gibt, ist kein Buch erschienen, wel-

---

[138] MEW a.a.O. 36,218.
[139] MEW a.a.O. 16,361 f. Ausführlich dazu: Löw „Der Mythos Marx..." a.a.O. S. 48 ff.
[140] Ausführlich dazu: Löw „Der Mythos Marx..."a.a.O. S. 51 ff.
[141] MEW 30,15.

VIII. Wie erklärt sich der Erfolg?

ches für die Arbeiter von solcher Wichtigkeit wäre, wie das Vorliegende... Wertvoll wie die Schriften eines Owen, Saint Simon, Fourier sind und bleiben werden – erst einem Deutschen war es vorbehalten, die Höhe zu erklimmen, von der aus das ganze Gebiet der sozialen Verhältnisse klar und übersichtlich daliegt, wie die niederen Berglandschaften vor dem Zuschauer, der auf der höchsten Kuppe steht."[142]

„Beim Ausbruch der Februarrevolution [1848] bestand die deutsche ‚kommunistische Partei' nur aus einem kleinen Stamm... Aber diese unbedeutende Streitkraft hatte einen Führer, dem sich alle willig unterordneten, einen Führer ersten Ranges in *Marx*..."[143] Auch diese Behauptung ist frei erfunden[144], doch wer ihr glauben schenkt, wird sich einem solchen Führer willig unterordnen. Engels' Beispiel wirkte ansteckend. Als Wilhelm →Liebknechts Sterne in der SPD verblaßten, wurde er, wie er selbst sagt, „aus Not... ein Märchenschmied" und versuchte, mit seiner Marxbekanntschaft zu imponieren. Was die Wirklichkeit nicht bot, mußte anheimelnde Gartenlaubenphantasie ersetzen.[145] Freilich Liebknecht war klug genug, bis nach Engels' Tod zu warten, andernfalls hätte der „Esel", wie Marx und Engels über ihn zu lästern pflegten, eine höchst peinliche Korrektur einstecken müssen. Um Marx nicht zu diskreditieren, ließen sich August Bebel und Eduard Bernstein zu unglaublichen Textfälschungen hinreißen.[146] Und diese Tradition der dolosen oder absichtslosen Schönferberei besteht fort bis auf den heutigen Tag, wie die drei Eingangszitate beweisen.

7. Das liebe Geld

Damit sind wir beim Geld angelangt, das der unverheiratete, kinderlose Engels als Erbe des väterlichen Anteils an der Firma Ermen und Engels, Manchester, reichlich besaß, an dem die meisten anderen Mangel litten, so die führenden deutschen Sozialdemokraten, wenn sie, wie Liebknecht und Bebel, im Gefängnis für ihre Agitation büßen mußten. Kam dann aus dem fernen England eine Überweisung, Absender Friedrich Engels, war die Freude

---

[142] MEW a.a.O. 16,235.
[143] MEW, hier 21,16.
[144] Siehe Löw „Rotbuch..." a.a.O. S. 301 ff.
[145] Siehe Löw „Der Mythos Marx..." S. 140 ff.
[146] Siehe Löw „Der Mythos Marx..." S. 148 ff.

VIII. Wie erklärt sich der Erfolg?

sicherlich riesengroß, die zur Dankbarkeit verpflichtete und auf weitere Gaben im Bedarfsfalle hoffen ließ. Auch die Partei selbst war Empfänger. „Da es sich bei den diesmaligen Wahlen um einen großen Effekt handelt, so müssen wir uns alle anstrengen, und so lege ich Dir für den Wahlfonds eine Anweisung für £ 25 bei."[147]

Dieser materielle Gesichtspunkt ist bisher offenbar gänzlich unberücksichtigt geblieben, kann aber in seiner Bedeutung schwerlich überschätzt werden. So erlangte Engels ungeheuren Einfluß auf sozialdemokratische Führer und damit die Partei. Als Liebknechts Schwiegersohn es wagte, an Marx vorsichtig Kritik zu üben, drohte Engels dem Schwiegervater mit harten Konsequenzen, falls er dem bösen Treiben tatenlos weiter zusehen würde: „Es erscheint, *mit Deinem Namen gedeckt,* eine Schundschrift von einem mehr als zweideutigen Lumpazius, eine wahre Sauerei, worin dieser unwissende Lumpazius sich zum Verbesserer von Marx aufwirft. Diese Sauerei wird den deutschen Arbeitern durch *Deinen Namen* als Herausgeber auf dem Titelblatt als bildende Lektüre im Sinne unserer Partie empfohlen... Natürlich hat Dein Schwiegersohn Dich geprellt, absichtlich hättest Du das nie getan. Aber jetzt – wo Deine erste Pflicht ist, diese Sauerei abzuschütteln, zu erklären, Du seist schmählich hintergangen worden, und unter Deinem Namen werde kein Bogen mehr davon erscheinen – wie da?... Wenn Du die Herausgabe der Schl[esinger] Sauerei einstellst, so kann ich die Sache einschlafen lassen. Erscheint aber Fortsetzung..."[148]

Schließlich darf in diesem Zusammenhang nicht unerwähnt bleiben, daß Engels einen Teil seines beachtlichen Vermögens der SPD vermachte, wovon die Parteispitze wußte, ein weiterer Grund, auf den namhaften Mäzen und sein Idol Marx Rücksicht zu nehmen.

Weder Marx noch Engels war je Mitglied der SPD oder einer der Parteien, aus denen sie hervorgegangen ist. Doch Engels hat, wie angedeutet, die Partei und einzelne namhafte Mitglieder finanziell gefördert. Dieses Verhalten legt den Schluß nahe, die SPD sei doch ihre Partei gewesen, und da die SPD eine demokratische Partei damals war und heute ist, kann ihre Einstellung schwerlich antidemokratisch gewesen sein.

Dagegen spricht, daß sie stets versucht haben, die Partei nach links abzudrängen und die Bereitschaft zur gewaltsamen Revolution wachzuhalten. Außerhalb der SPD gab es damals keine politischen Kräfte, die ihren

---
[147] MEW a.a.O. 36,207.
[148] MEW a.a.O. 35,229 f.

VIII. Wie erklärt sich der Erfolg?

Absichten näher gestanden hätten. Also hatten sie nur die Wahl, entweder ihre Agitation einzustellen oder zu versuchen, diese Partei in ihrem Sinne umzugestalten. Alle einschlägigen Dokumente beweisen das, so Marxens Kritik des Gothaer Programms, in dem er die →Diktatur des Proletariats als unumgänglich notwendig bezeichnete. Kurz vor seinem Tode hat Engels noch durchgesetzt, daß diese demokratiewidrige Agitation publik gemacht wurde. Monate vor seinem Ableben protestierte er in mehreren Briefen mit allem Nachdruck gegen die Versuche, ihn zum gesetzestreuen Bürger zu machen, so im Schreiben an Karl Kautsky vom 1. April 1895: „Zu meinem Erstaunen sehe ich heute im ‚Vorwärts' einen Auszug aus meiner ‚Einleitung' ohne mein Vorwissen abgedruckt und derartig zurechtgestutzt, daß ich als friedfertiger Anbeter der Gesetzlichkeit quand même dastehe..."[149]

Ferner: Schon damals schlummerten in der SPD zwei Seelen, deren eine Ende 1918 die Kommunistische Partei Deutschlands ins Leben rief. Es gibt keinen vernünftigen Zweifel, daß diese Abspaltung die Partei der Freunde gewesen wäre, daß das Programm der KPD ihren Vorstellungen entsprach.

---

[149] MEW a.a.O.39,452.

IX. Ist Marx für immer tot?

Der Name Marx steht für Marxismus, aber auch für Kommunismus; denn Marx ist der renommierteste Kommunist. „Marxismus" meint seine Lehre, deren Quintessenz ober dargelegt worden ist. „Kommunismus" kommt vom Lateinischen communio bonorum, von Gütergemeinschaft. Marx forderte die Abschaffung des Privateigentums. Aber mit dieser Forderung stand er nicht allein, war er nicht der erste. Sie reicht weit zurück in die Antike. Das ist unbestritten.
„Marxismus" und „Kommunismus" sind also sinnverwandte, aber nicht bedeutungsgleiche Wörter. Jemand kann Kommunist sein, gleichzeitig aber den Histomat und die Marxsche Kapitalismuskritik ablehnen. Prüfen wir zunächst die Überlebenschancen des Marxismus (1.) und dann die des Kommunismus (2.).

1. Marxismus

Die Kapitel 5 und 6 haben gezeigt, daß weder der historische Materialismus noch die Ausführungen in *Das Kapital* einer kritischen Prüfung standhalten. Über Jahrzehnte hinweg präsentierte ich diese Themen in akademischen Veranstaltungen, ohne auch nur einmal auf einen Apologeten zu stoßen. De mortuis nil nisi bene – über Tote nur Gutes, diese Bemerkung eines mitleidigen Studenten, in der Pause pro Marx an die Tafel geschrieben, spricht sie nicht Bände? Ein anderer: Marx kann das, was er geschrieben hat, doch selbst nicht für richtig gehalten haben. Welches war seine wirkliche Ansicht? – Ein gute Frage, die wohl niemand zuverlässig beantworten kann. Eric Voegelin, ein angesehener deutsch-amerikanischer Politikwissenschaftler, nannte ihn ohne Vorbehalt einen „intellektuellen Schwindler".[150] Glaubte Marx selbst nicht, was er vertrat?
Wer sich intensiv mit Marx befaßt, hat bei seiner Kritik zwar den Zeitgeist gegen sich, aber sachlich gesehen alle Trümpfe in seiner Hand. Kommen wir auf die eingangs Zitierten zurück. Gräfin Dönhoff wird wohl nicht weiter behaupten, daß die von ihr genannten Großen der Geistesgeschichte sich an der Marxlektüre gebildet hätten. Auch Richard von Weizsäcker, der sich so vorbildlich der Anfrage gestellt hat, dürfte wohl künftig davon absehen, die

---

[150] Nach Hans Maier „Ein schwieriger zwischen den Fronten" Frankfurter Allgemeine Zeitung 8. 4. 00

IX. Ist Marx für immer tot?

dämonische Sprache Marxens scharf von der ebenso dämonischen Sprache Hitlers abzugrenzen und derjenigen Goethes anzunähern.
Beispielhaft auch der Jesuit Oswald von Nell-Breuning, wie Marx in Trier geboren und Schüler desselben Gymnasiums. Der Ehrendoktor der Universität Frankfurt am Main war Träger des Hans-Böckler-Preises des Deutschen Gewerkschaftsbundes, des Romano-Guardini-Preises der Katholischen Akademie in Bayern, der Goldenen Bonifatius-Plakette der Deutschen Bischofskonferenz und wurde anläßlich seines 100. Geburtstages mit einer Festschrift geehrt, zu der beigesteuert haben: Helmut Schmidt, Oskar Lafontaine, Hans-Jochen Vogel, Heiner Geißler, Norbert Blüm und zahlreiche andere namhafte Persönlichkeiten. Als 75jähriger äußerte von Nell-Breuning in einem Interview die Meinung : „Wir alle stehen auf den Schultern von Karl Marx." Dieser Ausspruch wurde ihm von manchen übel genommen, andere, wie etwa Willy Brandt, schätzten ihn gerade deshalb und zitierten ihn beifällig. Elf Jahre lang, bis 1976, wiederholte er seine Marxeloge. Dann ließ er sich auf einen schriftlichen Disput über Marx ein und äußerte schließlich 1983: „Was Marx in der Welt angerichtet hat, ist sicher beispiellos... Wir können nur sagen, die Veränderung, die er in die Welt hineingebracht hat, ist doch vielleicht zudem das größte Unglück, das über die Menschheit gekommen ist."[151] Während der Text des Jahres 1965 dazu verleiten könnte, auf Marx stolz zu sein, führte ihn die Einsicht des Jahres 1983 zu der ernüchternden Feststellung: „Wir können uns unseres Mitschülers Marx unmöglich rühmen..." Gleichwohl wird von Nell-Breuning heute noch mit dem Ausspruch des Jahres 1965 zitiert, während das vernichtende Urteil des Jahres 1983 unerwähnt bleibt.
Auch Stéphane Courtois hat sich den Tatsachen gestellt und sein Marxbild grundlegend revidiert. Vor Dutzenden Zuhörern gestand er, daß er zwar *Das Manifest der Kommunistischen Partei* vertrieben, aber nicht gründlich gelesen habe, sonst hätte er die Leichenberge erahnen können, die später im Vollzug des *Manifests* errichtet wurden.[152]
Noch radikaler der Wandel, den Günter Schabowski, niemand anders als der Ex-Chefredakteur des SED-Parteiorgans Neues Deutschland, vollzogen hat. In einem Brief an den Autor spricht er von der schrittweisen Ent-Täuschung, die sich in ihm vollzog: „Einmal in Gang gekommen, führt sie allerdings

---
[151] Ausführlich zu der Kontroverse mit von Nell-Breuning siehe Löw „Der Mythos Marx..." a.a.O. S.236 ff.
[152] Siehe insbesondere Stéphane Courtois „Vorwort" in Löw „Das Rotbuch.." a.a.O. S. 11 ff.

IX. Ist Marx für immer tot?

unaufhaltsam zu der Konsequenz, die mich heute sagen läßt, nicht erst mit Stalin, sondern mit dem Freundespaar aus Trier und Wuppertal beginnen Misere und Höllensturz der ‚wissenschaftlichen' Weltverbesserung. Ihre Virulenz wird sie solange nicht einbüßen, als gerade dies geleugnet wird und die ‚Klassiker' von der gescheiterten Praxis ihrer Theorie abgenabelt werden. Darum bemüht sich ja krampfhaft eine marxistische Erbengemeinschaft, zu der weit mehr – und weniger suspekte – Leute gehören, als sie in der PDS zu finden sind. Sie möchten den Schlußstrich beim blutsaufenden Georgier gezogen sehen. Schadensbegrenzung für Marx und Engels. Bleiben sie unbefleckt, kann man weiter mit ihnen in sozialer Bigotterie machen... Der Umgang mit dem Marx-Mythos war ja für mich anders als für manche westliche Intellektuelle nicht nur eine Attitüde ‚geistiger Toleranz' oder eines kleidsamen Bürgerschrecks, sondern blinde Anbetung."
Ja, es gibt sie nach wie vor in großer Zahl, die nicht bereit sind, die knallharten Texte zur Kenntnis zu nehmen. Sie begnügen sich mit dem, was man zu sagen pflegt, was sie bisher geglaubt haben. Wie die Süddeutsche Zeitung am 30. Mai 2000 berichtete, gehören der in Wuppertal ansässigen „Marx-Engels-Stiftung" 610 Mitglieder an, „überwiegend ‚Wissenschaftskader' aus PDS und DKP"[153]. Die Stiftung kooperiert mit der Bergischen Universität/Gesamthochschule Wuppertal. An einem spirituellen Schlagabtausch mit Marxkritikern besteht nach meinen Erfahrungen kein Interesse.
Der Wochenzeitung DIE ZEIT vom 2. Dezember 1999 ist zu entnehmen: „25 000 Besucher pro Jahr kommen ins Engels-Haus, ebenso viele wie vor der Wende. Auch das Marx-Haus hat mit jährlich 35 000 Gästen fast wieder Vorwendeniveau erreicht... Jetzt kämen die wirklich Interessierten, darunter viele Jugendliche aus Ost und West, die wissen wollten, was denn dran ist an dem Karl Marx..."[154] Würden ihnen die mit Steuergeldern entlohnten wissenschaftlichen Angestellten die Wahrheit über die Freunde Marx und Engels sagen, würden sie den Ast absägen, auf dem sie sitzen. Wie skrupellos dort gefälscht wird, dafür kann der Leiter der Friedrich-Engels-Stiftung Michael Knieriem in den Zeugenstand gerufen werden. Mit Blick auf ihn hieß es in dem Report: „Und mit einer Flut von Zitaten meinte er belegen zu können, daß die beiden eben doch Humanisten und Freiheitsfreunde waren."[155] Auf eine herzliche Bitte, „mir doch die Flut von Zitaten" mitzuteilen, gab

---
[153] Armin Himmelrath „Marx, Engels, Big Brother" Süddeutsche Zeitung 30. 05. 00.
[154] Roland Kirbach „Sightseeing bei Marx und Engels" DIE ZEIT 2. 12. 00 s. 22.
[155] Nach Dirk Kubjuweit „Die MEGA-Stars" DIE ZEIT 7. 3. 93. S. 15.

IX. Ist Marx für immer tot?

Knieriem die bezeichnende Antwort: „Die gesamten bisher erschienenen Bände der MEGA sind dafür ein beredtes Zeugnis."

MEGA steht für Marx-Engels-Gesamtausgabe. Das Projekt geht zurück auf einen Beschluß der Kommunistischen Partei der Sowjetunion und der SED aus den 60er Jahren, der nun, man höre und staune, mit Geldern der Bundesrepublik Deutschland und einiger Bundesländer ausgeführt wird. Im Vorwort des ersten Bandes heißt es: „Eine derartige Ausgabe entspricht dringenden Bedürfnissen der Wissenschaft und der revolutionären Praxis in der gegenwärtigen Epoche, da die marxistisch-leninistische Theorie im gesellschaftlichen Leben zunehmende Bedeutung gewinnt und die historische Größe der Leistung von Marx und Engels als Begründer des wissenschaftlichen Kommunismus immer überzeugender sichtbar wird."[156] Geplant sind, wie es im Verlagsprospekt Herbst 2000 heißt, 122 (Teil-) Bände, die veranschlagten Mindestkosten belaufen sich auf mehr als 15 Millionen Deutsche Mark. So entsteht der höchste Bücherturm, der je zur Ehre zweier politischer Agitatoren errichtet worden ist. *Das Manifest* wird, wie der Fall Courtois zeigt, kaum gelesen, noch viel seltener *Das Kapital*. Wer kann es sich zeitlich leisten, sich auf die 122 Bände einzulassen? Daher ist jeder ein Scharlatan, der, wie Knieriem, allgemein auf die MEGA verweist. Aber jeder unbedarfte Student wird tief beeindruckt an dieser Büchersäule vorbeigehen, wie es mir beim ersten Abschreiten der 42 Bände Marx-Engels-Werke ergangen ist. Auch jene Wissenschaftler, die an der MEGA arbeiten und die über Marx bestens Bescheid wissen, hüten sich eisern, die Abgründe aufzudecken, denn allzu leicht könnten sie so den Sinn ihrer beruflichen Existenz in Frage stellen.

In der Schweiz gibt es eine Stiftung mit dem Namen DIALOG. Sie wird laut Impressum getragen von der Freisinnig-Demokratischen Partei, der Christlichdemokratischen Volkspartei, der Sozialdemokratischen Partei, der Schweizerischen Volkspartei, der Liberalen Partei und anderen. Auch das Organ der Stiftung heißt DIALOG. Ein Editorial stand unter dem Titel: „Karl Marx schreibt an die Leser des DIALOG". Daraus einige Sätze: „Aber wisst Ihr denn eigentlich noch, wer ich denn bin? In der Schule von mir gehört? Wenn ja, dann war sicher die Hälfte erfunden oder erlogen. Ich bin weder der Vater des russischen Kommunismus...Über Brüssel, Eure EG-Hauptstadt, erreichte ich London... Dort lernte ich Friedrich Engels kennen... Nach mei-

---
[156] MEGA² I 1 a.a.O. S. 19.

IX. Ist Marx für immer tot?

ner Auffassung sollte aber nicht das Geld arbeiten, sondern die Arbeiterschaft. Und diese ohne Ausnahme: Männer und Frauen. Aber keine Kinder... Euer Karl Marx" In einer Fußnote heißt es dann noch: „Marx... war massgeblich an der ersten ‚Sozialistischen Internationale' beteiligt, in dem (sic) alle marxistischen Parteien zusammengeschlossen waren."[157]

Als die Erste Internationale 1864 gegründet wurde, gab es noch keine *marxistische* Partei, und wenn, dann war es *eine*, die nahezu ausschließlich aus Marx und Engels bestand. Wer soll ihr sonst noch angehört haben?

Nun aber zu „Marxens" Brief in DIALOG. Meine Stellungnahme, adressiert an Marx: Ob wirklich die Hälfte von dem, was über Sie in der Schweiz an den Schulen erzählt wird „erfunden oder erlogen" ist, weiß ich nicht. „Wie der Schelm denkt, so ist er!" Das, was Sie über sich selbst zum besten geben, ist mehr Dichtung als Wahrheit. Haben Sie nicht zum „gewaltsamen Umsturz aller bisherigen Gesellschaftsordnung" aufgefordert, hat nicht ihr Freund in der von Ihnen herausgegebenen Neuen Rheinischen Zeitung „Gewalt und eherne Rücksichtslosigkeit" gepriesen? Dementsprechend hat Stalin gehandelt. Ferner, nach London kamen Sie erst 1849, doch schon Jahre zuvor haben Sie mit Ihrem Freund gemeinsam mehrere Publikationen verfaßt. Das können Sie doch nicht bestreiten! Also begann die Freundschaft schon viel früher. Weit schlimmer ist, daß sie alles, was Sie *zugunsten* der →Kinderarbeit während Ihrer Erdentage ins Feld führten, heute gerne vergessen machen möchten. Diesen Fälschungsversuchen soll tunlichst ein Riegel vorgeschoben werden! –

Zurück aus der Fiktion in die Wirklichkeit. Wie ist es möglich, daß ein breiter Konsens →Schweizer Parteien derlei leichtfertige, irreführende Sottisen zur Belehrung und Erbauung der Jugend duldet. Vielleicht würden „die Barbaren" aufwachen, würden sie zur Kenntnis nehmen, wie abschätzig sich die Freunde über sie und ihr Land geäußert haben.

Der neuesten Nummer der Marxistischen Blätter ist zu entnehmen: „Nach Jahren dramatischer Verluste haben wir 2000 zum dritten Mal unseren AbonntentInnenstamm leicht vergrößert."[158]

---

[157] „Karl Marx schreibt..." DIALOG Nr. 72, Dezember 1992.
[158] Marxistische Blätter 1/01 S. 4.

IX. Ist Marx für immer tot?

2. Kommunismus

Der griechische Philosoph Platon, 427-447, erlebte die Hinrichtung des „Gerechtesten aller Lebenden", seines Lehrers Sokrates, und den Niedergang seiner Vaterstadt Athen. Wie muß die staatliche Ordnung beschaffen sein, damit das Gemeinwohl gewährleistet ist? – lautete die Frage, die sich ihm aufdrängte. Gleichsam auf dem Reisbrett skizzierte er seine Alternative zu der Wirklichkeit, die ihn umgab. Zwar nicht die Allgemeinheit, aber die Herrscher und Wächter sollten auf alles Persönliche verzichten. In der *Politeia*, die den bezeichnenden Untertitel „Über die Gerechtigkeit" trägt, lesen wir: „Fürs erste darf niemand einen eigenen Besitz haben, soweit nicht unbedingt nötig. Zweitens keine Wohnung, keinen Vorratsraum, wohin nicht jedermann Zutritt hat."[159] „Die Frauen müssen allen Männern gemeinsam angehören, keine darf mit keinem allein beisammen sein, und ebenso sind die Kinder gemeinsam."[160] Der Versuch, seine Ideen auf Sizilien in die Tat umzusetzen, scheiterte.

Zur Geschichte des Kommunismus gehört jene Stelle der Apostelgeschichte des Evangelisten Lukas, wo es heißt: „Die Gläubigen hielten alle zusammen und hatten alles gemeinsam."[161]

Im 4. nachchristlichen Jahrhundert ist es Basilius, der für seine Ordensgemeinschaft bestimmt: „Eigentum ist Diebstahl."[162] Wenig später erlangte die Sekte der Mazdakiten in Persien Bedeutung. Unter Berufung auf Zarathustra lebten die Mitglieder in der Überzeugung, daß es nur darauf ankomme, die natürliche, ursprüngliche Ordnung wieder herzustellen. Danach haben alle Menschen das Recht auf gleichen Anteil an Besitz. Sobald es durchgesetz sei, ende der Kampf zwischen Gut und Böse, beginne die ungebrochene Herrschaft des Lichtes.

Ähnliche kommunistische Bestrebungen mit kurzzeitlichen beachtlichen Erfolgen sind im Mittelalter in Italien, England, Böhmen auszumachen. Persönliches Eigentum des Einzelnen wurde jeweils als schwere Sünde gebrandmarkt.

Zu Beginn der Neuzeit ist es in Deutschland Thomas Münzer, der in diese Richtung tendiert. Nach seinem Tod drängte einer seiner Schüler, Hans Hut, zu revolutionären Taten, um das Tausendjährige Reich zu errichten. In seinem

---

[159] Platon „Der Staat" Stuttgart 1971 S. 195.
[160] Platon „Der Staat" Stuttgart 1971 S. 243 f.
[161] Apostelgeschichte 2,44 ff. und ähnlich 4,32 ff.
[162] Constitutiones monastcae des hl. Basilius c. 34, I.

IX. Ist Marx für immer tot?

Machtbereich mußten alle ihr Geld, Gold und Silber abliefern. Die Einführung von Gemeinschaftsküchen war ein weiterer Schritt zur Verwirklichung der Gütergemeinschaft, in die bald auch die Frauen einbezogen wurden.

In England popularisiert Thomas Morus mit seiner Beschreibung „ der überaus herrlichen und ganz wunderlichen, doch wenigen bisher bekannten Insel Utopia" kommunistische Ideen. Denn in diesem Traumland gibt es ebenso wenig wie in anderen Modellen des besten Staates privates Eigentum. Ob Morus mit seiner Erzählung wirklich – wie er vorgab – nur Kurzweil bieten wollte, ist bis heute strittig. Vorsicht war dringend geboten, wie das Schicksal des italienischen Mönchs Tommaso Campanella zeigt. Der Verfasser des Sonnenstaates mußte fast drei Jahrzehnte in einem finsteren Verließ schmachten. Er war einen deutlichen Schritt weiter gegangen als Morus und wollte auch Frauen und Kinder vergesellschaften.

In den von religiösen Orden im 17. Jahrhundert gegründeten Reduktionen, vor allem in Paraguay, lebten bekehrte Indianer in geschlossenen Siedlungen. Grund und Boden sowie der Ertrag des Gemeindegutes gehörten allen.

Jean-Jacques Rousseau macht in seinem Discours sur l'inégalité das Privateigentum für die schlimmsten Menschheitsdrangsale verantwortlich. Während der Französischen Revolution ist es François Noel Baboef, der sein Land in eine große Gütergemeinschaft verwandeln möchte. In diesem Zusammenhang und aus dieser Zeit sind ferner erwähnenswert: Louis Auguste Blanqui und, auch ein Franzose, Etienne Cabet. Berühmt wurde sein utopischer Roman *Reise nach Ikarien*. Er ließ es nicht mit phantastischen Schilderungen bewenden, zog vielmehr mit 480 Ikariern Anfang 1849 in eine von Mormonen verlassene Siedlung Texas'.

Damit sind wir bei Marx angelangt, der also nur ein Glied in der langen Reihe kommunistischer Vordenker und Schwärmer bildet und der bis heute weltweit Anhänger findet.

Abschließend seien die Kibbuzim erwähnt, deren erster, Degania, 1910 am Ausfluß des Jordans aus dem See Genezareth gegründet wurde. In diesen 267 kommunistischen Siedlungen mit etwa 120 000 Mitgliedern war ursprünglich alles allen gemeinsam. Während alle anderen kommunistischen Experimente längst gescheitert sind, ist die Kibbuzbewegung noch nicht tot. Aber auch sie liegt im argen, wie persönliche Eindrücke und einschlägige Untersuchungen aus neuester Zeit beweisen.[163]

---

[163] Chaim Seeligmann „Spuren einer stillen Revolution" Hagen 1998; Daniel Gavron „The Kibbutz. Awakening from Utopia" Oxford 2000.

IX. Ist Marx für immer tot?

Was gibt der kommunistischen Utopie jene Kraft, die sie stets aufs neue über Jahrtausende hinweg aus der Asche unerfüllter Verheißungen aufflackern läßt? Blenden wir nochmals auf Platon zurück. Seine Phantasie wuchert, wie erwähnt, unter der Überschrift „Gerechtigkeit". Jedermann bejaht und begehrt sie. Machen wir gleich einen Sprung ins 20. Jahrhundert. „Da er die Gerechtigkeit über alles liebte, wurde er Kommunist." Was hier Milovan Djilas, der zeitweilige Stellvertreter des jugoslawischen Kommunistenführers Tito, mit Bezug auf sein Jugendidol schreibt[164], gilt für viele oder wird bei vielen angenommen, so bei Leo Trotzki[165], Rosa Luxemburg[166], Susanne Leonhard[167] und Ignace Lepp, der seine Hinwendung zum Kommunismus mit *Der Durst nach Gerechtigkeit* überschrieben hat.[168]

Dabei weiß bis heute niemand konkret zu sagen, was „Gerechtigkeit" meint. Marx nennt das Wort abfällig eine „Phrase"[169]. Und was sein zeitweiliger Kampfgenosse Wilhelm Weitling darunter verstand, ist wohl auch nicht konsensfähig: „Der Kommunismus ist die auf alle Menschen in den gleichen Verhältnissen ausgedehnte Gerechtigkeit. Folglich begeht jeder Arbeitsfähige, der mehr genießt und weniger schafft als andere, gegen diese ein Unrecht, einen Diebstahl. Folglich kann sich ein jeder Fähige von denen bestohlen betrachten, die mehr genießen und weniger arbeiten als er..."[170]

Wohl die meisten können der Versuchung nicht ganz widerstehen, sich einen Gerechtigkeitsbegriff zurechtzulegen, der ihnen selbst nichts vorenthält oder gar wegnimmt nach dem Motto: Die Menschen sind schlecht, jeder denkt an sich, nur ich denk an mich. 1991 äußerte die DDR-Bürgerrechtlerin Bärbel Bohley mit einem bitteren Unterton: „Gerechtigkeit haben wir erwartet, den Rechtsstaat bekommen."[171] Bis heute wird sie beifällig mit diesen Worten zitiert. Die intensive Gerechtigkeitsdebatte ist ein deutsches Phänomen, ausgelöst durch die Wiedervereinigung, gesteigert durch die Wahlerfolge der ehemaligen SED, der PDS. Zeitungstexte wie die folgenden bestätigen das Gesagte: „Die Bevölkerung in den neuen Ländern ist kaum im Zwiespalt, welche Partei berechtigt den Anspruch erhebt, Herold der sozialen Gerechtigkeit zu sein. Für sie ist die PDS, nicht die SPD die Partei der

---

[164] Milovan Djilas in: Löw u.a. a.a.O. S. 13 ff.
[165] Leo Trotzki „Stalin" Köln 1952, S. 87 f.
[166] Nach Paul Frölich „Rosa Luxemburg, Gedanke und Tat" Frankfurt a.M. 1967, S. 20 ff.
[167] Nach Ernst August Roloff „Exkommunisten" Mainz 1967 S. 129.
[168] Ignace Lepp „Psychoanalyse der Moderne" Würzburg o.J., S. 33.
[169] MEW a.a.O. 31,15 f.
[170] Nach Hermann Simon „Kommunismus heute" Mainz 1968 S. 37 f.

IX. Ist Marx für immer tot?

Arbeitnehmer und der kleinen Leute".[172] Der Vorsitzende der PDS triumphiert: „Wir stoßen in die Gerechigkeitslücke"[173], was ein sorgfältiger Analytiker aus dem Westen bestätigt: „Soziale Gerechtigkeit ist das Schlüsselwort in allen Kampagnen der PDS."[174] Eine Umfrage hat 1998 ergeben, daß 71 vom Hundert der Westdeutschen und 92 vom Hundert der Ostdeutschen die Ansicht teilen, es gebe keine gerechte Verteilung des Wohlstandes.[175] Hier schlummern Potentiale!
Nicht nur Gerechtigkeit wird also mit Sozialismus und vor allem Kommunismus gedanklich verbunden, eine weitere, nicht minder starke Erwartung tritt hinzu: Eine demoskopische Befragung hat ergeben, daß für 62 vom Hundert der Bevölkerung „Glück bedeutet – daß sich alle Wünsche erfüllen"[176]. Damit aber sind wir ziemlich genau bei der Marxschen Verheißung, die da lautet: „In einer höheren Phase der kommunistischen Gesellschaft... kann der enge bürgerliche Rechtshorizont ganz überschritten werden und die Gesellschaft auf ihre Fahne schreiben: Jeder nach seinen Fähigkeiten, jedem nach seinen Bedürfnissen!"[177] Ist das nicht das Paradies auf Erden, wenn alle meine Bedürfnisse befriedigt werden? Der schwärmerisch Veranlagte kann derlei Sirenentönen schwerlich widerstehen. Die gerechte Welt und der Himmel auf Erden, das sind die zeitlosen Magneten der kommunistischen Utopie. Ergebnis: Der Kommunismus kann nicht auf Dauer siegen, da er der auf individuelle Selbstentfaltung angelegten menschlichen Natur zuwider ist. Die kommunistische Utopie kann nicht auf Dauer besiegt werden, da sie der unsterblichen menschlichen Sehnsucht nach Gerechtigkeit und Glück Erfüllung verheißt. Doch wer mit Gewalt eine Utopie zu verwirklichen trachtet, führt in die Barbarei.

---

[172] Renate Köcher „Chancen und Grenzen der PDS" Frankfurter Allgemeine Zeitung 15. 12.1999.
[173] Lothar Bisky „So viel Sozialismus war in Deutschland noch nie" Frankfurter Allgemeine Zeitung 7.12.1999.
[174] Heinrich August Winkler „Von Marx zur Marktlücke" Frankfurter Allgemeine Zeitung 19. 10. 1999.
[175] Nach Thomas Bulmahn „Zur Entwicklung der Lebensqualität im vereinten Deutschland" Beilage zur Wochenzeitung Das Parlament 40/00 S. 36.
[176] Elisabeth Noelle-Neumann „Ein Museum der Irrtümer" Frankfurter Allgemeine Zeitung 13. 1. 99.
[177] MEW a.a.O. 19,21.

X. In Erz gegossen ...

X. In Erz gegossen, von Erich Honecker eingeweiht, von der Bundeshauptstadt Berlin konserviert

Im Prozeß vor dem Internationalen Militärgerichtshof in München erklärte Alfred Rosenberg in seiner Stellungnahme zur Anklage: „Dies war nicht die Durchführung des Nationalsozialismus, für den Millionen *gläubige* Männer und Frauen gekämpft hatten, sondern ein schmählicher Mißbrauch, eine auch von mir zutiefst verurteilte Entartung."[178] Wofür hatten sie gekämpft? Für Führer, Volk und Vaterland. Dieser Führer, also die Hauptperson, hatte sich schon seit 1920 bei vielen Gelegenheiten, mündlich wie schriftlich, deutlich geäußert, vor allem in *Mein Kampf*. Dutzende von Seiten könnten mit Texten gefüllt werden, die bei vernünftiger Lektüre zu den schlimmsten Befürchtungen hätten Anlaß geben müssen. Hier nur drei Beispiele. Das erste zum Thema Krieg und Frieden: „Am Ende siegt ewig nur die Sucht der Selbsterhaltung. Unter ihr schmilzt die sogenannte Humanität als Ausdruck einer Mischung von Dummheit und Feigheit und eingebildetem Besserwissen wie Schnee in der Märzensonne: Im ewigen Kampfe ist die Menschheit groß geworden – im ewigen Frieden geht sie zugrunde."[179] Im folgenden sind die „Novemberverbrecher" und ihresgleichen Gegenstand der Anklage: „Wer all die Opfer überdenkt, die durch den sträflichen Leichtsinn dieser Verantwortungslosesten der Nation aufgebürdet wurden, all die zwecklos geopferten Toten und Krüppel sich vor Augen führt, sowie die grenzenlose Schmach und Schande... und weiß, daß dies alles nur kam, um einem Haufen gewissenloser Streber und Stellenjäger die Bahn zu Ministerstühlen frei zu machen, der wird verstehn, daß man diese Kreaturen wirklich nur mit Worten wie Schuft, Schurke, Lump und Verbrecher bezeichnen kann... "[180] Und schließlich die „Rassenschande": „Der schwarzhaarige Judenjunge lauert stundenlang, satanische Freude im seinem Gesicht, auf das ahnungslose Mädchen, das er mit seinem Blute schändet und damit seinem, des Mädchens, Volke raubt."[181]

---

[178] Nach Joe Heydecker/Johannes Leeb „Der Nürnberger Prozeß" Köln 1985 S. 458.
[179] Adolf Hitler „Mein Kampf" 37. A., München 1937 S. 148 f.
[180] Ebenda S. 101 f.
[181] Ebenda S. 357.

X. In Erz gegossen ...

Doch wer las schon *Mein Kampf*? Fast noch bitterer ist die Einsicht, daß von den wenigen – verglichen mit der Auflagenhöhe –, die *Mein Kampf* lasen, die allermeisten über das Abgründige hinwegblickten, so, um nur drei herausragende Beispiele zu erwähnen, der honorige Dichter Paul Ernst, das spätere langjährige KZ-Opfer Pastor Martin Niemöller und der spätere Bundespräsident Theodor Heuss. Der Dichter: „Ich lese jetzt Hitlers Buch Mein Kampf, das mich sehr tief bewegt, durch das reine Wollen des klugen und begabten Mannes. Ich habe ihm früher in Gedanken Unrecht getan."[182] Vom Priester Niemöller schreibt sein Biograph James Bentley: „1931 las er fasziniert Hitlers *Mein Kampf*."[183] Der Politologe Heuss veröffentlichte 1932 in 8. und letzter Auflage: *Hitlers Weg*[184], ein geistreiches Geplauder, aber nirgendwo die energische Warnung, daß dieser Weg in Tod und Verderben führen dürfte. Kein aufrüttelnder Schrei: „Hitler ad portas!"
Einer von denen, die *Mein Kampf* lasen und begriffen, war Fritz Gerlich. In seiner Zeitung *Der gerade Weg* demaskierte er Hitler ebenso treffend wie schonungslos: „Nationalsozialismus aber bedeutet: Feindschaft mit den benachbarten Völkern, Gewaltherrschaft im Innern, Bürgerkrieg, Völkerkrieg."[185] Nach Hitlers Machtantritt mußte er dafür bitter büßen. Im März 1933 verhaftet, wurde der „Schutzhäftling" in der Nacht vom 30. Juni auf den 1. Juli 1934 im Konzentrationslager Dachau erschlagen.
Ein anderer, der die Konsequenzen von Hitlers Worten gründlich und treffend bedachte, war Hans Rost. Als sein Sohn Adalbert seinen 75. Geburtstag feierte (1991), übereignete ich ihm mein Büchlein *Kann ein Christ Marxist sein?* Ich staunte nicht schlecht, als er – aus dem Nachlaß des Vaters – eine Gegengabe parat hatte, nämlich: Dr. Hans Rost *Christus nicht Hitler*[186]. Besonders bemerkenswert ist die rasche Replik der Nationalsozialisten: „Dr. Hans Rost hat das programmatische Buch Hitlers ‚Mein Kampf' nicht mit der liebevollen Hingabe des Wissenschaftlers oder den kritischen Augen des Gelehrten studiert, sondern *mit der Gier des feindseligen Fanatikers*. Er hat das Buch durchwühlt, hat mit dem Zeigefinger Zeile für Zeile, Wort für Wort abgetastet und jede Redewendung, die ihm verdächtig erschien, die vielleicht

---

[182] Nach Max Rößler „Deutschland deine Dichter" Deutsche Tagespost 23.10.84.
[183] James Bentley „Martin Niemöller" München 1985 S.58.
[184] Theodor Heuss „Hitlers Weg" neu herausgegeben und mit einer Einleitung versehen von Eberhard Jäckel, Tübingen 1986.
[185] Nach Maximilian Neumayr „Pater Ingbert Naab..." München 1947 S.320 ff.
[186] Hans Rost „Christus nicht Hitler" Augsburg o.J.

X. In Erz gegossen ...

dem klösterlichen Geiste eines Mädchenpensionats nicht ganz entsprach, als ‚Sünde' angekreuzt."[187]

Heute widerspricht niemand der Feststellung, daß Gerlich, dessen Mitarbeiter mein Vater war, und Rost Hitler weit zutreffender beurteilt haben als die anderen erwähnten Männer mit ihren inzwischen großen Namen.

Was hat dieser Ausflug in die Rezeptionsgeschichte von *Mein Kampf* mit dem Thema Marx und Marxismus zu tun? – Liegt die Parallele nicht auf der Hand? Auch heute gibt es ungezählte, die, Alfred Rosenberg ähnlich, behaupten: „Dies, wovon *Das Schwarzbuch des Kommunismus* berichtet, war nicht die Durchführung des Marxismus, für den Millionen gläubige Männer und Frauen gekämpft hatten, sondern ein schmählicher Mißbrauch, eine auch von mir zutiefst verurteilte Entartung." So schreibt die Journalistin Barbara Sichtermann in Ihrem Büchlein: *Der tote Hund beißt. Karl Marx, neu gelesen*: „Da sein Name zu Unrecht für den realen Sozialismus Pate gestanden hat, da er diskreditiert worden ist durch ein System, das mit seinem Denken, Hoffen und Handeln gar nichts zu schaffen hatte, sind wir Nachgeborenen ihm eine Ehrenrettung schuldig."[188]

Heute wie damals gibt es Millionen, die sich über den jeweiligen „großen Führer"[189] emphatisch äußern, ohne sich näher damit befaßt zu haben. Auch heute gibt es sehr namhafte Leute, die von den jeweiligen Texten Kenntnis nehmen, aber leichtfertig oder vorsätzlich über das jeweils Abgründige hinwegschauen.

Von fünf Zitaten war eingangs die Rede, die von den Marxapologeten und –adoranten gebetsmühlenartig wiederholt werden. Auch bei Hitler sind unschwer fünf Sätze ausfindig zu machen, die, für sich allein genommen, ihn zu einem vernünftigen politischen Denker machen, von dem man sich nicht distanzieren muß. Ich denke an Sätze wie: „Staatsautorität als Selbstzweck kann es nicht geben, da in diesem Falle jede Tyrannei auf dieser Welt unangreifbar und geheiligt wäre."[190] „Das Unschönste, was es im menschlichen Leben geben kann, ist und bleibt das Joch der Sklaverei."[191] „Die Bewegung

---

[187] Josef Sewald „Christus – nicht Hitler. Eine Antwort auf Dr. Rost's gleichnamige Broschüre" Augsburg o. J.

[188] Barbara Sichtermann „Der tote Hund beißt. Karl Marx, neu gelesen" Berlin 1990 S. 14.

[189] Auf dem Parteitag der Sozialistischen Arbeiterpartei Deutschlands 1890 wurde Marx als „unser großer Führer" gefeiert. Protokoll des Parteitags S. 41.

[190] Adolf Hitler „Mein Kampf" 37. A., München 1937 S.104.

[191] Ebenda S.195.

X. In Erz gegossen ...

hat die Achtung vor der Person mit allen Mitteln zu fördern; sie hat nie zu vergessen, daß im persönlichen Wert der Wert alles Menschlichen liegt..."[192]
Doch das Protestgeschrei wäre gewaltig, wollte jemand mit Hilfe dieser atypischen Raritäten Hitler reinwaschen. Ganz zu recht! Und in Sachen Marx? Gelten hier andere Maßstäbe? Lebt die Mehrheit insofern mit einem gespaltenen Bewußtsein?

Ist es nicht schizophren, den Zeitgenossen Hitlers vorzuwerfen, sie hätten gründlicher *Mein Kampf* studieren sollen, wenn man es selbst gleichzeitig unterläßt, einer möglichen anderen Quelle unsäglichen Leides nachzuspüren. Grenzt es nicht an Schizophrenie, wenn der Staat des Grundgesetzes und der freiheitlichen demokratischen Grundordnung die politischen Beschlüsse zweier totalitärer Parteien, nämlich von KPdSU und SED, ausführt und die Marx-Engels- Gesamtausgabe mit Millionen bezuschußt? Wo bleibt die politische Sensibilität, die uns verbietet, Monumente zu kultivieren, die Walter Ulbricht und Erich Honecker, Hauptrepräsentanten des deutschen Totalitarismus, eingeweiht haben? Wann wird sich die Kulturhauptstadt der Welt des Jahres 1999, Weimar, vom ehernen Ernst Thälmann trennen, der vor 1933 in Deutschland als Statthalter eines der schlimmsten Massenmörder der Weltgeschichte fungierte? Der SA-Führer Ernst Röhm ist nicht deshalb verehrungswürdig, weil ihn – wie Thälmann – Hitler ermorden ließ.

Es kann doch nicht sein, daß Freiheit und Knechtschaft dieselben Denker und Agitatoren ihr eigen nennen. Ist es nicht höchste Zeit, zu den Quellen zu gehen, um zu klären, wer sich mit besserem Recht auf das Freundespaar Marx/Engels sowie ihresgleichen berufen kann, die Täter oder die Opfer des Kommunismus?[193] Warum ehren wir nicht – für jeden Schüler wahrnehmbar – die nüchternen, gewaltverachtenden, aus Nächstenliebe tätigen deutschen

---

[192] Ebenda S.387.

[193] Bei den Straßenumbenennungen in den neuen Bundesländern waren in aller Regel Marx und Engels tabu Siehe Jörn Pissowotzki „Von Kalinin zu Niemöller" Deutschland Archiv 5/00 S. 763 und 765.

[194] Ähnlich verhält es sich mit Friedrich Nietzsche. Anläßlich seines 100. Todestages im Jahre 2000 erschienen in allen namhaften Tageszeitungen Deutschlands umfangreiche Würdigungen. Aber nirgendwo entdeckte ich eine angemessen kritische Betrachtung, ausgenommen ein Beitrag von Hans Maier im Rheinischen Merkur („Alles nur Spiel bei Nietzsche?" 44/2000). Darin eine Fülle von Zitaten, die eigentlich in einem bußfertigen Deutschland jeden Nietzsche-Kult verbieten müßten. Hier eine kleine Auswahl: „Vernichtung der Mißrathenen", „Mord aus höchster Liebe zu den Menschen", „Im Krieg erst seid ihr heilig, und wenn ihr Räuber und grausam seid", „Ich liebe den, der so mitleidig ist, daß er aus der Härte seine Tugend und seinen Gott macht."

X. In Erz gegossen ...

Sozialpolitiker wie Franz von Baader, Lorenz von Stein, Hermann Wagener, Emanuel von Ketteler, Eduard Bernstein? Ist diese Frage nicht eine Herausforderung an alle verantwortungsbewußten Politiker und Sozialwissenschaftler? Solange Marx und Engels im Herzen Berlins, im Herzen der Bundeshauptstadt thronen, ist das Thema „Marxismus" aktuell.[194]

Teil II
Quellenlexikon Marxismus

Zum Gebrauch

Der Lexikonteil bietet Ausführungen zu gut 400 Begriffen, die in 88 Artikeln abgehandelt werden.

Jeder Artikel ist in vier Teile (I – IV) gegliedert. Im ersten wird telegrammstilartig die Auffassung von Marx und Engels dargelegt. So erhält der Leser rasch einen Überblick und wird sich auch leichter in den Quellen zurechtfinden.

Bei weitem am umfangreichsten ist jeweils der zweite Teil. In ihm kommen ausschließlich die Freunde selbst zu Wort. M: vor dem Zitat bedeutet Marx, E: Engels. Soweit dringend geboten, folgen Hinweise auf Zeitpunkt und Adressaten. Die in Klammern beigefügten Zahlen geben die Fundstelle an. Falls kein zusätzlicher Vermerk angebracht ist, findet sich der Text in den Marx/Engels-Werken, z. B. (3, 11) im dritten Band auf Seite 11.

Teil I und II sind parallel unterteilt, so daß die den Thesen entsprechenden Texte mühelos auffindbar sind.

Der dritte Teil bringt einen Kurzkommentar, in dem Merkwürdigkeiten, Widersprüche, Wandlungen und ähnliches verdeutlicht werden.

Unter IV „Hinweise" finden sich die Fundstellen weiterer einschlägiger Zitate von Marx und Engels (1), sowie - in sehr begrenzter Auswahl - Sekundärliteratur (2), die meist ein Verzeichnis einschlägiger Werke bietet.

„IV 1) 8, 15ff., 3 1; 9, 13" bedeutet: Marx/Engels-Werke Band 8 Seite 15 folgende, Seite 3 1; Band 9, Seite 13.

„IV 2) Ahlberg, a.a.O." bedeutet: siehe Literaturverzeichnis „Ahlberg". Daß die berücksichtigte Literatur keineswegs immer mit der Auffassung des Bearbeiters übereinstimmt, ist selbstverständlich.

Wer tiefer einsteigen will, soll auch die unter II. angegebenen Fundstellen nachschlagen, da viele der dort aufgeführten Zitate einem aufschlußreichen Kontext entnommen sind.

Für die richtige Auslegung der Texte ist es wichtig zu wissen, wann, in welcher Form, von wem und an wen der jeweilige Text geschrieben wurde. Als Faustregel kann gelten: Die ersten 26 Bände der Marx/Engels-Werke enthalten Texte, die für die Öffentlichkeit bestimmt gewesen sind, die Bände 27 – 39 Briefe, wobei in den Bänden 27 - 35 der Schriftwechsel der Freunde jeweils den Briefen an andere Personen vorangestellt ist. Die beiden Ergänzungsbände enthalten sowohl Briefe als auch zur Veröffentlichung Bestimmtes. Die Bände 1 - 22, sowie 27 - 39 sind jeweils chronologisch geordnet, die Bände 23 – 26 haben „Das Kapital" zum Gegenstand. Band 40 ist identisch mit dem sog. Ergänzungsband (Ergbd) 1, Band 41 mit Ergänzungsband 2. Um dem Leser eine genauere zeitliche Einordnung zu ermöglichen, bringt der Anhang die Eckdaten der einzelnen Bände.

Amerika, Amerikaner

I. Thesen

Über die USA und deren Bewohner, meist Amerikaner genannt, gibt es zahlreiche, teils grundsätzliche, teils beiläufige Bemerkungen von Marx und Engels.
Im Vergleich mit allen anderen Völkern kommen die Amerikaner im Urteil von Marx und Engels überaus gut weg (→ Engländer → Franzosen → Österreicher → Preußen → Russen → Tschechen). Prosperität und Fortschritt werden vor dem Bürgerkrieg auf die Sklaverei zurückgeführt. Ohne sie Rückschritt. Ohne Sklaverei Ende der Zivilisation, und zwar weltweit [1]. Der Kampf um die Abschaffung der Sklaverei wird zunächst nicht positiv gewertet („Sklavenemanzipationsheulereien") [2].
In Amerika habe es die erste kommunistische Siedlung gegeben [3]; die USA seien das vollendete Beispiel eines modernen Staates, führend im Klassenkampf und in der industriellen Entwicklung [4]. Dort gebe es keinen Antisemitismus (→ Rasse) [5], die Frauenemanzipation (→ Frauen) sei beispielhaft [6]. Die Arbeitsprodukte seien solide [7]. Nur mit den Beiträgen der Amerikaner könne die Internationale Arbeiterassoziation sicher rechnen. Sie seien wertvolle Financiers der deutschen Arbeiterbewegung [8].
Die Einverleibung Kaliforniens diene der Zivilisation; aus dem gleichen Grunde sollte auch Kanada annektiert werden [9]. Der direkte Vergleich USA : Rußland ist für erstere überaus schmeichelhaft [10]. Jahre nach Marxens Tod gegen Ende seines Lebens beginnt Engels zu klagen, daß gerade in dem Lande, in dem sich nach dem früheren Urteil alles besonders rasch entwickelt, die Arbeiterbewegung keine Fortschritte macht [11].

II. Texte

[1]

M: „Die direkte Sklaverei ist der Angelpunkt der bürgerlichen Industrie, ebenso wie die Maschinen etc. Ohne Sklaverei keine Baumwolle; ohne Baumwolle keine moderne Industrie. Nur die Sklaverei hat den Kolonien ihren Wert gegeben; ... ohne die Sklaverei würde Nordamerika, das vorgeschrittenste Land, sich in ein patriarchalisches Land verwandeln. Man streiche Nordamerika von der Weltkarte, und man hat die Anarchie, den vollständigen Verfall des Handels und der modernen Zivilisation. Laßt die Sklaverei verschwinden, und ihr streicht Amerika von der Weltkarte." (4, 132)

Amerika, Amerikaner

[2]

M: „Herr Heinzen hat, durch seine Sklavenemanzipationsheulereien unterstützt, eine neue Aktiengesellschaft in New York zustandegebracht..." (27, 357)

[3]

E.: „Die ersten Leute, welche in Amerika und überhaupt in der Welt eine Gesellschaft auf dem Grund der Gütergemeinschaft zustande brachten, waren die sog. Shakers." (2, 522)

[4]

M/E: „Das vollendetste Beispiel des modernen Staats ist Nordamerika." (3, 62)

M/E: „Dagegen geht die Entwicklung in Ländern, die, wie Nordamerika, in einer schon entwickelten Geschichtsepoche von vorn anfangen, sehr rasch vor sich. Solche Länder haben keine andern naturwüchsigen Voraussetzungen außer den Individuen, die sich dort ansiedln und die hierzu durch die ihren Bedürfnissen nicht entsprechenden Verkehrsformen der alten Länder veranlaßt wurden. Sie fangen also mit den fortgeschrittensten Individuen der alten Länder und daher mit der diesen Individuen entsprechenden entwickeltsten Verkehrsform an, noch ehe diese Verkehrsform in den alten Ländern sich durchsetzen kann." (3, 73)

M/E: „Daß in einem demokratischen Repräsentativstaat wie Nordamerika die Klassenkollisionen bereits eine Form erreicht haben, zu der die konstitutionellen Monarchien erst hingedrängt werden, davon weiß er natürlich Nichts." (3, 331)

M/E: „Große Nationen, Franzosen, Nordamerikaner, Engländer..." (3, 426)

M: „Der Sozialismus und Kommunismus ging nicht von Deutschland aus, sondern von England, Frankreich und Nordamerika." (4, 341)

E: „Die kommunistische Revolution wird daher keine bloß nationale, sie wird eine in allen zivilisierten Ländern, d. h. wenigstens in England, Amerika, Frankreich und Deutschland gleichzeitig vor sich gehende Revolution sein." (4, 374)

M: „Demzufolge wissen die Völker Europas, daß ein Kampf für den Fortbestand der Union [USA] ein Kampf gegen die Sklavenhalterherrschaft ist und daß in diesem Kampf die bisher höchste Form der Selbstregierung des Volkes der niedrigsten und schamlosesten Form der Menschenversklavung, die je in den Annalen der Geschichte verzeichnet wurde, eine Schlacht liefert." (15, 327)

M: „Ist es denn heutzutage, wo das Unbedeutende diesseits des Atlantischen Ozeans sich melodramatisch aufspreizt, so ganz ohne Bedeutung, daß in der Neuen Welt das Bedeutende im Alltagsrocke einherschreitet?
Niemals hat die Neue Welt einen größeren Sieg errungen als in dem Beweis, daß mit ihrer politischen und sozialen Organisation Durchschnittsnaturen von gutem Willen hinreichen, um das zu tun, wozu es in der Alten Welt der Heroen bedürfen würde." (15, 553)

M: „Vom Anfang des amerikanischen Titanenkampfs fühlten die Arbeiter Europas instinktmäßig, daß an dem Sternenbanner das Geschick ihrer Klasse hing." (16, 18)

Amerika, Amerikaner

E.: „In Amerika wurde die Arbeiterfrage durch den blutigen Streik des Personals der großen Eisenbahnlinien auf die Tagesordnung gesetzt. Es ist ein Ereignis, das in der amerikanischen Geschichte Epoche machen wird; auf diese Weise geht die Bildung einer *Arbeiterpartei* in den Vereinigten Staaten mit großen Schritten voran. In jenem Lande geht es rasch vorwärts, und wir müssen die Bewegung verfolgen, um nicht von irgendeinem großen Erfolg überrascht zu werden, der bald zustande kommen wird." (19, 114)

E.: „... dank den ungeheuren natürlichen Hilfsquellen und der intellektuellen und moralischen Begabung der amerikanischen Rasse ..." (22, 334)

M: „Wie der amerikanische Unabhängigkeitskrieg des 18. Jahrhunderts die Sturmglocke für die europäische Mittelklasse läutete, so der Amerikanische Bürgerkrieg des 19. Jahrhunderts für die europäische Arbeiterklasse." (23, 15)

M: „Die in die Vereinigten Staaten übergesiedelten Auswanderer schicken jährlich Geldsummen nach Hause, Reisemittel für die Zurückgebliebenen. Jeder Trupp der dieses Jahr auswandert, zieht nächstes Jahr einen anderen Trupp nach. Statt Irland etwas zu kosten, bildet die Auswanderung so einen der einträglichsten Zweige seines Exportgeschäftes." (23, 732)

E: „Das einzige Land, wo noch etwas auf den Namen der Internationale zu machen, war Amerika, und ein glücklicher Instinkt legte die Oberleitung dorthin." (33, 642)

E: „Die amerikanische Strikegeschichte hat mir viel Freude gemacht. Die springen ganz anders in die Bewegung hinein als diesseits des Wassers. Erst zwölf Jahre nach Abschaffung der Sklaverei, und schon die Bewegung so akut!" (34, 63)

M: „In Amerika reift alles schneller, man redet nicht um die Sache herum und nennt die Dinge beim rechten Namen." (34, 512)

E: „Dafür sind wir sie [die Lassalleaner] denn in Deutschland glücklich los; in Amerika, wo alles zehnmal rascher sich entwickelt, werden sie bald überwunden werden." (35, 333)

E: „Denn Amerika war immerhin das Ideal aller Bourgeois: ein reiches, großes, aufwärts strebendes Land mit rein bürgerlichen, von feudalen Überbleibseln oder monarchistischen Traditionen unberührten Institutionen und ohne ein permanentes und erbliches Proletariat. Hier konnte jedermann, wenn nicht Kapitalist, so doch auf jeden Fall ein unabhängiger Mann werden, der mit eigenen Mitteln auf eigene Rechnung produziert oder Handel treibt. Und da es, *bis jetzt*, keine Klassen mit entgegengesetzten Interessen gab, dachte unser – und Ihr – Bourgeois, daß Amerika *über* Klassenantagonismen und Klassenkämpfen stehe. Diese Illusion ist jetzt zerstört, das letzte Bourgeois-Paradies auf Erden verwandelt sich zusehends in ein Fegefeuer ..." (36, 490 f.)

E: „... besonders für eine so hervorragend praktische und der Theorie so abholde Nation wie die Amerikaner." (36, 589)

5

E: „Der Antisemitismus ist das Merkzeichen einer zurückgebliebnen Kultur und findet sich deshalb auch nur in Preußen und Öster-

Amerika, Amerikaner

reich resp. Rußland. Wenn man hier in England oder in Amerika Antisemitismus treiben wollte, so würde man einfach ausgelacht . . ." (22, 49)

6

M: „Scherz beiseite, zeigt sich sehr großer Fortschritt in dem letzten Kongreß der American ‚Labor Union' darin u. a., daß er die weiblichen Arbeiter mit völliger Parität behandelt, während ein engherziger Geist in dieser Beziehung den Engländern, noch vielmehr aber den galanten Franzosen zur Last fällt. Jeder, der etwas von der Geschichte weiß, weiß auch, daß große gesellschaftliche Umwälzungen ohne das weibliche Ferment unmöglich sind." (32, 582 f.)

7

E: „Die Deutschen haben schon lange nicht mehr das Privilegium allein, schlechte Ware für gutes Geld zu liefern, die Londoner können das ganz brillant. Das ist doch in Amerika ganz anders. Ich glaube, für den gewöhnlichen, alltäglichen Geschäftsverkehr, wo keine Spekulation hinein kommt, ist Amerika das solideste Land der Welt, das einzige, wo man noch ‚gute Arbeit' geliefert bekommt." (37, 262 f.)

8

E: „Das mit dem Geldmangel ist so alt wie die Internationale. Die Amerikaner waren die einzigen, die zahlten . . ." (33, 585)

E: „Wenn du [Wilhelm Liebknecht] und Bebel, Ihr beide zusammen, nach Amerika geht, kriegt Ihr sicher Geld zusammen, fehlt einer von Euch beiden oder wird durch einen andern ersetzt, so macht das einen Unterschied von 25–30 Prozent der zu erhaltenden Summe." (36, 419)

E: „. . . drittens solltest Du [August Bebel] die Gelegenheit nicht versäumen, das progressivste Land der Welt mit eignen Augen zu sehen . . . bleibst Du weg, so macht das einen Ausfall von 5000 – 10 000 Mark, vielleicht mehr." (36, 428)

9

E: „Und wird Bakunin den Amerikanern einen ‚Eroberungskrieg' zum Vorwurf machen, der zwar seiner auf die ‚Gerechtigkeit' und ‚Menschlichkeit' gestützten Theorie einen argen Stoß gibt, der aber doch einzig und allein im Interesse der Zivilisation geführt wurde? Oder ist es etwa ein Unglück, daß das herrliche Kalifornien den faulen Mexikanern entrissen ist, die nichts damit zu machen wußten?" (6, 273)

E: „Es zeigt sich hier, wie notwendig zur raschen Entwicklung eines neuen Landes der fieberhafte Spekulationsgeist der Amerikaner ist (kapitalistische Produktion als Basis vorausgesetzt), und in zehn Jahren wird dies schläfrige Kanada zur Annexion reif sein – die Farmer in Manitoba etc. werden sie dann selbst verlangen. Das Land ist ohnehin schon halb annektiert in sozialer Beziehung – Hotels, Zeitungen, Reklame etc., alles nach amerikanischem Muster, und sie mögen sich zerren und sträuben, die ökonomische Notwendigkeit der Infusion von Yankee-Blut wird sich durchsetzen und diese lächerliche Grenzlinie abschaffen – und wenn die Zeit gekommen ist, wird John Bull Ja und Amen sagen." (37, 93)

10

M: „Es ist, um damit diesen Brief abzuschließen . . ., unmöglich, wirkliche Analo-

Amerika, Amerikaner

gien zwischen den Vereinigten Staaten und Rußland zu finden. Dort vermindern sich die Regierungskosten täglich, und die Staatsschuld reduziert sich rasch und in jedem Jahr, hier erscheint der Staatsbankrott immer mehr als das unvermeidliche Ende. Dort ist der Staat ... vom Papiergeld losgekommen, hier geht keine Fabrik so gut wie die Papiergeldfabrik. Dort ist die Konzentration des Kapitals und die schrittweise Expropriation der Massen nicht nur Voraussetzung, sondern auch das natürliche ... Ergebnis einer beispiellos raschen industriellen Entwicklung, eines Fortschritts in der Agrikultur usw.; Rußland erinnert mehr an die Zeiten Ludwigs XIV. und Ludwigs XV., wo der finanzielle, kommerzielle, industrielle Überbau oder vielmehr die Fassade des sozialen Gebäudes wie eine Satire auf den stagnierenden Zustand des Hauptteils der Produktion (Agrikultur) und auf die Not der Produzenten wirkte." (34, 374 f.)

E: „Er sagt, die üblen Folgen des modernen Kapitalismus in Rußland werden ebenso leicht überwunden werden wie in den Vereinigten Staaten. Hier vergißt er ganz, daß die USA von allem Anfang an modern, bourgeois waren; daß sie von Kleinbürgern und Bauern gegründet wurden, die dem europäischen Feudalismus entflohen, um eine rein bürgerliche Gesellschaft zu errichten. Dagegen haben wir in Rußland ein Fundament von primitiv-kommunistischem Charakter, eine noch aus der Zeit vor der Zivilisation stammende Gentilgesellschaft ... In Amerika gibt es seit mehr als einem Jahrhundert Geldwirtschaft, in Rußland war fast ausnahmslos Naturalwirtschaft die Regel. Deshalb ist es selbstverständlich, daß die Umwälzung in Rußland weit heftiger, weit einschneidender und von unermeßlich größern Leiden begleitet sein muß als in Amerika." (39, 148 f.)

[11]

E: „Hier im alten Europa geht es etwas lebhafter zu als in Eurem ‚jugendlichen' Land, das noch immer nicht recht aus den Flegeljahren heraus will. Es ist merkwürdig, aber ganz natürlich, wie in einem so jungen Land, das den Feudalismus nie gekannt, das von vornherein auf bürgerlicher Grundlage emporgewachsen, wie fest da die bürgerlichen Vorurteile auch in der Arbeiterklasse sitzen. Grade aus Gegensatz gegen das – noch feudale Verkleidung tragende – Mutterland bildet sich auch der amerikanische Arbeiter ein, die traditionell überlieferte bürgerliche Wirtschaft sei etwas von Natur und zu allen Zeiten Progressives und Überlegnes, ein Nonplusultra ... Die Amerikaner mögen sich sträuben und zerren wie sie wollen, sie können ihre allerdings riesengroße Zukunft nun einmal diskontieren wie einen Wechsel, sie müssen die Verfallzeit eben abwarten, und grade weil die Zukunft so groß, muß ihre Gegenwart sich hauptsächlich beschäftigen mit der Vorarbeit für diese Zukunft, und diese Arbeit ist wie in jedem jungen Lande vorherrschend materieller Natur und bedingt eine gewisse Rückständigkeit des Denkens, ein Hängen an den mit der Gründung der neuen Nationalität zusammenhängenden Traditionen." (38, 560)

E: „Eine auf ihre ‚Praxis' eingebildete und dabei theoretisch so furchtbar vernagelte Nation – junge Nation – wie die Amerikaner wird so eine eingewurzelte fixe Idee nur durch eignen Schaden gründlich los." (39, 52)

Amerika, Amerikaner

E: „Der temporäre Niedergang der Bewegung in Amerika ist mir schon seit einiger Zeit aufgefallen und die deutschen Sozialisten werden ihn nicht aufhalten. Amerika ist das jüngste, aber auch das älteste Land der Welt . . . Alles, was hier sich überlebt, kann in Amerika noch 1 – 2 Generationen fortleben." (39, 385)

III. Kommentar

Die Bedeutung der Sklaven für die amerikanische Wirtschaft wurde, wie sich wenige Jahre später zeigen sollte, gänzlich falsch eingeschätzt. Typisch für Marx und Engels, daß sie, des vermeintlichen Fortschritts wegen, zunächst am Los der Sklaven keinen Anteil nahmen. Das spätere Hurra über die Niederlage der Südstaaten dürfte nur taktischer Natur gewesen sein (→ Moral).

Engels Feststellung, in den USA habe es bis jetzt keine Klassen mit entgegengesetzten Interessen gegeben, bedeutet einen Widerspruch zum Kern des historischen Materialismus (→ Histomat), wonach der Klassenkampf den Fortschritt fördert. Doch gerade die fortschrittlichste Nation soll ihn nie gekannt haben.

Groß die Enttäuschung, daß gerade diese Nation den in sie gesetzten Erwartungen, genauer: der historischen Mission, nicht gerecht wurde. Was würden Marx und Engels angesichts der Tatsache sagen, daß es in diesem Lande auch nach weiteren 100 Jahren keine sozialistische Massenbewegung gibt?

Die Begeisterung für die USA als dem fortschrittlichsten und freiesten Lande hatte ihren Grund nicht in der Liebe zur → Freiheit. Politische Freiheit und → Demokratie waren für sie die Voraussetzung des Übergangs zur → Diktatur des Proletariats, zum → Sozialismus.

IV. Hinweise

1) 4, 379, 554; 7, 220, 432 ff.; 8, 505; 14, 451; 15, 326, 455; 16, 98 f., 526; 17, 643; 21, 355 ff., 466 ff.; 23, 526, 529; 30, 254, 287; 31, 126, 128, 424; 34, 59, 372, 511; 36, 47, 418, 431, 433, 478, 487, 490, 508, 579, 593, 689, 703; 37, 87, 100 f., 103, 125, 134, 320, 353; 38, 314.
2) Backhaus, a.a.O.; Browder, a.a.O.; Padover, a.a.O.

Arbeit

I. Thesen

Obwohl die Arbeit für die Marxsche Weltsicht von zentraler Bedeutung ist, haben sich Marx und Engels damit nicht systematisch auseinandergesetzt. Äußerungen zum Thema durchziehen jedoch ihre literarische Hinterlassenschaft:
Die Arbeit hat den Menschen geschaffen [1]. Durch die Arbeit gestaltet der Mensch die Welt und wird selbst gestaltet [2]. Sie ist das Kennzeichen des Menschen. Sie ist notwendig [3]. Im → Kapitalismus herrscht → Arbeitsteilung, im → Kommunismus ist sie verschwunden [4]. Im Kapitalismus ist die Arbeit Last, die → Entfremdung bewirkt. Ob sie im Kommunismus Last oder Lebensbedürfnis ist, ja ob sie überhaupt notwendig bleibt, darüber gibt es unterschiedliche Äußerungen [5]. Nur die Arbeit schafft Werte. Der Wert einer Ware ist abhängig von der Menge der in sie investierten Arbeit (→ Arbeitszeit → Ausbeutung → Unternehmer) [6]. Charakteristisch für die menschliche Arbeit ist der Gebrauch von Werkzeug [7].

II. Texte

[1]

M: „Indem aber für den sozialistischen Menschen die *ganze sogenannte Weltgeschichte* nichts anders ist als die Erzeugung des Menschen durch die menschliche Arbeit, als das Werden der Natur für den Menschen, so hat er also den anschaulichen, unwiderstehlichen Beweis von seiner Geburt durch sich selbst, von seinem *Entstehungsprozeß*." (Ergbd. 1, 546)

E: „Die Arbeit ist die Quelle alles Reichtums, sagen die politischen Ökonomen. Sie ist dies − neben der Natur, die ihr den Stoff liefert, den sie in Reichtum verwandelt. Aber sie ist noch unendlich mehr als dies. Sie ist die erste Grundbedingung alles menschlichen Lebens, und zwar in einem solchen Grade, daß wir in gewissem Sinn sagen müssen: Sie hat den Menschen selbst geschaffen." (20, 444)

[2]

M: „Die Arbeit ist zunächst ein Prozeß zwischen Mensch und Natur, ein Prozeß, worin der Mensch seinen Stoffwechsel mit der Natur durch seine eigne Tat vermittelt, regelt und kontrolliert. Er tritt dem Naturstoff selbst als eine Naturmacht gegenüber. Die seiner Leiblichkeit angehörigen Naturkräfte, Arme und Beine, Kopf und Hand, setzt er in Bewegung, um sich den Naturstoff in einer für sein eignes Leben brauchbaren Form anzueignen. Indem er durch diese Bewegung auf die Natur außer ihm wirkt und sie verändert, verändert er zugleich seine eigne Natur." (23, 192)

Arbeit

[3]

M: „Als Bildnerin von Gebrauchswerten, als nützliche Arbeit ist die Arbeit daher eine von allen Gesellschaftsformen unabhängige Existenzbedingung des Menschen, ewige Naturnotwendigkeit, um den Stoffwechsel zwischen Mensch und Natur, also das menschliche Leben zu vermitteln." (23, 57)

[4]

M: „In einer höheren Phase der kommunistischen Gesellschaft, nachdem die knechtende Unterordnung der Individuen unter die Teilung der Arbeit, damit auch der Gegensatz geistiger und körperlicher Arbeit verschwunden ist; nachdem die Arbeit nicht nur Mittel zum Leben, sondern selbst das erste Lebensbedürfnis geworden ..." (19, 21)

[5]

M/E: „Sowie nämlich die Arbeit verteilt zu werden anfängt, hat Jeder einen bestimmten ausschließlichen Kreis der Tätigkeit, der ihm aufgedrängt wird, aus dem er nicht heraus kann; er ist Jäger, Fischer oder Hirt oder kritischer Kritiker und muß es bleiben, wenn er nicht die Mittel zum Leben verlieren will — während in der kommunistischen Gesellschaft, wo Jeder nicht einen ausschließlichen Kreis der Tätigkeit hat, sondern sich in jedem beliebigen Zweige ausbilden kann, die Gesellschaft die allgemeine Produktion regelt und mir eben dadurch möglich macht, heute dies, morgen jenes zu tun, morgens zu jagen, nachmittags zu fischen, abends Viehzucht zu treiben, nach dem Essen zu kritisieren, wie ich gerade Lust habe, ohne je Jäger, Fischer, Hirt oder Kritiker zu werden." (3, 33)

M/E: „Schließlich erhalten wir noch folgende Resultate aus der entwickelten Geschichtsauffassung: ... daß in allen bisherigen Revolutionen die Art der Tätigkeit stets unangetastet blieb und es sich nur um eine andere Distribution dieser Tätigkeit, um eine neue Verteilung der Arbeit an andere Personen handelte, während die kommunistische Revolution sich gegen die bisherige Art der Tätigkeit richtet, die *Arbeit* beseitigt ..." (3, 69 f.)

M/E: „Während also die entlaufenden Leibeignen nur ihre bereits vorhandenen Existenzbedingungen frei entwickeln und zur Geltung bringen wollten und daher in letzter Instanz nur bis zur freien Arbeit kamen, müssen die Proletarier, um persönlich zur Geltung zu kommen, ihre eigne bisherige Existenzbedingung, die zugleich die der ganzen bisherigen Gesellschaft ist, die Arbeit, aufheben." (3, 77)

M: „Das Reich der Freiheit beginnt in der Tat erst da, wo das Arbeiten, das durch Not und äußere Zweckmäßigkeit bestimmt ist, aufhört; es liegt also der Natur der Sache nach jenseits der Sphäre der eigentlichen materiellen Produktion. Wie der Wilde mit der Natur ringen muß, um seine Bedürfnisse zu befriedigen, um sein Leben zu erhalten und zu reproduzieren, so muß es der Zivilisierte, und er muß es in allen Gesellschaftsformen und unter allen möglichen Produktionsweisen." (25, 828)

[6]

M: „Ein Gebrauchswert oder Gut hat also nur einen Wert, weil abstrakt menschliche Arbeit in ihm vergegenständlicht oder materialisiert ist. Wie nun die Größe seines Wer-

Arbeit

tes messen? Durch das Quantum der in ihm enthaltenen ‚wertbildenden Substanz', der Arbeit." (23, 53)

7
M: „Der Gebrauch und die Schöpfung von Arbeitsmitteln, obgleich im Keim schon gewissen Tierarten eigen, charakterisieren den spezifisch menschlichen Arbeitsprozeß ..." (23, 194)

III. Kommentar

Wie so vieles ist auch die Arbeitslehre das Resultat kühner, teils wirklichkeitsfremder, teils spekulativer Phantasie, soweit es sich nicht um Selbstverständlichkeiten handelt. Das beginnt schon mit der Selbsterzeugung des Menschen durch Arbeit. Wenn die Arbeit etwas typisch Menschliches ist, so muß die Menschwerdung zeitlich vor der ersten Arbeit liegen.
Daß der Mensch durch die Arbeit die Welt und auch sich selbst verändert, ist unbestritten. Das gilt auch für die Notwendigkeit der Arbeit. Die → Arbeitsteilung ist mehr Segen als Fluch, weshalb sie weltweit an Boden gewinnt. Die Arbeitsteilung hat nicht die → Entfremdung zur Folge.
Die Aussagen über die Notwendigkeit und die Auswirkungen der Arbeit im Kommunismus sind kraß widersprüchlich.
Die Arbeitswertlehre war schon damals umstritten und wird heute allgemein als falsch angesehen.

IV. Hinweise

1) Ergbd. 1, 463, 574 ff.; 3, 70; 13, 23 f.; 16, 123; 19, 15; 23, 57, 85 f.
2) Becker, a.a.O.; Ehlen „Arbeit", a.a.O.; Schwan, a.a.O., S. 78 ff., 200 ff.

Arbeit, Recht auf -

I. Thesen

Zum Thema Recht auf Arbeit äußert sich Marx nicht dezidiert [1]. Das Recht auf Arbeit im Sinne eines Freiheitsrechts war zu Lebzeiten von Marx schon zur Selbstverständlichkeit geworden, im Sinne eines Anspruchs gegenüber dem Staat offenbar noch kaum Gesprächsthema.
Engels, 1884 darauf angesprochen, lehnt ein solches Recht in zwei Briefen entschieden ab [2].

II. Texte

[1]

M: „Das Recht auf Arbeit ist im bürgerlichen Sinn ein Widersinn, ein elender, frommer Wunsch . . ." (7, 42)

[2]

E: „Sollte der Versuch, das ‚Recht auf Arbeit' in Mode zu bringen, wiederholt werden, so würde ich auch etwas darüber in den ‚Sozialdemokrat' schreiben. Ich habe darüber mit Kautsky verhandelt; ich möchte gern, daß Geiser und Konsorten sich erst etwas engagierten, etwas Greifbares von sich gäben, damit man eine Handhabe hat, aber Kautsky meint, das täten sie nicht. Diese verbummelten Studenten, Kommis etc. sind der Fluch der Bewegung. Sie wissen weniger als nichts und wollen eben deshalb platterdings nichts lernen; ihr sog. Sozialismus ist reine spießbürgerliche Phrase." (36, 87)

E: „Und die gründliche Blamage der Deutschfreisinnigen und des Zentrums bei der Abstimmung ist auch was wert, noch mehr aber das Bismarcksche Recht auf Arbeit . . . Das Recht auf Arbeit ist von Fourier erfunden, bei ihm verwirklicht es sich aber nur im Phalanstère, setzt also dessen Annahme voraus. Die Fourieristen – friedliebende Philister der ‚Démocratie pacifique', wie ihr Blatt hieß –, verbreiteten die Phrase eben ihres ungefährlichen Klangs wegen. Die Pariser Arbeiter 1848 ließen sie sich – bei ihrer absoluten theoretischen Unklarheit – aufhängen, weil sie so praktisch, so wenig utopistisch, so ohne weiteres realisierbar aussah. Die Regierung realisierte sie – in der Weise, wie die kapitalistische Gesellschaft sie realisieren konnte – in den sinnlosen Nationalwerkstätten . . . Man verlangt von der kapitalistischen Gesellschaft, es zu realisieren, sie kann das nur innerhalb *ihrer* Existenzbedingungen, und wenn man das Recht auf Arbeit von ihr verlangt, so verlangt man es unter diesen bestimmten Bedingungen, man verlangt also Nationalwerkstätten, Arbeitshäuser und Kolonien . . . Soll aber die Forderung des Rechts auf Arbeit *indirekt* die Forderung der Umwälzung der kapitalistischen Produktionsweise einschließen, so ist sie gegenüber dem heutigen Stand der Bewegung ein feiger Rückschritt, eine Konzession ans Sozialgesetz, eine Phrase, die keinen Zweck

Arbeit, Recht auf -

haben kann, als die Arbeiter konfus und unklar zu machen über die Ziele, die sie zu verfolgen haben, und über die Bedingungen, unter denen allein sie sie erreichen können." (36, 151f.)

III. Kommentar

Engels' Ausführungen über das Recht auf Arbeit werden noch bemerkenswerter, wenn man sich vergegenwärtigt, wodurch sie ausgelöst worden sind, nämlich durch einen Brief Kautskys, in dem es heißt: „Die Anregung, Ihnen zu schreiben, empfing ich aus beiliegendem Flugblatt ... Es zeigt deutlich, wie sehr die Bewegung in Deutschland verflacht ist ... Namentlich sind es das Recht auf Arbeit und der Minimallohn, welche die Gemüter jetzt beschäftigen, für welche Geister und Konsorten überall Propaganda machen und sie auch spontan, z. B. in den Köpfen der Berliner, zu spuken anfangen. Die Bewegung droht immer weitere Dimensionen anzunehmen, und es ist m. E. unbedingt notwendig, ihr jetzt entgegenzutreten ..." (36, 752 f.) Grund für die Ablehnung war, daß Bismarck diese Devise ausgegeben und süddeutsche Sozialdemokraten (Bayern), auf die Bebel, Kautsky und Engels nicht gut zu sprechen waren, sie aufgegriffen hatten. Engels: „Aber Stuckert [Stuttgart] und München sind ja die schlimmsten Orte in Deutschland." (36, 59) Die sozialistischen Verfassungen kannten ein Recht auf und eine Pflicht zur Arbeit. Daß die Wirklichkeit dem „Recht auf Arbeit" nicht immer gerecht wurde, ist hinlänglich bekannt.

IV. Hinweise

1) 36, 59.
2) –

Arbeiterbewegung

I. Thesen

An der Arbeiterbewegung ihrer Zeit nehmen Marx und Engels starken Anteil, da sich auf sie ihre revolutionären Hoffnungen und Erwartungen gründeten (→ Histomat → Revolution). Die Freunde beanspruchten oberste Autorität (→ Partei).

Ihr Einfluß wird jedoch, wie sich auch aus Selbstzeugnissen ergibt, gewaltig überschätzt. Die Arbeiterbewegung florierte schon vor ihrer Zeit, und alle wichtigen Ereignisse in der Arbeiterbewegung des 19. Jahrhunderts geschahen ohne ihre Mitwirkung, gelegentlich sogar gegen ihren Willen (→ Bakunin → Internationale Arbeiterassoziation → Lassalle → Liebknecht → Sozialdemokratische Partei Deutschlands).

Aussagen zur Arbeiterbewegung allgemein gibt es nicht viele (→ Klassen → Proletarier) 1. Die Arbeiterbewegung → Englands verlor in ihren Augen immer mehr an Bedeutung 2. Ähnlich erging es der Arbeiterbewegung → Frankreichs 3. Sowohl wegen der Einheitlichkeit und Festigkeit der Organisation als auch wegen der relativ starken marxistischen Färbung wurde die deutsche Arbeiterbewegung immer mehr favorisiert (→ Deutschland → Amerika → Österreich → Rußland) 4.

II. Texte

1

E: „Mit den hiesigen Arbeitern bin ich mehrere Male zusammengewesen, d. h. mit den Hauptleuten der Schreiner aus dem Faubourg St. Antoine. Die Leute sind eigentümlich organisiert. Außer ihrer – durch eine große Dissension mit den Weitlingschen Schneidern – sehr in Konfusion geratenen Vereinsgeschichte kommen diese Kerls, d. h. ca. 12–20 von ihnen, jede Woche einmal zusammen, wo sie bisher diskutierten …" (27, 40)

E: „Mit dem Bund geht's hier miserabel. Solche Schlafmützigkeit und kleinliche Eifersucht der Kerls untereinander ist mir nie vorgekommen. Die Weitlingerei und Proudhonisterei sind wirklich der komplette Ausdruck der Lebensverhältnisse dieser Esel, und daher ist nichts zu machen. Die einen sind echte Straubinger, alternde Knoten, die andern angehende Kleinbürger." (27, 111)

2

M/E: „Nun haben zwar die englischen und französischen Arbeiter Assoziationen gebildet, in welchen nicht nur ihre unmittelbaren Bedürfnisse als *Arbeiter*, sondern ihre Bedürfnisse als *Menschen* den Gegenstand ihrer wechselseitigen Belehrung bilden, worin sie überdem ein sehr gründliches und umfassendes Bewußtsein über die ‚ungeheure'

Arbeiterbewegung

und ‚unermeßbare' Kraft äußern, welche aus ihrem Zusammenwirken entsteht." (2, 55)

M: „In England hat man sich nicht auf partielle Koalitionen beschränkt, die keinen anderen Zweck hatten als einen augenblicklichen Strike und mit demselben wieder verschwanden. Man hat dauernde Koalitionen geschaffen, trade unions, die den Arbeitern in ihren Kämpfen mit den Unternehmern als Schutzwehr dienen. Und gegenwärtig finden alle diese lokalen *trade unions* einen Sammelpunkt in der National Association of United Trades, deren Zentralkomitee in London sitzt und die bereits 80 000 Mitglieder zählt. Diese Strikes, Koalitionen und Trade Unions traten ins Leben gleichzeitig mit den politischen Kämpfen der Arbeiter, die gegenwärtig unter dem Namen der *Chartisten* eine große politische Partei bilden." (4, 180)

E: „Natürlich! Die Koalition der Arbeiter, heimlich bis 1825, offen seit 1825, Koalitionen, nicht für *einen* Tag gegen *einen* Fabrikanten, sondern Koalitionen von permanenter Dauer gegen ganze Fraktionen von Fabrikanten, Koalitionen ganzer Arbeitszweige . . ." (5, 285)

M: „Ich sehe also nicht die Dinge so schlimm an. Was mich in meinen Ansichten viel mehr lädieren könnte, ist die Schafshaltung der Arbeiter Lancashire . . . England hat sich während dieser letzten Zeit mehr blamiert als any other country, die Arbeiter durch ihre christliche Sklavennatur . . ." (30, 301)

M: „Dazu aber nötig, *daß ich hier bleibe,* einstweilen. Abgesehen davon, daß, wenn ich in dieser kritischen Zeit hier fortgehe, die ganze Arbeiterbewegung, die ich hinter den Kulissen influenziere, in sehr schlechte Hände und auf Abwege geraten würde." (32, 540)

M: „Das große Ereignis ist hier das Wiedererwachen der agricultural labourers. Das Scheitern ihrer ersten Versuche tut keinen Schaden, au contraire. Was die städtischen Arbeiter betrifft, so ist nur zu bedauern, daß das ganze Führerpack nicht ins Parlament kam. Es ist der sicherste Weg, sich des Gesindels zu entledigen." (33, 635)

M: „Die Hallunken, sogenannte Arbeiterführer (Engländer), welche ich auf dem Haager Kongreß entlarvt hatte . . . diese Arbeiterführer . . . sind dieselben Hunde, mit denen es unmöglich war, eine Versammlung gegen die Henker der Kommune zustande zu bringen." (34, 213)

E: „Seit dem Ende der Internationalen ist hier absolut keine Arbeiterbewegung außer als Schwanz der Bourgeoisie . . ." (36, 21)

E: „Wichtig ist nur, daß sie jetzt endlich genötigt sind, unsere Theorie, die ihnen während der Internationale als von außen oktroyiert erschien, offen als die ihrige proklamieren müssen; und daß in der letzten Zeit eine Menge junger Köpfe aus der Bourgeoisie auftauchen, die, zur Schande der englischen Arbeiter muß es gesagt werden, die Sachen besser begreifen und leidenschaftlicher ergreifen als die Arbeiter." (36, 57)

E: „Nun zu den hiesigen Vorgängen. Am Samstag ist die Social Democratic Federation glücklich in die Brüche gegangen . . . Ich habe die Satisfaction, diesen ganzen Schwindel von Anfang an durchschaut, die Leute alle richtig beurteilt und das Ende

Arbeiterbewegung

vorhergesagt zu haben, ebenso, daß dieser Schwindel im Endresultat mehr schaden werde als nützen." (36, 256 ff.)

E: „Hier hat einerseits der Mangel an aller Konkurrenz, andererseits die Dummheit der Regierung den Herren von der Social Democratic Federation erlaubt, eine Stellung einzunehmen, die sie sich vor drei Monaten noch nicht zu träumen wagten." (36, 580)

E: „Daher ist es so prächtig, daß gerade jetzt auch hier die Bewegung ernsthaft und, wie ich glaube, unaufhaltsam angefangen hat. Die Arbeiterschichten, die jetzt ins Geschirr gehen, sind unendlich zahlreicher, energischer, bewußter als die alten Trade Unions, die nur die Aristokratie der Arbeiterklasse bildeten." (37, 325)

E: „Die Fabians sind hier in London eine Bande von Strebern, die Verstand genug haben, die Unvermeidlichkeit der sozialen Umwälzung einzusehen, die aber dem rohen Proletariat unmöglich diese Riesenarbeit allein anvertrauen können und deshalb die Gewohnheit haben, sich an die Spitze zu stellen; Angst vor der Revolution ist ihr Grundprinzip. Sie sind die ‚Jebildeten‘ par excellence. Ihr Sozialismus ist Munizipalsozialismus . . ." (39, 8)

E: „Hier geht die Bewegung ziemlich langsam voran. Es gibt bei den Arbeitermassen bestimmt eine starke Neigung zum Sozialismus. Aber die historischen Bedingungen in England sind derart, daß diese Neigung der Masse bei den Führern eine Menge verschiedener, sich überschneidender und einander bekämpfender Strömungen erzeugt." (39, 229)

E: „Aus dieser Aufzählung bekommst Du eine Vorstellung von der Zersplitterung, der Rivalität und den persönlichen Zänkereien, die die hiesige Arbeiterbewegung zieren." (39, 283)

E: „Was die wirklich sozialistischen Organisationen in England angeht, so sind sie so uneinig und so arm, daß man von ihnen keine Hilfe erwarten kann." (39, 439)

3

M: „Notabene: Das Schlimme ist, daß wir nicht einen einzigen Menschen in Paris haben, der sich mit den den Proudhonisten *feindlichen* Arbeitersections (und sie bilden die Majorität!) in Verbindung setzen könnte." (31, 347)

M: „Die wenigen Franzosen (ich meine von denen, die mit uns im Haag noch zusammenhielten) haben sich meist später als Lumpen herausgestellt . . ." (33, 635)

E: „Nichts hat dem Ruf der Franzosen im Ausland mehr geschadet als diese törichte Begeisterung für einen neuen Retter der Gesellschaft, und noch dazu so einen! Und wären es nur die Bourgeois gewesen – aber auch die große Masse der Arbeiterklasse fiel vor diesem Schwätzer auf die Knie!" (38, 322)

4

E: „Die Arbeiterklasse Deutschlands ist in ihrer gesellschaftlichen und politischen Entwicklung ebensoweit hinter der Englands und Frankreichs zurück wie die deutsche Bourgeoisie hinter der Bourgeoisie jener Länder. Wie der Herr so der Knecht. Die Entwicklung der Existenzbedingungen für ein zahlreiches, starkes, konzentriertes und

Arbeiterbewegung

intelligentes Proletariat geht Hand in Hand mit der Entwicklung der Existenzbedingungen für eine zahlreiche, wohlhabende, konzentrierte und mächtige Bourgeoisie." (8, 10)

E: „Die heutige Generation lebt rasch und vergißt rasch. Die Bewegung der 40er Jahre, die in der Revolution von 1848 gipfelte und in der Reaktion von 1849 bis 1852 ihren Abschluß fand, ist bereits verschollen mitsamt ihrer politischen und sozialistischen Literatur. Es muß daher daran erinnert werden, daß vor und während der Revolution von 1848 unter den Arbeitern namentlich Westdeutschlands eine wohlorganisierte sozialistische Partei bestand, welche zwar nach dem Kölner Kommunistenprozeß auseinanderfiel, deren einzelne Mitglieder aber im stillen fortfuhren, den Boden vorzubereiten, dessen Lassalle sich nachher bemächtigte." (16, 361)

E: „Die deutschen Arbeiter haben vor denen des übrigen Europas zwei wesentliche Vorteile voraus. Erstens, daß sie dem theoretischsten Volk Europas angehören und daß sie sich den theoretischen Sinn bewahrt haben, der den sogenannten ‚Gebildeten' Deutschlands so gänzlich abhanden gekommen ist . . . Der zweite Vorteil ist der, daß die Deutschen in der Arbeiterbewegung der Zeit nach ziemlich zuletzt gekommen sind." (18, 516)

E: „Man fühlte, daß man in der deutschen Arbeiterklasse mehr und mehr Wurzel faßte und daß diese deutschen Arbeiter geschichtlich berufen seien, den Arbeitern des europäischen Nordens und Ostens die Fahne voranzutragen." (21, 210)

M: „Der Bund [der Kommunisten] hier hat sich vergangnen Mittwoch auf meinen Antrag hin *aufgelöst* und die Fortdauer des Bundes auch auf dem Kontinent für *nicht mehr zeitgemäß* erklärt." (28, 195)

M: „Unser Einfluß auf dies Beamtentum ist größer als auf die Knoten." (31, 291)

E: „Wir müssen doch suchen, in Deutschland wieder eine direkte Verbindung mit den Arbeitern zu etablieren, das fehlt uns grade, sonst geht alles flott genug." (31, 349)

M: „Was die arbeitenden Klassen in Deutschland betrifft, so sind sie meiner Ansicht nach besser organisiert als die französischen. Ihre Ideen sind *internationaler* als in irgendeinem anderen Lande. Ihr *Atheismus* ist ausgeprägter als in irgendeinem anderen Lande." (32, 610)

E: „Die deutschen Arbeiter haben während dieses Krieges eine Einsicht und Energie bewiesen, die sie mit einem einzigen Ruck an die Spitze der europäischen Arbeiterbewegung stellt, und Sie werden begreifen, mit welchem Stolz wir dies erleben." (33, 167)

E: „Auf die Wahlen selbst freu' ich mich ungeheuer. Da werden unsere deutschen Arbeiter der Welt wieder einmal zeigen, aus welchem famos gehärteten Stahl sie geschmiedet sind." (37, 350)

E: „Ich habe mich über die französischen und englischen Arbeiter oft genug geärgert — trotz der Erkenntnis der Ursachen ihrer Böcke — aber über die Deutschen seit 1870 nie, wohl über einzelne Leute, die in ihrem Namen sprachen, nie über die Massen, die

Arbeiterbewegung

alles wieder ins Gleise brachten. Und ich möchte wetten, ich werde nie in den Fall kommen, mich über sie zu ärgern." (37, 438)

E: „Die Deutschen stehen nun hier einmal im Ruf, die größten Lohnverderber und Streikbrecher zu sein, und nicht ganz zu Unrecht." (38, 351)

III. Kommentar

Die Texte, die England und die englische Arbeiterbewegung betreffen, sind besonders aufschlußreich, zeigen sie doch, wie wenig die Erkenntnis des „Gesetzes der Geschichte" den Freunden auf die Sprünge half. Alle wesentlichen Vorhersagen erwiesen sich als trügerisch.

Auch Deutschland betreffend gibt es erhebliche Widersprüche (siehe die ersten Zitate unter II [4]).

IV. Hinweise

1) 4, 180, 418, 470 f.; 16, 113; 30, 326, 338, 345; 32, 651, 679; 33, 240, 332 f., 615; 34, 126, 366; 35, 237; 36, 251, 431, 446, 468, 475, 480, 509, 534, 650; 36, 56 f., 575; 37, 58 f., 394, 401; 38, 444, 494; 39, 124 f., 248, 292, 307, 500.
2) Grebing, a.a.O.; Löw „Lehre", a.a.O., S. 190 ff.

Arbeitsteilung

I. Thesen

Marx und Engels unterscheiden die ursprüngliche, die natürliche Arbeitsteilung von jener, die zur Herausbildung der Städte geführt hat. Letztere zeigt sich in der Trennung von Ackerbau und Gewerbe, von körperlicher und geistiger Arbeit. Doch schon in der natürlichen Arbeitsteilung liegt die Wurzel jener Übel, die die Klassengesellschaft kennzeichnet, insbesondere → Ausbeutung und → Entfremdung [1]. Die kommunistische Gesellschaft wird – auf unerklärte Weise – die bisherige Arbeitsteilung überwinden [2]. Marx und Engels hatten untereinander Arbeitsteilung verabredet [3].

II. Texte

[1]

M/E: „Dieser Anfang ist so tierisch wie das gesellschaftliche Leben dieser Stufe selbst, er ist bloßes Herdenbewußtsein, und der Mensch unterscheidet sich hier vom Hammel nur dadurch, daß sein Bewußtsein ihm die Stelle des Instinkts vertritt, oder daß sein Instinkt ein bewußter ist. Dieses Hammel- oder Stammbewußtsein erhält seine weitere Entwicklung und Ausbildung durch die gesteigerte Produktivität, die Vermehrung der Bedürfnisse und die Beiden zum Grunde liegende Vermehrung der Bevölkerung. Damit entwickelt sich die Teilung der Arbeit, die ursprünglich nichts war als die Teilung der Arbeit im Geschlechtsakt, dann Teilung der Arbeit, die sich vermöge der natürlichen Anlage (z. B. Körperkraft) Bedürfnisse, Zufälle etc. etc. von selbst oder ‚naturwüchsig' macht. Die Teilung der Arbeit wird erst wirklich Teilung von dem Augenblick an, wo eine Teilung der materiellen und geistigen Arbeit eintritt . . . Die freilich noch sehr rohe, latente Sklaverei in der Familie ist das erste Eigentum, das übrigens hier schon vollkommen der Definition der modernen Ökonomen entspricht, nach der es die Verfügung über fremde Arbeitskraft ist. Übrigens sind Teilung der Arbeit und Privateigentum identische Ausdrücke . . . und endlich bietet uns die Teilung der Arbeit gleich das erste Beispiel davon dar, daß, solange die Menschen sich in der naturwüchsigen Gesellschaft befinden, solange also die Spaltung zwischen dem besondern und gemeinsamen Interesse existiert, solange die Tätigkeit also nicht freiwillig, sondern naturwüchsig geteilt ist, die eigne Tat des Menschen ihm zu einer fremden, gegenüberstehenden Macht wird, die ihn unterjocht, statt daß er sie beherrscht . . ." (3, 31 ff.)

E: „Gleich die erste große Arbeitsteilung, die Scheidung von Stadt und Land, verurteilte die Landbevölkerung zu jahrtausendelanger Verdummung und die Städter zur Knechtung eines jeden unter sein Einzelhandwerk. Sie vernichtete die Grundlage der geistigen Entwicklung der einen und der körperlichen der andern. Wenn sich der Bauer den Boden, der Städter sein Handwerk aneignet, so eignet sich ebensosehr der Boden den Bauer, das Handwerk den

Arbeitsteilung

Handwerker an. Indem die Arbeit geteilt wird, wird auch der Mensch geteilt. Der Ausbildung einer einzigen Tätigkeit werden alle übrigen körperlichen und geistigen Fähigkeiten zum Opfer gebracht. Diese Verkümmerung des Menschen wächst im selben Maße wie die Arbeitsteilung, die ihre höchste Entwicklung in der Manufaktur erreicht ... Die Utopisten waren bereits vollständig im reinen über die Wirkungen der Teilung der Arbeit, über die Verkümmerung einerseits des Arbeiters, andrerseits der Arbeitstätigkeit selbst, die auf lebenslängliche, einförmige, mechanische Wiederholung eines und desselben Aktes beschränkt wird. Die Aufhebung des Gegensatzes von Stadt und Land wird von Fourier wie von Owen als erste Grundbedingung der Aufhebung der alten Arbeitsteilung überhaupt gefordert. Bei beiden soll die Bevölkerung sich in Gruppen von sechzehnhundert bis dreitausend über das Land verteilen; jede Gruppe bewohnt im Zentrum ihres Bodenbezirks einen Riesenpalast mit gemeinsamem Haushalt." (20, 271 ff.)

[2]

M/E: „Die Verwandlung der persönlichen Mächte (Verhältnisse) in sachliche durch die Teilung der Arbeit kann nicht dadurch wieder aufgehoben werden, daß man sich die allgemeine Vorstellung davon aus dem Kopfe schlägt, sondern nur dadurch, daß die Individuen diese sachlichen Mächte wieder unter sich subsumieren und die Teilung der Arbeit aufheben." (3, 74)

E: „Die Trennung der Gesellschaft in verschiedene, einander entgegengesetzte Klassen wird hiermit überflüssig. Sie wird aber nicht nur überflüssig, sie ist sogar unverträglich mit der neuen Gesellschaftsordnung. Die Existenz der Klassen ist hervorgegangen aus der Teilung der Arbeit, und die Teilung der Arbeit in ihrer bisherigen Weise fällt gänzlich weg. Denn um die industrielle und Ackerbauproduktion auf die geschilderte Höhe zu bringen, genügen die mechanischen und chemischen Hilfsmittel nicht allein; die Fähigkeiten der diese Hilfsmittel in Bewegung setzenden Menschen müssen ebenfalls in entsprechendem Maße entwickelt sein ... Der gemeinsame Betrieb der Produktion kann nicht durch Menschen geschehen wie die heutigen, deren jeder einem einzigen Produktionszweig untergeordnet, an ihn gekettet, von ihm ausgebeutet ist, deren jeder nur *eine* seiner Anlagen auf Kosten aller anderen entwickelt hat, nur *einen* Zweig oder nur den Zweig eines Zweiges der Gesamtproduktion kennt. Auch schon die jetzige Industrie kann solche Menschen immer weniger gebrauchen. Die gemeinsam und planmäßig von der ganzen Gesellschaft betriebene Industrie setzt vollends Menschen voraus, deren Anlagen nach allen Seiten hin entwickelt sind, die imstande sind, das gesamte System der Produktion zu überschauen. Die durch die Maschinen schon jetzt untergrabene Teilung der Arbeit, die den einen zum Bauern, den andern zum Schuster, den dritten zum Fabrikarbeiter, den vierten zum Börsenspekulanten macht, wird also gänzlich verschwinden. Die Erziehung wird die jungen Leute das ganze System der Produktion rasch durchmachen lassen können, sie wird sie instandsetzen, der Reihe nach von einem zum anderen Produktionszweig überzugehen, je nachdem die Bedürfnisse der Gesellschaft oder ihre eigenen Neigungen sie dazu veranlassen ..." (4, 375 f.)

M: „Es unterliegt ebensowenig einem Zweifel, daß die kapitalistische Form der Produktion und die ihr entsprechenden ökono-

Arbeitsteilung

mischen Arbeitsverhältnisse im diametralen Widerspruch stehen mit solchen Umwälzungsfermenten und ihrem Ziel, der Aufhebung der alten Teilung der Arbeit." (23, 512)

3

E: „Infolge der Teilung der Arbeit, die zwischen Marx und mir bestand, fiel es mir zu, unsere Ansichten in der periodischen Presse, also namentlich im Kampf mit gegnerischen Ansichten, zu vertreten… " (21, 328)

M: „Der einzige Gedanke, der mich dabei aufrecht hält, ist der, daß wir zwei ein Compagniegeschäft treiben, wo ich meine Zeit für den theoretischen und Parteiteil des business gebe." (31, 131)

M: „Ich verstehe nichts vom Militärischen ..." (33, 32) Doch:

M: „Es ist nun nötig, durch Militärisches, grade in diesem Augenblick, ihr [New York Daily Tribunel zu beweisen, daß sie mich nicht entbehren kann." (29, 334)

III. Kommentar

Daß die Arbeitsteilung Träger von Zivilisation und Kultur ist, wird nicht bestritten. Wie alles, so hat aber auch die Arbeitsteilung ihre Schattenseiten, die von Marx und Engels in den düstersten Farben geschildert werden. Die Arbeitsteilung bewirkt jedoch keine Teilung der Menschen, denn die große Mehrheit der Menschen wurde noch nie derartig in den Produktionsprozeß eingespannt, daß sie nicht auch noch anderes hätten tun können und müssen. Andererseits können schädliche Folgen extremer Arbeitsteilung und Arbeitsbelastung nicht geleugnet werden. → Entfremdung ist keine typische Folge der Arbeitsteilung.
Die sozialistischen Staaten verzichteten auf die Arbeitsteilung ebensowenig wie die „kapitalistischen".
Die Arbeitsteilung fördert die Produktivität so sehr, daß die Freizeit laufend wächst und damit auch die Möglichkeit, sich nach eigenem Gutdünken zu betätigen.

IV. Hinweise

1) Ergbd. 1, 546 ff.; 3, 22, 33, 311, 347; 4, 145 ff.; 6, 261; 9, 318; 14, 319; 18, 300, 649; 23, 102, 377 ff., 381 f., 387 ff., 35, 284; 36, 315; 39, 441.
2) Nolte, a.a.O., S. 408 ff.; Rattansi, a.a.O.

Arbeitszeit

I. Thesen

Die zur Herstellung einer Ware erforderliche Arbeitszeit ist für Marx und Engels der alleinige, nicht weiter zu beweisende Wertmaßstab (Arbeitswerttheorie) [1].
Auch die Arbeitskraft ist eine Ware [2].
Da der Unternehmer die volle Arbeitskraft des Arbeiters kauft, ihm aber nur zu zahlen hat, was für den Lebensunterhalt erforderlich ist, ist er bemüht, die tägliche Arbeitszeit bis zur absoluten Leistungsgrenze zu steigern [3].
Andererseits anerkennen die Freunde, daß sich zu ihren Lebzeiten die tägliche Arbeitszeit beträchtlich gesenkt hat [4]. Doch letztlich nützt das dem Arbeiter nichts [5]. Die gesetzliche Verkürzung der Arbeitszeit auf 10 Stunden bedauern sie, da so die Revolution aufgeschoben wird (→ Krisensehnsucht).

II. Texte

[1]

M: „Wenn wir *Waren als Werte* betrachten, so betrachten wir sie ausschließlich unter dem einzigen Gesichtspunkt der in ihnen *vergegenständlichten, dargestellten* oder, wenn es beliebt, *kristallisierten gesellschaftlichen Arbeit*. In dieser Hinsicht können sie sich nur *unterscheiden* durch die in ihnen repräsentierten größeren oder kleineren Arbeitsquanta, wie z. B. in einem seidnen Schnupftuch eine größere Arbeitsmenge aufgearbeitet sein mag als in einem Ziegelstein. Wie aber mißt man Arbeitsquanta? Nach der *Dauer der Arbeitszeit,* indem man die Arbeit nach Stunde, Tag etc. mißt. Um dieses Maß anzuwenden, reduziert man natürlich alle Arbeitsarten auf durchschnittliche oder einfache Arbeit als ihre Einheit." (16, 123)

M: „Das Geschwatz über die Notwendigkeit, den Wertbegriff zu beweisen, beruht nur auf vollständigster Unwissenheit, sowohl über die Sache, um die es sich handelt, als die Methode der Wissenschaft. Daß jede Nation verrecken würde, die, ich will nicht sagen für ein Jahr, sondern für ein paar Wochen die Arbeit einstellt, weiß jedes Kind." (32, 552)

[2]

M: „Diese eigentümliche Ware, die Arbeitskraft, ist nun näher zu betrachten. Gleich allen anderen Waren besitzt sie einen Wert. Wie wird er bestimmt? Der Wert der Arbeitskraft, gleich dem jeder anderen Ware, ist bestimmt durch die zur Produktion, also

Arbeitszeit

auch Reproduktion, dieses spezifischen Artikels notwendige Arbeitszeit." (23, 184)

3

M: „Das Kapital hat die Mehrarbeit nicht erfunden. Überall, wo ein Teil der Gesellschaft das Monopol der Produktionsmittel besitzt, muß der Arbeiter, frei oder unfrei, der zu seiner Selbsterhaltung notwendigen Arbeitszeit überschüssige Arbeitszeit zusetzen, um die Lebensmittel für den Eigner der Produktionsmittel zu produzieren ..." (23, 249)

M: „Die absolute Schranke des durchschnittlichen Arbeitstags, der von Natur immer kleiner ist als 24 Stunden, bildet eine absolute Schranke für den Ersatz von vermindertem variablen Kapital durch gesteigerte Rate des Mehrwerts, oder von verringerter exploitierten Arbeiteranzahl durch erhöhten Exploitionsgrad der Arbeitskraft." (23, 323)

M: „Dieser immanente Widerspruch tritt hervor, sobald mit der Verallgemeinerung der Maschinerie in einem Industriezweig der Wert der maschinenmäßig produzierten Ware zum regelnden geschäftlichen Wert aller Waren derselben Art wird, und es ist dieser Widerspruch, der wiederum das Kapital, ohne daß es sich dessen bewußt wäre, zur gewaltsamsten Verlängrung des Arbeitstages treibt ..." (23, 429 f.)

4

E: „Mit dem 9. Jahr wird es in die Fabrik geschickt, arbeitet täglich 6 $^{1}/_{2}$ Stunden (früher 8, noch früher 12-14, ja 16 Stunden) bis zum 13. Jahre, von da an bis zum 18. Jahre 12 Stunden." (2, 374)

E: „Schon seit dem Anfang dieses Jahrhunderts hatte sich unter der Leitung einiger Philanthropen eine Partei gebildet, die die gesetzliche Beschränkung der Arbeitszeit in den Fabriken auf 10 Stunden täglich forderte. Diese Partei, die in den zwanziger Jahren unter Sadlers und nach seinem Tode unter Lord Ashleys und R. Oastlers Leitung ihre Agitation bis zur wirklichen Durchführung der 10 Stunden-Bill fortsetzte, vereinigte allmählich, außer den Arbeitern selbst, die Aristokratie und alle den Fabrikanten feindlichen Fraktionen der Bourgeoisie unter ihrer Fahne." (7, 234)

M: „Sobald die vom Produktionslärm übertölpelte Arbeiterklasse wieder einigermaßen zur Besinnung kam, begann ihr Widerstand, zunächst im Geburtsland der großen Industrie, in England. Während drei Dezennien jedoch blieben die von ihr ertrotzten Konzessionen rein nominell. Das Parlament erließ fünf Arbeits-Akte von 1802 – 1833, war aber so schlau, keinen Pfennig für ihre zwangsmäßige Ausführung, das nötige Beamtenpersonal usw. zu votieren. Sie blieben ein toter Buchstabe ... Erst seit dem Fabrikakt von 1833 ... datiert für die moderne Industrie ein Normalarbeitstag." (23, 294)

5

E: „Aber schauen wir uns die Dinge etwas näher an. Hat nicht die Kürzung der Arbeitszeit genau die gleiche Bedeutung für den Arbeiter wie die Kürzung der Löhne? Offensichtlich ja. In dem einen wie in dem anderen Fall verschlechtert sich die Lage des Arbeiters gleichermaßen." (4, 329)

Arbeitszeit

III. Kommentar

Die Arbeitswertlehre ist falsch (→ Ausbeutung). Ferner: Der Arbeiter verkauft nicht seine ganze Arbeitskraft, sondern nur seine Arbeitskraft während einer von vornherein festgelegten Zahl täglicher oder wöchentlicher Arbeitsstunden.

Schon lange vor dem Auftreten von Marx und Engels waren einflußreiche Kräfte am Werk, die erfolgreich auf die Reduzierung der Arbeitszeit hingewirkt haben. „Das Kapital" ist ein unfreiwilliger, gerade deshalb aber optimaler Beleg für die Richtigkeit dieser Behauptung. Denn Marx argumentiert überwiegend mit den für das Unterhaus erstellten Untersuchungsberichten, denen er eine sachliche, deutliche Sprache bescheinigt.

Daß sich die Verkürzung der Arbeitzeit segensreich ausgewirkt hat, ist heute unbestritten.

IV. Hinweise

1) 16, 235 ff.; 23 (passim, s. dort Register, insbes.:) 53 f., 92 f., 328.
2) –

Ausbeutung

I. Thesen

Marx und Engels haben sich zu vielen Themen geäußert, meist aber nur beiläufig. Eine Ausnahme bildet „Ausbeutung", und zwar im Kapitalismus. (Das Wort „Kapitalismus" gebrauchten sie selbst nur selten und nur beiläufig, z. B. Marx 19,111.) Diesem Thema hat Marx viele Jahre gewidmet.
Für die Freunde ist Ausbeutung ein allen vergangenen Jahrhunderten gemeinsames Phänomen. Sie geschieht auf vielfältige Weise, im Kapitalismus vor allem durch die → Unternehmer [1].
Nach Engels war Marx der erste, dem es gelang, das Wesen der Ausbeutung bloßzulegen [2]. Nach Marx richtet sich der Wert einer Ware nach der Menge an Arbeit, die in ihr steckt. Auch die Arbeitskraft ist eine Ware (→ Arbeitszeit). Sie wird zu ihrem wahren Wert gekauft, das heißt, der Arbeiter erhält den gerechten Lohn [3].
Zur (Re)Produktion der Arbeitskraft ist nicht so viel Arbeitszeit erforderlich, wie der Mensch ableisten kann. Die vom Kapitalisten gekaufte Arbeitskraft muß jedoch so viele Stunden produzieren, bis die physische Leistungsgrenze erreicht ist (→ Arbeitszeit).
Der Eigentümer der Produkte, der Kapitalist, verkauft die Ware nicht zu den Gestehungskosten, sondern zu ihrem wahren Wert [4].
Die Differenz zwischen den Gestehungskosten und dem Erlös des Kapitalisten für seine Ware ist der Mehrwert, die Ausbeutungsrate [5].
Manche beiläufigen Äußerungen von Marx lassen sich schwerlich in die Theorie einfügen [6].

II. Texte

M/E.: „Ist die Ausbeutung des Arbeiters durch den Fabrikanten soweit beendigt, daß er seinen Arbeitslohn bar ausgezahlt erhält, so fallen die andern Teile der Bourgeoisie über ihn her, der Hausbesitzer, der Krämer, der Pfandleiher usw." (4, 469)

M/E: „Die Geschichte der ganzen bisherigen Gesellschaft bewegt sich in Klassengegensätzen, die in den verschiedenen Epochen verschieden gestaltet waren.

Welche Form sie aber auch immer angenommen, die Ausbeutung des einen Teils der Gesellschaft durch den andern ist eine allen vergangenen Jahrhunderten gemeinsame Tatsache." (4, 480)

E: „Der bisherige Sozialismus kritisierte zwar die bestehende kapitalistische Produktionsweise und ihre Folgen, konnte sie aber

Ausbeutung

nicht erklären, also auch nicht mit ihr fertig werden; er konnte sie nur einfach als schlecht verwerfen. Je heftiger er gegen die von ihr unzertrennliche Ausbeutung der Arbeiterklasse eiferte, desto weniger war er imstande, deutlich anzugeben, worin diese Ausbeutung bestehe, und wie sie entstehe. Es handelte sich aber darum, die kapitalistische Produktionsweise einerseits in ihrem geschichtlichen Zusammenhang und ihrer Notwendigkeit für einen bestimmten geschichtlichen Zeitabschnitt, also auch die Notwendigkeit ihres Untergangs, darzustellen, andererseits aber auch ihren inneren Charakter bloßzulegen, der noch immer verborgen war. Dies geschah durch die Enthüllung des *Mehrwerts* ... Diese beiden großen Entdeckungen: die materialistische Geschichtsauffassung und die Enthüllung des Geheimnisses der kapitalistischen Produktion vermittelst des Mehrwerts verdanken wir Marx." (19, 208 f.)

3

E: „Wir geben jeden Versuch auf, dem verbohrten Juristen begreiflich zu machen, *daß Marx nirgends die Forderung des ‚Rechts auf den vollen Arbeitsertrag' stellt*, daß er in seinen theoretischen Schriften überhaupt keine Rechtsforderung irgendeiner Art aufstellt ... Marx begreift die geschichtliche Unvermeidlichkeit, also Berechtigung der antiken Sklavenhalter, der mittelalterlichen Feudalherren usw., als Hebel der menschlichen Entwicklung für eine beschränkte Geschichtsperiode; er erkennt damit auch die zeitweilige geschichtliche Berechtigung der Ausbeutung, der Aneignung des Arbeitsprodukts durch andere an; ..." (21, 501)

M: „Sehn wir näher zu. Der Tageswert der Arbeitskraft betrug 3 sh., weil in ihr selbst ein halber Arbeitstag vergegenständlicht ist, d. h. weil die täglich zur Produktion der Arbeitskraft nötigen Lebensmittel einen halben Arbeitstag kosten. Aber die vergangne Arbeit, die in der Arbeitskraft steckt und die lebendige Arbeit, die sie leisten kann, ihre täglichen Erhaltungskosten und ihre tägliche Verausgabung, sind zwei ganz verschiedne Größen. Die erstere bestimmt ihren Tauschwert, die andere bildet ihren Gebrauchswert. Daß ein halber Arbeitstag nötig, um ihn während 24 Stunden am Leben zu erhalten, hindert den Arbeiter keineswegs, einen ganzen Tag zu arbeiten ... Der Umstand, daß die tägliche Erhaltung der Arbeitskraft nur einen halben Arbeitstag kostet, obgleich die Arbeitskraft einen ganzen Tag wirken, arbeiten kann, daß daher der Wert, den ihr Gebrauch während eines Tages schafft, doppelt so groß ist als ihr eigner Tageswert, ist ein besondres Glück für den Käufer, aber durchaus kein Unrecht gegen den Verkäufer." (23, 207 f.)

M: „Äquivalent wurde gegen Äquivalent ausgetauscht. Der Kapitalist zahlte als Käufer jede Ware zu ihrem Wert, Baumwolle, Spindelmasse, Arbeitskraft. Er tat dann, was jeder andre Käufer von Waren tut. Er konsumierte ihren Gebrauchswert." (23, 209)

4

M: „Der Konsumptionsprozeß der Arbeitskraft, der zugleich Produktionsprozeß der Ware, ergab ein Produkt von 20 Pfund Garn mit einem Wert von 30 sh. Der Kapitalist kehrt nun zum Markt zurück und verkauft Ware, nachdem er Ware gekauft hat. Er verkauft das Pfund Garn zu 1 sh. 6 d., keinen Deut über oder unter seinem Wert. Und doch zieht er 3 sh. mehr aus der Zirku-

Ausbeutung

lation heraus, als er ursprünglich in sie hinein warf." (23, 209)

5

M: „Wir wissen in der Tat bereits, daß der Mehrwert bloß Folge der Wertveränderung ist, die mit ... dem in Arbeitskraft umgesetzten Kapitalanteil vorgeht ..." (23, 228)

M: „Die Rate des Mehrwerts ist daher der exakte Ausdruck für den Exploitationsgrad der Arbeitskraft durch das Kapital oder des Arbeiters durch die Kapitalisten." (23, 232)

6

M: „Diese lausigen kleinen shopkeepers sind eine jammervolle Klasse. Meine Frau brachte sofort das Geld in das Haus des Treters. Der Mann selbst war einstweilen ‚alle' geworden (und er ist in seiner Art ein ganz respektabler Kerl); seine Frau, tränentropfend, empfing für ihn das Geld. Ein großer, der größte Teil dieser shopkeepers macht alle Miseren des Proletariats durch, dazu die ‚Angst' und ‚Respektabilitätsknechtschaft', und ohne das compensating Selbstgefühl der besseren Arbeiter." (32, 167)

III. Kommentar

Die Grundlage dieser Ausbeutungstheorie ist die Arbeitswertlehre, wonach sich der Wert einer Ware nach der in ihr enthaltenen gesellschaftlich notwendigen Arbeitszeit richtet. Diese Theorie war schon zu Lebzeiten von Marx strittig. Trotzdem hat er sie – ohne sich mit den Gegnern sachlich auseinanderzusetzen – in der extremsten Form vertreten.
Heute gilt die Arbeitswertlehre als erwiesenermaßen unrichtig. Weder in Ost noch in West wird sie der Preisberechnung zugrunde gelegt. Mit der Arbeitswertlehre ist auch die Marxsche Ausbeutungstheorie indiskutabel geworden. Wahrscheinlich hat bereits Marx die Fragwürdigkeit seiner Konstruktion erkannt. Sie war für ihn nicht ein Versuch, die Wirklichkeit zu deuten, sondern die Wirklichkeit zu verändern. Denn hätte der Arbeiter im Kapitalismus tatsächlich und notwendigerweise den gerechten Lohn erhalten, dann hätte die Lage der arbeitenden Klasse nur durch eine totale Veränderung des politisch-ökonomischen Systems, also durch die kommunistische Revolution, bewirkt werden können. Dies glaubhaft zu machen, war das Anliegen von Marx (→ Gerechtigkeit).

IV. Hinweise

1) 16, 103 ff.; 23, 11 ff.; 35, 428.
2) Himmelmann, a.a.O.; Löw „Ausbeutung", a.a.O.

Bakunin, Bakunisten

I. Thesen

Der wohl namhafteste Anarchist, Michail Bakunin (1814 bis 1876), ist zunächst ein wohlgelittener Mitstreiter, der Marx gute Dienste leistet [1]. Als Bakunin und seine Anhänger innerhalb der → Internationalen Arbeiterassoziation eine eigene Rolle zu spielen suchen, kommt es zu heftigen Auseinandersetzungen, die hunderte von Seiten füllen. Es ist kaum eine Anschuldigung denkbar, die Bakunin und seinem Anhang erspart bleibt [2].
Besondere Beachtung verdient die Schilderung, wie der Versuch Bakunins, seine anarchischen Vorstellungen in die Tat umzusetzen, scheitert [3].
(→ Proudhon → Russen)

II. Texte

[1]

M/E: „Die erste russische Ausgabe des ‚Manifestes der Kommunistischen Partei', übersetzt von Bakunin, erschien anfangs der sechziger Jahre . . ." (4, 575)

E: „Bakunin ist unser Freund." (6, 271)

M: „In der zweiten Augusthälfte 1848 war ich auf der Durchreise in Berlin, sah dort Bakunin und erneuerte die intime Freundschaft mit ihm, die uns vor dem Ausbruch der Februarrevolution verbunden hatte." (9, 295)

M: „Im ganzen ist er [Bakunin] einer der wenigen Leute, die ich nach 16 Jahren nicht zurück-, sondern weiterentwickelt finde." (31, 16)

M: „Unterdes werde ich durch Bakunin in Florenz Gegenminen gegen Herrn Mazzini legen." (31, 105)

M: „Ernennen die Kerls nicht bald neue Delegierte, wie wir sie aufgefordert, so wird Bakunin vor some life Italians zu sorgen haben." (31, 111)

[2]

E: „Diesmal tritt Bakunin als firebrand [Aufwiegler] auf und – was en passant zu bemerken – hält seine Denunziation der okzidentalen Bourgeoisie in dem Ton, worin die moskowitischen Optimisten die westliche Zivilisation – zur Beschönigung ihrer eigenen Barbarei – anzugreifen pflegen." (16, 409)

M/E: „Die Allianz, die die Auferstehung der Sekten durchweg als einen ungeheuren Fortschritt ansieht, ist ein schlagender Beweis dafür, daß deren Zeit vorüber ist. Denn, während sie in ihren Ursprüngen Elemente des Fortschritts darstellten, stellt das Programm der am Gängelband eines ‚Mohammeds ohne Koran' [Bakunin] trippelnden Allianz nur eine Anhäufung längst überwundener Ideen dar, die, in tönenden Phrasen verhüllt, nur bürgerliche Idioten er-

Bakunin, Bakunisten

schrecken oder den bonapartistischen oder anderen Staatsanwälten als Beweisstücke gegen die Internationale dienen könnten." (18, 34)

M/E: „Die Anarchie, das ist das große Paradepferd ihres Meisters Bakunin, der von allen sozialistischen Systemen nur die Aufschriften genommen hat. Alle Sozialisten verstehen unter Anarchie dieses: Ist einmal das Ziel der proletarischen Bewegung, die Abschaffung der Klassen erreicht, so verschwindet die Gewalt des Staates, welche dazu dient, die große produzierende Mehrheit unter dem Joche einer wenig zahlreichen ausbeutenden Minderheit zu halten, und die Regierungsfunktionen verwandeln sich in einfache Verwaltungsfunktionen. Die Allianz greift die Sache am umgekehrten Ende an. Sie proklamiert die Anarchie in den Reihen der Proletarier als das unfehlbarste Mittel, die gewaltigen in den Händen der Ausbeuter konzentrierten gesellschaftlichen und politischen Machtmittel zu brechen." (18, 50)

M/E: „In Zürich hatte Utin keine anderen Feinde als einige allianzistische Slawen unter der ‚Oberhand' Bakunins. Übrigens ist die Organisation des Hinterhalts und Meuchelmords ein von jener Gesellschaft anerkanntes und angewendetes Kampfmittel; wir werden andere Beispiele hierfür in Spanien und Rußland sehen. Acht slawisch redende Individuen lauerten Utin an einem einsamen Orte in der Nähe des Kanals auf; sowie er bei ihnen angekommen war, griffen sie ihn von hinten an, schlugen ihn mit schweren Steinen an den Kopf, versetzten ihm eine gefährliche Wunde am Auge, und, nachdem sie ihn zu Boden geworfen, hätten sie ihn vollends getötet und in den Kanal geworfen, wären nicht vier deutsche Studenten hinzugekommen. Bei ihrem Anblick entflohen die Mörder . . ." (18, 362)

M/E: „Seit April 1869 begannen Bakunin und Netschajew das Terrain für die Revolution in Rußland vorzubereiten. Sie schickten Briefe, Proklamationen und Telegramme von Genf aus nach Petersburg, Kiew und anderen Städten. Sie wußten indes, daß man nach *Rußland* keine Briefe, Proklamationen und vor allem keine Telegramme schicken kann, ohne daß die dritte Sektion (die geheime Polizei) davon Kenntnis nimmt. Dieses alles konnte keinen anderen Zweck haben, als die Leute zu kompromittieren. Das feige Vorgehen dieser Leute, die in ihrer guten Stadt Genf keinerlei Gefahr liefen, bewirkte zahlreiche Verhaftungen in Rußland." (18, 408)

M/E: „Der ‚Erfolg des Werks' in den Augen Bakunins war die Verhafung von achtzig jungen Leuten." (18, 423)

M/E: „Im Jahre 1857 wurde Bakunin nach Sibirien geschickt, nicht zur Zwangsarbeit, wie er in seinen Berichten glauben machen will, sondern nur in die einfache Verbannung . . . Dank dieser Verwandtschaft, dank auch seinen der Regierung erwiesenen Diensten, erfreute sich Bakunin einer ausnahmsweisen und begünstigten Stellung . . . Nicht allein für sich brauchte und mißbrauchte Bakunin die Begünstigungen der Regierung; er ließ sie dieselben auch für ein geringres Trinkgeld auf Kapitalisten, Unternehmer und Generalpächter regnen." (18, 442 f.)

E: „Bakunin ist eigentlich bloß dadurch etwas geworden, daß kein Mensch Russisch konnte. Und der alte panslawistische dodge [Schwindel], das altslawistische Gemeinde-

Bakunin, Bakunisten

eigentum in Kommunismus zu verwandeln und die russischen Bauern als geborne Kommunisten darzustellen, wird wieder sehr breitgetreten werden." (28, 40)

M: „Herzen und Bakunin, sagt L, sind ganz chapfallen [niedergeschlagen], weil der Russe nach einigem Kratzen sich wieder als Tartar gezeigt hat.
Bakunin ist ein Ungeheuer, a huge mass of flesh and fat, geworden, der kaum mehr gehn kann. Außerdem ist er mannstoll und eifersüchtig auf seine siebzehnjährige Polin, die ihn in Sibirien wegen seines Märtyrertums heiratete." (30, 372)

M: „Die Russen haben natürlich den Friedenskongreß zu Genf fabriziert und daher auch ihren ‚well worn out agent Bakounine' hingeschickt." (31, 354)

E: „Etwas Erbärmlicheres als das theoretische Programm hab' ich nie gelesen. Sibirien, der Bauch und die junge Polin haben den Bakunin zum perfekten Ochsen gemacht." (32, 237)

M: „Dieser Russe will offenbar Diktator der europäischen Arbeiterbewegung werden. Er soll sich in acht nehmen. Sonst wird er offiziell exkommuniziert." (32, 351)

E: „Daß der fette Bakunin dahintersitzt, ist ganz klar. Wenn dieser verdammte Russe in der Tat daran denkt, sich an die Spitze der Arbeiterbewegung hinaufzuintrigieren, so ist es Zeit, daß ihm einmal gehörig gedient wird und die Frage gestellt, ob ein Panslawist überhaupt Mitglied einer internationalen Arbeiterassoziation sein kann." (32, 354)

M: „Die ganze Bakuninbande ist aus der ‚Égalité' [Titel einer Zeitschrift] herausgetreten. Bakunin . . . Dies Vieh bildet sich in der Tat ein, wir seien ‚zu bürgerlich' . . ." (32, 437)

M: „Das also ist das ganze theoretische Gepäck von Mohammed-Bakunin – eines Mohammeds ohne Koran . . . Der Föderalrat der Sektion der romanischen Schweiz verkündete sein Pronunciamento der Intrigen der Allianz und ihres moskowitischen Diktators." (32, 675 f.)

M: „Für Herrn Bakunin war und ist die Doktrin (sein aus Proudhon, St. Simon etc. zusammengebettelter Quark) Nebensache – bloß Mittel zu seiner persönlichen Geltendmachung. Wenn theoretisch Null, ist er als Intrigant in seinem Element." (33, 329)

E: „Der Bakunsche Unrat läßt sich nicht in einem Tag bereinigen . . . In Neapel sind *alle* Bakunisten, und es ist nur einer unter ihnen, Cafiero, der wenigstens de bone volonté ist . . ." (33, 425)

M: „Infolge der Auslieferung Netschajews und der Intrigen seines Meisters Bakunin bin ich wegen Ihrer und einiger anderer Freunde Sicherheit sehr beunruhigt. Diese Kerle sind zu jeder Gemeinheit fähig." (33, 543)

E: „Bakunin hat als Antwort auf die Broschüre dem ‚Journal de Genève' . . . seine politische Todeserklärung zugeschickt: ich ziehe mich zurück – von nun werde ich niemand mehr belästigen und verlange nur, daß man auch mich in Ruhe läßt. Worin er sich sehr schneidet." (33, 609)

Bakunin, Bakunisten

[3]

M/E: „Die revolutionäre Bewegung zu Lyon war ausgebrochen. Bakunin stürzt hin, seinem Lieutenant Albert Richard und seinen Unteroffizieren ... zur Hülfe kommend. Am 28. September, dem Tage seiner Ankunft, hatte das Volks sich des Stadthauses bemächtigt. Bakunin nahm Posto darin: Der kritische, der lange Jahre hindurch erwartete Moment war endlich da, an welchem Bakunin den revolutionärsten Akt vollziehen konnte, den die Welt jemals gesehen – er dekretierte die *Abschaffung des Staates*. Aber der Staat, in Form und Gestalt von zwei Kompagnien Bourgeois-Nationalgarden, drang ein durch einen Eingang, den zu besetzen man vergessen hatte, fegte den Saal aus und schickte Bakunin eiligst auf den Weg nach Genf." (18, 352)

III. Kommentar

Die Lehren Bakunins und Marxens berühren sich in wichtigen Punkten. So fordern auch Marx und Engels im Kommunistischen Manifest die Abschaffung des Erbrechts. Für die gleiche Forderung Bakunins haben sie aber nur Spott übrig (→ Eigentum).
Auch Marx und Engels sind in gewisser Weise Anarchisten. Bakunin will den → Staat abschaffen, nach Auffassung der Freunde stirbt der Staat von selbst. Die eine wie die andere Position ist gleich utopisch.
Insoweit die Anschuldigungen gegen Bakunin Tatsachenbehauptungen zum Gegenstand haben, handelt es sich um üble Nachreden, wenn nicht sogar Verleumdungen. Bakunin seinerseits hat sich über Marx weit differenzierter geäußert (IV 2). (→ Literaten → Mazzini → Proudhon → Russen)

IV. Hinweise

1) 6, 286; 16, 420; 17, 473, 478; 18 passim, insbes. 18, 42, 117, 148, 182, 265, 334, 342 ff., 400 ff., 440, 540, 633; 19, 91 ff., 122 f., 345; 22, 67, 91, 341, 346; 28, 280 ff.; 32, 234, 262, 273, 276, 279, 380, 421 ff., 467, 482, 489, 498, 587, 642 ff.; 33, 130, 158, 357, 380, 388f, 455, 478, 487 f., 498, 510, 598, 642, 655 f.; 34, 5, 21, 477.
2) Bakunin, a.a.O.; Mendel, a.a.O.

Bayern

I. Thesen

Die Zensuren, die Marx und Engels (den) Bayern erteilen, sind überwiegend schmeichelhaft, auch wenn sie nicht so gemeint waren. Bayern erscheint als Garant der errungenen politischen Rechte, zugleich aber auch als Hindernis auf dem Wege zur sozialistischen Revolution [1].
Die bayerischen Sozialdemokraten ernten hingegen Kritik. Vor allem ihr Vorsitzender, Georg Vollmar, ist Engels suspekt [2].
Richard Wagner, der in Bayern nicht nur Asyl, sondern sogar kräftige Förderung durch König Ludwig II. gefunden hatte, ist für Marx ein „Staatsmusikant", die Bayreuther Festspiele sind ein „Narrenfest" [3].

II. Texte

[1]

M: „Aber sogar für die Auslieferung des Geburtslandes eines Perikles und Sophokles an die nominelle Herrschaft eines bayerischen Idiotenknaben hat der edle Lord gute Gründe zur Hand.
,König Otto gehört einem Lande an, in dem eine freie Verfassung besteht.' (Unterhaus, 8. August 1832.)
Eine freie Verfassung in Bayern, dem deutschen Böotien! Das übersteigt die licentia poetica einer rhetorische Floskel ..." (9, 381)

E: „Einerseits muß die Kleinstaaterei beseitigt werden – man revolutioniere doch die Gesellschaft, solange es bayrisch-württembergische Reservatrechte gibt ..." (22, 235)

M: „Aus dem einliegenden Brief Webers siehst Du die Gemeinheit der preußischen Hunde ... Wie liberal zeigte sich dagegen Bayern mit Bezug auf Vogt." (30, 71)

M: „Die Bücher des old Maurer (von 1854 und 1856 etc.) sind mit echt deutscher Gelehrsamkeit geschrieben, zugleich aber in der mehr heimlichen und lesbaren Weise, welche die Süddeutschen (Maurer ist aus Heidelberg, aber die Sache gilt noch mehr von Bayern und Tirolern ...) vor den Norddeutschen auszeichnet." (32, 42)

E: „Wem einmal der süddeutsche Demokrat eingefleischt ist, der wird ihn nie wieder los." (32, 161)

E: „Bayer gegen Berliner, da bleibt von dem Berliner verdammt wenig übrig." (38, 190)

E: „Österreich [ist] eine bayrische ... Kolonie ..." (39, 100)

E auf die Frage: „Befürchten Sie nicht Massenverhaftungen der Abgeordneten der Opposition?": „Oh, niemand in Deutschland hält so etwas für möglich. Es gibt konföderierte Regierungen, Bayern z. B., die niemals einwilligen würden, einen so flagranten Verfassungsbruch zu sanktionieren." (Enzensberger, a. a. O., S. 679)

Bayern

2

E: „Vollmars Artikel ist mit Ausnahme einiger Nebendinge der reine Malon zweiter Hand. Die Geschichte der französischen Arbeiterbewegung seit 1871 wird hier *total gefälscht* . . . Ich kann nicht annehmen, daß Vollmar eine solche Fälschung absichtlich begangen hat, aber fast ebenso schwer zu erklären ist, wie er davon nichts wissen und seine ganze Kenntnis der französischen Arbeiterbewegungsgeschichte sich auf das beschränken soll, was Malon für gut fand, ihm zu erzählen." (35, 401)

E: „Vollmars Rede mit ihrem ganz überflüssigen Entgegenkommen gegen die jetzigen offiziellen und ihren noch überflüsseren und obendrein unautorisierten Versicherungen, die Sozialdemokraten würden mitmachen, wenn das Vaterland angegriffen würde – würden also die Annexion von Elsaß-Lothringen *verteidigen helfen* –, hat hier und in Frankreich bei unsern Gegnern helle Freude erregt." (38, 126)

E: „. . . aus Deutschland wird sicherlich Vollmar kommen und intrigieren . . ." (38, 138)

E: „Ebenso mußte Herr Vollmar klein beigeben, dieser ist viel gefährlicher als jene, er ist schlauer und ausdauernder, eitel bis zur Verrücktheit und will um jeden Preis eine Rolle spielen." (38, 183)

E: „Nun aber kommt Vollmar in Frankfurt und will den *Bauer überhaupt* bestechen, und zwar ist der Bauer, mit dem er in Oberbayern zu tun hat, nicht der verschuldete rheinische Kleinbauer, sondern der Mittel- und selbst Großbauer, der Knechte und Mägde exploitiert und Vieh und Getreide in Massen verkauft. Und das geht nicht ohne Aufgeben des ganzen Prinzips." (39, 309)

E: „Die Bayern bilden direkt vor dem Frankfurter Parteitag einen förmlichen *Sonderbund* in Nürnberg. Sie kommen nach Frankfurt mit einem unverkennbaren *Ultimatum*. Um dies zu vervollständigen, spricht Vollmar vom getrennt Marschieren, Grillo vom: Beschließt was ihr wollt, wir *gehorchen* nicht. Sie proklamieren bayerische Reservatrechte und behandeln ihre Gegner in der Partei als ‚Preußen' und ‚Berliner' . . . Die Gefahr der Spaltung liegt nicht bei Bebel, der die Sache beim richtigen Namen genannt. Sie liegt bei den Bayern, die sich eine Handlungsweise vermessen, wie sie bisher in der Partei unerhört war, und den Jubel der – in Vollmar und den Bayern ihre Leute erkennenden – Vulgärdemokraten der ‚Frankfurter Zeitung' erweckt hat, und die sich freut und noch verwegener geworden.

Du sagst, Vollmar sei kein Verräter. Mag sein. Daß er selbst sich für einen hält, glaube ich auch nicht. Aber wie nennst Du einen Menschen, der einer proletarischen Partei zumutet, sie soll den oberbayrischen Groß- und Mittelbauern, Eignern von zehn – dreißig Hektaren ihren jetzigen Zustand verewigen, der zur Grundlage hat, die Ausbeutung von Gesinde und Tagelöhnern. Eine proletarische Partei, express gestiftet zur Verewigung der Lohnsklaverei! Der Mann mag ein Antisemit sein, ein bürgerlicher Demokrat, ein bayrischer Partikularist, was weiß ich, aber ein Sozialdemokrat?!" (39, 330 ff.)

Bayern

[3]

M: „Aber in diesem Gasthof gab's nur noch ein freies Zimmer ... teils durch Leute aus allen Weltteilen, die sich von dort zu dem Bayreuther Narrenfest des Staatsmusikanten Wagner begeben wollten." (34, 23)

M: „Allüberall wird man mit der Frage gequält: Was denken Sie von Wagner? Höchst charakteristisch für diesen neudeutsch-preußischen Reichsmusikanten: Er nebst Gattin (der von Bülow sich getrennt habenden), nebst Hahnrei Bülow, nebst ihnen gemeinschaftlichem Schwiegervater Liszt hausen in Bayreuth alle vier einträchtig zusammen, herzen, küssen und adorieren sich und lassen sich's wohlsein." (34, 193)

III. Kommentar

Auf dem Hintergrund der traditionell starken Vorbehalte gegen die sozialistische Bewegung gerade in Bayern erscheinen die Äußerungen der Freunde besonders bemerkenswert und erinnern fast an ihre USA-Schwärmereien (→ Amerika; demgegenüber → Österreicher → Preußen →Russen → Schweizer → Tschechen).
Vollmar und seine Partei hätten in Bayern sicherlich einen noch schwereren Stand gehabt, hätten sie sich nicht zu einer Abschwächung des sozialistischen Programms durchgerungen.
Marx und Engels hielten nicht viel von Musik. Nirgendwo finden sich positive Bemerkungen. – Richard Wagner hat von Marx keine Notiz genommen.

IV. Hinweise

1) 7, 246; 11, 457, 459; 13, 283; 18, 78; 30, 590; 31, 237; 32, 548; 34, 25 f., 245; 35, 113, 384; 36, 59; 38, 183, 185, 201, 277, 407, 511; 39, 119, 314, 324, 338, 364.
2) Vollmar, a.a.O.

Bedürfnis

I. Thesen

Zum Thema Bedürfnis äußert sich Marx schon 1844, und zwar sehr ausführlich (16 Druckseiten). Danach sind die natürlichen Bedürfnisse weniger stark als die von außen geweckten. Der Mensch ist total manipulierbar [1].
Später taucht das Wort kaum noch auf. „Bedürfnis" erlangt jedoch zentrale Bedeutung für die Güterverteilung im → Kommunismus: „Jedem nach seinen Bedürfnissen" [2].
Nach Engels ist die Wissenschaft mehr von den Bedürfnissen der Technik und der Gesellschaft abhängig als die Technik vom Stand der Wissenschaft [3].

II. Texte

[1]

M: „Jeder Mensch spekuliert darauf, dem andern ein *neues* Bedürfnis zu schaffen, um ihn zu einem neuen Opfer zu zwingen, um ihn in eine neue Abhängigkeit zu versetzen und ihn zu einer neuen Weise des *Genusses* und damit des ökonomischen Ruins zu verleiten. Jeder sucht eine *fremde* Wesenskraft über den andern zu schaffen, um darin die Befriedigung seines eigenen eigennützigen Bedürfnisses zu finden. Mit der Masse der Gegenstände wächst daher das Reich der fremden Wesen, denen der Mensch unterjocht ist, und jedes neue Produkt ist eine neue *Potenz* des wechselseitigen Betrugs und der wechselseitigen Ausplünderung. Der Mensch wird um so ärmer als Mensch, er bedarf um so mehr des Geldes, um sich des feindlichen Wesens zu bemächtigen . . . Die *Maßlosigkeit* und *Unmäßigkeit* wird sein wahres Maß. . . . Teils zeigt sich diese Entfremdung, indem die Raffinierung der Bedürfnisse und ihrer Mittel auf der einen Seite die viehische Verwilderung, vollständige, rohe, abstrakte Einfachheit des Bedürfnisses auf der anderen Seite produziert . . . Selbst das Bedürfnis der freien Luft hört bei dem Arbeiter auf, ein Bedürfnis zu sein, der Mensch kehrt in die Höhlenwohnung zurück, . . . Licht, Luft etc., die einfachste *tierische* Reinlichkeit hört auf, ein Bedürfnis für den Menschen zu sein. Der *Schmutz,* diese Versumpfung, Verfaulung des Menschen, der *Gossenablauf* (dies ist wörtlich zu verstehn) der Zivilisation wird ihm ein Lebenselement . . . Die völlige *unnatürliche* Verwahrlosung, die verfaulte Natur, wird zu seinem *Lebenselement.* . . . Nicht nur, daß der Mensch keine menschlichen Bedürfnisse hat, selbst die *tierischen* Bedürfnisse hören auf. Der Irländer kennt nur mehr das Bedürfnis des *Essens* und zwar nur mehr des *Kartoffelessens* und zwar nur der *Lumpenkartoffel,* der schlechtesten Art von Kartoffeln . . ." (Ergbd. 1, 546 ff.)

[2]

M/E: „Nun aber besteht eines der wesentlichsten Prinzipien des Kommunismus, wodurch er sich von jedem reaktionären Sozia-

Bedürfnis

lismus unterscheidet, in der auf die Natur des Menschen begründeten empirischen Ansicht, daß die Unterschiede des *Kopfes* und der intellektuellen Fähigkeiten überhaupt keine Unterschiede des *Magens* und der physischen *Bedürfnisse* bedingen; daß mithin der falsche, auf unsre bestehenden Verhältnisse begründete Satz: ‚Jedem nach seinen Fähigkeiten', sofern er sich auf den Genuß im engeren Sinne bezieht, umgewandelt werden muß in den Satz: *Jedem nach Bedürfnis;* daß mit andern Worten, die *Verschiedenheit* in der Tätigkeit, in den Arbeiten, keine *Ungleichheit,* kein *Vorrecht* des Besitzes und Genusses begründet." (3, 528)

M: „In einer höheren Phase der kommunistischen Gesellschaft . . . nachdem mit der allseitigen Entwicklung der Individuen auch ihre Produktivkräfte gewachsen und alle Springquellen des genossenschaftlichen Reichtums voller fließen – erst dann kann der enge bürgerliche Rechtshorizont ganz überschritten werden und die Gesellschaft auf ihre Fahne schreiben: Jeder nach seinen Fähigkeiten, jedem nach seinen Bedürfnissen!" (19, 21)

3

E: „Wenn die Technik, wie Sie sagen, ja größtenteils vom Stande der Wissenschaft abhängig ist, so noch weit mehr diese vom *Stand* und *den Bedürfnissen* der Technik. Hat die Gesellschaft ein technisches Bedürfnis, so hilft das der Wissenschaft mehr voran als zehn Universitäten." (39, 205)

III. Kommentar

Um mit Marx zu sprechen: „die Maßlosigkeit und Unmäßigkeit wird sein wahres Maß", will sagen, daß sich Marxens eigene Maßlosigkeit in der Beschreibung der Bedürfnisse selbst richtet. Wenn es zutrifft, daß der Mensch in erster Linie das erstrebt, was ihm als begehrenswert vorgegaukelt wird, ist der paradiesische Zustand des Kommunismus nicht besser als der gegenwärtige, in dem sich das Bedürfnis des irischen Arbeiters nur auf die „schlechteste Art von Kartoffeln" beschränkt, als ob sich nicht auch der ärmste Teufel nach einer besseren Qualität, nach vollen Fleischtöpfen, nach Abwechslung sehnen würde. Hier wie sonst zeigt sich, daß Marx völlig weltfremd gedacht hat. Seine fixen Ideen sind ihm die Wirklichkeit.

IV. Hinweise

1) 1, 372 ff.
2) Hondrich, a.a.O.; Löw „Ausbeutung", a.a.O., S. 134 ff.

Börse

I. Thesen

Es gibt keine Abhandlung über „Börse" aus der Feder von Marx oder Engels, aber doch recht bezeichnende Äußerungen. Die Börse ist danach ein Teil des kapitalistischen Systems, notwendig und produktiv, auch mit Blick auf die sozialistische → Revolution [1].
Manche Stellen lassen sich als moralische Verurteilung deuten [2], andernorts wird jedes ethische Verdikt als kleinbürgerlich abgetan [3].
Beide wollten selbst Nutznießer dieser „mühelosen" Einkommensquelle sein, Engels sicherlich nicht ohne Erfolg [4].

II. Texte

[1]

E: „Die Börse interessiert uns zunächst nur indirekt, wie auch ihr Einfluß, ihre Rückwirkung auf die kapitalistische Arbeiter-Exploitation nur ein indirekter, auf Umwegen erfolgender ist. Zu verlangen, daß die Arbeiter sich direkt interessieren und entrüsten sollen für die Schinderei, die den Junkern, Fabrikanten und Kleinbürgern an der Börse passiert, heißt verlangen, die Arbeiter sollen die Waffen ergreifen, um ihre eignen direkten Ausbeuter im Besitz des denselben Arbeitern abgezwackten Mehrwerts zu schützen. Wir danken schönstens. Aber als edelste Frucht der Bourgeoisiegesellschaft, als Herd der äußersten Korruption, als Treibhaus des Panama und anderer Skandäler – und daher auch als ausgezeichnetes Mittel zur Konzentration der Kapitale, zur Zersetzung und Auflösung der letzten Reste von naturwüchsigem Zusammenhang in der bürgerlichen Gesellschaft und gleichzeitig zur Vernichtung und Verkehrung in ihr Gegenteil aller obligaten Moralbegriffe – als unvergleichlichstes Zerstörungselement, als mächtigste Beschleunigerin der hereinbrechenden Revolution – in diesem historischen Sinn interesssiert uns die Börse auch direkt." (39, 14)

[2]

E: „Der Philister versteht unter Materialismus Fressen, Saufen, Augenlust, Fleischeslust und hoffärtiges Wesen, Geldgier, Geiz, Habsucht, Profitmacherei und Börsenschwindel, kurz, alle die schmierigen Laster, denen er selbst im stillen frönt. . . ." (21, 282)

M: „Aber auch abgesehn von der so geschaffnen Klasse müßiger Rentner und von dem improvisierten Reichtum der zwischen Regierung und Nation die Mittler spielenden Financiers . . . hat die Staatsschuld die Aktiengesellschaft, den Handel mit negoziablen Effekten aller Art, die Agiotage emporgebracht, in einem Wort: das Börsenspiel und die moderne Bankokratie." (23, 783)

Börse

M: „Der jüdische Nigger Lassalle, der glücklicherweise in dieser Woche abreist, hat glücklich wieder 5000 Taler in einer falschen Spekulation verloren. Der Kerl würde eher das Geld in den Dreck werfen, als es einem ‚Freund' pumpen…" (30, 257)

3

E: „Das Geschrei gegen die Börse bezeichnen Sie mit Recht als kleinbürgerlich. Die Börse ändert nur die *Verteilung* des den Arbeitern *bereits gestohlnen* Mehrwerts und wie das geschieht, kann den Arbeitern als solchen zunächst gleichgültig sein. Aber die Börse ändert die Verteilung in der Richtung der Zentralisation, beschleunigt die Konzentration der Kapitalien enorm und ist daher ebenso revolutionär wie die Dampfmaschine. Echt kleinbürgerlich, auch Steuern mit Moralzweck, Bier, Schnaps, noch allenfalls zu entschuldigen. Hier rein lächerlich und durchaus reaktionär. Hätte die Börse nicht in Amerika die kolossalen Vermögen geschaffen, wo wäre da in dem Bauernland eine große Industrie und eine soziale Bewegung möglich?" (35, 428)

E: „Die sittliche Entrüstung lassen wir denen, die habgierig genug sind, an die Börse zu gehn, ohne selbst Börsianer zu sein, und dann, wie sich's gebührt, ausgeplündert werden. Und wenn dann Börse und ‚solides Geschäft' sich einander in die Haare geraten, und wenn der ebenfalls in Papierches zu machen versuchende und notwendig nackt ausgezogene Landjunker der Dritte wird im geistigen Kampf der drei Hauptteile der ausbeutenden Klasse, dann sind wir der Vierte, der lacht." (35, 430)

4

M: „… ich bedaure nur, daß ich nicht die Mittel hatte, die Eselhaftigkeit der von Reuter und ‚Times' beherrschten Börse während dieser Narrenperiode zu exploitieren." (30, 207)

M: „Hätte ich während der letzten zehn Tage das Geld gehabt, so hätte ich viel Geld auf der hiesigen Börse gewonnen. Jetzt ist wieder die Zeit, wo mit Verstand und sehr wenig Geld Geld gemacht werden kann in London … Du wirst mich sehr verpflichten, wenn Du diese Dinge vor dem 15. Juli ordnen kannst. Du entschuldigst mich, daß ich Dich plage bei Deiner Arbeitsüberlastung, aber es stehen sehr ernste Interessen auf dem Spiel." (30, 417)

M: „Da mich diese lästige Krankheit sehr am Arbeiten hinderte – der Arzt mir außerdem angestrengte und vielstündige geistige Arbeit untersagt hatte –, habe ich, was Dich nicht wenig wundern wird, spekuliert, teils in amerikanischen Staatspapieren, *namentlich* aber in den englischen Aktienpapieren, die wie Pilze in diesem Jahr hier aus der Erde wachsen …, zu einer gewissen unvernünftigen Höhe getrieben werden und dann meist zerplatzen. Ich habe in dieser Art über 400 Pfund gewonnen und werde jetzt, wo die Verwicklung der politischen Verhältnisse neuen Spielraum bietet, von Neuem anfangen. Diese Art von Operationen nimmt nur wenig Zeit fort, und man kann schon etwas riskieren, um seinen Feinden das Geld abzunehmen." (30, 665)

E: „Inzwischen hab' ich ihm mein Geld aus dem Geschäft zum größten Teil schon jetzt weggenommen und in Aktien angelegt, und zwar so, daß ihm selbst die Gel-

Börse

der knapp werden und ich ihm selbst für ca. 2400 Pfund Aktien abgekauft habe; er hatte mich erst animiert flott Geld zu ziehn, aber der Atem ist ihm ausgegangen, als ich ca. 7500 Pfund gezogen hatte, und so mußte er mir selbst obige Aktien verkaufen, da er grade von der Sorte hatte, die ich brauchte." (32, 605)

E: „Ich habe auch Papierches, kaufe und verkaufe zuweilen. Aber so kindlich bin ich doch nicht, mir bei meinen Operationen in der *sozialistischen* Presse Rat zu holen. Wer das tut und sich verbrennt, dem geschieht recht." (35, 425)

III. Kommentar

Die letztzitierte Äußerung unter II3 war sicherlich nicht auf Marx gemünzt, trifft ihn aber wohl haargenau. Alle Marxologen fragen sich, was Marx mit dem vielen Geld tat, das ihm von Freund Engels und aus mehreren stattlichen Erbschaften zufloß. Der Mann, der sich für den größten Nationalökonomen hielt, der glaubte, wie kein anderer die Lebensgesetze der kapitalistischen Wirtschaft durchschaut zu haben, mußte sich gedrängt fühlen, auf diese Weise seine vermeintlich wissenschaftlich fundierten Prophetien nutzbar zu machen. Daß er aufs Ganze gesehen wenig Erfolg hatte, überrascht den nicht, der die nationalökonomischen Fähigkeiten bezweifelt. Bezeichnend ist, daß jene Äußerungen von Marx, die ihn als Börsianer ausweisen, im Register der Marx/Engels-Werke nicht notiert sind, nicht minder bezeichnend der gute Rat Engels', daß man sich in Geldangelegenheiten nicht von Sozialisten beraten lassen dürfe.

IV. Hinweise

1) 12, 27, 686 f.; 19, 289; 29, 238; 32, 628; 33, 424; 35, 444.
2) –

Bourgeoisie

I. Thesen

Die Bourgeoisie (das Bürgertum) ist der Gegenspieler des → Proletariats. Trotz dieser zentralen Stellung im Marxschen Denken gibt es keine längere systematische Abhandlung über den Bourgeois, über die Bourgeoisie.
Aus den einzelnen einschlägigen Äußerungen ergibt sich folgendes Bild:
Die Entwicklung der Produktivkräfte hat die Bourgeoisie ins Leben gerufen. Die Bourgeoisie tritt an die Stelle der Sklavenhalter in der Antike und der Feudalherren im Mittelalter (→ Histomat). Reichtum und Macht sind Synonima [1]. (→ Klassen → Staat)
Die Bourgeoisie hat eine große Aufgabe im historischen Prozeß, die sie auch gut erfüllt [2].
Obwohl sie den Mehrwert zur Gänze vereinnahmt, hat sie an der Produktion des Mehrwerts keinen Anteil (→ Ausbeutung → Unternehmer).
Die Bourgeoisie ist dumm, da sie sich durch den Kampf für das allgemeine Wahlrecht selbst entmachtet (→ Demokratie). Auch sonst ist die Bourgeoisie verachtenswert [3].
Der Sieg des Proletariats über die Bourgeoisie ist eine historische Notwendigkeit. Die Bourgeoisie kann der allgemeinen Volksrache nicht entrinnen (→ Rache) [4].
Die Kleinbürger bilden eine Zwischenschicht, die nach oben strebt, aber meist nach unten fällt [5].

II. Texte

[1]

M/E: „So hat sich die Gesellschaft bisher immer innerhalb eines Gegensatzes entwickelt, der bei den Alten der Gegensatz von Freien und Sklaven, im Mittelalter der vom Adel und Leibeigenen, in der neueren Zeit der von Bourgeoisie und Proletariat ist." (3, 417)

M/E: „Unsere Epoche, die Epoche der Bourgeoisie, zeichnet sich jedoch dadurch aus, daß sie die Klassengegensätze vereinfacht hat. Die ganze Gesellschaft spaltet sich mehr und mehr in zwei große feindliche Lager, in zwei große, einander direkt gegenüber stehende Klassen: Bourgeoisie und Proletariat . . .

Die Bourgeoisie hat in der Geschichte eine höchst revolutionäre Rolle gespielt. Die Bourgeoisie, wo sie zur Herrschaft gekommen, hat alle feudalen, patriarchalischen, idyllischen Verhältnisse zerstört. Sie hat die buntscheckigen Feudalbande, die den Menschen an seinen natürlichen Vorgesetzten knüpften, unbarmherzig zerrissen und kein anderes Band zwischen Mensch und Mensch übriggelassen, als das nackte Inter-

Bourgeoisie

esse, als die gefühllose ‚bare Zahlung'." (4, 463 f.)

E: „Wie aber waren diese Klassen entstanden? ... Und ebenso klar war es, daß in dem Kampf zwischen Grundbesitz und Bourgeoisie, nicht minder als in dem zwischen Bourgeoisie und Proletariat, es sich in erster Linie um ökonomische Interessen handelte, zu deren Durchführung die politische Macht als bloßes Mittel dienen sollte. Bourgeoisie und Proletariat waren beide entstanden infolge einer Veränderung der ökonomischen Verhältnisse, genauer gesprochen der Produktionsweise." (21, 299)

2

M/E: „Die Bourgeoisie hat in ihrer kaum 100jährigen Klassenherrschaft massenhaftere und kolossalere Produktionskräfte geschaffen als alle vergangenen Generationen zusammen. Unterjochung der Naturkräfte, Maschinerie, Anwendung der Chemie auf Industrie und Ackerbau, Dampfschiffahrt, Eisenbahnen, elektrische Telegrafen, Urbarmachung ganzer Weltteile, Schiffbarmachung der Flüsse, ganze aus dem Boden hervorgestampfte Bevölkerungen ..." (4, 467)

E: „Erst auf einem gewissen für unsere Zeitverhältnisse sogar sehr hohen Entwicklungsgrad der gesellschaftlichen Produktivkräfte wird es möglich, die Produktion so hoch zu steigern, daß die Abschaffung der Klassenunterschiede ein wirklicher Fortschritt, daß sie von Dauer sein kann, ohne einen Stillstand oder gar Rückgang in der gesellschaftlichen Produktionsweise herbeizuführen. Diesen Entwicklungsgrad haben die Produktivkräfte aber erst erhalten in den Händen der Bourgeoisie. Die Bourgeoisie ist demnach auch nach dieser Seite hin eine ebenso notwendige Vorbedingung der sozialistischen Revolution wie das Proletariat selbst." (18, 556 f.)

3

E: „Die feige Bourgeoisnatur ist zu mächtig." (5, 389)

M: „Die ganze Geschichte zeigt keine *schmachvollere Erbärmlichkeit* als die der *deutschen Bourgeoisie.*" (5, 456)

M: „Hat die Bourgeoisie jemals mehr geleistet? Hat sie je einen Fortschritt zuwege gebracht, ohne Individuen wie ganze Völker durch Blut und Schmutz, durch Elend und Erniedrigung zu schleifen? ...
Die tiefe Heuchelei der bürgerlichen Zivilisation und die von ihr nicht zu trennende Barbarei liegen unverschleiert vor unseren Augen ..." (9, 224 f.)

E: „Die Bourgeoisie ist, im besten Falle, eine unheroische Klasse. Selbst ihre glänzendsten Errungenschaften, die englischen des 17. und die französischen des 18. Jahrhunderts, hat nicht sie selbst erkämpft, sondern die plebeische Volksmasse für sie, die Arbeiter und Bauern." (18, 291)

E: „Unsere deutsche Bourgeoisie ist dumm und feig; sie hat nicht einmal verstanden, die ihr 1848 durch die Arbeiterklasse erkämpfte politische Herrschaft zu ergreifen und festzuhalten ..." (21, 383)

M: „Die Expropriation der unmittelbaren Produzenten wird mit schonungslosestem Vandalismus und unter dem Trieb der infamsten, schmutzigsten, kleinlichst gehässigsten Leidenschaften vollbracht." (23, 790)

Bourgeoisie

E: „Es wird mir immer klarer, daß die Bourgeoisie nicht das Zeug hat, selbst direkt zu herrschen, und daß daher, wo nicht eine Oligarchie wie hier in England es übernehmen kann, Staat und Gesellschaft gegen gute Bezahlung im Interesse der Bourgeoisie zu leiten, eine bonapartistische Halbdiktatur die normale Form ist . . ." (31, 208)

E: „Der deutsche Philister ist die inkorporierte Feigheit, er respektiert nur den, der ihm Furcht einflößt. Wer sich aber liebes Kind bei ihm machen will, den hält er für seinesgleichen und respektiert ihn nicht mehr als seinesgleichen, nämlich garnicht." (34, 419)

E: „. . . das alte Erbgift der Philisterborniertheit und Philisterschlappigkeit . . ." (35, 443)

4

E: „Die zur Verzweiflung getriebenen Proletarier werden die Brandfackel ergreifen, von der Stephens ihnen gepredigt hat; die Volksrache wird mit einer Wut geübt werden, von der uns das Jahr 1793 noch keine Vorstellung gibt. Der Krieg der Armen gegen die Reichen wird der blutigste sein, der je geführt worden ist. Selbst der Übertritt eines Teils der Bourgeoisie zur Proletariatspartei, selbst eine allgemeine Besserung der Bourgeoisie würde nichts helfen." (2, 504 f.)

M/E: „Mit der Entwicklung der großen Industrie wird also unter den Füßen der Bourgeoisie die Grundlage selbst hinweg gezogen, worauf sie produziert und die Produkte sich aneignet. Sie produziert vor allem ihren eigenen Totengräber. Ihr Untergang und der Sieg des Proletariats sind gleich unvermeidlich." (4, 474)

E: „Es ist eine Eigentümlichkeit gerade der Bourgeoisie gegenüber allen früheren herrschenden Klassen: in ihrer Entwicklung gibt es einen Wendepunkt, von dem an jede weitere Steigerung ihrer Machtmittel, vorab also ihrer Kapitalien nur dazu beiträgt, sie zur politischen Herrschaft mehr und mehr unfähig zu machen . . .
In demselben Maß, wie die Bourgeoisie ihre Industrie, ihren Handel und ihre Verkehrsmittel entwickelt, in demselben Maße erzeugt sie Proletariat." (7, 534)

M: „Mit der beständig abnehmenden Zahl der Kapitalmagnaten, welche alle Vorteile dieses Umwandlungsprozesses usurpieren und monopolisieren, wächst die Masse des Elends, des Drucks, der Knechtschaft, der Entartung, der Ausbeutung, aber auch die Empörung der stets anschwellenden und durch den Mechanismus des kapitalistischen Produktionsprozesses selbst geschulten, vereinten und organisierten Arbeiterklasse. Das Kapitalmonopol wird zur Fessel der Produktionsweise, die mit und unter ihm aufgeblüht ist. Die Zentralisation der Produktionsmittel und die Vergesellschaftung der Arbeit erreichen einen Punkt, wo sie unverträglich werden mit ihrer kapitalistischen Hülle. Sie wird gesprengt. Die Stunde des kapitalistischen Privateigentums schlägt. Die Expropriateurs werden expropriiert." (23, 790 f.)

5

E: „Die kleine Bourgeoisie, hätte es von ihr abgehangen, würde schwerlich den Rechtsboden des gesetzlichen, friedlichen und tugendhaften Kampfes verlassen und statt der sog. Waffen des Geistes die Musketen und den Pflasterstein ergriffen haben. Die Geschichte aller politischen Bewegungen seit

Bourgeoisie

1830 in Deutschland wie in Frankreich und England zeigt uns diese Klasse stets großpralerisch, hochbeteuernd und stellenweise selbst extrem in der Phrase, so lange sie keine Gefahr sieht." (7, 112)

E: „Dieses Kleinbürgertum, in jedem modernen Staat und bei allen modernen Revolutionen von höchster Bedeutung, ist besonders wichtig in Deutschland, wo es bei den jüngsten Kämpfen meist die entscheidene Rolle gespielt hat. Seine Zwischenstellung zwischen der Klasse der größeren Kapitalisten, Kaufleute und Industriellen, der eigentlichen Bourgeoisie, und dem Proletariat oder der Arbeiterklasse ist für seinen Charakter bestimmend. Es strebt nach der Stellung der Bourgeoisie, aber das geringste Mißgeschick schleudert die Angehörigen des Kleinbürgertums hinab in die Reihen des Proletariats." (8, 9 f.)

M: „Man muß sich nur nicht die bornierte Vorstellung machen, als wenn das Kleinbürgertum prinzipiell ein egoistisches Klasseninteresse durchsetzen wollte. Es glaubt vielmehr, daß die *besondren* Bedingungen seiner Befreiung die *allgemeinen* Bedingungen sind, innerhalb deren allein die moderne Gesellschaft gerettet und der Klassenkampf vermieden werden kann." (8, 141 f.)

E: „Je weniger aber wir dem Kleinbürgertum erlaubten, unsere proletarische Demokratie mißzuverstehen, desto zahmer und gefügiger wurde es uns gegenüber. Je schärfer und entschiedener man ihm gegenübertritt, desto williger duckt es sich, desto mehr Konzessionen macht es der Arbeiterpartei. Das haben wir gesehen." (21, 21)

E: „Es wird immer das Los des Kleinbürgers sein – in seiner Masse gesehen –, unentschieden zwischen den zwei großen Klassen zu treiben, wobei ein Teil durch die Zentralisation des Kapitals und der andere durch den Sieg des Proletariats erdrückt wird. Am entscheidenden Tage werden sie wie gewöhnlich schwanken, unschlüssig und hilflos sein . . ." (36, 540)

III. Kommentar

Der vielfältige Tadel verträgt sich ebenso schlecht mit den anerkannten Leistungen der Bourgeoisie wie die Aberkennung jedes Anteils an der Entstehung des Mehrwerts (→ Unternehmer). Wer das nach Marx historisch Notwendige tut, die eigentliche Menschheitsgeschichte vorbereitet, darf nicht gleichzeitig verurteilt werden, am wenigsten von dem, der moralische Kategorien ablehnt (→ Moral).

Die Polarisierung hat nicht stattgefunden (→ Verelendung), das Kleinbürgertum hat sich nicht aufgelöst, vielmehr an Umfang zugenommen.

IV. Hinweise

1) 3, 62; 4, 366, 392, 462 ff.; 8, 98 ff., 153; 10, 647; 11, 162 f.; 16, 66 ff.; 20, 98 ff., 152; 22, 209, 336; 25, 623; 31, 418, 541; 36, 336, 554; 38, 176.
2) –

Demokratie

I. Thesen

Es gibt Äußerungen der Freunde, die die Demokratie erstrebenswert erscheinen lassen ①.
Demokratie ist jedoch für die Freunde nur die beste Voraussetzung für den Übergang zur → Diktatur des Proletariats und nur als solche begrüßenswert ②.
Über das allgemeine Wahlrecht machen sie sich lustig und sprechen sich dagegen aus, solange die Proletarier nicht die Mehrheit bilden ③.
Die demokratischen Tugenden der Toleranz und Kompromißbereitschaft lehnen sie ab ④.
Ihre demokratischen Zeitgenossen haben sie mit Spott übergossen ⑤.
Revolutionen gegen demokratisch legitimierte Regierungen begrüßen sie (IV 2, Löw, S. 258 ff.).
Andere Äußerungen zum Thema „Demokratie" weisen in die gleiche Richtung ⑥.
Auch gegen unmittelbare Demokratie sprechen sie sich aus ⑦.

II. Texte

①
M: „Die Demokratie ist das aufgelöste *Rätsel* aller Verfassungen. Hier ist die Verfassung nicht nur *an sich,* dem Wesen nach, sondern der *Existenz,* der Wirklichkeit nach in ihren wirklichen Grund, den *wirklichen Menschen,* das *wirkliche Volk,* stets zurückgeführt und als sein *eignes* Werk gesetzt. Die Verfassung erscheint als das, was sie ist, freies Produkt des Menschen …" (1, 231)

M: „Dazu hat es nur nötig, die politische Stellung des Proletariats in England, Frankreich und Amerika mit der in Deutschland zu vergleichen, um zu sehen, daß die Herrschaft der Bourgeoisie dem Proletariat nicht nur ganz neue Waffen zum Kampf *gegen* die Bourgeoisie in die Hand gibt, sondern ihm auch eine ganz andere Stellung, eine Stellung als anerkannte Partei verschafft." (4, 193)

M/E und andere: „Forderungen der Kommunistischen Partei in Deutschland … 2. Jeder Deutsche, der 21 Jahre alt, ist Wähler und wählbar, vorausgesetzt, daß er keine Kriminalstrafe erlitten hat." (5, 3)

E: „Polnische Sozialisten, die nicht die Befreiung des Landes an die Spitze ihres Programms setzen, kommen mir vor wie deutsche Sozialisten, die nicht zunächst Abschaffung des Sozialistengesetzes, Presse-, Vereins-, Versammlungsfreiheit fordern wollten. Um kämpfen zu können, muß man erst einen Boden haben, Luft, Licht und Ellbogenraum. Sonst bleibt alles Geschwätz." (35, 270)

Demokratie

2

E: „Aber die bloße Demokratie ist nicht fähig, soziale Übel zu heilen. Die demokratische Gleichheit ist eine Chimäre, der Kampf der Armen gegen die Reichen kann nicht auf dem Boden der Demokratie oder der Politik überhaupt ausgekämpft werden. Auch diese Stufe ist also nur ein Übergang, das letzte rein politische Mittel, das noch zu versuchen ist und aus dem sich zugleich ein neues Element, ein über alles politische Wesen hinausgehendes Prinzip entwickeln muß. Dies Prinzip ist das des Sozialismus." (1, 592)

E: „Die demokratische Bewegung erstrebt in allen zivilisierten Ländern in letzter Instanz die politische Herrschaft des Proletariats. Sie setzt also voraus, daß ein Proletariat existiert; daß eine herrschende Bourgeoisie existiert; daß eine Industrie existiert, die das Proletariat erzeugt, die die Bourgeoisie zur Herrschaft gebracht hat. . . .
Die Demokratie der zivilisierten Länder, die *moderne* Demokratie, hat also mit der norwegischen und urschweizerischen Demokratie durchaus nichts gemein. Sie will nicht den norwegischen und urschweizerischen Zustand herbeiführen, sondern einen himmelweit verschiedenen." (4, 392)

E: „Heute ist das anders, und so mag das Wort passieren, so unpassend es bleibt, eine Partei, deren ökonomisches Programm nicht bloß allgemein sozialistisch, sondern direkt kommunistisch, und deren politisches Endziel die Überwindung des ganzen Staates, also auch der Demokratie ist." (22, 418)

E: „Was zu sagen war, ist nach meiner Ansicht dies: Auch das Proletariat braucht zur Besitzergreifung der politischen Gewalt demokratische *Formen,* sie sind ihm aber, wie alle politischen Formen, nur Mittel. Will man aber heute die Demokratie als *Zweck,* so muß man sich auf Bauern und Kleinbürger stützen, d. h. auf Klassen, die am Untergehn und gegenüber dem Proletariat, sobald sie sich künstlich erhalten wollen, *reaktionär* sind . . . Und doch bleibt die demokratische Republik immer die *letzte* Form der Bourgeoisherrschaft: die, in der sie kaputtgeht." (36, 128)

3

M: „Aber wenn das allgemeine Stimmrecht nicht die wundertätige Wünschelrute war, wofür republikanische Biedermänner es angesehen hatten, besaß es das ungleich höhere Verdienst, den Klassenkampf zu entfesseln, die verschiedenen Mittelschichten der bürgerlichen Gesellschaft ihre Illusionen und Enttäuschungen rasch durchleben zu lassen, sämtliche Fraktionen der exploitierenden Klasse in einem Wurfe auf die Staatshöhe zu schleudern und ihnen so die trügerische Larve abzureißen . . ." (7, 29)

M: „Der umfassende Widerspruch aber dieser Konstitution besteht darin: Die Klassen, deren gesellschaftliche Sklaverei sie verewigen soll, Proletariat, Bauern, Kleinbürger, setzt sie durch das allgemeine Stimmrecht in den Besitz der politischen Macht. Und der Klasse, deren alte gesellschaftliche Macht sie sanktioniert, der Bourgeoisie, entzieht sie die politischen Garantien dieser Macht. Sie zwängt ihre politische Herrschaft in demokratische Bedingungen, die jeden Augenblick den feindlichen Klassen zum Sieg verhelfen und die Grundlage der bürgerlichen Gesellschaft selbst in Frage stellen." (7, 43)

E: „Die Bekämpfung der feudalen und bürokratischen Reaktion – denn beide sind

Demokratie

bei uns jetzt unzertrennbar – ist in Deutschland gleichbedeutend mit dem Kampf für geistige und politische Emanzipation des Landproletariats – und so lange das Landproletariat nicht in die Bewegung mit hineingerissen wird, so lange kann und wird das städtische Proletariat in Deutschland nicht das geringste ausrichten, so lange ist das allgemeine, direkte Wahlrecht für das Proletariat keine Waffe, sondern ein *Fallstrick.*" (16, 74)

E: „Also der Suffrage universel coup Bismarcks ist gemacht, wenn auch ohne seinen Lassalle. Wie es den Anschein hat, wird der deutsche Bürger nach einigem Sträuben darauf eingehen, denn der Bonapartismus ist doch die wahre Religion der modernen Bourgeoisie." (31, 208)

4

M/E: „Jetzt, *nach* der Wahl, behaupten wir wieder unsern alten rücksichtslosen Standpunkt nicht nur der Regierung, sondern auch der offiziellen Opposition gegenüber." (6, 298)

M: „In dem heut angekommenen ‚Social-Demokrat' findet sich glücklicherweise, im Feuilleton, hinter meinem Artikel, wo selbst jedes ‚Scheinkompromiß' verurteilt wird, Dein Aufruf zum Totschlagen des Adels." (31, 59)

E: „Das ist das, was die Franzosen immer besser und klarer erkennen als unsere Deutschen, daß man, um eine Scharte auszuwetzen, an einem anderen Punkt angreifen muß, doch immer angreifen, niemals die Waffen strecken, niemals nachgeben." (38, 131)

E: „. . . die kompromißlüsternen Herren vom Zentrum . . ." (39, 70)

5

M: „Das ganze demokratische hiesige Geschmeiß . . ." (27, 65)

M: „Hier ganzer Schwarm von neuem demokratischen Gesindel . . ." (27, 183)

E: „. . . demokratische Lumpenpack . . ." (27, 501)

M: „. . . das demokratische Lumpengesindel . . ." (28, 490)

M: „Die Betriebsamkeit dieser kleinen aus der demokratischen Pißjauche ausgebrüteten badensischen Flöhe ist rührend." (29, 376)

6

E: „*Die Demokratie, das ist heutzutage der Kommunismus.* Eine andere Demokratie kann nur noch in den Köpfen theoretischer Visionäre existieren . . . Und wenn sich die proletarischen Parteien verschiedener Nationen vereinigen, so haben sie ganz recht, das Wort ‚Demokratie' auf ihre Fahnen zu schreiben, denn mit Ausnahme derjenigen, die nicht zählen, sind im Jahr 1846 alle europäischen Demokraten mehr oder weniger klare Kommunisten." (2, 613)

7

E: „Daß ein Haufen ziemlich verworrener *rein demokratischer Forderungen* im Programm figurieren, von denen manche reine Modesache sind, wie zum Beispiel die ‚Gesetzgebung durch das Volk', die in der Schweiz besteht und mehr Schaden als Nutzen anrichtet, wenn sie überhaupt was anrichtet." (34, 128)

Demokratie

III. Kommentar

Der Versuch, aus Marx und Engels Demokraten zu machen, entspringt dem Verlangen der demokratischen Sozialisten, nach der Spaltung in Rußland und Deutschland möglichst viel von den verehrten Führern für sich zu retten. Einen wissenschaftlich vertretbaren Halt finden diese Bestrebungen nicht.

IV. Hinweise

1) 2, 624; 4, 372; 5, 136; 7, 247 f.; 22, 235; 27, 560; 28, 25; 29, 401, 621; 30, 26, 298, 433; 34, 302 f.; 35, 160 f., 366.
2) Leonhard „Sowjetsystem", a.a.O.; Löw „Lehre", a.a.O., S. 243 ff.

Deutsche, Deutschland

I. Thesen

Die Beschäftigung mit den Deutschen und Deutschland beginnt Marx mit einem Paukenschlag in „Zur Kritik der Hegelschen Rechtsphilosophie". Die Zustände in Deutschland sind danach unter aller Kritik. Das liegt an den Fürsten wie am Volk. Aber die Emanzipation der Deutschen zu Menschen wird sich vollziehen, und damit geht die Emanzipation der Menschheit Hand in Hand [1].

Im Vergleich dazu sind alle späteren Äußerungen von Marx und Engels mehr beiläufiger Natur. Die zunächst sehr kritische Einstellung weicht einem abwechslungsreichen Bild.

Mit Blick auf die Nachbarn sind sie geradezu deutsche Nationalisten (→ Nation) [2].

In den deutschen Kriegen ihrer Tage (1864 Dänemark, 1870/71 → Frankreich) vertreten sie den deutsch-nationalen Standpunkt. Mehrmals fordern sie → Krieg gegen → Rußland. „Wird Deutschland ... angegriffen, so ist jedes Mittel der Verteidigung gut. Es geht um die nationale Existenz ..." „Unsere Soldaten" sind „Prachtkerle" [3].

Die erstarkende deutsche → Arbeiterbewegung (nicht deren Führer → Lassalle und → Liebknecht) fand ihren wachsenden Beifall.

II. Texte

[1]
M: „Für Deutschland ist die Kritik der Religion im wesentlichen beendigt, und die *Kritik der Religion* die Voraussetzung aller Kritik ... Ja, die deutsche Geschichte schmeichelt sich einer Bewegung, welche ihr kein Volk am historischen Himmel weder vorgemacht hat noch nachmachen wird. Wir haben nämlich die Restaurationen der modernen Völker geteilt, ohne ihre Revolutionen zu teilen. Wir wurden restauriert, erstens, weil andere Völker eine Revolution wagten, und zweitens, weil andere Völker eine Konterrevolution litten, das eine Mal, weil unsere Herren Furcht hatten, und das andere Mal, weil unsere Herren keine Furcht hatten. Wir, unsere Hirten an der Spitze befanden uns immer nur einmal in der Gesellschaft der Freiheit, am *Tag ihrer Beerdigung ...*

Krieg den deutschen Zuständen! Allerdings! Sie stehen *unter dem Niveau der Geschichte,* sie sind *unter aller Kritik ...*

Wie die alten Völker ihre Vorgeschichte in der Imagination erlebten, in der *Mythologie,* so haben wir Deutsche unsere Nachgeschichte im Gedanken erlebt, in der *Philosophie.* Wir sind *philosophische* Zeitgenossen der Gegenwart, ohne ihre *historischen* Zeitgenossen zu sein. ... Wie die Philosophie im Proletariat ihre *materiellen,* so fin-

Deutsche, Deutschland

det das Proletariat in der Philosophie seine *geistigen* Waffen, sobald de, Blitz des Gedankens gründlich in diesen naiven Volksboden eingeschlagen ist, wird sich die Emanzipation der *Deutschen* zum Menschen vollziehen.... In Deutschland kann *keine* Art der Knechtschaft gebrochen werden, ohne jede Art der Knechtschaft zu brechen. Das *gründliche Deutschland* kann nicht revolutionieren, ohne von *Grund aus zu revolutionieren. Die Emanzipation des Deutschen ist die Emanzipation des Menschen."* (1, 378ff.)

2

M: „In seinem Sessel behaglich dumm, sitzt schweigend das deutsche Publikum." (Methode 27)

E: Die Deutschen fangen nachgerade an, auch die kommunistische Bewegung zu verderben. Wie immer, auch hier die Letzten und Unruhigsten, glauben sie ihre Schläfrigkeit durch Verachtung ihrer Vorgänger und philosophische Renommage verdecken zu können ... Diesem komischen Stolz der deutschen Theorie, die nicht sterben kann, gegenüber, ist es durchaus nötig, den Deutschen einmal vorzuhalten, was sie dem Auslande alles verdanken seitdem sie sich mit sozialen Fragen beschäftigen." (2, 604f.)

M/E: „Wir müssen bei den voraussetzungslosen Deutschen damit anfangen, daß wir die erste Voraussetzung aller menschlichen Existenz, also auch aller Geschichte konstatieren, nämlich die Voraussetzung, daß die Menschen imstande sein müssen zu leben, um Geschichte machen' zu können." (3, 28)

M/E: "...daß der Widerspruch nicht in diesem nationalen Umkreis, sondern zwischen diesem nationalen Bewußtsein und der Praxis der anderen Nationen, d.h. zwischen dem nationalen und allgemeinen Bewußtsein einer Nation (wie jetzt in Deutschland) sich einstellt – wo dieser Nation dann, weil dieser Widerspruch scheinbar nur als ein Widerspruch innerhalb des nationalen Bewußtseins erscheint, auch der Kampf sich auf diese nationale Scheiße zu beschränken scheint, eben weil diese Nation die Scheiße an und für sich ist." (3,31 f.); doch fehlen dort die Worte beginnend mit "(wie jetzt in Deutschland)" bis "diese Nation die Scheiße an und für sich ist." MEGA_ bringt auch diese Passage.

M/E: „Überhaupt handelt es sich bei diesen Deutschen stets darum, den vorgefundenen Unsinn in irgendeine andre Marotte aufzulösen, d. h. vorauszusetzen, daß dieser ganze Unsinn überhaupt einen aparten Sinn habe, der herauszufinden sei ..." (3, 40)

E: „So ist Goethe bald kolossal, bald kleinlich; bald trotziges, spottendes, weltverachtendes Genie, bald rücksichtsvoller, genügsamer, enger Philister. Auch Goethe war nicht imstande, die deutsche Misere zu besiegen; im Gegenteil, sie besiegte ihn, und dieser Sieg der Misere über den größten Deutschen ist der beste Beweis, daß sie ‚von innen heraus' gar nicht zu überwinden ist." (4,232)

E: „Die kommunistische Revolution wird daher keine bloß nationale, sie wird eine in

Deutsche, Deutschland

allen zivilisierten Ländern, d. h. wenigstens in England, Amerika, Frankreich und Deutschland gleichzeitig vor sich gehende Revolution sein." (4, 374)

E: „Vergleicht Deutschland. Deutschland ist das Vaterland einer ungeheuren Zahl von Erfindungen – z. B. der Druckerpresse. Deutschland hat, wie allgemein anerkannt ist, eine weit größere Anzahl großherziger und kosmopolitischer Ideen erzeugt als Frankreich und England zusammengenommen." (4, 428)

M/E: „Auf Deutschland richten die Kommunisten ihre Hauptaufmerksamkeit, weil Deutschland am Vorabend einer bürgerlichen Revolution steht und ... die deutsche bürgerliche Revolution also nur das unmittelbare Vorspiel einer proletarischen Revolution sein kann." (4, 493)

E: „Das erste, was die Deutschen in ihrer Revolution zu tun haben, ist, mit ihrer ganzen schimpflichen Vergangenheit zu brechen." (5, 87)

E: „Mit Hülfe deutscher Soldateska Polen beraubt, zerstückelt, Krakau gemeuchelt ... Die Schuld der mit Deutschlands Hülfe in andern Ländern verübten Niederträchtigkeiten fällt nicht allein den Regierungen, sondern zu einem großen Teil dem deutschen Volke selbst zur Last." (5, 155)

M: „Die ganze Geschichte zeigt keine *schmachvollere Erbärmlichkeit* als die der *deutschen Bourgeoisie*." (5, 456)

M: „... in Wien erwürgten Kroaten, Panduren, Tschechen, Sereschaner und ähnliches Lumpengesindel die germanische Freiheit ..." (6, 149)

E: „Unter allen den Nationen und Nationchen Österreichs sind nur drei, die die Träger des Fortschritts waren, die aktiv in die Geschichte eingegriffen haben, die noch jetzt lebensfähig sind – die *Deutschen*, die *Polen*, die *Magyaren*." (6, 168)

E: „Und das alles zum Dank dafür, daß die Deutschen sich die Mühe gegeben, die eigensinnigen Tschechen und Slowenen zu zivilisieren, Handel, Industrie, erträglichen Ackerbau und Bildung bei ihnen einzuführen! ... Welches sind nun die großen, schrecklichen Verbrechen der Deutschen und Magyaren gegen die slawische Nationalität? ... Die Deutschen haben im Norden das ehemals deutsche, später slawische Gebiet von der Elbe bis zur Warthe den Slawen wieder aberobert; eine Eroberung, die durch ‚geographische und strategische Notwendigkeiten' bedingt war, die aus der Teilung des Karolingischen Reichs hervorgingen. Diese slawische Gebietsstrecken sind vollständig germanisiert; die Sache ist abgemacht und läßt sich nicht redressieren ... Daß diese Eroberung aber im Interesse der Zivilisation lag, ist bisher noch nie bestritten worden." (6, 277 f.)

E: „Die Sachen verwickeln sich vortrefflich. Diesmal können sich die Herren Fürsten indes blamieren, ohne daß unsrer Nationalität Gefahr droht; im Gegenteil, das deutsche Volk, ein ganz anderes Volk seit der Umwälzung von 1848, ist stark genug geworden, um nicht nur mit den Franzosen und Russen, sondern auch gleichzeitig mit den 33 Landesvätern fertig zu werden." (13, 404)

E: „Auf allen wissenschaftlichen Gebieten haben die Deutschen längst ihre Ebenbürtigkeit, auf den meisten ihre Überlegenheit

Deutsche, Deutschland

gegenüber den übrigen zivilisierten Nationen bewiesen." (13, 468)

E: „Das Verhältnis von Kapital und Arbeit, die Angel, um die sich unser ganzes heutiges Gesellschaftssystem dreht, ist hier zum ersten Mal wissenschaftlich entwickelt, und das mit einer Gründlichkeit und Schärfe, wie sie nur einem Deutschen möglich war." (16, 235)

E: „Man mag sich zum Sozialismus verhalten, wie man will, man wird immerhin anerkennen müssen, daß hier derselbe zuerst wissenschaftlich dargestellt ist und daß es eben Deutschland vorbehalten war, diese Leistung auch auf diesem Gebiet zu verwirklichen." (16, 365)

E: „Ich bin mehrere Male in Versuchung gewesen, stolz darauf zu werden, daß ich wenigstens kein Däne oder gar Isländer, sondern nur ein Deutscher bin." (27, 72)

E: „Vom preußischen Polen dürfen wir keinen Zoll aufgeben ..." (29, 605)

M: „Unser Vaterland sieht gottsjämmerlich aus. Ohne Keile von außen ist mit diesen Hunden nichts anzufangen." (30, 370)

M: „In Deutschland, gegen diesen maßlosen Angriff, hatte keiner meiner dortigen Freunde ein Wort des Protests; statt dessen mich patriarchalisch zurechtweisende Briefe." (30, 497)

M: „Sie müssen wissen, daß diese Deutschen, jung und alt, lauter überkluge, gediegene, praktisch einsichtige Männer sind, die Leute wie Sie und mich für unreife Narren halten, die immer noch nicht von der Revolutionsphantasterei geheilt sind. Und so schlimm wie hier im Ausland ist das inländische Gesindel. Bei meiner Anwesenheit in Berlin usw. überzeugte ich mich, daß jeder Versuch, *literarisch* auf diese Kanaille einzuwirken, ganz vergeblich. Die selbstgefällige Dummheit der Burschen, die in ihrer Presse, dieser Jammerpresse, ein außerordentliches Lebenselexier besitzt, übersteigt alles Glaubliche. Dazu die Seelenmattigkeit – *Prügel* ist das einzige Resurrektionsmittel für den deutschen Michel..." (30, 619)

M: „Was Du über die Deutschen schreibst, verwundert mich in keiner Weise. Hier ganz ebenso. Engels und ich haben uns daher ganz von dem Pack zurückgezogen (ebenso Leßner). Ausnahme macht nur ein mir befreundeter deutscher Arbeiter, dessen Name mir augenblicklich nicht einfällt." (34, 295)

E: „. . . wir Deutschen aber sind verpflichtet, die theoretische Überlegenheit, die wir einmal haben, auch auf diesem Gebiet durch Kritik zu bewähren." (35, 350)

E: „So klassisch rein, wie in Frankreich, geht die Entwicklung im konfusen Deutschland natürlich nicht; dafür sind wir viel zu weit zurück und erleben alles erst, wenn es sich anderswo überlebt hat." (36, 160)

E: „Die Deutschen haben nun einmal nicht verstanden, von ihrer Theorie aus den Hebel anzusetzen, der die amerikanischen Massen in Bewegung setzen konnte; sie verstehn die Theorie großenteils selbst nicht ..." (36, 578)

3

M/E: „Nur der *Krieg mit Rußland* ist ein Krieg des *revolutionären Deutschlands*, ein Krieg, worin es die Sünden der Vergan-

Deutsche, Deutschland

genheit abwaschen, worin es sich ermannen, worin es seine eigenen Autokraten besiegen kann, worin es ... die Propaganda der Zivilisation mit dem Opfer seiner Söhne erkauft und sich nach innen frei macht, indem es nach außen befreit." (5, 202)

E: „Zur Sache. Die Dänen sind ein Volk, das in der unbeschränktesten kommerziellen, industriellen, politischen und literarischen Abhängigkeit von Deutschland steht ... Mit demselben Recht, mit dem die Franzosen Flandern, Lothringen und Elsaß genommen haben und Belgien früher oder später nehmen werden, mit demselben Recht nimmt Deutschland Schleswig: Mit dem Recht der Zivilisation gegen die Barbarei, des Fortschritts gegen die Stabilität." (5, 394 f.)

E: „Ich habe die ganze Frage durchgeochst und bin zu dem Schluß gekommen ... daß in diesem Augenblick die einzige Chance Deutschlands, die Herzogtümer zu befreien, darin besteht, *daß wir einen Krieg gegen Rußland zugunsten Polens anfangen* ... dann nehmen wir von Dänemark ungestraft, was wir wollen ..." (30, 377)

E: „Was sagst Du aber zu unsern Soldaten, die eine verschanzte Position gegen Mitrailleusen und Hinterlader mit dem Bajonett nehmen? Prachtkerle!" (33, 30)

E: „Mir scheint der Kasus so zu liegen: Deutschland ist durch Badinguet in einen Krieg um seine nationale Existenz hineingeritten. Unterliegt es gegen Badinguet, so ist der Bonapartismus auf Jahre befestigt und Deutschland auf Jahre, vielleicht auf Generationen kaputt. Von einer selbständigen deutschen Arbeiterbewegung ist dann auch keine Rede mehr ... Siegt Deutschland, so ist der französische Bonapartismus jedenfalls kaputt, der ewige Krakeel wegen Herstellung der deutschen Einheit endlich beseitigt, die deutschen Arbeiter können sich auf ganz anders nationalem Maßstab als bisher organisieren ... Die ganze Masse des deutschen Volks aller Klassen hat eingesehn, daß es sich eben um die nationale Existenz in erster Linie handelt, und ist darum sofort eingesprungen. Daß eine deutsche politische Partei unter diesen Umständen à la Wilhelm die totale Abstention predigen und allerhand Nebenrücksichten über die Hauptrücksicht setzen, scheint mir unmöglich." (33, 39f.)

E: „Diese Menschen, die den Badinguet 20 Jahre geduldet, die noch vor sechs Monaten nicht verhindern konnten, daß er sechs Mill. Stimmen gegen 1,5 erhielt und daß er sie ohne Grund und Vorwand auf Deutschland hetzte, diese Leute verlangen jetzt, weil die deutschen Siege ihnen ein Republik – et laquelle! *geschenkt* haben, die Deutschen sollen sofort den heiligen Boden Frankreichs verlassen, sonst: guerre à outrance!" (33, 56)

E: „Wird die Kriegsgefahr größer, dann können wir der Regierung sagen, wir wären bereit, wenn man es uns möglich mache durch anständige Behandlung, sie zu unterstützen gegen den auswärtigen Feind, vorausgesetzt, daß sie den Krieg mit allen, auch revolutionären Mitteln und rücksichtslos führe. Wird Deutschland von Ost und West angegriffen, so ist jedes Mittel der Verteidigung gut. Es geht um die nationale Existenz ..." (38, 176)

Deutsche, Deutschland

III. Kommentar

Ein bunter Strauß, für jeden Geschmack etwas. Geschickte Auswahl versetzt unschwer in die Lage, Marx und Engels beliebig als Trumpf auszuspielen. Mal sind die Deutschen reine Theoretiker, mal sehr praktisch, mal reaktionär, mal Träger des Fortschritts, mal haben sie den → Polen Unrecht zugefügt, mal soll alles polnische Land bei Preußen bleiben, mal sind die Ostfeldzüge der Deutschen „Niederträchtigkeiten", mal unbezahlbar wertvolle Entwicklungshilfe usw. Die selbsternannten Proletarierführer, die die Vaterlandslosigkeit predigen, zeigen persönlich mitunter geradezu chauvinistische Züge. Friedenthal (a.a.O., S. 63) weiß zu berichten, Marx habe in Gegenwart englischer Studenten eine Lobrede auf deutsche Musik und Wissenschaft gehalten und bemerkt, „die Engländer hätten gar keine Musik und stünden ‚im Grunde tief unter den Deutschen'". In einem Brief betont Frau Jenny: „Ich hätte wirklich gewünscht, daß Jennys (der Tochter] Wahl ... auf einen Engländer oder Deutschen, statt auf einen Franzosen gefallen wäre."
Andererseits müssen sich die Deutschen aller Stände vielerlei Beschimpfungen und Kritik gefallen lassen, nicht zuletzt weil der Prophet in seiner Heimat bis gegen Ende seines Lebens kaum Gehör fand (→ Preußen).
Nach Ansicht der Herausgeber der Marx-Engels-Werke sollte die Beschimpfung der deutschen Nation als "die Scheiße an und für sich" tunlichst vertuscht werden.

IV. Hinweise

1) 1, 495; 3, 13, 457 f.; 4, 125, 516 ff.; 5, 81, 94, 334 f.; 6, 5 ff.; 173, 525 f.; 11, 442 f.; 13, 611 f.; 16, 524; 22, 247; 27, 347, 485; 30, 322, 438; 31, 377; 32, 369, 443, 551; 33, 35, 56, 63; 34, 419; 35, 266; 36, 379; 37, 304, 384.
2) Guillaume, a.a.O.; Nolte, a.a.O., S. 475 ff.

Dialektischer Materialismus (Diamat)

I. Thesen

Der Diamat, Abkürzung für dialektischer Materialismus, geht auf Engels zurück. Diamat heißt das oberste Entwicklungsgesetz des Alls, der Welt, der Menschheit [1].
Angesichts der Besonderheiten des Menschen gegenüber seiner ungeistigen Außenwelt trägt der letztgenannte Teil die Bezeichnung → Histomat.
Die Dialektik verdanken die Freunde Hegel, doch haben sie die Idee durch die Materie ersetzt (→ Weltbild) [2].
Der Diamat findet seine breiteste Darstellung im „Antidühring". Drei Gesetze bilden den Wesenskern:
1. Das Gesetz des Umschlagens von Quantität in Qualität.
2. Das Gesetz von der Durchdringung der Gegensätze.
3. Das Gesetz von der Negation der Negation [3].
Was Engels meint, verdeutlichen am besten seine Beispiele [4].
Engels dialektische Lehre war Marx weitgehend bekannt und wurde von ihm offen gebilligt. Er selbst äußert sich zum Diamat mehrmals recht eindeutig, wenngleich nur beiläufig. Aufschlußreich sind vor allem seine brieflichen Bemerkungen [5].
Schlichte Ungenauigkeiten im Ausdruck werden von Marx als „dialektisch" bezeichnet [6].

II. Texte

E: „Ihren Abschluß fand diese neuere deutsche Philosophie im Hegelschen System, worin zum erstenmal – und das ist sein großes Verdienst – die ganze natürliche, geschichtliche und geistige Welt als ein Prozeß, d. h. als in steter Bewegung, Veränderung, Umbildung und Entwicklung begriffen dargestellt und der Versuch gemacht wurde, den inneren Zusammenhang in dieser Bewegung und Entwicklung nachzuweisen." (20, 22 f.)

E: „Die Dialektik ist aber weiter nichts als die Wissenschaft von den allgemeinen Bewegungs- und Entwicklungsgesetzen der Natur, der Menschengesellschaft und des Denkens." (20, 131 f.)

M: „Hegel . . . Worte lehr' ich, gemischt in dämonisch verwirrtem Getriebe,
Jeder denke sich dann, was ihm zu denken beliebt.

Dialektischer Materialismus (Diamat)

Wenigstens ist er nimmer geengt durch fesselnde Schranken,
Denn wie aus brausender Flut, stürzend vom ragenden Fels,
Sich der Dichter ersinnt der Geliebten Wort und Gedanken,
Und was er sinnet, erkennt, und was er fühlet, ersinnt,
Kann ein jeder sich saugen der Weisheit labenden Nektar,
Alles sag' ich euch ja, weil ich ein Nichts euch gesagt!" (Marx, „Texte", a.a.O., S. 28)

E: „Hegel war Idealist, d. h., ihm galten die Gedanken seines Kopfs nicht als die mehr oder weniger abstrakten Abbilder der wirklichen Dinge und Vorgänge, sondern umgekehrt galten ihm die Dinge und ihre Entwicklung nur als die verwirklichten Abbilder der irgendwo schon vor der Welt existierenden ‚Idee'. Damit war alles auf den Kopf gestellt und der wirkliche Zusammenhang der Welt vollständig umgekehrt. Und so richtig und genial auch manche Einzelzusammenhänge von Hegel aufgefaßt worden, so mußte doch aus den angegebnen Gründen auch im Detail vieles geflickt, gekünstelt, konstruiert, kurz verkehrt ausfallen. Das Hegelsche System als solches war eine kolossale Fehlgeburt – aber auch die letzte ihrer Art." (20, 23)

E: „Die Einsicht in die totale Verkehrtheit des bisherigen deutschen Idealismus führte notwendig zum Materialismus, aber wohlgemerkt, nicht zum bloß metaphysischen, ausschließlich mechanischen Materialismus des 18. Jahrhunderts." (20, 24)

M: „Meine dialektische Methode ist der Grundlage nach von der Hegelschen nicht nur verschieden, sondern ihr direktes Gegenteil. Für Hegel ist der Denkprozeß, den er sogar unter dem Namen Idee in ein selbständiges Subjekt verwandelt, der Demiurg des Wirklichen, das nur seine äußere Erscheinung bildet. Bei mir ist umgekehrt das Ideelle nichts anderes als das im Menschenkopf umgesetzte und übersetzte Materielle. . . . Die Mystifikationen, welche die Dialektik in Hegels Händen erleidet, verhindert in keiner Weise, daß er ihre allgemeinen Bewegungsformen zuerst in umfassender und bewußter Weise dargestellt hat. Sie steht bei ihm auf dem Kopf. Man muß sie umstülpen, um den rationellen Kern in der mystischen Hülle zu entdecken." (23, 27)

E: „Keinesfalls aber dürfen Sie Hegel lesen, wie der Herr Barth ihn gelesen hat, nämlich um die Paralogismen und faulen Kniffe zu entdecken, die ihm als Hebel der Konstruktion dienten. Das ist pure Schuljungenarbeit. Viel wichtiger ist es, unter der unrichtigen Form und im erkünstelten Zusammenhang das Richtige und Geniale herauszufinden. So sind die Übergänge von einer Kategorie oder einem Gegensatz zum nächsten fast immer willkürlich . . .
Die Verkehrung der Dialektik bei Hegel beruht darauf, daß sie Selbstentwicklung des Gedankens sein soll und daher die Dialektik der Tatsachen nur ihr Abglanz, während die Dialektik in unserem Kopf doch nur die Wiederspiegelung der sich in der natürlichen und menschengeschichtlichen Welt vollziehenden, dialektischen Formen gehorchenden, tatsächlichen Entwicklung ist." (38, 204)

[3]

E: „Es ist also die Geschichte der Natur wie der menschlichen Gesellschaft, aus der die Gesetze der Dialektik abstrahiert werden.

Dialektischer Materialismus (Diamat)

Sie sind eben nichts anderes als die allgemeinsten Gesetze dieser beiden Phasen der geschichtlichen Entwicklung sowie des Denkens selbst. Und zwar reduzieren sie sich der Hauptsache nach auf drei:
das Gesetz des Umschlagens von Quantität in Qualität und umgekehrt;
das Gesetz von der Durchdringung der Gegensätze;
das Gesetz von der Negation der Negation." (20, 348)

4

E: „Dies ist ganz die Hegelsche Knotenlinie von Maßverhältnissen, wo bloß quantitative Steigerung oder Abnahme an gewissen bestimmten Knotenpunkten einen *qualitativen Sprung* verursacht, z. B. bei erwärmtem oder abgekühltem Wasser, wo der Siedepunkt und der Gefrierpunkt die Knoten sind, an denen der Sprung in einen neuen Aggregatzustand – unter Normaldruck – sich vollzieht, wo also Quantität in Qualität umschlägt." (20, 42)

E: „Die Bewegung selbst ist ein Widerspruch; sogar schon die einfache mechanische Ortsbewegung kann sich nur dadurch vollziehn, daß ein Körper in einem und demselben Zeitmoment an einem Ort und zugleich an einem anderen Ort, an einem und demselben Ort und nicht an ihm ist. Und die fortwährende Setzung und gleichzeitige Lösung dieses Widerspruchs ist eben die Bewegung.
Hier haben wir also einen Widerspruch, der ‚in den Dingen und Vorgängen selbst objektiv vorhanden und sozusagen leibhaft anzutreffen ist'." (20, 112)

E: „Aber was ist denn diese schreckliche Negation der Negation, die Herrn Dühring das Leben so sauer macht, die bei ihm dieselbe Rolle des unverzeihlichen Verbrechens spielt, wie im Christentum die Sünde wider den heiligen Geist? – Eine sehr einfache, überall und täglich sich vollziehende Prozedur, die jedes Kind verstehen kann, sobald man den Geheimniskram abstreift, unter dem die alte idealistische Philosophie sich verhüllte, und unter dem sie ferner zu verhüllen das Interesse hülfloser Metaphysiker vom Schlage des Herrn Dühring ist. Nehmen wir ein Gerstenkorn. Millionen solcher Gerstenkörner werden vermalen, verkocht und verbraut, und dann verzehrt. Aber findet so ein Gerstenkorn die für es normalen Bedingungen vor, fällt es auf günstigen Boden, so geht unter dem Einfluß der Wärme und der Feuchtigkeit eine eigne Veränderung mit ihm vor, es keimt; das Korn vergeht als solches, wird negiert, an seine Stelle tritt die aus ihm entstandne Pflanze, die Negation des Korns." (20, 126 f.)

5

M: „Position, Opposition, Komposition. Um griechisch zu sprechen, haben wir These, Antithese und Synthese. Für die, welche die Hegelsche Sprache nicht kennen, lassen wir die Weihungsformel folgen: Affirmation, Negation, Negation der Negation. Das nennt man reden. . . . Aber, einmal dahin gelangt, sich als These zu setzen, spaltet sich diese These, indem sie sich selbst entgegenstellt, in zwei widersprechende Gedanken, in Positiv und Negativ, in Ja und Nein. Der Kampf dieser beiden gegensätzlichen, in der Antithese enthaltenen Elemente bildet die dialektische Bewegung. Das Ja wird Nein, das Nein wird Ja, das Ja wird gleichzeitig Ja und Nein, das Nein wird gleichzeitig Nein und Ja; auf diese Weise halten sich die Ge-

Dialektischer Materialismus (Diamat)

gensätze die Waage, neutralisieren sie sich, heben sie sich auf." (4, 127 ff.)

E: „Da die hier entwickelte Anschauungsweise zum weitaus größern Teil von Marx begründet und entwickelt worden, und nur zum geringsten Teil von mir, so verstand es sich unter uns von selbst, daß diese meine Darstellung nicht ohne seine Kenntnis erfolgte. Ich habe ihm das ganze Manuskript vor dem Druck vorgelesen, und das zehnte Kapitel des Abschnitts über Ökonomie . . . ist von Marx geschrieben . . ." (20, 9)

E: „Und diese materialistische Dialektik, die seit Jahren unser bestes Arbeitsmittel und unsere schärfste Waffe war . . ." (21, 293)

M: „Es ist möglich, daß ich mich blamiere. Indes ist dann immer mit einiger Dialektik wieder zu helfen. Ich habe natürlich meine Aufstellung so gehalten, daß ich im umgekehrten Fall auch recht habe." (29, 161)

E: „Es ist verdammt schwer, die dialektische Methode dem Revuen lesenden Engländer klarzumachen . . ." (32, 89)

M – in seiner Antwort: „Du scheinst mir auf dem Holzweg zu sein mit Deiner Scheu, so einfache Figuren wie G-W-G etc. dem englischen Revue-Philister vorzuführen . . . Der Pseudocharakter macht die Sache (die an sich = 0) keineswegs leicht verständlich. Umgekehrt. Die Kunst besteht darin, den Leser so zu mystifizieren und ihm Kopfzerbrechen zu verursachen, damit er schließlich zu seiner Beruhigung entdeckt, daß diese hard words nur Maskeraden von loci communes sind." (32, 91)

E: „Alle diese diversen Lumpenhunde müssen sich erst gegenseitig kaputtmachen, total ruinieren und blamieren und uns dadurch den Boden bereiten, daß sie ihre Unfähigkeit, eine Sorte nach der andern, beweisen. Das war einer der größten Fehler von Lassalle, daß er das bißchen Dialektik, das er aus Hegel gelernt, in der Agitation durchaus vergaß." (36, 37)

6

M: „Ihr Brief hat mich unangenehm und angenehm (Sie sehen, ich bewege mich immer in dem dialektischen Widerspruch) affiziert." (32, 540)

M: „Liebknecht versimpelt mehr und mehr in süddeutscher Dummheit. Er ist nicht Dialektiker genug, um zwei Seiten auf einmal zu kritisieren." (32, 548)

III. Kommentar

In der geistigen Welt gibt es echte Widersprüche (zum Beispiel die Behauptungen: „Karl der Große wurde in Bayern geboren" und „Karl der Große wurde in Burgund geboren"), in der materiellen jedoch nicht (Karl der Große wurde entweder hier oder dort oder an einem dritten Ort geboren). Daher

Dialektischer Materialismus (Diamat)

ist eine Übertragung der Dialektik aus der ideellen in die materielle Welt nicht sinnvoll möglich.

Keine Wissenschaft ist auf die „Gesetze" des Diamat angewiesen. In der Politik kann er jedoch gute Dienste leisten. Mit ihm behält man immer recht, weiß alles im voraus, und wenn es doch anders kommt, weiß man auch warum.

Engels' Beispiele sind alle entweder nichtssagend oder unrichtig.

Eine eingehende Auseinandersetzung ist aus räumlichen Gründen nicht möglich (IV 2). Sehr aufschlußreich ist das „Hegeldiagramm" (II [2])!

Was sich hinter den hochtrabenden Worten verbirgt, zeigen die Zitate (II [5]): handfeste Widersprüche, leerer Wortschwall, Gemeinplätze. Bemerkenswert ist die Kritik, die schon zu seinen Lebzeiten an Marx geübt wurde und über die Engels berichtet: „daß Marx ‚sich nicht aufhalten ließ durch falsche Schlüsse, *wohl wissend, daß sie falsch waren*'; daß ‚er oftmals ein Sophist war, der *auf Kosten der Wahrheit* bei der Negation der bestehenden Gesellschaft ankommen wollte', und daß, wie Lamartine sagt, ‚er mit Lügen und Wahrheiten spielte wie Kinder mit Knöcheln'." (36,19)

IV. Hinweise

1) 19, 202 ff.; 20, 5 ff., 213; 31, 492; 32, 547, 686; 33, 80; 37, 120; 38, 129.
2) Löw „Lehre", a.a.O., S. 41 ff.; Orudshew, a.a.O.; Topitsch, a.a.O., S. 17 ff.; Wetter „Materialismus", a.a.O.

Diktatur des Proletariats

I. Thesen

Spätestens seit 1850 bis zum Tode von Marx (1883) sprechen sich die Freunde klar und vorbehaltlos für Diktatur des → Proletariats aus [1].
Nach dem erfolgreichen Kampf um die → Demokratie, Seite an Seite mit Demokraten, muß der Kampf gegen die Demokraten um die Diktatur des Proletariats beginnen. Eine proletarische Mehrheit ist nicht erforderlich [2].
Auch die Diktatur des Proletariats soll nicht ewig währen (→ Staat).
Die Merkmale der Diktatur des Proletariats werden klar genannt: keine → Menschenrechte, keine → Freiheit, kein → Parlamentarismus, keine Gewaltenteilung und Rechtspflege durch unabhängige Richter (→ Recht), kein → Föderalismus, jedoch → Terror, → Rache.
Daß die Diktatur des Proletariats nur eine Diktatur einer Minderheit der → Klasse sein soll, wird an einer Stelle bestritten [3].

II. Texte

[1]

M: „An die Stelle seiner, der Form nach überschwenglichen, dem Inhalt nach kleinlichen und selbst noch bürgerlichen Forderungen ... trat die kühne revolutionäre Kampfparole: *Sturz* der *Bourgeoisie!* Diktatur der Arbeiterklasse!" (7, 33)

M: „Dieser Sozialismus ist die *Permanenzerklärung* der *Revolution,* die *Klassendiktatur* des Proletariats als notwendiger Durchgangspunkt zur *Abschaffung* der *Klassenunterschiede* überhaupt ..." (7, 89)

M: „Zwischen der kapitalistischen und der kommunistischen Gesellschaft liegt die Periode der revolutionären Umwandlung der einen in die andere. Der entspricht auch eine politische Übergangsperiode, deren Staat nichts anderes sein kann als die *revolutionäre Diktatur des Proletariats.*" (19, 28)

M: „Was ich neu tat, war erstens nachzuweisen ... daß der Klassenkampf notwendig zur *Diktatur des Proletariats* führt; zweitens, daß diese Diktatur selbst nur der Übergang zur *Aufhebung aller Klassen* und zu einer *klassenlosen Gesellschaft* bildet." (28, 508)

E: „Oder warum kämpfen wir denn um die politische Diktatur des Proletariats, wenn die politische Macht ökonomisch ohnmächtig ist? Die Gewalt (d. h. die Staatsmacht) ist auch eine ökonomische Potenz!" (37, 493)

[2]

M: „Die Kommunisten, weit entfernt, unter den gegenwärtigen Verhältnissen mit den Demokraten nutzlose Streitigkeiten anzu-

Diktatur des Proletariats

fangen, treten vielmehr für den Augenblick in allen praktischen Parteifragen selbst als Demokraten auf. Die Demokratie hat in allen zivilisierten Ländern die politische Herrschaft des Proletariats zur notwendigen Folge, und die politische Herrschaft des Proletariats ist die erste Voraussetzung aller kommunistischen Maßregeln. Solange die Demokratie noch nicht erkämpft ist, solange kämpfen Kommunisten und Demokraten also zusammen, solange sind die Interessen der Demokraten zugleich die der Kommunisten." (4, 317)

M/E: „Die Partei, die *wir* vertreten, die Partei des Volks existiert in Deutschland nur erst elementarisch. Wo es aber einen Kampf gegen die *bestehende Regierung* gibt, alliieren wir uns selbst mit unsren Feinden. Wir nehmen die offizielle preußische Opposition, wie sie aus den bisherigen erbärmlichen deutschen Kulturverhältnissen hervorgeht, als Tatsache hin und haben daher im Wahlkampf selbst *unsere* eignen Ansichten in den Hintergrund treten lassen. Jetzt, *nach* der Wahl, behaupten wir wieder unsern alten rücksichtslosen Standpunkt nicht nur der Regierung, sondern auch der offiziellen Opposition gegenüber." (6, 298)

M/E: „Während des Kampfes und nach dem Kampf müssen die Arbeiter neben den Forderungen der bürgerlichen Demokraten ihre eigenen Forderungen bei jeder Gelegenheit aufstellen. Sie müssen Garantien für die Arbeiter verlangen, sobald die demokratischen Bürger sich anschicken, die Regierung in die Hand zu nehmen. Sie müßen sich diese Garantien nötigenfalls erzwingen und überhaupt dafür sorgen, daß die neuen Regierer sich zu allen nur möglichen Konzessionen und Versprechungen verpflichten — das sicherste Mittel, sie zu kompromittieren. Sie müssen überhaupt den Siegesrausch und die Begeisterung für den neuen Zustand, der nach jedem siegreichen Straßenkampf eintritt, in jeder Weise durch ruhige und kaltblütige Auffassung der Zustände und durch unverhohlenes Mißtrauen gegen die neue Regierung so sehr wie möglich zurückhalten. Sie müssen neben den neuen offiziellen Regierungen zugleich eigene revolutionäre Arbeiterregierungen . . . errichten, so daß die bürgerlichen demokratischen Regierungen nicht nur sogleich den Rückhalt an den Arbeitern verlieren, sondern sich von vornherein von Behörden überwacht und bedroht sehen, hinter denen die ganze Masse der Arbeiter steht." (7, 249 f.)

M: „Scheint mir aus Deinem Briefe hervorzugehen, daß Du während der Anwesenheit des Alten in Manchester nicht erfahren hast, daß ein zweites Aktenstück in der ‚Kölnischen Zeitung' abgedruckt war unter der Überschrift: ‚Der Bund der Kommunisten'. Es war dies die von uns beiden verfaßte ‚Ansprache an den Bund' — au fond nichts als ein Kriegsplan gegen die Demokratie." (27, 278)

E: „Dabei ist es zum totlachen zu sehen, wie diese dummen Demokraten jetzt erst recht angeführt sind, und in keinem Land der Welt sich auch nur noch ein anständiges Plätzchen für sie finden will . . . Es gibt nichts Komischeres als die sauersüßen Komplimente, die sie der sozialen Bewegung machen müssen, während sie ganz genau wissen, daß diese soziale Bewegung ihnen eines schönen Morgens den Fuß auf den Nacken setzen wird." (32, 599)

E: „Was die reine Demokratie und ihre Rolle in der Zukunft angeht, so bin ich nicht Deiner Ansicht. Daß sie in Deutschland eine

Diktatur des Proletariats

weit untergeordnetere Rolle spielt als in Ländern älterer industrieller Entwicklung, ist selbstverständlich. Aber das verhindert nicht, daß sie im Moment der Revolution, als äußerste *bürgerliche* Partei, als welche sie sich ja schon in Frankfurt aufgespielt, als letzter Rettungsanker der bürgerlichen Demokratie und selbst feudalen Wirtschaft momentan Bedeutung bekommen kann ... Nun kann die Sache in Deutschland allerdings anders verlaufen, und zwar aus militärischen Gründen. Anstoß von außen kann, wie die Sachen jetzt liegen, kaum anders als von Rußland kommen. Kommt er nicht, geht der Anstoß von Deutschland aus, so kann die Revolution nur von der Armee ausgehn... . In diesem Fall ... könnte die reine Demokratie übersprungen werden ... Jedenfalls ist unser einziger Gegner am Tag der Krise und am Tag nachher – die *um die reine Demokratie sich gruppierende Gesamtreaktion,* und das, glaube ich, darf nicht aus den Augen verloren werden." (36, 252 f.)

[3]

E: „Daraus daß Blanqui jede Revolution als den Handstreich einer kleinen revolutionären Minderzahl auffaßt, folgt von selbst die Notwendigkeit der Diktatur nach dem Gelingen: der Diktatur, wohlverstanden, nicht der ganzen revolutionären Klasse, des Proletariats, sondern der kleinen Zahl derer, die den Handstreich gemacht haben und die selbst schon im voraus unter der Diktatur eines oder einiger weniger organisiert sind." (18, 529)

III. Kommentar

Die sozialistisch-kommunistischen Staaten wiesen im wesentlichen jene Merkmale auf, die Marx und Engels als für die Diktatur des Proletariats typisch ausgegeben hatten. Die Lebensdauer dieser Diktaturen ließ sich hingegen schwerlich mit den Texten der Freunde in Einklang bringen. Nicht zuletzt deshalb nannte sich die Sowjetunion ab 1977 nicht mehr Diktatur des Proletariats, sondern Staat des ganzen Volkes.

Auch wenn Engels die Blanquisten ausdrücklich kritisierte, weil sie eine Diktatur „eines oder einiger weniger" organisieren wollten, so gibt es keinen Zweifel, daß die Auffassungen, wonach die historische Mission (→ Histomat) mit rücksichtsloser → Gewalt (→ Terror) durchzusetzen sei, zur Diktatur weniger Funktionäre führen muß.

IV. Hinweise

1) 7, 247 f., 553; 8, 458; 17, 433; 18, 266, 300, 529; 22, 199, 235; 28, 25, 580; 35, 160 f., 366; 36, 159; 37, 282.
2) Leonhard „Diktatur", a.a.O.; Löw „Lehre", a.a.O., S. 243, 267 ff.

Dogmatismus

I. Thesen

Marx und Engels haben den Dogmatismus („starres Festhalten an Anschauungen oder Lehrmeinungen" – Duden – Das große Wörterbuch der deutschen Sprache) entschieden abgelehnt [1].
Andere Zitate sprechen dafür, daß sie selbst manche ihrer Annahmen als zeitlos gültig und verbindlich ausgegeben haben. (→ Diamat → Histomat → Kapital → Wissenschaft) [2].
Vor die Alternative gestellt, → Revolution oder konsequentes Beschreiten des in der Theorie vorgezeichneten Weges, hätten sie wohl wie Lenin die Gelegenheit beim Schopf gepackt [3]. Dafür spricht auch die Anerkennung der Pariser → Kommune als → Diktatur des Proletariats.

II. Texte

[1]

M: „Ich bin daher nicht dafür, daß wir eine dogmatische Fahne aufpflanzen, im Gegenteil. Wir müssen den Dogmatikern nachzuhelfen suchen, daß sie ihre Sätze sich klarmachen. So ist namentlich der *Kommunismus* eine dogmatische Abstraktion, wobei ich aber nicht irgendeinen eingebildeten und möglichen, sondern den wirklich existierenden Kommunismus, wie ihn Cabet . . . etc. lehren, im Sinne habe . . . Wir treten dann nicht der Welt doktrinär mit einem neuen Prinzip entgegen: Hier ist die Wahrheit, hier kniee nieder! . . . Unser Wahlspruch muß also sein: Reform des Bewußtseins nicht durch Dogmen, sondern durch Analysierung des mystischen, sich selbst unklaren Bewußtseins, trete es nun religiös oder politisch auf." (1, 344 ff.)

E: „Unsere Theorie ist eine Theorie, die sich entwickelt, kein Dogma, das man auswendig lernt und mechanisch wiederholt." (36, 597)

E: „Die Deutschen haben nun einmal nicht verstanden, von ihrer Theorie aus den Hebel anzusetzen, der die amerikanischen Massen in Bewegung setzen konnte; sie verstehen die Theorie großenteils selbst nicht und behandeln sie doktrinär und dogmatisch als etwas, das auswendig gelernt werden muß, dann aber auch allen Bedürfnissen ohne weiteres genügt. Es ist ihnen ein Credo, keine Anleitung zum Handeln." (36, 578)

[2]

M/E: „Die Kommunisten sind also praktisch der entschiedenste, immer weiter treibende Teil der Arbeiterparteien aller Länder; sie haben theoretisch vor der übrigen Masse des Proletariats die Einsicht in die Bedingungen, den Gang und die allgemeinen Resultate der proletarischen Bewegung voraus." (4, 474)

Dogmatismus

M: „Je größer der gesellschaftliche Reichtum, das funktionierende Kapital, Umfang und Energie seines Wachstums, also auch die absolute Größe des Proletariats und die Produktivkraft seiner Arbeit, desto größer die industrielle Reservearmee. Die disponible Arbeitskraft wird durch dieselben Ursachen entwickelt wie die Expansivkraft des Kapitals. Die verhältnismäßige Größe der industriellen Reservearmee wächst also mit den Potenzen des Reichtums. Je größer aber diese Reservearmee im Verhältnis zur aktiven Arbeiterarmee, desto massenhafter die konsolidierte Übervölkerung, deren Elend im umgekehrten Verhältnis zu ihrer Arbeitsqual steht. Je größer endlich die Lazarusschicht der Arbeiterklasse und die industrielle Reservearmee, desto größer der offizielle Pauperismus. *Dies ist das absolute, allgemeine Gesetz der kapitalistischen Akkumulation.*" (23, 673 f.)

M: „Trotz seiner schmächtigen Schneiderfigur hat er zudem als bester Turner von Mainz ein bedeutendes Bewußtsein physischer Kraft und Gewandtheit. Außerdem den Kommunistenstolz der Unfehlbarkeit." (27, 324)

M: „Da der Denkprozeß selbst aus den Verhältnissen herauswächst, selbst ein *Naturprozeß* ist, so kann das wirklich begreifende Denken immer nur dasselbe sein, und nur graduell, nach der Reife der Entwicklung also auch des Organs, womit gedacht wird, sich unterscheiden. Alles andere ist Faselei." (32, 553)

E: „In unserer Taktik steht eins fest für alle modernen Länder und Zeiten: Die Arbeiter zur Bildung einer eigenen, unabhängigen und allen bürgerlichen Parteien entgegengesetzen Partei zu bringen." (38, 446)

3

M/E: „Es fragt sich nun: Kann die russische Obschtschina, eine wenn auch stark untergrabene Form des uralten Gemeinbesitzes am Boden, unmittelbar in die höhere des kommunistischen Gemeinbesitzes übergehen? Oder muß sie umgekehrt vorher denselben Auflösungsprozeß durchlaufen, der die geschichtliche Entwicklung des Westens ausmacht? (Letzteres hatte man bis dato behauptet → Histomat)
Die einzige Antwort hierauf, die heutzutage möglich ist, ist die: Wird die russische Revolution das Signal einer proletarischen Revolution im Westen, so daß beide einander ergänzen, so kann das jetzige russische Gemeineigentum am Boden zum Ausgangspunkt einer kommunistischen Entwicklung dienen." (19, 296)

E: „Fast sieht's aus, als bräche die Sache jetzt schon los, es kann aber auch bloß ein Vorspiel sein. Der Theorie nach müßte Rußland erst vollständig in den Schwindel hineingeritten sein, ehe der Sturz kommen dürfte, allein das ist wohl nicht zu erwarten, ist auch vielleicht besser." (29, 78)

Dogmatismus

III. Kommentar

Die eingangs zitierte Verurteilung des Dogmatismus durch Marx datiert, wie auch der Text zeigt, aus der vorkommunistischen Periode. Der Kommunist Marx hat den Dogmatismus offenbar nicht ausdrücklich verurteilt, vielmehr selbst ein Dogmengebäude errichtet. Die Zitate, die in die andere Richtung weisen, stammen ausnahmslos von Engels, und zwar aus der Zeit nach Marxens Tod.
Häufig wird der Antidogmatismus des Karl Marx mit seinem Ausspruch begründet: „Je ne suis pas Marxiste." (Ich bin kein Marxist.) Dieser Ausspruch ist aber im Original nur ein Satzteil. Im Zusammenhang gelesen besagt er das Gegenteil (Löw IV 2).

IV. Hinweise

1) 7, 565; 22, 449; 27, 456; 33, 436; 36, 429, 589; 38, 6, 101, 112, 422; 39, 245, 308, 324.
2) Löw „Warum", a.a.O., S. 241 ff.; Schwan, a.a.O., S. 59 ff.

Egoismus

I. Thesen

Die Freunde beschäftigen sich häufig mit Themen, die mittelbar einen Bezug zum Egoismus aufweisen. Das Wort selbst wird jedoch nicht oft gebraucht. Eine systematische Erläuterung fehlt.
Nach den Äußerungen der Freunde hat der Egoismus vielerlei Gestalten, wird mal als harmlos, als selbstverständlich, als zur Erreichung des → Kommunismus notwendig [1], mal als Grundübel der Zeit, ja als Verbrechen hingestellt [2].
Manche sind aus Egoismus Kommunisten, manche Kapitalisten (→ Mensch → Moral). Der Egoismus ist auch die Basis der Menschenliebe [3].

II. Texte

[1]

M: „Keines der sogenannten Menschenrechte geht also über den egoistischen Menschen hinaus, über den Menschen, wie er Mitglied der bürgerlichen Gesellschaft, nämlich auf sich, auf sein Privatinteresse und seine Privatwillkür zurückgezogenes und vom Gemeinwesen abgesondertes Individuum ist." (1, 366)

M: „Welches ist der weltliche Grund des Judentums? Das *praktische* Bedürfnis, der *Eigennutz* . . . Welches war an und für sich die Grundlage der jüdischen Religion? Das praktische *Bedürfnis,* der *Egoismus.*
Der Monotheismus des Juden ist daher in der Wirklichkeit der Polytheismus der vielen Bedürfnisse, ein Polytheismus, der auch den Abtritt zu einem Gegenstand des göttlichen Gesetzes macht. Das *praktische Bedürfnis,* der *Egoismus* ist das Prinzip der *bürgerlichen Gesellschaft* und tritt rein als solches hervor, sobald die bürgerliche Gesellschaft den praktischen Staat vollständig aus sich herausgeboren. Der Gott des *praktischen Bedürfnisses* und *Eigennutzes* ist das Geld." (1, 372 ff.)

M/E: „Der *Kommunismus* ist deswegen unserm Heiligen rein unbegreiflich, weil die Kommunisten weder den Egoismus gegen die Aufopferung noch die Aufopferung gegen den Egoismus geltend machen und theoretisch diesen Gegensatz weder in jener gemütlichen noch in jener überschwenglichen, ideologischen Form fassen, vielmehr seine materielle Geburtsstätte nachweisen, mit welcher er von selbst verschwindet." (3, 229)

[2]

M/E: „Die Bourgeoisie, wo sie zur Herrschaft gekommen, hat alle feudalen, patriarchalischen, idyllischen Verhältnisse zerstört . . . Sie hat die heiligen Schauer der frommen Schwärmerei, der ritterlichen Begeisterung, der spießbürgerlichen Wehmut in dem eiskalten Wasser egoistischer Berechnung ertränkt." (4, 464 f.)

Egoismus

[3]

E: „Dieser [Stirners] Egoismus ist nur das zum Bewußtsein gebrachte Wesen der jetzigen Gesellschaft und des jetzigen Menschen, das letzte, was die jetzige Gesellschaft gegen uns sagen kann, die Spitze aller Theorie innerhalb der bestehenden Dummheit. Darum ist das Ding aber wichtig ... Wir müssen es nicht beiseit werfen, sondern eben als vollkommenen Ausdruck der bestehenden Tollheit ausbeuten und, *in dem wir es umkehren,* darauf fortbauen. Dieser Egoismus ist so auf die Spitze getrieben, so toll und zugleich so selbstbewußt, daß er in seiner Einseitigkeit sich nicht einen Augenblick halten kann, sondern gleich in Kommunismus umschlagen muß. Erstens ist es Kleinigkeit, dem Stirner zu beweisen, daß seine egoistischen Menschen notwendig aus lauter Egoismus Kommunisten werden müssen. Das muß dem Kerl erwidert werden. Zweitens muß ihm gesagt werden, daß das menschliche Herz schon von vornherein, unmittelbar, in seinem Egoismus uneigennützig und aufopfernd ist, und er also doch wieder auf das hinauskommt, wogegen er ankämpft ... Aber was an dem Prinzip wahr ist, müssen wir auch aufnehmen. Und wahr ist daran allerdings das, daß wir erst eine Sache zu unsrer eigenen, egoistischen Sache machen müssen, ehe wir etwas dafür tun können – daß wir also in diesem Sinne, auch abgesehen von etwaigen materiellen Hoffnungen, auch aus Egoismus Kommunisten sind, aus Egoismus *Menschen* sein wollen, nicht bloße Individuen ... Daher haßt er [Heß] auch allen und jeden Egoismus, und predigt Menschenliebe usw., was wieder auf die christliche Aufopferung herauskommt. Wenn aber das leibhaftige Individuum die wahre Basis, der wahre Ausgangspunkt ist für unsren ‚Menschen', so ist auch selbstredend der Egoismus ... Ausgangspunkt für unsere Menschenliebe, sonst schwebt sie in der Luft." (27, 11 f.)

III. Kommentar

Die vielfältigen Aussagen lassen sich schwerlich unter einen Hut bringen. Wenn der Kommunismus aus dem Egoismus hervorgeht, dann ist der Kommunismus auf das schwerste gefährdet, sobald die Menschen erkennen, daß er nicht dem Eigennutz dient. Daher gibt es wohl auch in den „kommunistischen" Staaten so wenig Kommunismus.

Gerade in diesem Zusammenhang drängt sich die Frage auf, inwieweit das personale Sein das Bewußtsein bestimmt. Marx wurde von manchen Zeitgenossen als eigensüchtig bezeichnet. Schon der Vater hat ihm das vorgehalten: „Ja, etwas enthielt das Schreiben, Klagen, daß Jenny nicht schreibe, ungeachtet im Grunde Du die Überzeugung hattest, daß Du von allen Seiten begünstigt warst – wenigstens war kein Grund zur Verzweiflung und zur Zerrissenheit –, aber das war nicht genug, das liebe Ego schmachtete nach dem Genusse zu lesen, was man wußte ..., und das war beinahe alles, was der Herr Sohn seinen Eltern zu sagen wußte, die er leidend zu sein über-

Egoismus

zeugt war …" (Ergbd. 1, 639) „So sehr ich Dich über alles – die Mutter ausgenommen – liebe, so wenig bin ich blind, und noch weniger will ich es sein. Ich lasse Dir viel Gerechtigkeit widerfahren, aber ich kann mich nicht ganz des Gedankens entschlagen, daß Du nicht frei von Egoismus bist, etwas mehr, als zur Selbsterhaltung nötig ... Die erste aller menschlichen Tugenden ist die Kraft und der Wille, sich zu opfern, sein Ich hintanzusetzen, wenn Pflicht, wenn Liebe es gebeut, und zwar nicht jene glänzenden romantischen oder heldenmütigen Aufopferungen, das Werk eines schwärmerischen oder heroischen Augenblicks. Dazu ist selbst der größte Egoist fähig, denn grade das Ich glänzt alsdann hoch. Nein, jene täglich und stündlich wiederkehrenden Opfer sind es, die aus dem reinen Herzen des guten Menschen ... entspringen ... Kannst Du aber – die Hand aufs Herz – dies von Dir bis heran rühmen?" (Marx MEGA[1], a.a.O., S. 206)

Es drängt sich die Frage auf, inwieweit der persönliche Egoismus des Karl Marx, von dem der Vater spricht, die Universaldiagnose „Egoismus" des Karl Marx mit Blick auf die Menschheit beeinflußt hat. Falls ja, ist es der wohl unbewußte Versuch, sich von eigenen Mängeln durch Verkollektivierung zu entlasten.

Nicht unerwähnt soll bleiben, daß „Egoismus" aus dem Sprachschatz der Freunde im Laufe der Zeit verschwindet.

IV. Hinweise

1) Ergbd. 1, 366; 2, 257; 4, 12; 7, 263; 23, 90.
2) Löw „Ausbeutung", a.a.O., S. 93 ff.

Ehe

I. Thesen

Marx und Engels zählen zu den schärfsten Kritikern von Ehe und → Familie. Für beide ist die Ehe ein Herrschaftsverhältnis des Mannes über die → Frau. Sie ist seine Sklavin [1].
Marx meint, mit dem Übergang zum → Sozialismus (roher → Kommunismus) trete, zumindest zunächst, an die Stelle der Ehe die Weibergemeinschaft [2].
Engels ist der Ansicht, das Liebesleben sei eine reine Privatsache [3].
Im eigenen häuslichen Bereich spielt Marx den konventionellen pater familias [4].

II. Texte

[1]

M/E: „Der liederliche Bourgeois umgeht die Ehe und begeht heimlichen Ehebruch; der Kaufmann umgeht die Institution des Eigentums, indem er Andre durch Spekulation, Bankrott pp. um ihr Eigentum bringt – der junge Bourgeois macht sich von seiner eignen Familie unabhängig, wenn er kann, löst für sich die Familie praktisch auf; aber die Ehe, das Eigentum, die Familie bleiben theoretisch unangetastet, weil sie praktisch die Grundlagen sind, auf denen die Bourgeoisie ihre Herrschaft errichtet hat, weil sie in ihrer Bourgeoisieform die Bedingungen sind, die den Bourgeois zum Bourgeois machen, gerade wie das stets umgangene Gesetz den religiösen Juden zum religiösen Juden macht. Dieses Verhältnis des Bourgeois zu seinen Existenzbedingungen erhält eine seiner allgemeinen Formen in der bürgerlichen Moralität." (3, 164)

[2]

M: „Man darf sagen, daß dieser Gedanke der *Weibergemeinschaft* das *ausgesprochne Geheimnis* dieses noch ganz rohen und gedankenlosen Kommunismus ist. Wie das Weib aus der Ehe in die allgemeine Prostitution, so tritt die ganze Welt des Reichtums, d. h. des gegenständlichen Wesens des Menschen, aus dem Verhältnis der exklusiven Ehe mit dem Privateigentümer in das Verhältnis der universellen Prostitution mit der Gemeinschaft." (Ergbd. 1, 534)

[3]

E: „Welchen Einfluß wird die kommunistische Gesellschaftsordnung auf die Familie ausüben? Antwort: Sie wird das Verhältnis der beiden Geschlechter zu einem reinen Privatverhältnis machen, welches nur die beteiligten Personen angeht und worin sich die Gesellschaft nicht zu mischen hat. Sie

Ehe

kann dies, da sie das Privateigentum beseitigt und die Kinder gemeinschaftlich erzieht und dadurch die beiden Grundlagen der bisherigen Ehe, die Abhängigkeit des Weibes vom Mann und der Kinder von den Eltern vermittels des Privateigentums, vernichtet." (4, 377)

E: „Wenn alle Proletarier so bedenklich wären, so würde das Proletariat aussterben oder sich nur durch uneheliche Kinder fortpflanzen, und zu letzterem Modus werden wir doch wohl erst en masse kommen, wenn es kein Proletariat mehr gibt." (36, 544)

E: „Sie [Luise Kautsky] sagen von Karl [Kautsky]: Seine Natur geht zugrunde ohne Liebe, ohne Leidenschaft. Wenn sich diese Natur darin äußert, daß er alle paar Jahre einer neuen Liebe bedarf, so wird er sich doch wohl selbst sagen, daß unter den heutigen Verhältnissen eine solche Natur entweder niedergekämpft werden oder ihn und andere in endlose tragische Konflikte verwickeln muß." (37, 107)

E: „Der Entschluß, sich endgültig von ihrem Hermann zu trennen, mag ihr sehr lange Kämpfe mit sich selbst gekostet und damit ihren Charakter früher als unentschlossen haben erscheinen lassen. Was für eine Verschwendung von Energie doch die bürgerliche Ehe ist – erst bis man soweit ist, dann solange der Kram dauert, dann bis man sie wieder los ist." (39, 142)

4

M: „Wenn Sie Ihre Beziehung zu meiner Tochter fortsetzen wollen, werden Sie Ihre Art ‚den Hof zu machen' aufgeben müssen. Sie wissen gut, daß noch kein Eheversprechen besteht, daß alles noch in der Schwebe ist. Und selbst wenn sie in aller Form ihre Verlobte wäre, dürften Sie nicht vergessen, daß es sich um eine langwierige Angelegenheit handelt. Die Gewohnheiten eines allzu vertrauten Umgangs sind um so mehr fehl am Platze, als beide Liebenden während einer notwendigerweise verlängerten Periode strenger Prüfung und Läuterung am selben Ort wohnen werden... Wenn Sie sich auf Ihr kreolisches Temperament berufen, so habe ich die Pflicht, mit meinem gesunden Menschenverstand zwischen Ihr Temperament und meine Tochter zu treten. Falls Sie Ihre Liebe zu ihr nicht in der Form zu äußern vermögen, wie es dem Londoner Breitengrad entspricht, werden Sie sich damit abfinden müssen, sie aus der Entfernung zu lieben... Vor der endgültigen Regelung Ihrer Beziehungen zu Laura muß ich völlige Klarheit über Ihre ökonomischen Verhältnisse haben.... Um jeder falschen Interpretation dieses Briefes zuvorzukommen, mache ich Sie darauf aufmerksam, daß – sollten Sie sich versucht fühlen, schon heute die Ehe einzugehen – Ihnen dies nicht gelingen wird. Meine Tochter würde sich weigern. Ich würde protestieren. Sie müssen etwas erreicht haben im Leben, bevor Sie an eine Ehe denken können und es wird einer langen Zeit der Prüfung für Sie und für Laura bedürfen." (31, 518 f.)

Ehe

III. Kommentar

Ihre Kritik an der Ehe ist offenbar der menschlichen Natur zuwider. Daher sind bisher alle Versuche gescheitert, die Ehe abzuschaffen. Entsprechende Versuche der Bolschewisten wurden nach wenigen Jahren abgebrochen und die Ehe wieder als hoch bedeutsame, schutzwürdige Institution gefeiert.

Die Kritik war aber auch sonst wirklichkeitsfremd. Einzelne Mißstände und Entartungen wurden bodenlos verallgemeinert. Sowohl Marx als auch Engels wußten, daß ihre Eltern eine harmonische (bürgerliche) Ehe lebten. Aus ihren Briefen geht ferner hervor, daß sie im eigenen Alltagsleben anders empfanden und dachten, als sie in der Theorie propagierten.

IV. Hinweise

1) 21, 25 ff., insbes. 72 ff.
2) –

Eigentum

I. Thesen

Für Marx und Engels ist nicht das Eigentum, das heißt, die rechtliche Verfügungsgewalt über Sachen, die Wurzel aller Übel, sondern die → Arbeitsteilung. Durch sie kommt es zum Privateigentum, zur Herrschaft von Menschen über Menschen, zur → Ausbeutung.

Die ersten Veröffentlichungen legen die Annahme nahe, daß ihnen zunächst die Beseitigung des Eigentums schlechthin geboten scheint [1], während sie sich später offenbar mit der Beseitigung des Privateigentums an den Produktionsmitteln zufriedengeben [2].

Das Privateigentum an Grund und Boden verdient keinen Schutz [3].

Zum Erbrecht gibt es Äußerungen, die kaum in Einklang zu bringen sind [4]. (→ Produktionsweise)

II. Texte

[1]

M: „ . . .Der *Kommunismus* endlich ist der *positive* Ausdruck des aufgehobnen Privateigentums, zunächst das *allgemeine* Privateigentum. Indem er dies Verhältnis in seiner *Allgemeinheit* faßt, ist er 1. in seiner ersten Gestalt nur eine *Verallgemeinerung* und *Vollendung* desselben; als solche zeigt er sich in doppelter Gestalt: einmal ist die Herrschaft des *sachlichen* Eigentums so groß ihm gegenüber, daß er *alles* vernichten will, was nicht fähig ist, als *Privateigentum* von allen besessen zu werden; . . . Endlich spricht sich diese Bewegung, dem Privateigentum das allgemeine Privateigentum entgegenzustellen, in der tierischen Form aus, daß der *Ehe* (welche allerdings eine Form des *exklusiven Privateigentums* ist) die *Weibergemeinschaft*, wo also das Weib zu einem *gemeinschaftlichen* und *gemeinen* Eigentum wird, entgegengestellt wird . . . Der *Kommunismus* als *positive* Aufhebung des *Privateigentums* als *menschlicher Selbstentfremdung* und darum als wirkliche *Aneig*nung des *menschlichen* Wesens durch und für den Menschen; darum als vollständige, bewußt und innerhalb des ganzen Reichtums der bisherigen Entwicklung gewordne Rückkehr des Menschen für sich als eines *gesellschaftlichen,* d. h. menschlichen Menschen." (Ergbd. 1, 534 ff.)

M: „Das Privateigentum hat uns so dumm und einseitig gemacht, daß ein Gegenstand erst der *unsrige* ist, wenn wir ihn haben, also als Kapital für uns existiert oder von uns unmittelbar besessen, gegessen, getrunken, an unsrem Leib getragen, von uns bewohnt etc., kurz, gebraucht wird . . . Die Aufhebung des Privateigentums ist daher die vollständige Emanzipation aller menschlichen Sinne und Eigenschaften; aber sie ist diese Emanzipation grad dadurch, daß diese Sinne und Eigenschaften *menschlich,* sowohl subjektiv als objektiv geworden sind." (Ergbd. 1, 540)

Eigentum

E: „Denn entweder ist das Privateigentum heilig, so gibt es kein Nationaleigentum und der Staat hat nicht das Recht, Steuern zu erheben; oder der Staat hat dies Recht, dann ist das Privateigentum nicht heilig, dann steht das Nationaleigentum über dem Privateigentum und der Staat ist der wahre Eigentümer. Dies letztere Prinzip ist das allgemein anerkannte –, nun gut, meine Herren, wir verlangen vorderhand ja nur, daß einmal Ernst mit diesem Prinzip gemacht werde, daß der Staat sich zum allgemeinen Eigentümer erkläre und als solcher das öffentliche Eigentum zum öffentlichen Besten verwalte." (2, 548)

2

M/E: „Ihr entsetzt euch darüber, daß wir das Privateigentum aufheben wollen. Aber in eurer bestehenden Gesellschaft ist das Privateigentum für neun Zehntel ihrer Mitglieder aufgehoben; es existiert gerade dadurch, daß es für neun Zehntel nicht existiert. Ihr werft uns also vor, daß wir ein Eigentum aufheben wollen, welches die Eigentumslosigkeit der ungeheuren Mehrzahl der Gesellschaft als notwendige Bedingung voraussetzt.
Ihr werft uns mit einem Worte vor, daß wir euer Eigentum aufheben wollen. Allerdings das wollen wir ... Der Kommunismus nimmt keinem die Macht, sich gesellschaftliche Produkte anzueignen, er nimmt nur die Macht, sich durch diese Aneignung fremde Arbeit zu unterjochen." (4, 477)

E: „Die deutschen Kommunisten sind Kommunisten, weil sie durch alle Zwischenstationen und Kompromisse, die nicht von ihnen, sondern von der geschichtlichen Entwicklung geschaffen werden, das Endziel klar hindurchsehn: die Abschaffung der Klassen, die Errichtung einer Gesellschaft, worin kein Privateigentum an der Erde und an den Produktionsmitteln mehr existiert." (18, 533)

3

M: „Wenn die Bearbeitung des Bodens in großem Maßstab – sogar in seiner jetzigen kapitalistischen Form, die den Produzenten zum bloßen Arbeitstier herabwürdigt – zu Ergebnissen führt, die denen der Bearbeitung kleiner und zersplitterter Flächen weit überlegen sind, würde sie dann nicht, in nationalem Maßstab angewendet, der Produktion zweifellos einen ungeheuren Impuls geben? ... Der Rückgang der landwirtschaftlichen Produktion, der seine Ursache im individuellen Mißbrauch hat, wird unmöglich, sobald die Bodenbearbeitung unter der Kontrolle, auf Kosten und zum Nutzen der Nation durchgeführt wird." (18, 60)

M: „Die Zukunft wird entscheiden, daß der Boden nur nationales Eigentum sein kann. Das Land an assoziierte Landarbeiter zu übergeben, würde heißen, die ganze Gesellschaft einer besonderen Klasse von Produzenten auszuliefern. Die Nationalisierung des Grund und Bodens wird eine vollkommene Änderung in den Beziehungen zwischen Arbeit und Kapital mit sich bringen und schließlich die gesamte kapitalistische Produktion beseitigen, sowohl in der Industrie wie in der Landwirtschaft." (18, 62)

4

M/E: „Die Maßregeln werden natürlich je nach den verschiedenen Ländern verschieden sein.
Für die fortgeschrittensten Länder werden jedoch die folgenden ziemlich allgemein in Anwendung kommen können:
1. Expropriation des Grundeigentums und Verwendung der Grundrente zu Staatsausgaben.

Eigentum

2. Starke Progressivsteuer.
3. Abschaffung des Erbrechts..." (4, 481)

M/E: „Trotzdem reichte diese Anzahl nicht einmal hin, von dem Kongreß die Abschaffung des Erbrechts sanktionieren zu lassen, diese alte Saint-Simonsche Schrulle, welche Bakunin zum praktischen Ausgangspunkte des Sozialismus machen wollte..." (18, 349)

M: „Sein Programm war ein rechts und links oberflächlich zusammengeraffter Mischmasch – *Gleichheit der Klassen* (!), *Abschaffung des Erbrechts* als *Ausgangspunkt* der sozialen Bewegung (St. Simonistischer Blödsinn)..." (33, 329)

III. Kommentar

Die Behauptung der Freunde, in der Urgesellschaft habe es kein Privateigentum gegeben, gilt heute allgemein als unrichtig. Nirgendwo finden sich primitive Völker ohne Privateigentum.
Ferner ist die Annahme, das Eigentum entstamme „niedrigsten Interessen", die Verallgemeinerung von Ausnahmesachverhalten.
Wer nur das Privateigentum ablehnt, nicht aber das Eigentum schlechthin, handelt inkonsequent. Wodurch unterscheidet sich das Kollektiveigentum vom Privateigentum, wenn nicht durch die Zahl der Rechtsträger. Wenn Kollektiveigentum makelfrei entstehen kann, warum dann nicht auch Privateigentum? In den sozialistischen Staaten gibt es nur ausnahmsweise Privateigentum an den Produktionsmitteln. Im übrigen sind Eigentum und Erbrecht, zumindest an beweglichen Gütern, geschützt. Dieser Schutz ist heute weit umfassender als kurz nach der Oktoberrevolution.
Bei Licht betrachtet ist in den sozialistischen Staaten das Eigentum weit stärker in den Händen weniger konzentriert als in den sogenannten kapitalistischen Staaten, da in den sozialistischen Staaten nur wenige politische Gewalt innehaben und Eigentum letztlich Verfügungsgewalt bedeutet.
Entgegen Engels' fester Überzeugung ist das Kollektiveigentum an landwirtschaftlichem Grund und Boden weit weniger gemeinnützig als das Privateigentum.
Besonders bemerkenswert sind die widersprüchlichen Äußerungen zum Erbrecht. Die gelegentlich geforderte Abschaffung des Erbrechts würde das Eigentum auf einen lebenslänglichen Nießbrauch reduzieren.

IV. Hinweise

1) 2, 55f.; 3, 164, 424, 528; 4, 493; 16, 561f.; 17, 342f.; 20, 150; 21, 27 ff., 97; 23, 791; 27, 61.
2) Löw „Ausbeutung" a.a.O.; Schott, a.a.O.

Emanzipation

I. Thesen

M/E (7, 248): „Es kann sich für uns nicht um ... Verbesserung der bestehenden Gesellschaft handeln, sondern um Gründung einer neuen." Der erste Schritt zu diesem Ziel heißt → Vernichtung (→ Krisensehnsucht), der zweite Emanzipation. Emanzipation ist gleichsam der Marxsche Grundwert schlechthin. Emanzipation ist weit mehr als nur die Behebung der Not (→ Gewerkschaften) und die umfassende Ausgestaltung der bürgerlichen → Freiheit. Sie begründet das eigentliche, das höhere Menschsein.
In den Frühschriften spielt Emanzipation die maßgebende Rolle [1]. Später taucht dieser Begriff nochmals als Leitgedanke der → Internationalen Arbeiterassoziation auf [2].

II. Texte

[1]

M: „Erst wenn der wirkliche individuelle Mensch den abstrakten Staatsbürger in sich zurücknimmt und als individueller Mensch in seinem empirischen Leben, in seiner individuellen Arbeit, in seinen individuellen Verhältnissen, *Gattungswesen* geworden ist, erst wenn der Mensch seine ‚forces propres' als *gesellschaftliche* Kräfte erkannt und organisiert hat und daher die gesellschaftliche Kraft nicht mehr in der Gestalt der politischen Kraft von sich drängt, erst dann ist die menschliche Emanzipation vollbracht." (1, 370)

M: „Nicht die *radikale* Revolution ist utopischer Traum für Deutschland, nicht die *allgemein menschliche* Emanzipation, sondern vielmehr die teilweise, die nur politische Revolution, die Revolution, welche die Pfeiler des Hauses stehenläßt." (1, 388)

M: „Die Aufhebung des Privateigentums ist daher die vollständige *Emanzipation* aller menschlichen Sinne und Eigenschaften; aber sie ist diese Emanzipation grade dadurch, daß diese Sinne und Eigenschaften *menschlich,* sowohl subjektiv als objektiv, geworden sind." (Ergbd. 1, 540)

M: „Der Kommunismus ist die Position als Negation der Negation, darum das *wirkliche,* für die nächste geschichtliche Entwicklung notwendige Moment der menschlichen Emanzipation und Wiedergewinnung." (Ergbd. 1, 546)

E: „Aber ebensoweit, wie die bloße Eroberung der politischen Herrschaft durch das jetzige konfuse, teilweise den Schwanz andrer Klassen bildende französische und deutsche Proletariat entfernt ist von der wirklichen Emanzipation des Proletariats, die in der Aufhebung aller Klassengegensätze besteht, ebensoweit entfernt ist die anfängliche Kriegführung der zu erwartenden Revolution von der Kriegführung des wirklich emanzipierten Proletariats.
Die wirkliche Emanzipation des Proletariats, die vollständige Beseitigung aller Klassenunterschiede und die vollständige Konzentrierung aller Produktionsmittel in Deutschland und Frankreich setzt voraus die Mitwirkung Englands und mindestens die Verdoppelung der jetzt in Deutschland und Frankreich vorhandenen Produktionsmittel." (7, 480 f.)

Emanzipation

M: „In keinem anderen Lande hat die Despotie des Kapitals und die Arbeitssklaverei einen so hohen Grad der Entwicklung erreicht wie in Großbritannien . . . Gerade deshalb auch ist niemand so sehr kompetent und berufen wie die britische Arbeiterklasse, Führer der großen Bewegung zu sein, deren Ergebnis schließlich die völlige Emanzipation der Arbeit sein muß." (10, 125)

2

M: „In Erwägung,
daß die Emanzipation der Arbeiterklasse durch die Arbeiterklasse selbst erobert werden muß; der Kampf für die Emanzipation der Arbeiterklasse kein Kampf für Klassenvorrechte und Monopole ist, sondern für gleiche Rechte und Pflichten und für die Vernichtung aller Klassenherrschaft; . . .
daß die ökonomische Emanzipation der Arbeiterklasse daher der große Endzweck ist, dem jede politische Bewegung, als Mittel, unterzuordnen ist; daß alle auf dieses Ziel gerichteten Versuche bisher gescheitert sind aus Mangel an Einigung unter den mannigfachen Arbeitszweigen jedes Landes und an der Abwesenheit eines brüderlichen Bundes unter den Arbeiterklassen der verschiedenen Länder;
daß die Emanzipation der Arbeiterklasse weder eine lokale, noch eine nationale, sondern eine soziale Aufgabe ist, welche alle Länder umfaßt, in denen die moderne Gesellschaft besteht, und deren Lösung vom praktischen und theoretischen Zusammenwirken der fortgeschrittensten Länder abhängt. . . .
Aus diesen Gründen haben die unterzeichneten Mitglieder des Komitees . . . die notwendigen Schritte zur Gründung der Internationalen Arbeiter-Assoziation getan." (16, 14)

III. Kommentar

Die abstrakten Staatsbürger gibt es in der Wirklichkeit nicht. Daher ist es mehr als schleierhaft, wie „der wirkliche individuelle Mensch den abstrakten Staatsbürger in sich" zurücknehmen und „in seiner individuellen Arbeit . . . Gattungswesen" werden kann. Ferner: Meint Marx, daß das Gattungswesen Mensch (die blaue Ameise?) mehr Emanzipation verkörpert als der europäische Bourgeois, der auf seine persönlichen Rechte pocht?
Die Marxsche Emanzipation, die das Einreißen der Säulen der alten Gesellschaft zur Voraussetzung hat, ist kaum mehr als ein nebuloses Elysium. Der letztzitierte Text klingt realistischer; doch muß man wissen, daß es sich dabei um eine bestellte Arbeit handelt, von der sich Marx hinter vorgehaltener Hand zumindest teilweise distanziert hat (31, 15).
Nirgendwo hat die Abschaffung des Privateigentums an den Produktionsmitteln Großes und zugleich Positives bewirkt.

IV. Hinweise

1) 1, 347 ff., 378 ff.; 16, 197; 17, 421, 538 f.
2) Hornung „Emanzipation", a.a.O.; Meyer, a.a.O.; Wilhelm, a.a.O.

England

I. Thesen

England ist zunächst das Land der Verheißung, weil es in der ersten Hälfte des 19. Jahrhunderts an der Spitze der industriellen Entwicklung steht und die Proletarierarmee wächst [1].

Für die Freunde zählt England zu den großen Nationen. Es zeichnet sich aus durch rücksichtslose Wahrhaftigkeit, steht kulturell vorne und ist zugleich das erste Asylland aller politisch Verfolgten [2].

Doch als die revolutionären Erwartungen der Freunde nicht in Erfüllung gehen (→ Arbeiterbewegung), werden die Zensuren negativ [3].

Gegen Ende seines Lebens räumt Engels ein, daß sich die Lage der arbeitenden Klasse in England auch ohne Revolution erheblich gebessert hat [4].

II. Texte

[1]

E: „Die proletarischen Zustände existieren aber in ihrer *klassischen Form,* in ihrer Vollendung nur im britischen Reich, namentlich im eigentlichen England . . ." (2, 232)

E: „Die Geschichte der arbeitenden Klasse in England beginnt mit der letzten Hälfte des vorigen Jahrhunderts, mit der Erfindung der Dampfmaschine und der Maschinen zur Verarbeitung der Baumwolle. Diese Erfindungen gaben bekanntlich den Anstoß zu einer industriellen Revolution, einer Revolution, die zugleich die ganze bürgerliche Gesellschaft umwandelte und deren weltgeschichtliche Bedeutung erst jetzt anfängt erkannt zu werden. England ist der klassische Boden dieser Umwälzung, die um so gewaltiger war, je geräuschloser sie vor sich ging . . ." (2, 237)

E: „Und was von London gilt, das gilt auch von Manchester, Birmingham und Leeds, das gilt von allen großen Städten. Überall barbarische Gleichgültigkeit, egoistische Härte auf der einen und namenloses Elend auf der anderen Seite, überall sozialer Krieg, das Haus jedes einzelnen im Belagerungszustand, überall gegenseitige Plünderung unter dem Schutz des Gesetzes, und das alles so unverschämt, so offenherzig, daß man vor den Konsequenzen unseres gesellschaftlichen Zustandes, wie sie hier unverhüllt auftreten, erschrickt . . ." (2, 257)

M: „Der Sozialismus und Kommunismus ging nicht von Deutschland aus, sondern von England, Frankreich und Nordamerika." (4, 341)

E: „Die kommunistische Revolution wird daher keine bloße nationale, sie wird eine in allen zivilisierten Ländern, d. h. wenigstens in England, Amerika, Frankreich und Deutschland gleichzeitig vor sich gehende Revolution sein." (4, 374)

M: „England bedarf nicht des Herumtappens kontinentaler provisorischer Regierun-

England

gen, um der Lösung von Fragen, der Aufhebung von Gegensätzen näherzukommen, deren Lösung und Aufhebung vor allen andern Ländern sein Beruf ist. England akzeptiert nicht die Revolution vom Kontinent, England wird, wenn seine Stunde geschlagen hat, *dem Kontinent* die Revolution diktieren." (6, 77 f.)

M: „In keinem anderen Lande hat die Despotie des Kapitals und die Arbeit der Sklaverei einen so hohen Grad der Entwicklung erreicht wie in Großbritannien ... Gerade deshalb auch ist niemand so sehr kompetent und berufen wie die britische Arbeiterklasse, Führer der großen Bewegung zu sein, deren Ergebnis schließlich die völlige Emanzipation der Arbeit sein muß. Sie ist dies durch das klare Bewußtsein ihrer Lage, durch ihre gewaltige zahlenmäßige Überlegenheit, ihre Erfahrung aus den verheerenden Kämpfen der Vergangenheit und ihre moralische Stärke der Gegenwart." (10, 125 f.)

2

M/E: „Große Nationen, Franzosen, Nordamerikaner, Engländer, ..." (3, 426)

M/E: „Wir hoffen jedoch, daß die Regierungen der Heiligen Allianz keinen Erfolg damit haben werden, die britische Regierung so zu täuschen, daß sie das Innenministerium anweist, Maßnahmen zu ergreifen, welche den seit langem erworbenen Ruf Englands als sicherstes Asyl für Flüchtlinge aller Parteien und aller Länder ernsthaft beeinträchtigen würden." (7, 314)

E: „Der Antisemitismus ist das Merkzeichen einer zurückgebliebenen Kultur und findet sich auch deshalb nur in Preußen und Österreich resp. Rußland. Wenn man hier in England oder in Amerika Antisemitismus treiben wollte, so würde man einfach ausgelacht ..." (22, 49)

M: „Wir würden vor unseren eignen Zuständen erschrecken, wenn unsere Regierungen und Parlamente, wie in England, periodische Untersuchungskommissionen über die ökonomischen Verhältnisse bestallten, wenn diese Kommissionen mit derselben Machtvollkommenheit, wie in England, zur Erforschung der Wahrheit ausgerüstet würden, wenn es gelänge, zu diesem Behuf ebenso sachverständige, unparteiische und rücksichtslose Männer zu finden, wie die Fabrikinspektoren Englands sind ..." (23, 15)

M: „Ich für meinen Teil würde, wenn ich ganz frei wäre und außerdem nicht durch etwas belästigt, das Du ‚politisches Gewissen' nennen kannst, niemals England verlassen, um nach Deutschland zu gehen ..." (30, 594)

3

M: „Die Engländer verfügen über alle notwendigen *materiellen Voraussetzungen* für eine soziale Revolution. Woran es ihnen mangelt, ist *der Geist der Verallgemeinerung* und die *revolutionäre Leidenschaft*." (16, 415)

M: „Was mich in meinen Ansichten viel mehr lädieren könnte, ist die Schafshaltung der Arbeiter in Lancashire. So etwas hat die Welt noch nicht gesehen ... England hat sich während dieser Zeit mehr blamiert als any other country, die Arbeiter durch ihre christliche Sklavennatur ..." (30, 301)

England

E: „Aber vergleichen Sie 1860 und 1870, und vergleichen Sie den jetzigen Stand der Dinge in Deutschland mit denen in Frankreich und England – bei dem Vorsprung, den jene beiden Länder vor uns hatten! Die deutschen Arbeiter haben über ein halbes Dutzend Leute in das Parlament gebracht, die Franzosen und Engländer *keinen einzigen.*" (32, 679)

E: „Die englische Arbeiterbewegung dreht sich seit einer Reihe von Jahren ausweglos im engen Kreise der Streiks um Löhne und Verkürzung der Arbeitszeit, und zwar nicht als Notbehelf und Mittel der Propaganda und Organisation, sondern als letzten Zweck." (34, 378)

E: „Die Wahlen hier sind ausgegangen, wie ich gesagt hatte: eine große Tory-Majorität, die Liberalen hoffnungslos geschlagen und, wie ich hoffe, in voller Auflösung. Der Prahlerei der Independent Labour Party und der Social Demokratic Federation steht die Wirklichkeit von bisher etwa 82 000 Stimmen für die Kandidaten der Labour Party gegenüber (zu denen kaum weitere hinzukommen werden) . . ." (39, 500)

4

E: „Der in diesem Buch beschriebene Stand der Dinge gehört heute – was England angeht – größtenteils der Vergangenheit an . . . So verschwand das Truck-System, die Zehnstundenbill und eine ganze Reihe kleinerer Reformen gehn durch – alles Dinge, die dem Geist des Freihandels und der zügellosen Konkurrenz direkt ins Gesicht schlugen . . ." (21, 250f.)

III. Kommentar

Schon zu Lebzeiten von Marx hat England das von ihm entdeckte „Gesetz" der Geschichte augenfällig widerlegt. Aber er war nicht bereit, die kontraproduktiven Tatsachen zur Kenntnis zu nehmen.
Weder im 19. noch im 20. Jahrhundert fanden die Freunde in ihrem Asylland eine nennenswerte Schar von Anhängern, obwohl sie zunächst mit äußerst schmeichelhaften Worten geworben hatten.

IV. Hinweise

1) 2, 229 ff.; 4, 180; 6, 149 f.; 7, 220; 8, 545; 21, 191 ff., 300; 23, 677 f., 744; 29, 56, 590; 34, 372; 39, 8, 229, 248.
2) –

Entfremdung

I. Thesen

Von Entfremdung ist fast nur beim jungen Marx die Rede. Entfremdung ist danach das Stigma der Klassengesellschaft. Bourgeois und Proletarier sind entfremdet [1].
Die Entfremdung des Proletariers ist eine totale, d. h. sie betrifft jede denkbare Dimension. Er ist entfremdet vom Produkt seiner Arbeit, von seiner Arbeit, von sich selbst, von der Gattung Mensch [2].
Durch die Aufhebung des Privateigentums wird die Entfremdung überwunden [3].

II. Texte

[1]

E: „Die besitzende Klasse und die Klasse des Proletariats stellen dieselbe menschliche Selbstentfremdung dar. Aber die erste Klasse fühlt sich in dieser Selbstentfremdung wohl und bestätigt, weiß die Entfremdung als *ihre eigne Macht* und besitzt in ihr den Schein einer menschlichen Existenz; die zweite fühlt sich in der Entfremdung vernichtet, erblickt in ihr ihre Ohnmacht und die Wirklichkeit einer unmenschlichen Existenz." (2, 37)

[2]

M: „Je mehr der Arbeiter sich ausarbeitet, um so mächtiger wird die fremde, gegenständliche Welt, die er sich gegenüber schafft, um so ärmer wird er selbst, seine innere Welt, um so weniger gehört ihm zu eigen . . . Die *Entäußrung* des Arbeiters in seinem Produkt hat die Bedeutung, nicht nur, daß seine Arbeit zu einem Gegenstand, zu einer *äußern* Existenz wird, sondern daß sie *außer ihm,* unabhängig, fremd von ihm existiert und eine selbständige Macht ihm gegenüber wird, daß das Leben, was er dem Gegenstand verliehn hat, ihm feindlich und fremd gegenübertritt . . . Aber die Entfremdung zeigt sich nicht nur im Resultat, sondern im *Akt der Produktion,* innerhalb der *produzierenden Tätigkeit* selbst . . . Wenn also das Produkt der Arbeit die Entäußerung ist, so muß die Produktion selbst die tätige Entäußerung, die Entäußerung der Tätigkeit, die Tätigkeit der Entäußerung sein . . .
Worin besteht nun die Entäußerung der Arbeit?
Erstens, daß die Arbeit dem Arbeiter *äußerlich* ist, d. h. nicht zu seinem Wesen gehört, daß er sich daher in seiner Arbeit nicht bejaht, sondern verneint, nicht wohl, sondern unglücklich fühlt, keine freie physische und geistige Energie entwickelt, sondern seine Physis abkasteit und seinen Geist ruiniert . . . Es kömmt daher zu dem Resultat, daß der Mensch (der Arbeiter) nur mehr in seinen tierischen Funktionen, Essen, Trinken und Zeugen, höchstens noch Wohnung, Schmuck etc., sich als freitätig fühlt und in seinen menschlichen Funktionen nur mehr als Tier. Das Tierische wird das Menschli-

Entfremdung

che und das Menschliche das Tierische ... Indem die entfremdete Arbeit dem Menschen 1. die Natur entfremdet, 2. sich selbst, seine eigne tätige Funktion, seine Lebenstätigkeit, so entfremdet sie dem Menschen die Gattung; sie macht ihm das *Gattungsleben* zum Mittel des individuellen Lebens." (Ergbd. 1, 512 ff.)

M/E: „Aber diese *massenhaften, kommunistischen Arbeiter ... wissen,* daß Eigentum, Kapital, Geld, Lohnarbeit u. dgl. durchaus keine ideellen Hirngespinste, sondern sehr praktische, sehr gegenständliche Erzeugnisse ihrer Selbstentfremdung sind, die also auch auf eine praktische, gegenständliche Weise aufgehoben werden müssen, damit nicht nur im *Denken*, im *Bewußtsein,* sondern im massenhaften Sein, im Leben der Mensch zum Menschen werde." (2, 55 f.)

3

M/E: „Diese, *Entfremdung',* um den Philosophen verständlich zu bleiben, kann natürlich nur unter zwei *praktischen* Voraussetzungen aufgehoben werden. Damit sie eine ‚unerträgliche' Macht werde, d.h. eine Macht, gegen die man revolutioniert, dazu gehört, daß sie eine Masse der Menschheit als durchaus ‚Eigentumslos' [sic!] erzeugt hat und zugleich im Widerspruch zu einer vorhandenen Welt des Reichtums und der Bildung, was beides eine große Steigerung der Produktivkraft, einen hohen Grad ihrer Entwicklung voraussetzt ..." (3, 34)

III. Kommentar

Entfremdung ist ein Modewort der damaligen Zeit. Angeregt durch Hegel und Feuerbach hat sich Marx damit beschäftigt und dabei durchaus originäre Feststellungen getroffen, die aber wiederum nicht die Wirklichkeit zum Ausgangspunkt haben, sondern seinem philosophischen Postulat entspringen, wonach die totale Entfremdung die Voraussetzung für die totale Emanzipation ist. Seine seitenlangen Einlassungen sind kaum mehr als ein erstaunliches Spiel mit Worten. Die Resultate der „Untersuchung" sollen seinen Vernichtungswillen rechtfertigen.
Bezeichnend ist, wie sehr Marx unter seiner eigenen selbstbestimmten schriftstellerischen Tätigkeit gelitten hat (Löw „Lehre", a.a.O., S. 214 ff.). War das auch eine entfremdete Arbeit, oder kann auch freie Arbeit Fron sein, entfremdete Arbeit Befriedigung bereiten? (M: „Ich erwarte mit Ungeduld den nächsten Kongreß. Das wird das Ende meiner Sklaverei sein. Danach werde ich wieder ein freier Mann werden." – 33, 479)
Die Marxsche Entfremdungslehre hat im sozialwissenschaftlichen Bereich keine Existenzberechtigung. Entfremdung wird heute anders definiert, hat andere Ursachen und andere Folgen, soweit sich überhaupt schon anerkannte Feststellungen treffen lassen.

Entfremdung

Nur wer das Wesen des Menschen kennt – wer kennt es? – kann Entfremdung diagnostizieren. Marx: „Dieses Luftreich des Traums, das Reich des ‚Wesens des Menschen' ..." (3, 457)

In den von Marx geschriebenen Briefen taucht Entfremdung nicht auf. Doch der Vater beklagt in einem Brief die frühe Entfremdung des Sohnes Karl gegenüber der Familie (Ergbd. 1, 638) und seine seelische Zerrissenheit (Marx, „MEGA¹", a.a.O., S. 222). Einige Jahre später attestiert Karl der ganzen Welt, was der Vater an ihm auszusetzen hatte: Entfremdung und Zerrissenheit (Egoismus).

IV. Hinweise

1) Ergbd. 1, 510 ff.; 1, 233; 23, 329, 596, 674; 42, 422.
2) Lobkowicz, a.a.O.; Löw „Ausbeutung", a.a.O., S. 52 ff.; Mészáros, a.a.O.

Erziehung

I. Thesen

Über Erziehung gibt es nur wenige, überwiegend beiläufige Bemerkungen. Auch hinsichtlich der Persönlichkeitsentwicklung wird nochmals der Grundgedanke der marxschen Geschichtsphilosophie wiederholt (→ Histomat → Produktionsweise). Danach sind die ökonomischen Umstände letztlich entscheidend, nicht jedoch die Unterweisung [1].
Eine allseitige industrielle Erziehung wird abgelehnt [2].
Im Übergang zur kommunistischen Gesellschaft soll die einfache, nicht jedoch die höhere Schulbildung unentgeltlich sein und sowohl die körperlichen wie die geistigen Anlagen, besonders durch polytechnischen Unterricht, fördern [3].
Die Kirchen sind aus den Schulen zu verbannen; die Regierung soll die Bildungsanstalten nicht bevormunden [4].
Idyllisch ist der Unterricht im kommunistischen Modell [5].
(→ Kinderarbeit → Literatur → Wissenschaft)

II. Texte

[1]

M/E: „Es liegt nicht am *Bewußtsein,* sondern – am – *Sein;* nicht am Denken, sondern am Leben; es liegt an der empirischen Entwicklung und Lebensäußerung des Individuums, die wiederum von den Weltverhältnissen abhängt. Wenn die Umstände, unter denen dies Individuum lebt, ihm nur die einseitige Entwicklung einer Eigenschaft auf Kosten aller andern erlauben, [wenn] sie ihm Material und Zeit zur Entwicklung nur dieser Einen [sic] Eigenschaft geben, so bringt dies Individuum es nur zu einer einseitigen, verkrüppelten Entwicklung. Keine Moralpredigt hilft. Und die Art, in der sich diese Eine vorzugsweise begünstigte Eigenschaft entwickelt, hängt wieder einerseits von dem ihr gebotenen Bildungsmaterial, andererseits von dem Grade und der Art ab, in denen die übrigen Eigenschaften unterdrückt bleiben." (3, 245 f.)

[2]

M: „Ein anderer von den Bürgern sehr beliebter Vorschlag ist die *Erziehung,* speziell die allseitige *industrielle* Erziehung ... Der eigentliche Sinn, den die Erziehung bei den philanthropischen Ökonomen hat, ist der: jeden Arbeiter möglichst viel Arbeitszweige kennenzulernen, so daß, wenn er durch Anwendung neuer Maschinen oder durch eine veränderte Teilung der Arbeit aus einem Zweig herausgeworfen wird, er möglichst leicht in einem andern Unterkommen finden kann.
Gesetzt, dies sei möglich: Die Folge davon würde sein, daß, wenn in einem Arbeitszweig Überfluß vorhanden wäre an Händen, dieser Überfluß sofort in allen andern Arbeitszweigen stattfinden und noch mehr wie bisher die Herabsetzung des Arbeitslohns in einem Geschäft unmittelbar eine allgemeine Herabsetzung des Arbeitslohns

Erziehung

nach sich ziehen würde. Ohnehin schon, indem die moderne Industrie überall die Arbeit sehr vereinfacht und leicht erlernbar macht, wird das Steigen des Lohns in einem Industriezweig sofort das Zuströmen der Arbeiter zu diesem Industriezweig hervorrufen und die Lohnherabsetzung mehr oder minder unmittelbar einen allgemeinen Charakter annehmen. Auf die vielen kleinen Palliative, die von bürgerlicher Seite gemacht werden, können wir hier natürlich nicht eingehen." (6, 545 f.)

3

E: „Erziehung sämtlicher Kinder, von dem Augenblicke an, wo sie der ersten mütterlichen Pflege entbehren können, in Nationalanstalten und auf Nationalkosten. Erziehung und Fabrikation zusammen." (4, 373)

M/E: „Öffentliche und unentgeltliche Erziehung aller Kinder. Beseitigung der Fabrikarbeit der Kinder in ihrer heutigen Form. Vereinigung der Erziehung mit der materiellen Produktion usw." (4, 482)

M: „Von diesem Standpunkt ausgehend erklären wir, daß es weder Eltern noch Unternehmern gestattet werden darf, die Arbeit von jungen Personen anzuwenden, es sei denn, sie ist mit Erziehung verbunden.
Unter Erziehung verstehen wir drei Dinge:
1.: *Geistige Erziehung.*
2.: *Körperliche Erziehung,* wie sie in den gymnastischen Schulen und durch militärische Übungen gegeben wird.
3.: *Polytechnische Ausbildung,* die die allgemeinen Prinzipien aller Produktionsprozesse vermittelt und gleichzeitig das Kind und die junge Person einweiht in den praktischen Gebrauch und die Handhabung der elementaren Instrumente aller Arbeitszweige.

Der Einteilung der jugendlichen Arbeiter sollte ein stufenweise fortschreitender Kursus der geistigen, gymnastischen und polytechnischen Ausbildung angepaßt sein. Die Kosten für polytechnische Schulen sollten teilweise durch den Verkauf ihrer Produkte gedeckt werden.
Die Verbindung von bezahlter produktiver Arbeit, geistiger Erziehung, körperlicher Übung und polytechnischer Ausbildung wird die Arbeiterklasse weit über das Niveau der Aristokratie und Bourgeoisie erheben." (16, 194 f.)
„Der Redner Marx war nicht für unentgeltliche höhere Bildung." (16, 563)

M: *„Gleiche Volkserziehung?* Was bildet man sich unter diesen Worten ein? Glaubt man, daß in der heutigen Gesellschaft (und man hat nur mit der zu tun) die Erziehung für alle Klassen *gleich* sein kann? Oder verlangt man, daß auch die höheren Klassen zwangsweise auf das Modikum Erziehung – der Volksschule – reduziert werden sollen, das allein mit den ökonomischen Verhältnissen nicht nur der Lohnarbeiter, sondern auch der Bauern verträglich ist?
‚Allgemeine Schulpflicht. Unentgeltlicher Unterricht.' Die erste existiert selbst in Deutschland, das zweite in der Schweiz und den Vereinigten Staaten für Volksschulen. Wenn in einigen Staaten der letzteren auch ‚höhere' Unterrichtsanstalten ‚unentgeltlich' sind, so heißt das faktisch nur, den höheren Klassen ihre Erziehungskosten aus dem allgemeinen Steuersäckel bestreiten . . .
Der Paragraph über die Schulen hätte wenigstens technische Schulen (theoretische und praktische) in Verbindung mit der Volksschule verlangen sollen.
Ganz verwerflich ist eine ‚Volkserziehung durch den Staat'. Durch ein allgemeines Ge-

Erziehung

setz die Mittel der Volksschule bestimmen, die Qualifizierung des Lehrerpersonals, die Unterrichtszweige etc., und, wie es in den Vereinigten Staaten geschieht, durch Staatsinspektoren die Erfüllung dieser gesetzlichen Vorschriften überwachen, ist etwas ganz anderes, als den Staat zum Volkserzieher zu ernennen!" (19, 30)

M: „Aus dem Fabriksystem, wie man im Detail bei Robert Owen verfolgen kann, entsproß der Keim der Erziehung der Zukunft, welche für alle Kinder über einem gewissen Alter produktive Arbeit mit Unterricht und Gymnastik verbinden wird, nicht nur als eine Methode zur Steigerung der gesellschaftlichen Produktion, sondern als die einzige Methode zur Produktion vollseitig entwickelter Menschen." (23, 507 f.)

M: „Ein auf Grundlage der großen Industrie naturwüchsig entwickeltes Moment dieses Umwälzungsprozesses sind polytechnische und agronomische Schulen, ein anderes sind die ,écoles d'enseignement professionnel' worin die Kinder der Arbeiter einigen Unterricht in der Technologie und praktischen Handhabung der verschiedenen Produktionsinstrumente erhalten. Wenn die Fabrikgesetzgebung als erste, dem Kapital notdürftig abgerungene Konzession nur Elementarunterricht mit fabrikmäßiger Arbeit verbindet, unterliegt es keinem Zweifel, daß die unvermeidliche Eroberung der politischen Gewalt durch die Arbeiterklasse auch dem technologischen Unterricht, theoretisch und praktisch, seinen Platz in den Arbeiterschulen erobern wird." (23, 512)

4

M: „Durch die Auflösung aller Kirchen als besitzende Körperschaften und die Verbannung des Religionsunterrichts aus allen öffentlichen Schulen (zusammen mit der Einführung unentgeltlichen Unterrichts) in die Stille des Privatlebens, um dort von den Almosen der Gläubigen zu leben, durch die Befreiung sämtlicher Unterrichtsanstalten von der Bevormundung und Knechtung der Regierung sollte das geistige Unterdrückungswerk gebrochen werden und die Wissenschaft nicht nur allen zugänglich gemacht, sondern auch von den Fesseln des Regierungsdrucks und des Klassenvorurteils befreit werden." (17, 596)

M: „Vielmehr sind Regierung und Kirche gleichmäßig von jedem Einfluß auf die Schule auszuschließen." (19, 30)

5

E: „Die Kinder werden in die Schule gegeben, die mit der Anlage verbunden ist, und dort auf allgemeine Kosten erzogen. Die Eltern können sie sehen, wenn sie wollen, und die Erziehung ist sowohl für die körperliche wie die geistige Ausbildung und für das gemeinschaftliche Leben berechnet. Mit religiösen und theologischen Zänkereien, mit Griechisch und Lateinisch werden die Kinder nicht geplagt; dafür lernen sie desto besser die Natur, ihren eigenen Körper und ihre geistigen Fähigkeiten kennen und erholen sich auf den Feldern von dem ewigen Sitzen, das ihnen zugemutet wird; denn die Schule wird ebenso oft unter freiem Himmel als in geschlossenen Räumen abgehalten, und die Arbeit ist ein Teil der Erziehung. Die sittliche Erziehung beschränkt sich auf die Anwendung des einen Satzes: Was Du nicht willst, das andere Dir tun sollen, das tue ihnen nicht, also auf die Durchführung vollkommener Gleichheit und brüderlicher Liebe." (2, 534)

Erziehung

III. Kommentar

Marx und Engels haben kein Bildungskonzept entwickelt. Die spärlichen Äußerungen bringen nichts Neues, sind vielmehr Stellungnahmen zu schulischen Gegebenheiten oder Planungen.
Manche Äußerungen sind dunkel und vieldeutig.
Die Bejahung des polytechnischen Unterrichts und die Mißbilligung einer allseitigen technischen Ausbildung lassen sich schwerlich unter einen Hut bringen und lassen sich wohl nur damit erklären, daß er den „Philanthropen" nicht beipflichten wollte.
Daß die unter II [5] beschriebene Idylle nur auf dem Papier stand, mußte Engels später noch zur Kenntnis nehmen (18, 99).
Die totale Uniformierung und Reglementierung der Schulen in den Ländern des realen Sozialismus steht im krassen Widerspruch zu Marxschen Einlassungen.

IV. Hinweise

1) 1, 370; 3, 33, 533; 4, 377; 20, 264; 38, 298.
2) Baske, a.a.O.; Dietrich, a.a.O.; Emden, a.a.O.; Wittig, a.a.O.

Familie

I. Thesen

Marx und Engels zählen zu den schärfsten Kritikern von → Ehe und Familie. Die Familie mit ihrer naturgegebenen → Arbeitsteilung ist für sie die Wurzel aller Übel. Denn auf dieser ursprünglichen Arbeitsteilung fußt die Arbeitsteilung in der Gesellschaft, die das Privateigentum (→ Eigentum), die Klassengesellschaft (→ Histomat → Klassen) und die → Ausbeutung zur Folge hat [1].

Die Familie ist auch das Abbild der Sklavenhaltergesellschaft. Der Mann ist der Sklavenhalter, → Frau und Kinder sind die Sklaven [2]. Daher muß es im Verlaufe der Menschheitsgeschichte zur Aufhebung der Ehe als staatlich umhegtes Institut, der Familie und des Erziehungsrechts der Eltern kommen [3].

Mit Blick auf die eigene Familie äußert sich Marx vielfältig, meist negativ [4].

II. Texte

[1]

M/E: „Mit der Teilung der Arbeit, in welcher alle diese Widersprüche gegeben sind und welche ihrerseits wieder auf der naturwüchsigen Teilung der Arbeit in der Familie und der Trennung der Gesellschaft in einzelne, einander entgegengesetzte Familien beruht, ist zu gleicher Zeit auch die Verteilung, und zwar die *ungleiche,* sowohl quantitative wie qualitative Verteilung der Arbeit und ihrer Produkte gegeben, also das Eigentum, das in der Familie, wo die Frau und die Kinder die Sklaven des Mannes sind, schon seinen Keim, seine erste Form hat. Die freilich noch sehr rohe, latente Sklaverei in der Familie ist das erste Eigentum, das übrigens hier schon vollkommen der Definition der modernen Ökonomen entspricht, nach der es die Verfügung über fremde Arbeitskraft ist." (3, 32)

[2]

E: „Die moderne Einzelfamilie ist gegründet auf die offene und verhüllte Haussklaverei der Frau, und die moderne Gesellschaft ist eine Masse, die aus lauter Einzelfamilien als ihren Molekülen sich zusammensetzt. Der Mann muß heutzutage in der großen Mehrzahl der Fälle der Erwerber, der Ernährer der Familie sein, wenigstens in den besitzenden Klassen, und das gibt ihm eine Herrscherstellung, die keiner juristischen Extrabevorrechtung bedarf. Er ist in der Familie der Bourgeois, die Frau repräsentiert das Proletariat . . . Die Lage der Männer wird also jedenfalls sehr verändert. Aber auch die der Frauen, *aller* Frauen, erfährt bedeutenden Wechsel. Mit dem Übergang der Produktionsmittel in Gemeineigentum hört die Einzelfamilie auf, wirtschaftliche Einheit der Gesellschaft zu sein. Die Privat-

Familie

haushaltung verwandelt sich in eine gesellschaftliche Industrie. Die Pflege und Erziehung der Kinder wird öffentliche Angelegenheit; die Gesellschaft sorgt für alle Kinder gleichmäßig, seien sie eheliche oder uneheliche." (21, 75 ff.)

3

M: Die positive Aufhebung des Privateigentums, als die Aneignung des menschlichen Lebens, ist daher die positive Aufhebung aller Entfremdung, also die Rückkehr des Menschen aus Religion, Familie, Staat etc. in sein menschliches, d. h. gesellschaftliches Dasein." (Ergbd. 1, 537)

M: „Also nachdem z. B. die irdische Familie als das Geheimnis der heiligen Familie entdeckt ist, muß nun erstere selbst theoretisch und praktisch vernichtet werden." (3, 6)

M/E: „Es ist überhaupt nicht von ‚der' Familie zu sprechen. Die Bourgeoisie gibt historisch der Familie den Charakter der bürgerlichen Familie, worin die Langweile und das Geld das Bindende ist und zu welcher auch die bürgerliche Auflösung der Familie gehört, bei der die Familie selbst stets fortexistiert. Ihrer schmutzigen Existenz entspricht der heilige Begriff in offiziellen Redensarten und in der allgemeinen Heuchelei. Wo die Familie *wirklich* aufgelöst ist, wie im Proletariat, findet grade das Gegenteil von dem statt, was ‚Stirner' meint. Dort existiert der Familienbegriff durchaus nicht, während stellenweise allerdings Familienzuneigung, gestützt auf höchst reale Verhältnisse, gefunden wird. Im achtzehnten Jahrhundert wurde der Familienbegriff von den Philosophen aufgelöst, weil die wirkliche Familie auf den höchsten Spitzen der Zivilisation bereits in der Auflösung begriffen war. Aufgelöst war das innere Band der Familie, die einzelnen Teile, aus denen der Familienbegriff komponiert ist, z. B. Gehorsam, Pietät, eheliche Treue pp.; aber der wirkliche Körper der Familie, Vermögensverhältnis, ausschließliches Verhältnis gegen andere Familien, gezwungenes Zusammenleben, Verhältnisse, die schon durch die Existenz der Kinder, den Bau der jetzigen Städte, Bildung des Kapitals pp. gegeben waren, blieben, wenn auch vielfach gestört, weil das Dasein der Familie durch ihren Zusammenhang mit der vom Willen der bürgerlichen Gesellschaft unabhängigen Produktionsweise nötig gemacht ist." (3, 164)

E: „Erziehung sämtlicher Kinder, von dem Augenblicke an, wo sie der ersten mütterlichen Pflege entbehren können, in Nationalanstalten und auf Nationalkosten. Erziehung und Fabrikation zusammen." (4, 373)

4

M: „Ich versichere Dich, daß durch diese letzten petites misères ich a very dull dog geworden bin. Beatus ille der keine Familie hat." (28, 371)

M: „Bacon sagt, daß wirklich bedeutende Menschen so viel Relation zur Natur und der Welt haben, so viele Gegenstände des Interesses, daß sie jeden Verlust leicht verschmerzen. Ich gehöre nicht zu diesen bedeutenden Menschen. Der Tod meines Kindes hat mir Herz und Hirn tief erschüttert . . ." (28, 617)

M: „Zum Glück passiert jetzt viel Aufheiterndes in der Außenwelt. Sonst, privatim, I think, führe ich the most troubled life that can be imagined. Never mind! Es gibt keine größere Eselei für Leute von allgemeinen Strebungen, als überhaupt zu heiraten und

Familie

sich so zu verraten an die petites misères de la vie domestique und privée." (29, 285)

M: „Es ist mir höchst ekelhaft, Dich wieder von meiner misère zu unterhalten, aber que faire. Meine Frau sagt mir jeden Tag, sie wünschte, sie läge mit den Kindern im Grab und ich kann es ihr wahrlich nicht verdenken …" (30, 248)

M: „Meine Frau hat seit Jahren – aus den Umständen erklärlich, aber deswegen nicht angenehmer – ihr temper durchaus verloren und quält mit ihrem Jammer und Reizbarkeit und bad humor die Kinder zu tot, obgleich keine Kinder in more jolly way alles ertragen." (32, 217)

M (im letzten Jahr seines Lebens): „Unter ‚Ruhe' verstehe ich ‚Familienleben', den ‚Lärm der Kinder', diese ‚mikroskopische Welt', die viel interessanter ist als die ‚makroskopische'." (35, 330)

III. Kommentar

Die eherne → Rücksichtslosigkeit, zu der sich die Freunde bekennen, verhindert jeden Respekt vor traditions- und segensreichen Lebensformen und läßt sie ohne jegliche Forschung und entgegen der eigenen Erfahrung pauschale Unwerturteile gröbsten Kalibers fällen. Die → Arbeitsteilung ist kein Fluch, sondern die Voraussetzung zum kultivierten und zivilisierten Menschsein.
Nirgendwo in den sozialistischen Staaten wurde die Familie zerstört, wenngleich in Sowjetrußland nach 1917 erste Schritte in diese Richtung unternommen wurden. Auch die zunächst ausgegebene Parole vom „Absterben der Familie" ist längst verklungen, doch sprach man – aus totalitären Überlegungen heraus! - dem Staat das vorrangige Erziehungsrecht zu. Marx hat seine große Familie stark vernachlässigt. Engels, der kinderlos blieb, unterhielt über Jahrzehnte hinweg eheähnliche Beziehungen. Nach dem Tode von Marx hat er sich um dessen eheliche Kinder fast wie ein guter Vater gekümmert.
Gegen Ende seines Lebens bringt Marx – privatissime – zum Ausdruck, daß in der Familie das wahre Glück des Menschen gefunden werden kann!

IV. Hinweise

1) 2, 369; 4, 377, 478; 7, 462; 21, 25 ff.; 23, 514; 28, 422 f; 29, 132, 150, 340 ff., 374, 513; 30, 359; 31, 131, 151, 178, 262, 550; 32, 118; 33, 76, 637.
2) Juvilar, a.a.O.

Föderalismus

I. Thesen

Die wenigen Äußerungen zum Thema Föderalismus sind über Jahrzehnte verstreut, im Kern jedoch homogen. Aufs Ganze gesehen stehen die Freunde dem Föderalismus ablehnend gegenüber. Deutschland soll ein Einheitsstaat sein. Die → Preußen zugedachte Rolle variiert.
Das Hauptmotiv für den Zentralismus ist die Erwartung, daß sich im Einheitsstaat die Revolution leichter durchsetzt [1].

II. Texte

[1]

E: „Die Urschweiz dagegen hat nie etwas andres getan, als sich gegen die Zentralisation angestemmt. Sie hat mit einer wirklich tierischen Hartnäckigkeit auf ihrer Absonderung von der ganzen übrigen Welt, auf ihren lokalen Sitten, Trachten, Vorurteilen, auf ihrer ganzen Lokalborniertheit und Abgeschlossenheit bestanden. Sie ist bei ihrer ursprünglichen Barbarei mitten in Europa stehengeblieben, während alle andern Nationen, selbst die übrigen Schweizer, fortgeschritten sind. Mit dem ganzen Starrsinn roher Urgermanen besteht sie auf der Kantonalsouveränität, d. h. auf dem Recht, in Ewigkeit nach Belieben dumm, bigott, brutal, borniert, widersinnig und käuflich zu sein, mögen ihre Nachbarn darunter leiden oder nicht." (4, 397)

M/E: „Die Demokraten werden ferner entweder direkt auf die Föderativrepublik hinarbeiten oder wenigstens, wenn sie die eine und unteilbare Republik nicht umgehen können, die Zentralregierung durch möglichste Selbständigkeit und Unabhängigkeit der Gemeinden und Provinzen zu lähmen versuchen. Die Arbeiter müssen diesem Plane gegenüber nicht nur auf die eine und unteilbare deutsche Republik, sondern auch in ihr auf die entschiedenste Zentralisation der Gewalt in die Hände der Staatsmacht hinwirken. Sie dürfen sich nicht durch das demokratische Gerede von Freiheit der Gemeinden, von Selbstregierung usw. irremachen lassen. In einem Lande wie Deutschland, wo noch so viele Reste des Mittelalters zu beseitigen sind, wo so vieler lokaler und provinzialer Eigensinn zu brechen ist, darf es unter keinen Umständen geduldet werden, daß jedes Dorf, jede Stadt, jede Provinz der revolutionären Tätigkeit, die in ihrer ganzen Kraft nur vom Zentrum ausgehen kann, ein neues Hindernis in den Weg lege." (7, 252)

E: „Einerseits muß die Kleinstaaterei beseitigt werden – man revolutioniere doch die Gesellschaft, solange es bayrisch-württembergische Reservatrechte gibt und die Karte z. B. von Thüringen das gegenwärtige Jammerbild bietet. Andrerseits muß Preußen aufhören zu existieren, muß in selbstverwaltende Provinzen aufgelöst werden, damit das spezifische Preußentum aufhört, auf Deutschland zu lasten ... Was soll an die Stelle treten? Nach meiner Ansicht kann das Proletariat nur die Form der einen und unteilbaren Republik gebrauchen. Die Födera-

Föderalismus

tivpolitik ist auf dem Riesengebiet der Vereinigten Staaten jetzt noch im ganzen eine Notwendigkeit, obgleich sie im Osten bereits ein Hindernis wird. Sie wäre ein Fortschritt in England, wo vier Nationen auf den beiden Inseln wohnen und trotz eines Parlaments schon jetzt dreierlei Gesetzsysteme nebeneinander bestehn. Sie ist in der kleinen Schweiz schon längst ein Hindernis geworden, erträglich nur, weil die Schweiz sich damit begnügt, ein rein passives Glied des europäischen Staatensystems zu sein. Für Deutschland wäre die föderalistische Verschweizerung ein enormer Rückschritt." (22, 235 f.)

E: „Die Präliminarien der proletarischen Revolution, die Maßregeln, die uns das Schlachtfeld präparieren und die Bahn fegen – eine und unteilbare Republik usw., Sachen, die wir damals vertreten mußten *gegen* die Leute, deren natürlicher, normaler Beruf es gewesen wäre, sie durchzusetzen oder wenigstens zu fordern ..." (28, 580)

E: „Das deutsch-preußische Reich, als Vollendung des durch 1866 gewaltsam geschaffnen Norddeutschen Bundes, ist eine durchaus revolutionäre Schöpfung. Ich beklage mich nicht darüber. Was ich den Leuten vorwerfe, die es gemacht haben, ist, daß sie nur armselige Revolutionäre waren, nicht viel weitergingen und gleich ganz Deutschland an Preußen annexierten." (36, 239)

III. Kommentar

Hundert Jahre später können wir mit Sicherheit feststellen, daß der Föderalismus der gesunden Entwicklung nicht entgegensteht. Die USA wie auch die Schweiz beweisen dies. In Frankreich sowie in Spanien machen sich föderalistische Tendenzen bemerkbar.
In Deutschland war es Adolf Hitler, der aus machtpolitischen Gründen dem Föderalismus ein Ende bereitete. Heute gehört in der Bundesrepublik Deutschland der Föderalismus zu den unantastbaren Verfassungsgrundsätzen. Die DDR hingegen war bis 1990 ein Einheitsstaat.

IV. Hinweise

1) 18, 80; 33, 5.
2) –

Frankreich, Franzosen

I. Thesen

Frankreich ist zunächst groß und vorbildlich. Es steht neben England und Nord- → Amerika [1]. Aber Frankreichs Stern sinkt in den Augen der Freunde. Die Urteile werden schwankend [2]. Noch schlimmer ergeht es Paris. Zunächst Avantgarde wird es zum Reaktionär [3]. Bis gegen Ende der 70er Jahre hatten Marx und Engels nahezu keinen Anhang in Frankreich [4]. Während des Deutsch-Französischen Krieges standen sie bis zur Niederlage Napoleons III. ganz auf der deutschen Seite [5].

II. Texte

[1]

E: „Diesem komischen Stolz der deutschen Theorie, die nicht sterben kann gegenüber, ist es durchaus nötig, den Deutschen einmal vorzuhalten, was sie dem Auslande alles verdanken, seitdem sie sich mit sozialen Fragen beschäftigen. Unter all den pomphaften Redensarten, die jetzt in der deutschen Literatur als die Grundprinzipien des wahren, reinen, deutschen, theoretischen Kommunismus und Sozialismus ausgerufen werden, ist bis jetzt auch nicht ein einziger Gedanke, der auf deutschem Boden gewachsen wäre. Was die Franzosen oder Engländer schon vor zehn, zwanzig, ja vierzig Jahren gesagt – und sehr gut, sehr klar, in sehr schöner Sprache gesagt hatten, das haben die Deutschen jetzt endlich seit einem Jahr stückweise kennengelernt und verhegelt, oder im allerbesten Falle haben sie es nachträglich noch einmal erfunden und in viel schlechterer, abstrakterer Form als ganz neue Erfindung drucken lassen. Ich nehme hiervon meine eigenen Arbeiten nicht aus . . . Der französische Unsinn ist wenigstens lustig, wo der deutsche Unsinn morose und tiefsinnig ist." (2, 605 f.)

M/E: „Große Nationen, Franzosen, Nordamerikaner, Engländer vergleichen sich fortwährend untereinander praktisch und theoretisch, in der Konkurrenz wie in der Wissenschaft." (3, 426)

M: „Die erste Erscheinung einer wirklich agierenden kommunistischen Partei findet sich innerhalb der bürgerlichen Revolution, in dem Augenblicke, wo die konstitutionelle Monarchie beseitigt ist. Die konsequentesten *Republikaner,* in England die *Niveller,* in Frankreich Babeuf, Buonarroti usw. sind die ersten, die diese ‚sozialen Fragen' proklamiert haben." (4, 341)

E: „Die kommunistische Revolution wird daher keine bloß nationale, sie wird eine in allen zivilisierten Ländern, d. h. wenigstens in England, Amerika, Frankreich und Deutschland gleichzeitig vor sich gehende Revolution sein." (4, 374)

E: „Die Franzosen haben sich, selbst da, wo sie als Feinde kamen, Anerkennung und Sympathien zu erhalten gewußt." (5, 81)

Frankreich, Franzosen

2

E: „Die Franzosen sind wahre Esel ... Schöne Rasse!" (28, 15 f.)

M: „Ein Franzose ... hat mich besucht ... Er ist einer von den wenigen hommes d'esprit, die man unter den Franzosen noch findet." (28, 20)

E: „Die french branch werdet Ihr hoffentlich in der Tat zur Ruhe bringen. Es scheint bei dieser Nation wieder die hinreichende Konfusion zu herrschen, um eine etwaige Revolution abermals mit Sicherheit in den Dreck zu reiten. Wohin man unter den Kerls blickt, überall Dummheit." (32, 116)

M: „Meine feste Überzeugung ist, daß, obgleich der erste Stoß von Frankreich ausgehn wird, Deutschland viel reifer für eine soziale Bewegung ist und den Franzosen weit über den Kopf wachsen wird." (32, 443)

M: „Unter uns gesagt – take all in all – ich erwarte für die soziale Bewegung mehr von Deutschland als von Frankreich!" (32, 651)

E: „Und doch hat sich wieder bei dieser Gelegenheit gezeigt, wieviel weiter Frankreich in der Praxis ist als wir." (34, 316)

E: „So klassisch rein, wie in Frankreich, geht die Entwicklung im konfusen Deutschland natürlich nicht; dafür sind wir viel zu weit zurück und erleben alles erst, wenn es sich anderswo überlebt hat." (36, 160)

E: „Der gesunde Menschenverstand der Franzosen, ihnen selbst unbewußt – das notwendige logische Erbe einer großen, unbewußt logischen Geschichte –, wird sich, wie ich hoffe, stärker erweisen als all der Unsinn, den sie bewußt und absichtlich anrichten." (37, 47)

3

M: „Paris, arbeitend, denkend, kämpfend, blutend, über seiner Vorbereitung einer neuen Gesellschaft fast vergessend der Kannibalen vor seinen Toren, strahlend in der Begeisterung seiner geschichtlichen Initiative!" (17, 349)

M: „Der selbstopfernde Heldenmut, womit das Pariser Volk – Männer, Weiber und Kinder – acht Tage lang nach dem Einrükken der Versailler fortkämpften, strahlt ebensosehr zurück die Größe ihrer Sache, ..." (17, 355 f.)

M: „Paris, die Riesenstadt, die Stadt geschichtlicher Initiative, wurde in das maison dorée aller Faulenzer und Schwindler der Welt, in ein kosmopolitisches Bordell verwandelt! Nach dem Auszug der ‚besseren Leute' erschien wieder das Paris der Arbeiterklasse, heroisch, selbstaufopfernd, begeistert im Gefühl seiner herkulischen Aufgabe! Keine Leichen in der Morgue, keine Unsicherheit auf den Straßen. Paris war niemals ruhiger. Statt der Kokotten die heldenhaften Weiber von Paris!" (17, 563)

M: „... die Studenten, dann die Arbeiter, besonders die Pariser, die als Luxusarbeiter, ohne es zu wissen, ‚sehre' dem alten Dreck angehören. Unwissend eitel, anmaßend, schwatzsüchtig, emphatisch aufgeblasen, waren sie auf dem Punkt, alles zu verderben, da sie in Zahlen zum Kongreß eilten ..." (31, 530)

Frankreich, Franzosen

E: „Die Masse in Paris ist ‚sozialistisch' im Sinne eines aus Proudhon, Louis Blanc, Pierre Leroux usw. im Laufe der Jahre herausdestillierten ziemlich neutralen Durchschnittssozialismus. Die einzige Erfahrung, die sie mit dem Kommunismus gemacht haben, war die mit der Cabetschen Utopie, die in einer Musterkolonie in Amerika, d. h. mit der Flucht aus Frankreich und mit Zank und halbem Bankerott in Amerika endete." (36, 378)

E: „Es ist aber kein gutes Symptom für Paris, daß es sich aus Wut darüber einem kaum verkleideten Bonapartismus in die Arme geworfen hat. Ich kann für heute darin nichts andres sehn, als daß Paris auf seine traditionelle revolutionäre Mission verzichtet." (37, 144)

E: „Und wenn Bebel in der Wiener ‚Gleichheit' sagt: ‚die Pariser Arbeiter haben sich in ihrer Mehrheit *einfach erbärmlich* benommen – mit ihrer sozialistischen und klassenbewußten Gesinnung muß es sehr traurig stehn, wenn nur 17 000 Stimmen auf einen sozialistischen Kandidaten fallen und ein Hanswurst und Demagoge wie Boulanger 241 000 Stimmen erhält' – kann niemand sagen, daß er unrecht habe." (37, 148)

E: „Es handelt sich also um einen Sieg der soliden Provinz über das übermütige, herrschaftsgewohnte, hochnäsige und teilweise korrumpierte Paris . . ." (37, 302)

4

E: „Es ist schlimm genug, daß die romanisch redenden Arbeiter seit 25 Jahren fast gar keine andre sozialistische Geistesnahrung gehabt haben, als die Schriften dieses ‚Sozialisten des zweiten Kaisertums'; es wäre ein doppeltes Unglück, wenn die proudhonistische Idee jetzt auch noch Deutschland überfluten sollte." (18, 232)

M: „Das Schlimmste ist, daß wir nicht einen einzigen Menschen in Paris haben, der sich mit den den Proudhonisten *feindlichen* Arbeitersections (und sie bilden die Majorität!) in Verbindung setzen könnte." (31, 347)

5

M: „Die Franzosen brauchen Prügel. Siegen die Preußen, so die Zentralisation der state power nützlich der Zentralisation der deutschen Arbeiterklasse. Das deutsche Übergewicht würde ferner den Schwerpunkt der westeuropäischen Arbeiterbewegung von Frankreich nach Deutschland verlegen, und man hat bloß die Bewegung von 1866 bis jetzt in beiden Ländern zu vergleichen, um zu sehn, daß die deutsche Arbeiterklasse theoretisch und organisatorisch der französischen überlegen ist. Ihr Übergewicht auf dem Welttheater über die französische wäre zugleich das Übergewicht *unsrer* Theorie über die Proudhons etc." (33, 5)

E: „Mir scheint der Kasus so zu liegen: Deutschland ist durch Badinguet in einen Krieg um seine nationale Existenz hineingeritten. Unterliegt es gegen Badinguet, so ist der Bonapartismus auf Jahre befestigt und Deutschland auf Jahre, vielleicht auch Generationen, kaputt. Von einer selbständigen deutschen Arbeiterbewegung ist dann auch keine Rede mehr, der Kampf um Herstellung der nationalen Existenz absorbiert dann alles, und bestenfalls geraten die deutschen Arbeiter ins Schlepptau der französischen. Siegt Deutschland, so ist der französische Bonapartismus jedenfalls kaputt, der ewige Krakeel wegen Herstellung der deut-

Frankreich, Franzosen

schen Einheit endlich beseitigt, die deutschen Arbeiter können sich auf ganz anders nationalem Maßstab als bisher organisieren, und die französischen, was auch für eine Regierung dort folgen mag, werden sicher ein freieres Feld haben als unter dem Bonapartismus." (33, 39)

E: „Diese Menschen, die den Badinguet zwanzig Jahre geduldet, die noch vor sechs Monaten nicht verhindern konnten, daß er sechs Mill. Stimmen gegen eineinhalb erhielt und daß er sie ohne Grund und Vorwand auf Deutschland hetzte, diese Leute verlangen jetzt, weil die deutschen Siege ihnen eine Republik – et laquelle! *geschenkt* haben, die Deutschen sollen sofort den heiligen Boden Frankreichs verlassen, sonst: guerre à outrance! Es ist ganz die alte Einbildung von der Überlegenheit Frankreichs, von dem durch 1793 geheiligten Boden, den keine späteren französischen Schweinereien entheiligen können, von der Heiligkeit der Phrase Republik." (33, 56)

III. Kommentar

Der Verlust an Ansehen, den Frankreich, insbesondere Paris, hinnehmen mußte, ist vor allem darauf zurückzuführen, daß sich die dortige → Arbeiterbewegung weder im Geiste von Marx noch in seinem Namen entwickelt hat. Marx und Engels sind trotz aller Kritik an den → Deutschen und Deutschland im Herzen Deutsche geblieben.

IV. Hinweise

1) 7, 9 ff.; 14, 102; 27, 392; 30, 353 f.; 31, 529; 33, 59 f., 63, 146 f.; 34, 372, 477; 36, 471, 479; 37, 358, 387, 405, 459; 38, 494, 555; 39, 132, 187, 272, 338.
2) –

Frau

I. Thesen

Das Ende des Matriarchats hat die Frau zur Sklavin des Mannes gemacht. Der Sozialismus bringt die → Emanzipation. Vorher ist sie nur unvollkommen möglich [1].
Die Gleichberechtigung der Geschlechter ist kein vorrangiges Anliegen. Zur Frauenrechtsbewegung halten sie sich auf Distanz [2].
Marx macht mehrmals deutlich, daß ihm Knaben lieber sind als Mädchen. Nur der Tod von Knaben, nicht von Mädchen, wird nachhaltig beklagt [3].
Frauen sind eher noch härterer Kritik ausgesetzt als Männer [4]. Wer als Frau für sich Gleichberechtigung in Anspruch nimmt, kann nicht länger erwarten, daß sich die Männer wie Kavaliere benehmen, – meint Engels [5]. Er befürwortet, auch gegen Frauen, ein sehr handfestes Vorgehen [6].

II. Texte

[1]

E: „Der Umsturz des Mutterrechts war die *weltgeschichtliche Niederlage des weiblichen Geschlechts*. Der Mann ergriff das Steuer auch im Hause, die Frau wurde entmündigt, geknechtet, Sklavin seiner Lust und bloßes Werkzeug der Kinderzeugung. Diese erniedrigte Stellung der Frau, wie sie namentlich bei den Griechen der heroischen und noch mehr der klassischen Zeit offen hervortritt, ist allmählich beschönigt und verheuchelt, auch stellenweise in milderer Form gekleidet worden; beseitigt ist sie keineswegs." (21, 61)

M: „Ist Ihre Frau [Kugelmanns] auch tätig in der großen deutschen Damenemanzipationskampagne? Ich denke, die deutschen Frauen müßten damit anfangen, ihre Männer zur Selbstemanzipation zu treiben ... Scherz beiseite, zeigt sich sehr großer Fortschritt in dem letzten Kongreß der American ‚Labour Union' darin u. a., daß er die weiblichen Arbeiter mit völliger Parität behandelt, während ein engherziger Geist in dieser Beziehung den Engländern, noch vielmehr aber den galanten Franzosen zur Last fällt. Jeder, der etwas von der Geschichte weiß, weiß auch, daß große gesellschaftliche Umwälzungen ohne das weibliche Ferment unmöglich sind. Der gesellschaftliche Fortschritt läßt sich exakt messen an der gesellschaftlichen Stellung des schönen Geschlechts (die Häßlichen eingeschlossen)." (32, 581 ff.)

[2]

E: „Die Frankfurter Nationalversammlung ist eine ‚Versammlung alter Weiber'." (8, 46)

Frau

E: „Während die Männer der europäischen Bourgeoisie vor der Internationalen zitterten, faßten zwei amerikanische Bourgeoisweiber, Frau Victoria Woodhull und ihre Schwester . . . den Plan, diese Schaudergesellschaft zu exploitieren." (18, 98)

E: „Wenn wir ans Ruder kommen, sollen die Frauen nicht nur wählen, sondern auch gewählt werden und Reden halten . . ." (34, 253)

E: „Mich, ich gestehe es, interessiert die Gesundheit der kommenden Generation mehr als die absolute formelle Gleichberechtigung der Geschlechter während der letzten Lebensjahre der kapitalistischen Produktionsweise. Eine wirkliche Gleichberechtigung von Frau und Mann kann nach meiner Überzeugung erst eine Wahrheit werden, wenn die Ausbeutung beider durch das Kapital beseitigt und die private Hausarbeit in eine öffentliche Industrie verwandelt ist." (36, 341)

E: „Zudem ist mir das, was Sie die nordische Frauenbewegung nennen, total unbekannt, ich kenne nur einige Ibsensche Dramen und weiß absolut nicht, ob und inwieweit Ibsen verantwortlich zu machen ist für die mehr oder weniger hysterischen Lukubrationen bürgerlicher und spießbürgerlicher Streberinnen." (37, 411)

E: „Und sowohl Louise als Tussy erklären mir, daß sie einen heiligen Schrecken vor den deutschen (Berliner) Frauenrechtsweibern haben. Doch deren Herrschaft wird nicht mehr lange dauern." (38, 169)

3

M: „Ich konnte gestern of course nicht an die ‚Tribune' schreiben und auch heute für einige Zeit à venir nicht, weil gestern zwischen 6 und 7 Uhr morgens meine Frau von einem bona fide traveller — leider of the ‚sex' par excellence — genesen ist. Wäre es ein männliches Wesen, so ginge die Sache schon eher." (28, 423)

M: „Vivat der kleine Weltbürger! Man muß die Welt mit Knaben bevölkern, um so mehr, als die englische Statistik einen Überschuß an Mädchen ausweist." (34, 388)

M: „. . . ich ziehe meinerseits das ‚männliche' Geschlecht bei Kindern vor, die an diesem Wendepunkt der Geschichte geboren werden. Sie haben die revolutionärste Periode vor sich, die Menschen jemals zu bestehen hatten." (35, 186)

4

M: „Weiber sind einmal so. Und das weibische Benehmen der Freiligraths ect. und anderer Bekannten erbittert sie mit Recht." (29, 374)

M: „Consequently war der Hausfriede sehr gestört, und die arme Frau mußte die Sache ausbaden, an der sie in der Tat so weit unschuldig war, als Frauen gewohnt sind, das Unmögliche zu verlangen. Sie hatte natürlich keine Ahnung von dem, was ich schrieb, aber bei einiger Reflexion hätte sie berechnen können, daß sowas herauskommen mußte. Die Weiber sind komische Kreaturen, selbst die mit viel Verstand ausgerüsteten." (30, 319)

M: „Old Hatzfeldt hält sich in Paris auf, wo die alte Hexe mit dem ‚Hörner tragenden' Vater des ‚Sozialismus', Moses, ihrem untertänigsten Sklaven, intrigiert." (31, 481)

Frau

M: „Da ich durchaus nicht wieder in Schulden kommen will, und da das Geld, was ich ihr letzten Montag gab, gestern schon wieder ‚alle' war, ersuchte ich um Aufschluß. Da kam denn die Narrheit der Weiber heraus. In dem Schuldverzeichnis, was sie mir aufgesetzt hatte für Dich, hatte sie about 75 Pfund unterdrückt... Ich fragte, warum dies? Antwort: Sie hätte sich gefürchtet, mit der großen Geldsumme herauszurücken! Die Weiber bedürfen offenbar stets der Vormundschaft!" (32, 344)

M: „Und in solchem state of things wagt das Saumensch, die Eugénie, sich vorzudrängen? Sie will durchaus gehangen sein." (32, 416)

M: „Haben Sie gesehn, daß mein persönlicher Feind Schweitzer in sechs Nummern des ‚Sozial-Demokrat' mich mit Elogen überhäuft hat von wegen meines Buchs? Dies kummervoll für die alte Hure Hatzfeld." (32, 541)

E: „Auch meine Frau war echtes irisches Proletarierblut, und das leidenschaftliche Gefühl für ihre Klasse, das ihr angeboren war, war mir unendlich mehr wert und hat mir in allen kritischen Momenten stärker beigestanden, als alle Schöngeisterei und Klugtuerei der ‚jebildeten' und ‚jefühlvollen' Bourgeoistöchter gekonnt hätten." (38, 298)

5

E: „Mutter Wischnewetzky ist sehr beleidigt, daß ich, statt mein Unwohlsein bei Dir auszukurieren und mich für die Reise auf den Damm zu bringen, ich ihr nicht einen Besuch in Long Branch abgestattet. Sie scheint wegen des Etikettenbruchs und Mangel an Galanterie gegen ladies verletzt. Ich erlaube aber nicht den Women's-rights-Madämchen, von uns Galanterie zu verlangen: wollen sie Männerrechte, sollen sie sich auch als Männer behandeln lassen." (37, 137)

6

E: „Der Lassalle ist offenbar daran kaputtgegangen, daß er das Mensch [Helene von Dönnings] nicht sofort in der Pension aufs Bett geworfen und gehörig hergenommen hat, sie wollte nicht seinen schönen Geist, sondern seinen jüdischen Riemen." (31, 17)

III. Kommentar

Ob das Matriarchat wirklich die ursprüngliche Gesellschaftsform gewesen ist, erscheint fraglich.
Daß Frauen auch in der vorsozialistischen Gesellschaft großen Respekt genießen können, wird – wenn auch nur beiläufig – eingeräumt (35, 125). Das hohe Frauenlob von Marx findet sich in einem Brief an eine matriarchalische Familie, die Marx in einem anderen Brief als „Oase in der Lebens-

Frau

wüste" (31, 550) bezeichnet, weshalb hier Schmeicheleien als Motiv zu vermuten sind, da sonst vergleichbare Aussagen fehlen, ja Marx, ohne Rücksicht auf die Gefühle der weiblichen Adressaten, Knaben unmißverständlich bevorzugt. Nimmt es wunder, daß Frau Jenny diese Einseitigkeit mit gleicher Münze heimzahlt und „vom ganzen männlichen Geschlecht angewidert" (35, 195) ist?
In den sozialistischen Staaten war viel von Gleichberechtigung die Rede. Aber in der Praxis von Partei und Staat hatten Frauen weit weniger zu bestellen als in den nichtsozialistischen Staaten.

IV. Hinweise

1) 3, 32; 28, 517, 617; 29, 39; 32, 43; 33, 640; 35, 447 ff.; 38, 298.
2) Goldmann, a.a.O.

Freiheit

I. Thesen

Eine systematische Abhandlung der verschiedenen Arten von Freiheit finden wir bei Marx nicht, bei Engels nur in Ansätzen. „Freiheit" ist für sie kein zentrales Anliegen. Aus überwiegend beiläufigen Bemerkungen ergibt sich folgendes:
Die Willensfreiheit des Menschen geht zumindest nicht so weit, daß sie die Gesetzlichkeit des → historischen Materialismus außer Kraft setzen könnte, das heißt, die Menschheitsgeschichte ist im wesentlichen vorprogrammiert [1].
Angeborene Freiheitsrechts als → Menschenrechte gibt es nicht [2]. Die bürgerlichen Freiheitsrechte, die Grundrechte, sind der menschlichen Natur zuwider, da sie auf Ablösung von der Gesellschaft und nicht auf Vergesellschaftung hinwirken. Trotzdem sind die bürgerlichen Freiheiten, vor allem die Pressefreiheit (→ Presse), zu begrüßen, da sie der revolutionären Arbeit dienen [3].
In der → Diktatur des Proletariats gibt es keine Freiheit für die Gegner dieser Ordnungsform (→ Terror) [4]. Kommunisten dürfen am Kommunismus keine Kritik üben [5]. Der Kommunismus bietet nicht einzelne Freiheiten, sondern die → Emanzipation schlechthin [6]. Eine Stelle im „Kapital" macht deutliche Vorbehalte [7].

II. Texte

[1]

M/E: „Die Kommunisten predigen überhaupt keine *Moral* . . .; sie wissen im Gegenteil sehr gut, daß der Egoismus ebenso wie die Aufopferung eine unter bestimmten Verhältnissen notwendige Form der Durchsetzung der Individuen *ist*." (3, 229)

E: „Nicht in der geträumten Unabhängigkeit von den Naturgesetzen liegt die Freiheit, sondern in der Erkenntnis dieser Gesetze, und in der damit gegebenen Möglichkeit, sie planmäßig zu bestimmten Zwecken wirken zu lassen. Es gilt dies mit Beziehung sowohl auf die Gesetze der äußern Natur, wie auf diejenigen, welche das körperliche und geistige Denken des Menschen selbst regeln . . . Freiheit des Willens heißt daher nichts anderes als die Fähigkeit, mit Sachkenntnis entscheiden zu können." (20, 106)

E: „Dagegen in der Geschichte der Gesellschaft sind die Handelnden lauter mit Bewußtsein begabte, mit Überlegung oder Leidenschaft handelnde, auf bestimmte Zwecke hinarbeitende Menschen; nichts geschieht ohne bewußte Absicht, ohne gewoll-

Freiheit

tes Ziel. Aber dieser Unterschied, so wichtig er für die geschichtliche Untersuchung namentlich einzelner Epochen und Begebenheiten ist, kann nichts ändern an der Tatsache, daß der Lauf der Geschichte durch innere allgemeine Gesetze beherrscht wird." (21, 296)

2

M: „Das Menschenrecht des Privateigentums ist also das Recht, willkürlich . . ., ohne Beziehung auf andere Menschen, unabhängig von der Gesellschaft, sein Vermögen zu genießen und über dasselbe zu disponieren, das Recht des Eigennutzes. Jene individuelle Freiheit, wie diese Nutzanwendung derselben, bilden die Grundlage der bürgerlichen Gesellschaft. Sie läßt jeden Menschen im andern Menschen nicht die *Verwirklichung,* sondern vielmehr die *Schranke* seiner Freiheit finden." (1, 365)

3

E: „Polnische Sozialisten, die nicht die Befreiung des Landes an die Spitze ihres Programms setzen, kommen mir vor wie deutsche Sozialisten, die nicht zunächst Abschaffung des Sozialistengesetzes, Presse-, Vereins-, Versammlungsfreiheit fordern wollten. Um kämpfen zu können, muß man erst einen Boden haben, Luft, Licht und Ellenbogenraum. Sonst bleibt alles Geschwätz." (35, 270)

M: „Ihr haltet es für Unrecht, Vögel einzufangen. Ist der Käfig nicht eine Präventivmaßregel gegen Raubvögel, Kugeln und Stürme? Ihr haltet es für barbarisch, Nachtigallen zu blenden, und euch dünkt keine Barbarei, mit spitzen Zensurfedern der Presse die Augen auszustechen. Ihr haltet es für despotisch, einem freien Menschen wider Willen die Haare zu schneiden, und die Zensur schneidet den geistigen Individuen täglich ins Fleisch, und nur herzlose Körper, Körper ohne Reaktion, devote Körper, läßt sie als Gesunde passieren!" (Karl Marx/ Frierich Engels „Pressefreiheit und Zensur" Wien 1969 S. 79)

4

E: „Da nun der Staat doch nur eine vorübergehende Einrichtung ist, deren man sich im Kampf, in der Revolution bedient, um seine Gegner gewaltsam niederzuhalten, so ist es purer Unsinn, vom freien Volksstaat zu sprechen: Solange das Proletariat den Staat noch *gebraucht,* gebraucht es ihn nicht im Interesse der Freiheit, sondern der Niederhaltung seiner Gegner, und sobald von Freiheit die Rede sein kann, hört der Staat als solcher auf zu bestehen." (34,129)

5

E: „Ich erklärte also, ehe ich mich auf weitere Diskussionen einließe, müsse abgestimmt werden, ob wir hier qua Kommunisten zusammenkämen oder nicht. Im ersten Falle müsse Sorge getragen werden, daß Angriffe auf den Kommunismus, wie die von Eisermann, nicht mehr vorkämen. . . ." (27, 60)

6

M: „Dieser Kommunismus ist . . . die wahre Auflösung des Streits zwischen Existenz und Wesen, zwischen Vergegenständlichung und Selbstbestätigung, zwischen Freiheit und Notwendigkeit, zwischen Individuum und Gattung." (Ergbd. 1, 536)

E: „Mit der Besitzergreifung der Produktionsmittel durch die Gesellschaft ist die Warenproduktion beseitigt und damit die Herrschafts des Produkts über die Produzenten. Die Anarchie innerhalb der gesellschaftlichen Produktion wird ersetzt durch planmäßige bewußte Organisation . . . Erst von da an werden die Menschen ihre Geschichte mit vollem Bewußtsein selbst machen . . . Es ist der Sprung der Menschheit aus dem Reiche der Notwendigkeit in das Reich der Freiheit." (20, 264)

M: „Daher andererseits die Abgeschmacktheit, die freie Konkurrenz als die letzte Entwicklung der menschlichen Freiheit zu betrachten; und Negation der freien Konkurrenz = Negation individueller Freiheit und auf individueller Freiheit gegründeter gesellschaftlicher Produktion." (42, 551)

M: „Das Reich der Freiheit beginnt in der Tat erst da, wo das Arbeiten, das durch Not und äußere Zweckmäßigkeit bestimmt ist, aufhört . . . jenseits desselben beginnt die menschliche Kraftentwicklung, die sich als Selbstzweck gilt, das wahre Reich der Freiheit, das aber nur auf jenem Reich der Notwendigkeit als seiner Basis aufblühen kann. Die Verkürzung des Arbeitstags ist die Grundbedingung." (25, 828)

III. Kommentar

Während in den anderen Utopien, zum Beispiel bei Platon, Bacon, Campanella, Thomas Morus, von Freiheit nicht die Rede ist, verspricht Marx für die kommunistische Zukunftsgesellschaft totale Freiheit, ohne jedoch auch nur mit einem Satz auf die naheliegende Frage einzugehen, wie sich der große kollektive Plan (→ Planwirtschaft) mit individueller Lebensgestaltung verträgt. Offenbar ist es ein gänzlich anderer Freiheitsbegriff, der mit keinem der heute üblichen übereinstimmt oder überhaupt nur das leere, aber stets wohlklingende Wort.

IV. Hinweise

1) 1, 258 f.; 3, 33; 4, 484; 7, 461 f.; 34, 66.
2) Fetscher „Wohlfahrtsstaat", a.a.O.; Hornung „Emanzipation", a.a.O.; Löw „Die Grundrechte", a.a.O.

Geld

I. Thesen

Für Marx ist das Geld ein wesentliches Element der kapitalistischen Wirtschaft, weshalb wir dem Geld in den drei Bänden von „Das → Kapital" an vielen Stellen begegnen, meist in ganz wissenschaftlicher, emotionsfreier Gestalt.
Die kapitalistische Wirtschaft ist der Lebensnerv jener Welt, die im Kern negativ ist (→ Weltanschauung). Also muß sie überwunden werden, ja sie überlebt sich selbst (→ Histomat → Staat), und damit entfällt auch das Bedürfnis nach Geld [1], das bei Marx mitunter als Requisit eines Gruselkabinetts, als weltlicher Gott, als vollkommener Widerspruch erscheint [2].

II. Texte

[1]

M: „Womit wir es hier zu tun haben, ist eine kommunistische Gesellschaft, nicht wie sie sich auf ihrer eigenen Grundlage *entwickelt* hat, sondern umgekehrt, wie sie eben aus der kapitalistischen Gesellschaft *hervorgeht,* also in jeder Beziehung, ökonomisch, sittlich, geistig, noch behaftet mit den Muttermalen der alten Gesellschaft, aus deren Schoß sie hervorkommt. Demgemäß erhält der einzelne Produzent – nach den Abzügen – exakt zurück, was er ihr gibt . . . Er erhält von der Gesellschaft einen Schein, daß er soundso viel Arbeit geliefert . . ., und zieht mit diesem Schein aus dem gesellschaftlichen Vorrat von Konsumptionsmitteln soviel heraus, als gleichviel Arbeit kostet." (19, 20)

M: „Das Geldkapital fällt bei der gesellschaftlichen Produktion fort. Die Gesellschaft verteilt Arbeitskraft und Produktionsmittel in die verschiedenen Geschäftszweige. Die Produzenten mögen meinetwegen papierne Anweisungen erhalten, wofür sie den gesellschaftlichen Konsumptionsvorräten ein ihrer Arbeitszeit entsprechendes Quantum entziehen. Diese Anweisungen sind kein Geld. Sie zirkulieren nicht." (24, 358)

[2]

M: „Das *Geld,* indem es die *Eigenschaft* besitzt, alles zu kaufen, indem es die Eigenschaft besitzt, alle Gegenstände sich anzueignen, ist also der *Gegenstand* im eminenten Sinn. Diese Universalität seiner *Eigenschaft* ist die Allmacht seines Wesens; es gilt daher als allmächtiges Wesen . . . Das Geld ist der *Kuppler* zwischen dem Bedürfnis und dem Gegenstand, zwischem dem Leben und dem Lebensmittel des Menschen . . . Das, was ich *bin* und *vermag,* ist also keineswegs durch meine Individualität bestimmt. Ich bin häßlich, aber ich kann mir die *schönste* Frau kaufen. Also bin ich nicht *häßlich,* denn die Wirkung der *Häßlichkeit,* ihre abschreckende Kraft ist durch das Geld vernichtet. Ich – meiner Individualität nach –

Geld

bin *lahm,* aber das Geld verschafft mir 24 Füße; ich bin also nicht lahm (Ergbd. 1, 563 f.)

M: „Jeder sucht eine *fremde* Wesenskraft über den andern zu schaffen, um darin die Befriedigung seines eigenen eigennützigen Bedürfnisses zu finden. Mit der Masse der Gegenstände wächst daher das Reich der fremden Wesen, denen der Mensch unterjocht ist, und jedes neue Produkt ist eine neue *Potenz* des wechselseitigen Betrugs und der wechselseitigen Ausplünderung. Der Mensch wird um so ärmer als Mensch, er bedarf um so mehr des *Geldes,* um sich des feindlichen Wesens zu bemächtigen, und die Macht seines *Geldes* fällt grade im umgekehrten Verhältnis als die Masse der Produkte, d.h., seine Bedürftigkeit wächst, wie die Macht des Geldes zunimmt. – Das Bedürfnis des Geldes ist daher das wahre, von der Nationalökonomie produzierte Bedürfnis und das einzige Bedürfnis, das sie produziert." (Ergbd. 1, 547)

M: „Das Geld in seiner letzten, vollendeten Bestimmung erscheint nun nach allen Seiten als ein Widerspruch, der sich selbst auflöst; zu seiner eignen Auflösung treibt. Als *allgemeiner Form des Reichtums* steht ihm die ganze Welt der wirklichen Reichtümer gegenüber. Es ist die reine Abstraktion derselben, – daher so festgehalten bloße Einbildung. Wo der Reichtum in ganz materieller, handgreiflicher Form als solcher zu existieren scheint, hat er seine Existenz bloß in meinem Kopf, ist ein reines Hirngespinst." (42, 160)

III. Kommentar

Das Geld ist eine notwendige Voraussetzung für Zivilisation und Kultur, deshalb zu allen Zeiten und an allen Orten, wo Menschen in diesem Zustand leben, anzutreffen.
Alle Verwünschungen haben bisher einzig erreicht, daß es in Utopia abgeschafft wurde.
Jene Staaten, die jahrzehntelang den „rohen Kommunismus" durchschritten, dachten nicht daran, das Geld abzuschaffen.
Weder im Positiven noch im Negativen hat das Geld jene Fähigkeiten, die Marx ihm andichtet. Auch sonst sind seine Geldbetrachtungen weit mehr Dichtung als Wissenschaft.

IV. Hinweise

1) Ergbd. 1 549, 562 ff.; 1, 371 ff.; 3, 69; 13, 101 ff.; 24, 316 f.; 42, 75 ff.
2) –

Gerechtigkeit

I. Thesen

Eine eingehende systematische Abhandlung des Begriffs bieten Marx und Engels nicht. Nur selten finden sich einschlägige Äußerungen. Gerechtigkeit ist für sie eine „Phrase" ebenso wie → Moral (weshalb sie wohl die Änderung des Namens „Bund der Gerechten" in „Bund der Kommunisten" bewirkt haben) [1].

Die Auffassungen über „Gerechtigkeit" sind Bestandteile des Bewußtseins, des Überbaus (Histomat), also von der jeweiligen → Produktionsweise abhängig. In der Antike ist die Sklaverei gerecht, im Feudalismus die Leibeigenschaft, im Kapitalismus der Arbeitslohn [2]. Im häuslichen Gebrauch kommen sie ohne affirmativen Gebrauch von „Gerechtigkeit" nicht ganz aus [3].

→ Ausbeutung
→ Recht

II. Texte

[1]

M: „Nur wurde ich verpflichtet, in das Préamble der Statuten zwei ‚duty' und ‚right' Phrasen, dito, ‚truth, morality and justice' aufzunehmen, was aber so placiert ist, daß es einen Schaden nicht tun kann." (31, 15 f.)

M: „Als nämlich das Kerlchen ... das erste mal in London war, bediente ich mich des Ausdrucks ‚moderne Mythologie' zur Bezeichnung der wieder grassierenden Göttinnen der ‚Gerechtigkeit, Freiheit, Gleichheit etc.' ..." (34, 66)

E: „Bald darauf veröffentlichte Herr H. sein Programm der ‚Zukunft', nach welchem der Sozialismus aus dem Begriff der ‚Gerechtigkeit' begründet werden sollte. Ein solches Programm schloß von vornherein alle diejenigen direkt aus, die den Sozialismus in letzter Instanz nicht als Schlußfolgerung aus irgendwelchen Ideen oder Prinzipien, wie Gerechtigkeit etc., auffassen, sondern als ideelles Produkt eines materiell-ökonomischen Prozesses, des gesellschaftlichen Produktionsprozesses auf gewisser Stufe. Damit hatte also Herr H. selbst jede Mitarbeiterschaft unsrerseits unmöglich gemacht." (34, 379 f.)

M/E: „Wo der Klassenkampf als unliebsame ‚rohe' Erscheinung auf die Seite geschoben wird, da bleibt als Basis des Sozialismus nichts als wahre ‚Menschenliebe' und leere Redensarten von ‚Gerechtigkeit'." (34, 406)

[2]

E: „Der Maßstab aber, an dem gemessen wird, was Naturrecht ist und nicht, ist eben

Gerechtigkeit

der abstrakteste Ausdruck des Rechts selbst: die *Gerechtigkeit*. Von jetzt an ist also die Entwicklung des Rechts für die Juristen und die, die ihnen aufs Wort glauben, nur noch das Bestreben, die menschlichen Zustände, soweit sie juristisch ausgedrückt werden, dem Ideal der Gerechtigkeit, der *ewigen* Gerechtigkeit immer wieder näherzubringen. Und diese Gerechtigkeit ist immer nur der ideologisierte, verhimmelte Ausdruck der bestehnden ökonomischen Verhältnisse, bald nach ihrer konservativen, bald nach ihrer revolutionären Seite hin. Die Gerechtigkeit der Griechen und Römer fand die Sklaverei gerecht: die Gerechtigkeit der Bourgeois von 1789 forderte die Aufhebung des Feudalismus, weil er ungerecht sei ... Die Vorstellung von der ewigen Gerechtigkeit wechselt also nicht nur mit der Zeit und dem Ort, sondern selbst mit den Personen und gehört zu den Dingen, worunter ... ‚jeder etwas anderes versteht'." (18, 277)

M: „Was ist ‚gerechte' Verteilung? Behaupten die Bourgeois nicht, daß die heutige Verteilung ‚gerecht' ist? Und ist sie in der Tat nicht die einzige ‚gerechte' Verteilung auf Grundlage der heutigen Produktionsweise?" (19, 18)

M: „Dunkelmann schiebt mir unter, daß ‚der von den Arbeitern *allein* produzierte *Mehrwert* den kapitalistischen Unternehmern *ungebührlicher* Weise verbliebe' ... Nun sage ich das direkte Gegenteil; nämlich, daß die Warenproduktion notwendig auf einem gewissen Punkt zur ‚kapitalistischen' Warenproduktion wird, und daß nach dem sie beherrschenden *Wertgesetz* der ‚Mehrwert' dem Kapitalisten gebührt und nicht dem Arbeiter." (19, 382)

E: „Und wenn wir hierauf eingehn, so müssen wir sagen, so widerspruchsvoll und so ketzerisch das auch klingen mag, daß die Einführung der Sklaverei unter den damaligen Umständen ein großer Fortschritt war. Es ist nun einmal eine Tatsache, daß die Menschheit vom Tiere angefangen und daher barbarische, fast tierische Mittel nötig gehabt hat, um sich aus der Barbarei herauszuarbeiten." (20, 168)

E: „Marx begreift die geschichtliche Unvermeidlichkeit, also Berechtigung der antiken Sklavenhalter, der mittelalterlichen Feudalherren usw., als Hebel der menschlichen Entwicklung für eine beschränkte Geschichtsperiode; er erkennt damit auch die zeitweilige geschichtliche Berechtigung der Ausbeutung, der Aneignung des Arbeitsprodukts durch andere an; er beweist aber auch gleichzeitig, daß diese historische Berechtigung jetzt nicht nur verschwunden ist, sondern daß die Fortdauer der Ausbeutung in irgendwelcher Form, statt die gesellschaftliche Entwicklung zu fördern, sie täglich mehr hemmt und in immer heftigere Kollisionen verwickelt." (21, 501)

M: „Die Gerechtigkeit der Transaktionen, die zwischen den Produktionsagenten vorgehn, beruht darauf, daß diese Transaktionen aus den Produktionsverhältnissen als natürliche Konsequenz entspringen. Die juristischen Formen, worin diese ökonomischen Transaktionen als Willenshandlungen der Beteiligten, als Äußerungen ihres gemeinsamen Willens und als der Einzelpartei gegenüber von Staats wegen erzwingbare Kontrakte erscheinen, können als bloße Formen diesen Inhalt selbst nicht bestimmen. Sie drücken ihn nur aus. Dieser Inhalt ist gerecht, sobald er der Produktionsweise entspricht, ihr adäquat ist. Er ist

Gerechtigkeit

ungerecht, sobald er ihr widerspricht. Sklaverei, auf Basis der kapitalistischen Produktionsweise, ist ungerecht..." (25, 351 f.)

3

E: Auf diese Weise könnt Ihr „so handeln, wie es Euer Gerechtigkeitssinn und Eure Liebe zu den Kindern erfordern." (39, 318)

III. Kommentar

Nahezu jedermann und alle politischen Parteien bekennen sich zu Gerechtigkeit. Zumindest untereinander und in ihren Kreisen haben sich Marx und Engels davon distanziert. „Gerechtigkeit" ist in der Tat häufig eine Phrase. Andererseits gibt es Verhaltensweisen, die über Zeiten und Grenzen hinweg nahezu allgemein als ungerecht empfunden werden (zum Beispiel Bestrafung trotz offenkundiger Unschuld).
So wenig es jemals gelingen wird, „das Gerechte" auf eine allseits anerkannte, konkrete Weise zu definieren, so wenig kann auf Gerechtigkeit als Richtschnur verzichtet werden, denn dann verböte sich auch der sinnvolle Gebrauch von „Unrecht" und „Ungerechtigkeit". Ohne Gerechtigkeit gibt es auch keine → Menschenrechte.
Bezeichnend ist, daß Engels in seinem Testament an den Gerechtigkeitssinn der Marx-Töchter appelliert.
Aus der Leugnung des „Gerechten" folgt nicht, daß nicht trotzdem unbewußt oder widerwillig auf eine gerechtere Ordnung hingearbeitet wird. Aber die Leugnung des Gerechten fördert die Zerstörung des moralischen Impulses.
Hinsichtlich des Gebrauchs von „Gerechtigkeit" war in den sozialistischen Staaten eine grundsätzliche Abkehr von Marx festzustellen. Von „Gerechtigkeit" wurde häufig und stets affirmativ Gebrauch gemacht.

IV. Hinweise

1) 16, 133; 18, 118, 142; 19, 191, 247; 20, 146 f.; 21, 178; 22, 267; 23, 207f.; 34, 303; 39, 18.
2) Buchanan, a.a.O.; Dahrendorf, a.a.O.; Glahn, a.a.O.; Hook, a.a.O.; Löw „Rechtsstaat", a.a.O.; Monz, a.a.O.; Wood, a.a.O.

Gewalt

I. Thesen

Die Gewaltlehre der Freunde ist kurz und bündig: Es gibt revolutionäre und reaktionäre Gewalt. Die revolutionäre Gewalt trägt die Rechtfertigung in sich (→ Histomat → Rechtsstaat). Sie ist die notwendige Geburtshelferin jeder alten Gesellschaft, die mit einer neuen schwanger geht [1].
Erst im Gefolge der kommunistischen Revolution erstirbt die Gewalt auf Dauer (→ Moral → Revolution → Staat → Terror) [2].
Die Machtergreifung durch das Proletariat erfolgt gewaltsam, – war die ursprüngliche Annahme. Später wurde die Möglichkeit einer gewaltlosen Machtübernahme nicht gänzlich ausgeschlossen [3].

II. Texte

[1]

M: „Die Waffe der Kritik kann allerdings die Kritik der Waffen nicht ersetzen, die materielle Gewalt muß gestürzt werden durch materielle Gewalt, allein auch die Theorie wird zur materiellen Gewalt, sobald sie die Massen ergreift." (1, 385)

M: „In der wirklichen Geschichte spielen bekanntlich Eroberung, Unterjochung, Raubmord, kurz Gewalt die große Rolle." (23, 742)

M: „Die verschiednen Momente der ursprünglichen Akkumulation verteilen sich nun, mehr oder minder in zeitlicher Reihenfolge, namentlich auf Spanien, Portugal, Holland, Frankreich und England. In England werden sie Ende des 17. Jahrhunderts systematisch zusammengefaßt im Kolonialsystem, Staatsschuldensystem, modernen Steuersystem und Protektionssystem. Diese Methoden beruhn zum Teil auf brutalster Gewalt, z. B. das Kolonialsystem. Alle aber benutzten die Staatsmacht, die konzentrierte und organisierte Gewalt der Gesellschaft, um den Verwandlungsprozeß der feudalen in die kapitalistische Produktionsweise treibhausmäßig zu fördern und die Übergänge abzukürzen. Die Gewalt ist der Geburtshelfer jeder alten Gesellschaft, die mit einer neuen schwanger geht. Sie selbst ist eine ökonomische Potenz." (23, 779)

E: „Es ist doch etwas ganz anderes, wenn man sich statt all dieser Luftgebilde . . . mit wirklichen, lebendigen Dingen, mit historischen Entwicklungen und Resultaten beschäftigt. Das ist wenigstens das Beste, solange wir noch allein auf den Gebrauch der Schreibfeder angewiesen sind und unsere Gedanken nicht unmittelbar mit den Händen oder, wenn es sein muß, mit den Fäusten realisieren können." (27, 12)

E: „Glücklicherweise ist diesmal nur mit der rücksichtslosesten Courage etwas zu machen, denn eine so rasche Ebbe wie 1848 wird man nicht mehr zu fürchten haben." (29, 86)

Gewalt

E: „Der Mann ist *zu weise*. Und dabei so ganz platte, vulgär-demokratische Gründe! Auf die *Gewalt* zu schimpfen als etwas Verwerfliches an sich, wo wir doch alle wissen, daß schließlich ohne Gewalt nichts durchzusetzen ist!" (33, 617)

E: „Ich bin also darin Deiner Ansicht, daß wir *für jetzt* so friedfertig und gesetzlich wie möglich aufzutreten [haben] und jeden Vorwand zu Kollisionen vermeiden müssen. Freilich halte ich Deine Philippiken gegen die Gewalt, in jeder Form und unter allen Umständen, für unangebracht, erstens, weil Dir doch kein Gegner das glaubt – so dumm sind sie doch nicht –, und zweitens, weil ich und Marx nach Deiner Theorie dann auch Anarchisten wären, da wir nie gesonnen waren, als gute Quäker die linke Backe auch hinzuhalten, falls uns jemand auf die rechte hauen sollte." (37, 366)

E: „Oder warum kämpfen wir denn um die politische Diktatur des Proletariats, wenn die politische Macht ökonomisch ohnmächtig ist? Die Gewalt (d. h. die Staatsmacht) ist auch eine ökonomische Potenz!" (37, 493)

E: „Von Liebknecht, nimmt er eine Rede von 1881 aus der Zeit der allgemeinen Zerfahrenheit nach Erlaß des Sozialistengesetzes ... und versteigt sich zu der Behauptung, die Gewalt sei unter allen Umständen revolutionär und nie reaktionär; der Esel merkt nicht, daß, wenn keine reaktionäre Gewalt da ist, die man umwerfen muß, von einer revolutionären Gewalt gar nicht die Rede sein kann, man kann doch keine Revolution machen gegen etwas, das man nicht einmal umzublasen braucht." (38, 489 f.)

2

M: „Die arbeitende Klasse wird im Laufe der Entwicklung an die Stelle der alten bürgerlichen Gesellschaft eine Assoziation setzen, welche die Klassen und ihren Gegensatz ausschließt, und es wird keine eigentliche politische Gewalt mehr geben, weil gerade die politische Gewalt der offizielle Ausdruck des Klassengegensatzes innerhalb der bürgerlichen Gesellschaft ist." (4, 182)

3

M/E: „Die Kommunisten verschmähen es, ihre Ansichten und Absichten zu verheimlichen. Sie erklären es offen, daß ihre Zwecke nur erreicht werden können durch den gewaltsamen Umsturz aller bisherigen Gesellschaftsordnung." (4, 493)

E: „Aber ohne Gewalt und ohne eherne Rücksichtslosigkeit wird nichts durchgesetzt in der Geschichte, und hätten Alexander, Cäsar und Napoleon dieselbe Rührungsfähigkeit besessen, an die jetzt der Panslawismus zugunsten seiner verkommenen Klienten appelliert, was wäre da aus der Geschichte geworden!" (6, 279)

M: „Wir wissen, daß man die Institutionen, die Sitten und die Traditionen der verschiedenen Länder berücksichtigen muß, und wir leugnen nicht, daß es Länder gibt, wie Amerika, England und wenn mir eure Institutionen besser bekannt wären, würde ich vielleicht auch Holland hinzufügen, wo die Arbeiter auf friedlichem Wege zu ihrem Ziel gelangen können. Wenn das wahr ist, müssen wir auch anerkennen, daß in den meisten Ländern des Kontinents der Hebel unserer Revolution die Gewalt sein muß ..." (18, 160)

Gewalt

E: „Die Hauptsache dabei war, die Notwendigkeit der gewaltsamen Revolution nachzuweisen ... Ich definierte also die Absichten der Kommunisten dahin: ... drittens kein anderes Mittel zur Durchführung dieser Absichten anzuerkennen als die gewaltsame, demokratische Revolution." (27, 60 f.)

M: „Das Ziel im gegebnen Fall ist die Emanzipation der Arbeiterklasse und die darin enthaltne Umwälzung (Umwandlung) der Gesellschaft. ‚Friedlich' kann eine historische Entwicklung nur so lange bleiben, als ihr keine gewaltsamen Hindernisse seitens der jedesmaligen gesellschaftlichen Machthaber in den Weg treten. Gewinnt z. B. in England oder in [den] Vereinigten Staaten die Arbeiterklasse die Majorität im Parlament oder Kongreß, so könnte sie auf gesetzlichem Weg die ihrer Entwicklung im Weg stehenden Gesetze und Einrichtungen beseitigen ..." (34, 498)

E: „Daß das Proletariat seine politische Herrschaft, die einzige Tür in die neue Gesellschaft, nicht erobern kann ohne gewaltsame Revolution, darüber sind wir einig." (37, 326)

III. Kommentar

Welche Gewalt revolutionär und welche reaktionär ist, entscheiden die Freunde, entscheidet die kommunistische → Partei.
Da der → Kommunismus alles vermag, erübrigt sich in ihm die politische Gewalt. Er ist das paradiesische Ende der Geschichte. Daß es sich bei derlei Behauptungen nicht um wissenschaftliche Aussagen handelt, liegt auf der Hand. Denn der Kommunismus ist keine Realität, entzieht sich daher der wissenschaftlichen Analyse.

IV. Hinweise

1) 18, 160; 20, 147 ff., 169 ff., 585 ff.; 21, 407 ff.; 22, 234; 23, 249, 765; 34, 498f.; 36, 240; 37, 327; 39, 424.
2) –

Gewerkschaften

I. Thesen

Soweit die Gewerkschaften die proletarischen Kräfte sammeln, Unruhe stiften, Krisen schüren (→ Krisensehnsucht → Vernichtungsdrang), erhalten sie deutlichen Applaus [1]. Da sie sich aber überwiegend mit dem bestehenden System arrangieren, sich auf die Verbesserung der Lage der arbeitenden Klasse beschränken, also nicht den Umsturz betreiben, ernten sie harte Kritik. Sie verkennen ihre historische Mission [2].
Engels wünscht den Trade Unions ausdrücklich Mißerfolg in ihren satzungsmäßigen Bestrebungen und räumt ein, daß er und Marx die Gewerkschaftsführer bekämpfen mußten [3].

II. Texte

[1]
M: „In England hat man sich nicht auf partielle Koalitionen beschränkt, die keinen andren Zweck hatten als einen augenblicklichen Strike und mit demselben wieder verschwanden. Man hat dauernde Koalitionen geschaffen, trade unions, die den Arbeitern in ihren Kämpfen mit den Unternehmern als Schutzwehr dienen. Und gegenwärtig finden alle diese lokalen trade unions einen Sammelpunkt in der National Association of United Trades, deren Zentralkomitee in London sitzt und die bereits 80 000 Mitglieder zählt ... Die Befreiung der unterdrückten Klasse schließt also notwendig die Schaffung einer neuen Gesellschaft ein." (4, 180 f.)

M/E: „Das Proletariat macht verschiedene Entwicklungsstufen durch. Sein Kampf gegen die Bourgeoisie beginnt mit seiner Existenz.
Im Anfang kämpfen die einzelnen Arbeiter, dann die Arbeiter einer Fabrik, dann die Arbeiter eines Arbeitszweiges an einem Ort gegen den einzelnen Bourgeoisie, der sie direkt ausbeutet. Sie richten ihre Angriffe nicht nur gegen die bürgerlichen Produktionsverhältnisse, sie richten sie gegen die Produktionsinstrumente selbst; sie vernichten die fremden konkurrierenden Waren, sie zerschlagen die Maschinen, sie stecken die Fabriken in Brand ... Aber mit der Entwicklung der Industrie vermehrt sich nicht nur das Proletariat; es wird in größeren Massen zusammengedrängt, seine Kraft wächst, und es fühlt sich mehr ... Die Arbeiter beginnen damit, Koalitionen gegen die Bourgeoisie zu bilden; sie treten zusammen zur Behauptung ihres Arbeitslohns. Sie stiften selbst dauernde Assoziationen, um sich für die gelegentlichen Empörungen zu verproviantieren ...
Von Zeit zu Zeit siegen die Arbeiter, aber nur vorübergehend. Das eigentliche Resultat ihrer Kämpfe ist nicht der unmittelbare Erfolg, sondern die immer weiter um sich greifende Vereinigung der Arbeiter." (4, 470 f.)

Gewerkschaften

M: „Da nun die Tendenz der *Dinge* in diesem System solcher Natur ist, besagt das etwa, daß die Arbeiterklasse auf ihren Widerstand gegen die Gewalttaten des Kapitals verzichten und ihre Versuche aufgeben soll, die gelegentlichen Chancen zur vorübergehenden Besserung ihrer Lage auf die bestmögliche Weise auszunutzen? Täte sie das, sie würde degradiert werden zu einer unterschiedslosen Masse ruinierter armer Teufel, denen keine Erlösung mehr hilft ... Würden sie in ihren tagtäglichen Zusammenstößen mit dem Kapital feige nachgeben, sie würden sich selbst unweigerlich der Fähigkeit berauben, irgendeine umfassende Bewegung ins Werk zu setzen.
Gleichzeitig, und ganz unabhängig von der allgemeinen Fron, die das Lohnsystem einschließt, sollte die Arbeiterklasse die endgültige Wirksamkeit dieser tagtäglichen Kämpfe nicht überschätzen. Sie sollte nicht vergessen, daß sie gegen Wirkungen kämpft, nicht aber gegen die Ursachen dieser Wirkungen; daß sie zwar die Abwärtsbewegung verlangsamt, nicht aber ihre Richtung ändert, daß sie Palliativmittel anwendet, die das Übel nicht kurieren. Sie sollte daher nicht ausschließlich in diesem unvermeidlichen Kleinkrieg aufgehen ... Sie sollte begreifen, daß das gegenwärtige System bei all dem Elend, das es über sie verhängt, zugleich schwanger geht mit den *materiellen Bedingungen* und den gesellschaftlichen Formen, die für eine ökonomische Umgestaltung der Gesellschaft notwendig sind. Statt des *konservativen* Mottos: ‚*ein gerechter Tagelohn für ein gerechtes Tagewerk!*‘, sollte sie auf ihr Banner die *revolutionäre* Losung schreiben: ‚Nieder mit dem Lohnsystem!'" (16, 151 f.)

E: „Fünftens ist von der Organisation der Arbeiterklasse als Klasse vermittelst der Gewerksschaftsgenossenschaften gar keine Rede. Und das ist ein sehr wesentlicher Punkt, denn dies ist die eigentliche Klassenorganisation des Proletariats, in der es seine täglichen Kämpfe mit dem Kapital durchficht, in der es sich schult und die heutzutage bei der schlimmsten Reaktion (wie jetzt in Paris) platterdings nicht mehr kaputtzumachen ist." (19, 6)

M: „Das political movement der Arbeiterklasse hat natürlich zum Endzweck die Eroberung der political power für sie, und dazu ist natürlich eine bis zu einem gewissen Punkt entwickelte previous organisation der working class nötig, die aus ihren ökonomischen Kämpfen selbst erwächst." (33, 332)

2

M/E: „Es kann sich für uns nicht um die Veränderung des Privateigentums handeln, sondern nur um seine Vernichtung, nicht um Vertuschung der Klassengegensätze, sondern um Aufhebung der Klassen, nicht um Verbesserung der bestehenden Gesellschaft, sondern um Gründung einer neuen." (7, 248)

M: „Die Gewerkschaftsgenossenschaften haben sich bisher zu ausschließlich mit dem lokalen und unmittelbaren Kampf gegen das Kapital beschäftigt und haben noch nicht völlig begriffen, welche Kraft sie im Kampf gegen das System der Lohnsklaverei selbst darstellen. Sie haben sich deshalb zu fern von allgemeinen sozialen und politischen Bewegungen gehalten. In letzter Zeit scheinen sie jedoch zum Bewußtsein ihrer großen historischen Mission zu erwachen ... Abgesehen von ihrem ursprünglichen Zweck müssen sie jetzt lernen, bewußt als organisierende Zentren der Arbeiterklasse zu handeln, im großen Interesse ihrer *voll-*

Gewerkschaften

ständigen Emanzipation. Sie müssen jede soziale und politische Bewegung unterstützen, die diese Richtung einschlägt." (16, 197)

E: „So ist es also eine Folge des Wirkens der Trade-Unions, daß gegen den Widerstand der Unternehmer das Lohngesetz durchgesetzt wird, daß die Arbeiter jedes gut organisierten Gewerbezweigs in der Lage sind, wenigstens annähernd, den vollen Wert ihrer Arbeitskraft zu erhalten, die sie dem Unternehmer vermieten, und daß mit Hilfe von Staatsgesetzen die Arbeitszeit wenigstens nicht allzusehr jene Höchstdauer überschreitet, über die hinaus die Arbeitskraft vorzeitig erschöpft wird ... und dann machen die Konjunkturschwankungen, alle zehn Jahre mindestens einmal, das Errungene im Handumdrehen wieder zunichte, und der Kampf muß von neuem durchgefochten werden. Das ist ein verhängnisvoller Kreislauf, aus dem es kein Entrinnen gibt. Die Arbeiterklasse bleibt, was sie war und als was unsere chartistischen Vorväter sie rundheraus bezeichneten – eine Klasse von Lohnsklaven." (19, 257)

M: „Diese O'Brienniten, trotz ihrer Narrheiten, bilden im Council ein oft nötiges Gegengewicht gegen Tradesunionisten. Sie sind revolutionärer, über die landquestion entschiedner, weniger national, und bürgerlicher Bestechung in einer oder der anderen Form nicht zugänglich. Sonst hätte man sie längst an die Luft gesetzt." (33, 328)

E: „Die englische Arbeiterbewegung dreht sich seit einer Reihe von Jahren ausweglos im engen Kreis der Strikes um Löhne und Verkürzung der Arbeitszeit, und zwar nicht als Notbehelf und Mittel der Propaganda und Organisation, sondern als letzten Zweck. Die Trades Unions schließen sogar prinzipiell und statutengemäß jede politische Aktion aus und damit die Teilnahme an jeder allgemeinen Tätigkeit der Arbeiterklasse als Klasse." (34, 378)

E: „Die Chambres Syndicales – ja, wenn man jede Strikegesellschaft, die nur, wie die englischen Tradesunions, für hohen Lohn und kurze Arbeitszeit kämpft, sonst aber auf die Bewegung pfeift – wenn man die alle zur Arbeiterpartei zählt, so bildet man in Wirklichkeit eine Partei zur *Aufrechterhaltung* der Lohnarbeit, nicht zu ihrer Abschaffung." (35, 403)

E: „Wenn den Pariser Deutschen *jetzt* nicht der Star wegen Malon & Co. gestochen, so ist ihnen nicht zu helfen. Ihre offne Allianz mit den *Verrätern* der englischen Arbeiterbewegung, den offiziellen Vertretern der Trades Union, hat ihnen den Beifall der ganzen englischen Bourgeois-Presse eingetragen ..." (36, 68)

3

E: „... es ist nicht zu wünschen, daß die amerikanischen Arbeiter auf ihrer jetzigen noch ganz bürgerlichen Denkstufe – hoher Lohn und kurze Zeit – zu *rasche* Erfolge erfechten. Das könnte den einseitigen Trades-Union-Geist stärken mehr als nötig." (36, 487)

E: „Was Sie über die Führer der Trade-Unions sagen, ist ganz richtig. Seit Gründung der *Internationale* mußten wir sie bekämpfen." (36, 678)

E: „Ein wahres Glück, daß die borniert-einseitige, *ausschließliche* Gewerkschaftsbewegung ihren jetzt reaktionären Charakter so eklatant an die Sonne stellt." (38, 456)

Gewerkschaften

III. Kommentar

Die Evolution des Kapitalismus unter dem ständigen Druck vielfältiger Kräfte, unter anderem der Gewerkschaften, hat die von den Freunden immer wieder verheißene → Revolution immer mehr in den Hintergrund treten lassen und das „eherne Lohngesetz" des Karl Marx, wonach eine wesentliche reale Lohnerhöhung nicht möglich sei, da aufs Ganze gesehen ohnehin der gerechte Lohn gezahlt werde (→ Ausbeutung → Gerechtigkeit), Lügen gestraft. Daher das zwiespältige Verhältnis der Freunde zur Gewerkschaftsbewegung.

IV. Hinweise

1) 2, 55; 4, 175 ff.; 9, 170 f., 346, 536; 16, 9, 196 ff.; 19, 253 ff., 260; 21, 197; 22, 276 f.; 31, 76, 428; 34, 128; 36, 88, 377, 401, 489; 37, 131, 288, 341, 353, 398; 38, 465.
2) Deppe, a.a.O.; Engelhardt, a.a.O.

Gleichheit

I. Thesen

„Gleichheit" war für die Freunde kein großes Anliegen. Nur selten befassen sie sich damit, und dann meist despektierlich: „Phrase", „fixe Idee", „moderne Mythologie", Gleichheit der Löhne ein „törichter Wunsch" [1]. Mit der Abschaffung der → Klassen ist für sie die erstrebenswerte Gleichheit verwirklicht. Ungleiche Entlohnung im rohen → Kommunismus, Güterverteilung nach Bedürfnis im perfekten Kommunismus steht ihrer Vorstellung von Gleichheit nicht entgegen [2]. (→ Frau)
Die Hausordnung, vor allem bei Engels, war weit eher aristokratisch als „kommunistisch" [3].

II. Texte

[1]

M/E: „Welche Kenntnis die Herren übrigens von den ‚Systemen' haben, geht schon daraus hervor, daß sie sich einbilden, jedes dieser Systeme sei bloß ein Fragment der im Manifest zusammengestellten Weisheit und habe sich nur eine einzelne der hier versammelten Phrasen, Freiheit, Gleichheit etc. einseitig zur Grundlage genommen . . .
Also: Fortschritt – Assoziation – Moralgesetz – Freiheit – Gleichheit – Brüderlichkeit . . . Diese Phrasen figurieren in allen Manifesten der 1848er Revolutionen . . ." (7, 461 f.)

M: „Dennoch muß ich diese Gelegenheit zu der Feststellung benutzen, daß, genauso wie die Produktionskosten für Arbeitskräfte verschiedner Qualität nun einmal verschieden sind, auch die Werte der in verschiednen Geschäftszweigen beschäftigten Arbeitskräfte verschieden sein müssen. Der Ruf nach *Gleichheit der Löhne* beruht daher auf einem Irrtum, ist ein unerfüllbarer *törichter* Wunsch. Er ist die Frucht jenes falschen und platten Radikalismus, der die Voraussetzungen annimmt, die Schlußfolgerungen aber umgehen möchte." (16, 131)

M: „Das Recht der Produzenten ist ihren Arbeitslieferungen *proportionell;* die Gleichheit besteht darin, daß an *gleichem Maßstab,* der Arbeit, gemessen wird. Der eine ist aber physisch oder geistig dem andern überlegen, liefert also in derselben Zeit mehr Arbeit oder kann während mehr Zeit arbeiten; und die Arbeit, um als Maßstab zu dienen, muß der Ausdehnung oder der Intensität nach bestimmt werden, sonst hört sie auf, Maßstab zu sein." (19, 20 f.)

E: „Wir haben hinlänglich gesehn, daß die völlige Gleichheit der beiden Willen nur so lange besteht, als diese beiden Willen *nichts wollen;* daß, sobald sie aufhören, menschliche Willen als solche zu sein, und sich in wirkliche, individuelle Willen, in die Willen von zwei wirklichen Menschen verwandeln, die Gleichheit aufhört, . . .

Gleichheit

Die Vorstellung, daß alle Menschen als Menschen etwas Gemeinsames haben, und so weit dies Gemeinsame reicht, auch gleich sind, ist selbstverständlich uralt. Aber hiervon ganz verschieden ist die moderne Gleichheitsforderung; diese besteht vielmehr darin, aus jener gemeinschaftlichen Eigenschaft des Menschseins, jener Gleichheit der Menschen als Menschen, den Anspruch auf gleiche politische resp. soziale Geltung aller Menschen, oder doch wenigstens aller Bürger eines Staats oder aller Mitglieder einer Gesellschaft abzuleiten...
Das Christentum kannte nur *eine* Gleichheit aller Menschen, die der gleichen Erbsündhaftigkeit, die ganz seinem Charakter als Religion der Sklaven und Unterdrückten entsprach...
Und da man nicht mehr in einem Weltreich lebte, wie das römische gewesen, sondern in einem System unabhängiger, miteinander auf gleichem Fuß verkehrender Staaten von annähernd gleicher Höhe der bürgerlichen Entwicklung, so verstand es sich von selbst, daß die Forderung einen allgemeinen, über den einzelnen Staat hinausgreifenden Charakter annahm, daß Freiheit und Gleichheit proklamiert wurden als *Menschenrechte*...
Somit ist die Vorstellung der Gleichheit, sowohl in ihrer bürgerlichen wie in ihrer proletarischen Form, selbst ein geschichtliches Produkt, zu deren Hervorbringung bestimmte geschichtliche Verhältnisse notwendig waren, die selbst wieder eine lange Vorgeschichte voraussetzen." (20, 95 ff.)

M: „So ist Herr Proudhon auch gezwungen, zu einer Fiktion Zuflucht zu nehmen, um die Entwicklung zu erklären. Er bildet sich ein, die Arbeitsteilung, die Kritik, die Maschine etc., alles sei erfunden worden, um seiner fixen Idee, der Idee der Gleichheit, zu dienen. Seine Erklärung ist von köstlicher Naivität. Man hat diese Dinge eigens für die Gleichheit erfunden, doch leider haben sie sich gegen die Gleichheit gekehrt. Das ist sein ganzes Räsonnement." (27, 456)

M: „Diese einfache Zirkulation für sich betrachtet, und sie ist die Oberfläche der bürgerlichen Gesellschaft, worin die tiefern Operationen, aus denen sie hervorgeht, ausgelöscht sind, zeigt keinen Unterschied zwischen den Subjekten des Austausches, außer nur formelle und verschwindende. Es ist dies *das Reich der Freiheit, Gleichheit* und des auf der ‚Arbeit' gegründeten Eigentums." (29, 317)

2

E: „‚Beseitigung aller sozialen und politischen Ungleichheit' ist auch eine sehr bedenkliche Phrase statt: ‚Aufhebung aller Klassenunterschiede'. Von Land zu Land, von Provinz zu Provinz, von Ort zu Ort sogar wird immer eine *gewisse* Ungleichheit der Lebensbedingungen bestehen, die man auf ein Minimum reduziert, aber nie ganz beseitigen können wird. Alpenbewohner werden immer andere Lebensbedingungen haben als Leute des flachen Landes. Die Vorstellung der sozialistischen Gesellschaft als des Reiches der *Gleichheit* ist eine einseitige französische Vorstellung, anlehnend an das alte ‚Freiheit, Gleichheit, Brüderlichkeit', eine Vorstellung, die *als Entwicklungsstufe* ihrer Zeit und ihres Ortes berechtigt war, die aber, wie alle die Einseitigkeiten der früheren sozialistischen Schulen, jetzt überwunden sein sollten..." (34, 129)

E: „Aber bei allen Beteiligten erscheint die ‚sozialistische Gesellschaft' nicht als ein in fortwährender Veränderung und Fortschritt

Gleichheit

begriffenes, sondern als ein stabiles, ein für allemal fixiertes Ding, das also auch einen ein für allemal fixierten Verteilungsmodus haben soll. Vernünftigerweise aber kann man doch nur 1. versuchen, den Verteilungsmodus zu entdecken, mit dem *angefangen* wird, und 2. suchen, die *allgemeine Tendenz zu finden,* worin sich die Weiterentwicklung bewegt." (37, 436)

3
E: „Wer auch meinen Hausstand leitet, wird sich den hiesigen Vorstellungen unterordnen müssen, daß eine Dame keine manual services übernehmen darf. Vielleicht würde mir das sogar aufgenötigt, und ganz sicher wär' ich gezwungen, zu jemand Zuflucht zu nehmen, die nicht innerhalb unserer Partei steht . . . Sie würden also nur die Aufsicht zu führen haben und alle übrige Zeit frei, für was Ihnen beliebt . . ." (37, 500)

III. Kommentar

Diese Texte dürften für alle jene eine Enttäuschung sein, die nicht müde werden, in den Freunden entschiedene Vorkämpfer einer radikalen Gleichmacherei zu erblicken.
Bezeichnend ist, daß sie trotz ihres Einsatzes für die Beseitigung der gesellschaftlichen Klassen zeitlebens ein vom proletarischen Dasein deutlich distanziertes, ausgesprochen gutbürgerliches, nicht selten sogar patriarchalisches Leben zu führen bestrebt gewesen sind: Ein oder mehrere Dienstmädchen, die Dame des Hauses darf keine körperlichen Arbeiten verrichten (37, 500, 519), „ich bin der Herr im Haus" (37, 525), der „famose Weinkeller" mit gleichmäßiger Temperatur und Raum für fast „100 Dutzend in 8 gemauerten Abteilungen" (39, 407) – sprechen diese Grundsätze und Tatsachen wirklich dafür, daß sie gegen die bürgerliche Welt mit persönlichen Konsequenzen protestieren wollten?

IV. Hinweise

1) 4, 139; 34, 66; 37, 155.
2) Schwan, a.a.O., S. 248.

Historischer Materialismus (Histomat)

I. Thesen

Der Histomat, von Marx und Engels thesenartig entwickelt, ist jener Teil des → Dialektischen Materialismus, der die Gesetze der Menschheitsgeschichte aufdeckt. Wer gegen sie verstößt, sündigt [1].

Nach diesen Gesetzen vollzieht sich die Menschheitsgeschichte im dialektischen Dreischritt von Position, Negation und Negation der Negation. Die Position ist die Urgesellschaft. Auf sie folgen als Negation jene Gesellschaftsformen, die gekennzeichnet sind durch → Arbeitsteilung, Privateigentum an den Produktionsmitteln (→ Eigentum), → Enfremdung, → Ausbeutung, nämlich: Sklavenhaltergesellschaft, Feudalismus, Kapitalismus. Jede dieser → Produktionsweisen ist notwendig [2].

Der → Kommunismus ist die Negation der Negation. Er zerstört und überwindet also die makelbehafteten historischen Perioden. Mit ihm beginnt die eigentliche Menschheitsgeschichte (→ Staat) [3]. Die kommunistische → Revolution steht bevor.

Der Motor im welthistorischen Prozeß ist die technische Entwicklung im Bereich der Arbeitsgeräte. Die dadurch bedingten Veränderungen der Produktivkräfte bewirken eine revolutionär veränderte Produktionsweise (Klassen), die das geistige Leben der menschlichen Gesellschaft bestimmt.

An manchen Stellen äußern sich die Freunde abweichend von den oben dargestellten Thesen [4].

III. Texte

[1]

M: „... Sünde gegen die Geschichte..." (30, 462)

M: „Die Weltgeschichte wäre allerdings sehr bequem zu machen, wenn der Kampf nur unter der Bedingung unfehlbar günstiger Chancen aufgenommen würde. Sie wäre andererseits sehr mystischer Natur, wenn ‚Zufälligkeiten' keine Rolle spielten. Diese Zufälligkeiten fallen natürlich selbst in den allgemeinen Gang der Entwicklung und werden durch andere Zufälligkeiten wieder kompensiert. Aber Beschleunigung und Verzögrung sind sehr von solchen ‚Zufälligkeiten' abhängig – unter denen auch der ‚Zufall' des Charakters der Leute, die zuerst an der Spitze der Bewegung stehen, figuriert." (33, 209)

E: „... Als ob wir, oder irgendeine Partei der Welt, verhindern könnten, daß ein Land seine historisch notwendigen Entwicklungsstufen durchmacht ..." (35, 366)

[2]

M/E: „So hat sich die Gesellschaft bisher immer innerhalb eines Gegensatzes entwickelt, der bei den Alten der Gegensatz

Historischer Materialismus (Histomat)

von Freien und Sklaven, im Mittelalter der vom Adel und Leibeignen, in der neueren Zeit der von Bourgeoisie und Proletariat ist." (3, 417)

M: „So lange die auf dem Kapital ruhnde Produktion die notwendige, d. h die angemessenste Form für die Entwicklung der gesellschaftlichen Produktivkraft, erscheint das Bewegen der Individuen innerhalb der reinen Bedingungen des Kapitals als ihre Freiheit …" (42, 550)

3

M: „Der Kommunismus ist die Position als Negation der Negation …" (Ergbd. 1, 546)

M: „Heißt dies, daß es nach dem Sturz der alten Gesellschaft eine neue Klassenherrschaft geben wird, die in einer neuen politischen Gewalt gipfelt? Nein." (4, 181)

M: „Die bürgerlichen Produktionsverhältnisse sind die letzte antagonistische Form des gesellschaftlichen Produktionsprozesses, antagonistisch nicht im Sinn von individuellem Antagonismus, sondern eines aus den gesellschaftlichen Lebensbedingungen der Individuen hervorwachsenden Antagonismus, aber die im Schoß der bürgerlichen Gesellschaft sich entwickelnden Produktivkräfte schaffen zugleich die materiellen Bedingungen zur Lösung dieses Antagonismus. Mit dieser Gesellschaftsformation schließt daher die Vorgeschichte der menschlichen Gesellschaft ab." (13, 9)

4

E: „Aber der wissenschaftliche Sozialismus ist nun einmal ein wesentlich deutsches Produkt und konnte nur bei der Nation entstehn, deren klassische Philosophie die Tradition der bewußten Dialektik lebendig erhalten hatte: in Deutschland. Die materialistische Geschichtsanschauung und ihre spezielle Anwendung auf den modernen Klassenkampf zwischen Proletariat und Bourgeoisie war nur möglich vermittelst der Dialektik." (19, 187 f.)

M/E: „Wird die russische Revolution das Signal einer proletarischen Revolution im Westen, so daß beide einander ergänzen, so kann das jetzige russische Gemeineigentum am Boden zum Ausgangspunkt einer kommunistischen Entwicklung dienen." (19, 296)

E: „Wo Gemeinschaft, sei es des Bodens oder der Weiber oder andrer Sachen, besteht, da ist sie notwendig primitiv, aus dem Tierreich mit überkommen. Die ganze weitere Entwicklung besteht in der allmählichen Auflösung dieser Urgemeinschaft, nie und nirgends finden wir ein Beispiel, daß aus ursprünglichem Sonderbesitz sich Sekundärgemeinschaft entwickelt hätte. Diesen Satz halte ich für so unumstößlich und allgemeingeltend, daß selbst, wenn Sie mir scheinbare Ausnahmen … bringen könnten, ich darin kein Argument dagegen sehen würde …" (35, 447)

E: „Sonderbar. Was uns am meisten voranhilft, ist grade die zurückgebliebene industrielle Lage Deutschlands." (36, 230)

E: „Unser großer Vorteil ist, daß bei uns die industrielle Revolution erst in vollem Gang ist, während sie in Frankreich und England der Hauptsache nach abgeschlossen." (36, 251)

Historischer Materialismus (Histomat)

E: „... unter den Bedingungen der modernen Kriegstechnik (Schnellfeuerwaffen usw.) muß die Revolution von der Armee ausgehen. Bei uns wenigstens wird sie so beginnen." (36, 255)

E: „Da, wo die Lage so gespannt ist, wo sich die revolutionären Elemente in einem solchen Grade angesammelt haben, wo die ökonomische Lage der ungeheuren Masse des Volkes von Tag zu Tag unmöglicher wird, wo alle Stufen der gesellschaftlichen Entwicklung vertreten sind, von der Urgemeinschaft bis zur modernen Großindustrie und Hochfinanz, und wo alle diese Widersprüche gewaltsam zusammengehalten werden durch einen Despotismus ohnegleichen ... wird das 1793 nicht auf sich warten lassen." (36, 307)

III. Kommentar

Mit der Kombination von welthistorischem Gesetz und Zufall läßt sich alles erklären.

Besonders hingewiesen sei auf die Widersprüche (II [4]), die die Freunde selbst handgreiflich ausformuliert haben: So heißt es einerseits, keine Gesellschaftsformation könne übersprungen werden (13, 9; 23, 16), an anderer Stelle, daß ein Sprung gleich über mehrere solcher Perioden möglich sei, wieder an anderer Stelle, daß mehrere Formationen gleichzeitig Wirklichkeit seien. Das Land, das an der Spitze des Fortschritts marschiert, die USA (→ Amerika), könne nicht einmal auf die Sklaverei verzichten, breche sonst in sich zusammen.

Der Logik des Histomat gemäß wird der Anschein erweckt, als ob das revolutionäre Bewußtsein von der technischen Entwicklung abhängig sei (19, 371), andererseits wird Deutschlands Rückständigkeit unter revolutionären Gesichtspunkten willkommengeheißen.

Typisch für den → Kommunismus soll die Abschaffung des Privateigentums zumindest an den Produktionsmitteln sein. Andererseits meint Engels, eine Rückverwandlung von Sonderbesitz in Allgemeinbesitz sei nicht möglich.

Einerseits sind die allein produktiven Proletarier zur Revolution berufen, andererseits wird sie unter den modernen Gegebenheiten als Sache des Militärs (also unproduktiver Lakaien der → Bourgeois) bezeichnet.

Historischer Materialismus (Histomat)

IV. Hinweise

1) Ergbd. 1, 537; 3, 73; 4, 462; 21, 25 ff.; 33, 415; 35, 137; 37, 411 ff., 494; 38, 363, 365, 480 f.; 39, 98, 206.
2) Löw „Lehre", a.a.O., S. 74 ff.; Weiss, a.a.O.; Wetter „Sowjetsystem", a.a.O.

Humanismus

I. Thesen

„Humanismus" ist mehrdeutig. In einem Lexikon der Philosophie (Kröner, Sttgt. 11. A.) heißt es: „Humanismus (lat. humanitas) nannten schon die Römer ... die ethisch-kulturelle Höchstentfaltung der menschlichen Kräfte in ästhetisch vollendeter Form, gepaart mit Milde und Menschlichkeit. Humanismus nannte sich sodann die der Scholastik und der geistigen Vorherrschaft der Kirche mehr und mehr entgegentretende Bewegung, welche zu Beginn der Neuzeit das Ideal der rein menschlichen Bildung und Haltung aus den neuentdeckten Werken der Alten zu gewinnen suchte."

Die ausdrücklichen Äußerungen der Freunde zu „Humanismus" sind spärlich. Die ersten Texte lehnen sich an den zweiterwähnten Begriff an. Humanismus ist danach vor allem Naturalismus, → Emanzipation, Negation der Metaphysik [1].

Später meinen sie mit „Humanismus" den erstzitierten Begriff, also unter Einschluß von „Milde und Menschlichkeit". Doch diesen Humanismus lehnen sie ausdrücklich ab [2].

Eine Äußerung legt die Annahme nahe, daß sie gleichwohl auch in diesem Sinne Humanisten gewesen seien [3]. Aber die besseren Gründe sprechen dafür, daß sie ihren antihumanistischen Äußerungen gemäß gedacht, gefühlt und gelebt haben (einerseits → Entfremdung, anderseits → Liebe → Menschenbild → Moral → Proletariat → Religion → Terror).

Der Aufstieg zum höheren Menschsein vollzieht sich rein mechanistisch mit Naturnotwendigkeit (→ Histomat).

II. Texte

[1]
M: „Dieser Kommunismus ist als vollendeter Naturalismus = Humanismus, als vollendeter Humanismus = Naturalismus, er ist die *wahrhafte* Auflösung des Widerstreites zwischen den Menschen mit der Natur und mit dem Menschen, die wahre Auflösung des Streits zwischen Existenz und Wesen, zwischen Vergegenständlichung und Selbstbestätigung, zwischen Freiheit und Notwendigkeit, zwischen Individuum und Gattung." (Ergbd. 1, 536)

M/E: „Der *reale Humanismus* hat in Deutschland keinen gefährlicheren Feind als den *Spiritualismus* oder den *spekulativen Idealismus,* der an die Stelle des *wirklichen individuellen Menschen* das ‚*Selbstbewußtsein*' oder den ‚*Geist*' setzt und mit dem

Humanismus

Evangelisten lehrt: ‚der Geist ist es, der da lebendig macht ..."" (2, 7)

M/E: „Nachdem Hegel sie [die spekulative deutsche Philosophie] auf eine geniale Weise mit aller seitherigen Metaphysik und dem deutschen Idealismus vereint und ein metaphysisches Universalreich gegründet hatte, entsprach wieder, wie im 18. Jahrhundert, dem Angriff auf die Theologie der Angriff auf die *spekulative Metaphysik* und auf *alle Metaphysik*. Sie wird für immer den nun durch die Arbeit der Spekulation selbst vollendeten und mit dem *Humanismus* zusammenfallenden *Materialismus* erliegen. Wie aber *Feuerbach* auf *theoretischem* Gebiete stellte der französische und englische *Sozialismus* und *Kommunismus* auf *praktischem* Gebiete den mit dem *Humanismus* zusammenfallenden *Materialismus* dar." (2, 132)

2

M/E: „Da rettete sich Ruge hinter den *Humanismus,* jene Phrase, womit alle Konfusionarier in Deutschland von Reuchlin bis Herder ihre Verlegenheit bemäntelt haben. Diese Phrase schien um so zeitgemäßer, als eben erst Feuerbach ‚den Menschen neu entdeckt hatte' ..." (8, 278)

E: „Daher fordert schon die monatliche Füllung einer solchen Revue eine gewaltige Nachsicht und bringt mit sich ein allmähliches Überwuchern von Philanthropie, Humanismus, Sentimentalität und wie die antirevolutionären Untugenden ... alle heißen." (36, 176)

3

M: „Die Kritik der Religion endet mit der Lehre, daß der *Mensch das höchste Wesen für den Menschen* sei, also mit dem *kategorischen Imperativ, alle Verhältnisse umzuwerfen,* in denen der Mensch ein erniedrigtes, ein geknechtetes, ein verlassenes, ein verächtliches Wesen ist ..." (1, 385)

III. Kommentar

Eine ganz ungewöhnliche Gefühlskälte zeigte sich schon beim jungen Marx. Seine Jugendgedichte, die Briefe des Vaters, insbesondere seine eigenen Briefe (IV) sind dafür ein sicherer Beleg.

IV. Hinweise

1) Ergbd. 1, 538; 1, 347 ff.; 3, 445; 4, 270; 27, passim.
2) Bigo, a.a.O.; Fleischer, a.a.O.; Löw „Lehre", a.a.O., S. 190 ff.; Raith, a.a.O.

Internationale Arbeiterassoziation (Erste Internationale, IAA)

I. Thesen

Die IAA der Jahre 1864/72 verdankt ihr Entstehen weder den Ideen noch den Aktivitäten von Marx, – auch wenn gegenteilige Behauptungen weit verbreitet sind. Marx erhielt zur Gründungsversammlung eine Einladung, der er Folge leistete, ohne selbst das Wort zu ergreifen [1].

Da er jedoch zu der Überzeugung kam, daß er mit der IAA eine mächtige Maschine in die Hand bekommen könne, um die eigenen Vorstellungen durchzusetzen, hat er unter scheinbarer Preisgabe mancher Positionen (→ Moral) wichtige Dokumente (→ Emanzipation) verfaßt [2]. In Deutschland fand die IAA nur geringe Resonanz [3].

Der Streit der Sektionen (Vorwurf der Tyrannei gegenüber Marx) ließ ihn seine Grenzen erkennen. Daher setzte er auf dem letzten Kongreß, dem einzigen, an dem die Freunde teilnahmen, Haag 1872, die Verlegung des Sitzes der IAA von London nach New York durch, eine Entscheidung, die der IAA den Todesstoß versetzte [4].

II. Texte

[1]

M: „*Workingmen's International Association.*
Vor einiger Zeit hatten Londoner Arbeiter an Pariser Arbeiter Adresse wegen Polen geschickt und sie zum gemeinschaftlichen Handeln in dieser Sache aufgefordert.
Die Pariser schickten ihrerseits Deputation her, an der Spitze ein Arbeiter namens *Tolain, der eigentliche Arbeiterkandidat bei der letzten Wahl in Paris,* ein sehr netter Kerl . . . Für 28. Sept. 1864 wurde Public Meeting in St. Martins Hall ausgeschrieben von Odger . . . Ein gewisser Le Lubez wurde zu mir geschickt, ob ich pour les ouvriers allemands Anteil nehme, speziell einen deutschen Arbeiter als Sprecher für das Meeting etc. liefern wollte. Ich lieferte den Eccarius, der sich famos herausbiß, und ich assistierte ditto als stumme Figur auf der platform. Ich wußte, daß sowohl von der Londoner als Pariser Seite diesmal wirkliche ‚Mächte' figurierten, und beschloß deswegen, von meiner sonst stehenden Regel, to decline any such invitations, abzusehen." (31, 10 f.)

[2]

M: „1. Die gegenwärtige Assoziation ist gegründet zur Herstellung eines Mittelpunktes der Verbindung und des Zusammenwirkens zwischen den in verschiedenen Ländern bestehenden Arbeitergesellschaften, welche dasselbe Ziel verfolgen, nämlich: den Schutz, den Fortschritt und die vollständige Emanzipation der Arbeiterklasse.

Internationale Arbeiterassoziation (Erste Internationale, IAA)

2. Der Name der Gesellschaft ist: Internationale Arbeiter-Assoziation
3. Im Jahre 1865 wird ein allgemeiner Arbeiterkongreß in Belgien stattfinden. Er wird bestehen aus den Repräsentanten aller Arbeitergesellschaften, die sich in der Zwischenzeit der Internationalen Assoziation angeschlossen haben...
4. Der Zentralrat hat seinen Sitz in London und wird gebildet aus Arbeitern, angehörig den verschiedenen, in der Internationalen Assoziation repräsentierten Ländern..." (16, 15)

M: „Meanwhile hat unsere Gesellschaft große Fortschritte gemacht. Der lausige ‚Star', der uns ganz ignorieren wollte, erklärte gestern im Leitartikel, daß wir wichtiger sind als der Peace Congress... Die englischen Schweinehunde unter den Trade Unionists, denen wir zu ‚weit' waren, kommen gelaufen... Les choses marchent. Und bei der nächsten Revolution, die vielleicht näher ist, als es aussieht, haben wir (d. h. Du und ich) diese mächtige engine in *unserer Hand*." (31, 342 f.)

M: „Notabene: Das schlimmste ist, daß wir nicht einen einzigen Menschen in Paris haben, der sich mit den den Proudhisten *feindlichen* Arbeitersections (und sie bilden die Majorität) in Verbindung setzen könnte." (31, 346)

M: „Ich schicke Dir gleichzeitig per Post vier Copies einer gedruckten ‚Adresse', die von mir verfaßt ist. Das neulich errichtete International Arbeiter-comité, in dessen Namen sie erlassen war, ist nicht ohne Bedeutung. Die *englischen* Mitglieder desselben bestehen nämlich meist aus den Chefs der hiesigen Trade-Unions, also den wirklichen Arbeiterkönigen von London, denselben Leuten, die dem Garibaldi den Riesenempfang bereiteten und die durch das Monster-Meeting in St. James Hall (unter Brights Vorsitz) Palmerston verhinderten, *den Krieg gegen die United States* zu erklären... Obgleich ich jahrelang systematisch alle Teilnahme an allen ‚Organisationen' etc. ablehnte, so akzeptierte ich diesmal, weil es sich um eine Geschichte handelte, wo es möglich ist, bedeutend zu wirken." (31, 428)

M: „Nun hat Mazzini während meiner erzwungenen längeren Abwesenheit vom Rat der Internationalen Assoziation sich eifrig bemüht, eine Art Revolte gegen meine Führerschaft anzuzetteln. ‚Führerschaft' ist niemals eine angenehme Sache, noch etwas, wonach ich verlangt hätte... Aber nachdem ich mich nun einmal mit Leib und Seele einem Unternehmen verschrieben habe, was ich für wichtig halte, gebe ich, wie ich nun einmal bin, gewiß nicht gerne nach. Mazzini, ein eingefleischter Feind freien Denkens und des Sozialismus, beobachtet den Fortschritt unserer Assoziation mit großer Eifersucht. Sein erster Versuch, sie zu seinem Werkzeug zu machen und ihre ein von ihm ausgeheckstes Programm und eine Prinzipienerklärung aufzuzwingen, war von mir verhindert worden." (31, 504)

E: „Je großartiger die Sache wird, desto wichtiger, daß Du sie in der Hand behältst, ..." (32, 132)

3

E: „Inzwischen entwickelte sich die Arbeiterbewegung in Deutschland, emanzipierte

Internationale Arbeiterassoziation (Erste Internationale, IAA)

sich von den Fesseln des Lassalleanismus, und erklärte sich, unter Bebels und Liebknechts Führung, *im Prinzip* für die Internationale ... Aber die Stellung der deutschen Arbeiterpartei zur Internationale wurde nie klar. Es blieb ein rein platonisches Verhältnis, wirkliche Mitgliedschaft weder der einzelnen Leute (mit einzelnen Ausnahmen) existierte nicht, und die Sektionsbildung war gesetzlich verboten. So kam man in Deutschland dahin, die *Rechte* der Mitgliedschaft in Anspruch zu nehmen, aber die *Pflichten* beiseite zu schieben ..." (33, 461)

4

M: „Wenn ich nur irgendwo Leute sitzen sähe, die uns nicht in Eseleien hineinreiten, so würde ich mit dem größten Vergnügen den Zentralrat von hier entfernt sehen. Die Sache wird ennuyant." (32, 358)

M: „Warum schwatzt denn nun die Bourgeoisie-Presse von einer Spaltung der Internationalen? Etwa deswegen, weil einzelne Gruppen in der Organisationsfrage anderer Meinung sind als andere ... Man lese nur das protestierende Rundschreiben der Föderation des Jura, es schließt mit dem Rufe: ‚Es leben die Internationale Arbeiter-Assoziation!' Soll das vielleicht Spaltung heißen? Nein! Werteste Herren! Die Internationale wird sich zu Eurem großen Ärger nicht spalten – sie wird ihre häuslichen Angelegenheiten in Ordnung bringen und wir immer einiger und festgeschlossener werden ... je mehr ihr von Spaltung faselt, je mehr ihr uns verleumdet, je mehr ihr uns anfeindet, desto fester werden wir uns aneinanderschließen, desto gewaltiger wird euch der Ruf entgegenschallen: Es leben die Internationale Arbeiter-Assoziation!'" (33, 384)

M: „*Blanquisten* haben ein Pamphlet erlassen: ‚Internationale et révolution' ... Erklären ihren Austritt aus der Internationale, die durch die Deportation des Generalrats nach New York sich getötet habe." (33, 538)

M: „Also die *Majorität* des britischen Föderalrats hat Sezession gemacht ...
Belgien. Der belgische Kongreß hat sich über den Generalrat lustig gemacht. Er hat erklärt, mit Euch (Sorge) nichts zu tun haben zu wollen und die Haager Beschlüsse seien null und nichtig ...
Der spanische Kongreß wird dasselbe beschließen ...
Ihr habt also jetzt 1. die Jurassiens, 2. die Belgier, 3. die *alte* Spanische Föderation, und 4. die hiesigen *jetzigen* Minoritätssektionen, die sich in Rebellion erklärt haben ..." (33, 555 f.)

E: „Mit Deinem [F.A. Sorges] Austritt ist die *alte* Internationale ohnehin vollständig abgeschlossen und zu Ende. Und das ist gut." (33, 641)

III. Kommentar

Die Texte geben nicht den geringsten Anlaß, daran zu zweifeln, daß weder Marx noch Engels der Initiator der IAA gewesen ist; Marx und Engels

Internationale Arbeiterassoziation (Erste Internationale, IAA)

haben ihr Licht nicht unter den Scheffel gestellt. Wenn dennoch das Gegenteil so weit verbreitet ist, dürfte Engels der Verursacher gewesen sein. In einer Kurzbiographie „Karl Marx" schrieb er (19, 100 f.): „Inzwischen war in verschiedenen Ländern Europas die Arbeiterbewegung wieder so weit erstarkt, daß Marx daran denken konnte, einen langgehegten Wunsch zur Ausführung zu bringen: die Gründung einer die fortgeschrittensten Länder Europas und Amerikas umfassenden Arbeiter-Assoziation . . ." In seiner Grabansprache, die der „Sozialdemokrat" abdruckte, pries er (19, 336): „. . . bis endlich die große Internationale Arbeiter-Assoziation als Krönung des Ganzen entstand – wahrlich, das war wieder ein Resultat, worauf sein Urheber stolz sein konnte, hätte er sonst auch nichts geleistet." In einem Brief wird Engels noch deutlicher (36, 598): „Als Marx die Internationale gründete . . ."

Da Marx niemanden als gleichberechtigt neben sich duldete (Löw, „Lehre", a. a. O., S. 266 ff.), war das Schicksal der IAA von vornherein besiegelt. Die Texte zeigen z. B., daß er das, was er dem → Mazzini verübelte, selbst erstrebte: die IAA in ein Werkzeug eigener Macht zu verwandeln.

IV. Hinweise

1) 16 passim; 17 passim, insbes. 525; 18 passim; 22, 71 ff. 241; 31 passim; 32 passim; 33 passim; 36, 603; 37, 140.
2) Braunthal, a.a.O.; Haupt, a.a.O.

Juden, Judentum

I. Thesen

Marx und Engels haben sich je einmal ausführlicher zur Judenfrage geäußert. Daneben gibt es von beiden viele einschlägige beiläufige Bemerkungen. Marxens Frühschrift „Zur Judenfrage" bringt das Judentum mit dem Kapitalismus in Verbindung, und zwar dergestalt, daß beide Ausdrücke geradezu Synonyma werden. Alle negativen Elemente des Kapitalismus sind zugleich Eigenschaften des Judentums (→ Rasse) [1].
Obwohl selbst Jude, ist ihm der jüdische Glaube widerlich und hält er offenbar die Zugehörigkeit zum Judentum für einen Geburtsfehler. Dies gibt ihm Veranlassung, aufgrund vermeintlicher jüdischer Rassemerkmale und Eigenheiten andere auf das Äußerste zu diskreditieren [2].
Engels' Äußerungen sind weniger scharf, aber zunächst ebenfalls recht eindeutig [3]. Erst sieben Jahre nach Marxens Tod kommt es zu einer Verurteilung des Antisemitismus [4]. Doch ändert sich damit seine bisherige Einstellung nicht durchgehend, wie noch spätere Äußerungen zeigen (→ Lassalle) [5].

II. Texte

[1]

M: „Betrachten wir den wirklichen weltlichen Juden, nicht den *Sabbatsjuden*, ... sondern den *Alltagsjuden*. Suchen wir das Geheimnis des Juden nicht in seiner Religion, sondern suchen wir das Geheimnis der Religion im wirklichen Juden. Welches ist der weltliche Grund des Judentums? Das *praktische* Bedürfnis, der *Eigennutz*. Welches ist der weltliche Kultus der Juden? Der *Schacher*. Welches ist sein wirklicher Gott? Das *Geld*. Nun wohl! Die Emanzipation vom *Schacher* und vom *Geld,* also vom praktischen, realen Judentum wäre die Selbstemanzipation unserer Zeit ... Wir erkennen also im Judentum ein allgemeines *gegenwärtiges antisoziales* Element, welches durch die geschichtliche Entwicklung, an welcher die Juden in dieser schlechten Beziehung eifrig mitgearbeitet, auf seine jetzige Höhe getrieben wurde, auf eine Höhe, auf welcher es sich notwendig auflösen muß. Die *Judenemanzipation* in ihrer letzten Bedeutung ist die Emanzipation der Menschheit vom *Judentum*. ... Der Jude hat sich auf jüdische Weise emanzipiert, nicht nur, indem er sich die Geldmacht angeeignet, sondern indem durch ihn und ohne ihn *das Geld* zur Weltmacht und der praktische Judengeist zum praktischen Geist der christlichen Völker geworden ist. Die Juden haben sich insoweit emanzipiert, als die Christen zu Juden geworden sind. ... Der Gott der Juden hat sich verweltlicht, er ist zum Weltgott geworden. Der

Juden, Judentum

Wechsel ist der wirkliche Gott des Juden. Sein Gott ist nur der illusorische Wechsel." (1, 372 ff.)

M: „So finden wir, daß hinter jedem Tyrannen ein Jude, hinter jedem Papst ein Jesuit steht. Wahrlich, die Gelüste der Unterdrücker wären hoffnungslos, die Möglichkeit von Kriegen unvorstellbar, gäbe es nicht eine Armee von Jesuiten, das Denken zu drosseln, und eine Hand voll Juden, die Taschen zu plündern." (Silberner, a.a.O., S. 33)

2

E: „. . . die Barbareien der preußischen Soldateska, der Juden und Deutschpolen . . ." (5, 186)

E: „. . . die deutsch-jüdischen Lügen . . . Die Leser der „Neuen Rheinischen Zeitung" erinnern sich, . . . daß die deutschen Nationalgimpel und Geldmacher des Frankfurter Sumpfparlaments bei diesen Zählungen immer noch die polnischen Juden zu Deutschen gerechnet, obwohl diese schmutzigste aller Rassen . . ." (6, 448)

M: „Wie Edouard Simon mit aller Gewalt zur romanischen, will Levy durchaus zur angelsächsischen Rasse zählen. Wenigstens einmal jeden Monat greift er daher die englische Politik des Herrn Disraeli an, denn Disraeli, ,das asiatische Rätsel' . . . stammt nicht, wie der ,Telegraph', von der angelsächsischen Rasse. Aber was nützt es dem Herrn Levy, den Herrn D'Israeli anzugreifen und ein Y für ein I zu machen, da Mutter Natur seinen Stammbaum in tollster Frakturschrift ihm mitten ins Gesicht geschrieben hat. Die Nase des geheimnisvollen Fremden . . . bildete doch nur das Wochengespräch von Straßburg, während Levys Nase das Jahresgespräch der City von London bildet. . . . Die große Kunst von Levys Nase besteht in der Tat darin, mit Faulgeruch zu kosen, ihn auf 100 Meilen herauszuschnüffeln und heranzuziehn. So dient Levys Nase dem ,Daily Telegraph' als Elefantenrüssel, Fühlhorn, Leuchtturm und Telegraph. Man kann daher ohne Übertreibung sagen, daß Levy seine Zeitung mit seiner Nase schreibt." (14, 601 f.)

M: „Der Kapitalist weiß, daß alle Waren, wie lumpig sie immer aussehn oder wie schlecht sie immer riechen, im Glauben und in der Wahrheit Geld, innerlich beschnittne Juden sind, und zudem wundertätige Mittel, um aus Geld mehr Geld zu machen." (23, 169)

M: „Soeben kömmt der Vorsteher der hiesigen Israeliten zu mir und ersucht mich um eine Petition für die Juden an den Landtag, und ich will's tun. So widerlich mir der israelitische Glaube ist, so scheint mir Bauers Ansicht doch zu abstrakt. Es gilt soviel Löcher in den christlichen Staat zu stoßen als möglich . . ." (27, 418)

M: „Der Dichter oder Minnesinger des Judenweibs Hohenscheiße-esche oder -linden von Franfurt a. M. . . ." (29, 39)

M: „Ich vergesse dem Jüdchen diesen Streich nicht. Die Hast, womit sein Dreck gedruckt wurde, zeigt, daß er magna pars in der Verzögrung unserer Sachen. Dabei ist das Vieh so verliebt in seine Ausschweißungen, daß er es für selbstverständlich hält, ich brenne nur von Begier, sein ,Anonymes' zu sehn und habe ,Objektivität' genug, das Killen meiner Sache als in Ordnung zu betrach-

Juden, Judentum

ten. Der verfluchte Jude aus Wien schreibt auch nicht." (29, 442)

M: „Lazarus, der Aussätzige, ist also der Urtyp des Juden und Lazarus-Lassalles. Nur ist unsrem Lazarus der Aussatz ins Hirn geschlagen." (30, 165)

M: „Der jüdische Nigger Lassalle, der glücklicherweise Ende dieser Woche abreist, hat glücklich wieder 5000 Taler in seiner falschen Spekulation verloren, der Kerl würde eher das Geld in den Dreck werfen, als es einem ‚Freund' pumpen ... Es ist mir jetzt völlig klar, daß er, wie auch seine Kopfbildung und sein Haarwuchs beweist, – von den Negern abstammt, die sich dem Zug des Moses aus Ägypten anschlossen (wenn nicht seine Mutter oder Großmutter von väterlicher Seite sich auch mit einem Nigger kreuzten). Nun, diese Verbindung von Judentum und Germanentum mit der negerhaften Grundsubstanz müssen ein sonderbares Produkt hervorbringen. Die Zudringlichkeit des Burschen ist auch niggerhaft." (30, 257 ff.)

M: „Dieses Fräulein, das mich mit ihrem Wohlwollen direkt überschwemmte, ist das häßlichste Geschöpf, das ich je in meinem Leben gesehen habe, mit einer garstigen jüdischen Physiognomie, einer scharf hervorspringenden dünnen Nase, ewig lächelnd und grinsend, immer poetische Prosa sprechend, ständig bemüht, etwas Außergewöhnliches zu sagen, Begeisterung heuchelnd und während der Verzückungen ihrer Ekstasen ihr Auditorium bespuckend." (30, 591)

M: „Die Heuchelei einer griechischen Nase ist dem treu-jüdischen Typ gewichen; alles in ihr sieht ziemlich verschrumpelt und vertrocknet aus, und die Stimme hat den gutturalen Klang, mit dessen Fluch das auserwählte Volk bis zu einem bestimmten Grade beladen ist." (32, 614)

3

E: „Wir wünschen nur, daß es recht gemeine, recht schmutzige, recht jüdische Bourgeois sein mögen, die dies altehrwürdige Reich ankaufen. Solch eine widerliche, stockprügelnde, väterliche, lausige Regierung verdient, einem recht lausigen weichselzöpfigen, stinkenden Gegner zu unterliegen." (4, 509)

E: „Die sog. salva venia Schiller-Anstalt ... ist ein reines Juden-Institut geworden, und von $1/_2 2 - 3$ Uhr herrscht ein Lärm da, daß man ganz toll davon wird. Ich gehe auch fast gar nicht mehr in das edle Institut. Es geht wie immer mit den Juden. Haben sie doch Gott gedankt im Anfang, daß sie haben eine Schiller-Anstalt, und kaum sind sie drin, wie heißt's, ist's ihnen schon nicht mehr gut genug und wollen sie bauen ein großes Haus, einen wahren Tempel Moses, wohin die Geschichte verlegt werden soll." (30, 624)

4

E: „In ganz Nordamerika, wo es Millionäre gibt, deren Reichtum sich in unseren lumpigen Mark, Gulden oder Franken kaum ausdrücken läßt, ist unter diesen Millionären *nicht ein einziger Jude,* und die Rothschilds sind wahre Bettler gegen diese Amerikaner ... Der Antisemitismus ist also nichts anderes als eine Reaktion mittelalterlicher, untergehender Gesellschaftsschichten gegen die moderne Gesellschaft, die wesentlich aus Kapitalisten und Lohnarbeitern besteht, und dient daher nur reaktionären Zwecken

Juden, Judentum

unter scheinbar sozialistischem Denkmantel ... Dazu kommt, daß der Antisemitismus die ganze Sachlage verfälscht. Er kennt nicht einmal die Juden, die er niederschreit. Sonst würde er wissen, daß hier in England und in Amerika, dank den osteuropäischen Antisemiten, und in der Türkei, dank der spanischen Inquisition, es tausende und abertausende *jüdische Proletarier* gibt; und zwar sind diese jüdischen Arbeiter die am schlimmsten ausgebeuteten und die allerelendsten ... Außerdem verdanken wir den Juden viel zu viel. Von Heine und Börne zu schweigen, war Marx von stockjüdischem Blut." (22, 50)

E: „Die Antijudenschriften haben Sie wohl richtig zurückerhalten, ich sandte sie an Kautsky, da Sie keine nähere Adresse gaben. Ich habe nie etwas so Dummes und Kindisches gelesen." (35, 214)

5

E: „Man merkt, daß wir ein ‚Faktor' im Staat werden, um mich reptilistisch auszudrücken, und da die Juden mehr Verstand haben als die übrigen Bourgeois, merken sie's zuerst – besonders unter dem Druck des Antisemitismus – und kommen uns zuerst. Kann uns nur angenehm sein, aber *weil* die Leute gescheuter sind und durch den jahrhundertelangen Druck aufs Strebertum sozusagen angewiesen und dressiert, muß man auch mehr aufpassen." (38, 228)

E: „Ich fange an, den französischen Antisemitismus zu verstehn, wenn ich sehe, wie diese Juden polnischen Ursprungs und mit deutschen Namen sich überall einschleichen, sich alles herausnehmen und sich überall vordrängen ..." (38, 403)

III. Kommentar

Marxens Judenhaß, der kaum einer Steigerung fähig ist, ist indiskutabel. Auch seine theoretischen Betrachtungen über das Judentum sind gänzlich unwissenschaftlich. Das Glaubensgut der Juden ist in hohem Maße sozial (Ruhetag, Jubeljahr, Soziallehre der Propheten). Das mußte Marx wissen. Zur Untermauerung der sonstigen Behauptungen hat er keinerlei Feldforschung betrieben, bevor er zur Feder griff.
Ob er in früheren Jahren jemals etwas zugunsten der Juden unternommen hat, wie ein Zitat in Aussicht stellt, ist fraglich. Bemerkenswert ist die Begründung, die er für den beabsichtigten Schritt gibt. Sie bleibt meist unerwähnt. Die Absichtserklärung stammt vom Frühjahr 1843, im Herbst folgte dann „Zur Judenfrage".
Wie es zu dieser Judenfeindschaft gekommen ist, wird wohl immer ein Rätsel bleiben. Die Schmach, die er anderen wegen ihres jüdischen Wesens zufügte, wurde ihm offenbar nicht angetan. Marx bestreitet ganz energisch,

Juden, Judentum

daß er bei den Verwandten seiner Frau auf Rassenvorurteile gestoßen sei (35, 241). Auch sonst finden sich kaum Hinweise, daß ihm die Umwelt wegen seiner Rasse zugesetzt habe. Engels betont, man würde in England, wo Marx seit 1849 lebte, mit Antisemitismus nicht ankommen (22, 49). Bezeichnend ist, daß Engels, der die Wirklichkeit deutlicher sah, Marx nicht entgegentrat, vielmehr zunächst ins gleiche Horn stieß. Die spätere Verurteilung des Antisemitismus hält ihn nicht davon ab, gelegentlich wieder Verständnis für solche Strömungen zu zeigen. Neben den von ihm genannten Gründen dürfte die Kurskorrektur auf das Auftreten einer konkurrierenden Bewegung, nämlich Adolf Stoeckers christlich-soziale Arbeiterpartei, zurückzuführen sein, die antisemitische Züge aufwies.

IV. Hinweise

1) 2, 112 ff.; 4, 509; 5, 193; 6, 75; 8, 33, 50, 535; 10, 104; 13, 335f.; 27, 291, 357, 409; 28, 145, 207, 246 f., 270, 587; 29, 166, 194, 569, 577; 30, 29 f., 45; 31, 6, 17, 65, 361, 364, 432; 32, 32, 81, 177, 433; 34, 7 f., 96, 410, 412; 35, 138, 178; 37, 8, 412; 39, 79, 87, 157, 439.
2) Carlebach, a.a.O.; Hirsch, a.a.O.; Lamm, a.a.O.; Silberner, a.a.O.

Kapital

I. Thesen

„Das Kapital" ist die bei weitem umfangreichste Veröffentlichung von Marx; jahrzehntelang hat er daran gearbeitet.
Zur Motivation: Schon den 33jährigen Marx drängte Engels, „mit einem dicken Buch vor dem Publikum zu debütieren". Der Inhalt sei weniger wichtig. Schwächen der Arbeit sollen die Veröffentlichung nicht verzögern. Marx spricht von einer „direkt revolutionären Aufgabe" [1].
Zur Form: Marx betont, daß das „Ganze außerordentlich ernst und wissenschaftlich aussieht". Gegliedert ist es in drei Bände. Der erste erschien noch zu Lebzeiten von Marx, 1867, der zweite 1885, der dritte 1894 [2]. Die „Theorien über den Mehrwert" wurden erst 1905 bis 1910, die „Grundrisse der Kritik der politischen Ökonomie (Rohentwurf)" erst 1939 bis 1941 (42, V) herausgegeben.
Marx räumt ein, daß er den Stoff sehr breit dargestellt hat, weshalb rasch das Verlangen nach einer Kurzfassung laut wurde [3]. Engels' Klage über Interpretationsschwierigkeiten pariert Marx auf bezeichnende Weise [5].
Zum Inhalt: Wie der Untertitel „Kritik der politischen Ökonomie" schon andeutet, geht es um die Analyse und Kritik der kapitalistischen Wirtschaftsordnung, deren Wesen die „Plusmacherei", die notwendige → Ausbeutung des Menschen durch den Menschen ist.
Die Ausarbeitung von „Das Kapital" empfindet Marx als schwere Last. Des öfteren gebraucht er Wendungen wie „Saubuch", „ökonomische Scheiße" [5].
Nach Fertigstellung zögert Marx nicht, sich selbst höchstes Lob zu spenden. Zugleich gibt er Weisung, wie das Buch zu besprechen sei. Besonders Dritten gegenüber spart Engels nicht mit Superlativen der Anerkennung [6].
Der Erfolg bleibt zumindest im ersten Jahrzehnt weit hinter den Erwartungen zurück. Soweit es zu Besprechungen kommt, wird die „Idiotie der bürgerlichen Denker" mit Spott oder Tadel bedacht [7].
(→ Histomat → Deutsche, Deutschland → Gerechtigkeit → Produktionsweise → Unternehmer)

II. Texte

[1]
E: „Die Hauptsache ist, daß Du erst wieder mit einem dicken Buch vor dem Publikum debütierst, und am besten mit dem unverfänglichsten, der Historia. Die mittelmäßigen und lausigen Literaten Deutschlands wissen sehr gut, daß sie ruiniert wären,

Kapital

wenn sie nicht 2–3mal des Jahres mit irgendeinem Schund vor dem Publikum erschienen." (27, 374)

E: „Hätten wir die Mittel gehabt, in der Art wie vor 1848, 2–3 Jahre wissenschaftlicher und gesetzter Propaganda zu machen, mit Büchern über gleichgültig was, so wären wir bedeutend besser dran." (28, 226)

E: „Sei endlich einmal etwas weniger gewissenhaft Deinen eigenen Sachen gegenüber; es ist immer noch viel zu gut für das Lausepublikum. Daß das Ding geschrieben wird und erscheint, ist die Hauptsache; die Schwächen, die Dir auffallen, finden die Esel doch nicht heraus . . ." (30, 15)

M: „Ich denke, bis Ostern wird der 2. Teil wohl erscheinen können. Form wird etwas verschieden sein, populärer bis zu einem gewissen Grad. Keineswegs aus innerem Drang meinerseits, aber einmal hat dieser 2. Teil eine direkt revolutionäre Aufgabe . . ." (30, 565)

2

M: „Was nun meine Arbeit betrifft, so will ich Dir darüber reinen Wein einschenken. Es sind noch 3 Kapitel zu schreiben, um den theoretischen Teil (die 3 ersten Bücher) fertigzumachen. Dann ist noch das 4. Buch, das historisch-literarische, zu schreiben, was mir relativ der leichteste Teil ist, da alle Fragen in den 3 ersten Büchern gelöst sind, dies letzte also mehr Repetition in historischer Form ist." (31, 132)

3

M: „Ich dehne diesen Band mehr aus, da die deutschen Hunde den Wert der Bücher nach dem Kubikinhalt schätzen." (30, 248)

4

M: „Ich kann übrigens über den Anfang noch immer nicht wegkommen. Es ist verdammt schwer, die dialektische Methode dem Revuen lesenden Engländer klarzumachen, und mit den Gleichungen W-G-W etc. kann ich doch dem Mob nicht kommen." (32, 89)

M: „Die Kunst besteht darin, den Leser so zu mystifizieren und ihm Kopfzerbrechen zu verursachen, damit er schließlich zu seiner Beruhigung entdeckt, daß diese hard words nur Maskeraden von loci communes sind." (32, 91)

5

M: „Ich bin soweit, daß ich in 5 Wochen mit der ganzen ökonomischen Scheiße fertig bin." (27, 228)

M: „Sobald Ruhe hergestellt, gebe ich mich an die Reinschrift des Sau-Buchs, das ich selbst nach Deutschland hausieren gehen will." (30, 359)

6

M: „Du verstehst, my dear fellow, daß in einem Werke wie meinem, manche shortcomings im Detail existieren müssen. Aber die *Komposition,* der Zusammenhang, ist ein Triumph der deutschen Wissenschaft, den ein einzelner Deutscher eingestehen kann, da es in no way *sein* Verdienst ist, vielmehr der *Nation* gehört. Dies um so erfreulicher, da es sonst die *silliest nation* unter dem Sonnenlicht!" (31, 183)

E: „Daß das Buch gleich bei seinem Erscheinen großen Effekt machen wird, davon bin ich überzeugt . . ." (31, 292)"

Kapital

M: „Du mußt ihm ans Herz legen, daß alles auf's ‚Lärmmachen' ankommt, viel mehr als auf das Wie oder die Gründlichkeit." (31, 360)

M: „Die Sache wäre einfach so zu bewerkstelligen. D'abord damit anzufangen, daß, was man auch von der Tendenz des Buchs denken möge, es dem *‚deutschen Geist'* Ehre mache und deswegen auch von einem Preußen im Exil und nicht in Preußen geschrieben sei. Preußen habe lange aufgehört, das Land zu sein, worin irgendeine wissenschaftliche Initiative, speziell im politischen oder historischen oder sozialen Fach, möglich sei oder vorkomme ... Was nun die *Tendenz* des Verfassers angehe, so müsse man wieder unterscheiden. Wenn er nachweist, daß die jetzige Gesellschaft, ökonomisch betrachtet, mit einer neuen höheren Form schwanger gehe, so zeigt er nur sozial denselben allmählichen Umwälzungsprozeß nach, den Darwin naturgeschichtlich nachgewiesen hat." (31, 403 f.)

M: „Aber der nächste Erfolg ist nicht durch gediegene Kritik bedingt, sondern, um es platt herauszusagen, durch Lärmschlagen, durch Rühren der Trommel, welches die Feinde auch zwingt zu sprechen. Es ist zunächst nicht so wichtig, *was* gesagt wird, als *daß* gesagt wird." (31, 562)

E: „Das 3. Buch ‚Kapital' wird immer großartiger, je tiefer ich eindringe, und ich bin erst ... auf Seite 230 von 525 Seiten. Es ist kaum faßbar, wie ein Mann, der solche gewaltigen Entdeckungen, solch eine umfassende und vollständige wissenschaftliche Revolution im Kopf hatte, sie 20 Jahre bei sich behalten konnte." (36, 286)

E: „Das Buch III ist in Arbeit. Es ist ganz ausgezeichnet brillant. Diese Umwälzung der alten Ökonomie ist wirklich unerhört. Erst hierdurch erhält unsere Theorie eine unerschütterliche Basis und werden wir befähigt, nach allen Seiten siegreich Front zu machen." (36, 293 f.)

E: „Dieser III. Band ist das verblüffendste, was ich je gelesen habe, und es ist tausendmal schade, daß der Verfasser nicht mehr dazu kam, ihn auszuarbeiten, ihn selbst zu veröffentlichen und die Wirkung zu beobachten, die er unweigerlich auslösen wird. Nach einer derart klaren Darlegung sind direkte Einwände nicht mehr möglich. Die schwierigsten Fragen werden mit Leichtigkeit erklärt und entwirrt, als ob es sich um ein Kinderspiel handelte ..." (36, 302)

E: „Ich zweifelte nicht daran, daß der 2. Band Ihnen das gleiche Vergnügen wie mir bereiten würde. Die Ausführungen, die er enthält, haben tatsächlich ein so außergewöhnlich hohes Niveau, daß sich der gewöhnliche Leser nicht die Mühe nehmen wird, sie ganz zu durchdenken und bis ins letzte zu verfolgen. Das erleben wir jetzt in Deutschland, wo die gesamte historische Wissenschaft, einschließlich der politischen Ökonomie, so tief gesunken ist, daß sie kaum noch tiefer sinken kann. Unsere Katheder-Sozialisten sind theoretisch nie viel mehr gewesen als ganz unbedeutende philantrophische Vulgärökonomen, und jetzt sind sie auf das Niveau simpler Apologeten des Bismarckschen Staatssozialismus hinabgesunken. Für sie wird der 2. Band immer ein Buch mit sieben Siegeln bleiben ... Und so beklotzt die deutsche ‚Wissenschaft' diesen neuen Band, ohne ihn verstehen zu können; lediglich eine gesunde Angst vor den Konsequenzen hindert sie, ihn öffentlich zu

Kapital

kritisieren, und daher hüllt sich die offizielle ökonomische Literatur in vorsichtiges Schweigen." (36, 384)

[7]

M: „Zweitens, da in dem veröffentlichten Teil der Natur der Sache nach die Hunde nicht auf die bloße Tendenzschimpferei ihre Kritik reduzieren können und das ganze exceedingly ernst und wissenschaftlich aussieht, zwinge ich die Canaille, später meine Ansichten vom Kapital rather seriously zu nehmen." (29, 383)

M: „Endlich hatte ich mir mit der Illusion geschmeichelt, um diese Zeit eine 2. Auflage zu haben, also Geld für die erste zu besehn. Aber ich hatte ohne den Wirt – ich meine nicht den ‚Volkswirt', sondern die Deutschen im allgemeinen – gerechnet." (32, 87)

M: „Diese Feigheit der Fachmandarinen einerseits, die Totschweigungskonspiration der bürgerlichen und reaktionären Presse andererseits tut mir großen Schaden. Meißner schreibt, daß die Rechnung in der Herbstmesse schlecht ausgefallen. Er steht noch über 200 Th. *unter* seinen Kosten." (32, 590)

M: „Die ‚Revue des deux mondes' vom letzten September enthält eine sogenannte Kritik des ‚Capitals' von Herrn Laveleye. Man muß das gelesen haben, um sich eine Vorstellung von der Idiotie unserer bürgerlichen ‚Denker' zu machen. Herr L. ist dennoch naiv genug einzugestehen, daß . . . es kein Mittel gibt, den umstürzlerischen Schlußfolgerungen des ‚Capitals' zu entgehen." (34, 207 f.)

E: „Jedenfalls haben Sie recht darin, daß die Kritik und die sog. ‚Wissenschaft' bisher nur eine ‚allgemeine Urteilslosigkeit' an den Tag gelegt hat und damit niemand mehr erheitert hat als Marx selbst. Ich sehe ihn noch lachen über Herrn Schäffles Notseufzer – daß er das ‚Kapital' nunmehr zehn Jahr studiert und noch nicht begriffen habe." (36, 289)

E: „Die Besprechungen über Bd. II in der Deutschen Presse waren außerordentlich stupide. Eine, von einem Doktor Groß in Wien, war ganz anständig, aber der Mann selbst ist ein Idiot. Eine andere von Prof. Lexis in Breslau ist in ihrer Art sehr geschickt, der Mann versteht das Buch ausgezeichnet und weiß, daß nichts dagegen zu sagen ist; aber er ist ‚Streber' und entpuppt sich daher als Vulgärökonom." (36, 566)

E: „Dann hat ein miserabler abtrünniger Jude, Georg Adler, Privatdozent in Breslau, einen dicken Wälzer geschrieben . . . um Marx zu widerlegen, aber es ist einfach ein gemeines und lächerliches Pamphlet, durch das der Verfasser die Aufmerksamkeit . . . auf sich und seine Bedeutung lenken will. Ich habe alle meine Freunde gebeten, davon *keine* Notiz zu nehmen." (37, 8)

III. Kommentar

Die Freunde haben richtig vorausgesehen, daß die Seitenfülle Eindruck schindet (1, 30 f.). Viele schwärmen vom „Kapital", ohne es gelesen zu

Kapital

haben. Die mystifizierende Sprache tut offenbar keinen Abbruch. Wie tief müssen die Gedanken sein, wenn man sie nicht ergründen kann! Doch diese Gesichtspunkte allein reichen nicht aus, die weltweite Verbreitung des „Kapitals" zu erklären. Ausschlaggebend war, daß es der splendide Fabrikant Engels verstanden hat, „Das Kapital" der um sich greifenden sozialistischen Bewegung als „Bibel der Arbeiterklasse" (16, 210; 23, 39) ans Herz zu drücken.

IV. Hinweise

1) 8, 583; 21, 212; 29, 232; 30, 622; 31, 292, 321, 324, 374, 563, 567, 569, 575, 577; 32, 43, 549, 552 ff.; 36, 82, 312; 37, 244.
2) Löw „Lehre", a.a.O., S. 119 ff.; Rosdolsky, a.a.O.; Tuchscheerer, a.a.O.

Kinderarbeit

I. Thesen

Marx befaßt sich unter zwei Aspekten mit der Kinderarbeit: einerseits mit der brutalen Ausbeutung der gesamten Arbeitskraft der Kinder und andererseits mit der gewerblichen Beschäftigung von Kindern während ihrer Schulzeit.
Ersteres geschieht meist, indem amtliche Berichte zitiert werden [1].
Die zweitgenannte Form hält er nicht nur für ökonomisch notwendig, sondern auch pädagogisch nützlich. Engels' diesbezügliche Meinung finden wir vor allem in „Die Lage der arbeitenden Klasse in England" [2].
(→ Erziehung)

II. Texte

[1]
M: „Von den allgemeinen schädlichen Wirkungen der Nachtarbeit abgesehn, bietet die ununterbrochene 24stündige Dauer des Produktionsprozesses höchst willkommene Gelegenheit, die Grenze des nominellen Arbeitstags zu überschreiten. Z. B. in den vorhin erwähnten, sehr anstrengenden Industriezweigen beträgt der offizielle Arbeitstag für jeden Arbeiter meist 12 Stunden, Nachtstunden oder Tagstunden. Aber die Überarbeit über diese Grenze hinaus ist in vielen Fällen, um die Worte des englischen offiziellen Berichts zu brauchen, ‚wirklich schauderhaft' (‚truly fearful'). ‚Kein menschliches Gemüt', heißt es, ‚kann die Arbeitsmasse, die nach den Zeugenaussagen durch Knaben von 9 bis 12 Jahren verrichtet wird, überdenken, ohne unwiderstehlich zum Schluß zu kommen, daß dieser Machtmißbrauch der Eltern und Arbeitgeber nicht länger erlaubt werden darf.' ‚Die Methode, Knaben überhaupt abwechselnd Tag und Nacht arbeiten zu lassen, führt, sowohl während des Geschäftsdranges als während des gewöhnlichen Verlaufs der Dinge, zu schmählicher Verlängerung des Arbeitstags. Diese Verlängerung ist in vielen Fällen nicht nur grausam, sondern gradezu unglaublich." (23, 272 f.)

[2]
E: „Das neunjährige Kind eines Fabrikarbeiters, das unter Mangel, Entbehrung und wechselnden Verhältnissen, in Nässe, Kälte und ungenügender Kleidung und Wohnung aufgewachsen ist, hat bei weitem nicht die Arbeitsfähigkeit des in gesunder Lebenslage erzogenen Kindes. Mit dem neunten Jahr wird es in die Fabrik geschickt, arbeitet täglich 6 1/2 Stunden (früher 8, noch früher 12, 14, ja 16 Stunden) bis zum 13. Jahre, von da an bis zum 18. Jahre 12 Stunden. Die schwächenden Ursachen dauern fort, und die Arbeit tritt noch hinzu. Es ist allerdings nicht zu leugnen, daß ein neunjähriges

Kinderarbeit

Kind, allenfalls auch das eines Arbeiters, eine tägliche Arbeit von 6 1/2 Stunden aushalten könne, ohne daß sichtlicher und offenbar hierauf zu reduzierender Schaden an seiner Entwicklung geschehe; aber keinesfalls trägt der Aufenthalt in den dumpfigen, feuchten, oft feuchtheißen Fabrikatmophäre zu seiner Gesundheit bei." (2, 374 f.)

M: „Wir betrachten die Tendenz der modernen Industrie, Kinder und Jugendliche beiderlei Geschlechts zur Mitwirkung an dem großen Werk der gesellschaftlichen Produktion heranzuziehen, als eine fortschrittliche, gesunde und berechtigte Tendenz, obgleich die Art und Weise, auf welche diese Tendenz unter der Kapitalherrschaft verwirklicht wird, eine abscheuliche ist. In einem rationellen Zustand der Gesellschaft sollte jedes Kind vom 9. Jahre an ein produktiver Arbeiter werden, ebenso wie kein arbeitsfähiger Erwachsener von dem allgemeinen Naturgesetz ausgenommen sein sollte, nämlich zu arbeiten, um essen zu können, und zu arbeiten nicht bloß mit dem Hirn, sondern auch mit den Händen." (16, 193 f.)

M: „Allgemeines Verbot der Kinderarbeit ist unverträglich mit der Existenz der großen Industrie und daher leerer frommer Wunsch. Durchführung desselben – wenn möglich – wäre reaktionär, da, bei strenger Reglung der Arbeitszeit nach den verschiednen Altersstufen und sonstigen Vorsichtsmaßregeln zum Schutze der Kinder, frühzeitige Verbindung produktiver Arbeit mit Unterricht eines der mächtigen Umwandlungsmittel der heutigen Gesellschaft ist." (19, 32)

M: „Die Fabrikinspektoren entdeckten bald aus den Zeugenverhören der Schulmeister, daß die Fabrikkinder, obgleich sie nur halb soviel Unterricht genießen als die regelmäßigen Tagesschüler ebensoviel und oft mehr lernen.
Die Sache ist einfach. Diejenigen, die sich nur einen halben Tag in der Schule aufhalten, sind stets frisch und fast immer fähig und willig, Unterricht zu empfangen. Das System halber Arbeit und halber Schule macht jede der beiden Beschäftigungen zur Ausruhung und Erholung von der anderen und folglich viel angemessener für das Kind als die ununterbrochne Fortdauer einer von beiden. Ein Junge, der von morgens früh in der Schule sitzt, und nun gar bei heißem Wetter, kann unmöglich mit einem andren wetteifern, der munter und aufgeweckt von seiner Arbeit kommt.'
Weitere Belege findet man in Seniors Rede auf dem soziologischen Kongreß in Edinburgh 1863. Er zeigt hier auch u. a. noch, wie der einseitige unproduktive und verlängerte Schultag der Kinder der höhern und mittlern Klassen die Arbeit der Lehrer nutzlos vermehrt . . ." (23, 507)

III. Kommentar

Die schreckliche Lage der arbeitenden Bevölkerung in vielen Fabriken Englands während des 19. Jahrhunderts ist eine Tatsache. Marx und Engels waren jedoch weder die ersten noch die deutlichsten Kritiker. Das britische

Kinderarbeit

Parlament hat sich laufend damit beschäftigt, was zu einer stetigen Verbesserung der Schutzbestimmung schon vor jeglicher Aktivität von Marx und Engels geführt hat. Ständig waren im Auftrag des Unterhauses Fabrikinspektoren unterwegs, die, wie die Schriften von Marx und Engels zeigen, die Zustände mit schonungsloser Offenheit aufgedeckt haben.
Die Marxsche Forderung, die Kinder schon ab dem 9. Lebensjahr in den Produktionsprozeß einzugliedern, erscheint indiskutabel. Vermutlich ist sie darauf zurückzuführen, daß die Lassalleaner die Abschaffung der Kinderarbeit in ihr Programm aufgenommen hatten.

IV. Hinweise

1) 4, 482; 12, 460 f.; 16, 553; 23 passim s. Register.
2) –

Klassen

I. Thesen

Die Klassen und der Klassenkampf sind für den Geschichtsprozeß von überragender Bedeutung (→ Histomat). Dennoch äußern sich die Freunde nicht ausführlicher und systematischer dazu.
Marx nimmt für sich nicht in Anspruch, die Klassen und den Klassenkampf entdeckt zu haben [1].
Seine Entdeckung: alle bisherige Geschichte ist die Geschichte von Klassenkämpfen. Die Freunde begrüßen die Klassenkämpfe (→ Krisensehnsucht) [2].
Es hat jeweils zwei Hauptklassen gegeben [3].
Im Kapitalismus sind es die → Bourgeois und die → Proletarier [4].
Eine radikale Polarisierung läßt die anderen Bevölkerungsteile verschwinden [5].
In einem unfertigen Kapitel von → „Das Kapital" (Band 3) spricht Marx von drei Klassen [6].
Die → Diktatur des Proletariats wird den Klassenkampf ein für allemal beenden [7].

II. Texte

[1]

M: „Was mich nun betrifft, so gebührt mir nicht das Verdienst, weder die Existenz der Klassen in der modernen Gesellschaft noch ihren Kampf unter sich entdeckt zu haben. Bürgerliche Geschichtsschreiber hatten längst vor mir die historische Entwicklung dieses Kampfes der Klassen, und bürgerliche Ökonomen die ökonomische Anatomie derselben dargestellt." (28, 507)

[2]

M/E: „Die Geschichte aller bisherigen Gesellschaft ist die Geschichte von Klassenkämpfen." (4, 462)

M: „Hier in England geht der Klassenkampf aufs Erfreulichste voran." (29, 590)

[3]

M/E: „Freier und *Sklave, Patrizier* und *Plebejer,* Baron und *Leibeigener,* Zunftbürger und Gesell, kurz, Unterdrücker und Unterdrückte standen im steten Gegensatz zueinander, führten einen ununterbrochenen, bald versteckten, bald offenen Kampf, einen Kampf, der jedesmal mit einer revolutionären Umgestaltung der ganzen Gesellschaft endete oder mit dem gemeinsamen Untergang der kämpfenden Klassen." (4, 462)

Klassen

4

M: „Wo also die *positive* Möglichkeit der deutschen Emanzipation?
Antwort: In der Bildung einer Klasse mit *radikalen Ketten,* einer Klasse der bürgerlichen Gesellschaft, welche keine Klasse der bürgerlichen Gesellschaft ist . . ." (1, 390)

E: „Wie ist aus dieser Misere herauszukommen? Es ist nur *ein* Weg möglich. *Eine* Klasse muß stark genug werden, um von *ihrem* Emporkommen das der ganzen Nation, von dem Fortschritt und der Entwicklung ihrer Interessen den Fortschritt der Interessen aller anderen Klassen abhängig zu machen. Das Interesse dieser *einen* Klasse muß für den Augenblick Nationalinteresse, diese Klasse selbst für den Augenblick Repräsentantin der Nation werden." (4, 51)

M: „Die ökonomischen Verhältnisse haben zuerst die Masse der Bevölkerung in Arbeiter verwandelt. Die Herrschaft des Kapitals hat für diese Masse eine gemeinsame Situation, gemeinsame Interessen geschaffen. So ist diese Masse bereits eine Klasse gegenüber dem Kapital, aber noch nicht für sich selbst. In dem Kampf, den wir nur in einigen Phasen gekennzeichnet haben, findet sich diese Masse zusammen, konstituiert sie sich als Klasse für sich selbst. Die Interessen, welche sie verteidigt, werden Klasseninteressen." (4, 180 f.)

5

M/E: „Von allen Klassen, welche heutzutage der Bourgeoisie gegenüberstehen, ist nur das Proletariat eine wirklich revolutionäre Klasse. Die übrigen Klassen verkommen und gehen unter mit der großen Industrie, das Proletariat ist ihr eigenstes Produkt." (4, 472)

6

M: „Die Eigentümer von bloßer Arbeitskraft, die Eigentümer von Kapital und Grundeigentümer, deren respektive Einkommensquellen Arbeitslohn, Profit und Grundrente sind, also Lohnarbeiter, Kapitalisten und Grundeigentümer, bilden die drei großen Klassen der modernen, auf der kapitalistischen Produktionsweise beruhenden Gesellschaft." (25, 892)

7

E: „Der Ausgang dieses Kampfes kann nicht zweifelhaft sein. Die Bourgeoisie wird und muß vor dem Proletariat ebenso zu Boden sinken, wie die Aristrokratie und das unbeschränkte Königtum von der Mittelklasse den Todesstoß erhalten hat. Mit der Bourgeoisie zugleich stürzt das Privateigentum, und der Sieg der arbeitenden Klasse macht aller Klassen- und Klassenherrschaft für immer ein Ende." (4, 61)

M: „Heißt dies, daß es nach dem Sturz der alten Gesellschaft eine neue Klassenherrschaft geben wird, die in einer neuen politischen Gewalt gipfelt? Nein. Die Bedingung der Befreiung der arbeitenden Klasse ist die Abschaffung jeder Klasse, wie die Bedingung der Befreiung des dritten Standes, der bürgerlichen Ordnung, die Abschaffung aller Stände war." (4, 181)

M: „Was ich neu tat, war erstens nachzuweisen, daß die *Existenz der Klassen* bloß an *bestimmte historische Entwicklungsphasen der Produktion* gebunden ist; zweitens, daß der Klassenkampf notwendig zur *Dikatatur des Proletariats* führt; drittens, daß diese Diktatur selbst nur den Übergang zur *Aufhebung aller Klassen* und einer *klassenlosen Gesellschaft* bildet." (28, 508)

Klassen

III. Kommentar

Nach dem Tode von Marx hat Engels selbst eingeräumt, daß die Menschheitsgeschichte nicht nur aus Klassenkämpfen besteht (4, 462). Auch Marx schildert Kämpfe innerhalb einer Klasse (18, 120). Die großen Kriege haben durchweg andere Wurzeln (Kampf um Lebensraum, religiöse, nationale, imperiale).
Die vorhergesagte Polarisierung war Wunschdenken und fand nicht statt (→ Verelendungstheorie).
Bezeichnend ist auch, daß plötzlich am Ende des dritten Bandes von „Das Kapital" eine dritte Hauptklasse in Erscheinung tritt.
Die mangelnde begriffliche Schärfe erlaubt es, den Menschen ziemlich willkürlich den einzelnen Klassen zuzuordnen. Wann immer die Freunde ihr Klassenschema historischen Ereignissen zugrundelegen, sind nur diejenigen Proletarier, die das tun, was die Freunde erwarten (IV 2), die anderen sind Lumpenproletarier, Pöbel, Déclassés (→ Proletarier).

IV. Hinweise

1) 4, 473, 477, 480; 7, 89 f.; 8, 144, 198; 19, 287 ff.; 21, 289.
2) Mauke, a.a.O.; Nolte, a.a.O., S. 400 ff.; Parkin, a.a.O.

Kommune, Pariser

I. Thesen

Die Pariser, auch die sozialistischen, stehen bei den Freunden nicht hoch im Kurs, weil sie zu wenig revolutionär sind (→ Franzosen) [1].
Den Plan, eine Pariser Kommune auszurufen, nennt Marx eine Dummheit [2].
Als dennoch die Kommune verwirklicht wird, gibt Marx den Kommunarden die Schuld an der Niederlage, nicht zuletzt auch deshalb, weil sie seinen Ratschlägen nicht Folge geleistet haben [3].
Dennoch werden sie von Marx mit Lobsprüchen überhäuft. Die Kommune ist danach keine Revolution gegen eine bestimmte Staatsform, sondern gegen den Staat schlechthin [4].
Nach dem Ende der Kommune müssen die Pariser Flüchtlinge wieder härteste Kritik der Freunde hinnehmen [5].
Zehn Jahre später räumt Marx ein, daß die Kommunarden überwiegend nicht einmal Sozialisten, geschweige denn Kommunisten gewesen sind. Mit einem Minimum an gesundem Menschenverstand wären sie weiter gekommen [6].
Fünfzehn Jahre später behauptet Engels, 1871 habe die Arbeiterklasse die Macht ergriffen [7]. Zwanzig Jahre später nennt Engels die Kommune die erste → „Diktatur des Proletariats" [8].

II. Texte

[1]

M: „Die Herren Pariser hatten die Köpfe voll mit den leersten Proudhonschen Phrasen. Sie schwatzen von Wissenschaft und wissen nichts. Sie verschmähen alle *revolutionäre,* i. e. aus dem Klassenkampf selbst entspringende Aktion, alle konzentrierte, gesellschaftliche, als auch durch *politische Mittel* . . . duchsetzbare Bewegung . . . die Studenten, dann die Arbeiter, besonders die Pariser, die als Luxusarbeiter, ohne es zu wissen, ‚sehre' dem alten Dreck angehören. Unwissend eitel, anmaßend, schwatzsüchtig, emphatisch aufgeblasen, waren sie auf dem Punkt, alles zu verderben, da sie in Zahlen zum Kongreß eilten, die in gar keinem Verhältnis zur Zahl ihrer Mitglieder." (31, 529 f.)

[2]

M: „ . . . Dies um so nötiger, als heute die ganze French Branch nach Paris aufbricht, um dort Dummheiten im Namen der *Internationale* zu machen. ‚Sie' wollen die provisorische Regierung stürzen, commune de Paris etablieren . . ." (33, 54)

Kommune, Pariser

[3]

M: „Die Geschichte hat kein ähnliches Beispiel ähnlicher Größe! Wenn sie unterliegen, so ist nichts daran schuld als ihre ‚Gutmütigkeit'. Es galt, gleich nach Versailles zu marschieren, nachdem erst Vinoy, dann der reaktionäre Teil der Pariser Nationalgarde selbst das Feld geräumt hatte. Der richtige Moment wurde versäumt aus Gewissensskrupel ... Wie dem auch sei, diese jetzige Erhebung von Paris – wenn auch unterliegend vor den Wölfen, Schweinen und gemeinen Hunden der alten Gesellschaft – ist die glorreichste Tat unserer Partei seit der Pariser Juni-Insurrektion. Man vergleiche mit diesen Himmelsstürmern von Paris die Himmelssklaven des deutsch-preußischen Heiligen Römischen Reichs ..." (33, 205 f.)

M: „Hätte die Kommune auf meine Warnung hört! – ich riet ihren Mitgliedern, die Nordseite der Anhöhen von Montmartre, die preußische Seite, zu befestigen, und sie hatten noch Zeit, dies zu tun; ich sagte ihnen im voraus, daß sie sonst in eine Mausefalle geraten würden; ich denunzierte ihnen Pyat, Grousset und Vésinier; ich verlangte von ihnen, sofort alle Papiere, die die Mitglieder der Nationalverteidigung kompromittierten, nach London zu schicken, um durch sie die Wildheit der Feinde der Kommune einigermaßen in Schach halten zu können – so wäre der Plan der Versailler zum Teile vereitelt worden." (33, 229)

[4]

M: „Wunderbar in der Tat war die Verwandlung, die die Kommune an Paris vollzogen hatte! Keine Spur mehr von dem buhlerischen Paris des 2. Kaisertums. Paris war nicht länger der Sammelplatz von britischen Grundbesitzern, irischen Absentees, amerikanischen Ex-Sklavenhaltern und Emporkömmlingen, russischen Ex-Leibeignenbesitzern und walachischen Bojaren. Keine Leichen mehr in der Morgue, keine nächtlichen Einbrüche, und fast keine Diebstähle mehr; seit den Februar-Tagen von 1848 waren die Straßen von Paris wirklich einmal wieder sicher, und das ohne irgendwelche Polizei." (17, 348 f.)

M: „Der selbstopfernde Heldenmut, womit das Pariser Volk – Männer, Weiber und Kinder – acht Tage lang nach dem Einrücken der Versailler fortkämpften, strahlt ebensosehr zurück die Größe ihrer Sache, wie die höllischen Taten der Soldateska zurückstrahlen den eingebornen Geist jener Zivilisation, deren gemietete Vorkämpfer und Rächer sie sind." (17, 355 f.)

M: „Das Paris der Arbeiter, mit seiner Kommune, wird ewig gefeiert werden als der ruhmvolle Vorbote einer neuen Gesellschaft. Seine Märtyrer sind eingeschreint in die großen Herzen der Arbeiterklasse. Seine Vertilger hat die Geschichte schon jetzt an jene Schandpfahle genagelt, von dem sie zu erlösen alle Gebete ihrer Pfaffen ohnmächtig sind." (17, 362)

M: „Daher war die Kommune nicht eine Revolution gegen diese oder jene – legitimistische, konstitutionelle, republikanische oder kaiserliche – Form der Staatsmacht. Die Kommune war eine Revolution gegen den *Staat* selbst, gegen diese übernatürliche Fehlgeburt der Gesellschaft; sie war eine Wiederbelebung durch das Volk und des eignen gesellschaftlichen Lebens des Volkes." (17, 541)

Kommune, Pariser

5

M: „Es hat sich hier unter den French refugees eine Sektion der Internationale gebildet, ‚Section française de 1871' (ungefähr 24 Mann), welche sofort mit dem General Council in die Haare geraten sind, weil wir Änderungen in ihren Statuten verlangt. Es wird wahrscheinlich zum split kommen. Diese Leute arbeiten zusammen mit einem Teil der französischen Flüchtlinge in der Schweiz, die ihrerseits mit den Männern der von uns aufgelösten ‚Alliance de la Démocratie Socialiste' (Bakunin) intrigieren. Ihr Angriffsobjekt sind nicht die gegen uns verbündeten Regierungen und herrschenden Klassen von Europa, sondern der Generalrat von London, und speziell meine Wenigkeit. Dies der Dank dafür, daß ich fast 5 Monate in Arbeiten für die Flüchtlinge verloren und durch die ‚Address on the Civil War' als ihre Ehrenretter gewirkt habe." (33, 314)

E: „Du kannst nicht begreifen, daß *alle* Genfer Communards gegen uns sein sollen. Diese Frage, die für mich gar kein Interesse hat, wirst Du Dir selbst leicht beantworten können, wenn Du an das Gebaren der diversen Flüchtlingschaften 49 und 50 zurückdenkst, wo es oft reiner Zufall der Zusammenwürfelung war, wie die Leute sich gruppierten." (33, 360)

E: „Hier hat sich die Section française de 1871 vollständig aufgelöst, eine Sektion, die niemals als solche aufgenommen wurde, weil sie sich weigerte, aus ihren Statuten die unglaublichsten Dinge zu streichen. Sie löste sich zu demselben Zeitpunkt auf, an dem sie eine lange, metaphysische Deklaration gegen den Generalrat veröffentlichte, die von 35 Bürgern unterzeichnet war." (33, 382)

6

M: „Sie werden mich vielleicht auf die Pariser Kommune verweisen; aber abgesehen davon, daß dies bloß Erhebung einer Stadt unter ausnahmsweisen Bedingungen war, war die Majorität der Kommune keineswegs sozialistisch, konnte es auch nicht sein. Mit geringem Quantum common sense hätte sie jedoch einen der ganzen Volksmasse nützlichen Kompromiß mit Versailles – das allein damals Erreichbare – erreichen können." (35, 160)

7

E: „Heute abend feiern die Arbeiter der ganzen Welt gemeinsam mit euch den Jahrestag der glorreichsten und tragischsten Etappe in der Entwicklung des Proletariats. Im Jahre 1871 ergriff die Arbeiterklasse zum ersten Male in ihrer Geschichte in einer großen Hauptstadt die politische Macht. Aber leider ging alles vorüber wie ein Traum!" (21, 257)

8

E: „Nun gut, Ihr Herren, wollt ihr wissen, wie diese Diktatur aussieht? Seht Euch die Pariser Kommune an. Das war die Diktatur des Proletariats." (22, 199)

Kommune, Pariser

III. Kommentar

Marxens „Bürgerkrieg in Frankreich" ist keine geschichtswissenschaftliche, sondern eine propagandistische Leistung. Marx nennt ein Motiv, warum er zur Feder gegriffen habe: Ehrenrettung. Doch daneben gibt es noch andere: der Ruhm der → Internationalen Arbeiterassoziation und ihres Beauftragten Karl Marx. Am Beispiel der Kommune fand er Gelegenheit, seine Vorstellungen über → Klassenkampf, → Staat, → Revolution und → Diktatur des Proletariats als → auf dem Papier → lebensfähige Wirklichkeit darzustellen. Dies konnte nur geschehen auf Kosten der Wahrheit. Denn die Kommune entsprach nicht seinen Prophetien. Da dieses Experiment nur zwei Monate unter Ausnahmebedingungen dauerte, hatte es auch gar keine Möglichkeit zur Entfaltung und Bewährung.
Die spätere Kritik spricht Bände: Menschen ohne sozialistisches Bewußtsein, ja ohne gesunden Menschenverstand haben danach ein sensationelles Werk vollbracht. Wozu dann noch sozialistische Bewußtseinsbildung und sozialistische Parteien? Auch die sozialistischen Kommunarden, denen die Flucht gelang, waren für Marx und Engels zum großen Teil suspekte Subjekte.
Die ungeheuren Widersprüche sind letztlich nur zu begreifen, wenn man sich vergegenwärtigt, daß die Freunde mehrmals für die nahe Zukunft sozialistische → Revolutionen vorhergesagt haben. Welcher Prophet will nicht wenigstens einmal sagen können, daß sich seine Worte erfüllt haben.

IV. Hinweise

1) 17, 277, 317 ff., 493 ff.; 21, 257; 33, 200, 341, 351, 538, 642; 34, 126, 128; 37, 487.
2) Wolfe, a.a.O.

Kommunismus

I. Thesen

Kommunismus von communio bonorum, d. h. Gütergemeinschaft, ist primär eine bestimmte Ordnung des → Eigentums.
Marx unterscheidet den rohen vom perfekten Kommunismus [1]. Ersterer wird seit Lenin → Sozialismus genannt.
Eine systematische Beantwortung der Fragen, die diese Ordnungsform aufwirft, suchen wir vergebens. Die beiläufigen Äußerungen besagen im wesentlichen: Der Kommunismus ist der totale Gegensatz zur bestehenden Weltordnung, die letzte, die endgültige Produktionsweise der menschlichen Gesellschaft (→ Histomat). Er beginnt mit der → Diktatur des Proletariats. Sie hat die Abschaffung der → Klassen, das Ende des → Staates, die menschliche → Emanzipation zur notwendigen Folge. Der Kommunismus bewirkt die Lösung aller Welträtsel ohne moralische Appelle (→ Moral) [2].
Die Organisation der Wirtschaft wird wieder so einfach, wie sie für Robinson war [3].
Doch die Buchführung wird um so notwendiger [4]. Marx und Engels verstanden sich als Kommunisten [5]. Die Kommunisten sind den anderen überlegen (→ Partei).
Die Liebe zu abstrakten Prinzipien begünstigt in Deutschland den Kommunismus [6].
(→ Arbeit → Arbeitsteilung → Ehe → Entfremdung → Erziehung → Familie → Freiheit → Geld → Menschenbild → Partei → Planwirtschaft → Revolution.)

II. Texte

[1]
M: „Der *Kommunismus* endlich ist der *positive* Ausdruck des aufgehobnen Privateigentums, zunächst das *allgemeine* Privateigentum ... Die erste positive Aufhebung des Privateigentums, der *rohe* Kommunismus, ist also nur eine *Erscheinungsform* von der Niedertracht des Privateigentums, das sich als das *positive Gemeinwesen* setzen will ... Dieser [der perfekte] Kommunismus ist als vollendeter Naturalismus = Humanismus, als vollendeter Humanismus = Naturalismus, er ist die *wahrhafte* Auflösung des Widerstreites zwischen dem Menschen mit der Natur und mit dem Menschen, die wahre Auflösung des Streits zwischen Existenz und Wesen, zwischen Vergegenständlichung und Selbstbestätigung, zwischen Freiheit und Notwendigkeit, zwischen Individuum und Gattung. Er ist das aufgelöste Rätsel der Geschichte und weiß sich als diese Lösung." (Ergbd. 1, 534 ff.)

[2]
M: „Der Kommunismus ist die Position als Negation der Negation ..." (Ergbd. 1, 546)

E: „In der kommunistischen Gesellschaft, wo die Interessen der einzelnen nicht einander entgegengesetzt, sondern vereinigt sind,

Kommunismus

ist die Konkurrenz aufgehoben. Von einem Ruin einzelner Klassen, von Klassen überhaupt, wie heutzutage Reiche und Arme, kann, wie sich von selbst versteht, keine Rede mehr sein. So wie bei der Produktion und Austeilung der zum Leben nötigen Güter der Privaterwerb, der Zweck des einzelnen sich auf eigne Faust zu bereichern, wegfällt, fallen auch die Krisen des Verkehrs von selbst weg ... Wir heben den Gegensatz des einzelnen Menschen gegen alle andern auf – wir setzen dem sozialen Krieg den sozialen Frieden entgegen, wir legen die Axt an die *Wurzel* des Verbrechens – und machen dadurch den größten, bei weitem den größten Teil der jetzigen Tätigkeit der Verwaltungs- und Justizbehörden überflüssig." (2, 539 ff.)

M/E: „Der Kommunismus ist für uns nicht ein *Zustand,* der hergestellt werden soll, ein Ideal, wonach die Wirklichkeit sich zu richten haben wird. Wir nennen Kommunismus die *wirkliche* Bewegung, welche den jetzigen Zustand aufhebt." (3, 55)

M/E: „Die kommunistische Revolution ist das radikalste Brechen mit den überlieferten Eigentumsverhältnissen; kein Wunder, daß in ihrem Entwicklungsgange am radikalsten mit den überlieferten Ideen gebrochen wird ...
Das Proletariat wird seine politische Herrschaft dazu benutzen, der Bourgeoisie nach und nach alles Kapital zu entreißen, alle Produktionsinstrumente in den Händen des Staates, d. h. des als herrschende Klasse organisierten Proletariats, zu zentralisieren und die Masse der Produktionskräfte möglichst rasch zu vermehren.
Es kann dies natürlich zunächst nur geschehn vermittelst despotischer Eingriffe in das Eigentumsrecht und in die bürgerlichen Produktionsverhältnisse, durch Maßregeln also, die ökonomisch unzureichend und unhaltbar erscheinen, die aber im Laufe der Bewegung über sich selbst hinaustreiben und als Mittel zur Umwälzung der ganzen Produktionsweise unvermeidlich sind.
Diese Maßregeln werden natürlich je nach den verschiedenen Ländern verschieden sein. Für die fortgeschrittensten Länder werden jedoch die folgenden ziemlich allgemein in Anwendung kommen können.
1. Expropriation des Grundeigentums und Verwendung der Grundrente zu Staatsausgaben.
2. Starke Progressivsteuer
3. Abschaffung des Erbrechts.
4. Konfiskation des Eigentums aller Emigranten und Rebellen.
5. Zentralisation des Kredits in den Händen des Staates durch eine Nationalbank mit Staatskapital und ausschließlichem Monopol.
6. Zentralisation des Transportwesens in den Händen des Staates.
7. Vermehrung der Nationalfabriken, Produktionsinstrumente, Urbarmachung und Verbesserung der Ländereien nach einem gemeinschaftlichen Plan.
8. Gleicher Arbeitszwang für alle, Errichtung industrieller Armeen, besonders für den Ackerbau ..." (4, 481)

E: „Dieses Buch (‚Das Kapital') wird manchen Leser sehr enttäuschen. Seit Jahren ist, von gewisser Seite, auf sein Erscheinen hingewiesen worden. Hier sollte die wahre sozialistische Geheimlehre und Panazee endlich enthüllt werden, und mancher mag sich vorgestellt haben, als er es endlich angekündigt sah, daß er hier nun erfahren werde, wie es denn eigentlich im kommunistischen Tausendjährigen Reich aussehen werde. Wer

Kommunismus

sich auf dies Vergnügen gespitzt hat, der hat sich gründlich geirrt. Er erfährt hier allerdings, wie die Dinge nicht sein sollen..." (16, 216)

M: „In einer höheren Phase der kommunistischen Gesellschaft, nachdem die knechtende Unterordnung der Individuen unter die Teilung der Arbeit, damit auch der Gegensatz geistiger und körperlicher Arbeit verschwunden ist; nachdem die Arbeit nicht nur Mittel zum Leben, sondern selbst das erste Lebensbedürfnis geworden; nachdem mit der allseitigen Entwicklung der Individuen auch ihre Produktivkräfte gewachsen und alle Springquellen des genossenschaftlichen Reichtums voller fließen – erst dann kann der enge bürgerliche Rechtshorizont ganz überschritten werden und die Gesellschaft auf ihre Fahne schreiben: Jeder nach seinen Fähigkeiten, jedem nach seinen Bedürfnissen!" (19, 21)

M: „Mehrarbeit überhaupt, als Arbeit über das Maß der gegebenen Bedürfnisse hinaus, muß immer bleiben. Im kapitalistischen wie im Sklavensystem usw. hat sie nur eine antagonistische Form und wird ergänzt durch reinen Müßiggang eines Teils der Gesellschaft. Ein bestimmtes Quantum Mehrarbeit ist erheischt durch die Assekuranz gegen Zufälle, durch die notwendige, der Entwicklung der Bedürfnisse und dem Fortschritt der Bevölkerung entsprechende, progressive Ausdehnung des Reproduktionsprozesses, was vom kapitalistischen Standpunkt aus Akkumulation heißt." (25, 827)

E: „Hier in Elberfeld geschehen Wunderdinge. Wir haben gestern im größten Saale und ersten Gasthof der Stadt unsere dritte kommunistische Versammlung abgehalten. Die erste 40, die zweite 120, die dritte wenigstens 200 Menschen stark. Ganz Elberfeld und Barmen, von der Geldaristokratie bis zur épiserie, nur das Proletariat ausgeschlossen, war vertreten... Was das für ein günstiger Boden hier ist, davon hast Du keine Vorstellung. Das dummste, indolenteste, philisterhafteste Volk, das sich für nichts in der Welt interessiert hat, fängt an, beinahe zu schwärmen für den Kommunismus." (27, 20)

M: „Kommunistenstolz der Unfehlbarkeit." (27, 324)

E: „Die ganze weitere Entwicklung besteht in der allmählichen Auflösung dieser Urgemeinschaft, nie und nirgends finden wir ein Beispiel, daß aus ursprünglichem Sonderbesitz sich sekundär Gemeinschaft entwickelt hätte. Diesen Satz halte ich für so unumstößlich und allgemeingeltend, daß selbst, wenn Sie mir scheinbare Ausnahmen – und wären sie noch so schlagend auf den ersten Blick – bringen könnten, ich darin kein Argument dagegen sehen würde, sondern nur eine noch zu lösende Frage." (35, 447)

E: „Marx und ich wollten uns niemals Sozialdemokraten nennen, da wir die Bezeichnung Kommunisten vorzogen. Wir trugen nur den Polizeiverhältnissen in Deutschland Rechnung." (Enzensberger a.a.O., S. 665)

3

E: „In der kommunistischen Gesellschaft wird es ein leichtes sein, sowohl die Produktion wie die Konsumption zu kennen. Da man weiß, wieviel ein einzelner im Durchschnitt braucht, so ist es leicht zu berechnen, wieviel von einer gewissen Anzahl Individuen gebraucht wird, und da die Produktion alsdann nicht mehr in den Händen ein-

Kommunismus

zelner Privaterwerber, sondern in den Händen der Gemeinde und ihrer Verwaltung ist, so ist es eine Kleinigkeit, *die Produktion nach den Bedürfnissen zu regeln.*" (2, 539)

M: „Stellen wir uns endlich, zur Abwechslung, einen Verein freier Menschen vor, die mit gemeinschaftlichen Produktionsmitteln arbeiten und ihre vielen individuellen Arbeitskräfte selbstbewußt als eine gesellschaftliche Arbeitskraft verausgaben. Alle Bestimmungen von Robinsons Arbeit wiederholen sich hier, nur gesellschaftlich statt individuell. Alle Produkte Robinsons waren sein ausschließlich persönliches Produkt und daher unmittelbar Gebrauchsgegenstände für ihn. Das Gesamtprodukt des Vereins ist ein gesellschaftliches Produkt . . . Die gesellschaftlichen Beziehungen der Menschen zu ihren Arbeiten und ihren Arbeitsprodukten bleiben hier durchsichtig einfach in der Produktion sowohl als in der Distribution . . . Der religiöse Widerschein der wirklichen Welt kann überhaupt nur verschwinden, sobald die Verhältnisse des praktischen Werkeltagslebens den Menschen tagtäglich durchsichtig vernünftige Beziehungen zueinander und zur Natur darstellen. Die Gestalt des gesellschaftlichen Lebensprozesses, d. h. des materiellen Produktionsprozesses, streift nur ihren mystischen Nebelschleier ab, sobald sie als Produkt frei vergesellschafteter Menschen unter deren bewußter planmäßiger Kontrolle steht." (23, 92 ff.)

4

M: „Die Buchführung als Kontrolle und ideelle Zusammenfassung des Prozesses wird umso notwendiger, je mehr der Prozeß auf gesellschaftlicher Stufenleiter vorgeht und den rein individuellen Charakter verliert; also notwendiger in der kapitalistischen Produktion als in der zersplitterten des Handwerks- und Bauernbetriebs, notwendiger bei gemeinschaftlicher Produktion als bei kapitalistischer." (24, 137)

5

E: „Man wird bemerken, daß in allen diesen Aufsätzen und namentlich in diesem letzteren ich mich durchweg nicht einen Sozialdemokraten nenne, sondern einen Kommunisten . . . In Deutschland nannten sich die Lassallaner Sozialdemokraten. . . . Für Marx und mich war es daher rein unmöglich, zur Bezeichnung unseres speziellen Standpunkts einen Ausdruck von solcher Dehnbarkeit zu wählen." (22, 417)

6

E: „In Deutschland ist die Aussicht für die Gründung einer kommunistischen Partei unter den gebildeten Klassen der Gesellschaft größer als irgendwo sonst. Die Deutschen sind eine sehr uneigennützige Nation; wenn in Deutschland Grundsätze in Widerstreit mit Interessen geraten, werden fast stets die Grundsätze die Ansprüche der Interessen zum Schweigen bringen. Die gleiche Liebe zu abstrakten Prinzipien, die gleiche Nichtachtung der Wirklichkeit und des Eigeninteresses, welche die Deutschen in einen Zustand der politischen Bedeutungslosigkeit gebracht haben, genau diese gleichen Eigenschaften gewährleisten den Erfolg des philosophischen Kommunismus in diesem Lande." (1, 495)

Kommunismus

III. Kommentar

Daß bei Marx die Kritik des Kapitalismus ganz im Vordergrund steht und der Kommunismus nur beiläufig angesprochen wird, zeigt, worum es den namhaftesten Kommunisten in erster Linie ging: um die Zerstörung der bestehenden Ordnung (→ Krisensehnsucht → Menschenbild → Vernichtungsdrang → Weltbild). Ein vernichtendes Wort unfreiwilliger Selbstkritik bieten die Freunde, indem sie schreiben (7, 461): „Das Volk soll nicht für den folgenden Tag sorgen und sich alle Gedanken aus dem Kopf schlagen; kommt der große Tag der Entscheidung, so wird es durch die bloße Berührung elektrisiert, und das Rätsel der Zukunft wird sich ihm durch ein Wunder lösen. Dieser Aufruf zur Gedankenlosigkeit ist ein direkter Versuch zur Prellerei gerade der unterdrücktesten Klassen des Volkes." Trotzdem haben sie genau nach dieser Devise gehandelt.

Der rohe Kommunismus weist nach Marx noch ganz häßliche Züge auf. Die → Kommune schildert er jedoch äußerst positiv, ein augenfälliger Widerspruch! Völlig unwissenschaftlich ist die Behauptung, die Abschaffung des Privateigentums an den Produktionsmitteln löse alle Rätsel. Es handelt sich um eine durch keinerlei Erfahrung und Vernunftgründe untermauerte Heilsverheißung. Mehr als einhundert Jahre nach Marxens Tod und mehr als 80 Jahre nach der Oktoberrevolution ist die Richtigkeit dieses Urteils handgreiflich. Marxens kollektiver Robinson scheiterte in allen „kommunistischen" Staaten Europas nicht zuletzt am Chaos totaler Planung. Die Annahme, der Umfang der Buchführung werde im Kommunismus wachsen, zeigt Vorahnungen, die in die richtige Richtung weisen. Das gleiche gilt für die Äußerung Engels, wonach es unnatürlich sei, Sonderbesitz durch Kollektivbesitz zu ersetzen.

IV. Hinweise

1) 2, 521, 605, 613, 624; 3, 33, 42, 229, 457, 528; 4, 461; 7, 553, 565f.; 23, 552; 24, 423, 464 f.; 25, 93, 131, 784; 29, 573; 32, 671.
2) Bartsch, a.a.O.; Löw „Kommunismus", a.a.O.; Löw „Warum", a.a.O., S. 16 ff., 59 ff.; Utz, a.a.O.

Krieg

I. Thesen

Die Freunde haben zunächst eine geradezu kriegslüsterne Einstellung. Der Krieg erscheint ihnen als Voraussetzung, als Geburtshelferin der → Revolution, Bürgerkrieg als historische Notwendigkeit.
Über den „langweiligen" Krieg" zwischen Türkei und Rußland machen sie sich lustig. Sie stimmen sogar ein hohes Lied auf die Segnungen eines „ordentlichen, frischen, kräftig ausgefochtenen Krieges" an. „Es lebe der Krieg" [1].
Krieg gegen → Rußland ist ihnen ein heiliges Gebot.
Im Deutsch-Französischen Krieg (1870/71) wünschen sie → Deutschlands Sieg, weil das „zugleich das Übergewicht unserer Theorie über die Proudhons" begründet [2].
Später werden Kriege und Kriegsgefahren überwiegend bedauert, weil sie der Revolution abträglich sein dürften [3].
Im Kriegsfall sollen auch die deutschen Sozialisten mit allen revolutionären Mitteln Deutschland gegen Ost und West verteidigen [4].
Der Weltkommunismus bedeutet ewigen Frieden [5].

II. Texte

[1]

M: „Nur bei einer Ordnung der Dinge, wo es keine Klassen und keinen Klassengegensatz gibt, werden die *gesellschaftlichen Evolutionen aufhören, politische Revolutionen* zu sein. Bis dahin wird am Vorabend jeder allgemeinen Neugestaltung der Gesellschaft das letzte Wort der sozialen Wissenschaft stets lauten: ‚Kampf oder Tod; blutiger Krieg oder das Nichts. So ist die Frage unerbittlich gestellt.' George Sand" (4, 182)

M: „Und der europäische Krieg ist die erste Folge der siegreichen Arbeiterrevolution in Frankreich. England wird wie zu Napoleons Zeit an der Spitze der contrerevolutionären Armeen stehen, aber durch den Krieg selbst an die Spitze der revolutionären Bewegung geworfen werden und seine Schuld gegen die Revolution des 18. Jahrhunderts einlösen.
Revolutionäre Erhebung der französischen Arbeiterklasse, Weltkrieg – das ist die Inhaltsangabe des Jahres 1849." (6, 150)

M: „Beim Abschiede rufen wir unsern Lesern die Worte unserer ersten Januar-Nr. ins Gedächtnis: ‚*Revolutionäre Erhebung der französischen Arbeiterklasse, Weltkrieg – das ist die Inhaltsangabe des Jahres 1849.'*
Und schon steht eine aus Kämpfern aller Nationalitäten gemischte Revolutionsarmee im Osten dem in der russischen Armee vertretenen koalitionierten alten Europa gegen-

Krieg

über, schon droht von Paris aus die ‚rote Republik'!" (6, 506)

M/E: „Mag Europa verfault sein, ein Krieg hätte jedoch die gesunden Elemente aufrütteln müssen; ein Krieg hätte manche verborgenen Kräfte wecken müssen, und sicherlich wäre unter 250 Millionen Menschen soviel Energie vorhanden gewesen, daß wenigstens ein ordentlicher Kampf zustandegekommen wäre, in dem beide Parteien etwas Ehre geerntet hätten, soviel wie Mut und Tatkraft eben auf dem Schlachtfeld zu erringen vermögen. Aber nein. Nicht nur das England der Bourgeoisie und das Frankreich der Bonaparte ist zu einem ordentlichen, frischen, kräftig ausgefochtenen Krieg untauglich geworden, sondern auch Rußland, dasjenige Land Europas, das von der entnervenden, Treu und Glauben verachtenden Zivilisation am wenigsten angekränkelt ist, bringt derartiges nicht zuwege." (10, 379)

M: „Der Teufel soll diese Volksbewegungen holen und gar, wenn sie pacifiques sind." (29, 19)

M: „Die Hunde von Demokraten und liberalen Lumpen werden sehn, daß wir die einzigen Kerls sind, die nicht verdummt sind in der schauderhaften Friedensperiode." (29, 401)

E: „Inzwischen, es lebe der Krieg!" (29, 417)

M: „Der Krieg ist also doch da, wenn kein Wunder geschieht. Die Preußen werden die Renommage büßen, und unter allen Umständen ist die Idylle in Deutschland vorüber. Die Proudhonclique unter den Studenten in Paris . . . predigt Frieden, erklärt Krieg für veraltet, Nationalitäten für Unsinn . . ." (31, 222)

M: „Sehr erstaunt bin ich über Ihre Beifallsbezeugung für die Friedensliga. Das ist doch (ich spreche vom Friedenskongreß) Feigheit in Aktion. Entweder in Berlin und Paris protestieren, oder aber – wenn man dazu zu feige ist – wenigstens die Öffentlichkeit nicht mit mißverständlichen, fruchtlosen und deklamatorischen Kundgebungen betrügen." (31, 557)

E: „Hoffentlich stellen die Russen solche Friedensbedingungen, daß der Krieg fortdauert." (34, 316)

2

E: „Ich habe die ganz Frage durchgeochst und bin zu dem Schluß gekommen, . . . daß in diesem Augenblick die einzige Chance Deutschlands, die Herzogtümer zu befreien, darin besteht, *daß wir einen Krieg gegen Rußland zugunsten Polens anfangen.*" (30, 377)

M: „Die Franzosen brauchen Prügel. Siegen die Preußen, so die Zentralisation der state power nützlich der Zentralisation der deutschen Arbeiterklasse. Das deutsche Übergewicht würde ferner den Schwerpunkt der westeuropäischen Arbeiterbewegung von Frankreich nach Deutschland verlegen, und man hat bloß die Bewegung von 1866 bis jetzt in beiden Ländern zu vergleichen, um zu sehn, daß die deutsche Arbeiterklasse theoretisch und organisatorisch der französischen überlegen ist. Ihr Übergewicht auf dem Welttheater über die französische wäre zugleich das Übergewicht unsrer Theorie über die Proudhons etc." (33, 5)

M: „Ich meinerseits wäre dafür, daß beide, Preußen und Franzosen, sich abwechselnd

Krieg

schlagen, und daß – wie ich annehme – die Deutschen *schließlich* siegen. Ich wünsche das deshalb, weil die definitive Niederlage Bonapartes wahrscheinlich eine Revolution in Frankreich hervorruft, während durch die definitive Niederlage Deutschlands nur die gegenwärtige Lage um weitere 20 Jahre hinausgezogen würde." (33, 126)

3

E: „Der Friede sichert den Sieg der deutschen Sozialdemokratischen Partei in ungefähr zehn Jahren. Der Krieg bringt ihr entweder den Sieg in 2 bis 3 Jahren oder vollständigen Ruin, wenigstens auf 15 bis 20 Jahre. Demgegenüber müßten die deutschen Sozialisten toll sein, wünschten sie den Krieg, bei dem sie alles auf eine Karte setzen, statt den sichern Triumph des Friedens abzuwarten." (22, 256)

E: „In Rußland muß die Sache jetzt in wenigen Monaten zum Klappen kommen. Entweder stürzt der Absolutismus, und dann weht sofort nach dem Sturz der großen Reserve der Reaktion, ein anderer Wind durch Europa. Oder aber es gibt einen europäischen Krieg, und der begräbt auch die *jetzige* deutsche Partei unter den unvermeidlichen Kampf eines jeden Volks um die nationale Existenz. Solch ein Krieg wäre unser größtes Unglück, er könnte die Bewegung um 20 Jahre zurückwerfen. Aber die neue Partei, die daraus schließlich doch hervorgehen müßte, würde in allen europäischen Ländern frei sein von einer Masse Bedenklichkeiten und Kleinlichkeiten, die jetzt überall die Bewegung hemmen." (34, 431)

M: „Ich hoffe, es wird in Europa keinen allgemeinen Krieg geben. Obwohl er schließlich die soziale, ich meine damit die *ökonomische* Entwicklung nicht aufhalten könnte, sie vielmehr noch vorantreiben würde, brächte er doch sicher für eine längere oder kürzere Periode eine nutzlose Erschöpfung der Kräfte mit sich." (34, 464)

E: „Was mich betrifft, glaube ich, es muß für uns feststehen, daß der Krieg, sollte er ausbrechen, nur zu dem Zweck geführt werden wird, um die Revolution zu verhindern: in Rußland, um der gemeinsamen Aktion aller Unzufriedenen, Slawophielen, Konstitutionellen, Nihilisten und Bauern zuvorzukommen; in Deutschland, um Bismarck zu halten; in Frankreich, um die siegreiche Bewegung der Sozialisten zurückzudrängen und . . . die Monarchie wieder herzustellen. Daher bin ich für ‚den Frieden um jeden Preis', denn nicht wir werden diesen Preis zu zahlen haben." (36, 563)

4

E: „Wird die Kriegsgefahr größer, dann können wir der Regierung sagen, wir wären bereit, wenn man es uns möglich mache durch anständige Behandlung, sie zu unterstützen gegen den auswärtigen Feind, vorausgesetzt, daß sie den Krieg mit allen, auch revolutionären Mitteln und rücksichtslos führe. Wird Deutschland von Ost und West angegriffen, so ist jedes Mittel der Verteidigung gut. Es geht um die nationale Existenz und auch für uns um die Behauptung der Position und der Zukunftschancen, die wir uns erkämpft. Je revolutionärer der Krieg geführt wird, desto mehr in unserem Sinn wird er geführt. Und es kann kommen, daß gegenüber der Feigheit der Bourgeoisie und Junker, die ihr Eigentum retten wollen, *wir* die einzige wirkliche energische Kriegspartei sind." (38, 176)

Krieg

E: „Also druf, wenn Rußland Krieg anfängt, druf auf die Russen und ihre Bundesgenossen, *wer sie auch seien*. Dann haben wir dafür zu sorgen, daß der Krieg mit allen revolutionären Mitteln geführt und jede Regierung unmöglich gemacht wird, die sich weigert, diese Mittel anzuwenden..." (38, 188)

5

M/E: „In dem Maße, wie die Exploitation des einen Individuums durch das andere aufgehoben wird, wird die Exploitation einer Nation durch die andere aufgehoben. Mit dem Gegensatz der Klassen im Innern der Nation fällt die feindliche Stellung der Nationen gegeneinander." (4, 479)

III. Kommentar

Was aus diesen Zitaten nur ansatzweise zu entnehmen ist, ist die „Rechtfertigung" teils terroristischer (→ Rache → Terror → Tschechen), teils imperialistischer (→ Polen; siehe auch 6, 279 zu Lasten der Slowenen und Kroaten, 5, 395 zu Lasten Dänemarks) Aktionen Deutschlands gegen seine Nachbarn.

IV. Hinweise

1) 2, 504, 541; 10, 379; 16, 536f.; 17, 7; 22, 9; 29, 126, 577; 30, 335, 650; 31, 430; 32, 318, 558 f.; 33, 15 f., 144, 164, 183, 264; 34, 105, 126, 424 f.; 35, 280, 416; 36, 391, 401, 525 f., 593; 37, 6, 10 f., 171, 279 f.; 38, 135, 160 ff., 175 f., 184, 245, 498, 503; 39, 10.
2) –

Krisensehnsucht

I. Thesen

Harmonie und Wohlstand sind kein Nährboden für → Revolutionen; das wußten Marx und Engels [1].
Besonders die Korrespondenz der Freunde untereinander, aber auch Briefe an Dritte verraten eine unstillbare Krisensehnsucht, der die eigene Aktivität mit dem Ziel des Vernichtens, der Krise, der Revolution entspricht [2].

II. Texte

[1]

E: „Kämpft also nur mutig fort, ihr gnädigen Herren vom Kapital! Wir haben euch vorderhand nötig, wir haben sogar hie und da eure Herrschaft nötig. Ihr müßt uns die Reste des Mittelalters und die absolute Monarchie aus dem Wege schaffen, ihr müßt den Patriarchalismus vernichten, ihr müßt zentralisieren, ihr müßt alle mehr oder weniger besitzlosen Klassen in wirkliche Proletarier, in Rekruten für uns, verwandeln, ihr müßt uns durch eure Fabriken und Handelsverbindungen die Grundlage der materiellen Mittel liefern, deren das Proletariat zu seiner Befreiung bedarf. Zum Lohn dafür sollt ihr eine kurze Zeit herrschen. Ihr sollt Gesetze diktieren, ihr sollt euch sonnen im Glanz der von euch geschaffenen Majestät, ihr sollt bankettieren im königlichen Saal und die schöne Königstochter freien, aber, vergeßt es nicht, – ‚Der Henker steht vor der Tür.'" (4, 502 f.)

M/E: „Bei dieser allgemeinen Prosperität, worin die Produktivkräfte der bürgerlichen Gesellschaft sich so üppig entwickeln, wie dies innerhalb der bürgerlichen Verhältnisse überhaupt möglich ist, kann von einer wirklichen Revolution keine Rede sein. Eine solche Revolution ist nur in den Perioden möglich, wo diese beiden Faktoren, die *modernen Produktivkräfte* und die *bürgerlichen Produktionsformen* miteinander *in Widerspruch* geraten . . . *Eine neue Revolution ist nur möglich im Gefolge einer neuen Krisis. Sie ist aber auch ebenso sicher wie diese.*" (7, 440)

E: „Die Geschäfte gingen ausgezeichnet – und die Engländer wissen nur zu gut, daß man mit einer vollbeschäftigten und gut bezahlten Arbeiterklasse keine politische Campagne, geschweige denn eine Revolution ins Werk setzen kann." (8, 224)

E: „Was bei uns der höchstmöglichen Entwicklung bedarf, ist gerade das *bürgerliche* wirtschaftliche Regime, das die Kapitale konzentriert und die Gegensätze auf die Spitze treibt . . ." (34, 328)

E: „Daß die Krisen einer der mächtigsten Hebel der politischen Umwälzung sind, liegt schon im ‚Kommunistischen Manifest' . . . ausgeführt, daneben aber auch, daß die rückkehrende Prosperität dann auch die Revolution knickt, und den Sieg der Reaktion begründet." (35, 268)

Krisensehnsucht

2

M: „... und erst seine Niederlage überzeugte es [das Proletariat] von der Wahrheit, daß die geringste Verbesserung seiner Lage eine *Utopie* bleibt *innerhalb* der bürgerlichen Republik, eine Utopie, die zum Verbrechen wird, sobald sie sich verwirklichen will." (7, 33)

E: „So war die Zehnstundenbill [durch dieses Gesetz wurde in England die Höchstarbeitszeit auf zehn Stunden täglich reduziert] an sich und als abschließende Maßregel entschieden ein falscher Schritt, eine unpolitische und sogar reaktionäre Maßregel, die den Keim ihrer eigenen Zerstörung in sich trug. Einerseits beseitigte sie nicht die gegenwärtige Gesellschaftsordnung, und andererseits förderte sie auch nicht ihre Entwicklung. Statt das System auf seine äußerste Spitze zu treiben – auf einen Punkt, wo die herrschende Klasse alle ihre Ressourcen erschöpft finden würde, auf jenen Punkt, wo die Herrschaft einer anderen Klasse, wo eine soziale Revolution notwendig werden würde – sollte die Zehnstundenbill die Gesellschaft auf einen Zustand zurückschrauben, der seit langem durch das gegenwärtige System abgelöst worden ist." (7, 228)

E: „Von Kinkels Rundreise hab' ich weiter noch nichts vernommen. Die Spaltung unter den Italienern ist wunderschön. Es ist vortrefflich, daß dem geriebenen Schwärmer Mazzini endlich die materiellen Interessen auch einmal in die Quere kommen, und das in seinem eigenen Lande ... Auch die andern Gründe der italienischen Dissidenten sind erfreulich, und schließlich ist es sehr schön, daß die einzige bisher wenigstens öffentlich ungespaltene Emigration jetzt sich auch in den Haaren liegt." (27, 342)

E: „Mit diesen Straubingern werde ich jedenfalls neue Krisen in der elenden Schneider- und Bummlerherberge hervorrufen." (27, 378)

E: „Die Krisis scheint allerdings kommen zu wollen, wenn auch die neulichen Falliten nur Vorläufer waren. Leider scheint die Ernte in Nordostdeutschland, Polen und Rußland passabel, stellenweise gut zu werden. Hier hat auch das letzte gute Wetter gefruchtet. Aber Frankreich bleibt in der Sauce, und das ist schon viel." (28, 118)

E: „Glücklicherweise ist der einzige Umstand, der die Baumwollindustrie-Überproduktion frühzeitig unterbrechen konnte, beseitigt; die neue Ernte wird *weit über drei Millionen Ballen,* die größte also, die je da war, und Baumwolle geht wieder herunter; an Rohstoff wirds also nicht fehlen. Jetzt nächstes Jahr eine Mißernte im Korn, und wir werden einen schönen Tanz erleben." (28, 198 f.)

M: „Die Dinge gehen ausgezeichnet. In Frankreich wird das einen entsetzlichen Krach geben, wenn die ganze finanzielle Schwindelei zusammenbricht." (28, 294)

M: „Indes gärt und kocht es offenbar, und nur zu wünschen, daß große Unglücksfälle in der Krim den Ausschlag geben." (28, 452)

E: „Die dauernde Langweile der Prosperität ..." (28, 578)

M: „Die amerikanische Krise – von uns in der November-Revue 1850 als in New York ausbrechend vorhergesagt – ist beautiful." (29, 198)

Krisensehnsucht

E: „Der American crash ist herrlich und noch lange nicht vorbei." (29, 204)

E: „Der allgemeine Aspekt der hiesigen Börse war höchst ergötzlich in der vorigen Woche. Die Kerle ärgern sich schwarz über meine plötzlich sonderbar gehobene Laune. Indeed, die Börse ist der einzige Ort, wo meine jetzige dullness sich in Elastizität und bouncing verwandelt. . . . Für Ausbreitung und Fortdauer der Krise ist gesorgt. . . . Es wäre zu wünschen, daß erst diese ‚Besserung' zur chronischen Krise einträte, ehe ein zweiter und entscheidender Hauptschlag fällt . . . Mir geht es übrigens wie Dir. Seitdem der Schwindel zusammenbrach in New York, hatte ich keine Ruhe mehr in Jersey, und ich fühle mich enorm fidel in diesem general downbreak. Der bürgerliche Dreck der letzten sieben Jahre hatte sich doch einigermaßen an mich gehängt, jetzt wird er abgewaschen, ich werde wieder ein anderer Kerl. Die Krisis wird mir körperlich ebenso wohl tun wie ein Seebad, das merk' ich jetzt schon. 1848 sagten wir: jetzt kommt unsere Zeit, und sie kam in a certain sense, diesmal aber kommt sie vollständig, jetzt geht es um den Kopf." (29, 210 ff.)"

M: „Unterdes gehen die französischen Fabrikanten so rücksichtslos mit ihren Arbeitern um, als ob nie eine Revolution stattgefunden. Das wird gut tun." (29, 224 f.)

E: „Bei dieser Krise ist die Überproduktion so allgemein gewesen, wie noch nie, sie ist auch in den Kolonialwaren unleugbar und ebenso im Korn. Das ist das Famose und muß kolossale Folgen haben. Solange die Überproduktion sich nur auf die Industrie beschränkte, war die Historie nur halb, wie sie aber auch den Ackerbau und in den Tropen ebensogut wie in der gemäßigten Zone ergreift, wird die Sache großartig." (29, 227)

E: „Der Jammer unter dem Proletariat fängt auch an. Vorderhand ist noch nicht viel Revolutionäres zu merken; die lange Prosperität hat furchtbar demoralisiert." (29, 231)

E: „Wenn das noch einige Zeit so vorangeht, so werden die Movements für Lohnheraufsetzung anfangen. In Frankreich verdienen die Baumwollspinner auch seit einiger Zeit mehr als in den letzten Jahren . . . Alles das sieht verdammt optimistisch aus, und der Henker weiß, wie lange das noch dauert . . . Mir scheint übrigens Jones' new move . . . damit zusammenzuhängen, daß das englische Proletariat faktisch mehr und mehr verbürgert, so daß diese bürgerlichste aller Nationen es schließlich dahin bringen zu wollen scheint, eine bürgerliche Aristrokratie und ein bürgerliches Proletariat *neben* der Bourgeoisie zu besitzen . . . Hier können nur ein paar grundschlechte Jahre helfen, und diese scheinen seit den Goldentdeckungen so leicht nicht mehr herzustellen." (29, 357 f.)

E: „Unsere besten Leute gehn uns drauf in dieser elenden Friedenszeit . . ." (29, 395)

M: „Die Hunde von Demokraten und liberalen Lumpen werden sehn, daß wir die einzigen Kerls sind, die nicht verdummt sind in der schauderhaften Friedensperiode." (29, 401)

E: „Hübsch gehts in Rußland und Polen, und im braven Preußen wird nun auch wohl endlich eine Krisis eintreten . . ." (30, 202)

Krisensehnsucht

M: „Soeben erseh' ich aus der 2nd edition der ‚*Times*' daß die preußische zweite Kammer endlich was Gutes getan. Wir werden bald Revolution haben." (30, 333)

E: „Der panic ist jedenfalls viel zu früh gekommen und kann uns möglicherweise eine gute solide Krisis, die sonst 67 oder 68 gekommen wäre, verderben." (31, 220)

M: „Nach dem Studium seines Werkes ist man fest davon überzeugt, daß eine äußerst schreckliche soziale Revolution – natürlich in den niederen Formen, wie sie dem gegenwärtigen moskowiter Entwicklungsstand entsprechen – in Rußland unvermeidlich ist und nahe bevorsteht. Das sind gute Nachrichten." (32, 659)

E: „Es ist ein wahrer Genuß, so eine lang vorhergesehene revolutionäre Weltlage der allgemeinen Krisis entgegenreifen, die blinden Gegner unsere Arbeit für uns tun, die Gesetzmäßigkeit der dem Weltkrach zutreibenden Entwicklung in und durch die allgemeine Verwirrung sich durchsetzen zu sehen." (35, 175)

E: „Alle diese diversen Lumpenhunde müssen sich erst gegenseitig kaputtmachen, total ruinieren und blamieren und uns dadurch den Boden bereiten, daß sie ihre Unfähigkeit, eine Sorte nach der andern, beweisen." (36, 37)

E: Es ist sehr beruhigend zu wissen, daß in diesen letzten Tagen der kapitalistischen Produktion die phylloxera (Reblaus) den Château Lafitte ... zunichte gemacht hat, da wir, die wir sie zu schätzen wissen, sie doch nicht bekommen und die Juden und die Parvenues, die sie bekommen, sie nicht zu schätzen wissen." (36, 530)

E: „... die Stabilität der Regierung und der Innenpolitik wird gebrochen werden, es wird endlich Bewegung, Kampf, Leben geben, und unsere Partei wird alle Früchte davon ernten ..." (38, 153)

E: „Panama ist entzückend. Die Zeitungen, die Du mir freundlicherweise schickst, und die Briefe der alten Mutter Crawford ... bilden bereits ein ziemlich umfangreiches Dossier, das ich bis zu dem – hoffentlich – *bitteren* Ende zu vervollständigen beabsichtige." (38, 550)

III. Kommentar

Der angeborene → Vernichtungsdrang und die Krisensehnsucht sind die Schlüssel zum Verständnis der → Weltanschauung von Marx und Engels (→ Diamat → Krieg). Ihre Krisensehnsucht ist ein Thema ohne Variation!

IV. Hinweise

1) 3, 70f.; 19, 307; 29, 217, 220, 304, 363, 605; 30, 6, 10, 343; 32, 656; 33, 140; 37, 514; 38, 64, 555; 29, 427, 645; 39, 52, 301.
2) Künzli, a.a.O.; Löw „Warum", a.a.O., S. 35 ff.

Lassalle

I. Thesen

Ferdinand Lassalle (1825 bis 1864), maßgeblich beteiligt an der Gründung des Allgemeinen Deutschen Arbeitervereins und dessen erster Präsident, wird von den Freunden nahezu ausschließlich mit harten Unwerturteilen bedacht. Da er den Freunden nützliche Dienste leistet, brechen sie nicht gänzlich mit ihm.
Auch die Parteigänger und Anhänger Lassalles sind immer wieder schwersten Verbalinjurien und Anschuldigungen ausgesetzt. Ihre Zeitung, „Der Sozial-Demokrat", wird „Saudreck" und „Saublättchen" tituliert, ihre Herausgeber „Schweinehunde". Die Freunde wollen den Untergang der ganzen „Lassallescheiße" [1].

II. Texte

[1]

E (in einem Zeitungsartikel): „Lassalle war ein höchst talentvoller, vielseitig gebildeter Kopf, ein Mann von großer Energie und fast unbegrenzter Versatilität; er war ganz dazu gemacht, unter allen Umständen eine politische Rolle zu spielen. Aber weder war er der ursprüngliche Initiator der deutschen Arbeiterbewegung, noch war er ein origineller Denker. Der ganze Inhalt seiner Schriften war entlehnt, selbst nicht ohne Mißverständnisse entlehnt, er hatte einen Vorgänger und einen intellektuellen Vorgesetzten, dessen Dasein er freilich verschwieg, während er seine Schriften vulgarisierte, und dieser intellektuelle Vorgesetzte heißt Karl Marx." (16, 361 f.)

M: „Levy. Von den Düsseldorfer Arbeitern hergesandt in *doppeltem* Auftrag.
1. *Denunziation Lassalles.* Und ich glaube, nach *sehr scharfer* Examination, daß *sie recht haben.* Lassalle, seit die Gräfin ihre 300 000 Taler erhalten, ganz umgewandelt; die Arbeiter absichtlich zurückstoßend, Sybarit, mit den Blauen kokettierend. Sie werfen ihm ferner vor, daß er beständig die Partei für seinen *Privatdreck* ausbeutet und die Arbeiter selbst zu *Privatverbrechen* benutzen wollte im Interesse des Prozesses . . . Dies alles ist nur ein einzelnes, herausgehört und strichweise fixiert. Das *Ganze* hat auf mich und Freiligrath einen *definitiven* Eindruck gemacht, so sehr ich für Lassalle eingenommen war und so mißtrauisch ich gegen Arbeiterklatsch bin. Ich habe dem Levy gesagt: Es sei natürlich unmöglich, auf den Bericht einer einzigen Seite hin zu einem Schluß zu kommen; Verdacht sei unter allen Umständen nützlich; sie sollten fortfahren, den Mann zu überwachen, aber jeden öffentlichen Eklat einstweilen vermeiden . . ." (29, 26 ff.)

E: „Lassalle . . . Er war immer ein Mensch, dem man höllisch aufpassen mußte, als echter Jud von der slawischen Grenze war er

Lassalle

immer auf dem Sprunge, unter Parteivorwänden jeden für seine Privatzwecke zu exploitieren. Dann diese Sucht, sich in die vornehme Welt einzudrängen, emporzukommen, wenn auch nur zum Schein, den schmierigen Breslauer Jud mit allerhand Pomade und Schminke zu übertünchen, waren immer widerwärtig ... Getraut hat keiner von uns je dem Lassalle ..." (29, 31)

E: „Die Lassalliaden haben mich sehr erheitert, der krause Juddekopp muß sich über dem roten Schlafrock und in der Marquisen-Draperie, wo bei jeder Bewegung der polnische Schmuhl durchkuckt, sehr reizend ausnehmen. Gesehen, muß der Kerl einen höchst lausig-widerwärtigen Eindruck machen." (29, 43)

E: „Hier der Brief von Lassalle zurück. Dorch un dorch der läppische Jüd. Es werden schöne Geschichten sein, die er zusammengeschrieben hat, auch das Ding, das zünden wird und worüber er so geheimnisvoll tut.
Daß nichts an dem Kerl ist, das wissen wir freilich, es ist aber schwer, einen positiven Grund zu finden, woraufhin mit ihm direkt brechen, besonders, da von den Düsseldorfer Arbeitern weiter nichts gehört worden." (29, 134)

M: „Einliegend ein Brief ... des großen Lassalle, der mir nun positiv anzeigt, daß er in der Tat seriously begonnen hat, durch seinen Ruhm in Berlin bekannt zu werden. Diese effusions einer schönen Seele werden Dich [Engels] und lupum [Wilhelm Wolff] ergötzen ... Doch wir werden das Ding selbst sehen und, obgleich ein geschenkter Gaul, ihm doch tief ins Maul gucken – on the express condition, of course, daß der Heraklit nicht nach Knoblauch duftet. Fancy only this fellow going up and down the streets of Berlin and ‚asking for himself' strutting like a peacock, a stride and a stand: biting his lips, with ‚a political regard' as who should say: This ist the man who has written Heraclit. Vielleicht kann uns der Bursche nützlich sein zum Auftreiben von Buchhändlern, wenn er nicht etwa fürchtet, der Ruhm, den er auch auf dem ökonomischen Feld sucht, möchte durch die Konkurrenz leiden und so der ‚Prozeß' verlorengehn." (29, 234)

M: „Der ‚Herakleitos der Dunkle' von Lassalle dem Hellen ist au fond ein sehr läppisches Machwerk." (29, 274)

M: „Ich habe endlich an Lassalle geschrieben. Du mußt mir Absolution geben wegen der Elogen, die ich ‚Heracleitos dem Dunklen' machen mußte." (29, 330)

M: „Lieber Engels, ‚Po und Rhein' ist ein vorzüglicher Einfall, der sofort ins Werk gesetzt werden muß. Du mußt *gleich an die Sache* gehn, da Zeit hier *alles* ist. Ich habe heute noch an Lassalle geschrieben und bin sicher, daß Jüdel Braun die Sache durchsetzt." (29, 401)

M: „Weißt du, wer mir den way stops? Niemand anders als Lassalle. Erst wird meine Geschichte um vier Wochen ausgesetzt wegen seines ‚Sickingen'. Jetzt, wo die Sache dem Abschluß entgegenreifte, muß der Narr wieder mit seinem ‚anonymen' Pamphlet dazwischenkommen, das er nur schrieb, weil dein ‚anonymes' Pamphlet ihn nicht schlafen ließ. Sollte der Hund nicht einsehen, daß der Anstand selbst erheischte, erst meine Sache herauszubringen? Ich werde noch ein paar Tage warten, dann aber einen

Lassalle

saugroben Brief nach Berlin schreiben." (29, 440)

M: „Es ist also jetzt evident, daß auf meine Sache 14 Tage neues Embargo gelegt wurde, um Herrn Lassalle Platz zu machen. Die Arbeit, die noch an meiner Geschichte zu machen war, konnte höchstens drei Stunden Zeit kosten. Aber der verfluchte eitle Narr hat das Embargo verordnet, damit die Aufmerksamkeit Publici nicht geteilt würde ... ich vergesse dem Jüdchen diesen Streich nicht. Die Hast, womit sein Dreck gedruckt wurde, zeigt, daß er *magna pars* in der Verzögerung unsrer Sachen. Dabei ist das Vieh so verliebt in seine Ausschweißungen, daß er es für selbstverständlich hält, ich brenne nur vor Begier, *sein ,anonymes' zu sehen* und habe ,Objektivität' genug, das Killen meiner Sache als in Ordnung zu betrachten." (29, 442)

M: „Lieber Lassalle, alle meine Versuche, das Geld aufzutreiben, sind gescheitert. Auch von Haus aus – Du weißt, daß alte Leute sehr am ,Endlichen' hängen – habe ich abschlägige Antwort erhalten. So unangenehm es mir ist, Dich – da Dein eigener Beutel momentan ebbt – anzugehen, bleibt mir keine andere Wahl. Wenn Dir 20 Friedrichsdor zuviel ist, so schicke weniger." (29, 589)

M (an L.): „So fatal es mir ist, von diesem Punkt zu sprechen: Meine finanziellen Verhältnisse sind in einer sehr gefährlichen Krise ... Kannst Du mir zu einer Wechseloperation in dieser Angelegenheit behülflich sein?" (29, 622)

E: „Mit solchen Leuten ist nicht räsonieren. Diese langen, breiten Bettelsuppen scheinen dem Lassalle so natürlich abzugehn wie sein Kot, und vielleicht noch viel leichter – was kann man auf solche Fadaise [Albernheiten] und wohlfeile Weisheit sagen? Wunderbare Ratschläge gibt der Kerl." (30, 19)

M: „Apropos, um zu return à nos moutons, i. e. Lassalle ... Well! Was macht das Vieh für ein fuss! Wie der Kerl dem Liebknecht gegenüber moralisch sich aufspreizt! Derselbe Bursche, der die schamlosesten Mittel gebraucht und sich mit den schamlosesten Personen in Verbindung gesetzt au service de la comtesse de Hatzfeldt! Vergißt das Vieh, daß, obgleich ich ihn in den Bund aufnehmen wollte, ein einstimmiger Beschluß der Zentralbehörde in Köln ihn wegen Anrüchigkeit nicht akzeptierte? .... Nun sieh den gespreizten Affen! Kaum glaubt er – aus seinen bonapartistisch gefärbten Augen sehend –, uns auf einem schwachen Punkt zu ertappen, wie bläht er sich, wie orakelt er, wie wirft er sich in – allerdings possierliche – Positur." (30, 31)

E: „Der Kerl wird sich noch einen Menschen halten, der ihm jedes Jahr einmal eine Ohrfeige gibt, damit die Leute von ihm sprechen, wenn seine eigene jüdische Unverschämtheit es nicht mehr fertigbringt. Inzwischen bewahrt er ein brillantes Talent zum Durchgeteiltwerden und Herausgeschmissenwerden." (30, 68)

M: „Lazarus, der Aussätzige, ist also der Urtyp des Juden und Lazarus-Lassalle. Nur ist unsrem Lazarus der Aussatz ins Hirn geschlagen." (30, 165)

M: „Der jüdische Nigger Lassalle, der glücklicherweise Ende dieser Woche abreist, hat glücklich wieder 5000 Taler in einer falschen Spekulation verloren. Der Kerl würde eher das Geld in den Dreck werfen, als es ei-

Lassalle

nem ‚Freund' pumpen . . . Er ist nun ausgemacht nicht nur der größte Gelehrte, tiefste Denker, genialste Forscher usw., sondern außerdem Don Juan und revolutionärer Kardinal Richelieu. Dabei das fortwährende Geschwätz mit der falsch überschnappenden Stimme, die unästhetisch demonstrativen Bewegungen, der belehrende Ton! . . . Dabei das wüste Fressen, die geile Brunst dieses ‚Idealisten'. Es ist mir jetzt völlig klar, daß er, wie auch seine Kopfbildung und sein Haarwuchs beweist, – von den Negern abstammt, die sich dem Zug des Moses aus Ägypten anschlossen (wenn nicht seine Mutter oder Großmutter von väterlicher Seite sich mit einem Nigger kreuzten). Nun, diese Verbindung von Judentum und Germanentum mit der negerhaften Grundsubstanz müssen ein sonderbares Produkt hervorbringen. Die Zudringlichkeit des Burschen ist auch niggerhaft." (30, 257 ff.)

M: „Nach Mitteilung erklärte er [Lassalle], er könne 15 Pfund bis Januar 1., 1863, liefern; auch könne man Wechsel zu beliebigem amount auf ihn ziehen, wenn die Zahlung von Dir oder andern über die 15 Pfund hinaus ihm versprochen würde. Mehr könne er nicht bei seinen beschränkten Verhältnissen." (30, 269)

M: „Die beiden flüchtigen Solinger kamen mich hier besuchen; teilten mir ihren Enthusiasmus für Itzig [Lassalle] mit, und daß die Arbeiter sich seinem Wagen vorspannten, als er zuletzt in Solingen. Sie nahmen als selbstverständlich an, daß wir zwei im intimsten Einverständnis mit Itzig . . . Ich habe den Leuten natürlich keinen klaren Wein eingeschenkt über unser Verhältnis oder vielmehr Nichtverhältnis zu Itzig, indes durch Dritte einige ganz ferne Andeutungen machen lassen." (30, 402)

E (nach Lassalles Tod): „Lassalle mag sonst gewesen sein, persönlich, literarisch, wissenschaftlich, wer er war, aber politisch war er sicher einer der bedeutendsten Kerle in Deutschland. Er war für uns gegenwärtig ein sehr unsicherer Freund, zukünftig ein ziemlich sicherer Feind, aber einerlei, es trifft einen doch hart, wenn man sieht, wie Deutschland alle einigermaßen tüchtigen Leute der extremen Partei kaputtmacht." (30, 429)

M: „Das Unglück des Lassalle ist mir dieser Tage verdammt durch den Kopf gegangen. Er war doch noch immer einer von der vieille souche und der Feind unserer Feinde. Dabei kam die Sache so überraschend, daß es schwierig ist zu glauben, daß ein so geräuschvoller, stirring, pushing Mensch nun mausetot ist und altogether das Maul halten muß." (30, 432)

E: „Der Lassalle ist offenbar daran kaputtgegangen, daß er das Mensch nicht sofort in der Pension aufs Bett geworfen und gehörig hergenommen hat, sie wollte nicht seinen schönen Geist, sondern seinen jüdischen Riemen. Es ist eben wieder eine Geschichte, die nur dem Lassalle passieren konnte . . . daß er den Wallachen zum Duell zwang, ist doppelt verrückt." (31, 17)

M: „Da Lassalle tot ist und nicht mehr schaden kann, muß man natürlich – soviel möglich, d. h., ohne sich selbst zu kompromittieren – ihn gegen diese kleinbürgerlichen Kanaillen verteidigen." (31, 32)

E: „Der brave Lassalle entpuppt sich nach und nach doch als ein ganz kommuner Schuft. Wir sind nie davon ausgegangen, die Leute zu beurteilen nach dem, was sie sich vorstellten, sondern nach dem, was sie

Lassalle

waren, und ich sehe nicht, warum wir bei Itzig selig eine Ausnahme machen sollen. Subjektiv mag seine Eitelkeit ihm die Sache plausibel vorgestellt haben, objektiv war es eine Schufterei, ein Verrat der ganzen Arbeiterbewegung an die Preußen. Dabei scheint der dumme Geck sich von Bismarck aber auch gar keine Gegenleistung, garnichts Bestimmtes, geschweige Garantien ausbedungen zu haben . . ." (31, 45 f.)

E: „Eben kommt wieder ein S.D. (Sau-Dreck) an. Was ist das für ein lahmes Gewinsel über die Stellung der Partei." (31, 63)

M: „Solange dieser Lassallesche Dreck obenauf in Deutschland, wird die ‚international association' gerade dort kein Feld haben. Indes, man muß Geduld haben. Die preußische Regierung wird rasch genug dem faulen Sumpf dieser Itzigerei ein Ende machen." (31, 71)

E: „Ich lese das Saublättchen übrigens seit 1. courant nicht mehr. Bismarck scheint es satt geworden zu sein, dafür zu zahlen, und ich auch." (31, 130)

M: „Aus dem Brief von Liebknecht geht auch hervor, daß die Schweinehunde vom ‚Sozial-Demokrat' gar zu gerne wieder mit uns anbinden würden." (31, 156)

M (an Sophie von Hatzfeldt, Lassalles Lebensgefährtin): „Ich versichere Sie, daß ich mich immer noch nicht dazu entschließen kann, Lassalles Tod als ein fait accompli zu betrachten! So voll Leben, Geist, Tatkraft, Vorsätze, so ganz und gar jugendlich . . . Sie haben ganz Recht, wenn Sie unterstellen, daß niemand mehr als ich das Große und Bedeutende in Lassalle anerkennen konnte . . . ich habe ihm, solange wir in Korrespondenz standen, auf der einen Seite stets meine wärmste Anerkennung über seine Leistungen ausgesprochen, auf der anderen stets rückhaltlos meine kritischen Bedenken über dies oder jenes mir mangelhaft scheinende mitgeteilt . . . aber von aller Leistungsfähigkeit abgesehen, liebte ich ihn *persönlich*. Das schlimmste ist, daß wir es uns wechselseitig immer verhehlten, als sollten wir ewig leben . . ." (31, 419)

M: „. . . um den Itzig als Gottsohn und das alte Saumensch als Mutter Gottes zu verherrlichen." (32, 43)

E: „Von Anfang an hat Lassalle die Käuflichkeit eingeführt, und sie ist immer größer geworden. Aber woher hat Schweitzer das Geld, wenn nicht von den Preußen?" (32, 340)

M: „In Deutschland – die Lassalleclique. Ich habe selbst während zwei Jahren mit dem berüchtigten Schweitzer korrespondiert, und ihm unwiderleglich nachgewiesen, daß Lassalle's Organisation eine bloße Sektenorganisation ist und als solche der von der Internationalen angestrebten Organisation der wirklichen Arbeiterbewegung feindlich ist." (33, 329)

M: „Liebknecht hat in der Tat, nachdem er den großen Bock in der Transaktion mit den Lassallern geschossen, allen diesen Halbmenschen Tür und Tor geöffnet und so malgré lui eine Demoralisation in der Partei vorbereitet, die nur durch das Sozialistengesetz beseitigt werden konnte." (34, 413)

M: „He looks well, cross zwischen Irving und Lassalle selig (doch nichts gemein mit der zynisch schmierzudringlichen Marquis-Judenmanier des letzteren) . . ." (35, 178)

Lassalle

E: „Lassalle war auf dem Punkt, die Sache als verfehlt aufzugeben, als er das Glück hatte, erschossen zu werden." (35, 269))

E: „Die deutsche Partei wurde, was sie ist, im Kampf der Eisenacher und Lassalleaner, wo ja die Keilerei selbst eine Hauptrolle spielte. Einigung wurde erst möglich, als die von Lassalle absichtlich als Werkzeug gezüchtete Lumpenbande sich abgearbeitet hatte . . ." (35, 374)

E: „Daß die Lassalleaner kamen, weil sie *mußten,* weil ihre ganze Partei in Stücke ging, weil ihre Führer Lumpen oder Esel waren, denen die Massen nicht mehr folgen wollten, das kann in der gewählten milden Form heute gesagt werden." (38, 90)

III. Kommentar

Keine Anschuldigung gegen Lassalle ist so präzise und gewichtig, daß man für Marxens unüberbietbare Gehässigkeiten Verständnis aufbringen könnte. Welches sind die Ursachen? Unzufriedenheit mit den eigenen Erfolgen gemessen an dem maßlosen Eigenwertbewußtsein? Neid auf die Erfolge des Konkurrenten, der doch bloß ein Plagiator gewesen sein soll?
Marx, zu jeglicher Selbstkritik unfähig, mißt alle Mitmenschen an seinem Denken, Wollen und Erfolg. Nur wer sich ihm gänzlich unterordnet, kann auf Fairneß hoffen. Alle anderen, gleich welcher Nation, Konfession, sozialer Herkunft oder Weltanschauung, müssen übelste Beleidigungen und Verdächtigungen über sich ergehen lassen. Lassalle bildet also keine Ausnahme; seine Behandlung durch Marx ist typisch (→ Bakunin → Liebknecht → Proudhon).

IV. Hinweise

1) 6, 267 ff., 320 ff.; 16, 418; 22, 248 f.; 29, 132, 249 f., 287, 351, 402 ff., 418, 431 f., 446, 454, 553, 560 f., 572, 623; 30, 12, 26, 40, 96, 163, 183, 203, 354, 356 f., 360, 362, 375, 564, 571, 584, 587 f., 589, 602 ff., 630; 31, 43, 47 f., 67, 69, 124, 423, 451, 453, 461, 534; 32, 141, 346, 348 f., 646; 33, 495, 643; 34, 443; 35, 242; 36, 26; 37, 353; 38, 35, 40 f., 45, 93 f., 170; 39, 520.
2) Bleuel, a.a.O.; Friedenthal, a.a.O., S. 431 ff.

Liebe

I. Thesen

Die Leugnung einer zeitlos gültigen → Moral und der Wirksamkeit moralischer Appelle setzt sich konsequent fort in der Abwertung zahlreicher Tugenden, z. B. der Nächstenliebe (→ Egoismus), der Philanthropie, der Fraternité, der Selbstverachtung [1].
Haß, Verachtung anderer, Hohn und Spott, also Gegensätze der Liebe, werden andererseits ausdrücklich bejaht [2]. Dementsprechend auch ihre Einstellung der Umwelt gegenüber (→ Menschenbild), dementsprechend ihre schriftlichen Äußerungen (→ Bakunin → Juden → Lassalle → Liebknecht → Proudhon → Terror).
Mit Bezug auf die nächsten Angehörigen erscheint es aber sinnvoll, an Gerechtigkeit und Liebe zu appellieren [3].

II. Texte

[1]

M/E: „Dieser Liebessabbelei entspricht es, daß Krieges in der ‚Antwort an Sollta‘ und anderwärts den Kommunismus als den liebevollen Gegensatz des Egoismus darstellt und eine weltgeschichtliche revolutionäre Bewegung auf die paar Worte: Liebe-Haß, Kommunismus-Egoismus reduziert ... Welche entnervende Wirkung auf beide Geschlechter diese Liebesduselei ausüben und welche massenweise Hysterie und Bleichsucht sie bei den ‚Jungfrauen‘ hervorrufen muß, darüber möge Krieges selbst nachdenken." (4, 7)

M/E: „Es versteht sich, daß Krieges Liebessabbeleien und Gegensatz gegen den Egoismus weiter nichts sind als die schwellenden Offenbarungen eines durch und durch in Religion aufgegangenen Gemütes. Wir werden sehen, wie Krieges, der sich in Europa immer für einen Atheisten ausgab, hier sämtliche Infamien des Christentums unter dem Wirtshausschilde des Kommunismus an den Mann zu bringen sucht und ganz konsequent mit der *Selbstschändung des Menschen endigt* ... ‚Wir fordern im Namen jener *Religion der Liebe,* daß der Hungrige gespeist, der Dürstende getränkt und der Nackende gekleidet werde.‘ — Welche Forderung bereits seit 1800 Jahren bis zum Ekel und ohne den geringsten Erfolg wiederholt worden ist ... Die Kriegesche Religion kehrt ihre schlagende Pointe hervor in folgendem Passus: ‚Wir haben noch etwas mehr zu tun, als für unser *lumpiges Selbst* zu sorgen, wir gehören der Menschheit.‘ Mit diesem infamen und ekelhaften Servilismus gegen eine von dem ‚Selbst‘ getrennte und unterschiedene ‚Menschheit‘, die also eine metaphysische und bei ihm sogar eine religiöse Fiktion ist, mit dieser allerdings höchst ‚lumpigen‘ Sklavendemütigung endigt diese Religion, wie jede andere. Eine solche Lehre, welche die Wollust der Kriecherei und die Selbstverachtung predigt, ist ganz geeignet für tapfere — *Mön-*

Liebe

che, aber nimmer für energische Männer, und gar in einer Zeit des Kampfes. Es fehlt nur, daß diese tapfern Mönche ihr ‚lumpiges Selbst' kastrieren und dadurch ihr Vertrauen auf die Fähigkeit der ‚Menschheit', sich selbst zu erzeugen, genügend beweisen!" (4, 12, 15)

E: „Daher haßt er auch allen und jeden Egoismus und predigt Menschenliebe usw., was wieder auf die christliche Aufopferung herauskommt. Wenn aber das leibhaftige Individuum die wahre Basis, der wahre Ausgangspunkt ist für unseren ‚Menschen', so ist auch selbstredend der Egoismus . . . Ausgangspunkt für unsere Menschenliebe, sonst schwebt sie in der Luft." (27, 12)

E: „‚Milde', ‚Sanftmut', ‚warme Brüderlichkeit'. Ich hab' sie aber gehörig gerüffelt, jeden Abend bracht' ich ihre ganze Opposition von fünf, sechs, sieben Kerls . . . zum Schweigen." (27, 59)

E: „Daher erfordert schon die monatliche Füllung einer solchen Revue eine gewaltige Nachsicht und bringt mit sich ein allmähliches Überwuchern von Philanthropie, Humanismus, Sentimentalität und wie die antirevolutionären Untugenden . . . alle heißen." (36, 176)

E: „Was Millerand angeht, so glaube ich, daß Du recht hast. In seiner Zeitung gibt es bei allen Ansätzen eines Radikalismus einen Ton der Schwäche, halber Verzagtheit und vor allem so viel von der Milch der Menschenliebe (so abgestanden sie ist, hat sie doch nicht das Zeug in sich, um sauer zu werden . . .)." (37, 269)

2

E: „Auf die sentimentalen Brüderschaftsphrasen, die uns hier im Namen der contre-revolutionärsten Nationen Europas dargeboten werden, antworten wir, daß der Russenhaß die *erste revolutionäre Leidenschaft* bei den Deutschen war und noch ist; daß seit der Revolution der Tschechen- und Kroatenhaß hinzugekommen ist . . ." (6, 286)

M: „Die Phrase, welche dieser eingebildeten Aufhebung der Klassenverhältnisse entsprach, war die *fraternité,* die allgemeine Verbrüderung und Brüderschaft. Diese gemütliche Abstraktion von den Klassengegensätzen, diese sentimentale Ausgleichung der sich widersprechenden Klasseninteressen, diese schwärmerische Erhebung über den Klassenkampf, die fraternité, sie war das eigentliche Stichwort der Februarrevolution." (7, 21)

E: „Wir hatten lauter verächtliche Gegner und behandelten sie ausnahmslos mit der äußersten Verachtung." (21, 20)

M (über sich selbst): „Nie hat er [der kritische Verstand] glänzender seinen Haß gegen das sog. Positive gezeigt . . ." (Mannheimer Abendzeitung, 28. 12. 1843)

E: „Jones ist ganz im richtigen Zuge, und wir können wohl sagen, daß er ohne unsre Doktrin nicht auf den richtigen Weg geraten wäre und nie gefunden hätte, wie man einerseits die einzig mögliche Basis zur Rekonstruktion der Chartistenpartei, den instinktiven Klassenhaß der Arbeiter gegen die industriellen Bourgeois, nicht nur beibehalten, sondern noch erweitern, entwickeln und der aufklärenden Propaganda zugrunde legen kann . . ." (28, 40)

M: „Der Umstand, daß Dâ-Dâ den Philister puzzlen [verblüffen] wird, gefällt mir und paßt mir in das system of mockery und contempt." (30, 101 f.)

Liebe

E: „Bei uns ist eher Haß nötig als Liebe …" (34, 170)

E: „Es war grade die Verachtung und der Spott, mit dem wir die Gegner behandelten, die uns in den sechs Monaten bis zum Belagerungszustand fast 6000 Abonnenten einbrachte …" (35, 153)

E: „Diese freie Luft muß das Blatt nach Deutschland hineintragen, und dazu dient vor allem, daß der Gegner mit Verachtung behandelt, verhöhnt wird." (35, 171)

E: „Nicht sich drehen und winden unter den Schlägen des Gegners, heulen, winseln und Entschuldigungen stammeln: so böse war's nicht gemeint; – wie noch so viele tun. Wiederhauen muß man, für jeden feindlichen Hieb zwei, drei zurück. Das war unsre Taktik von jeher, und wir haben bis jetzt, glaub' ich, noch so ziemlich jeden Gegner untergekriegt." (35, 425)

E: „Nichts Schönres gibt es auf der Welt
als seine Feinde zu beißen,
als über all die plumpen Geselln
seine schlechten Witze zu reißen." (36, 172)

E: „…versuchen Sie immer, Ihren Gegnern mit Spott zu begegnen …" (38, 172)

<u>3</u>
E: „Auf diese Weise seid Ihr jeder Verantwortung vor dem englischen Gesetz ledig und könnt so handeln, wie es Euer Gerechtigkeitssinn und Euere Liebe zu den Kindern erfordern." (39, 318)

III. Kommentar

So konsequent die Annahme ist, daß es ohne Moral auch keine Nächstenliebe geben kann, so widersprüchlich ist es, wenn jene seelischen Kräfte, die gewöhnlich als Untugenden angesehen werden (Haß, Verachtung etc.) als Realitäten gelten, an die es sich zu appellieren lohnt. Wenn es keine Tugenden gibt, so auch keine Sünden.
Auch hier stoßen wir auf die den Freunden eigene Schwäche, sich nicht mit dem auseinanderzusetzen, was nicht ins Konzept paßt. Beide haben Werke der Nächstenliebe registriert (zum Beispiel 7, 234), aber ihr Weltbild wurde dadurch nicht aufgehellt. Offenbar fühlten sie instinktiv, daß praktizierte Nächstenliebe der heißersehnten Weltrevolution entgegenwirkt. – Daß Engels im familiären Bereich an die Nächstenliebe erinnert, beweist, auf welch schwachen Beinen nach eigenem Empfinden ihre Theorien standen.

IV. Hinweise

1) Ergbd. 1, 462; 4, 282; 7, 462; 21, 287 ff.; 22, 267; 29, 552; 30, 565; 31, 554 i. V. mit 318; 33, 343; 34, 244, 425; 36, 251; 37, 172.
2) Niederstrasser, a.a.O.

Liebknecht

I. Thesen

Wilhelm Liebknecht (1826 bis 1900), der wohl bedeutsamste Repräsentant der → Sozialdemokratischen Partei Deutschlands im 19. Jahrhundert (im Nachruf der Parteizeitung „Vorwärts": „Er war die Partei selbst. Er verkörperte die moderne Arbeiterbewegung"), hält sich von 1850 bis 1862 wie Marx und Engels im englischen Exil auf. Nach Deutschland zurückgekehrt, ist er zunächst die einzige Verbindung der Freunde zur deutschen Arbeiterbewegung. Obwohl er maßgeblich an der Verbreitung der Lehren und des Ansehens von Marx und Engels mitwirkt, wird er, vor allem in der umfangreichen Korrespondenz der Freunde, fast ausnahmslos mit härtester Kritik bedacht: „Dummkopf", „Ignorant", „Ärgernis", „Vieh", „Rindvieh", „Lügner". Die gebräuchlichste Beifügung ist „Esel".
Auch daß Liebknechts Fusion der Eisenacher mit den → Lassalleanern erfolgreich verläuft und daß er bei einer Reichtagswahl mehr als jeder andere Bewerber Stimmen bekommt, ändert nichts an den schweren Vorwürfen [1].

II. Texte

[1]

E: „Es wäre gut, wenn zu diesem Zweck der würdige Liebknecht, qui est assez bon pour cela [der dafür gut genug ist], aufs Museum ginge und dort die Abstimmungen der Berliner, Frankfurter und Wiener Versammlungen ... nachläse ..." (27, 233)

M: „Wir müssen durchaus unsere Partei neu rekrutieren. Cluß ist gut, Reinhardt ist fleißig. Lassalle, trotz der vielen ‚abers', ist dur und energisch. Pieper wäre nicht unbrauchbar, wenn er weniger kindische vanité und mehr esprit de suite hätte. Imandt und Liebknecht sind zäh und jeder in seiner Art nutzbar. Aber alles das ist keine Partei." (28, 224)

M: „Sobald ich mein Geld bekam, schickte ich ihm drei Pfund, aber der Esel vertraute sie dem Liebknecht zum Aufbewahren und wird jetzt keinen farthing vorfinden." (28, 300)

M: „Dem Liebknecht, der, wie Du weißt, sehr melancholisch schwankte zwischen einer Engländerin, die ihn heiraten wollte, und einer Deutschen in Deutschland, die er heiraten wollte, ist endlich die Deutsche über den Hals gekommen, und er hat sie geheiratet, kirchlich und bürgerlich. Es scheint beiden sehr weh zumute zu sein. Seine Stelle geht flöten, da die Leute fortziehn. Sein Honigmonat, gefeiert Nr. 14, Church-Street, in einem Hause, dem er verpfändet ist, ist so sehr verbittert. Indes, wer zwang den Esel, der alle diese Umstände kannte, zu heiraten und gerade jetzt?" (28, 396)

M: „Liebknecht ist ebenso schriftstellerisch unbrauchbar wie er unzuverlässig und charakterschwach ist, wovon ich Näheres wieder zu berichten haben werde. Der Kerl hät-

Liebknecht

te diese Woche einen definitiven Abschiedstritt in den Hintern erhalten, zwängen nicht gewisse Umstände, ihn einstweilen noch als Vogelscheuche zu verwenden." (29, 443)

M: „Ich versichre Dir, es ist kein Spaß mit diesem Lausestaff hier. Biskamp ist wenigstens raschschreibend und schlagfertig. Liebknecht ist an awful nuisance." (29, 449)

E: „Es ist heiter, daß Du bei Herrn Liebknecht auch solch ein hübsches Urteil erzielst. Das sind die wahren Leute. Die Herren sind so daran gewöhnt, daß wir für sie denken, daß sie auch immer und überall die Sachen nicht nur auf dein Präsentierteller, sondern auch fertig gekäut und im kleinsten Umfang nicht nur die Quintessenz, sondern auch die Detailausführung ready cooked and dried haben wollen. Wunder soll man tun, ni plus ni moins. Was verlangt denn solch ein Esel eigentlich? ... Natürlich sind die Lösungen der kitzligen Geldfragen etc. reiner Dreck für Liebknecht, da diese Fragen garnicht für ihn existieren. Aber das sollte man doch wenigstens verlangen, daß ein solches Rindvieh sich wenigstens diejenigen Pointen merkt, die ihm in sein bißchen Kram passen. Indessen was versteht die Kuh vom Sonntag." (29, 465)

M: „Ich habe Liebknecht sofort geantwortet, im ganzen ihn belobt wegen seiner Haltung; ihn nur gerüffelt wegen der albernen Bedingung – unsre Mitarbeit - die er für die eventuelle Herausgabe des nun glücklich aufgegebnen Lassalepapers stellte. Ihm erklärt, daß wir es zwar für politisch halten, den Lassalle einstweilen ungestört gewähren zu lassen, aber in keiner Weise uns mit ihm identifizieren können ... Ich werde ihm (Liebknecht) im Laufe dieser Woche einiges Geld schicken. Es scheint dem armen Teufel verflucht schlecht zu gehn. Er hat sich brav gehalten, und sein fortwährender Verbleib in Berlin ist sehr wichtig für uns." (30, 407)

M (an Lassalle): „Liebknecht ist ein ehrenwerter Mann." (30, 439)

E: „Aber quelle bete notre ami Liebknecht, der die Zeitung überwachen soll und sie aus *Prinzip nie liest!*" (31, 82)

E: „Was der Liebknecht sich von Manchester für Vorstellungen macht! Hat nichts zu fressen und fragt mich, was hier ein Haus ,mit Garten' kostet! *Der* Kerl ist überhaupt ganz versimpelt." (31, 96)

M: „Mit seinem gewöhnlichen Optimismus sieht Wilhelmchen ,das Berliner Proletariat zu meinen (nämlich seinen) und unseren (Du und ich) Füßen'." (31, 135 f.)

E: „Unser braver Liebknecht kann einmal die Taktlosigkeiten und Bummelschreibereien nicht lassen. Man wird immer zehn Monate aus zwölf über ihn ärgerlich sein müssen, sobald er allein ist und auf eigene Faust handeln muß. Indes que veux-tu? Es ist einmal seine Liebknechtsnatur, und daran hilft aller Ärger und alles Knurren nichts. Und am Ende ist er augenblicklich doch die einzige zuverlässige Verbindung, die wir in Deutschland haben." (31, 137 f.)

E: „Die Schmiere von der Hatzfeldt ist wirklich eine Schmiere mit allem, was da drin steht, alleinseligmachender Lassalle, Liebknecht etc. Der brave Library hat wirklich diesmal mehr als das übliche an Schwäche, Gedanken- und Gedächtnislosigkeit geleistet, wenn anders das Referat nicht ganz gefälscht. Der Teufel hole einen solchen advocatus." (31, 141)

Liebknecht

M: „Über einen Punkt können Sie dem Liebknecht besser schreiben als Engels oder ich. Und dies ist, daß es in der Tat seine Schuldigkeit, in *Arbeiterversammlungen* die Aufmerksamkeit auf mein Buch zu lenken." (31, 575)

E: „An Wilhelm desgleichen zwei Artikel über Dein Buch geschickt, ganz populär für die Arbeiter (so daß selbst Wilhelm sie verstehen wird)." (32, 41)

E: „Wilhelmchen feiert jetzt auch, wie Du gesehen haben wirst, den *edlen Jakobus Venedey!* Sie sehen sich beide auch gerade so ähnlich wie ein Esel dem andern." (32, 68)

M: „Ich halte Bebel für brauchbar und tüchtig. Er hatte nur das sonderbare Pech, in Herrn Wilhelm seinen ‚Theoretiker' zu finden." (32, 290)

E: „Wilhelms Dummheiten übersteigen alles." (32, 291)

M: „Unser Wilhelm ist Sanguiniker und Lügner. Also wohl wieder starke Übertreibung in Schilderung des Siegs über Schweitzer." (32, 331)

M: „Der brave Wilhelm – stets liebenswürdig verfügend über ihm Fremdes – ..." (32, 339)

M: „Die Unverschämtheit des Wilhelm, im Namen des Internationalen Generalrats Bannbullen zu erlassen, ist wirklich kolossal ... Nachdem er nun vergebens mich zu offiziellen Schritten gegen Schweitzer sollizitiert, hat er die Unverschämtheit, mich in diesen Skandal hineinzuzwingen! Ich schrieb ihm gleich, beim Empfang des letzten ‚Wochenblatts', einen saugroben Brief, worin ich ihm ins Gedächtnis rufe, wie oft er mich schon kompromittiert hat, und ihm direkt erklärte, daß ich ihn *öffentlich desavouiere,* sobald er wieder ähnliche Frechheit begeht. (Frechheit, die dazu direkt *lügt,* da der Generalrat die Angelegenheit Schweitzer usw. niemals einer Diskussion, also noch weniger einem Beschluß unterzogen hat.) ... Den Herrn Wilhelm werde ich mir ‚abschütteln', wenn er mich zum drittenmal in Sauerei verwickelt. Der Kerl hat nicht einmal die Entschuldigung, daß er durch dick und dünn mit uns geht. Er macht seine Dummheiten auf eigne Faust, verrät uns, wenn es ihm gutdünkt, und identifiziert uns mit ihm, sobald er sich nicht anders herauszuhelfen weiß." (32, 343)

M: „Wilhelms in der Beilage abgedruckter Redeteil ... zeigt innerhalb der Dummheit eine nicht zu leugnende Schlauheit, sich die Sache zurechtzumachen. ... Das Vieh glaubt an den zukünftigen *‚Staat der Demokratie'!* Unter der Hand ist das bald das konstitutionelle England, bald die bürgerlichen Vereinigten Staaten, bald die elende Schweiz. Von revolutionärer Politik hat ‚es' keine Ahnung!" (32, 360)

M: „Liebknecht spaziert nächste Woche auf drei Monate ins Gefängnis und hat an Borgheim einen verzweifelten Geldtritt geschickt." (32, 388)

E: „Dem Wilhelm hatte ich schon vor Empfang Deines Gestrigen fünf Pfund mit ein paar kühlen Zeilen geschickt. Der Mensch ist wirklich zu unverschämt. Erst insultiert er mich auf jede Weise, und dann soll ich ihn noch geistig und materiell unterstützen ..." (32, 396)

Liebknecht

E: „Der brave Wilhelm hat nicht gedacht, daß seine Renommagen über Dich Dir ipsissimis verbis mitgeteilt werden würden. Bleibt ein Rindvieh sein Leben lang." (32, 478)

E: „Warum schickst Du [Liebknecht] die Ex. der deutschen Ausgabe der Adresse nicht? Wir werden hier täglich deswegen interpelliert. Ich muß sagen, diese Art uns zu behandeln ist nicht derart, uns zu weiteren Arbeiten zu ermuntern. Ich schicke keine Zeile Manuskript mehr, und Marx auch nicht, bis Du Dich endlich herbeiläßest, auch nur den gewöhnlichsten Anstand uns zugute kommen zu lassen." (33, 280)

E: „Es ist Wilhelms Sucht, dem Mangel unsrer Theorie abzuhelfen, auf jeden Philistereinwand eine Antwort zu haben, und von der zukünftigen Gesellschaft ein Bild zu haben, weil doch auch der Philister sie darüber interpelliert; und daneben, auch theoretisch möglichst unabhängig von uns zu sein, was ihm bei seinem totalen Mangel aller Theorie von jeher weit besser gelungen ist, als er selbst weiß. Dadurch versetzt er mich aber in die Position, daß ich mir sagen muß, daß Dühring noch immer ein gebildeter Mann ist gegenüber den theoretischen Pfuschern im ‚Volksstaat', und seine opera immer noch besser als die jener subjektiv und objektiv dunkeln Herren." (34, 18)

M: „Liebknecht hat in der Tat, nachdem er den großen Bock in der Transaktion mit den Lassallern geschossen, allen diesen Halbmenschen Tür und Tor geöffnet . . ." (34, 413)

E: „Was Sie wegen Liebknechts Mitschuld am Heranziehen spießbürgerlicher Elemente sagen, ist schon lange unsere Ansicht. Bei seinen vielen vortrefflichen Eigenschaften hat Liebknecht den Fehler, daß er mit aller Gewalt ‚gebildete' Elemente in die Partei ziehen will und ihm, als ehemaligem Lehrer, nichts Schlimmeres passieren kann, als wenn einmal ein Arbeiter im Reichstag *mir* und *mich* verwechselt." (35, 443)

E: „Was Du [Bebel] über Liebknecht sagst, hast Du wohl schon lange gedacht. Wir kennen ihn seit langen Jahren. Seine Popularität ist ihm Existenzbedingung. Er *muß* also vermitteln und vertuschen, um die Krisis aufzuschieben. Dabei ist er Optimist von Natur und sieht alles rosenfarben. Das erhält ihn so frisch und ist ein Hauptgrund seiner Popularität, aber es hat auch seine Schattenseite. Solange ich nur mit ihm korrespondierte, berichtete er nicht nur alles nach seiner eignen rosenfarbnen Anschauung, sondern verschwieg uns auch alles, was unangenehm war, und wenn interpelliert, antwortete er so leichtfertig in den Tag hinein, daß man sich immer am meisten darüber ärgerte: hält der Mann uns für so dumm, daß wir uns damit fangen lassen! Dabei eine rastlose Geschäftigkeit, die in der laufenden Agitation gewiß sehr nützlich, die aber uns hier eine Masse nutzlose Schreiberei auflud, eine ewige Projektmacherei, die darauf hinauslief, *andern* Arbeit aufzuladen – kurz, Du begreifst, daß bei alledem eine wirklich geschäftliche und sachliche Korrespondenz, wie ich sie seit Jahren mit Dir und auch mit Bernstein führe, rein unmöglich war. Daher ewiger Zank und der Ehrentitel, den er mir scherzend hier einmal gab, ich sei der gröbste Kerl in Europa. Meine Briefe an ihn waren allerdings oft grob, aber die Grobheit war bedingt durch den Inhalt der seinigen." (36, 26)

Liebknecht

E: „Und Freund Liebknecht hält mir das ja alles aus Prinzip geheim, seine Berichte sind alle rosenrot, morgenrot, himmelblau und hoffnungsgrün." (36, 39)

E: „Liebknecht spielt bei der ganzen Geschichte die erheiternde Rolle der Henne, die junge Enten ausgebrütet hat: er hat ‚gebildete' Sozialisten züchten wollen, und siehe da, es sind lauter Philister und Spießbürger aus den Eiern gekrochen, und nun will die brave Henne uns glauben machen, es seien doch Küchlein, die da im bürgerlichen Fahrwasser schwimmen, und keine Enten." (36, 347)

E: „Liebknecht kommt ja auf einmal ganz tapfer in den Vordergrund. Die ‚Sammlung' im Gefängnis, die Lektüre des halb vergessnen ‚Kapital' und die ihm von rechts her klar werdende Aussicht, sich zwischen zwei Stühle zu setzen, scheinen äußerst nützlich gewirkt zu haben." (36, 390)

E: „Was Tussy von ihm sagt, ist ganz richtig: seine Meinung von seiner eigenen Wichtigkeit, seinen Fähigkeiten und seiner absoluten Unbesiegbarkeit ist verblüffend; aber gleichzeitig spürt er im Unterbewußtsein, daß er trotz allem nicht der große Mann ist, für den ihn die Leute halten sollen; dieses Unterbewußtsein treibt ihn dazu, die Bewunderung anderer mehr zu suchen, als es sonst der Fall wäre, und in all seinen Geschichten über sich selbst die Tatsachen beträchtlich aufzuputzen. Aber seine Frau sagt ganz richtig, daß er niemals im Stande wäre, die Arbeit zu leisten, die er leistet, wenn er nicht mit sich selbst so ungemein zufrieden wäre." (36, 584)

E: „Wir hatten bereits die erste Schlacht mit dem Pamphlet von Bernstein gewonnen, als wir alle eroberten Positionen durch das Nichtstun und das Zögern Liebknechts eine nach der anderen verloren." (37, 203)

E: „Es ist zum toll werden, wenn man sieht, wie Liebknecht die prachtvolle internationale Stellung der Deutschen so total kompromittiert und vielleicht teilweise ruiniert hat." (37, 217)

E: „Dein [Liebknechts] Schwiegersohn gibt unter Deckung durch Deinen Namen als Herausgeber eine Sammlung Schriften heraus. Du, der Du ihn doch kennst, vertraust ihm Auswahl, Redaktion, kurz, die ganze Leitung an. Das Unvermeidliche passiert. Es erscheint, mit *Deinem Namen gedeckt,* eine Schundschrift von einem mehr als zweideutigen Lumpazius, eine wahre Sauerei, worin dieser unwissende Lumpazius sich zum Verbesserer von Marx aufwirft." (37, 259)

E: „Da ich auf die Liebknechtsche pomphafte Schmiralia nicht geantwortet, überhaupt gar keine Notiz genommen von allen Anzapfungen, wird Liebknecht sich einbilden können, er habe einen großen Sieg über mich erfochten. Das Vergnügen lass' ich ihm. Er redigiert ihnen das ‚*Vorwärts*' ohnehin rasch genug zuschanden, alle schimpfen darüber. Mit Liebknecht ist und bleibt nichts zu machen, wie er ja auch in Amerika noch immer mit Rosenberg zu mogeln scheint. Die entscheidende Rolle in der Partei geht mehr und mehr auf Bebel über, und das ist sehr gut . . ." (38, 79 f.)

E: „Du wunderst Dich, woher die unklaren und verworrenen Phrasen im Programm stammen? Aber die sind ja alle gerade der leibhaftige Liebknecht, wegen deren wir uns mit ihm jahrelang herumgestritten und für

Liebknecht

die er schwärmt. Er ist theoretisch stets unklar gewesen, und unsere scharfe Formulierung ist ihm noch heute ein Greuel. Dagegen tönende Phrasen, wobei man sich alles mögliche oder auch nichts denken kann, liebt er als alter Volksparteiler noch heute ... Durch Annahme *aller* wesentlichen Lassalleschen ökonomischen Phrasen und Forderungen waren die Eisenacher *tatsächlich Lassalleaner* geworden, wenigstens dem Programm nach." (38, 93)

E: „Ich habe noch die Jahre im Gedächtnis, wo ich – damals noch mit Liebknecht in offizieller Korrespondenz stehend – ..." (38, 444)

III. Kommentar

Warum Liebknecht so viel für Marx und Engels trotz deren unverhohlener Ablehnung getan hat, bleibt letztlich ein Rätsel. Mitbestimmend dürften die finanziellen Zuwendungen (z. B. 31, 36), vor allem aber die Gelehrsamkeit der Freunde gewesen sein, da er nach Engels' wiederholten Bekundungen für Leute mit akademischem Niveau besonders ansprechbar gewesen ist.
Die meisten Biographen von Marx und Engels stützen sich auf Äußerungen von Liebknecht, die er nach dem Tode der Freunde gemacht hat. Wenn an den Urteilen der Freunde über Liebknecht auch nur ein Körnchen Wahrheit ist, kommt dem positiven Zeugnis Liebknechts zugunsten von Marx nur ein sehr beschränkter Aussagewert zu.

IV. Hinweise

1) 29, 476; 30, 410, 433; 31, 83, 175, 284, 411 ff.; 32, 12, 24, 50, 161, 164, 178, 189, 219, 221, 271, 346, 348, 370, 400, 442, 478, 486, 501, 503, 511 f., 514, 581; 33, 7, 39 ff., 42, 64, 160, 167 f., 169, 207, 242, 322; 34, 12, 34, 38, 57, 92, 94, 100, 107, 130 f., 155, 265, 433, 470; 35, 81, 221, 233, 348 f.; 36, 24, 229, 265, 299, 317, 376, 425, 479, 508, 555, 623; 37, 130, 177, 185 f., 197, 200, 250 f., 258, 350 f., 395, 451, 527; 38, 10 f., 23, 34, 40, 89, 95, 114, 210, 218, 242, 256, 349, 488, 493; 39, 143, 335 f., 340, 452.
2) Dominick, a.a.O.

Literaten

I. Thesen

Gegen „Gebildete" als sozialistische Mitstreiter, „Advokaten", „Belletristen", „Doktoren", „Journalisten", „Schulmeister", „Studenten", insbesondere Literaten, haben die Freunde starke Vorbehalte. Vor ihnen wird gewarnt [1].

II. Texte

[1]

M: „... neben verkommenen und abenteuernden Ablegern der Bourgeoisie Vagabunden, entlassene Soldaten, entlassene Zuchthaussträflinge, entlaufene Galeerensklaven, Gauner, Gaukler, Lazzaroni, Taschendiebe, Taschenspieler, Spieler, Zuhälter, Bordellhalter, Lastträger, Literaten, Orgeldreher, Lumpensammler, Scherenschleifer, Kesselflicker, Bettler, kurz, die ganze unbestimmte, aufgelöste, hin- und hergeworfene Masse, die die Franzosen la bohème nennen..." (8, 161)

M/E: „Deklassierte, déclassés, heißen im Französischen diejenigen aus den besitzenden Klassen hervorgegangenen Leute, die von ihrer Klasse ausgestoßen oder aus ihr ausgetreten sind, ohne darum Proletarier zu werden; z. B. Industrieritter, Pickelhäringe, gewerbsmäßige Spieler, die meisten Literaten..." (18, 331)

E: „Weit gefährlicher für die Partei als eine kleinbürgerliche Fraktion, die man doch bei der nächsten Wahl in die Rumpelkammer werfen kann, ist eine Clique vorlauter Literaten und Studenten, besonders, wenn diese nicht imstande sind, die einfachsten Dinge mit Augen zu sehen..." (22, 84)

E: „Über die Freiligrätherei hab' ich hier meinen redlichen Ärger gehabt. Es ist doch stets dieselbe alte Geschichte mit diesem Belletristenpack..." (29, 636)

M: „Aber so leicht es ist, bei den englischen Arbeitern das Rationelle durchzusetzen, so sehr muß man aufpassen, sobald Literaten, Bürger oder Halbliteraten an der Bewegung partizipieren." (31, 39)

M: „Es führt zu nichts, als daß diese Sorte Kerls wie Keil und ‚Daheim' glauben, man sei einer von dem literarischen und sonstigen Großmännerpack und bedürfe ihrer Protektion oder wünsche sie.
Ich halte dergleichen eher für schädlich als nützlich und *unter* dem Charakter eines wissenschaftlichen Manns." (32, 573)

Literaten

E: „... aber da in Spanien der Kongreß (April) die Sache beraten wird, und dort Arbeiter die Majorität haben und nicht Advokaten, Doktoren etc., so vermute ich, es wird gut gehn." (33, 379)

E: „Der Kern der Bakunisterei besteht aus ein paar Dutzend Leuten im Jura, die im ganzen kaum 200 Arbeiter hinter sich haben; die Vorposten sind die jungen Advokaten, Doktoren und Journalisten in Italien, die überall jetzt sich als Wortführer der italienischen Arbeiter gebärden..." (33, 390)

E: „Überall haben sich diese verfluchten bakunistischen doktrinären Advokaten, Doktoren etc. dazwischengedrängt und gerieren sich als die gebornen Vertreter der Arbeiter." (33, 459)

E: „Die Bresche ist also gelegt in die Advokaten-, Literaten- und Bummlerfestung in Italien." (34, 30)

E: „Ein fernerer großer Fehler in Deutschland ist, daß man den Studenten und sonstigen unwissenden ‚Gelehrten' erlaubt, als wissenschaftliche Repräsentanten der Partei den größten Blödsinn massenhaft in die Welt zu schicken..." (34, 316)

M: „... solches Doktoren- und Studenten- etc. Pack und Kathedersozialistengesindel..." (34, 411)

E: „Aber das sind unsre Herren Literaten. Ganz wie die Bourgeoisliteraten glauben sie, das Privilegium zu haben, nichts zu lernen und über alles zu räsonieren. Sie haben uns eine Literatur zusammengeschmiert, die an ökonomischer Unwissenheit, neugebackenem Utopismus und Arroganz ihresgleichen sucht, und die Bismarck uns einen kolossalen Gefallen tat zu verbieten." (35, 319)

E: „Es sind das immer die Leute, die ihr bißchen Bildung für absolut nötig halten, damit der Arbeiter nicht sich selbst befreie, sondern durch sie erlöst werde; Befreiung der Arbeiterklasse ist ihnen nur möglich durch den jebildeten Spießbürger; wie sollen die armen, hülflosen, unjebildeten Arbeiter das selbst besorgen!" (35, 360 f.)

E: „... aber die in der letzten Zeit vor dem Sozialistengesetz hereingezogenen Philisterelemente, die namentlich unter den studierten, meist vor dem Examen hängengebliebenen Leuten vorherrschen, sind noch immer da und müssen stark beobachtet werden." (35, 444)

E: „Darum ist es so wichtig, so rasch wie möglich die Social Democratic Federation kaputtzumachen, deren Leiter lauter politische Streber, Abenteurer und Literaten sind." (36, 377)

E: „Und die bilden sich ein, mehr wert zu sein als dieser klare Kopf, der die Verhältnisse so wunderbar richtig auffaßt und so handgreiflich in zwei Worten schildert! Es sind alles mißratne Belletristen, und selbst der wohlgeratne Belletrist ist schon ein schlimmes Tier." (37, 494)

E: „Es ist die ohnmächtige Wut der Gerngroß-Studenten, Literaten und literarisch werden wollenden Ex-Arbeiter darüber, daß unsre Partei ihren Siegeslauf ruhig vorangeht, ohne die Hülfe dieser Herrchen im geringsten zu bedürfen." (38, 490)

Literaten

III. Kommentar

Das Bewußtsein der hohen Überlegenheit (→ Partei) veranlaßt die Freunde zu harter Kritik gegenüber allen Andersdenkenden (→ Bakunin → Lassalle → Liebknecht → Presse → Proudhon). Da „Literaten" als Konkurrenz noch gefährlicher sind als im Schreiben ungewandte Proletarier, sind sie verstärkt die Zielscheibe von Kritik.

IV. Hinweise

1) 33, 426 f., 437, 459, 662; 35, 333, 417; 36, 233; 37, 440, 447 f.
2) –

Mandat, imperatives

I. Thesen

Zu „imperatives Mandat" gibt es offenbar nur *eine* bemerkenswerte grundsätzliche Äußerung der Freunde, nämlich von Engels, der jedoch einleitend die Einschränkung macht, daß sie sich nicht auf „eine prinzipielle Diskussion über diese Mandate einlassen".
Nach Engels' Auffassung machen imperative Mandate Konferenzen überflüssig: Es genügt dann das Sammeln der Mandate auf dem Postwege [1].
Bei Darstellung des Bürgerkrieges in Frankreich (1871) erwähnt Marx wohlwollend das imperative Mandat [2].

II. Texte

[1]

Der Verrat, den viele Parlamentsabgeordnete kürzlich gegenüber ihren Wählern begangen haben, hat erneut die alten imperativen Mandate des Mittelalters, die durch die Revolution von 1789 abgeschafft worden waren, in Mode gebracht. Wir werden uns hier in keine Prinzipiendiskussion über diese Mandate einlassen. Wir werden einzig und allein darauf aufmerksam machen, daß, wenn alle Wahlkörperschaften ihren Delegierten zu allen auf die Tagesordnung gesetzten Punkten imperative Mandate gäben, die Versammlung der Delegierten und ihre Debatten überflüssig wären. Es würde genügen, die Mandate an irgendein zentrales Büro zu schicken, das den Wahlgang vornehmen und das Ergebnis der Abstimmung proklamieren würde. Das würde viel billiger sein.
Was uns wichtig erscheint, ist die Darlegung der außergewöhnlichen Rolle, die die imperativen Mandate auf dem Haager Kongreß ihren Trägern auferlegt haben, eine Rolle, die den absoluten Bewunderern dieser Mandate sehr gut als Lehre dienen könnte... Das ist also die wirkliche Art, ein imperatives Mandat zu handhaben. Der Delegierte gehorcht, wenn es ihm paßt, und wenn nicht, führt er unvorhergesehene Umstände an und tut am Ende das, wozu er Lust verspürt. Ist es auch schließlich für die Antiautoritarier nicht eine Pflicht, sich über die *Autorität* der imperativen Mandate wie über jede andere Autorität lustig zu machen?... Kommen wir auf die imperativen Mandate zurück, so bleibt uns noch eine Frage zu lösen: Warum bestehen die Allianzisten, diese eingefleischten Feinde jeden Autoritätsprinzips, mit solcher Hartnäckigkeit auf der Autorität der imperativen Mandate? Weil es für eine Geheimgesellschaft wie die ihrige, die im Schoße einer

Mandat, imperatives

öffentlichen Gesellschaft wie der Internationale besteht nichts Bequemeres gibt wie das imperative Mandat." (18, 171 ff.)

M: „... die Abgeordneten sollten jederzeit absetzbar und an die bestimmten Instruktionen ihrer Wähler gebunden sein." (17, 340)

III. Kommentar

Die Ablehnung des imperativen Mandats durch Engels ist eindeutig, aber beschränkt auf einen konkreten historischen Fall. Hätte in diesem Fall das Mandat Marx begünstigt, hätte sich Engels sicher anders geäußert.

IV. Hinweise

1) –
2) –

Mazzini

I. Thesen

Guiseppe Mazzini, 1805–1872, einer der namhaftesten Kämpfer für ein einiges republikanisches Italien, stößt bei den Freunden auf erhebliche Vorbehalte. Daher bekämpfen sie ihn zeitweilig und wünschen das Scheitern seiner Bestrebungen [1].

Mazzinis Entwurf der Statuten der → Internationalen Arbeiterassoziation wird von Marx schärfster Kritik unterzogen, was bewirkt, daß Marx, seinem Wunsche gemäß, selbst mit der Ausarbeitung betraut wird [2].

II. Texte

[1]

M/E: „Hier in London sitzt eine italienische Regierung in partibus infidelium, an deren Spitze der Antipapst Herr Mazzini steht. Die Suprematie, die Herr Mazzini in den päpstlichen Staaten nicht nur reklamiert, sondern wirklich ausübt, ist dermalen ebenfalls rein geistlicher Natur. Die Bullen des Papstes sind rein religiösen Inhalts; die Manifeste Mazzinis ebenfalls. Sie predigen eine Religion, sie appellieren an den Glauben, sie haben zum Motto: Dio ed il popolo, Gott und das Volk." (7, 444)

M/E: „Der geriebene italienische Schwärmer erkannte auf den ersten Blick in Arnold den Mann, den er brauchte, den homme sans conséquence, dem er die deutsche Kontrasignatur seiner antipäpstlichen Bullen anvertrauen könne." (8, 289 f.)

M: „Nach diesem Bericht von Vetter sah ich Mazzini, der vordem so laut und so dumm gegen Frankreich gewütet hatte, nolens volens gezwungen, noch einmal die *Initiative* an das alte Babylon abzutreten." (8, 365)

M: „Herr Mazzini hat kürzlich einen Brief an den französischen Kaiser gerichtet, der in literarischer Hinsicht wohl den ersten Platz unter seinen Schriften einnehmen muß. Nur wenige Spuren sind von jenem unechten Pathos, jener schwülstigen Größe und Weitschweifigkeit, jenem prophetischen Mystizismus übriggeblieben, die für viele seiner Schriften so charakteristisch sind und gewissermaßen die eigentümlichen Züge jener Schule der italienischen Literatur verkörpern, deren Begründer er ist." (12, 420)

M: „Anstatt die großen sozialen Ursachen für das Scheitern der Revolution von 1848/49 eingehend zu erforschen und sich zu bemühen, die realen Verhältnisse zu analysieren, die unauffällig in den letzten zehn Jahren herangereift sind und in ihrer Gesamtheit den Boden für eine neue und machtvollere Bewegung vorbereitet haben, verfällt Mazzini, wie uns scheint, wieder in seine veralteten Grillen zurück und stellt sich ein imaginäres Problem, das natürlich nur zu einer trügerischen Lösung führen kann." (12, 579)

E: „Mazzini hat die Pariser Kommune auch in der englischen Presse wütend angegriffen. Das tat er immer gerade dann, wenn die Proletarier sich erhoben hatten . . .
Mazzini nennt Marx einen *begabten Kopf,*

Mazzini

"... *zerstörend, eine Herrschernatur*" usw., wahrscheinlich darum, weil Marx es sehr gut verstanden hat, die von Mazzini gegen die Internationale gesponnenen Intrigen zu zerstören und mit seiner *Herrschernatur* die schlecht verhüllte autoritäre Herrschsucht des alten Verschwörers zu beherrschen, so daß er ihn für alle Zeit gegenüber der Assoziation unschädlich machte ...
Was die Spaltung der Assoziation, die nach Mazzini in England bereits begonnen hat, anbetrifft, so handelt es sich in Wirklichkeit darum, daß zwei englische Mitglieder des Rats, die zu intim mit der Bourgeoisie geworden waren, unsere Adresse über den Bürgerkrieg zu weitgehend fanden und aus der Assoziation austraten ...
Anstatt in einem Zustand der Auflösung zu sein, wird die Internationale gegenwärtig zum erstenmal öffentlich von der gesamten englischen Presse als eine große europäische Kraft anerkannt ..." (17, 391)

M: „Ich werde unter dem obigen Vorwand die gesamte offizielle Demokratie heruntermachen und sie beim englischen Proletariat dadurch verdächtigen, daß ich sie, inkl. Mazzini ... mit den financial reformers auf dieselbe Stufe stelle ... Den Italienern, Polen und Ungarn werde ich deutlich genug sagen, daß sie in allen modernen Fragen das Maul zu halten haben." (27, 178)

E: „Von Kinkels Rundreise hab' ich weiter noch nichts vernommen. Die Spaltung unter den Italienern ist wunderschön. Es ist vortrefflich, daß dem geriebenen Schwärmer Mazzini endlich die materiellen Interessen auch einmal in die Quere kommen ... Auch die andern Gründe der italienischen Dissidenten sind erfreulich, und schließlich ist es sehr schön, daß die einzige bisher wenigstens öffentlich ungespaltene Emigration jetzt auch sich in den Haaren liegt." (27, 342)

M: „Ich halte Mazzinis Politik für grundfalsch. Er arbeitet ganz im Interesse Österreichs, indem er Italien zum jetzigen Losbruch solizitiert. Andrerseits versäumt er es, sich an den seit Jahrhunderten unterdrückten Teil Italiens zu wenden, an die Bauern, und bereitet damit der Kontrerevolution neue Ressourcen vor. Herr Mazzini kennt nur die Städte mit ihrem liberalen Adel und ihren citoyens éclairés. Die materiellen Bedürfnisse des italienischen Landvolks – so ausgesogen und systematisch entnervt und verdummt wie das irische – liegen natürlich unter dem Phrasenhimmel seiner kosmopolitisch-neokatholisch-ideologischen Manifeste." (27, 580)

M: „Hast Du die albern-infame Rede Mazzinis gelesen?" (28, 29)

E: „Mazzini scheint wenigstens auf dem Fleck zu sein; es ging auch nicht anders. So dumm seine bombastische Proklamation auch ist, so mag sie bei den schwülstigen Italienern doch etwas ziehen." (28, 213)

M: „Du hast Mazzini zu hoch angeschlagen, wenn Du an seine persönliche Gegenwart in Mailand glaubtest. Er reist in solchen kritischen Momenten von England weg, um sich dem Verdacht auszusetzen, er sei auf dem Kriegstheater gegenwärtig." (28, 214)

M: „Aber es sind nicht Österreicher, es sind ‚verblendete' Italiener, vor denen er sich jämmerlich verkriecht. Verdient dieser Antipapst nicht den Galgen? So eine Nation abzuhetzen, zu foppen, zu ermüden. Das notwendige Resultat, namentlich bei einem Volk wie das italienische, ist schrecklich

Mazzini

passiver Katzenjammer, gänzliches Zusammenknicken." (28, 542)

E: „Gut besonders der Einfluß auf die Italiener, da ist doch Chance, daß dem Dio e popolo unter den Arbeitern endlich ein Ende gemacht wird – dem braven Guiseppe wird das unerwartet kommen." (31, 17)

M: „Unterdes werde ich durch Bakunin in Florenz Gegenminen gegen Herrn Mazzini legen." (31, 105)

M: „Es wäre ganz artiger Streich von Mazzini, mich die Gesellschaft so weit bringen zu lassen und sie dann sich anzueignen. Er verlangte von den Engländern, als Chef der kontinentalen Demokratie anerkannt zu werden, als ob die Herrn Engländer *uns* Chefs zu ernennen hätten!" (31, 194)

M (an E.): „Les choses marchent. Und bei der nächsten Revolution, die vielleicht näher ist, als es aussieht, haben *wir* (d. h. Du und ich) diese mächtige engine *in unsrer Hand*. Compare with this the results of Mazzinis etc. operations since 30 years! ... Wir können sehr zufrieden sein!" (31, 343)

[2]

M: „Wenn Sie es wünschen, werde ich Ihnen später einen kurzen Bericht über die unangenehmen Zwischenfälle geben, die sich im Zentralrat ereignet haben. Nach meiner Ansicht ist die treibende Kraft eine unserem Rat fremd gegenüberstehende Person, die als italienischer Patriot bekannt, jedoch ein Erzfeind der Rechte des Proletariats ist, ohne die der Republikanismus nur eine neue Form des bürgerlichen Despotismus sein würde. Ist er doch so weit gegangen, die Streichung aller gegen die Bourgeoisie gerichteten Stellen aus der italienischen Übersetzung unserer *‚Address'* zu fordern ..." (31, 473)

M: „Nun hatte Mazzini während meiner erzwungenen längeren Abwesenheit vom Rat der Internationalen Assoziation sich eifrig bemüht, eine Art Revolte gegen meine Führerschaft anzuzetteln ... Mazzini, ein eingefleischter Feind freien Denkens und des Sozialismus, beobachtete den Fortschritt unserer Assoziation mit großer Eifersucht. Sein erster Versuch, sie zu seinem Werkzeug zu machen und ihr ein von ihm ausgehecktes Programm und eine Prinzipienerklärung aufzuzwingen, war von mir verhindert worden." (31, 504)

III. Kommentar

Es ist die übliche Mischung von harter Ideenkritik mit zügellosen persönlichen Verunglimpfungen, der kaum eine historische Gestalt ihrer Tage entgangen ist. Daß Mazzini mit seiner Beurteilung der Internationalen Arbeiterassoziation recht behalten sollte, sei am Rande vermerkt.

IV. Hinweise

1) 7, 459 ff.; 8, 364, 549, 591; 9, 93, 521; 12, 420 ff.; 16, 519; 17, 472; 18, 87; 20, 341; 27, 340, 572 ff.; 28, 37, 43, 474; 29, 149, 359, 406, 447, 577; 30, 564; 31, 14, 86, 125, 338; 33, 286, 315, 658, 669 f.
2) Mazzini, a.a.O.

Menschenbild

I. Thesen

Die Jugendschriften von Marx und Engels enthalten zahlreiche Aussagen über die Natur des Menschen. Später wird der Mensch kaum noch thematisiert:
Der Mensch ist nicht ein Geschöpf Gottes, Gott ist ein Geschöpf des Menschen (→ Religion) [1].
Der Mensch ist, was er ißt [2]. Es gibt keine zeitlose → Moral.
Sein Bewußtsein ist abhängig von der → Produktionsweise (→ Histomat). Vom Tier unterscheidet sich der Mensch dadurch, daß er der Natur bewußt gegenübertritt, daß er die Natur bearbeitet [3].
Durch die → Arbeit hat sich der Mensch selbst erschaffen. Durch die → Arbeitsteilung wurde er entfremdet (→ Entfremdung). Durch die Abschaffung des → Eigentums findet der Mensch aus → Ehe, → Familie und → Staat zu seinem wahren Wesen, dem gesellschaftlichen Dasein, zurück [4]. Rechte des Individuums gegenüber dem Kollektiv (→ Menschenrechte) gibt es nicht. Gleichwohl ist von → Emanzipation die Rede, die vom → Proletariat ins Werk gesetzt wird.
Um diese Zukunft verwirklichen zu können, bedarf es des neuen Menschen [5]; der alte ist „Kehricht", „Gesindel" [6]. → (Revolution)
Aber auch mit Bezug auf die Menschen der kommunistischen Gesellschaft ist die Sprache drastisch [7].
Die menschliche Natur ist in fortgesetzter Umwandlung [8].

II. Texte

[1]

M/E: „Die Menschen haben sich bisher stets falsche Vorstellungen über sich selbst gemacht, von dem, was sie sind oder sein sollen. Nach ihren Vorstellungen von Gott, von dem Normalmenschen usw. haben sie ihre Verhältnisse eingerichtet. Die Ausgeburten ihres Kopfes sind ihnen über den Kopf gewachsen. Vor ihren Geschöpfen haben sie, die Schöpfer, sich gebeugt. Befreien wir sie von den Hirngespinsten, den Ideen, den Dogmen, den eingebildeten Wesen, unter deren Joch sie verkümmern. Rebellieren wir gegen diese Herrschaft der Gedanken." (3, 13)

[2]

M: „Aber das menschliche Wesen ist kein dem einzelnen Individuum innewohnendes Abstraktum. In seiner Wirklichkeit ist es

Menschenbild

das ensemble der gesellschaftlichen Verhältnisse." (3, 6)

M/E: „Zum Leben aber gehört vor Allem Essen und Trinken, Wohnung, Kleidung und noch einiges Andere. Die erste geschichtliche Tat ist also die Erzeugung der Mittel zur Befriedigung dieser Bedürfnisse, die Produktion des materiellen Lebens selbst, und zwar ist dies eine geschichtliche Tat, eine Grundbedingung aller Geschichte, die noch heute wie vor Jahrtausenden, täglich und stündlich erfüllt werden muß, um die Menschen nur am Leben zu erhalten." (3, 28)

M/E: „Es zeigt sich also schon von vornherein ein materialistischer Zusammenhang der Menschen untereinander, der durch die Bedürfnisse und die Weise der Produktion bedingt und so alt ist wie die Menschen selbst - ein Zusammenhang, der stets neue Formen annimmt und also eine Geschichte' darbietet, auch ohne daß irgendein politischer oder religiöser Nonsens existiert, der die Menschen noch extra zusammenhalte." (3, 30)

3

M/E: „Man kann die Menschen durch das Bewußtsein, durch die Religion, durch was man sonst will, von den Tieren unterscheiden. Sie selbst fangen an, sich von den Tieren zu unterscheiden, sobald sie anfangen, ihre Lebensmittel zu *produzieren,* ein Schritt, der durch ihre körperliche Organisation bedingt ist. Indem die Menschen ihre Lebensmittel produzieren, produzieren sie indirekt ihr materielles Leben selbst." (3, 21)

4

M: „Die Abstraktion des politischen Menschen schildert Rousseau richtig also: Wer den Mut hat, einem Volke eine Rechtsordnung zu geben, muß sich fähig fühlen, sozusagen die *menschliche Natur zu ändern,* jedes Individuum, das in sich selbst und für sich allein ein vollkommenes Ganzes ist, in den *Teil* eines größeren Ganzen umzuwandeln, vom dem dieses Individuum in gewisser Weise sein Leben und Sein empfängt, an die Stelle einer physischen und unabhängigen eine *moralische Teilexistenz zu* setzen. Er muß *dem Menschen seine eigenen Kräfte* nehmen, um ihm fremde dafür zu geben, die er nur mit Hilfe anderer gebrauchen kann.' ... Erst wenn der wirkliche individuelle Mensch den abstrakten Staatsbürger in sich zurücknimmt und als individueller Mensch in seinem empirischen Leben, in seiner individuellen Arbeit, in seinen individuellen Verhältnissen, *Gattungswesen* geworden ist.... erst dann ist die menschliche Emanzipation vollbracht." (1, 370)

M: „Die Tätigkeit und der Genuß, wie ihrem Inhalt, sind auch der *Existenzweise* nach *gesellschaftlich, gesellschaftliche* Tätigkeit und *gesellschaftlicher* Genuß. Das *menschliche* Wesen der Natur ist erst da für den *gesellschaftlichen* Menschen; denn erst hier ist sie für ihn da als *Band* mit dem *Menschen,* als Dasein seiner für den andren und des andren für ihn ..." (Ergbd 1, 537 f.)

5

M: „Das jetzige Geschlecht gleicht den Juden, die Moses durch die Wüste führt. Es hat nicht nur eine neue Welt zu erobern, es muß untergehen, um den Menschen Platz zu machen, die einer neuen Welt gewachsen sind." (7, 79)

Menschenbild

6

M/E: „Dieser Staat sowohl als das *Menschenkehricht*, worauf er basiert…" (1, 359)

M/E: „Die großen Männer des 1848er Deutschlands standen im Begriff, ein schäbiges Ende zu nehmen, als der Sieg der ‚Tyrannen' sie sicherstellte, sie ins Ausland verschlug und zu Märtyrern und Heiligen machte. Die Kontrerevolution hat sie gerettet. Die Entwicklung der kontinentalen Politik brachte die meisten derselben nach London, das so ihr europäischer Zentralpunkt wurde … Je mehr dieser Menschenkehricht …" (8, 267)

M: „… Menschenmaterial …" (16, 410)

M: „Übrigens schwärmt er sehr für das Leben in Westindien und ist keineswegs auf den Menschenkehricht und das Wetter des hiesigen nordischen Klimas gut zu sprechen. Und, indeed, es ist hier schlimm, sehr schlimm." (28, 625)

M: „… nach den Erfahrungen der letzten 10 Jahre, muß die Verachtung der Massen wie der einzelnen bei jedem rational being so gewachsen sein, daß ‚odi profanum vulgus et arceo' fast aufgedrungne Lebensweisheit ist." (29, 552)

M: „Kein Mensch besucht mich, und das ist mir lieb, denn die Menschheit, die hier ist, kann mich – – –. Schönes Gesindel!" (30, 249)

M: „Es wird uns alle sehr freuen, Dich hier zu sehn. Abgesehn von mir selbst, wäre es mir meiner Familie wegen sehr lieb, da sie fast nie einen ‚Menschen' sieht, seitdem meine englischen, deutschen und französischen Bekannten außer London hausen." (30, 628; – Der „Mensch" war → Lassalle.)

M: „… traf es sich glücklich so, daß grade 60 Franzosen sich auf die Abreise vorbereiteten, während andrerseits die mit frischem Menschenkehricht belasteten steamers noch nicht eingetroffen." (34, 89)

M: „… überall Enttäuschung des nicht wenig zahlreichen Konvaleszenten- etc. Gesindels." (35, 30)

M: „Liebknecht hat in der Tat … allen diesen Halbmenschen Tür und Tor geöffnet …" (34, 413)

7

M/E: „Schließlich erhalten wir noch folgende Resultate aus der entwickelten Geschichtsauffassung: … 4. daß sowohl zur massenhaften Erzeugung dieses kommunistischen Bewußtseins wie zur Durchsetzung der Sache selbst eine massenhafte Veränderung der Menschen nötig ist, die nur in einer praktischen Bewegung, in einer *Revolution* vor sich gehen kann; daß also die Revolution nicht nur nötig ist, weil die *herrschende* Klasse auf keine andre Weise gestürzt werden kann, sondern auch, weil die *stürzende* Klasse nur in einer Revolution dahin kommen kann, sich den ganzen alten Dreck vom Halse zu schaffen und zu einer neuen Begründung der Gesellschaft befähigt zu werden." (3, 69 f.)

E: „Sollte aber einmal die kommunistische Gesellschaft sich genötigt sehn, die Produktion von Menschen ebenso zu

Menschenbild

regeln, wie sie die Produktion von Dingen schon geregelt hat, so wird gerade sie und allein sie es sein, die dies ohne Schwierigkeiten ausführt." (31, 151)

M: „Herr Proudhon weiß nicht, daß die ganze Geschichte nur eine fortgesetzte Umwandlung der menschlichen Natur ist." (4, 160)

III. Kommentar

Das Menschenbild der Freunde, vor allem das von Marx, ist nicht das Ergebnis jahrelanger Beobachtungen oder gar Forschungen, sondern primär Ausgeburt prometheischen Empfindens (Löw „Warum", a.a.O., S. 91 ff.) und eines eingewurzelten → Vernichtungsdranges (Krisensehnsucht).

IV. Hinweise

1) Ergbd. 1, 515 ff.; 1, 385; 11, 97; die Korrespondenz der Freunde in den Bänden 27 bis 35.
2) Bloch, a.a.O.

Menschenrechte

I. Thesen

Marx äußert sich einmal ausführlicher zum Thema, aber auch hier mehr journalistisch als rechtsphilosophisch [1]. Später finden sich beiläufige Bemerkungen [2].
Sein → Histomat verweist → Recht und Ethik (→ Moral) in den Überbau, das heißt, sie sind abhängig von der Produktionsweise. Das → Recht ist Klassenrecht, Recht der jeweils Herrschenden oder Gebot der Geschichte. Ein Naturrecht, Menschenrechte im Sinne vor- und überstaatlicher Rechte gibt es nicht [3].

II. Texte

[1]

M: „Betrachten wir einen Augenblick die sog. Menschenrechte, und zwar die Menschenrechte unter ihrer authentischen Gestalt, und der Gestalt, welche sie bei ihren *Entdeckern,* den Nordamerikanern und Franzosen, besitzen! Zum Teil sind diese Menschenrechte *politische* Rechte, Rechte, die nur in der Gemeinschaft mit andern ausgeübt werden. Die *Teilnahme am Gemeinwesen,* und zwar am politischen Gemeinwesen, am *Staatswesen,* bildet ihren Inhalt...
Es bleibt der andere Teil der Menschenrechte zu betrachten, die *droits de l'homme,* insofern sie unterschieden sind von den *droits du citoyen.*
In ihrer Reihe findet sich Gewissensfreiheit, das Recht, einen beliebigen Kultus auszuüben. Das *Privilegium des Glaubens* wird ausdrücklich anerkannt, entweder als ein *Menschenrecht* oder als Konsequenz eines Menschenrechtes, der Freiheit ... Die *droits de l'homme,* die Menschenrechte werden als *solche* unterschieden von den *droits du citoyen,* von den Staatsbürgerrechten. Wer ist der vom *citoyen* unterschiedene *homme?* Niemand anders als das *Mitglied der bürgerlichen Gesellschaft.* Wie wird das Mitglied der bürgerlichen Gesellschaft „Mensch", Mensch schlechthin, warum werden seine Rechte *Menschenrechte* genannt? Woraus erklären wir dies Faktum? Aus dem Verhältnis des politischen Staats zur bürgerlichen Gesellschaft, aus dem Wesen der politischen Emanzipation.
Vor allem konstatieren wir die Tatsache, daß die sog. *Menschenrechte,* die *droits de l'homme* im Unterschied von den *droits du citoyen* nichts anderes sind als die Rechte des *Mitglieds der bürgerlichen Gesellschaft,* d. h. des egoistischen Menschen, des vom Menschen und vom Gemeinwesen getrennten Menschen . . . Aber das Menschenrecht der Freiheit basiert nicht auf der Verbindung des Menschen mit dem Menschen, sondern vielmehr auf der Absonderung des Menschen von dem Menschen. Es ist das *Recht* dieser Absonderung, das Recht des *beschränkten,* auf sich beschränkten Individuums. Die praktische Nutzanwendung des Menschenrechtes der Freiheit ist das Menschenrecht des *Privateigentums.* . . .
Keines der sog. Menschenrechte geht also über den egoistischen Menschen hinaus, über den Menschen, wie er Mitglied der bür-

Menschenrechte

gerlichen Gesellschaft, nämlich auf sich, auf sein Privatinteresse und seine Privatwillkür zurückgezogenes und vom Gemeinwesen abgesondertes Individuum ist." (1, 362 ff.)

E: „Jetzt erst brach das Tageslicht, das Reich der Vernunft an; von nun an sollte der Aberglaube, das Unrecht, das Privilegium und die Unterdrückung verdrängt werden durch die ewige Wahrheit, die ewige Gerechtigkeit, die in der Natur begründete Gleichheit und die unveräußerlichen Menschenrechte.

Wir wissen jetzt, daß dies Reich der Vernunft weiter nichts war als das idealisierte Reich der Bourgeoisie; daß die ewige Gerechtigkeit ihre Verwirklichung fand in der Bourgeoisjustiz; daß die Gleichheit hinauslief auf die bürgerliche Gleichheit vor dem Gesetz; daß als eines der wesentlichsten Menschenrechte proklamiert wurde – das bürgerliche Eigentum ..." (19, 190)

2

M: „An die Stelle des prunkvollen Katalogs der ‚unveräußerlichen Menschenrechte' tritt die bescheidene Magna Charta eines gesetzlich beschränkten Arbeitstags ..." (23, 320)

3

M: „Ohne hier alle Argumente diskutieren zu wollen, die von den Verteidigern des Privateigentums an Grund und Boden ... vorgebracht werden, werden wir zunächst nur feststellen, daß sie das *ursprüngliche Faktum* der Eroberung unter dem Mantel des *‚Naturrechts'* verbergen. Wenn die Eroberung ein Naturrecht der wenigen schuf, dann brauchen die vielen nur genügend Kraft zu sammeln, um das Naturrecht auf Rückeroberung dessen zu erlangen, was ihnen genommen worden ist." (18, 59)

III. Kommentar

Die Leugnung der Menschenrechte ist auf dem Hintergrund des Histomat konsequent, wenn auch auf den ersten Blick paradox. Sie verleitet die Freunde zu der Ansicht, daß im Verlaufe der Menschheitsgeschichte kein Unrecht geschehen konnte, es sei denn seitens der Unterdrückten oder individuelle Willkür seitens einzelner Mitglieder der herrschenden Klasse oder in der Phase, in der die herrschende Klasse ihre Existenzberechtigung verloren hatte.
Die sozialistischen Staaten verwarfen ebenfalls die Idee „Menschenrechte", was sie jedoch nicht hindert, Urkunden wie die Allgemeine Erklärung der Menschenrechte zu unterzeichnen und in ihrer Propaganda von Menschenrechten und Menschenrechtsverletzungen in nichtsozialistischen Staaten zu sprechen.

IV. Hinweise

1) 2, 92, 129; 3, 307; 4, 130; 6, 338; 21, 82; 23, 309.
2) Brunner, a.a.O.; Löw „Grundrechte", a.a.O.; Schefold, a.a.O.

Moral

I. Thesen

Eine eingehende systematische Abhandlung und Bewertung des Begriffes „Moral" bietet Marx nicht. Engels' Schrift „Anti-Dühring" enthält die Kapitel „Moral und Recht. Ewige Wahrheiten", „Moral und Recht. Gleichheit", „Moral und Recht. Freiheit und Notwendigkeit".
Trotz der nur sporadischen Äußerungen bildet der Moralbegriff einen Eckstein im Marxschen Gedankengebäude. Moral ist für Marx eine „Phrase" [1].
Die Moral hat keine zeitlosen Elemente, vielmehr ist sie Bestandteil des Überbaus (→ Histomat → Menschenrechte), also von der jeweiligen Produktionsweise abhängig [2].
In der Ausbeutergesellschaft ist die → Ausbeutung moralisch, weshalb mit Hilfe der Moral die Ausbeutergesellschaft nicht überwunden werden kann [3].
Im → Kommunismus ist Uneigennützigkeit die zwangsläufige Folge der neuen Produktionsweise. Eine eigennützige Einstellung ist dann unmöglich [4].
Für den, der das Gebot der Geschichte vollzieht, gibt es keine moralischen Barrieren [5].
Manche Äußerungen sind taktischer Natur und lassen sich in dieses Schema nicht einordnen [6].

II. Texte

[1]

E: „Kurz und gut. Es geht der Feuerbachschen Moraltheorie wie allen ihren Vorgängerinnen. Sie ist auf alle Zeiten, alle Völker, alle Zustände zugeschnitten, und eben deswegen ist sie nie und nirgends anwendbar und bleibt der wirklichen Welt gegenüber ebenso ohnmächtig wie Kants kategorischer Imperativ. In Wirklichkeit hat jede Klasse, sogar jede Berufsart ihre eigene Moral und bricht auch diese, wo sie es ungestraft tun kann..." (21, 289)

M: „Nur wurde ich verpflichtet, in das Préamble der Statuten zwei ‚duty' und ‚right' Phrasen, ditto ‚truth, morality and justice' aufzunehmen, was aber so placiert ist, daß es einen Schaden nicht tun kann." (31, 15)

[2]

M/E: „Die Moral, Religion, Metaphysik und sonstige Ideologie und die ihnen entsprechenden Bewußtseinsformen behalten

Moral

hiermit nicht länger den Schein der Selbständigkeit. Sie haben keine Geschichte, sie haben keine Entwicklung, sondern die ihre materielle Produktion und ihren materiellen Verkehr entwickelnden Menschen ändern mit dieser ihrer Wirklichkeit auch ihr Denken und die Produkte ihres Denkens. Nicht das Bewußtsein bestimmt das Leben, sondern das Leben bestimmt das Bewußtsein." (3, 26 f.)

M: „Mit der Veränderung der ökonomischen Grundlagen wälzt sich der ganze ungeheure Überbau langsamer oder rascher um. In der Betrachtung solcher Umwälzungen muß man stets unterscheiden zwischen der materiellen, naturwissenschaftlich treu zu konstatierenden Umwälzung in den ökonomischen Produktionsbedingungen und den juristischen, politischen, religiösen, künstlerischen oder philosophischen, kurz, ideologischen Formen . . ." (13, 9)

E: „Wir weisen demnach eine jede Zumutung zurück, uns irgendwelche Moraldogmatik als ewiges, endgültiges, fernerhin unwandelbares Sittengesetz aufzudrängen, unter dem Vorwand, auch die moralische Welt habe ihre bleibenden Prinzipien, die über der Geschichte und den Völkerverschiedenheiten stehn. Wir behaupten dagegen, alle bisherige Moraltheorie sei das Erzeugnis, in letzter Instanz, der jedesmaligen ökonomischen Gesellschaftslage. Und wie die Gesellschaft sich bisher in Klassengegensätzen bewegte, so war die Moral stets eine Klassenmoral; entweder rechtfertigte sie die Herrschaft und die Interessen der herrschenden Klasse, oder aber sie vertrat, sobald die unterdrückte Klasse mächtig genug wurde, die Empörung gegen diese Herrschaft . . ." (20, 87 f.)

E: „Eine Einteilung der Menschen in zwei scharf geschiedene Gruppen, in menschliche und Bestienmenschen, in Gute und Böse, Schafe und Böcke, kennt außer der Wirklichkeitsphilosophie nur noch das Christentum, das ganz konsequent auch seinen Weltrichter hat, der die Scheidung vollzieht." (20, 93)

3

E: „In den theoretischen Untersuchungen von Marx kommt das juristische Recht, das immer nur die ökonomischen Bedingungen einer bestimmten Gesellschaft widerspiegelt, nur in ganz sekundärer Weise in Betracht; dagegen in erster Linie die geschichtliche Berechtigung, die gewisse Zustände, Aneignungsweisen, Gesellschaftsklassen für bestimmte Epochen haben, und deren Untersuchung jeden in erster Linie interessiert, der in der Geschichte einen zusammenhängenden, wenn auch oft durchkreuzten Entwicklungsgang sieht, nicht aber, wie das 18. Jahrhundert, einen bloßen Wust von Torheit und Brutalität. Marx begreift die geschichtliche Unvermeidlichkeit, also Berechtigung der antiken Sklavenhalter, der mittelalterlichen Feudalherren usw., als Hebel der menschlichen Entwicklung für eine beschränkte Geschichtsperiode; er erkennt damit auch die zeitweilige geschichtliche Berechtigung der Ausbeutung, der Aneignung des Arbeitsprodukts durch andere an. . . ." (21, 501)

4

M/E: „Der *Kommunismus* ist deswegen unserm Heiligen rein unbegreiflich, weil die Kommunisten weder den Egoismus gegen die Aufopferung noch die Aufopferung gegen den Egoismus geltend machen und

Moral

theoretisch diesen Gegensatz weder in jener gemütlichen noch in jener überschwenglichen, ideologischen Form fassen, vielmehr seine materielle Geburtsstätte nachweisen, mit welcher er von selbst verschwindet. Die Kommunisten predigen überhaupt keine *Moral* . . . sie stellen nicht die moralische Forderung an die Menschen: Liebet Euch untereinander, seid keine Egoisten pp.; sie wissen im Gegenteil sehr gut, daß der Egoismus ebenso wie die Aufopferung eine unter bestimmten Verhältnissen notwendige Form der Durchsetzung der Individuen *ist*." (3, 229)

M/E: „Es liegt nicht am *Bewußtsein,* sondern – am – *Sein;* nicht am Denken, sondern am Leben; . . . Keine Moralpredigt hilft." (3, 245 f.)

[5]

M/E: „. . . hängt die deutschtümliche Ehrlichkeit, Treuherzigkeit und Biederkeit an den Nagel, und unterzeichnet und betreibt die Bourgeoisiepetitionen für Pressefreiheit, Konstitution usw. Wenn das durchgesetzt ist, bricht eine neue Ära für die kommunistische Propaganda an. Die Mittel für uns werden vermehrt, der Gegensatz zwischen Bourgeoisie und Proletariat wird verschärft. Man muß in einer Partei alles unterstützen, was voranhilft, und sich da keine langweiligen moralischen Skrupel machen." (4, 22)

E: „Abgesehn von der Frage der Moralität – um diesen Punkt handelt es sich hier nicht, ich lasse ihn also beiseite – ist mir als Revolutionär jedes Mittel recht, das zum Ziel führt, das gewaltsamste, aber auch das scheinbar zahmste." (37, 327)

[6]

M: „Die Versammlung zu Ehren des Jahrestags des 18. März 1871 . . . erklärt, daß die Torheiten und die Verbrechen der bürgerlichen Klassen, die sich in ganz Europa in ihrem Haß gegen die Arbeiter verbündet haben, die alte Gesellschaft, welches auch immer ihre Regierungsformen sein mögen, ob monarchische oder republikanische, zum Tode verurteilt haben." (18, 56)

III. Kommentar

Moral als Phrase und zugleich Moral als notwendiges Resultat der jeweiligen → Produktionsweise ist ein Widerspruch. Der Marxsche Moralbegriff ist ein theoretisches Konstrukt. Ihm liegen keine einschlägigen historischen oder ethnischen Nachforschungen zugrunde. Die abendländische Moral weist mehr konstante als variable Elemente auf, weshalb antike Vorstellungen in vielen Punkten auch heute nicht antiquiert erscheinen, zum Beispiel der Dekalog.
Die Verantwortlichen der größten Massenverbrechen haben ihr Tun entweder zu verheimlichen oder mit wahrheitswidrigen Behauptungen zu kaschie-

Moral

ren versucht. Sie haben also nicht darauf vertraut, daß sich eine neue Moralauffassung durchgesetzt habe, die ihr Tun billigt.

Bezeichnend ist, daß die auf Marx eingeschworenen Staaten durchaus nicht darauf verzichten, Moral zu predigen. Die moralische Indoktrination ist stärker als in den sogenannten bürgerlichen Staaten.

Inkonsequent ist es, wenn Marx und Engels die Mächtigen und Reichen so heftig beschimpfen (23, 788 ff.), wenn Engels (21, 287) von „schlechten Leidenschaften der Menschen …, Habgier und Herrschsucht" spricht. An welchen Kriterien sind diese Urteile aufgehängt, wenn es keine allgemeingültige Moral gibt?

IV. Hinweise

1) 4, 48, 319, 331 ff., 561; 7, 462, 565; 20, 137 ff.; 34, 27.
2) George, a.a.O.; Kamenka, a.a.O.

Nation

I. Thesen

Von den Worten Nation, Nationalismus, Chauvinismus, Vaterland haben die Freunde den damals üblichen Gebrauch gemacht.
Der Nationalismus ist für sie eine Begleiterscheinung der bürgerlichen Gesellschaft; die Proletarier sind international [1].
Das Beharren auf der Nationalität ist reaktionär [2].
Die Bourgeoisie beseitigt weitgehend die nationalen Eigenheiten und wirkt auf diesem Wege zugunsten der Revolution [3].
Die baldige Vernichtung der kleinen reaktionären Völker ist ein Fortschritt [4].
Das „Nationalitätsprinzip" wird zugunsten der Integrität der großen europäischen Nationen abgelehnt [5].
Doch unterdrückte Nationen müssen sich nicht fügen, es sei denn, daß sie reaktionär sind [6].
Daß die Proletarier sehr wohl ein Vaterland haben, müssen die Freunde immer wieder zur Kenntnis nehmen [7].
Sie selbst schlagen ebenfalls durchaus nationalistische Töne an (→ Deutschland).

II. Texte

[1]

E: „Die Hirngespinste von europäischer Republik, ewigem Frieden unter der politischen Organisation sind ebenso lächerlich geworden wie die Phrasen von der Vereinigung der Völker unter der Ägide allgemeiner Handelsfreiheit; und während so alle chimärischen Sentimentalitäten dieser Art ganz außer Kurs kommen, fangen die Proletarier aller Nationen, ohne viel Wesens davon zu machen, schon an, unter dem Banner der kommunistischen Demokratie *wirklich zu fraternisieren*. Die Proletarier sind auch die einzigen, die dies wirklich können; denn die Bourgeoisie hat in jedem Lande ihre Spezialinteressen und kann, da ihr das Interesse das höchste ist, nie über die Nationalität hinauskommen; und die paar Theoretiker bringen mit all ihren schönen ‚Prinzipien' nichts fertig, weil sie diese widersprechenden Interessen, wie überhaupt alles Bestehende, ruhig fortbestehen lassen und nur Phrasen machen können. Die Proletarier aber haben in allen Ländern ein und dasselbe Interesse, einen und denselben Feind, einen und denselben Kampf vor sich; · die Proletarier sind der großen Masse nach schon von Natur ohne Nationalvorurteile, und ihre ganze Bildung und Bewegung ist

Nation

wesentlich humanitarisch, antinational. Die Proletarier allein können die Nationalität vernichten, das erwachende Proletariat allein kann die verschiedenen Nationen fraternisieren lassen." (2, 614)

M/E: „Den Kommunisten ist ferner vorgeworfen worden, sie wollten das Vaterland, die Nationalität abschaffen. Die Arbeiter haben kein Vaterland. Man kann ihnen nicht nehmen, was sie nicht haben." (4, 479)

2

M/E: „Übrigens findet sich unter allen Völkern das Beharren auf der Nationalität nur noch bei den Bourgeois und ihren Schriftstellern." (3, 458)

3

M/E: „Die nationalen Absonderungen und Gegensätze der Völker verschwinden mehr und mehr schon mit der Entwicklung der Bourgeoisie, mit der Handelsfreiheit, dem Weltmarkt, der Gleichförmigkeit der industriellen Produktion und der ihr entsprechenden Lebensverhältnisse." (4, 479)

4

E: „Der allgemeine Krieg, der dann ausbricht, wird diesen slawischen Sonderbund zersprengen und alle diese kleinen stierköpfigen Nationen bis auf ihren Namen vernichten. Der nächste Weltkrieg wird nicht nur reaktionäre Klassen und Dynastien, er wird auch ganze reaktionäre Völker vom Erdboden verschwinden machen. Und das ist auch ein Fortschritt." (6, 176)

5

E: „Hier sehen wir nun den Unterschied zwischen dem ‚Nationalitätsprinzip' und dem alten Grundsatz der Demokratie und der Arbeiterklasse über das Recht der großen europäischen *Nationen* auf selbständige und unabhängige Existenz. Das ‚Nationalitätsprinzip' läßt die große Frage des Rechts auf nationale Existenz für die historischen Völker Europas völlig unberührt; und wenn es sie berührt, so nur, um sie zu verwirren. Das Nationalitätsprinzip wirft zwei Arten von Fragen auf: erstens Fragen nach den Grenzen zwischen diesen großen historischen Völkern und zweitens Fragen des Rechts der zahlreichen kleinen Überbleibsel jener Völker auf unabhängige nationale Existenz, die, nachdem sie längere oder kürzere Zeit auf dem Schauplatz der Geschichte aufgetreten sind, schließlich als Bestandteile in diese oder jene mächtigere Nation eingingen, welche vermöge ihrer größeren Lebenskraft imstande war, größere Hindernisse zu überwinden. Die europäische Bedeutung eines Volkes, seine Lebenskraft bedeute nichts vom Standpunkt des Nationalitätsprinzips; für dieses Prinzip bedeuten die Rumänen in der Walachei, die niemals eine Geschichte hatten noch die hierzu erforderliche Energie, ebensoviel wie die Italiener mit ihrer 2000jährigen Geschichte und ungeschwächten nationalen Lebenskraft; ... Das ganze ist eine Absurdität, in ein volkstümliches Gewand gekleidet, um einfältigen Leuten Sand in die Augen zu streuen, die man als bequeme Phrasen benutzen oder beiseite werfen kann, wenn dies die Umstände erfordern." (16, 158)

E: „Zweitens will ich nicht untersuchen, wieso es kam, daß die kleinen slawischen Völker im Zar ihren einzigen Befreier sehen. Genug, sie tun es, wir können es nicht ändern, und es bleibt so, bis der Zarismus gebrochen; gibt's Krieg, so gehn alle diese interessanten Natiönchen auf seiten des Zarismus, des Feindes des ganzen bürgerlich-ent-

Nation

wickelten Westens. Solange dies der Fall, kann ich mich für ihre *unmittelbare*, sofortige Befreiung nicht interessieren, sie bleiben unsre direkten Feinde ebensosehr wie ihr Bundesgenosse und Schutzherr, der Zar." (35, 279)

6

E: „Wenn Mitglieder der Internationale, die einer erobernden Nation angehören, die Nation, die erobert worden ist und weiterhin unterdrückt wird, aufforderten, ihre spezifische Nationalität und Lage zu vergessen, ‚nationale Differenzen beizulegen' usf., so wäre das kein Internationalismus, sondern nichts weiter, als ihnen Unterwerfung unter das Joch zu predigen, und ein Versuch, die Herrschaft des Eroberers unter dem Deckmantel des Internationalismus zu rechtfertigen und zu verewigen." (18, 80)

M/E: „Der nationale Widerspruch zwischen englischen und irischen Arbeitern in England ist bisher eins der Haupthindernisse auf dem Wege jeder Bewegung gewesen, die die Befreiung der Arbeiterklasse anstrebt, und daher eine der Hauptstützen der Klassenherrschaft sowohl in England als auch in Irland." (18, 677)

E: „Ich bin also der Ansicht, daß zwei Nationen in Europa nicht nur das Recht, sondern auch die Pflicht haben, national zu sein, ehe sie international sind: Irländer und Polen. Sie sind eben am besten international, wenn sie recht national sind. Das haben die Polen in allen Krisen begriffen und auf allen Revolutionsschlachtfeldern bewiesen." (35, 271)

E: „. . . und auch in Deutschland können Sie darauf bauen, daß unsre Leute entweder ins patriotische Geheul miteinstimmen oder einen Wutausbruch gegen sich hervorrufen müssen . . ." (35, 283)

E: „Der Nationalitätenhader sitzt auch der Masse der Arbeiter noch zu tief in den Knochen, um einen allgemeinen Aufschwung zu gestatten, das will Zeit." (37, 115)

E: „Wenn ich nicht von der Idee ausginge, daß im Falle eines Angriffs von außen die französischen Sozialisten die Waffen zur Verteidigung von Heim und Herd ergreifen würden, wäre mein ganzer Artikel absurd. Ich verlange nur, daß man das gleiche Prinzip den deutschen Sozialisten im Falle eines russischen Angriffs zubilligt, selbst wenn dieser von dem offiziellen Frankreich unterstützt würde." (38, 498)

7

M: „Marx befürchtet bei einem Eingehen auf den Liebknechtschen Hinausschiebungsplan einen Minoritätenkongreß der Franzosen und romanischen Schweizer unter Bakunin und sagt: ‚Die nationalen Eifersüchteleien sind zu tief in das Blut gedrungen, um in einem Tage wegräsoniert werden zu können.'" (16, 575)

M: „Ich brauche Dir kaum zu sagen – denn Du kennst den *französischen Chauvinismus* – daß die Geheimfäden, wodurch die leaders von Guesde-Malon bis Clemenceau in Bewegung gesetzt werden – *entre nous . . .* wenn man für die Herren Franzosen wirken will, muß man es *anonym tun,* um das ‚nationale' Gefühl nicht zu verletzen. Bereits beim jetzigen Stand der Dinge denunzieren die Anarchisten unsere Mitarbeiter schon als preußische Agenten unter Diktatur des ‚notorischen' preußischen Agenten – Karl Marx." (34, 477)

Nation

E: „Es ist der Masse der französischen Sozialisten ein Greuel, daß die Nation, die die Welt mit den idées françaises beglückt, die das Monopol der Ideen hat, daß Paris, centre des lumières, jetzt auf einmal ihre sozialistischen Ideen fix und fertig beziehen soll von dem deutschen Marx." (35, 229 f.)

III. Kommentar

Die Thesen und Zitate zeigen, daß die Theorie mit der Praxis nicht übereinstimmt, daß Nationalbewußtsein wie Nationalismus andere Wurzeln haben als die bürgerliche Gesellschaft. Die ganze Geschichte des zwanzigsten Jahrhunderts hat das ebenfalls bestätigt. Sie zeigen ferner die gefährliche Dialektik, die es erlaubt, jede Unterdrückung anderer Völker zu rechtfertigen oder – je nach Bedarf – sie als solche zu brandmarken (→ Rasse → Selbstbestimmungsrecht). Das zweite Zitat unter II [5] ist ein eindeutiger Beleg.
Auch wenn sich die Freunde vielleicht nie ihres deutschen Nationalismus bewußt gewesen sind, von anderen wurde er schon zu ihren Lebzeiten registriert (Enzensberger a.a.O. S. 76, 256, 259, 362, 373, 413, 428, 479, 695). Aufschlußreich sind auch die Äußerungen zu einzelnen Staaten und Nationen (→ England → Österreich → Polen → Preußen → Rußland → Tschechen).

IV. Hinweise

1) 2, 611; 3, 21 f., 36, 60, 70; 4, 416, 466; 6, 275 f.; 14, 505; 21, 395 ff.; 33, 11; 35, 272; 37, 20; 39, 89, 91.
2) Guillaume, a.a.O.; Mommsen, a.a.O.; Motschmann, a.a.O.; Rosdolsky „Engels", a.a.O.

Österreich

I. Thesen

Österreich, eine der sechs Großmächte der damaligen Zeit, wird von den Freunden häufig beiläufig oder mit Blick auf tagespolitische Ereignisse und Vorgänge angesprochen. Die grundsätzlicheren Aussagen vermitteln folgendes Bild:
Das Volk, insbesondere die Regierung, ist nicht auf der Höhe der Zeit [1].
Im Vergleich mit → Rußland ist Österreich harmlos [2].
Österreich ist eine Kolonie → Bayerns [3].
Die Bekanntschaft mit österreichischen Sozialisten, insbesondere Frau Louise Kautsky, jahrelang Engels' Hausdame, bewirkt einen Umdenkungsprozeß. Engels – Marx ist schon tot – wird geradezu schwärmerisch und proklamiert die österreichischen Sozialisten als „Avantgarde des europäischen Proletariats" [4].

II. Texte

[1]

E: „Da man nun vom österreichischen Volk schwerlich sagen kann, daß es zur zivilisierten Welt gehört, und da es sich infolgedessen seinem väterlichen Despotismus ruhig unterordnet, so ist Preußen der Staat, der als das Zentrum der modernen deutschen Geschichte . . . angesehen werden kann." (2, 576)

E: „So war das Haus Österreich von Anfang an der Repräsentant der Barbarei, der Stabilität der Reaktion in Europa. Seine Macht beruhte auf der Narrheit des hinter unwegsamen Bergen verschanzten Patriarchalismus, auf der unnahbaren Brutalität der Barbarei. Ein Dutzend Nationen, deren Sitten, Charaktere und Institutionen die grellsten Widersprüche bildeten, hielten zusammen kraft ihres gemeinsamen Widerwillens gegen die Zivilisation.
Daher war das Haus Österreich unüberwindlich, solange die Barbarei seiner Untertanen unangetastet blieb. Daher drohte ihm nur eine Gefahr, das Eindringen der bürgerlichen Zivilisation.
Aber diese eine Gefahr war unabwendbar. Die bürgerliche Zivilisation konnte eine Zeitlang abgesperrt, sie konnte eine Zeitlang der österreichischen Barbarei angepaßt und untergeordnet werden. Früher oder später aber mußte sie die feudale Barbarei überwinden, und damit war das einzige Band zersprengt, das die verschiedensten Provinzen zusammengehalten hatte.
Daher die passive, zaudernde, feige, schmutzige und heimtückische österreichische Politik." (4, 505 f.)

E: „Wir sehen dem Sieg der Bourgeois über das östreichische Kaisertum mit wahrem

Österreich

Vergnügen entgegen. Wir wünschen nur, daß es recht gemeine, recht schmutzige, recht jüdische Bourgeois sein mögen, die dies altehrwürdige Reich ankaufen. Solch eine widerliche, stockprügelnde, väterliche, lausige Regierung verdient, einem recht lausigen, weichselzöpfigen, stinkenden Gegner zu unterliegen . . . Für uns Deutsche hat der Fall Östreichs noch eine spezielle Bedeutung. Es ist Östreich, das uns in den Ruf gebracht hat, die Unterdrücker fremder Nationen, die Söldlinge der Reaktion in allen Ländern zu sein. Unter der östreichischen Fahne halten Deutsche Polen, Böhmen, Italien in der Knechtschaft . . . Wir haben allen Grund zu hoffen, daß die Deutschen sich an Östreich rächen werden für die Infamie, mit der es den deutschen Namen bedeckt hat. Wir haben allen Grund, zu hoffen, daß es Deutsche sein werden, die Östreich stürzen und die Hindernisse im Wege der slawischen und italienischen Freiheit wegräumen. Es ist alles vorbereitet; das Schlachtopfer liegt da und wartet des Messers, das ihm die Kehle durchschneiden soll. Mögen diesmal die Deutschen nicht die Zeit versäumen, mögen sie kühn genug sein, das Wort auszusprechen, das selbst Napoleon nicht auszusprechen wagte – das Wort: „La dynastie de Habsbourg a cessé de régner!" (4, 509 f.)

E: „Wie vor so nach der Revolution blieb Östreich der reaktionärste, der modernen Strömung am widerwilligsten folgende Staat Deutschlands und dazu – die einzige noch übrige, spezifisch katholische Großmacht. Je mehr die nachmärzliche Regierung die alten Pfaffen- und Jesuitenwirtschaft wiederherzustellen strebte, desto unmöglicher wurde ihr die Hegemonie über ein zu zwei Dritteln protestantisches Land. Und endlich war eine Einigung Deutschlands unter Östreich nur möglich durch Sprengung Preußens. Sowenig aber diese an sich ein Unglück für Deutschland bedeutet, so wäre doch die Sprengung Preußens durch Östreich ebenso unheilvoll gewesen, wie die Sprengung Östreichs durch Preußen sein würde vor dem bevorstehenden Sieg der Revolution in Rußland . . .
Kurz, die deutsche Einheit unter Östreichs Fittichen war ein romantischer Traum und erwies sich als solcher, als die deutschen Klein- und Mittelfürsten 1863 in Frankfurt zusammentrafen, um Franz-Josef von Östreich zum deutschen Kaiser auszurufen." (21, 418)

2

E: „Doch warum nennen wir, wenn von Polen die Rede ist, Rußland immer allein? Haben nicht zwei deutsche Mächte, Österreich und Preußen, an dem Raub teilgenommen? Halten sie nicht gleichfalls Teile von Polen in Knechtschaft, und trachten sie nicht im Bunde mit Rußland danach, jede nationale polnische Bewegung zu unterdrücken?
Es ist nachgerade bekannt, wie sehr sich Österreich gewunden hat, um sich aus dem polnischen Geschäft herauszuhalten, und wie lange es sich den Teilungsplänen Rußlands und Preußens widersetzte. Polen war ein natürlicher Verbündeter Österreichs gegen Rußland. Als Rußland dann zu einer furchtbaren Macht wurde, konnte nichts mehr im Interesse Österreich liegen, als Polen zwischen sich und dem aufstrebenden Kaiserreich am Leben zu erhalten. Erst als Österreich sah, daß Polens Schicksal besiegelt war, daß die anderen beiden Mächte, mit oder ohne Österreich, entschlossen waren, es zu vernichten, erst dann schloß Österreich sich ihnen aus Gründen der Selbsterhaltung an . . ." (16, 154 f.)

Österreich

3

E: „Ganz besonders bezeichnend für die deutsche Entwicklung ist noch, daß die beiden Teilstaaten, die schließlich ganz Deutschland unter sich geteilt, beides keine rein deutschen, sondern Kolonien auf erobertem slawischen Gebiet sind: Österreich eine bayerische, Brandenburg eine sächsische Kolonie, und daß sie sich Macht *in* Deutschland verschafft haben nur dadurch, daß sie sich auf fremden, undeutschen Besitz stützen: Österreich auf Ungarn (von Böhmen nicht zu sprechen), Brandenburg auf Preußen." (39, 100)

4

E: „So sehr auch der Anzengruber seine Österreichischen Bauern stellenweise idealisiert und so ungemein beschränkt auch der Hintergrund ist, auf dem sich seine ausgezeichneten Schilderungen abspielen, so schmerzlich empfindet man doch dabei die Trennung dieses prachtvollen Volksstamms vom übrigen Deutschland und die Notwendigkeit der Wiedervereinigung, die allerdings nur wir zustande bringen werden." (38, 374)

E: „Ich werde es dem Bismarck nie verzeihen, daß er Österreich aus Deutschland ausgeschlossen hat, schon der Wienerinnen wegen." (39, 113)

E: „Wenn man aus England mit seiner zersplitterten und uneinigen Arbeiterklasse kommt, wenn man aus Frankreich, Italien, Amerika jahrelang nichts als Zank und Streit gehört hat, und dann unter diese Menschen kommt – die deutsch sprechen – und das einheitliche Ziel, die ausgezeichnete Organisation, sieht, die Begeisterung erlebt, den unverwüstlichen Humor, der aus der Siegesgewißheit quillt, muß man mitgerissen werden und sagen: hier ist der Schwerpunkt der Arbeiterbewegung. Und wenn unsere französischen Freunde sich nicht in acht nehmen, werden ihnen die Österreicher den Wind aus den Segeln nehmen. Sie sind eine Rassenmischung – Deutsche, auf einen keltischen (nordischen) Stamm gepfropft, und stark mit einem slawischen Element vermischt – so daß sich in ihnen das Blut der drei europäischen Hauptrassen vereint. Ihr Temperament ist dem französischen sehr ähnlich – lebhafter und erregbarer als das der weniger mit anderen Rassen vermischten Deutschen, und sie sind zu großen Taten leichter hinzureißen. Wenn Paris sich nicht in acht nimmt, kann es passieren, daß Wien den Anstoß zur künftigen Revolution geben wird. Ich habe diese Menschen sehr gern . . ." (39, 124 f.)

E: „Und schon jetzt hat die Tatsache, daß es in Österreich eine Wahlreform irgendeiner Art geben wird, das bedrohte allgemeine Stimmrecht in Deutschland sichergestellt. Ihr habt also in diesem Moment eine sehr bedeutende historische Mission, Ihr sollt die Avantgarde des europäischen Proletariats bilden . . ." (39, 270)

Österreich

III. Kommentar

Die Äußerungen über Österreich und die Österreicher beweisen einerseits starke Voreingenommenheit, zu deren Korrektur Engels auch sonst (anders als Marx) fähig gewesen ist. Sie beweisen aber auch, daß für sie der revolutionäre Standpunkt allein ausschlaggebend gewesen ist (→ Selbstbestimmungsrecht).
Bei geschickter Auswahl der Zitate kann man in vielfacher Hinsicht sowohl pro als auch contra Österreich argumentieren.

IV. Hinweise

1) 5, 81, 154; 10, 203; 11, 127, 503 ff.; 13, 333 ff.; 15, 129 ff., 181, 234 ff.; 22, 20, 35 f., 45 f.; 22, 41; 29, 25; 31, 200 f., 33, 581; 31, 200 f.; 39, 132, 135.
2) Hanisch, a.a.O.; Hautmann u.a., a.a.O.

Parlament, Parlamentarismus

I. Thesen

Die Institution eines Parlaments als Gesetzgeber und Kontrollorgan lehnen die Freunde mit scharfen Worten, meist „parlamentarischer Kretinismus", entschieden ab (→ Diktatur des Proletariats → Rechtsstaat). Die Kritik war sowohl eine grundsätzliche als auch eine auf konkrete historische Parlamente bezogene [1].
Die Verurteilung des Parlamentarismus schließt nicht aus, das Parlament als Agitationsforum bis zur eigenen Machtergreifung zu bejahen [2].

II. Texte

[1]

E: „So hatte sich im Verlauf zweier Monate die völlige Unfähigkeit der Frankfurter Versammlung klar erwiesen. Schärfer konnte nicht mehr bewiesen werden, daß diese Körperschaft ihrer Aufgabe nicht im geringsten gewachsen war, ja, daß sie nicht im entferntesten einen Begriff davon hatte, was in Wirklichkeit ihre Aufgabe war. Die Tatsache, daß die Entscheidung über das Schicksal der Revolution in Wien und Berlin fiel, daß in diesen beiden Hauptstädten die wichtigsten Lebensfragen erledigt wurden, ohne daß man von der Existenz der Frankfurter Versammlung auch nur die leiseste Notiz nahm – diese Tatsache allein genügt, um festzustellen, daß diese Körperschaft ein bloßer Debattierclub war, bestehend aus einer Ansammlung leichtgläubiger Tröpfe, die sich von den Regierungen als parlamentarische Marionetten mißbrauchen ließen, um zur Belustigung der Krämer und Handwerker kleiner Staaten und Städte ein Schauspiel zu geben. . . . Aber es ist eine bemerkenswerte Tatsache, daß unter all den ‚hervorragenden' Männern dieser Versammlung nicht ein einziger war, der auch nur die geringste Ahnung von der Rolle hatte, die man sie zu spielen zwang." (8, 78 f.)

E: „Seit Beginn ihrer parlamentarischen Laufbahn waren sie mehr als jede andere Fraktion der Versammlung von jener unheilbaren Krankheit, dem *parlamentarischen Kretinismus,* verseucht, einem Leiden, das seine unglücklichen Opfer mit der erhabenen Überzeugung erfüllt, daß die ganze Welt, deren Vergangenheit und deren Zukunft, durch die Stimmenmehrheit gerade jener Vertretungskörperschaften gelenkt und mitbestimmt wird, die die Ehre hat, sie zu ihren Mitgliedern zu zählen . . ." (8, 87 f.)

M: „Sie waren also darauf angewiesen, sich genau innerhalb der parlamentarischen Schranken zu bewegen. Und es gehörte jene eigentümliche Krankheit dazu, die seit 1848 auf dem ganzen Kontinent grassiert hat, der *parlamentarische Kretinismus,* der die Angesteckten in eine eingebildete Welt fest band und ihnen allen Sinn, alle Erinnerung, alles Verständnis für die rauhe Außenwelt raubt, dieser parlamentarische Kretinismus gehörte dazu, wenn sie, die alle Bedingungen der parlamentarischen Macht mit eignen Händen zerstört hatten und in ihrem Kampfe mit den andern Klassen zerstören

Parlament, Parlamentarismus

mußten, ihre parlamentarischen Siege noch für Siege hielten …" (8, 173)

M: „Die außerparlamentarische Masse der Bourgeoisie endlich sollte ihren Bruch mit der Bourgeoisie im Parlament noch einmal einige Tage vor der Katastrophe feierlich bestätigen. Thiers, als parlamentarischer Held vorzugsweise von der unheilbaren Krankheit des parlamentarischen Kretinismus angesteckt. …" (8, 190f.)

M: „Die Kommune sollte nicht eine parlamentarische, sondern eine arbeitende Körperschaft sein, vollziehend und gesetzgebend zu gleicher Zeit." (17, 339)

M: „Der Parlamentarismus in Frankreich war also tot, und die Arbeiterrevolution war sicher nicht darauf aus, ihn von den Toten zu erwecken." (17, 543)

M: „Was den Parlamentarismus betrifft, so war er durch seinen eignen Triumph und durch das Kaisertum umgebracht worden. Alles, was die Arbeiterklasse zu tun hatte war, ihn nicht wieder ins Leben zu rufen." (17, 595)

E: „Endlich deckten wir den parlamentarischen Kretinismus (wie Marx es nannte) der verschiedenen sogenannten Nationalversammlungen auf." (21, 21)

E: „Die Kerle nahmen die ganze Position enorm ernsthaft, glaubten an ihre Allmacht und waren wieder so schön im parlamentarischen Kretinismus fast wie je 1848." (30, 239)

M: „Die Hunde von Parlamentskretins …" (30, 382)

M: „*Weil* man den Reichstag nur als *Agitationsmittel* benutzen darf, darf man *niemals* dort für etwas Vernünftiges und direkt die Arbeiterinteressen Betreffendes *agitieren*!" (32, 360)

E: „Die parlamentarische Krankheit …" (36, 448)

[2]

E: „In der Wahlagitation lieferte es uns ein Mittel, wie es kein zweites gibt, um mit den Volksmassen da, wo sie uns noch ferne stehen, in Berührung zu kommen, alle Parteien zu zwingen, ihre Ansichten und Handlungen unseren Angriffen gegenüber vor allem Volk zu verteidigen; und dazu eröffnete es unseren Vertretern im Reichstag eine Tribüne, von der herab sie mit anderer Autorität und Freiheit zu ihren Gegnern im Parlament wie zu den Massen draußen sprechen konnten als in der Presse und in Versammlungen." (22, 519)

III. Kommentar

Es ist eine Gemeinsamkeit aller antidemokratischen Kräfte, die Institution des Parlaments mit beißendem Spott zu überschütten.

IV. Hinweise

1) 6, 298; 8, 153 f.; 10, 259; 29, 433; 34, 413.
2) Beyme, a.a.O.

Partei

I. Thesen

Für das richtige Verhalten der proletarischen Parteien zu den „kleinbürgerlichen Parteien" geben die Freunde klare Weisungen: Solange die kleinbürgerlichen Parteien die Opposition bilden, zwar keine Fusion, aber Zusammenarbeit. Sobald die Bürgerlichen an der Macht sind, Kampf gegen sie mit aller Energie (→ Gewalt → Rache → Revolution → Terror). Dann → Diktatur des Proletariats (→ Histomat) [1].
Zunächst vertreten die Freunde die Auffassung, daß mehrere proletarische Parteien nebeneinander ein Existenzrecht hätten, wenngleich die kommunistische Partei etwas besonderes sei [2], später wird jede sozialistische Konkurrenz als Sekte, als Anachronismus verurteilt [3].
Ob innerhalb der proletarischen Einheitspartei demokratische Zustände herrschen sollen oder nicht, wird nicht eindeutig beantwortet. Für jeden der beiden Standpunkte gibt es Belege [4].
In einer Partei unter der Führung von Marx und Engels wäre ihre Meinung die allein richtige gewesen [5].
Die Schilderung „unserer Partei" durch Marx ist in mehrfacher Hinsicht aufschlußreich: Einerseits bedeutet „Partei" eine konkrete Organisation, andererseits eine proletarische Bewegung im „großen historischen Sinne" [6].

II. Texte

[1]

M/E: „Wir lieben die entschiedenen Stellungen. Wir haben nie mit einer parlamentarischen Partei kokettiert. Die Partei, die *wir* vertreten, die Partei des Volks existiert in Deutschland nur erst elementarisch. Wo es aber einen Kampf gegen die *bestehende Regierung* gilt, alliieren wir uns selbst mit unseren Feinden. Wir nehmen die offizielle preußische Opposition, wie sie aus den bisherigen erbärmlichen deutschen Kulturverhältnissen hervorgeht, als Tatsache hin und haben daher im Wahlkampf selbst *unsere* eigenen Ansichten in den Hintergrund treten lassen. Jetzt *nach* der Wahl, behaupten wir wieder unsern alten rücksichtslosen Standpunkt nicht nur der Regierung, sondern auch der offiziellen Opposition gegenüber." (6, 298)

M/E: „Daß die kleinbürgerliche Demokratie während der weiteren Entwicklung der Revolution für einen Augenblick den überwiegenden Einfluß in Deutschland erhalten wird, unterliegt keinem Zweifel. Es fragt sich also, was die Stellung des Proletariats und speziell des Bundes ihr gegenüber sein wird:

Partei

1. während der Fortdauer der jetzigen Verhältnisse, wo die kleinbürgerlichen Demokraten ebenfalls unterdrückt sind;
2. im nächsten revolutionären Kampfe, der ihnen das Übergewicht geben wird;
3. nach diesem Kampf, während der Zeit des Übergewichts über die gestürzten Klassen und das Proletariat.

1. Im gegenwärtigen Augenblicke, wo die demokratischen Kleinbürger überall unterdrückt sind, predigen sie dem Proletariat im allgemeinen Einigung und Versöhnung, sie bieten ihm die Hand und streben nach der Herstellung einer großen Oppositionspartei, die alle Schattierungen in der demokratischen Partei umfaßt, d. h. sie streben danach, die Arbeiter in eine Parteiorganisation zu verwickeln, in der die allgemein sozial-demokratischen Phrasen vorherrschend sind . . . Eine solche Vereinigung würde allein zu ihrem Vorteile und ganz zum Nachteile des Proletariats ausfallen. . . . Diese Vereinigung muß also auf das entschiedenste zurückgewiesen werden. . . Mit einem Wort: Vom ersten Augenblicke des Sieges an muß sich das Mißtrauen nicht mehr gegen die besiegte reaktionäre Partei, sondern entgegen ihre bisherigen Bundesgenossen, gegen die Partei richten, die den gemeinsamen Sieg allein exploitieren will.
2. Um aber dieser Partei, deren Verrat an den Arbeitern mit der ersten Stunde des Sieges anfangen wird, energisch und drohend entgegentreten zu können, müssen die Arbeiter bewaffnet und organisiert sein. Die Bewaffnung des ganzen Proletariats mit Flinten, Büchsen, Geschützen und Munition muß sofort durchgesetzt, der Wiederbelebung der alten, gegen die Arbeiter gerichteten Bürgerwehr muß entgegengetreten werden. Wo dies Letztere aber nicht durchzuführen ist, müssen die Arbeiter versuchen, sich selbständig als proletarische Garde, mit selbstgewählten Chefs und eigenem selbstgewählten Generalstab zu organisieren und unter den Befehl, nicht der Staatsgewalt, sondern der von den Arbeitern durchgesetzten revolutionären Gemeinderäte zu treten.
3. Sobald die neuen Regierungen sich einigermaßen gefestigt haben, wird ihr Kampf gegen die Arbeiter sofort beginnen. Um hier den demokratischen Kleinbürgern mit Macht entgegentreten zu können, ist es vor allem nötig, daß die Arbeiter in Clubs selbständig organisiert und zentralisiert sind. Die Zentralbehörde wird sich, sobald dies irgend möglich ist, nach dem Sturze der bestehenden Regierungen nach Deutschland begeben, sofort einen Kongreß berufen und diesem die nötigen Vorlagen wegen der Zentralisation der Arbeiterclubs unter einer im Hauptsitze der Bewegung etablierten Direktion machen." (7, 248 ff.)

M/E: „Die Arbeiterpartei kann unter Umständen sehr gut andere Parteien und Parteifraktionen zu ihren Zwecken gebrauchen, aber sie darf sich keiner anderen Partei unterordnen." (7, 308 f.)

M/E: „In seinem Kampf gegen die kollektive Macht der besitzenden Klassen kann das Proletariat nur dann als Klasse handeln, wenn es sich selbst als besondere politische Partei im Gegensatz zu allen alten, von den besitzenden Klassen gebildeten Parteien konstituiert.
Diese Konstituierung des Proletariats als politische Partei ist unerläßlich, um den Triumph der sozialen Revolution und ihres

Partei

höchsten Zieles, der Aufhebung der Klassen, zu sichern." (18, 149)

E: „Übrigens hat *jede* wirkliche proletarische Partei, von den englischen Chartisten an, immer die Klassenpolitik, die Organisation des Proletariats als selbständige politische Partei, als erste Bedingung und die Diktatur des Proletariats als nächstes Ziel des Kampfes hingestellt." (18, 267 f.)

2

M/E: „Die Kommunisten sind keine besondere Partei gegenüber den andern Arbeiterparteien. Sie haben keine von den Interessen des ganzen Proletariats getrennten Interessen . . . Die Kommunisten sind also praktisch der entschiedenste, immer weiter treibende Teil der Arbeiterparteien aller Länder; sie haben theoretisch vor der übrigen Masse des Proletariats die Einsicht in die Bedingungen, den Gang und die allgemeinen Resultate der proletarischen Bewegung voraus. Der nächste Zweck der Kommunisten ist derselbe wie der aller übrigen proletarischen Parteien: Bildung des Proletariats zur Klasse, Sturz der Bourgeoisieherrschaft, Eroberung der politischen Macht durch das Proletariat." (4, 474)

3

M/E: „Einige elende Betrüger des Volkes, das sog. Zentralkomitee der europäischen Sozial-Demokraten, in Wahrheit ein Komitee des europäischen Zentralmobs, . . . feierten in London den Jahrestag der Februarrevolution. *Louis Blanc,* der Vertreter des sentimentalen Phrasensozialismus, hatte sich aus Intrigen gegen einen anderen Volksverräter . . ." (7, 568)

M: „Schweitzer selbst hat in seinem Blatt, dem ‚*Social-Democrat*', ausführlich erklärt, warum die *Lassalleanische Organisation* sich nicht der *Internationale* anschließen könne, ohne sich selbst zu vernichten. Er hat die Wahrheit gesagt, ohne es zu wissen. Seine künstliche *Sekten*organisation steht im Gegensatz zur *wirklichen Organisation* der Arbeiterklasse." (16, 418)

M/E: „Die Sekten, im Anfange Hebel der Bewegung, werden ein Hindernis, sowie diese sie überholt; sie werden dann reaktionär; Beweis dafür sind die Sekten in Frankreich und England und letzthin die Lassalleaner in Deutschland, welche, nachdem sie jahrelang die Organisation des Proletariats gehemmt, schließlich einfache Polizeiwerkzeuge geworden sind. Kurz, sie stellen die Kindheit der Proletarierbewegung dar. . . ." (18, 33 f.)

M: „Diejenigen, die den verborgenen Sinn des sich vor unseren Augen abspielenden Klassenkampfes am besten deuten – die Kommunisten – sind die letzten, den Fehler zu begehen, Sektierertum zu billigen oder zu fördern." (32, 671)

M: „Die Entwicklung des sozialistischen Sektenwesens und die der wirklichen Arbeiterbewegung stehen stets im umgekehrten Verhältnis. Solange die Sekten berechtigt sind (historisch), ist die Arbeiterklasse noch unreif zu einer selbständigen geschichtlichen Bewegung. Sobald sie zu dieser Reife gelangt, sind alle Sekten wesentlich reaktionär." (33, 328 f.)

4

M/E: „Es handelt sich nicht darum, was dieser oder jener Proletarier oder selbst das ganze Proletariat als Ziel sich einstweilen

Partei

vorstellt. Es handelt sich darum, *was es ist* und was es diesem *Sein* gemäß geschichtlich zu tun gezwungen sein wird. Sein Ziel und seine geschichtliche Aktion ist in seiner eigenen Lebenssituation wie in der ganzen Organisation der heutigen bürgerlichen Gesellschaft sinnfällig, unwiderruflich vorgezeichnet." (2, 38)

M/E u. a.: „Statuten des Kommunistischen Bundes
1. Der *Zweck* des Kommunistischen Bundes ist, durch alle Mittel der Propaganda und des politischen Kampfes die Zertrümmerung der alten Gesellschaft – und Sturz der Bourgeoisie –, die geistige, politische und ökonomische Befreiung des Proletariats, die kommunistische Revolution durchzuführen.
2. *Mitglied* kann nur werden, wer folgende Bedingungen vereinigt:
    a) Freiheit von aller Religion . . .
    b) Einsicht in die Bedingungen, den Entwicklungsgang und das Endziel der proletarischen Bewegung;
    c) . . .
    d) Fähigkeit und Eifer für die Propaganda, unerschütterliche Überzeugungstreue, revolutionäre Tatkraft . . .

Wer die Bedingungen der Mitgliedschaft verletzt, wird ausgeschlossen. Über die Ausschließung einzelner entscheidet die Stimmenmehrheit der Gemeinde. Ganze Gemeinden kann die Zentralgewalt ausschließen, wenn von einer Kreisgemeinde darauf angetragen ist. Die Ausgeschlossenen werden dem ganzen Bunde angezeigt und gleich allen verdächtigen Subjekten von Bundes wegen überwacht." (7, 565 f.)

M: „Die Majorität – der Anklageakt bezeichnet sie als *‚Partei Marx'* – verlegte den Sitz der Zentralbehörde nach Köln. Die Minorität – später von den Kölnern aus dem Bunde gestoßen . . ." (8, 412)

M: „Wir veröffentlichten gleichzeitig eine Reihe teils gedruckter, teils lithographierter Pamphlets, worin das Gemisch von französisch-englischem Sozialismus oder Kommunismus und von der deutschen Philosophie, das damals die Geheimlehre des ‚Bundes' bildete, einer unbarmherzigen Kritik unterworfen, statt dessen die wissenschaftliche Einsicht in die ökonomische Struktur der bürgerlichen Gesellschaft als einzig haltbare theoretische Grundlage aufgestellt . . ." (14, 439)

E: „Der ganze Inhalt seiner [Lassalles] Schriften war entlehnt, selbst nicht ohne Mißverständnisse entlehnt, er hatte einen Vorgänger und einen intellektuellen Vorgesetzten, dessen Dasein er freilich verschwieg, während er seine Schriften vulgarisierte, und dieser intellektuelle Vorgesetzte heißt Karl Marx." (16, 362)

M/E: „Es müßte im ‚Volksstaat', ‚Zukunft' und sonst zugänglichen deutschen Blättern der *Plan der preußischen Polizei* denunziert werden, dem internationalen Kongreß in Mainz, dessen Zusammenkunft sie nicht direkt verhindern kann, durch ihr Werkzeug, die Schweitzersche Organisation, unmöglich zu machen oder an der ruhigen Abhaltung seiner Sitzungen zu verhindern . . . Übrigens wäre es an der Zeit, daß diese Leute überall in der Presse als reine Polizeiagenten bloßgestellt . . . werden." (16, 428)

M/E: „Die Anarchie, das ‚entfesselte Volksleben', die ‚bösen Leidenschaften' usw. reichen nicht mehr aus. Um den Erfolg der Revolution zu sichern, bedarf es der *Einheit*

Partei

des Gedankens und des Handelns. Die Internationalen suchen diese Einheit zu schaffen durch die Propaganda, die Diskussion und die öffentliche Organisation des Proletariats . . ." (18, 346)

E: „Der zweite Kongreß fand statt Ende November und Anfang Dezember desselben Jahres. Hier war auch Marx anwesend und vertrat in längerer Debatte – der Kongreß dauerte mindestens zehn Tage – die neue Theorie. Aller Widerspruch und Zweifel wurde endlich erledigt, die neuen Grundsätze einstimmig angenommen . . ." (21, 215 f.)

E: „Willich war einer der seit 1845 im westlichen Deutschland so häufigen Gemütskommunisten, also schon deshalb in instinktivem geheimen Gegensatz gegen unsere kritische Richtung. Er war aber mehr, er war vollständiger Prophet, von seiner persönlichen Mission als prädestinierter Befreier des deutschen Proletariats überzeugt und als solcher direkter Prätendent auf die politische nicht minder als auf die militärische Diktatur." (21, 220)

M: „Übrigens, wenn Lassalle im Namen der Partei zu sprechen sich herausnimmt, muß er für die Zukunft entweder sich gefaßt machen, offen von uns desavouiert zu werden, indem die Verhältnisse zu wichtig sind für Rücksichtnahme, oder, statt den gemischten Inspirationen von Feuer und Logik zu folgen, muß er vorher sich verständigen über die Ansichten, die andere Leute außer ihm haben. Wir müssen jetzt durchaus auf Parteidisziplin halten, oder alles wird in den Dreck geritten." (29, 432)

M: „Diejenigen, die den verborgenen Sinn des sich vor unseren Augen abspielenden Klassenkampfes am besten deuten – die Kommunisten – sind die letzten, den Fehler zu begehen, Sektierertum zu billigen oder zu fördern." (32, 671)

E: „Ich fürchte, unsere Freunde in Deutschland täuschen sich über die Art der Organisation, die unter den jetzigen Umständen aufrechtzuerhalten ist. Daß die gewählten Parlamentsmitglieder sich an die Spitze stellen, weil sonst keine Leitung da ist, dagegen habe ich nichts. Aber den strammen Gehorsam, den die alte, für *diesen* Zweck gewählte Parteileitung fordern konnte, können sie nicht fordern und auch nicht durchsetzen. Am wenigsten unter den jetzigen Umständen, ohne Presse, ohne Massenzusammenkünfte. Je loser die Organisation jetzt dem Anschein nach ist, desto fester ist sie in Wirklichkeit." (34, 441)

E: „Die Arbeiterbewegung beruht auf der schärfsten Kritik der bestehenden Gesellschaft, Kritik ist ihr Lebenselement, wie kann sie selbst der Kritik sich entziehen, die Debatte verbieten wollen? Verlangen wir denn von andern das freie Wort für uns bloß, um es in unsren eigenen Reihen wieder abzuschaffen?" (37, 328)

E: „Einen neuen Zuwachs von 700 000 Mann in drei Jahren (nur die Wähler gerechnet) kann man nicht wie Schuljungen einpauken, da muß Debatte und auch ein bißchen Krakeel sein, das hilft am ersten darüber weg. Gefahr der Spaltung ist nicht im entferntesten vorhanden, dafür hat das 12jährige Bestehen des Drucks gesorgt . . . Ich werde Bebel und Liebknecht wohl vor dem Kongreß hier sehen und das mögliche tun, daß ich sie von der Unklugheit aller Herausschmeißereien überzeuge, die nicht auf schlagende Beweise von der Partei schä-

Partei

digenden *Handlungen,* sondern bloß auf Anklagen der Oppositionsmacherei gegründet sind. Die größte Partei im Reich kann nicht bestehn, ohne daß alle Schattierungen in ihr vollauf zu Worte kommen, und selbst der Schein der Diktatur à la Schweitzer muß vermieden werden." (37, 440)

E: „Die kleine Studentenrevolte in Deutschland ist von Bebel rasch gesprengt worden. Hat ihr *sehr Gutes* gehabt. Beweist, was wir zu erwarten haben von Literaten und von Berlinern." (37, 449)

E: „Und daß die Leute endlich einmal aufhören, die Parteibeamten – ihre eignen Diener – mit den ewigen Glacéhandschuhen anzufassen und vor ihnen wie vor unfehlbaren Bürokraten gehorsamst, statt kritisch dazustehen, ist auch nötig." (38, 35 f.)

E: „Der Ausschluß der Gruppe unverschämter junger Studenten und Commis voyageurs war sehr notwendig. Sie werden nun bald verschwinden, und die nächste Gruppe der gleichen Sorte wird weniger frech sein." (38, 193)

5

E (zusammen mit Karl Kautsky): „Die Arbeiterklasse . . . kann diese Lebenslage nur vollständig selbst erkennen, wenn sie Dinge ohne juristisch gefärbte Brille in ihrer Wirklichkeit anschaut. Hierzu aber verhalf ihr Marx mit seiner materialistischen Geschichtsauffassung, mit dem Nachweis, daß alle juristischen, politischen, philosophischen, religiösen etc. Vorstellungen der Menschen in letzter Instanz aus ihren wirtschaftlichen Lebensbedingungen, aus ihrer Weise zu produzieren und die Produkte auszutauschen, abgeleitet sind. Hiermit war die der Lebens- und Kampfeslage des Proletariats entsprechende Weltanschauung gegeben. Der Eigentumslosigkeit der Arbeiter konnte nur die Illusionslosigkeit ihrer Köpfe entsprechen. Und diese proletarische Weltanschauung macht jetzt die Reise um die Welt." (21, 494)

E: „Damals die vielen unklaren Sektenevangelien mit ihren Panazeen, heute die eine allgemein anerkannte, durchsichtig klare, die letzten Zwecke des Kampfes scharf formulierende Theorie von Marx . . ." (22, 515)

E: „Was den L. Blanc angeht, so verdient der, gezüchtigt zu werden. Schreib eine Kritik seiner ‚Revolution' für die ‚Deutsche-Brüsseler-Zeitung' und weis ihm praktisch nach, wie sehr wir über ihm stehen; freundschaftlich in der Form, aber unsere Superiorität entschieden festhaltend im Inhalt." (27, 114)

E: „Wir können uns übrigens im Grund nicht einmal sehr beklagen, daß die petits grands hommes uns scheuen; haben wir nicht seit so und so viel Jahren getan, als wären Krethi Plethi unsere Partei, wo wir gar keine Partei hatten und wo die Leute, die wir als zu unserer Partei gehörig rechneten, wenigstens offiziell, mit dem Vorbehalt, sie unter uns unverbesserliche Dummköpfe zu nennen, auch nicht die Anfangsgründe unserer Sachen verstanden? Wie passen Leute wie wir, die offizielle Stellungen fliehen wie die Pest, in eine ‚Partei'? Was soll uns, die wir auf die Popularität spucken, die wir an uns selbst irre werden, wenn wir populär zu werden anfangen, eine ‚Partei', d. h. eine Bande von Eseln, die auf uns schwört, weil sie uns für ihresgleichen hält? Wahrhaftig, es ist kein Verlust, wenn

Partei

wir nicht mehr für den ‚richtigen und adäquaten Ausdruck' der bornierten Hunde gelten, mit denen uns die letzten Jahre zusammengeworfen hatten ... Nicht nur keine offizielle *Staat*stellung, auch so lange wie möglich keine offizielle *Partei*stellung, kein Sitz in Komitees pp., keine Verantwortlichkeit für Esel, unbarmherzige Kritik für alle, ... Wir können der Sache nach immer revolutionärer sein als die Phrasenmacher, weil wir etwas gelernt haben, und sie nicht, weil wir wissen, was wir wollen, und sie nicht ..." (27, 190)

M: „Sobald ich es für *passend* halte, kann ich ihn vernichten, nicht nur in den Augen *unserer* Partei, sondern in den Augen *aller* Parteien." (28, 519)

M: „Eine sehr schöne Lektion haben die Herren Knoten so erhalten. Der Alt-Weitlingsche Esel Scherzer glaubte, *er* könne Parteivertreter ernennen. In *meiner* Zusammenkunft mit einer Deputation der Knoten ... erklärte ich ihnen rundheraus: Unsere Bestellung als Vertreter der proletarischen Partei hätten wir von niemand als uns selbst. Sie sei aber kontrasigniert durch den ausschließlichen und allgemeinen Haß, den alle Fraktionen der alten Welt und Parteien uns widmeten. Du kannst Dir denken, wie verblüfft die Ochsen waren." (29, 436)

M: „Es ist überhaupt charakteristisch für den Biedermann Freiligrath, daß er nicht glaubte, mir Rechenschaft schuldig zu sein wegen seines Auftretens vor dem Publikum mit Kinkel und Konsorten ..." (29, 512)

M: „Entweder er konsultiert vorher die andern, oder die andern (euphemistischer Ausdruck für Dich und mich) haben das Recht, ohne Rücksicht auf den einen, ihre eigne Ansicht vor dem Publikum geltend zu machen." (29, 516)

M: „Jedenfalls muß die Luft gereinigt und die Partei von dem hinterlaßnen Lassallegestank gefegt werden." (31, 54)

M: „Da also doch mit dem Kerl gebrochen werden muß, lieber jetzt gleich. Was die deutschen Knoten angeht, so mögen sie schreien, so viel sie wollen. Der brauchbare Teil darunter muß sich doch früher oder später um uns ralliieren." (31, 77)

M: „Sollten Bruhn, Bernhard Becker und tutti quanti mir und meinen Strebungen in irgendeiner Weise feindselig gegenübertreten, die ich der Arbeiterbewegung selbst für schädlich halte, so wird ein Sturm über den Häuptern der Herren losbrechen, der selbe wundern soll. Gründe alter persönlicher Freundschaft und Parteirücksicht, die mich Lassalle gegenüber banden, fallen durchaus weg angesichts dieser dii minorum gentium. Ich erkläre dies ein für allemal, damit mir später nicht etwa Zweideutigkeit oder Rücksichtslosigkeit vorgeworfen werde." (31, 434)

E: „Den Lassalleanern muß man es lassen, sie verstehen die Agitation ganz anders als unser braver Wilhelm mit seinen Büffeln von der Volkspartei. Es ist das sehr unangenehm, da sie den Wilhelm und Bebel ganz zu überflügeln scheinen, und die Massen so greulich dumm, und die Führer lauter Lumpen sind." (32, 252)

M/E: „Was ihren sozialistischen Gehalt angeht, so ist dieser bereits hinreichend kritisiert im ‚Manifest', Kapitel: ‚Der deutsche oder wahre Sozialismus'. Wo der Klassenkampf als unliebsame ‚rohe' Erscheinung

Partei

auf die Seite geschoben wird, da bleibt als Basis der Sozialismus nichts als ‚wahre Menschenliebe' und leere Redensarten von ‚Gerechtigkeit' . . . Wenn solche Leute aus andern Klassen sich der proletarischen Bewegung anschließen, so ist die erste Forderung, daß sie keine Reste von bürgerlichen, kleinbürgerlichen etc. Vorurteilen mitbringen, sondern sich die proletarische Anschauungsweise unumwunden aneignen. Jene Herren aber, wie nachgewiesen, stekken über und über voll bürgerlicher und kleinbürgerlicher Vorstellung . . . Wenn die Herren sich als sozialdemokratische Kleinbürgerpartei konstituieren, so sind sie in ihrem vollen Recht; . . . aber in einer Arbeiterpartei sind sie ein fälschendes Element. Sind Gründe da, sie vorderhand darin zu dulden, so besteht die Verpflichtung, sie *nur* zu dulden, ihnen keinen Einfluß auf Parteileitung zu gestatten, sich bewußt zu bleiben, daß der Bruch mit ihnen nur eine Frage der Zeit ist. Diese Zeit scheint übrigens gekommen. Wie die Partei die Verfasser dieses Artikels noch länger in ihrer Mitte dulden kann, erscheint uns unbegreiflich." (34, 406 f.)

E: „Wir haben zwar Versprechungen, daß das nicht mehr vorkommen soll und auch der revolutionäre Charakter der Partei unumwunden ausgesprochen und festgehalten werden soll. Aber wir möchten das erst sehn und haben von dem Revolutionarismus verschiedner der Herren zu wenig Sicherheit (eher das Gegenteil), daß uns gerade deswegen Mitteilung der Stenogramme *aller* von unsern Abgeordneten gehaltenen Reden sehr wünschenswert ist. *Nach* dem Gebrauch könnten Sie sie ja leicht auf ein paar Tage herschicken, für prompte Rücksendung stehe ich ein. Es wird dies dazu beitragen, die letzten Hindernisse, die noch zwischen uns und der Partei in Deutschland – nicht durch unsre Schuld – bestehn, aus dem Weg zu räumen." (35, 183)

E: „. . . Die Herren vom rechten Flügel wissen, daß sie nur infolge des Sozialistengesetzes noch toleriert werden und sofort an die Luft fliegen an dem Tag, wo die Partei wieder Bewegungsfreiheit erhält." (36, 623)

6

M: „Wir müssen durchaus unsere Partei neu rekrutieren. Cluß ist gut. Reinhardt in Paris fleißig. Lassalle trotz der vielen ‚abers' ist dur und energisch. Pieper wäre nicht unbrauchbar, wenn er weniger kindische vanité und mehr esprit de suite hätte. Imandt und Liebknecht sind zäh und jeder in seiner Art nutzbar. Aber alles das ist keine Partei." (28, 224)

M: „Unter Partei verstand ich die Partei im großen historischen Sinn." (30, 495)

III. Kommentar

Obwohl die Lassalleaner im Zeitpunkt der Fusion mit den Eisenachern in jeder Hinsicht die Stärkeren waren (Geld, Mitglieder, Wähler), werden sie als „Sekte" denunziert.

Partei

Trotz der innerparteilichen Toleranz, die aus mehreren Briefen Engels' spricht, die er nach (!) dem Tode von Marx verfaßt hat, erlaubt die Zusammenschau keine positiv demokratische Wertung. Obwohl Engels selbst manche marxistische Dogmen abgeschwächt hat, kämpfte er mit aller Kraft gegen den beginnenden Revisionismus. Seine Toleranzpredigten dürften zu einem nicht unerheblichen Teil darauf zurückzuführen sein, daß weder Marx noch er selbst an der Spitze jener Partei stand, an die er sich wandte und daß er deshalb selbst das Opfer innerparteilicher Intoleranz hätte werden können.

IV. Hinweise

1) 13, 471; 16, 415; 17, 478; 21, 223; 28, 580, 596; 29, 604 f., 630; 30, 492, 564; 31, 189, 558; 33, 206, 330 ff.; 34, 308; 35, 381 f., 403; 36, 636; 37, 326, 445, 452; 38, 90 ff., 179, 517; 39, 39, 354.
2) Löw „Lehre", a.a.O., S. 267 ff.; Oldenburg, a.a.O.

Philosophie

I. Thesen

In seiner Dissertation, die vor seinem öffentlichen Wirken entstanden ist, nennt Marx das Selbstbewußtsein die oberste Gottheit des Philosophen. In diesem Zeitpunkt versteht er sich selbst als Philosophen [1].
Das Verhältnis zu Hegels Philosophie, die er unter allen philosophischen Lehrgebäuden am höchsten schätzt, ist zwiespältig. Das „System" lehnen er und Engels ab, die Dialektik (→ Diamat) bejahen sie [2].
Die überkommene Philosophie hat mit Hegel ihre Vollendung und ihr Ende gefunden [3].
Hinfort hat die neue Philosophie eine praktische, dienende Aufgabe [4], soweit ihr überhaupt noch Existenzberechtigung zukommt [5].

II. Texte

[1]

M: „Die Philosophie verheimlicht es nicht. Das Bekenntnis des Prometheus: ‚Mit einem Wort, ganz hass' ich all' und jeden Gott' ist ihr eigenes Bekenntnis, ihr eigener Spruch gegen alle himmlischen und irdischen Götter, die das menschliche Selbstbewußtsein nicht als die oberste Gottheit anerkennen. . . . Prometheus ist der vornehmste Heilige und Märtyrer im philosophischen Kalender." (Ergbd. 1, 262 f.)

[2]

M/E: „Die *spekulative* Philosophie, namentlich die *Hegelsche* Philosophie, mußte alle Fragen aus der Form des gesunden Menschenverstandes in die Form der spekulativen Vernunft übersetzen und die wirkliche Frage in eine *spekulative* Frage verwandeln, um sie beantworten zu können. Nachdem die Spekulation mir *meine* Frage im Munde verdreht und mir, wie der Katechismus, *ihre* Frage in den Mund gelegt hatte, konnte sie natürlich, wie der Katechismus, auf jede meiner Fragen ihre Antwort bereit haben." (2, 95)

M: „Herr Proudhon stellt als echter Philosoph die Dinge auf den Kopf und sieht in den wirklichen Verhältnissen nur die Fleischwerdung jener Prinzipien, jener Kategorien, die, wie uns wiederum Herr Proudhon, der Philosoph, sagt, im Schoß der ‚unpersönlichen Vernunft der Menschheit' schlummerten." (4, 130)

M: „Meine dialektische Methode ist der Grundlage nach von der Hegelschen nicht nur verschieden, sondern ihr direktes Gegenteil. Für Hegel ist der Denkprozeß, den er sogar unter dem Namen Idee in ein selbständiges Subjekt verwandelt, der Demiurg des Wirklichen, das nur seine äußere Erscheinung bildet. Mir ist umgekehrt das Ideelle nichts anderes als das im Menschenkopf umgesetzte und übersetzte Materielle. . . . Die Mystifikation, welche die Dialektik

Philosophie

in Hegels Händen erleidet, verhindert in keiner Weise, daß er ihre allgemeinen Bewegungsformen zuerst in umfassender und bewußter Weise dargestellt hat. Sie steht bei ihm auf dem Kopf. Man muß sie umstülpen, um den rationellen Kern in der mystischen Hülle zu entdecken." (23, 27)

M: „So sehr diese Dialektik unbedingt das letzte Wort aller Philosophie ist, so sehr ist es andererseits nötig, sie von dem mystischen Schein, den sie bei Hegel hat, zu befreien." (29, 561)

3

E: „Mit Hegel schließt die Philosophie überhaupt ab; einerseits weil er ihre ganze Entwicklung in seinem System in der großartigsten Weise zusammenfaßt, andererseits weil er uns, wenn auch unbewußt, den Weg zeigt aus diesem Labyrinth der Systeme zur wirklichen positiven Erkenntnis der Welt." (21, 270)

4

M: „Wie die Philosophie im Proletariat ihre *materiellen,* so findet das Proletariat in der Philosophie seine *geistigen* Waffen, und sobald der Blitz des Gedankens gründlich in diesem naiven Volksboden eingeschlagen ist, wird sich die Emanzipation der *Deutschen* zu *Menschen* vollziehen . . . Der Kopf dieser Emanzipation ist die *Philosophie,* ihr *Herz* das *Proletariat*. Die Philosophie kann sich nicht verwirklichen ohne die Aufhebung des Proletariats, das Proletariat kann sich nicht aufheben ohne die Verwirklichung der Philosophie." (1, 391)

M: „Die Philosophen haben die Welt nur verschieden *interpretiert,* es kömmt drauf an, sie zu *verändern*." (3, 7)

E: „Die Gesamtlehre Hegels ließ, wie wir gesehen, reichlichen Raum für die Unterbringung der verschiedensten praktischen Parteianschauungen; und praktisch waren im damaligen theoretischen Deutschland vor allem zwei Dinge: die Religion und die Politik. Wer das Hauptgewicht auf das *System* Hegels legte, konnte auf beiden Gebieten ziemlich konservativ sein; wer in der dialektischen *Methode* die Hauptsache sah, konnte religiös wie politisch zur äußersten Opposition gehören. . . . Der Kampf wurde noch nicht mit philosophischen Waffen geführt, aber nicht mehr um abstrakt-philosophische Ziele; es handelte sich direkt um Vernichtung der überlieferten Religion und des bestehenden Staates. Und wenn in den ‚Deutschen Jahrbüchern' die praktischen Endzwecke noch vorwiegend in der philosophischen Verkleidung auftraten, so enthüllte sich die jung-hegelsche Schule in der ‚Rheinischen Zeitung' von 1842 direkt als die Philosophie der aufstrebenden radikalen Bourgeoisie und brauchte das philosophische Deckmäntelchen nur noch zur Täuschung der Zensur." (21, 270 f.)

5

E: „Sobald an jede einzelne Wissenschaft die Forderung herantritt, über ihre Stellung im Gesamtzusammenhang der Dinge und der Kenntnis von den Dingen sich klarzuwerden, ist jede besondere Wissenschaft vom Gesamtzusammenhang überflüssig. Was von der ganzen bisherigen Philosophie dann noch selbständig bestehen bleibt, ist die Lehre vom Denken und seinen Gesetzen — die formelle Logik und die Dialektik. Alles andere geht auf die positive Wissenschaft von Natur und Geschichte . . ." (20, 24)

E: „Ferner: wenn keine Philosophie als solche mehr nötig, dann auch kein System,

Philosophie

selbst kein natürliches System der Philosophie mehr. Die Einsicht, daß die Gesamtheit der Naturvorgänge in einem systematischen Zusammenhang steht, treibt die Wissenschaft dahin, diesen systematischen Zusammenhang überall im einzelnen wie im ganzen nachzuweisen. Aber eine entsprechende, erschöpfende, wissenschaftliche Darstellung dieses Zusammenhangs, die Abfassung eines exakten Gedankenabbildes des Weltsystems, in dem wir leben, bleibt für uns sowohl wie für alle Zeiten eine Unmöglichkeit." (20, 34)

III. Kritik

Was von der Welt der Philosophie vom Himmel herab zu sagen sei, habe Hegel gesagt. Nun gehe es darum, von den Realitäten auszugehen. Das sei weder die Art der Philosophen noch ihre Aufgabe. Daher wollten die Freunde keine Philosophen sein.
Der Vorwurf, den sie gegenüber der bisherigen Philosophie erheben, fällt auf sie zurück. Denn sie haben sich in ihrer aktionistischen Ideologie nicht von Fakten leiten lassen, sondern von ihrem Wollen und ihrer Psyche (→ Menschenbild → Vernichtungsdrang → Weltanschauung).
Parteilichkeit als „wissenschaftliches" Prinzip wird von der Sowjetideologie zu Recht auf Marx und Engels zurückgeführt. In diesem Zusammenhang sei vor allem auf Engels' Bekenntnis der „philosophischen Verkleidung", des „philosophischen Deckmäntelchens" (21, 271) hingewiesen.

IV. Hinweise

1) Ergbd. 1, 8 f., 384; 2, 41, 97, 204; 3, 27; 14, 439; 19, 207; 20, 22 f., 32 ff.; 21, 261, 266, 307; 28, 71; 37, 493 f.
2) Korsch, a.a.O.; Schwan, a.a.O.; Wildermuth, a.a.O.

Planwirtschaft

I. Thesen

Der „große Plan", der in der sozialistischen Wirtschaft eine überragende Rolle spielt, geht auf Marx und Engels zurück. Sie erlebten die wilde Konkurrenz der Produzenten, die Wirtschaftskrisen mit Überangebot und Pleiten und glaubten, diese enormen Reibungsverluste ließen sich durch eine gänzlich neue Wirtschaftsordnung ohne Privateigentum (→ Eigentum) an den Produktionsmitteln auf der Grundlage totaler Planung vermeiden. Damit beginne die eigentliche Menschheitsgeschichte [1].

II. Texte

[1]

M/E: „... während in der kommunistischen Gesellschaft ... die Gesellschaft die allgemeine Produktion regelt und mir eben dadurch möglich macht, heute dies, morgen jenes zu tun ..." (3, 33)

E: *Was folgt aus diesen sich regelmäßig wiederholenden Handelskrisen? ...*
Erstens: Daß die große Industrie, obwohl sie selbst in ihrer ersten Entwicklungsepoche die freie Konkurrenz erzeugt hat, jetzt dennoch der freien Konkurrenz entwachsen ist; daß die Konkurrenz und überhaupt der Betrieb der industriellen Produktion durch einzelne für sie eine Fessel geworden ist, welche sie sprengen muß und wird; daß die große Industrie, so lange sie auf dem jetzigen Fuße betrieben wird, sich nur durch eine von sieben zu sieben Jahren sich wiederholende allgemeine Verwirrung erhalten kann, welche jedesmal die ganze Zivilisation bedroht und nicht nur die Proletarier ins Elend stürzt, sondern auch eine große Anzahl von Bourgeois ruiniert; daß also die große Industrie selbst entweder ganz aufgegeben werden muß, was eine absolute Unmöglichkeit ist, oder daß sie eine ganz neue Organisation der Gesellschaft durchaus notwendig macht, in welcher nicht mehr einzelne, einander Konkurrenz machende Fabrikanten, sondern die ganze Gesellschaft nach einem festen Plan und nach den Bedürfnissen aller die industrielle Produktion leitet...

Welcher Art wird diese neue Gesellschaftsordnung sein müssen? ... Sie wird vor allen Dingen den Betrieb der Industrie und aller Produktionszweige überhaupt aus den Händen der einzelnen, einander Konkurrenz machenden Individuen nehmen und dafür alle diese Produktionszweige durch die ganze Gesellschaft, d. h. für gemeinschaftliche Rechnung, nach gemeinschaftlichem Plan und unter Beteiligung aller Mitglieder der Gesellschaft, betreiben lassen müssen. Sie wird also die Konkurrenz aufheben und die Assoziation an ihre Stelle setzen ... Das Privateigentum wird also ebenfalls abgeschafft werden müssen, und an seine Stelle wird die gemeinsame Benutzung aller Produktionsinstrumente und die Verteilung aller Produkte nach gemeinsamer Übereinkunft oder die sog. Gütergemeinschaft treten." (4, 369 ff.)

Planwirtschaft

M: „Die Gestalt des gesellschaftlichen Lebensprozesses, d. h. des materiellen Produktionsprozesses, streift nur ihren mystischen Nebelschleier ab, sobald sie als Produkt frei vergesellschafteter Menschen unter deren bewußter planmäßiger Kontrolle steht." (23, 94)

M: „Die Freiheit in diesem Gebiet kann nur darin bestehen, daß der vergesellschaftete Mensch, die assoziierten Produzenten, diesen ihren Stoffwechsel mit der Natur rationell regeln, unter ihre gemeinschaftliche Kontrolle bringen, statt von ihm als von einer blinden Macht beherrscht zu werden; ihn mit dem geringsten Kraftaufwand und unter den, ihrer menschlichen Natur würdigsten und adäquatesten Bedingungen vollziehn. Aber es bleibt dies immer ein Reich der Notwendigkeit." (25, 828)

E: „Die abstrakte Möglichkeit, daß die Menschenzahl so groß wird, daß ihrer Vermehrung Schranken gesetzt werden müssen, ist ja da. Sollte aber einmal die kommunistische Gesellschaft sich genötigt sehn, die Produktion von Menschen ebenso zu regeln, wie sie die Produktion von Dingen schon geregelt hat, so wird gerade sie und allein sie es sein, die dies ohne Schwierigkeiten ausführt. Ein Resultat in einer solchen Gesellschaft planmäßig zu erreichen, das sich schon jetzt in Frankreich und Niederösterreich naturwüchsig, ohne Plan entwickelt hat, scheint mir gar nicht so schwer." (35, 151)

III. Kommentar

Auf den ersten Blick hat „der große Plan" viel für sich. Doch die Ergebnisse von rund 70 Jahren Planwirtschaft in der Sowjetunion und die jahrzehntelangen Erfahrungen in den anderen sozialistischen Staaten haben die Überlegenheit der auf Privatinitiative beruhenden Konkurrenzwirtschaft bewiesen. Der „große Plan" beeinträchtigt zudem die persönliche → Freiheit.

IV. Hinweise

1) 4, 375; 19, 214 f., 222 f., 226; 20, 106, 264; 22, 209; 23, 92 f.; 25, 888.
2) Löw „Ausbeutung", a.a.O.

Polen

I. Thesen

Die Äußerungen über (die) Polen sind vielfältig und ergeben kein klares Bild. Einerseits wird Polen die Existenzberechtigung abgesprochen ①, andererseits die Wiederherstellung Polens als selbständiger Staat stürmisch gefordert ②.
Sie sollte offenbar nur zu Lasten → Rußlands gehen, zumindest nicht zu Lasten → Preußens, wie Engels ausdrücklich betont ③.
Ob Marx die radikalen Äußerungen Engels' geteilt oder nur schweigend hingenommen hat, läßt sich nicht beantworten. Die meisten Texte hat er als diktatorischer Chefredakteur veröffentlicht.

II. Texte

①

E: „Je mehr ich über die Geschichte nachdenke, desto klarer wird es mir, daß die Polen une nation foutue [eine erledigte Nation] sind, die nur solange als Mittel zu brauchen sind, bis Rußland selbst in die agrarische Revolution hineingerissen ist. Von dem Moment an hat Polen absolut keine raison d'être. Die Polen haben nie etwas andres in der Geschichte getan, als tapfre krakeelsüchtige Dummheiten gespielt. Auch nicht ein einziger Moment ist anzugeben, wo Polen, selbst nur gegen Rußland, den Fortschritt mit Erfolg repräsentiert oder irgend etwas von historischer Bedeutung tat ... Resultat: Den Polen im Westen abnehmen, was man kann, ihre Festungen unter dem Vorwand des Schutzes mit Deutschen okkupieren, besonders Posen, sie wirtschaften lassen, sie ins Feuer schicken, ihr Land auffressen, sie mit der Aussicht auf Riga und Odessa abspeisen, und im Fall die Russen in Bewegung zu bringen sind, sich mit diesen alliieren und die Polen zwingen nachzugeben." (27, 266 ff.)

E: „Ich habe in der letzten Zeit russische Geschichte rückwärts gelesen, d. h. zuerst die Teilung Polens und Katharina, jetzt Peter I. Ich muß sagen, für die Polacken von 1772 sich zu begeistern, dazu gehört ein Büffel ..." (30, 345 f.)

②

M/E: „Von nun an sind das deutsche und das polnische Volk unwiderruflich verbündet. Wir haben die gleichen Feinde, die gleichen Unterdrücker, denn die russische Regierung lastet genauso auf uns wie auf den Polen." (4, 524)

E: In ganz Polen bilden Deutsche und Juden den Stamm der gewerb- und handeltreibenden Bürgerschaft; es sind die Nachkommen von Einwanderern, die meist wegen Religionsverfolgungen aus ihrer Heimat geflohen sind. Sie haben mitten im polnischen Gebiet Städte gegründet und seit Jahrhunderten alle Geschicke des polnischen Rei-

Polen

ches mitgemacht. Diese Deutschen und Juden, die enorme Minorität im Lande, suchen die momentane Lage des Landes zu benutzen, um sich zur Herrschaft emporzuschwingen. Sie appellieren an ihre Eigenschaft als *Deutsche;* sie sind ebensowenig Deutsche wie die Deutschamerikaner. Will man sie zu Deutschland schlagen, so unterdrückt man die Sprache und Nationalität von mehr als der halben polnischen Bevölkerung Posens, und gerade desjenigen Teils der Provinz, in welchem die nationale Insurrektion mit der größten Heftigkeit und Energie hervortrat . . ." (5, 56)

E: „Also der ganze blutige Vernichtungskrieg gegen die Polen mit allen Grausamkeiten und Barbareien, die als ewige Schmach am deutschen Namen haften werden, der gerechte tödliche Haß der Polen gegen uns, die jetzt notwendige russisch-polnische Allianz gegen Deutschland, eine Allianz, wodurch die Feinde der Revolution um ein tapferes Volk von 20 Millionen verstärkt werden . . ." (5, 94)

M: „Die *Polen* haben in Vergeltung der galizischen Mordszenen abermals sich an die Spitze von Wiens Befreiern gestellt, wie sie an der Spitze des italienischen Volks stehen, wie sie überall die hochherzigen *Generale der Revolution* sind. Heil, dreifach Heil den *Polen.*" (5, 454)

E: „Die Polen sind die einzige slawische Nation, die von allen panslawistischen Gelüsten frei sind. Aber sie haben auch sehr gute Gründe dazu: Sie sind hauptsächlich von *ihren eignen slawischen* sogen. *Brüdern* unterjocht worden, und bei den Polen geht der Russenhaß noch vor den Deutschenhaß, und mit vollem Recht. Daher aber, weil die Befreiung Polens von der Revolution untrennlich, weil Pole und Revolutionär identische Worte geworden sind, daher ist den Polen auch die Sympathie von ganz Europa und die Wiederherstellung ihrer Nationalität ebenso sicher wie den Tschechen, Kroaten und Russen der Haß von ganz Europa und der blutigste Revolutionskrieg des ganzen Westens gegen sie." (6, 283)

E: „Die polnische Frage ist die deutsche Frage. Ohne ein unabhängiges Polen kein unabhängiges und einiges Deutschland; keine Emanzipation Deutschlands von der russischen Oberherrschaft, die mit der ersten Teilung Polens begann. Die deutsche Aristrokratie hat schon längst den Zaren als geheimen Ober-Landesvater anerkannt. Die deutsche Bourgeoisie sieht stumm, tatlos und gleichgültig dem Abschlachten des Heldenvolkes zu, das Deutschland allein noch vor der moskovitischen Sündflut beschützt . . .
Lauten Protest gegen den deutschen Verrat an Polen, der zugleich ein Verrat an Deutschland und Europa ist, schuldet die deutsche Arbeiterklasse in diesem verhängnisvollen Augenblick den Polen, dem Auslande und ihrer eignen Ehre. *Wiederherstellung Polens* muß sie in Flammenzügen auf ihre Fahnen schreiben, nachdem der bürgerliche Liberalismus diese glorreiche Parole von seiner Fahne weggestrichen hat." (15, 576 f.)

M: „So steht vor Europa nur eine Alternative: Entweder wird die asiatische Barbarei unter Führung der Moskowiter wie eine Lawine über Europa hereinbrechen, oder Europa muß Polen wiederherstellen und schützt sich so durch einen Wall von 20 Millionen Helden vor Asien, um Zeit zu gewinnen für die Vollendung seiner sozialen Umgestaltung." (16, 204)

Polen

M: „Was mich übrigens bei meinem Studium der polnischen Geschichte décidément direkt für Polen entschieden hat, ist das historische Fakt, daß alle revolutions seit 1789 ihre Intensivität und Lebensfähigkeit ziemlich sicher an ihrem Verhalten zu Polen messen." (29, 88)

3

E: „ ‚Vive la Pologne' - es lebe Polen! Das galt für Deutschland, als 1848 und 1849 die Organe der Arbeiterklasse Krieg mit Rußland forderten zur Wiederherstellung Polens. Das gilt auch für heute ... Sie will Einmischung und keine Nichteinmischung; sie will Krieg mit Rußland, solange Rußland Polen nicht in Ruhe läßt; und sie hat das bewiesen, so oft die Polen sich gegen ihre Unterdrücker erhoben ... Doch warum nennen wir, wenn von Polen die Rede ist, Rußland immer allein? Haben nicht zwei deutsche Mächte, Österreich und Preußen, an dem Raub teilgenommen? Halten sie nicht gleichfalls Teile von Polen in Knechtschaft und trachten sie nicht im Bunde mit Rußland danach, jede nationale polnische Bewegung zu unterdrücken?
Es ist nachgerade bekannt, wie sehr sich Österreich gewunden hat, um sich aus dem polnischen Geschäft herauszuhalten, und wie lange es sich den Teilungsplänen Rußlands und Preußens widersetzte. Was Preußen anbelangt, so ist sein Anteil an Polen zu geringfügig, um ins Gewicht zu fallen." (16, 153)

E: „Polen ist in religiösen Dingen stets äußerst liberal gewesen; davon zeugt, daß die Juden dort Asyl fanden, als sie in allen anderen Teilen Europas verfolgt wurden." (16, 153 ff.)

E: „Vom preußischen Polen dürfen wir keinen Zoll aufgeben ..." (29, 605)

III. Kommentar

Auch die Polenfrage wird primär unter weltrevolutionären Gesichtspunkten angegangen, wobei ein Schuß deutscher Nationalismus (→ Deutsche) unverkennbar ist. (→ Revolution → Selbstbestimmungsrecht)

IV. Hinweise

1) 4, 416 ff., 492, 521; 6, 448; 8, 50 ff.; 10, 582; 11, 486; 12, 421; 16, 13, 201, 407; 19, 239 ff.; 30, 326, 327, 329, 334 f., 377; 31, 86; 34, 175; 35, 269.
2) Bobinska, a.a.O.; Hanstein, a.a.O.; Rjasanow, a.a.O.

Presse

I. Thesen

Marx und Engels haben die Pressefreiheit als hohes Gut gefeiert und, wo beeinträchtigt, gefordert [1].
Von der inneren Pressefreiheit hat Marx offenbar nichts gehalten, vor allem nicht während seiner Tätigkeit als Chefredakteur [2].
In einem Fall eigener Betroffenheit nennt er die Grenzen der Pressefreiheit [3].
Mit der bürgerlichen Presse und Journalisten aller Couleurs geht Marx hart ins Gericht (→ Literaten) [4].
Der Stil der sozialistischen Presse soll auf Hohn und Spott nicht verzichten (→ Liebe) [5].

II. Texte

[1]

M: „Die eigentliche *Radikalkur der Zensur wäre ihre Abschaffung;* denn das Institut ist schlecht, und die Institutionen sind mächtiger als die Menschen. Doch, unsere Ansicht mag richtig sein oder nicht. Jedenfall *gewinnen* die preussischen Schriftsteller *durch die neue Instruktion,* entweder an *reeller Freiheit,* oder an *ideeller,* an Bewußtsein.
Rara temporum felicitas, ubi quae velis sentire et quae sentias dicere licet." (Marx/Engels „Pressefreiheit", a. a. O., S. 43)

M: „... ich sehe in der Unterdrückung der ‚Rh. Z.' einen *Fortschritt* des politischen Bewußtseins und resigniere daher. Außerdem war mir die Atmosphäre so schwül geworden. Es ist schlimm, Knechtsdienste selbst für die Freiheit zu verrichten und mit Nadeln, statt mit Kolben zu fechten. Ich bin der Heuchelei, der Dummheit, der rohen Autorität und unseres Schmiegens, Biegens, Rückendrehens und Wortklauberei müde gewesen." (27, 415)

E (an August Bebel): „Und noch eins: Seit Ihr versucht, die Veröffentlichung des Artikels mit Gewalt zu verhindern, und der ‚Neuen Zeit' habt Warnung zukommen lassen, sie würde im Wiederholungsfall vielleicht auch parteilich verstaatlicht und unter Zensur gestellt, muß mir die Besitzergreifung Eurer ganzen Presse durch die Partei doch unter einem eigentümlichen Licht erscheinen. Wodurch unterscheidet Ihr Euch von Puttkammer, wenn ihr in Euren eignen Reihen ein Sozialistengesetz einführt?" (38, 94)

E (an August Bebel): „Eure ‚Verstaatlichung' der Presse hat ihre großen Übelstände, wenn sie zu weit geht. Ihr *müßt* absolut eine Presse in der Partei haben, die vom Vorstand und selbst Parteitag nicht *direkt* abhängig ist, d. h. die in der Lage ist, *innerhalb* des Programms und der angenommenen Taktik gegen einzelne Parteischritte ungeniert Opposition zu machen und inner-

Presse

halb der Grenzen des Parteianstandes auch Programm und Taktik frei der Kritik zu unterwerfen. Eine solche Presse solltet Ihr als Parteivorstand begünstigen, ja hervorrufen . . ." (38, 517)

2

E: „Die Verfassung der Redaktion war die einfache Diktatur von Marx. Ein großes Tageblatt, das zur bestimmten Stunde fertig sein muß, kann bei keiner anderen Verfassung eine folgerechte Haltung bewahren. Hier aber war noch dazu Marx' Diktatur selbstverständlich, unbestritten, von uns allen gern anerkannt." (21, 19)

M: „Schicken Sie mir den Aufsatz von Mayer in der ‚Rheinischen Zeitung' über das *Kommunalwesen* und wo möglich, sämtliche Aufsätzes von Hermes *gegen das Judentum*. Ich will Ihnen dann sobald als möglich einen Aufsatz schicken, der letztere Frage, wenn auch nicht abschließen, doch in eine andere Bahn bringen wird . . . Ich halte es für unumgänglich, daß die ‚Rheinische Zeitung' nicht sowohl von ihren Mitarbeitern geleitet wird, als daß sie vielmehr umgekehrt ihre Mitarbeiter leitet. Aufsätze wie der berührte geben die beste Gelegenheit, einen bestimmten Operationsplan den Mitarbeitern anzudeuten. Der einzelne Schriftsteller kann nicht in der Weise das ganze vor Augen haben, als die Zeitung." (27, 409 f.)

M: „*Ad vocem H. Bürgers.* Sieht dem sanften Heinrich ähnlich. Er war allerdings nomineller Mitredakteur der ‚Neuen Rheinischen Zeitung', hat aber nie an derselben geschrieben, außer einem Artikel, von dem ich die eine Hälfte strich und die andere umwandelte. Darüber war er so erzürnt (es war in den ersten Tagen der Zeitung), daß er ans allgemeine Stimmrecht appellierte. Ich gab dies ausnahmsweise zu, gleichzeitig erklärend, auf einem Zeitungsbüro müsse Diktatur, nicht allgemeines Stimmrecht herrschen." (30, 565)

3

M: „Nach meiner Ansicht besitzt die Presse *das Recht,* Schriftsteller, Politiker, Kommödianten und andere öffentliche Charaktere zu *beleidigen.* . . . Hier stand die Sache anders. *Zabel* beschuldigte mich einer Reihe *krimineller* und *infamierender* Handlungen, und zwar vor einem Publikum, das aus Parteivorurteilen geneigt, die größte Ungeheuerlichkeit zu glauben . . ." (14, 614)

4

M: „Mit dem Pariser Dokument, das ist sehr dumm. Die deutschen Zeitungen, ‚Kölnische' und Augsburger, schieben's uns, wie sich von diesen kritiklosen Hunden erwarten läßt, in den Hals." (27, 347)

M: „Die ganze Vulgärdemokratie in Deutschland wird nun über mich herstürzen, was ihr durch Biskamps Blödsinn erleichtert wird. Es fällt mir natürlich nicht ein, mich mit allen diesen kleinen Hunden in kleinen Journalen herumzubalgen. Indes halte ich es für nötig, *ein* Exempel zu statuieren an Herrn Eduard Meyen vom ‚Freischütz' . . ." (29, 621)

M: „Vom Kontinent . . . ist uns des öfteren vorgeworfen worden, wir versäumten es, uns der ‚freien' Londoner Presse zu bedienen. Sie haben natürlich keine Vorstellung von der völligen Korruption dieses gemeinen Gelichters, das schon vor langer Zeit von William Cobbett als ‚käuflich, niederträchtig und ungebildet' gebrandmarkt wurde . . ." (33, 154)

Presse

M: „Von allem Zeug, was Du in den Zeitungen über die inneren Vorgänge in Paris zu Gesicht bekommst, mußt Du kein Wort glauben. Es ist alles Lug und Trug. Niemals hat sich die bürgerliche Zeitungsschreiberei-Gemeinheit glänzender geltend gemacht." (33, 200)

M: „Aber Wiedes Zeitschrift *kann* nichts anders sein als sham-scientific; dieselben halbgebildeten Knoten und halb wissenden literati, die die ‚Neue Welt', den ‚Vorwärts' usw. unsicher machen, bilden notwendigerweise das gros seiner Mitarbeiterschaft." (34, 48)

5

E: „Diese freie Luft muß das Blatt nach Deutschland hineintragen, und dazu dient vor allem, daß der Gegener mit Verachtung behandelt, verhöhnt wird." (35, 171)

E: „Da man aber durch bloße Kraftausdrücke die Sprache nicht notwendig verstärkt, und bei fortwährender Anwendung derselben Ausdrücke, wie Halunken etc. den Effekt abschwächt, so daß man zu immer ‚kräftigeren' Ausdrücken greifen müßte und damit in einer Stil Most-Schneidt verfiele, so wird ein anderes Mittel wünschenswert, womit die Kraft des Ausdrucks auch ohne Gewaltworte gesichert bleibt. Und dies Mittel existiert, es besteht in vorwiegender Anwendung der Ironie, des Hohns, des Sarkasmus, der auf die Gegner bitterer wirkt als die gröbsten Worte der Entrüstung. Ich glaube, der ‚Sozialdemokrat' würde gut tun, die alte vorwiegend *verhöhnende* Schreibweise überall, wo es angeht, anzuwenden . . . Kömmt dann einmal ein Keulenschlag dazwischen, so wird er um so effektvoller sein." (35, 340)

E: „Nicht sich drehen und winden unter den Schlägen des Gegners, heulen, winseln und Entschuldigungen stammeln: so böse war's nicht gemeint; – wie noch so viele tun. Wiederhauen muß man, für jeden feindlichen Hieb, zwei, drei zurück. Das war unsere Taktik von jeher, und wir haben bis jetzt, glaub' ich, noch so ziemlich jeden Gegner untergekriegt." (35, 425)

III. Kommentar

Jeder Revolutionär fordert, bevor er selbst an der Macht ist, alle Freiheiten für sich und seine Bewegung. Auch in den unter II 1 zitierten Äußerungen geht es primär um die eigene und nicht um die Freiheit anderer.
Daher kann man aus diesen Äußerungen nicht darauf schließen, daß die Freunde nach der Machtergreifung die → Freiheit der Andersdenkenden gewährleistet hätten. Alles spricht dafür, daß Marx die prophezeite und ersehnte → Diktatur des Proletariats als Diktatur im Wortsinne verstanden hat (→ Gewalt → Terror).

Presse

Besonders aufschlußreich sind die Einlassungen zur inneren Pressefreiheit. Die Äußerungen von Engels nach dem Tode von Marx sind nicht mehr eindeutig (→ Partei).

IV. Hinweise

1) 17, 283; 27, 411; 30, 92 f.; 33, 299, 588; 35, 388, 393; 37, 324, 39, 398.
2) Löw „Der Mythos", a.a.O., S. 208 f.; Marx/Engels „Pressefreiheit", a.a.O.

Preußen

I. Thesen

Aus tagespolitischen Anlässen kommt es zu scheinbar grundsätzlichen Aussagen der Freunde über Preußen, die keinen gemeinsamen Nenner haben, z. B. Zentrum der modernen deutschen Geschichte, schmachvoll den Namen „Preuße" zu tragen, Land mit zurückgebliebener Kultur, entweder Preußen oder Deutschland, Preußen hätte sich ganz Deutschland einverleiben sollen [1].
Verglichen mit → Rußland ist Preußen ein Unschuldslamm [2].
Den Krieg Napoleons gegen Österreich (1859), der zur Wiederherstellung Italiens führt, betrachtet Preußen mit für Italien wohlwollender Neutralität. An drei Kriegen war Preußen selbst maßgeblich beteiligt, am Krieg gegen Dänemark (1864), gegen Österreich (1866), gegen Frankreich (1870/71). Zu den militärischen Chancen Preußens allgemein und zu jedem dieser Kriege gibt es recht aufschlußreiche Prognosen der Freunde [3].
Auch Berlin und die Berliner werden mit markigen Worten bedacht [4].

II. Texte

[1]

E: „Da man nun vom österreichischen Volk schwerlich sagen kann, daß es zur zivilisierten Welt gehört, und da es sich infolgedessen seinem väterlichen Despotismus ruhig unterordnet, so ist Preußen der Staat, der als das Zentrum der modernen deutschen Geschichte, als das Barometer für die Bewegung der öffentlichen Meinung angesehen werden kann." (2, 576)

E: „Hört es, Rheinländer! Dazu also sind wir unter die *russisch-preußische Gewaltherrschaft* gezwängt worden, damit unsre Söhne und Brüder, Rheinländer wie wir, nach Böhmen und vielleicht nach Ungarn geschickt werden, um *im Dienst des russischen Zars das letzte, die Revolution von 1848 mit den Waffen verteidigende Volk unterdrücken zu helfen!* ... Wir sind nur durch die *Gewalt* Preußen *untertan* geworden und *untertan* geblieben. *Wir waren nie Preußen.* Aber jetzt, wo wir gegen Ungarn geführt, wo preußisches Gebiet durch russische Räuberbanden betreten wird, jetzt fühlen wir uns als Preußen, ja, *wir fühlen, welche Schmach es ist, den Namen Preuße zu tragen!*" (6, 470)

M: „Zweitens aber kümmern sie sich so wenig um die wirklichen Vorgänge, daß ihnen ganz unbekannt, daß in dem einzigen Teil Deutschlands, der zu entscheiden hat, in *Preußen* ..." (29, 432 f.)

M: „Die politische Pointe, zu der ich gelangt bin, ist die: daß Vincke und Bismarck in der Tat das preußische Staatsprinzip *richtig* vertreten; daß der ‚Staat' Preußen (eine von

Preußen

Deutschland sehr verschiedne Kreatur) nicht *ohne* das bisherige Rußland und nicht *mit* einem selbständigen Polen existieren kann. Die ganze preußische Geschichte führt zu dieser Konklusion, welche die Herrn Hohenzollern (Friedrich II. eingeschlossen) längst gezogen haben ... Da also die Existenz Polens für Deutschland nötig und neben Staat Preußen unmöglich ist, so muß dieser Staat Preußen wegrasiert werden. Oder die polnische Frage ist nur ein neuer Anlaß zu beweisen, daß es unmöglich ist, deutsche Interessen durchzusetzen, so lange der hohenzollernsche Leibstaat existiert." (30, 33 f.)

E: „Das deutsch-preußische Reich, als Vollendung des durch 1866 gewaltsam geschaffnen Norddeutschen Bundes, ist eine durchaus revolutionäre Schöpfung. Ich beklage mich nicht darüber. Was ich den Leuten vorwerfe, die es gemacht haben, ist, daß sie nur armselige Revolutionäre waren, nicht viel weiter gingen und gleich ganz Deutschland an Preußen annektierten." (36, 239)

2

E: „Doch warum nennen wir, wenn von Polen die Rede ist, Rußland immer allein? Haben nicht zwei deutsche Mächte, Österreich und Preußen, an dem Raub teilgenommen? Halten sie nicht gleichfalls Teile von Polen in Knechtschaft, und trachten sie nicht im Bunde mit Rußland danach, jede nationale polnische Bewegung zu unterdrücken? ... Was Preußen anbelangt, so ist sein Anteil an Polen zu geringfügig, um ins Gewicht zu fallen. Sein Freund und Verbündeter Rußland hat es fertig gebracht, Preußen um neun Zehntel dessen zu erleichtern, was es bei den drei Teilungen erhalten hatte. Das wenige aber, was ihm geblieben ist, lastet auf ihm wie ein Alpdruck. Es hat Preußen vor den Triumphwagen Rußlands gespannt ..." (16, 154 f.)

M: „Nichts von alledem in Preußen. Es hat sich keine einzige mächtige slawische Nation unterjocht, brachte es nicht einmal fertig, in 500 Jahren Pommern zu bekommen, bis schließlich ‚Austausch'. Überhaupt eigentliche *Eroberungen* hat die Markgrafschaft Brandenburg – so wie die Hohenzollern sie überkamen – nie gemacht, mit Ausnahme von *Schlesien*." (29, 89)

3

E: „Preußen wird vermutlich nicht sehr ins Gewicht fallen, da seine Armee, wie sie auch beschaffen sein mag, infolge ihrer Selbstgefälligkeit mehr als wahrscheinlich ein zweites Jena erleben wird ... Wenn Österreich, Rußland und Preußen (immer vorausgesetzt, daß letzteres noch nicht gänzlich aufs Haupt geschlagen ist) fünf- bis sechshunderttausend Mann am Rhein und in den Alpen aufbringen, so ist das mehr, als billigerweise erwartet werden darf. Und diesen fünfhunderttausend Mann sind die Franzosen allein gewachsen, vorausgesetzt, daß sie Generale haben, die denen ihrer Gegner ebenbürtig sind; unter diesen besitzen allein die Österreicher Befehlshaber, die tatsächlich ihren Namen verdienen. Die russischen Generale sind nicht zu fürchten; die Preußen aber haben überhaupt keine Generale; ihre Offiziere sind erbliche Subalterne." (10, 7 f.)

M: „Die preußische Klugscheißerei, von Lassalle etc. unterstützt, hat Deutschland (und Preußen) in eine Patsche gebracht, aus der *keine* Rettung ist außer durch eine wütende Revolution." (29, 453)

Preußen

M: „Am 12. April kommt die Konferenz in London zusammen. Im *alleräußersten* Fall wird sie *Personalunion* von Schleswig und Holstein mit Dänemark beschließen, vielleicht noch weniger, keinesfalls mehr. Wie wenig ernst trotz Pulver, Blei und Blutzapfen die ganze Affäre ist, sieht sie schon daraus, daß weder Preußen und Österreich an Dänemark, noch Dänemark an Preußen und Österreich den Krieg erklärt haben bis zu diesem Augenblick. Es gibt kein besseres Mittel, um Sand in die Augen zu streuen, als Armeen marschieren, Pferde trampeln und Kanonen böllern zu lassen." (30, 650)

E: „Was sagst Du zu Bismarck? Es hat jetzt fast den Anschein, daß er es zum Krieg treibt und dadurch dem Louis Bonaparte die schönste Gelegenheit bietet, sich ohne Mühe ein Stück linkes Rheinufer zu erwerben und damit sich à vie festzusetzen. Wenn nun auch jeder der an diesem Krieg – wenn es dazu kommt – mit schuldig ist, gehangen zu werden verdient und ich mit gleicher Unparteilichkeit dies auf die Österreicher auch ausgedehnt wünsche, so ist doch mein Hauptwunsch, daß die Preußen heillose Prügel besehn mögen. Dann gibt es zwei Chancen: erstens die Österreicher diktieren den Frieden in 14 Tagen in Berlin, und damit wird die direkte Einmischung des Auslands vermieden, gleichzeitig aber das jetzige Regime in Berlin unmöglich gemacht, und es kommt eine andere Bewegung, die von vornherein das spezifische Preußentum verleugnet; oder zweitens es gibt einen Umschwung in Berlin, ehe die Österreicher hinkommen, und dann kommt die Bewegung auch in Zug.
Militärisch ist meine Ansicht, daß beide Armeen sich ungefähr gleich stehn und die Schlachten sehr blutig ausfallen werden. Benedek ist aber jedenfalls ein besserer General als Prinz Friedrich Karl, und wenn Franz Joseph dem Benedek nicht hilft oder Friedrich Karl keine sehr guten und einflußreichen Staboffiziere hat, so glaube ich, daß die Preußen Keile bekommen ... Fällt die erste Schlacht entscheidend aus gegen die Preußen, so steht den Österreichern nichts im Wege, auf Berlin zu rücken. Siegt Preußen, so hat es nicht die nachhaltige Kraft, eine Offensive über die Donau hinaus nach Wien, geschweige über Pest hinaus zu unternehmen. Österreich kann wohl Preußen, nicht aber Preußen Österreich single handed zum Frieden zwingen. Jeder preußische Erfolg wäre also eine Aufmunterung an Bonaparte, sich einzumischen. Übrigens werden beide, die deutschen Schweinhunde, sich schon jetzt zu überbieten suchen in Offerten deutschen Gebiets an den dritten französischen Schweinhund." (31, 200 f.)

M: „Was die Befürchtungen von Le Petit [Louis-Auguste Blanqui] anbelangt, so sind sie allesamt unbegründet. Um sich auf eine Invasion in Frankreich vorzubereiten, würde Preußen *unter den günstigsten Umständen* statt 8 Tage mindestens einen Monat benötigen. Aber die Umstände sind jetzt alles andere als günstig für Preußen: Es gibt in der Tat *keine deutsche Einheit*. Sie könnte nur erreicht werden durch eine deutsche Revolution, die die preußische Dynastie hinwegfegt, die Diener des Moskowiters war, ist und immer sein muß. Nur durch den Sturz ‚Preußens' kann Deutschland wirklich zentralisiert werden.
Preußen ist nicht in Deutschland aufgegangen. Es hat im Gegenteil einen Teil Deutschlands erobert und behandelt ihn – die direkt annektierten Gebiete ebenso wie die in den Norddeutschen Bund gepreßten – als erobertes Land. Daher herrscht auch in seinen Neuerwerbungen größte Unzufrieden-

Preußen

heit. Im Fall eines *Offensiv- (nicht Defensiv-)* Krieges gegen Frankreich wäre Preußen gezwungen, einen großen Teil seiner Armee zu verwenden, um diese Gebiete in Botmäßigkeit zu halten, die für Preußen um so gefährlicher sind, da seine Kommunikationsmittel – Eisenbahnen, Telegraphen usw. – nach Frankreich und ebenso seine Rückzugswege vom Rhein durch sie gehen. Was die aus Hannover, Schleswig-Holstein, Sachsen, Kurhessen, Nassau usw. aufgebrachten Militärkontingente angeht, so wären sie unzuverlässig und würden sich als Quelle der Schwäche anstatt der Stärke erweisen.

Außer diesen entweder direkt annektierten oder in den Norddeutschen Bund gepreßten Gebieten existiert noch *Süddeutschland* (Baden, Württemberg, Bayern, Hessen-Darmstadt), das 9 Millionen zählt. Hier sind die Volksmassen bis ins Innerste preußenfeindlich. Im Falle eines Krieges gegen Frankreich würde Preußen daher einen weiteren Teil seiner Armee abzuzweigen haben, um sich des Teils von Süddeutschland zu versichern, der eine sich lang hinziehende gemeinsame Grenze mit Frankreich hat.

Und schließlich wäre Preußen gezwungen, eine starke Observationsarmee gegen Österreich zu konzentrieren. Vergessen Sie nicht, daß die Habsburger Dynastie unter den letzten Demütigungen und Verlusten, die ihr von dem preußischen Emporkömmling zugefügt wurden, empfindlich getroffen wurde. Selbst wenn man *die ganz absurde Hypothese* annimmt, daß die Habsburger Dynastie bereit wäre, das Geschehene zu verzeihen, so würde sie doch unfähig sein, Preußen zu unterstützen." (32, 608 f.)

M: „Der jetzige Krieg führt, was die preußischen Esel nicht sehen, ebenso notwendig zu Krieg zwischen Deutschland und Rußland, wie der Krieg von 1866 zum Krieg zwischen Preußen und Frankreich führte. Dies ist das *beste Resultat,* was ich von ihm für Deutschland erwarte." (33, 140)

M: „Natürlich im Hintergrund des russischen Erfolges steht – *Bismarck.* Er stiftete den *Dreikaiserbund,* durch welchen *Österreich* ruhig gehalten wurde . . . Daß Preußen gelegentlich ‚Kompensation' für die durch es allein ermöglichten *russischen Erfolge* wird fordern müssen, liegt auf der Hand." (34, 318)

4

M: „Ich für meinen Teil würde, wenn ich ganz frei wäre und außerdem nicht durch etwas belästigt, das Du ‚politisches Gewissen' nennen kannst, niemals England verlassen, um nach Deutschland zu gehen und noch weniger nach Preußen und am allerwenigsten nach diesem *affreux* Berlin mit seinem ‚Sand' und seiner ‚Bildung' und ‚seinen überwitzigen Leuten'. In Berlin ist natürlich jeder, der etwas Geist zu verspritzen hat, außerordentlich begierig nach Leidensgefährten. Wenn die *ennui,* die diesen Ort völlig beherrscht, unter eine größere Anzahl von Personen verteilt würde, könnte sich das einzelne Individuum schmeicheln, eine geringere Portion davon abzubekommen." (30, 594)

M: „Was die Arbeiter in Berlin angeht, erklärt er sie für die miserabelsten in ganz Deutschland. Auch die dort Importierten würden bald durch den Ton der Stadt und die ‚wohlfeilen' feinen Vergnügungen ganz korrumpiert." (32, 315)

E: „Im übrigen sind Berlin und Wien neben Paris die schönsten Städte der Welt gewor-

Preußen

den, London wie New York sind Drecknester dagegen, namentlich London, das uns ganz verwunderlich vorkommt seit unsrer Rückkehr." (39, 132)

III. Kommentar

Aus zurückgebliebener Kultur erblüht eine der schönsten Städte der Welt. Der „Esel" (30, 393), das „Rindvieh" (31, 206) „Pißmarck" (31, 52) schafft die deutsche Einheit und widerlegt auch sonst nahezu Punkt für Punkt die Prognose der Freunde, die aus maßlosem Selbstbewußtsein bei totaler Unfähigkeit zur Selbstkritik (Marx) resultieren.

IV. Hinweise

1) 8, 14 ff.; 11, 443, 636 ff.; 12, 95 ff., 604 ff., 640 ff., 649 ff., 659 ff., 683; 16, 41 ff.; 21, 422 f.; 22, 382 f.; 29, 304; 30, 71, 374, 408; 31, 514; 39, 100, 124, 132.
2) –

Produktionsweise

I. Thesen

Die Produktionsweise, auch Basis oder gesellschaftliches Sein genannt, weist zwei Elemente auf, nämlich Produktivkräfte und Produktionsverhältnisse. Unter „Produktivkräfte" verstehen die Freunde: die Produzenten im eigentlichen Sinne, das heißt, die arbeitenden Menschen, ferner die Arbeitsgeräte und die Arbeitserfahrung. „Produktionsverhältnisse" meint vor allem die Eigentumsordnung der jeweiligen Produktionsweise, nämlich wem gehört der Arbeiter, das Arbeitsgerät, das Arbeitsprodukt?
Die Produktionsweise ist bestimmend für den gesamten Überbau, insbesondere Politik, → Staat, → Recht, → Moral, → Philosophie, Kunst und → Religion.
Die Entwicklung der Arbeitsgeräte führt auch zur Entwicklung des gesellschaftlichen Bewußtseins der Produzenten. Da sich die Eigentumsordnung jedoch kaum entwickelt, kommt es zwischen Bewußtsein und Eigentumsordnung zu Spannungen, die zu revolutionären Umwälzungen zunächst der Basis, dann des Überbaus führen [1].
Engels räumt – nach Marxens Tod – ein, daß der Überbau auf die Basis zurückwirkt, aber nicht dergestalt, daß das historisch Gebotene verhindert werden könnte [2].
An manchen Stellen äußern sich die Freunde abweichend von einigen der oben dargelegten Thesen [3].
Die fünf historischen Produktionsweisen sind die wesentlichen Bausteine des → Histomat.

II. Texte

[1]

M/E: „Das Bewußtsein kann nie etwas Andres sein als das bewußte Sein, und das Sein der Menschen ist der wirkliche Lebensprozeß . . . Die Moral, Religion, Metaphysik und sonstige Ideologie und die ihnen entsprechenden Bewußtseinsformen behalten hiermit nicht länger den Schein der Selbständigkeit. Sie haben keine Geschichte, sie haben keine Entwicklung, sondern die ihre materielle Produktion und ihren materiellen Verkehr entwickelnden Menschen ändern mit dieser ihrer Wirklichkeit auch ihr Denken und die Produkte ihres Denkens. Nicht das Bewußtsein bestimmt das Leben, sondern das Leben bestimmt das Bewußtsein." (3, 26 f.)

M/E: „Aber selbst wenn diese Theorie, Theologie, Philosophie, Moral etc. in Widerspruch mit den bestehenden Verhältnis-

Produktionsweise

sen treten, so kann dies nur dadurch geschehen, daß die bestehenden gesellschaftlichen Verhältnisse mit der bestehenden Produktivkraft in Widerspruch getreten sind . . ." (3, 31 f.)

M/E: „Aber streitet nicht mit uns, indem ihr an euren bürgerlichen Vorstellungen von Freiheit, Bildung, Recht usw. die Abschaffung des bürgerlichen Eigentums meßt. Eure Ideen selbst sind die Erzeugnisse der bürgerlichen Produktions- und Eigentumsverhältnisse, wie euer Recht nur der zum Gesetz erhobene Wille eurer Klasse ist, ein Wille, dessen Inhalt gegeben ist in den materiellen Lebensbedingungen eurer Klasse," (4, 477)

M: „Man braucht nicht hinzuzufügen, daß die Menschen ihre *Produktivkräfte* – die Basis ihrer ganzen Geschichte – nicht frei wählen; denn jede Produktivkraft ist eine erworbene Kraft, das Produkt früherer Tätigkeit. Die Produktivkräfte sind also das Resultat der angewandten Energie der Menschen, doch diese Energie selbst ist begrenzt durch die Umstände, in welche die Menschen sich versetzt finden, durch die bereits erworbenen Produktivkräfte, durch die Gesellschaftsform, die vor ihnen da ist, die sie nicht schaffen, die das Produkt der vorhergehenden Generation ist." (4, 458)

M: „In der gesellschaftlichen Produktion ihres Lebens gehen die Menschen bestimmte, notwendige, von ihrem Willen unabhängige Verhältnisse ein, Produktionsverhältnisse, die einer bestimmten Entwicklungsstufe ihrer materiellen Produktivkräfte entsprechen. Die Gesamtheit dieser Produktionsverhältnisse bildet die ökonomische Struktur der Gesellschaft, die reale Basis, worauf sich ein juristischer und politischer Überbau erhebt und welcher bestimmte gesellschaftliche Bewußtseinsformen entsprechen. Die Produktionsweise des materiellen Lebens bedingt den sozialen, politischen und geistigen Lebensprozeß überhaupt. Es ist nicht das Bewußtsein der Menschen, das ihr Sein, sondern umgekehrt ihr gesellschaftliches Sein, daß ihr Bewußtsein bestimmt. Auf einer gewissen Stufe ihrer Entwicklung geraten die materiellen Produktivkräfte der Gesellschaft in Widerspruch mit den vorhandenen Produktionsverhältnissen oder, was nur ein juristischer Ausdruck dafür ist, mit den Eigentumsverhältnissen, innerhalb deren sie sich bisher bewegt hatten. Aus Entwicklungsformen der Produktivkräfte schlagen diese Verhältnisse in Fesseln derselben um. Es tritt dann eine Epoche sozialer Revolution ein. Mit der Veränderung der ökonomischen Grundlage wälzt sich der ganze ungeheure Überbau langsamer oder rascher um. In der Betrachtung solcher Umwälzungen muß man stets unterscheiden zwischen der materiellen, naturwissenschaftlich treu zu konstatierenden Umwälzung in den ökonomischen Produktionsbedingungen und den juristischen, politischen, religiösen, künstlerischen oder philosophischen, kurz, ideologischen Formen, worin sich die Menschen dieses Konflikts bewußt werden und ihn ausfechten. Sowenig man das, was ein Individuum ist, nach dem beurteilt, was es sich selbst dünkt, ebensowenig kann man eine solche Umwälzungsepoche aus ihrem Bewußtsein beurteilen, sondern muß vielmehr dies Bewußtsein aus den Widersprüchen des materiellen Lebens, aus dem vorhandenen Konflikt zwischen gesellschaftlichen Produktivkräften und Produktionsverhältnissen erklären. Eine Gesellschaftsformation geht nie unter, bevor alle Produktivkräfte entwickelt sind, für die sie weit genug ist, und neue höhere Produk-

Produktionsweise

tionsverhältnisse treten nie an die Stelle, bevor die materiellen Existenzbedingungen derselben im Schoß der alten Gesellschaft ausgebrütet worden sind." (13, 8 f.)

E: „Es zeigt sich aber auch sofort bei näherer Betrachtung, daß der anscheinend so einfache Satz, daß das Bewußtsein der Menschen von ihrem Sein abhängt und nicht umgekehrt, gleich in seinen ersten Konsequenzen allem Idealismus, auch dem verstecktesten, direkt vor den Kopf stößt. Sämtliche hergebrachte und angewöhnte Anschauungen über alles Geschichtliche werden durch ihn negiert. Der ganze traditionelle Modus des politischen Räsonierens fällt zu Boden; der patriotische Edelmut sträubt sich entrüstet gegen solch gesinnungslose Auffassung." (13, 470 f.)

[2]

E: „Nach materialistischer Geschichtsauffassung ist das *in letzter Instanz* bestimmende Moment in der Geschichte die Produktion und Reproduktion des wirklichen Lebens. Mehr hat weder Marx noch ich je behauptet. Wenn nun jemand das dahin verdreht, das ökonomische Moment sei das *einzig* bestimmende, so verwandelt er jenen Satz in eine nichtssagende, abstrakte, absurde Phrase. Die ökonomische Lage ist die Basis, aber die verschiedenen Momente des Überbaus – politische Formen des Klassenkampfes und seine Resultate – Verfassungen, nach gewonnener Schlacht durch die siegreiche Klasse festgestellt usw. – Rechtsformen, und nun gar die Reflexe aller dieser wirklichen Kämpfe im Gehirn der Beteiligten, politische, juristische, philosophische Theorien, religiöse Anschauungen und deren Weiterentwicklung zu Dogmensystemen, üben auch ihre Einwirkung auf den Verlauf der geschichtlichen Kämpfe aus und bestimmen in vielen Fällen vorwiegend deren *Form*. Es ist eine Wechselwirkung aller dieser Momente, worin schließlich durch alle die unendliche Menge von Zufälligkeiten (d. h. von Dingen und Ereignissen, deren innerer Zusammenhang untereinander so entfernt oder so unnachweisbar ist, daß wir ihn nicht als vorhanden betrachten, vernachlässigen können) als Notwendiges die ökonomische Bewegung sich durchsetzt. . . . Wir machen unsere Geschichte selbst, aber erstens unter sehr bestimmten Voraussetzungen und Bedingungen. Darunter sind die ökonomischen die schließlich entscheidenden." (37, 463)

[3]

M: „Wie damals der Mönch, so ist es jetzt der *Philosoph,* in dessen Hirn die Revolution beginnt." (1, 385)

E: „Die Deutschen sind eine sehr uneigennützige Nation; wenn in Deutschland Grundsätze in Widerstreit mit Interessen geraten, werden fast stets die Grundsätze die Ansprüche der Interessen zum Schweigen bringen. Die gleiche Liebe zu abstrakten Prinzipien, die gleiche Nichtachtung der Wirklichkeit und des Eigeninteresses, welche die Deutschen in einen Zustand der politischen Bedeutungslosigkeit gebracht haben, genau diese gleichen Eigenschaften gewährleisten den Erfolg des philosopischen Kommunismus in diesem Lande." (1, 495)

M/E: „Es handelt sich nicht darum, was dieser oder jener Proletarier oder selbst das ganze Proletariat als Ziel sich einstweilen *vorstellt*. Es handelt sich darum, *was es ist* und was es diesem *Sein* gemäß geschichtlich zu tun gezwungen sein wird." (2, 38)

M: „Die materialistische Lehre von der Veränderung der Umstände und der Erziehung

Produktionsweise

vergißt, daß die Umstände von den Menschen verändert und der Erzieher selbst erzogen werden muß." (3, 5 f.)

E: „Kurz, wohin kämen wir mit dieser neuen Organisation? Zu der feigen, kriechenden Organisation der ersten Christen, jener Sklaven, die jeden Fußtritt mit Dank hinnahmen und die nach 300 Jahren allerdings ihrer Religion durch Kriechen den Sieg verschafften – eine Methode der Revolution, die das Proletariat wahrlich nicht nachahmen wird!" (17, 478)

III. Kommentar

Diese Lehre hält keiner Kritik stand. Wäre die Produktionsweise bestimmend für das Bewußtsein, wie ließe sich dann die Vielfalt geistiger Strömungen innerhalb einer Produktionsweise erklären, wie die Beständigkeit philosophischer und theologischer Lehren über alle Gesellschaftsformationen hinweg, wie die ganz andere Einstellung von Marx und Engels zum Proletariat verglichen mit der Mehrzahl ihrer Zeitgenossen?
Engels Rückzugsgefechte sind bezeichnend, zumal er letztlich eben doch die Maßgeblichkeit des ökonomischen Faktors behauptet.
Obwohl dem Bewußtsein im Histomat große, wenn auch abhängige Bedeutung zukommt, kann die → Revolution notfalls selbst auf das revolutionäre Bewußtsein des Proletariats verzichten!

IV. Hinweise

1) 3, 37 f., 67 ff.; 4, 130, 338; 6, 408; 9, 133, 221; 24, 42; 25, 456; 37, 490 ff.; 39, 205.
2) Schwan, aaO, S. 130 f.

Proletariat, Proletarier

I. Thesen

In der Marxschen Lehre nimmt das Proletariat eine zentrale Stellung ein. Trotzdem fehlt eine systematische Darstellung der Proletarier wie des Proletariats. Aus den zahlreichen, mehr beiläufigen Äußerungen ergibt sich folgendes Bild:

Der Proletarier ist eigentumslos. Er lebt nur vom Verkauf seiner Arbeitskraft (→ Ausbeutung). Er ist den Wechselfällen des Lebens und der kapitalistischen Wirtschaft schutzlos ausgeliefert [1].
Er lebt nicht in einer bürgerlichen Familie [2].
Er hat kein Vaterland [3]. Doch gibt es diesbezüglich auch widersprechende Aussagen (→ Nation).
Er allein schafft den Mehrwert (→ Arbeit → Unternehmer).
Die Gesamtheit der Proletarier, das Proletariat, bildet oder wird die große Mehrheit der Bevölkerung [4].
Das Proletariat verelendet (→ Verelendungstheorie).
Das Proletariat ist ein Produkt der industriellen Revolution, was man nicht von jedem Arbeiter sagen kann [5].
Das Proletariat entwickelt ein revolutionäres Klassenbewußtsein. Doch der einzelne Proletarier ist dumm. Äußerungen von Engels nach dem Tode von Marx weisen mitunter in die entgegengesetzte Richtung [6].
Auch hinsichtlich des Klassenbewußtseins gibt es Äußerungen, die für die gegenteilige Ansicht sprechen [7].
Das Proletariat hat eine historische Mission (→ Emanzipation → Histomat); es ist zur Herrschaft berufen (→ Diktatur des Proletariats) [8].
Das Proletariat ist scharf vom Lumpenproletariat zu scheiden [9].
Die Emanzipation setzt die „Bildung" von Proletariat voraus [10].

II. Texte

[1]

E: „Unsre kleinen Bauern in Deutschland sind großenteils auch arm und leiden oft Mangel, aber sie sind weniger abhängig vom Zufall, sie haben wenigstens etwas Festes. Aber der Proletarier, der garnichts hat als seine beiden Hände, der heute verzehrt, was er gestern verdiente, der von allen möglichen Zufällen abhängt, der nicht die geringste Garantie für seine Fähigkeit, sich die nötigsten Lebensbedürfnisse zu erwerben, besitzt – jede Krisis, jede Laune seines Meisters kann ihn brotlos machen –, der Proletarier ist in die empörendste, unmenschlichste Lage versetzt, die ein Mensch sich denken kann." (2, 344)

Proletariat, Proletarier

E: *„Was ist das Proletariat? Antwort:* Das Proletariat ist diejenige Klasse der Gesellschaft, welche ihren Lebensunterhalt einzig und allein aus dem Verkauf ihrer Arbeit und nicht aus dem Profit irgendeines Kapitals zieht; deren Wohl und Wehe, deren Leben und Tod, deren ganze Existenz von der Nachfrage nach Arbeit, also von dem Wechsel der guten und schlechten Geschäftszeiten, von den Schwankungen einer zügellosen Konkurrenz abhängt. Das Proletariat oder die Klasse der Proletarier ist, mit einem Worte, die arbeitende Klasse des 19. Jahrhunderts. . . .
Es hat also nicht immer Proletarier gegeben?
Antwort: Nein, Arme und arbeitende Klassen hat es immer gegeben; auch waren die arbeitenden Klassen meistens arm. Aber solche Arme, solche Arbeiter, die in den eben angegebenen Umständen lebten, also Proletarier, hat es nicht immer gegeben . . ." (4, 363)

E: *„Wodurch unterscheidet sich der Proletarier vom Sklaven? Antwort:* Der Sklave ist ein für allemal verkauft; der Proletarier muß sich täglich und stündlich selbst verkaufen. Der einzelne Sklave, Eigentum *eines* Herrn, hat schon durch das Interesse dieses Herrn eine gesicherte Existenz, so elend sie sein mag; der einzelne Proletarier, Eigentum der ganzen Bourgeois*klasse,* dem seine Arbeit nur dann abgekauft wird, wenn jemand ihrer bedarf, hat keine gesicherte Existenz." (4, 366)

M/E: „Mögen die herrschenden Klassen vor einer kommunistischen Revolution zittern. Die Proletarier haben nichts in ihr zu verlieren als ihre Ketten. Sie haben eine Welt zu gewinnen. *Proletarier aller Länder, vereinigt euch!"* (4, 493)

M: „Unter ‚Proletarier' ist ökonomisch nichts zu verstehen als der Lohnarbeiter, der ‚Kapital' produziert und verwertet und aufs Pflaster geworfen wird, sobald er für die Verwertungsbedürfnisse des ‚Monsieur Kapital' . . . überflüssig ist." (23, 642)

2

M/E: „Der Proletarier ist eigentumslos; sein Verhältnis zu Weib und Kindern hat nichts mehr gemein mit dem bürgerlichen Familienverhältnis." (4, 472)

3

E: „Die Proletarier aber haben in allen Ländern ein und dasselbe Interesse, einen und denselben Feind, einen und denselben Kampf vor sich; die Proletarier sind der großen Masse nach schon von Natur ohne Nationalvorurteile, und ihre ganze Bildung und Bewegung ist wesentlich humanitarisch, antinational. Die Proletarier allein können die Nationalität vernichten, das erwachende Proletariat allein kann die verschiedenen Nationen fraternisieren lassen." (2, 614)

M/E: „Die Arbeiter haben kein Vaterland. Man kann ihnen nicht nehmen, was sie nicht haben." (4, 479)

4

M/E: „Alle bisherigen Bewegungen waren Bewegungen von Minoritäten oder im Interesse von Minoritäten. Die proletarische Bewegung ist die selbständige Bewegung der ungeheuren Mehrzahl im Interesse der ungeheuren Mehrzahl." (4, 472)

E: „Indem die kapitalistische Produktionsweise mehr und mehr die große Mehrzahl

Proletariat, Proletarier

der Bevölkerung in Proletarier verwandelt, schafft sie die Macht, die diese Umwälzung, bei Strafe des Untergangs, zu vollziehen genötigt ist." (19, 223)

5

M: „Das Proletariat beginnt erst durch die hereinbrechende *industrielle* Bewegung für Deutschland zu werden, denn nicht die *naturwüchsig entstandne,* sondern die künstlich produzierte Armut, nicht die mechanisch durch die Schwere der Gesellschaft niedergedrückte, sondern die aus ihrer *akuten Auflösung,* vorzugsweise aus der Auflösung des Mittelstandes, hervorgehende Menschenmasse bildet das Proletariat, obgleich allmählich, wie sich von selbst versteht, auch die naturwüchsige Armut und die christlich-germanische Leibeigenschaft in seine Reihen treten." (1, 390 f.)

E: „Aber diese Allianz verfälschte die Arbeiterbewegung mit einer starken reaktionären Beimischung, die sich erst nach und nach verliert; sie gab dem reaktionären Element in der Arbeiterbewegung – denjenigen Arbeitern, deren Arbeitszweig noch der Manufaktur angehört und daher vom industriellen Fortschritt selbst bedroht ist, wie z. B. den Handwebern – eine bedeutende Verstärkung." (7, 236)

E: „Der moderne Arbeiter, der Proletarier, ist ein Produkt der großen industriellen Revolution, welche namentlich in den letzten 100 Jahren in allen zivilisierten Ländern die ganze Produktionsweise, zuerst der Industrie und nachher auch des Ackerbaus, total umgewälzt hat und infolge deren an der Produktion nur noch zwei Klassen beteiligt sind: die der Kapitalisten, welche sich im Besitz der Arbeitshülfsmittel, der Rohmaterialien und der Lebensmittel befinden, und die der Arbeiter, welche weder Arbeitshülfsmittel noch Rohmaterialien, noch Lebensmittel besitzen, sondern sich diese letzteren mit ihrer Arbeit von den Kapitalisten erst kaufen müssen. Der moderne Proletarier hat also direkt nur mit *einer* Gesellschaftsklasse zu tun, die ihm feindlich gegenübersteht, ihn ausbeutet: mit der Klasse der Kapitalisten, der Bourgeois." (16, 66 f.)

E: „Die Masse unserer Leute in Sachsen besteht aus Handwebern, die dem Untergang durch den Dampfstuhl geweiht sind und nur durch Hungerlohn und Nebenbeschäftigung (Gartenbau, Spielwarenschnitzerei etc.) noch so eben fortexistieren. Diese Leute befinden sich in einer ökonomisch reaktionären Lage, vertreten eine untergehende Produktionsstufe. Sie sind also mindestens nicht in demselben Grad geborne Repräsentanten des revolutionären Sozialismus wie die Arbeiter der Großindustrie." (35, 237)

6

E: „Und die dummen Jungens von Arbeitern hier, die Deutschen mein' ich, *glauben* an den Dreck." (27, 50)

E: „Verhöhnen wir die Straubinger *überhaupt,* so können wir ihre schönen Dokumente immer mitnehmen; ist die Korrespondenz einmal eingeschlafen, so geht das ganz gut; der Bruch kommt allmählich und macht keinen Eklat. . . . *Theoretische* Differenzen sind mit den Kerls kaum möglich, da sie keine Theorie haben und, ausgenommen ihre stillen etwaigen Bedenken, von uns belehrt sein wollen: formulieren können sie ihre Bedenken auch nicht, daher ist keine Diskussion mit ihnen möglich, außer etwa mündlich." (27, 70)

Proletariat, Proletarier

M: „Die Straubinger sind capables de tout. Neuer Beweis: Herr Paul Stumpf, der . . . ausschließlich mit den Lumpen verkehrte." (27, 351)

E: „Was sagst Du zu den Wahlen der Fabrikdistrikte? Das Proletariat hat sich wieder einmal greulich blamiert." (32, 207)

E: „. . . die Massen greulich dumm, und die Führer lauter Lumpen . . ." (32, 252)

E: „Diese friedlichen Siege sind ein ausgezeichnetes Mittel, um den Soldaten an die Überlegenheit und Unfehlbarkeit der Volksmasse zu gewöhnen." (36, 728)

E: „Und wären es nur die Bourgeois gewesen — aber auch die große Masse der Arbeiterklasse fiel vor diesem Schwätzer auf die Knie! Wie kann jemand mit gesundem Menschenverstand den Menschen vertrauen, die ihr Schicksal an das dieses Genießers banden . . ." (38, 322)

7

M/E: „Es handelt sich nicht darum, was dieser oder jener Proletarier oder selbst das ganze Proletariat als Ziel sich einstweilen *vorstellt*. Es handelt sich darum, *was es ist* und was es diesem *Sein* gemäß geschichtlich zu tun gezwungen sein wird." (2, 38)

M/E: „Von allen Klassen, welche heutzutage der Bourgeoisie gegenüberstehen, ist nur das Proletariat eine wirklich revolutionäre Klasse. Die übrigen Klassen verkommen und gehen unter mit der großen Industrie, das Proletariat ist ihr eigenstes Produkt." (4, 472)

8

M/E: „Es bedarf hier nicht der Ausführung, daß ein großer Teil des englischen und französischen Proletariats sich seiner geschichtlichen Aufgabe schon *bewußt* ist." (2, 38)

M: „Im vollen Bewußtsein ihrer geschichtlichen Sendung und mit dem Heldenentschluß, ihrer würdig zu handeln, kann die Arbeiterklasse sich begnügen, zu lächeln gegenüber den plumpen Schimpfereien der Lakaien von der Presse wie gegenüber der lehrhaften Protektion wohlmeinender Bourgeoisdoktrinäre . . ." (17, 343)

E: „In dem Maß wie die Anarchie der gesellschaftlichen Produktion schwindet, schläft auch die politische Autorität des Staats ein. Die Menschen, endlich Herren ihrer eignen Art der Vergesellschaftung, werden damit zugleich Herren der Natur, Herren ihrer selbst — frei.
Diese weltbefreiende Tat durchzuführen, ist der geschichtliche Beruf des modernen Proletariats." (19, 228)

9

M/E: „Das Lumpenproletariat, diese passive Verfaulung der untersten Schichten der alten Gesellschaft, wird durch eine proletarische Revolution stellenweise in die Bewegung hineingeschleudert, seiner ganzen Lebenslage nach wird es bereitwilliger sein, sich zu reaktionären Umtrieben erkaufen zu lassen." (4, 472)

E: „Das *Lumpenproletariat*, dieser Abhub der verkommenen Subjekte aller Klassen, der sein Hauptquartier in den großen Städten aufschlägt, ist von allen möglichen Bundesgenossen der schlimmste. Dies Gesindel ist absolut käuflich und absolut zudringlich. Wenn die französischen Arbeiter bei jeder

Proletariat, Proletarier

Revolution an die Häuser schrieben: Mort aux voleurs! Tod den Dieben! und auch manche erschossen, so geschah das nicht aus Begeisterung für das Eigentum, sondern in der richtigen Erkenntnis, daß man sich vor allem diese Bande vom Hals halten müsse." (7, 536)

M/E: „Auch das Proletariat hat seine Deklassierten; sie bilden das Lumpenproletariat." (18, 331)

M: „Freitag hatte sich General Sigel in der allgemeinen Sitzung der Vereinbarungslustigen eingefunden. Er hatte auf das Erscheinen der ‚niedern Emigration' gerechnet, für die er einige gewaltige Lanzen mit Willich brach, der seiner Entrüstung über die sittenlose, früher von ihm uns gegenüber apotheosierte Lumpenherde freien Lauf ließ. Wer aber nicht erschien, war das Lumpenproletariat ... Du weißt, daß es feige Kanaillen sind, und jeder der Lumpenhunde hat ein zu schlechtes Gewissen, um isoliert vor einer größern Versammlung als öffentlicher Ankläger aufzutreten." (27, 330)

10

M: „Wo also die *positive* Möglichkeit der deutschen Emanzipation?
Antwort: In der Bildung einer Klasse mit *radikalen Ketten* ...
Das Proletariat beginnt erst durch die hereinbrechende *industrielle* Bewegung für Deutschland zu werden ..." (1, 390)

III. Kommentar

Weder Marx noch Engels haben sich in Proletarierfamilien umgesehen, sonst hätten sie weder behauptet, das Leben dort sei mit dem in bürgerlichen Familien nicht vergleichbar, noch daß es dort keine nationalen Empfindungen gebe.
Das Proletariat im Sinne von Marx und Engels (zunächst hat Engels „Arbeiter" und „Proletarier" als sinngleich gebraucht; 2, 234) hat in Deutschland nie die absolute Mehrheit der Bevölkerung gebildet.
Weder Marx noch Engels noch einer ihrer Kampfgenossen war Proletarier mit den Merkmalen II 1. Soweit die Kampfgenossen Arbeiter waren, übten sie „reaktionäre Berufe" aus, da sie keinem Fabrikherrn dienten.
Die Abgrenzung der Proletarier von den Lumpenproletariern ist willkürlich und erlaubt es, mißfällige Proletarier als Lumpenproletarier zu disqualifizieren und ihnen die „historische Mission" abzusprechen.

IV. Hinweise

1) 1, 388 ff.; 2, 229, 504 f.; 4, 143, 462 ff., 468 f.; 7, 121, 126, 480 f.; 8, 157, 221, 412 f.; 14, 395, 450; 18, 441; 19, 27; 20, 98 f., 261 f.; 21, 18; 27, 20, 387; 34, 406 f.; 37, 260, 266.
2) Ahlberg, a.a.O.; Herre, a.a.O.

Proudhon, Proudhonisten

I. Thesen

Pierre-Josef Proudhon (1809 bis 1865), der wohl namhafteste französische Sozialist des 19. Jahrhunderts, wird von Marx und Engels zunächst umworben [1].
Später sind Proudhon und seine Anhänger Gegenstand ätzender persönlicher wie theoretischer Kritik [2].
Wie vielen anderen (z. B. → Lassalle → Liebknecht) wird auch ihm der Vorwurf gemacht, von Marx abgeschrieben zu haben [3].
(→ Philosophie)

II. Texte

[1]

M: „... was Frankreich anbetrifft, so glauben wir alle, daß wir dort keinen besseren Korrespondenten finden können als Sie: Sie wissen, daß die Engländer und die Deutschen Sie bisher mehr zu würdigen gewußt haben, als Ihre eigenen Landsleute...
Ich warne Sie hiermit vor Herrn Grün in Paris... In seinem Buch über die ‚französischen Sozialisten' wagt er es, sich als Proudhons Lehrer ... zu bezeichnen, er behauptet, ihm die wichtigsten Axiome der deutschen Wissenschaft beigebracht zu haben, und macht sich über seine Schriften *lustig*. Hüten Sie sich vor diesem Schmarotzer ..." (27, 442 f.)

E: „Was mich betrifft, so kann ich nur die Hoffnung hegen, daß Sie, Herr Proudhon, unserem Vorschlag, den wir Ihnen soeben unterbreitet haben, zustimmen sowie die Güte haben werden, uns ihre Mitarbeit nicht zu versagen. Ich versichere Sie meiner tiefen Hochachtung, die mir Ihre Schriften eingeflößt haben ..." (27, 444)

[2]

M: „Herr Proudhon genießt das Unglück, auf eigentümliche Art verkannt zu werden. In Frankreich hat er das Recht, ein schlechter Ökonom zu sein, weil man ihn für einen tüchtigen deutschen Philosophen hält; in Deutschland dagegen darf er ein schlechter Philosoph sein, weil er für einen der stärksten französischen Ökonomen gilt. In unserer Doppeleigenschaft als Deutscher *und* Ökonom sehen wir uns veranlaßt, gegen diesen doppelten Irrtum Protest einzulegen." (4, 65)

M: „Das Werk des Herrn Proudhon ist nicht ganz einfach eine Abhandlung über politische Ökonomie, ein gewöhnliches Buch, es ist eine Bibel: ‚Mysterien', ‚Geheimnisse, dem Busen Gottes entrissen', ‚Offenbarungen', nichts davon fehlt. Aber da heutzutage die Propheten gewissenhafter geprüft werden als die profanen Autoren, muß sich der Leser schon darein ergeben, mit uns die trockne und dunkle

Proudhon, Proudhonisten

Gelehrsamkeit der ‚Genesis' zu durchwandern..." (4, 66)

E: „Aber Proudhon strebte nach größeren Triumphen. Nach verschiedenen verschollenen kleinen Schriften erschien endlich 1864 seine Philosophie de la misère in zwei gewaltigen Bänden. In diesem Werk, das seinen Ruhm auf ewig begründen sollte, wandte Proudhon eine arg mißhandelte Hegelsche philosophische Methode auf eine seltsam mißverstandene Nationalökonomie an, und suchte durch allerlei transzendente Sprünge ein neues sozialistisches System der freien Arbeiterassoziation zu begründen... Dies schwerfällige, gelehrt tuende, dickleibige Werk, worin schließlich nicht nur sämtliche bisherigen Ökonomen, sondern auch sämtliche bisherigen Sozialisten die größten Grobheiten zu hören bekamen, machte auf die leichtsinnigen Franzosen durchaus keinen Eindruck...
Marx hat damals eine ebenso witzige wie gründliche Gegenschrift... erlassen, und die in Denkweise und Sprache tausendmal französischer ist als das Proudhonsche prätentiöse Ungetüm. Was den wirklichen Inhalt beider Proudhonschen Schriften an Kritik der bestehenden gesellschaftlichen Verhältnisse angeht, so kann man, nachdem man sie beide gelesen hat, mit gutem Gewissen sagen, daß er sich auf Null reduziert... Er blieb nicht ohne Erfolg. On ne le comprend pas, sagten die Arbeiter, mais c'est un homme remarquable." (6, 563 ff.)

M: „Er will als Mann der Wissenschaft über Bourgeois und Proletariern schweben; *er ist nur der Kleinbürger,* der beständig zwischen dem Kapital und der Arbeit, zwischen der politischen Ökonomie und dem Kommunismus hin- und hergeworfen wird... Ein marktschreierischer, selbstlobhudelnder, ein renommistischer Ton, namentlich das stets so unerquickliche Gesalbader von und falsches Gepränge mit ‚*Wissenschaft*' gellt einem fortwährend ins Ohr... Dazu das unbeholfen-widrige Gelehrttun des Autodidakten, dessen naturwüchsiger Stolz auf originelles Selbstdenken bereits gebrochen ist und der nun als Parvenue der Wissenschaft mit dem, was er nicht ist und nicht hat, sich spreitzen zu müssen wähnt." (16, 29 f.)

M: „Die Ausmalung dieser Philisterutopie bildet Proudhons Sozialismus, der... nicht einmal das Verdienst der Originalität besitzt, vielmehr lange vor ihm von Gray, Bray und andern weit besser entwickelt wurde. Dies verhindert solche Weisheit nicht, heutzutage, in gewissen Kreisen, unter dem Namen der ‚science' zu grassieren. Nie hat eine Schule mehr als die Proudhonsche mit dem Wort ‚science' um sich geworfen, denn ‚wo Begriffe fehlen, da stellt zur rechten Zeit ein Wort sich ein'." (23, 83)

M: „Dem Proudhon hab' ich im Geschäftsbrief wirklich himmelschreiendes Unrecht getan. Da in diesem letzteren Brief kein Platz ist, so muß ich's hier redressieren. Ich habe nämlich geglaubt, er habe einen kleinen Unsinn, einen Unsinn innerhalb der Grenzen des Sinns gemacht. Gestern kam die Sache nochmals und ausführlich zur Diskussion, und da erfuhr ich, daß dieser neue Unsinn wirklich ein *ganz unbegrenzter Unsinn* ist... Und die dummen Jungens von Arbeitern hier, die Deutschen mein' ich, *glauben* an den Dreck;" (27, 50)

M: „Mit dem Bund geht's hier miserabel. Solche Schlafmützigkeit und kleinliche Eifersucht der Kerls untereinander ist mir nie vorgekommen. Die Weitlingerei und Proud-

Proudhon, Proudhonisten

honisterei sind wirklich der kompletteste Ausdruck der Lebensverhältnisse dieser Esel, und daher ist nichts zu machen. Die einen sind echte Straubinger, alternde Knoten, die andern angehende Kleinbürger." (27, 111)

M: „Gut ist's, daß Proudhons Erlösungspläne sich in der einzigen Form realisieren, in der sie praktikabel sind – als Kreditschwindel und mehr oder minder direkte Prellerei." (28, 202)

M: „In diesen zwei Kapiteln wird zugleich der Proudhonsche, jetzt in Frankreich fashionable Sozialismus, der die Privatproduktion bestehen lassen, *aber* den Austausch der Privatprodukte *organisieren,* der die *Ware* will, aber das *Geld* nicht will, in der Grundlage kaputtgemacht. Der Kommunismus muß sich vor allem dieses ‚falschen Bruders' entledigen." (29, 573)

M: „Der eigentliche Nerv der Polemik ist die *Polenfrage*. Die Kerls haben alle an dem Proudhon-Herzenchen Moskowitismus angebunden." (31, 169)

M: „Die Proudhonclique unter den Studenten in Paris ... predigt Frieden, erklärt Krieg für veraltet, Nationalitäten für Unsinn, attackiert Bismarck und Garibaldi usw." (31, 222)

M: „Diesen Eseln von Proudhonisten werde ich persönlich auf dem nächsten Kongreß zu Brüssel den Garaus machen. Ich habe die ganze Sache diplomatically managed und wollte nicht *persönlich* come out, ehe mein Buch heraus und unsre Gesellschaft Wurzeln gefaßt." (31, 342)

M: „Die Franzosen brauchen Prügel. Siegen die Preußen, so die Zentralisation der Statepower nützlich der Zentralisation der deutschen Arbeiterklasse. Das deutsche Übergewicht würde ferner den Schwerpunkt der westeuropäischen Arbeiterbewegung von Frankreich nach Deutschland verlegen ... Ihr Übergewicht auf dem Welttheater über die französische wäre zugleich das Übergewicht *unserer* Theorie über die Proudhons etc." (33, 5)

E: „Bakunin hat seine eigene Theorie, ein Gemisch aus Kommunismus und Proudhonismus." (33, 655)

M: „Longuet als letzter Proudhonist und Lafargue als letzter Bakuninenist! que le diable les emporte!" (35, 110)

E: „Die Franzosen beurteilst Du, glaub' ich, nicht ganz gerecht. Die Masse in Paris ist ‚sozialistisch' im Sinne eines aus Proudhon, Louis Blanc, Pierre Leroux usw. im Laufe der Jahre herausdestillierten ziemlich neutralen Durchschnittssozialismus." (36, 378)

E: „Diese Leute nennen sich alle Sozialisten, aber lernen jetzt erst durch bittere Erfahrung, daß ihr verblaßter Lumpenkram von Proudhon und L. Blanc reiner Bourgeois- und Kleinbürgerdreck ist, und sind daher der Marxschen Theorie zugänglich genug." (36, 509)

3

M: „Massol hat sich Illusionen gemacht, weil Proudhon in seiner gewohnten, industriellen Marktschreierei einige Ideen von mir, als *seine* ‚neuesten Entdeckungen' adoptiert hat, z. B. es gebe *keine absolute Wissenschaft,* aus den materiellen Verhältnissen sei alles zu erklären etc. etc." (28, 561)

Proudhon, Proudhonisten

III. Kommentar

Wer den Solipsismus des Karl Marx kennt und zugleich den großen Einfluß Proudhons auf die französischen Arbeiter berücksichtigt, den überraschen die Zitate nicht. Die Ausfälle sind wohl auch darauf zurückzuführen, daß Proudhon es gewagt hatte, Marx Ratschläge zu erteilen (IV 2).
Manche Vorwürfe, die Marx erhebt, treffen ihn selbst, so: II ② (4, 66).
Den Erwartungen Proudhons gemäß und entgegen Marxens → Verelendungstheorie hat sich in den „kapitalistischen Staaten" eine die beiden Extreme zahlenmäßig weit überlegene Mittelschicht herausgebildet.

IV. Hinweise

1) 4, 63, 547 ff.; 18, 222, 272; 27, 317, 367, 451 f.; 29, 606; 31, 529, 545; 34, 161; 36, 448, 465.
2) Diehl, a.a.O.; Friedenthal, a.a.O., S. 289 ff.

Rache

I. Thesen

Marx und Engels stellen Rache in Aussicht, fordern sie und drohen sie an [1].

II. Texte

[1]

M: „Des Verzweifelten Gebet

Hat ein Gott mir alles hingerissen,
Fortgewälzt in Schicksalsfluch und Joch,
Seine Welten – alles – alles missen!
Eins blieb, die Rache blieb mir doch!

An mir selber will ich stolz mich rächen,
An dem Wesen, das da oben thront,
Meine Kraft sei Flickwerk nur von Schwächen,
Und mein Gutes selbst sei unbelohnt!

Einen Thron will ich mir auferbauen,
Kalt und riesig soll sein Gipfel sein,
Bollwerk sei ihm übermenschlich Grauen,
Und sein Marschall sei die düst're Pein!

Wer hinaufschaut mit gesundem Auge,
Kehre totenbleich und stumm zurück,
Angepackt von blindem Todeshauche,
Grabe selbst die Grube sich sein Glück.

Und des Höchsten Blitze sollen prallen
Von dem hohen, eisernen Gebäu,
Bricht er meine Mauern, meine Hallen,
Trotzend baut die Ewigkeit sie neu."
(Marx, Texte, a. a. O., S. 25)

E: „Aber bei dem ersten siegreichen Aufstand des französischen Proletariats ... werden die österreichischen Deutschen und Magyaren frei werden und an den slawischen Barbaren blutige Rache nehmen." (6, 176)

E: „Und für diesen feigen, niederträchtigen Verrat an der Revolution werden wir einst blutige Rache an den Slawen nehmen." (6, 283)

M: „Weit entfernt, den sogenannten Exzessen, den Exempeln der Volksrache an verhaßten Individuen oder öffentlichen Gebäuden, an die sich nur gehässige Erinnerungen knüpfen, entgegenzutreten, muß man diese Exempel nicht nur dulden, sondern ihre Leitung selbst in die Hand nehmen." (7, 249)

M: „Im Mittelalter gab es in Deutschland ein geheimes Gericht, Femgericht genannt. Es existierte, um die Untaten der herrschenden Klasse zu rächen. Wenn man ein Haus mit einem roten Kreuz gezeichnet fand, so wußte man, daß der Besitzer von der Feme verurteilt war. Alle Häuser Europas sind jetzt mit dem geheimnisvollen roten Kreuz gekennzeichnet. Die Geschichte ist der Richter – ihr Urteilsvollstrecker der Proletarier." (12, 4)

E: „Daß Preußen und Österreich das Protokoll unterschrieben haben, ist eine namenlose Infamie und muß blutig an den Betreffenden gerächt werden." (30, 374)

Rache

E: „Vergeßt nur keine Euch und allen unsern Leuten getane Niedertracht, die Zeit der Rache kommt und muß redlich ausgenutzt werden." (35, 222)

E: „Nicht sich drehen und winden unter den Schlägen des Gegners, heulen, winseln und Entschuldigungen stammeln: so böse war's nicht gemeint; – wie noch so viele tun. Wiederhauen muß man, für jeden feindlichen Hieb zwei, drei zurück. Das war unsere Taktik von jeher . . ." (35, 425)

E: „Nun, ich hoffe, daß der Volkszorn endlich geweckt und Rache genommen wird. Es wird Zeit." (39, 32)

III. Kommentar

Rache war nach Auffassung mehrerer Marx-Biographen ein kräftiger Impuls für das Denken und Handeln der Freunde. Andere Marxisten haben das für sich selbst offen eingestanden (IV 2).

IV. Hinweise

1) 2, 504; 3, 70 f.; 8, 77; 23, 789.
2) Löw „Warum", a.a.O., S. 88, 120 ff.

Rasse

I. Thesen

Von einem Traktat über das → Judentum abgesehen, haben sich die Freunde nicht ausführlicher zu Rassenfragen geäußert. Dennoch gibt es recht bezeichnende Bemerkungen. Sie zeigen uns, daß Rassegesichtspunkte in ihrem Denken eine Rolle gespielt haben: der Glaube an minderwertige und höherwertige Rassen, an Rassen, die keine Existenzberechtigung haben und solche, denen die Zukunft gehört. Die → Deutschen gehören zu einer „großen Rasse" (→ Russen) [1].
Die Rassen werden in das Marxsche Weltbild des → Histomat eingefügt, indem sie als ökonomische Faktoren gewertet werden [2].
An manchen Stellen hat es den Anschein, als ob nicht der Klassenkampf, sondern der Rassenkampf die Geschichte bestimme [3].

II. Texte

[1]

M: „In der Gesellschaft vollzieht sich eine lautlose Revolution, vor der es kein Entrinnen gibt und die sich um die menschlichen Existenzen, die sie zerbricht, ebensowenig kümmert wie ein Erdbeben um die Häuser, die es zerstört. Unterliegen müssen jene Klassen und Rassen, die zu schwach sind, die neuen Lebensbedingungen zu meistern." (8, 544)

M: „Sie haben die noch bessere Erfahrung gemacht, daß sie, die Deutschen und die Skandinavier, die beide zu der gleichen großen Rasse gehören, nur den Weg für ihren Erbfeind, den Slaven, bereiten, wenn sie miteinander streiten, statt sich zu verbinden." (9, 248)

E: „Vor 4 Jahren ließ ich in Boston englisch und in Stuttgart deutsch einen Aufsatz über Schutzzoll und Freihandel drucken. Ich wies darin nach, . . . daß dank der ungeheuren natürlichen Hilfsquellen und der intellektuellen und moralischen Begabung der amerikanischen Rasse dies Ziel jetzt schon erreicht . . ." (22, 334)

E: „Jetzt kann ich wenigstens wieder Menschenracen studieren, mit deren Untersuchung ich mich beim Ausbruch dieses großen Coups beschäftigte." (27, 385)

M: „Die interessanteste Bekanntschaft, die ich hier gemacht, ist die des Oberst Lipinski. Er ist unbedingt der geistreichste Pole — dabei homme d'action —, den ich bis jetzt kennengelernt. Seine Sympathien sind alle nach der deutschen Seite, obgleich er in Manieren und Sprache auch Franzose ist. Statt des Nationalitätenkampfes kennt er nur den Rassenkampf. Er haßt alle Orientalen, wozu er Russen, Türken, Griechen, Arme-

Rasse

nier usw. mit gleicher Vorliebe zählt." (30, 371)

M: „Lafargue hat die üble Narbe von dem Negerstamm: *Kein Gefühl der Scham,* ich meine damit der Schamhaftigkeit, sich lächerlich zu machen." (35, 109)

E: „Jedenfalls hat er [Lafargue] eine ganz unverzeihliche Dummheit begangen – entweder gelogen oder aus der Schule geschwatzt, das mag er selbst entscheiden – und Euch eine Lage bereitet, die wohl imstande wäre, Euch die Lust am internationalen Verkehr zu vertreiben. Ich sehe voraus, was für eine Flut sich über Euch ergießen wird, und sehe noch nicht, wie dem zu stemmen ist. Ich kann mir nur denken, daß das 1/8 oder 1/16 Negerblut, das in Lafargue ist und das von Zeit zu Zeit bei ihm die Oberhand bekommt, ihn zu dieser ganz unerklärlichen Tollheit verleitet hat – es ist eine ganz unbegreifliche Dummheit, gelind gesprochen." (38, 220)

E: „Die angelsächsische Rasse – diese verdammten Schleswig-Holsteiner, wie Marx sie immer nannte – ist ohnehin schwerfällig von Gehirn, und ihre Geschichte in Europa wie Amerika (ökonomischer Erfolg und politisch vorherrschend friedliche Entwicklung) hat das noch mehr befördert." (38, 560)

2

E: „Wir sehen die ökonomischen Bedingungen als das in letzter Instanz die geschichtliche Entwicklung Bedingende an. Aber die Rasse ist selbst ein ökonomischer Faktor." (39, 206)

3

E: „Die slawische Rasse, lang geteilt durch innere Zwiste, nach dem Osten zurückgetrieben durch die Deutschen, unterjocht, zum Teil von Deutschen, Türken und Ungarn, still ihre Zweige wiedervereinend, nach 1815, durch das allmähliche Wachstum des Panslawismus, sie versichert nun zum erstenmal ihre Einheit und erklärt damit Krieg auf den Tod den römisch-keltischen und deutschen Rassen, die bisher in Europa geherrscht haben. Panslawismus ist eine Bewegung nicht nur für nationale Unabhängigkeit; er ist eine Bewegung, die ungeschehen zu machen strebt, was eine Geschichte von tausend Jahren geschaffen hat, die sich nicht verwirklichen kann, ohne die Türkei, Ungarn und eine Hälfte Deutschlands von der Karte von Europa wegzufegen, die, sollte sie dies Resultat erreichen, seine Dauer nicht sichern kann, außer durch die Unterjochung Europas." (11, 193 f.)

III. Kommentar

Die Beschäftigung mit einzelnen Menschenrassen ist auf wissenschaftlich unbedenkliche Weise möglich. Neben augenfälligen Unterschieden kann eine solche Untersuchung mannigfache divergierende Fähigkeiten, Tempe-

Rasse

ramente, Strebungen u. ä. nachweisen. Die Annahme eines geschichtlich programmierten Aussterbens erscheint abwegig. Ebenso verbietet sich die Verhöhnung einzelner Menschen ihrer rassebedingten Besonderheiten wegen.

Wie peinlich für die orthodoxen Marxisten die Rassenthesen der Freunde sind, folgt schon daraus, daß sie die Marxsche Orthographie durchgehend modernisiert haben, jedoch die veraltete Schreibweise „Race" beließen. Sie bieten zudem die ihnen erwünschte Interpretation als Fußnote: „Stamm, Geschlecht" (11, 193). Im „Sachregister Marx/Engels-Werke" werden die störenden Äußerungen ganz unterschlagen, manche Texte nicht einmal in die anscheinend auf Vollständigkeit bedachten Marx-Engels-Werke aufgenommen.

IV. Hinweise

1) 6, 283; 8, 53; 12, 622; 14, 505; 17, 276; 29, 398; 31, 127, 248; 32, 650; 33, 487; 37, 423; 29, 121, 125.
2) Nolte, a.a.O., S. 478 ff.

Recht, Rechtsstaat

I. Thesen

Umfangreiche systematische Ausführungen zu den Themen „Recht" und „Gerechtigkeit" (→ Moral) gibt es nicht. Auch die Elemente der Rechtsstaatlichkeit (→ Menschenrechte, Gewaltenteilung, unabhängige Rechtspflege) werden nur beiläufig angesprochen.
Das Recht ist Bestandteil des Überbaus (→ Histomat → Produktionsweise). Das geschichtlich Notwendige, der Fortschritt legitimiert das Recht. Dem Fortschritt entgegenstehende Normen sind unbeachtlich. Daher haben Sozialisten das Gesetz nur so lange zu beachten, wie es ihnen tunlich erscheint [1].
→ Menschenrechte im Sinne vor- und überstaatlicher Rechte lehnen Marx und Engels ab, ebenso den → Parlamentarismus und die Gewaltenteilung [2].
Die Richter sollen von ihren Wählern abhängig sein. Entsprechen die Richter nicht den Erwartungen, verlieren sie ihr Amt [3].
→ Gerechtigkeit

II. Texte

[1]

M: „Damit der Verfassung nicht nur die Veränderung angetan wird, ... ist es notwendig, daß die Bewegung der Verfassung, daß der *Fortschritt zum Prinzip der Verfassung* gemacht wird, daß also der wirkliche Träger der Verfassung, das Volk, zum Prinzip der Verfassung gemacht wird. Der Fortschritt selbst ist dann die Verfassung." (1, 259)

M: „Die Kritik des Himmels verwandelt sich damit in die Kritik der Erde, die *Kritik der Religion* in die *Kritik des Rechts,* die *Kritik der Theologie* in die *Kritik der Politik.*" (1, 379)

M/E: „Aber streitet nicht mit uns, indem ihr an euren bürgerlichen Vorstellungen von Freiheit, Bildung, Recht usw. die Abschaffung des bürgerlichen Eigentums meßt. Eure Ideen selbst sind die Erzeugnisse der bürgerlichen Produktions- und Eigentumsverhältnisse, wie euer Recht nur der zum Gesetz erhobene Wille eurer Klasse ist, ein Wille, dessen Inhalt gegeben ist in den materiellen Lebensbedingungen eurer Klasse." (4, 477)

E: „Mit demselben Recht mit dem die Franzosen Flandern, Lothringen und Elsaß genommen haben und Belgien früher oder später nehmen werden, mit demselben Recht nimmt Deutschland Schleswig: mit dem Recht der Zivilisation gegen die Barbarei, des Fortschritts gegen die Stabilität. Und selbst wenn die Verträge für Dänemark

Recht, Rechtsstaat

wären – was noch sehr zweifelhaft ist –, dies Recht gilt mehr als alle Verträge, weil es das Recht der geschichtlichen Entwicklung ist." (5, 395)

M: „Wir haben es nie verheimlicht. Unser Boden ist nicht der *Rechtsboden,* es ist der *revolutionäre Boden.*" (6, 102)

M: „Die Gesellschaft beruht aber nicht auf dem Gesetze. Es ist das eine juristische Einbildung. Das Gesetz muß vielmehr auf der Gesellschaft beruhn, es muß Ausdruck ihrer gemeinschaftlichen, aus der jedesmaligen materiellen Produktionsweise hervorgehenden Interessen und Bedürfnisse gegen die Willkür des einzelnen Individuums sein." (6, 245)

M: „Meine Untersuchung mündete in dem Ergebnis, daß Rechtsverhältnisse wie Staatsformen weder aus sich selbst zu begreifen sind noch aus der sogenannten allgemeinen Entwicklung des menschlichen Geistes, sondern vielmehr in den materiellen Lebensverhältnissen wurzeln . . ." (13, 8)

E: „Wird der Staat und das Staatsrecht durch die ökonomischen Verhältnisse bestimmt, so selbstverständlich auch das Privatrecht, das ja wesentlich nur die bestehenden, unter den gegebnen Umständen normalen ökonomischen Beziehungen zwischen den einzelnen sanktioniert." (21, 301)

E: „Ich kann doch nicht annehmen, daß Ihr Euch mit Leib und Seele der absoluten Gesetzlichkeit, der Gesetzlichkeit unter allen Umständen, der Gesetzlichkeit auch gegenüber den von ihren Urhebern gebrochenen Gesetzen, kurz der Politik des Hinhaltens der linken Backe dem, der auf die rechte gehauen hat, zu verschreiben beabsichtigt. Im ,Vorwärts' wird die Revolution allerdings manchmal mit ebensoviel Kraftaufwand verleugnet, wie früher – vielleicht auch nächstens wieder – gepredigt." (39, 424)

E: „Gesetzlichkeit so lange und so weit sie uns paßt, aber keine Gesetzlichkeit um jeden Preis, selbst nicht in der Phrase!" (39, 426)

2

E: „Von dem Fall einer Revolution, wo die Teilung der Gewalten ohne ,ein besonderes Gesetz' aufhört, spricht Herr Kühlwetter gar nicht." (5, 194)

E: „Betrachten wir jetzt den Zweck, den eigentlichen praktischen Grund dieser bemoosten Weisheit, dieser ganzen Montesquieuschen Teilungstheorie." (5, 196)

M: „Sind denn diese Herren wirklich so töricht zu glauben, man könne das deutsche Volk aus den Stürmen des Jahres 1848, aus dem täglich drohender hereinbrechenden Einsturz aller historisch überlieferten Institutionen hinausführen mit der wurmstichigen Montesquieu-Delolmeschen Teilung der Gewalten, mit abgetragenen Phrasen und längst durchschauten Fiktionen!" (5, 401)

M: „Hier haben wir den alten Verfassungsunsinn. Die Voraussetzung für eine ,freie Regierung' ist nicht die *Trennung,* sondern die Einheit der Gewalten. Die Regierungsmaschinerie kann gar nicht einfach genug sein. Es ist immer die Kunst der Spitzbuben, sie kompliziert und geheimnisvoll zu machen." (7, 498)

3

M: „Die richterlichen Beamten verloren jene scheinbare Unabhängigkeit, die nur

Recht, Rechtsstaat

dazu gedient hatte, ihre Unterwürfigkeit unter alle aufeinanderfolgenden Regierungen zu verdecken, deren jeder sie, der Reihe nach, den Eid der Treue geschworen und gebrochen hatten. Wie alle übrigen öffentlichen Diener, sollten sie fernerhin gewählt, verantwortlich und absetzbar sein." (17, 339)

M: „Gegen diese in allen bisherigen Staaten unumgängliche Verwandlung des Staates und der Staatsorgane aus Dienern der Gesellschaft in Herren der Gesellschaft wandte die Kommune zwei unfehlbare Mittel an. Erstens besetzte sie alle Stellen, verwaltende, richtende, lehrende, durch Wahl nach allgemeinem Stimmrecht der Beteiligten, und zwar auf jederzeitigen Widerruf durch dieselben Beteiligten." (17, 624)

III. Kommentar

Die Rechtslehre von Marx und Engels ist die Grundlage der sozialistischen Rechtsphilosophie, wonach das Recht nichts Statisches, sondern etwas Dynamisches ist, das heißt, die Rechtsordnung verändert sich nicht nur durch neue Gesetze, sondern auch durch neue Bedürfnisse des Fortschritts. Was der Fortschritt gebietet, wissen nur die Männer des Fortschritts, die Führer der sozialistischen/kommunistischen → Partei. Der Wille der Partei ist demnach oberstes Gesetz. Und da es weder Gewaltenteilung noch unabhängige Richter gibt, stößt dieser Wille auf keine institutionellen Schranken.
Die Leugnung der → Menschenrechte gibt der Parteiomnipotenz einen theoretisch allseitigen Schutz.
Auch dieses Rechtsverständnis ist Beweis dafür, daß die Freunde keine Demokraten (→ Demokratie) gewesen sind.

IV. Hinweise

1) 3, 61, 311 ff., 347; 6, 144, 243 ff.; 8, 71; 19, 20f.; 21, 501; 30, 145; 36, 454, 627, 632; 37, 261; 38, 451; 39, 141.
2) Deutsche Akademie, a.a.O.; Löw „Lehre", a.a.O., S. 286 ff.; Schefold, a.a.O.; Villey, a.a.O.

Religion

I. Thesen

Marxens Stellung zur Religion ist maßgebend beeinflußt von Ludwig Feuerbach, wenngleich Marx darüber hinausgeht und auch das Thema Religion zu einer scharfen Anklage gegen die bestehende Ordnung nutzt.

Mit der radikalen Beseitigung der gesellschaftlichen Mißstände verliert die Religion ihre Existenzgrundlage. Vorher ist der Kampf gegen die Religion sinnlos, nachher überflüssig.

Für Engels fußt die Religion auf Betrug und Dummheit. Die Naturwissenschaften schaufeln der Religion das Grab [1]. Zwangsmaßnahmen hingegen nützen ihr [2].

II. Texte

[1]

M: „Für Deutschland ist die Kritik der *Religion* im wesentlichen beendigt, und die Kritik der Religion ist die Voraussetzung aller Kritik ... Der *Mensch* macht die *Religion*, die Religion macht nicht den Menschen. Und zwar ist die Religion das Selbstbewußtsein und das Selbstgefühl des Menschen, der sich selbst entweder noch nicht erworben oder schon wieder verloren hat. ... Das *religiöse* Elend ist in einem der *Ausdruck* des wirklichen Elendes und in einem die *Protestation* gegen das wirkliche Elend. Die Religion ist der Seufzer der bedrängten Kreatur, das Gemüt einer herzlosen Welt, wie sie der Geist geistloser Zustände ist. Sie ist das *Opium* des Volkes.

Die Aufhebung der Religion als des *illusorischen* Glücks des Volkes ist die Forderung seines *wirklichen* Glücks. Die Forderung, die Illusion über seinen Zustand aufzugeben, ist die *Forderung, einen Zustand aufzugeben, der der Illusionen bedarf*. Die Kritik der Religion ist also im *Keim* die *Kritik des Jammertales*, dessen *Heiligenschein* die Religion ist...

Es ist also die *Aufgabe der Geschichte,* nachdem das *Jenseits der Wahrheit* verschwunden ist, die *Wahrheit des Diesseits* zu etablieren. Es ist zunächst die *Aufgabe* der Philosophie, die im Dienste der Geschichte steht, nachdem die *Heiligengestalt* der menschlichen Selbstentfremdung entlarvt ist, die Selbstentfremdung in ihren *unheiligen Gestalten* zu entlarven. Die Kritik des Himmels verwandelt sich damit in die Kritik der Erde, die *Kritik der Religion* in die *Kritik des Rechts,* die *Kritik der Theologie* in die *Kritik der Politik*." (1, 378 f.)

M: „Der evidente Beweis für den Radikalismus der deutschen Theorie, also für ihre praktische Energie, ist ihr Ausgang von der entschiedenen *positiven* Aufhebung der Religion." (1, 385)

E: „Diese Heuchelei führen wir auf die Religion zurück, deren erstes Wort eine Lüge ist – oder fängt die Religion nicht damit an, daß sie uns etwas Menschliches zeigt und behauptet, das sei etwas Übermenschliches,

Religion

Göttliches? Weil wir aber wissen, daß alle diese Lüge und Unsittlichkeit aus der Religion folgt, daß die religiöse Heuchelei, die Theologie der Urtypus aller andern Lügen und Heuchelei ist, so sind wir berechtigt, den Namen der Theologie auf die gesamte Unwahrheit und Heuchelei der Gegenwart auszudehnen, wie dies zuerst durch Feuerbach und Bauer geschehen ist." (1, 544)

M: „Feuerbach sieht daher nicht, daß das ‚religiöse Gemüt‘ selbst ein gesellschaftliches Produkt ist und daß das abstrakte Individuum, das er analysiert, einer bestimmten Gesellschaftsform angehört." (3, 7)

M: „Die sozialen Prinzipien des Christentums haben die antike Sklaverei gerechtfertigt, die mittelalterliche Leibeigenschaft verherrlicht und verstehen sich ebenfalls im Notfall dazu, die Unterdrückung des Proletariats, wenn auch mit etwas jämmerlicher Miene, zu verteidigen.
Die sozialen Prinzipien des Christentums predigen die Notwendigkeit einer herrschenden und einer unterdrückten Klasse und haben für die letztere nur den frommen Wunsch, die erstere möge wohltätig sein.
Die sozialen Prinzipien des Christentums predigen die Feigheit, die Selbstverachtung, die Erniedrigung, die Unterwürfigkeit, die Demut, kurz alle Eigenschaften der Kanaille . . ." (4, 200)

E: „Kunstreligionen aber können, neben aller aufrichtigen Schwärmerei, schon bei ihrer Stiftung des Betrugs und der Geschichtsfälschung nicht entbehren, und auch das Christentum hat schon gleich im Anfang hierin ganz hübsche Leistungen aufzuweisen . . . Es gilt eben die Frage zu lösen, wie es kam, daß die Volksmassen des römischen Reiches diesen noch dazu von Sklaven und Unterdrückten gepredigten Unsinn allen anderen Religionen vorzogen, so daß endlich der ehrgeizige *Konstantin* in der Annahme dieser Unsinnsreligion das beste Mittel sah, sich zum Alleinherrscher der römischen Welt emporzuschwingen." (19, 297 f.)

2

E: „Und diese Forderung, die Leute par ordre du mufti in Atheisten zu verwandeln, ist unterzeichnet von zwei Mitgliedern der Kommune, die doch wahrlich Gelegenheit genug hatten, zu erfahren, daß erstens man ungeheuer viel auf dem Papier befehlen kann, ohne daß es darum ausgeführt zu werden braucht, und zweitens, daß Verfolgungen das beste Mittel sind, mißliebige Überzeugungen zu befördern! Soviel ist sicher: Der einzige Dienst, den man Gott heutzutage noch tun kann, ist der, den Atheistmus zum zwangmäßigen Glaubensartikel zu erklären und die Bismarckschen Kirchenkulturkampfgesetze durch ein Verbot der Religion überhaupt zu übertrumpfen." (18, 532)

III. Kommentar

Auch die Religionskritik von Marx offenbart die ihm typischen Schwächen: totale Einseitigkeit und maßlose Übertreibung. Religion ist ein zeitloses, alle Produktionsweisen überdauerndes Phänomen. Selbst wenn sie ausschließlich durch Not und Elend bedingt wäre, wäre ihr Ende nicht abzusehen, da

Religion

uns nichts zu der Annahme berechtigt, daß sich die Menschheit von allen Übeln befreien kann.

Not ist nicht nur eine gesellschaftliche, sondern vor allem eine kreatürliche Erfahrung.

Die Naturwissenschaften haben viele im Bereich der Religionen angesiedelte Irrtümer aufgedeckt, die zentrale Thematik der Religion ist jedoch metaphysischer Art und entzieht sich damit dem Mikroskop.

Erwähnung verdient die Tatsache, daß der Religionskritiker Marx ein Geschichts- und Weltbild hinterlassen hat, das mit guten Gründen als Ersatzreligion angesprochen werden kann (→ Menschenbild → Sinn des Lebens → Weltanschauung).

IV. Hinweise

1) 3, 6, 13 ff.; 19, 527; 20, 453, 582; 21, 9 ff., 261; 22, 309 ff., 447 ff.; 23, 93, 169.
2) Brakelmann, a.a.O.; Fetscher „Religion", a.a.O.; Kadenbach, a.a.O.; Kaiser, a.a.O.; Löw „Christ", a.a.O., „Lehre", a.a.O., S. 23 ff., „Warum", a.a.O., S. 141 ff.; Post, a.a.O.; Senge, a.a.O.; Topitsch, a.a.O.

Revolution

I. Thesen

„Revolution" ist in der literarischen Hinterlassenschaft der Freunde fast allgegenwärtig. Wir begegnen „Revolution" als Substantiv, Adjektiv, Adverb und Verb, und, der Sache nach, in anderer sprachlicher Gestalt (→ Gewalt → Krieg, Umwälzung, Negation, Vernichtung).
Die Freunde betonen die historische Notwendigkeit von Revolutionen (→ Diamat → Histomat → Produktionsweise) [1], nennen Wesen, Voraussetzung (→ Krisensehnsucht), Folgen [2] und behaupten häufig, eine Revolution stehe unmittelbar bevor [3]. Vereinzelt gibt es auch Äußerungen, die anders zu verstehen sind oder mit denen Engels nach dem Tode von Marx eine Berichtigung versucht [4]. Die Freunde verstehen sich als Revolutionäre und haben nach Kräften auf die Revolution hingearbeitet [5]. (→ Recht → Terror)

II. Texte

[1]
E: „Das Prophezeien ist nirgends so leicht als gerade in England, weil hier alles so klar und scharf in der Gesellschaft entwickelt ist. Die Revolution *muß* kommen, es ist jetzt schon zu spät, um eine friedliche Lösung der Sache herbeizuführen ..." (2, 505)

M/E: „Schließlich erhalten wir noch folgende Resultate aus der entwickelten Geschichtsauffassung: ... 3. daß in allen bisherigen Revolutionen die Art der Tätigkeit stets unangetastet blieb und es sich nur um eine andre Distribution dieser Tätigkeit, um eine Neuverteilung der Arbeit an andre Personen handelte, während die kommunistische Revolution sich gegen die bisherige *Art* der Tätigkeit richtet, die *Arbeit* beseitigt und die Herrschaft aller Klassen mit den Klassen selbst aufhebt, weil sie durch die Klasse bewirkt wird, die in der Gesellschaft für keine Klasse mehr gilt, nicht als Klasse anerkannt wird, schon der Ausdruck der Auflösung aller Klassen, Nationalitäten etc. innerhalb der jetzigen Gesellschaft ist..."(3, 69 f.)

M: „Inzwischen ist der Gegensatz zwischen Proletariat und Bourgeoisie ein Kampf von Klasse gegen Klasse, ein Kampf, der, auf seinen höchsten Ausdruck gebracht, eine totale Revolution bedeutet." (4, 182)

E: „... je mehr neue Maschinen erfunden werden, welche die Handarbeit verdrängen, desto mehr drückt die große Industrie den Lohn, wie schon gesagt, auf sein Minimum herab und macht dadurch die Lage des Proletariats mehr und mehr unerträglich. So bereitet sie einerseits durch die wachsende Unzufriedenheit, andererseits durch die wachsende Macht des Proletariats eine Revolution der Gesellschaft durch das Proletariat vor." (4, 369)

M: „England bedarf nicht des Herumtappens kontinentaler provisorischer Regierungen, um der Lösung von Fragen, der Aufhebung von Gegensätzen näherzukommen, deren Lösung und Aufhebung vor allen andern Ländern *sein* Beruf ist. England akzeptiert nicht die Revolution vom Kontinent, England wird, wenn seine Stun-

Revolution

de geschlagen hat, *dem Kontinent die Revolution diktieren.*" (6, 77 f.)

M: „*Die Revolutionen sind die Lokomotiven der Geschichte.*" (7, 85)

E: „Unsere Leute in Deutschland können eine ähnliche Macht nur durch eine Revolution erlangen" (39, 389)

2

M: „Deutschlands *revolutionäre* Vergangenheit ist nämlich theoretisch, es ist die *Reformation.* Wie damals der *Mönch,* so ist es jetzt der *Philosoph, in* dessen Hirn die Revolution beginnt ...
Einer *radikalen* deutschen Revolution scheint indessen eine Hauptschwierigkeit entgegenzustehen.
Die Revolutionen bedürfen nämlich eines *passiven* Elementes, einer *materiellen* Grundlage. Die Theorie wird in einem Volke immer nur so weit verwirklicht, als sie die Verwirklichung seiner Bedürfnisse ist. Wird nun dem ungeheuren Zwiespalt zwischen den Forderungen des deutschen Gedankens und den Antworten der deutschen Wirklichkeit derselbe Zwiespalt der bürgerlichen Gesellschaft mit dem Staat und mit sich selbst entsprechen? Werden die theoretischen Bedürfnisse unmittelbar praktische Bedürfnisse sein? Es genügt nicht, daß der Gedanke zur Verwirklichung drängt, die Wirklichkeit muß sich selbst zum Gedanken drängen." (1, 385 f.)

M/E: „Damit sie [die Entfremdung] eine ‚unerträgliche' Macht werde, d. h. eine Macht, gegen die man revolutioniert, dazu gehört, daß sie die Masse der Menschheit als durchaus ‚eigentumslos' erzeugt hat und zugleich im Widerspruch zu einer vorhandenen Welt des Reichtums und der Bildung, was beides eine große Steigerung der Produktivkraft, einen hohen Grad ihrer Entwicklung voraussetzt ..." (3, 34)

M: „Stürzt daher das Proletariat die politische Herrschaft der Bourgeoisie, so wird sein Sieg nur vorübergehend, nur ein Moment im Dienst der *bürgerlichen Revolution* selbst sein, wie anno 1794, so lange im Lauf der Geschichte, in der ‚Bewegung' die materiellen Bedingungen noch nicht geschaffen sind, die die Abschaffung der bürgerlichen Produktionsweise und darum auch den definitiven Sturz der politischen Bourgeoisherrschaft notwendig machen." (4, 338 f.)

E: „Die kommunistische Revolution wird daher keine bloß nationale, sie wird eine in allen zivilisierten Ländern, d. h. wenigstens in England, Amerika, Frankreich und Deutschland gleichzeitig vor sich gehende Revolution sein." (4, 374)

E: „Das erste, was die Deutschen in ihrer Revolution zu tun haben, ist, mit ihrer ganzen schimpflichen Vergangenheit zu brechen." (5, 87)

E: „Von dem Fall einer Revolution, wo die Teilung der Gewalten ohne ein besonderes ‚Gesetz' aufhört, spricht Herr Kühlwetter garnicht." (5, 194)

M: „Jeder provisorische Staatszustand nach einer Revolution erfordert eine Diktatur, und zwar eine energische Diktatur." (5, 402)

M/E: „Wenn die deutschen Arbeiter nicht zur Herrschaft und Durchführung ihrer Klasseninteressen kommen können, ohne eine längere revolutionäre Entwicklung ganz durchzumachen, so haben sie diesmal wenigstens die Gewißheit, daß der erste Akt dieses bevorstehenden revolutionären Schauspiels mit dem direkten Siege ihrer eigenen Klasse in Frankreich zusammenfällt und dadurch sehr beschleunigt wird ... Ihr Schlachtruf muß sein: Die Revolution in Permanenz." (7, 253 f.)

Revolution

E: „Aber in der Revolution wie im Kriege ist es immer notwendig, dem Feind die Spitze zu bieten, und wer angreift, ist im Vorteil; und in der Revolution wie im Krieg ist es unbedingt notwendig, im entscheidenden Augenblick alles zu wagen, wie die Chancen auch stehen mögen." (8, 77)

E: „Die Geschäfte gingen ausgezeichnet – und die Engländer wissen nur zu gut, daß man mit einer vollbeschäftigten und gut bezahlten Arbeiterklasse keine politische Campagne, geschweige denn eine Revolution ins Werk setzen kann." (8, 224)

M: „In der Gesellschaft vollzieht sich eine lautlose Revolution, vor der es kein Entrinnen gibt und die sich um die menschlichen Existenzen, die sie zerbricht, ebenso wenig kümmert wie ein Erdbeben um die Häuser, die es zerstört. Unterliegen müssen jene Klassen und Rassen, die zu schwach sind, die neuen Lebensbedingungen zu meistern." (8, 544)

E: „Die Bourgeoisie ist demnach auch nach dieser Seite hin eine ebenso notwendige Vorbedingung der sozialistischen Revolution wie das Proletariat selbst. Ein Mann also, der sagen kann, daß diese Revolution in einem Lande leichter durchzuführen sei, weil dasselbe *zwar* kein Proletariat, *aber* auch keine Bourgeoisie besitze, beweist nur, daß er vom Sozialismus noch das ABC zu lernen hat." (18, 557)

M: „Schülerhafte Eselei! Eine radikale soziale Revolution ist an gewisse historische Bedingungen der ökonomischen Entwicklung geknüpft; letztere sind ihre Voraussetzungen. Sie sind also nur möglich, wo mit der kapitalistischen Produktion das industrielle Proletariat wenigstens eine bedeutende Stellung in der Volksmasse einnimmt." (18, 633)

E: „Für den Konflikt: Riesenhafte Konzentration des Kapitals einerseits und wachsendes Massenelend anderseits, gibt es nur eine Lösung: *die soziale Revolution!*" (19, 308)

M: „Unterdes gehn die französischen Fabrikanten so rücksichtslos mit den Arbeitern um, als ob nie eine Revolution stattgefunden habe. This will do good." (29, 225)

E: „Was die neue Ausgabe angeht . . ., so ist der Moment jedenfalls nicht geeignet, wo alle revolutionäre Energie aus dem englischen Proletariat so gut wie vollständig verduftet ist und der englische Proletarier sich mit der Herrschaft der Bourgeoisie vollständig einverstanden erklärt." (30, 338)

E: „Ich kenne nichts Autoritäreres als eine Revolution, und wenn man seinen Willen anderen mit Bomben und mit Gewehrkugeln aufzwingt, wie in jeder Revolution, dann scheint mir, daß man Autorität ausübt . . . Und wenn man mir von Autorität und Zentralisation wie von zwei unter allen möglichen Umständen verdammenswerten Dingen spricht, dann scheint mir, daß diejenigen, die so sprechen, entweder nicht wissen, was eine Revolution ist, oder daß sie Revolutionäre nur mit Phrasen sind." (33, 374 f.)

E: „Abgesehen von der Frage der Moralität – um diesen Punkt handelt es sich hier nicht, ich lasse ihn also beiseite – ist mir als Revolutionär jedes Mittel recht, das zum Ziel führt, das gewaltsamste, aber auch das scheinbar zahmste." (37, 327)

Revolution

E: „Die Ära der Barrikaden und Straßenschlachten ist für immer vorüber; *wenn die Truppe sich schlägt,* wird der Widerstand Wahnsinn. Also ist man verpflichtet, eine neue revolutionäre Taktik zu finden." (38, 505)

3

M/E: „Auf Deutschland richten die Kommunisten ihre Hauptaufmerksamkeit, weil Deutschland am Vorabend einer bürgerlichen Revolution steht und weil es diese Umwälzung unter fortgeschritteneren Bedingungen der europäischen Zivilisation überhaupt und mit einem viel weiter entwickelten Proletariat vollbringt als England im 17. und Frankreich im 18. Jahrhundert, die deutsche bürgerliche Revolution also nur das unmittelbare Vorspiel einer proletarischen Revolution sein kann." (4, 493)

M: „England wird wie zu Napoleons Zeit an der Spitze der contre-revolutionären Armeen stehen, aber durch den Krieg selbst an die Spitze der revolutionären Bewegung geworfen werden und seine Schuld gegen die Revolution des 18. Jahrhunderts einlösen. *Revolutionäre Erhebung der französischen Arbeiterklasse, Weltkrieg — das ist die Inhaltsanzeige des Jahres 1849."* (6, 150)

E: „Der *Sieg der Ungarn* ist übrigens *sicherer als je.* Es steht fest, daß *die Russen nicht kommen.* Noch ein paar Tage also, und die Ungarn sind in Wien, die magyarische Revolution ist beendigt und die zweite deutsche in großartigster Weise eröffnet." (6, 474)

M/E: „Die Entwicklung wird aber diesen friedlichen Gang nicht nehmen. Die Revolution, welche sie beschleunigen wird, steht im Gegenteil nahe bevor, sei es, daß sie hervorgerufen wird durch eine selbständige Erhebung des französischen Proletariats oder durch die Invasion der Heiligen Allianz gegen das revolutionäre Babel." (7, 245)

M/E: „Die Zentralbehörde ... fordert sämtliche Bundesmitglieder auf zur größten Tätigkeit, gerade jetzt, wo die Verhältnisse so gespannt sind, daß der Ausbruch einer neuen Revolution nicht lange mehr ausbleiben kann." (7, 312)

E: „Doch wir dürfen nicht vergessen, daß in Europa noch eine sechste Macht existiert, die in bestimmten Augenblicken ihre Herrschaft über die gesamten fünf sogenannten Großmächte behauptet und jede von ihnen erzittern läßt. Diese Macht ist die Revolution. Nachdem sie sich lange still und zurückgezogen verhalten hat, wird sie jetzt durch die Handelskrise und die Lebensmittelknappheit wieder auf den Kampfplatz gerufen. Von Manchester bis Rom, von Paris bis Warschau und Pest ist sie allgegenwärtig, erhebt ihr Haupt und erwacht vom Schlummer. Mannigfach sind die Symptome ihres wiederkehrenden Lebens, überall sind sie erkennbar in der Unruhe und Aufregung, die die proletarische Klasse ergriffen hat." (10, 8)

M: „Und diese Macht, die Revolution, seid versichert, wird an dem Tage nicht fehlen, wo man ihrer Aktion bedarf." (10, 246)

M: „Wenn wir den Ärmelkanal überqueren, sehen wir, daß die Oberfläche der Gesellschaft unter der Wirkung der unterirdischen Brände bebt und schwankt. Die Pariser Wahlen sind sogar weniger die Vorboten als der wirkliche Beginn einer neuen Revolution." (12, 235)

Revolution

M: „Man muß sich nicht darüber täuschen. Wie der Amerikanische Unabhängigkeitskrieg des 18. Jahrhunderts die Sturmglocke für die europäische Mittelklasse läutete, so der amerikanische Bürgerkrieg des 19. Jahrhunderts für die europäische Arbeiterklasse. In England ist der Umwälzungsprozeß mit Händen greifbar. Auf einem gewissen Höhepunkt muß er auf den Kontinent zurückschlagen." (23, 15)

E: „So schöne tabula rasa wie diesmal findet die Revolution so leicht nicht wieder vor." (29, 86)

M: „So viel ist sicher, die era of revolution ist nun wieder fairly opened in Europa. Und der allgemeine Stand der Dinge gut." (30, 324)

M: „Soeben erseh' ich aus der 2nd edition der ‚Times', daß die preußische 2te Kammer endlich was Gutes getan. Wir werden bald Revolution haben." (30, 333)

M: „Es wird mich sehr freuen, wenn sie mir gelegentlich über die vaterländischen Zustände schreiben. Wir gehn offenbar einer Revolution entgegen – woran ich seit 1850 nie gezweifelt habe." (30, 641)

M: „Les choses marchent. Und bei der nächsten Revolution, die vielleicht näher ist, als es aussieht, haben *wir* (d. h. Du und ich) diese mächtige engine in *unserer Hand.*" (31, 342 f.)

E: „Es ist ein wahrer Genuß, so eine lang vorhergesehene revolutionäre Weltlage der allgemeinen Krisis entgegenzureifen, die blinden Gegner unsere Arbeit für uns tun, die Gesetzmäßigkeiten der dem Weltkrach zutreibenden Entwicklung in und durch die allgemeine Verwirrung sich durchsetzen zu sehen." (35, 175)

E: „Der 20. Februar 1890 ist der Tag des Beginns der deutschen Revolution." (37, 359)

E: „Meiner Ansicht nach c'est le commencement de la fin [ist das der Anfang vom Ende]. Die bürgerliche Republik und ihre Politiker können diese beispiellose Bloßstellung kaum überleben . . . Natürlich wird die nächste Revolution, die sich in Deutschland mit einer Beharrlichkeit und Stetigkeit ohnegleichen vorbereitet, zu ihrer Zeit kommen, sagen wir 1898/1904 . . ." (38, 545)

E: „Wir kommen in ganz Europa wieder ins revolutionäre Fahrwasser – vive la fin de siècle!" (39, 77)

4

M/E: „Bei dieser allgemeinen Prosperität, worin die Produktivkräfte der bürgerlichen Gesellschaft sich so üppig entwickeln, wie dies innerhalb der bürgerlichen Verhältnisse überhaupt möglich ist, kann von einer wirklichen Revolution keine Rede sein. Eine solche Revolution ist nur in den Perioden möglich, wo diese *beiden Faktoren,* die *modernen Produktivkräfte* und die *bürgerlichen Produktionsformen,* miteinander *in Widerspruch* geraten. . . . *Eine neue Revolution ist nur möglich im Gefolge einer neuen Krisis. Sie ist aber auch ebenso sicher wie diese.*" (7, 440)

M: „An die Stelle der kritischen Anschauung setzt die Minorität eine dogmatische, an die Stelle der materialistischen eine idealistische. Statt der wirklichen Verhältnisse wird ihr der *bloße Wille* zum Triebrad der Revolution. Während wir den Arbeitern sagen:

Revolution

Ihr habt 15, 20, 50 Jahre Bürgerkriege und Völkerkämpfe durchzumachen, nicht nur um die Verhältnisse zu ändern, sondern um euch selbst zu ändern und zur politischen Herrschaft zu befähigen, sagt ihr im Gegenteil: ‚Wir müssen gleich zur Herrschaft kommen, oder wir können uns schlafen legen'." (8, 412)

E: „Ich habe mir nicht einfallen lassen, aus dem Text die vielen Prophezeiungen zu streichen, namentlich nicht die einer nahe bevorstehenden sozialen Revolution in England, wie meine jugendliche Hitze sie mir damals eingab." (22, 265)

Interview mit Karl Marx.
Frage: „Der Pfarrer Josef Cook in Boston hat letztens in einer Vorlesung behauptet: Karl Marx soll gesagt haben, in den Vereinigten Staaten und in Groß-Britannien, vielleicht auch in Frankreich, sei eine Arbeits-Reform ohne blutige Revolution durchführbar, aber in Deutschland und in Rußland sowie in Italien und Österreich müßte dazu Blut vergossen werden."

M: „Ich habe von Herrn Cook gehört. Er ist über den Sozialismus sehr schlecht unterrichtet. Man braucht kein Sozialist zu sein, um vorauszusehen, daß es in Rußland, Deutschland, Österreich, und möglicherweise in Italien, wenn die Italiener auf dem bisherigen Weg fortschreiten, zu blutigen Revolutionen kommen wird. Die Ereignisse der Französischen Revolution könnten sich in diesen Ländern noch einmal abspielen. Das ist jedem Kenner der politischen Verhältnisse deutlich." (34, 514)

E: „... geht der Anstoß von Deutschland aus, so kann die Revolution nur von der Armee ausgehn. Ein unbewaffnetes Volk gegen eine heutige Armee ist militärisch eine rein verschwindende Größe." (36, 253)

5

M: „Wir haben es nie verheimlicht. Unser Boden ist nicht der *Rechtsboden,* es ist der *revolutionäre Boden.*" (6, 102)

E: „Vernichtungskampf und rücksichtslosen Terrorismus – nicht im Interesse Deutschlands, sondern im Interesse der Revolution!" (6, 286)

M: „Und wir rufen: *Die Revolution ist tot! – Es lebe die Revolution!*" (7, 34)

E: „... Und wer die Augen hat zu sehen, der sieht hier die Forderung einer sozialen Revolution klar genug gestellt.... Marx ist und bleibt derselbe Revolutionär, der er immer gewesen." (16, 216)

E: „Denn Marx war vor allem Revolutionär. Mitzuwirken, in dieser oder jener Weise, am Sturze der kapitalistischen Gesellschaft und der durch sie geschaffenen Staatseinrichtungen, mitzuwirken an der Befreiung des modernen Proletariats ... das war sein wirklicher Lebensberuf. Der Kampf war sein Element." (19, 336)

E: „Im ‚Vorwärts' wird die Revolution allerdings manchmal mit ebensoviel Kraftaufwand verleugnet, wie früher – vielleicht auch nächstens – gepredigt. Aber das kann ich doch nicht für maßgebend halten.
Ich bin der Ansicht, daß Ihr nichts dadurch gewinnt, wenn Ihr den absoluten Verzicht aufs Dreinschlagen predigt." (39, 424)

Revolution

III. Kommentar

Marx und Engels waren Revolutionäre, längst bevor sie Kommunisten wurden. Nicht der Kommunismus hat sie zu Revolutionären gemacht, sondern ihr revolutionäres Sein hat kommunistisches Bewußtsein bewirkt (→ Vernichtungsdrang).

Bezeichnend ist, wie sie – und zwar mehrmals – innerhalb kürzester Zeit ihre Meinung hinsichtlich der revolutionären Reife der Situation ändern und die Andersdenkenden verunglimpfen konnten.

Während Marx seinen Irrtum zäh verteidigt (30, 342), kann sich Engels auch hier durchringen, einen Irrtum einzuräumen, freilich erst nach Marxens Tod.

IV. Hinweise

1) 1, 288, 379; 3, 5, 38 f., 42; 4, 481, 524; 5, 82, 94, 118, 134, 202, 429, 454, 457; 6, 124, 279 f., 284 ff., 506; 7, 88 f., 237, 354 ff., 461, 514, 516; 8, 5 ff., 36, 45, 71, 77; 9, 17, 33, 95 ff., 133, 215; 10, 381, 433 ff., 530; 11, 119, 182; 12, 37, 54, 579, 641; 13, 9, 353 ff.; 14, 452; 15, 181; 16, 66 f., 361, 398, 415, 524, 561; 17, 149, 160; 18, 300, 343 f., 352, 426 ff., 426 ff., 440, 529 ff., 557, 565, 572 ff.; 19, 148 f., 296; 21, 20 f., 383; 22, 35 f., 241, 305 f., 322 ff., 415, 439 ff., 510 ff., 523; 23, 21 f., 40, 526, 778 f., 790 f.; 25, 274; 26 II, 583, III 414 f.; 27, 60 f., 190, 266 f., 566, 570 f., 28, 200; 29, 211, 427, 454, 572, 577; 30, 235, 327, 345, 565; 31, 77, 220, 227, 514, 529, 556, 558; 32, 116, 251, 443 f., 538, 610, 620, 659, 674; 33, 40, 140, 147, 366, 375, 538; 34, 48, 126, 208, 245, 296, 316, 382 f., 403 f., 411, 429, 440 f., 482; 35, 160, 183, 280 ff., 381 f., 407; 36, 11, 38, 54 f., 104, 106, 169, 176, 239, 251 ff., 286, 290, 304 f., 318, 379, 471, 479, 530, 560 ff., 611; 37, 4, 155, 362, 368; 38, 72, 160, 494, 513 f., 555; 39, 8, 38, 72, 353, 412, 421.
2) Hook, a.a.O.; Lees, a.a.O.; Lowy, a.a.O.

Rußland, Russen

I. Thesen

Die Russen und Rußland tauchen in den Schriften und Briefen von Marx und Engels häufiger auf als jedes andere Volk und Land. Nach der Kritik der kapitalistischen Wirtschaftsordnung ist die Auseinandersetzung mit Rußland das Hauptthema. Bücher lassen sich mit einschlägigen Zitaten füllen und wurden schon gefüllt, jedoch offenbar nie unter Berücksichtigung des gesamten Nachlasses.
Die Freunde hassen das zaristische Rußland. Die verbalen Attacken sind von einer Leidenschaftlichkeit, die keiner Steigerung fähig ist: Es ist für sie der Hort der Reaktion, das Weltzentrum des Imperialismus und der „Hintergrund des ganzen europäischen Militarismus". Rußland fordert Nichteinmischung und mischt sich in alle Angelegenheiten der europäischen Staaten. Rußland bricht alle Verträge gewohnheitsgemäß. Seine Erfolge verdankt es der Feigheit der europäischen Staatsmänner. Rußland will nicht Krieg, sondern ohne Krieg siegen. Wenn Rußland Krieg anfängt, dann „druf auf die Russen und ihre Bundesgenossen, wer sie auch seien". Krieg gegen Rußland ist daher eine heilige revolutionäre wie nationale Pflicht [1].
Die feindselige Einstellung beschränkt sich aber nicht auf den Zaren, das zaristische System, den Panslawismus. Sie gilt kaum minder dem russischen Volk und dem russischen Menschen, obwohl in Rußland die erste fremdsprachige Ausgabe von „Das Kapital" erschien und Marx dort ergebene Anhänger hatte. Mit Bezug auf sie gibt es einige wenige positive Anmerkungen [2].
Über Rußlands Weg in den Sozialismus rätseln die Freunde. Die Gegebenheiten dort passen nicht in ihr Geschichtsbild (→ Histomat). Denn in Rußland gibt es noch Gemeineigentum am landwirtschaftlichen Boden, andererseits aber kaum Industrie. Muß Rußland den Umweg über den Kapitalismus zurücklegen oder kann es sofort sozialistisch werden [3]?
(→ Amerika → Polen → Tschechen)

II. Texte

[1]
M: „Im blutigen Schlamme mongolischer Sklaverei, nicht in der rohen Pracht der Normannenzeit, steht die Wiege Moskaus, und das moderne Rußland ist nichts anderes als eine Umgestaltung Moskaus." (Marx, „Geschichte", a. a. O., S. 47)

Rußland, Russen

M: „Kurz: Moskau ist in der scheußlichen und erbärmlichen Schule mongolischer Sklaverei aufgewachsen und großgezogen worden. Seine Stärke erwarb es nur dadurch, daß es in den Fertigkeiten des Sklaventums zum Virtuosen wurde. Sogar nach seiner Selbstbefreiung spielte Moskau seine hergebrachte Rolle des zum Herrn gewordenen Sklaven noch weiter. *Peter der Große* war es endlich, der die politische Handfertigkeit des mongolischen Sklaven mit dem stolzen Streben des mongolischen Herrschers vereinigte, dem *Dschingis Khan* in seinem letzten Willen die Eroberung der Erde vermacht hatte." (Marx, „Geschichte", a. a. O., S. 81)

M/E: „Nur der *Krieg mit Rußland* ist ein Krieg des *revolutionären Deutschlands,* ein Krieg, worin es die Sünden der Vergangenheit abwaschen, ... kann ..." (5, 202)

M/E: „Trotz seiner zahlreichen und gutbesoldeten Agenten ist Rußland in ärgster Täuschung befangen, wenn es durch Erinnerung an die sogenannten Freiheitskriege Sympathien im Jahre 1848 zu erwecken wähnt. Und Rußland hätte sein Blut für uns Deutsche vergossen?
Ganz abgesehen davon, daß Rußland vor 1812 Deutschland, ‚Integrität und Unabhängigkeit' durch offenes Bündnis und geheime Traktate mit Napoleon ‚unterstützte', so hat es sich später für seine sogenannte Hülfe durch Raub und Plünderung hinreichend entschädigt." (5, 294)

E: „Und was war der Krieg mit Rußland? Der Krieg mit Rußland war der vollständige, offne und wirkliche Bruch mit unsrer ganzen schmachvollen Vergangenheit, war die wirkliche Befreiung und Vereinigung Deutschlands ... Der Krieg mit Rußland war der einzig mögliche Weg, unsere Ehre und unsere Interessen gegenüber unsren slawischen Nachbarn und namentlich gegenüber den Polen zu retten." (5, 334)

E: „Auf die sentimentalen Brüderschaftsphrasen, die uns hier im Namen der kontrerevolutionärsten Nationen Europas dargeboten werden, antworten wir, daß der Russenhaß die *erste revolutionäre Leidenschaft* bei den Deutschen war und noch ist ..." (6, 286)

E: „In wenigen Wochen, in wenigen Tagen vielleicht schon werden sich die Heeresmassen des republikanischen Westens und die des geknechteten Ostens gegeneinander heranwälzen, um auf deutschem Boden den großen Kampf auszufechten ... Von *deutschen* Interessen, von *deutscher* Freiheit, *deutscher* Einheit, *deutschem* Wohlstand kann gar nicht die Rede ein, wo es sich um die Freiheit oder Unterdrückung, das Wohl oder Wehe von ganz *Europa* handelt. Hier hören alle Nationalitätsfragen auf, hier gibt es nur ein Frage! Wollt ihr frei sein, oder wollt ihr *russisch* sein?" (6, 525 f.)

E: „So wurde in den Studierstuben einer Handvoll slawischer Dilettanten der Geschichtswissenschaft jene lächerliche, antihistorische Bewegung aufgezogen, eine Bewegung, die sich kein geringeres Ziel setzt als die Unterjochung des zivilisierten Westens durch den barbarischen Osten, der Stadt durch das flache Land, des Handels, der Industrie und des Geisteslebens durch den primitiven Ackerbau slawischer Leibeigener. Aber hinter dieser lächerlichen Theorie stand die furchtbare Wirklichkeit des *russischen Reiches,* jenes Reiches, das mit jedem seiner Schritte den Anspruch erhebt, ganz Europa als Domäne der slawischen

Rußland, Russen

Rasse, insbesondere des einzig kraftvollen Teils dieser Rasse, der Russen, zu betrachten . . . jenes Reiches, das bei jedem Krieg, den es im Laufe der letzten 150 Jahre begonnen, nie Gebiete verloren, sondern immer gewonnen hat." (8, 53 f.)

E: „Ist aber anzunehmen, daß diese bis ins riesenhafte gewachsene und ausgedehnte Großmacht auf halbem Wege stehenbleiben wird, wenn sie schon auf dem Wege ist, ein Weltreich zu werden? . . . noch etwas wäre möglich, ja sogar wahrscheinlich. Die zerrissene und gewundene Westgrenze des Reichs, die nicht mit der natürlichen Grenzlinie zusammenfällt, würde einer Berichtigung bedürfen, und es würde sich herausstellen, daß die natürliche Grenze Rußlands von Danzig oder etwa Stettin bis Triest geht . . . Rußland ist entschieden eine Eroberernation . . ." (9, 16 f.)

M: „Wenn die anderen Mächte festbleiben, so wird sich Rußland sicherlich höchst bescheiden zurückziehen." (9, 108)

M: „Um Rußlands ‚Antipathie' gegen Gebietsvergrößerungen zu illustrieren, führe ich folgende Daten aus der großen Anzahl der Eroberungen an, die Rußland seit Peter d. Gr. gemacht.
Die russischen Grenzen sind vorgerückt:
in Richtung auf Berlin, Dresden und Wien um etwa 700 Meilen
in Richtung auf Konstantinopel um etwa 500 Meilen
in Richtung auf Stockholm um etwa 630 Meilen
in Richtung auf Teheran um etwa 1000 Meilen . . .
Die gesamten Eroberungen Rußlands in den letzten 50 Jahren sind an Ausdehnung und Wichtigkeit dem ganzen Reich ebenbürtig, das es vor dieser Zeit in Europa besaß." (9, 115 f.)

M: „Die russische Diplomatie beruhte also auf der Feigheit der Staatsmänner des Westens und ihre diplomatische Kunst ist allmählich so sehr zu einer ausgesprochenen *Manier* geworden, daß man die Geschichte der jetzigen Transaktionen fast buchstäblich in den Annalen früherer Jahre verfolgen kann . . . Hingegen verkündigte Rußland in seinem Manifest vom 1. Oktober 1829: ‚Rußland hat sich konsequent von jedem Wunsche nach Eroberungen, jedem Verlangen nach Gebietsvergrößerung ferngehalten.'" (9, 164 f.)

M: „Wie man den Hunden Knochen zuwirft, so wirft Rußland den westlichen Diplomaten wohl nur deshalb soviele Noten zu, damit sie eine unschuldige Unterhaltung haben, während es den Vorteil genießt, dadurch mehr Zeit zu gewinnen." (9, 212)

M: „Auf die Feigheit und Furchtsamkeit der Westmächte zählend, schüchtert er [der Zar] Europa ein und schraubt seine Forderungen so hoch wie möglich, um nachher edelmütig zu erscheinen, wenn er sich mit dem zufrieden gibt, was er eigentlich unmittelbar erreichen wollte." (9, 215)

M: „Es gibt keinen auffallenderen Zug in der russischen Politik, als diese traditionelle Übereinstimmung nicht nur in ihren Zielen, sondern auch in den Mitteln, mit denen sie sie zu erreichen strebt." (9, 233)

M: „Nach wie vor fährt Rußland fort, ostentativ aufzurüsten." (9, 241)

E: „So beginnt der Krieg überall mit Mißgeschick für den Zaren. Wollen wir hoffen,

Rußland, Russen

daß er so bis zum Ende verlaufen möge und daß die russische Regierung und das russische Volk durch ihn belehrt werden, ihren Ehrgeiz und ihre Arroganz zu zügeln und sich künftig um ihre eigenen Angelegenheiten zu kümmern." (9, 488)

E: „Vor etwa 80 Jahren, als die siegreichen Armeen Katharinas II. eine Provinz nach der andern von der Türkei losrissen, die dann in das umgewandelt wurden, was heute Südrußland genannt wird, findet sich in einem der Ausbrüche von lyrischem Enthusiasmus, in denen der Dichter Dershawin den Ruhm, wenn nicht gar die Tugenden dieser Kaiserin und die gottgewollte Größe ihres Reiches zu preisen pflegte, ein denkwürdiger Vers, der auch heute noch die trotzige Kühnheit und das Selbstbewußtsein der zaristischen Politik zusammenfaßt: ‚Und wozu brauchst du, oh Rußland, irgendeinen Bundesgenossen? Geh vorwärts und die ganze Welt ist dein!'. Das würde sogar noch heute zutreffen, wenn Rußland nur vorwärts könnte; dieser Bewegung ist aber ein ziemlich starker Riegel vorgeschoben. Daher ist es wenigstens zur Zeit gezwungen, die Besitzergreifung der Welt noch etwas aufzuschieben." (10, 317)

E: „Unterjochung durch die Slawen oder Zerstörung für immer des Zentrums ihrer Offensivkraft – Rußland." (11, 194)

E: „Während sich die Briten mit untergeordneten chinesischen Beamten in Kanton rauften und über die wichtige Frage miteinander diskutierten, ob Kommissar Yeh wirklich nach dem Willen des Kaisers gehandelt hatte oder nicht, nahmen die Russen das Land nördlich des Amur und südlich davon den größten Teil der mandschurischen Küste in Besitz . . ." (12, 622)

E: „Wie es den Anschein hat, ist es Deutschland vorbehalten, diese Tatsache den Russen nicht nur mit der Feder, sondern auch mit dem Schwert klarzumachen. Kommt es *dahin,* so ist das ein Rehabilitation Deutschlands, die Jahrhunderte politischer Schmach aufwiegt." (13, 612)

M: „Der ‚wohlwollende Zar' erblickt daher im Eroberungskrieg und in der Ausführung der traditionellen auswärtigen Politik Rußlands, die, wie der russische Geschichtsschreiber Karamsin bemerkt, ‚unveränderlich' ist, das einzige Mittel, die Revolution im innern zu vertagen." (14, 498)

M: „Selbst Haxthausen, der für den rechtgläubigen Zar und alles Russische schwärmt, sieht hier eine ganz entschiedne Gefahr und Drohung für Deutschland. Die befestigte Stellung der Russen an der Weichsel bedroht Deutschland mehr als alle französischen Festungen zusammengenommen, namentlich von dem Augenblick, wo Polens nationaler Widerstand aufhören und Rußland über Polens kriegerische Kraft als seine eigne Aggressivkraft verfügen würde. *Vogt* beruhigt daher Deutschland darüber, daß *Polen* aus freier Selbstbestimmung *russisch* ist." (14, 503)

E: „. . . die Arbeiterklasse. Sie will Einmischung und keine Nichteinmischung; sie will Krieg mit Rußland, solange Rußland Polen nicht in Ruhe läßt; und sie hat das bewiesen, so oft die Polen sich gegen ihre Unterdrücker erhoben." (16, 153)

M: „So steht vor Europa nur eine Alternative: Entweder wird die asiatische Barbarei unter Führung der Moskowiter wie eine Lawine über Europa hereinbrechen, oder Europa muß Polen wiederherstellen und

Rußland, Russen

schützt sich so durch einen Wall von 20 Millionen Helden vor Asien . . ." (16, 204)

E: „Der Hintergrund des ganzen europäischen Militarismus ist der russische Militarismus." (18, 522)

E: „Noch heute ist das offizielle Rußland der Hort und Schirm der gesamten europäischen Reaktion, seine Armee die Reserve aller übrigen Armeen, die die Niederhaltung der Arbeiterklasse in Europa besorgen . . . Ein Volk, das andere unterdrückt, kann sich nicht selbst emanzipieren." (18, 526 f.)

E: „Es ist diese ursprünglich aus fremden Abenteurern rekrutierte geheime Gesellschaft, die das russische Reich auf seine gegenwärtige Machtfülle gehoben hat. Mit eiserner Ausdauer, unverrückt den Blick aufs Ziel geheftet, vor keinem Treubruch, keinem Verrat, keinem Meuchelmord, keiner Kriecherei zurückschreckend, Bestechungsgelder mit vollen Händen austeilend, durch keinen Sieg übermütig, durch keine Niederlage verzagt gemacht, über die Leichen von Millionen Soldaten und wenigstens eines Zaren hinweg, hat diese ebenso gewissenlose wie talentvolle Bande mehr als alle russischen Armeen dazu beigetragen, die Grenzen Rußlands vom Dnepr und der Dwina bis über die Weichsel, bis an den Pruth, die Donau und das Schwarze Meer, vom Don und der Wolga bis über den Kaukasus und zu den Quellgebieten des Oxus und Jaxartes vorzuschieben, Rußland groß, gewaltig, gefürchtet zu machen und ihm den Weg zur Weltherrschaft zu eröffnen." (22, 15)

E: „Karl Kautsky hat in seiner Schrift über Thomas Morus nachgewiesen, wie die erste Form der bürgerlichen Aufklärung, der ‚Humanismus' des 15. und 16. Jahrhunderts, in weiterer Entwicklung auslief in das katholische Jesuitentum. Ganz so sehn wir hier ihre zweite, vollreife Form im 18. Jahrhundert auslaufen in das moderne Jesuitentum, in die russische Diplomatie . . . Sehen wir nun, wie dieser Jesuitenorden arbeitet, wie er die unaufhörlich wechselnden Ziele der konkurrierenden Großmächte als Mittel benutzt zur Erreichung seines einen, nie wechselnden, nie aus den Augen verlorenen Ziels: der Weltherrschaft Rußlands." (22, 21)

E: „Nie vorher hatte Rußland eine so gewaltige Stellung eingenommen. Aber es hatte auch einen weiten Schritt getan über seine natürlichen Grenzen hinaus. . . . Finnland ist finnisch und schwedisch, Bessarabien rumänisch, Kongreßpolen polnisch. Hier ist nicht mehr die Frage von Vereinigung zertreuter und verwandter Stämme, die alle den Namen Russen führen, hier handelt es sich um die nackte, gewaltsame Eroberung fremder Gebiete, um einfachen Raub." (22, 29)

E: „Der Antisemitismus ist das Merkzeichen einer zurückgebliebenen Kultur und findet sich deshalb auch nur in Preußen und Österreich resp. Rußland." (22, 49)

M: „Die Russen spielen ihre Rolle nett wie immer. Nachdem sie die braven Preußen encouragiert, treten sie als Friedensmänner und Schiedsrichter von Europa auf, waren aber zugleich so sinnig, dem Herrn Bonaparte mitzuteilen, daß auf etwaigem Congress Polen natürlich gar nicht in Rede kommen dürfe kurz, daß Rußland sich in die europäischen, aber Europa sich nicht in die russischen Angelegenheiten einzumischen habe." (31, 216)

Rußland, Russen

E: „Den Zarismus zu stürzen, diesen Alpdruck zu vernichten, der auf ganz Europa lastet, das ist in unseren Augen die erste Bedingung für die Emanzipation der Nationen Mittel- und Osteuropas." (37, 5)

E: „... alles das sind Dinge, die in einem halbbarbarischen Land wie Rußland der Armee jede Aussicht auf erfolgreiche Aktion abschneiden ... Also Frankreich, das den Frankfurter Vertrag *brechen* will, erklärt ihn stützen zu wollen mit Hülfe Rußlands; und Rußland, das alle Verträge gewohnheitsmäßig bricht, verbündet sich mit eben diesem Frankreich zu ihrer unverbrüchlichen Haltung. Für wie dumm müssen *die* Leute das Publikum halten, an das sie sich wenden." (38, 226)

E: „Aber den Russen gegenüber sind unsere offiziellen Politiker des Abendlandes unbegreiflich dumm." (38, 404)

E: „Der Differenzpunkt ist, daß Du glaubst, die Russen wollen Krieg und ich, sie wollen nur drohen, ohne die positive Absicht des Losschlagens, aber in gleichzeitiger Erkenntnis, daß es doch auch zum Losschlagen kommen kann.
Ich habe die Methoden und Gewohnheiten der russischen Diplomatie in der gleichzeitigen und vergangnen Geschichte jahrelang studiert und weiß, daß ein Krieg für sie stets eine diplomatische Niederlage bedeutet, insofern als er stets etwas von ihr nicht gewolltes ist. Denn erstens sind diplomatische Einschüchterungserfolge billiger und sichrer, und zweitens beweist jeder neue Krieg nur, wie relativ schwach zu Eroberungszwecken die russische Armee ist." (38, 159)

E: „Wird die Kriegsgefahr größer, dann können wir der Regierung sagen, wir wären bereit, wenn man es uns möglich mache durch anständige Behandlung, sie zu unterstützen gegen den auswärtigen Feind, vorausgesetzt, daß sie den Krieg mit allen, auch revolutionären Mitteln und rücksichtslos führe. Wird Deutschland von Ost und West angegriffen, so ist jedes Mittel der Verteidigung gut. Es geht um die nationale Existenz und auch für uns um die Behauptung der Position und der Zukunftschancen, die wir uns erkämpft." (38, 176)

E: „Also druf, wenn Rußland Krieg anfängt, druf auf die Russen und ihre Bundesgenossen, *wer sie auch auch seien*. Dann haben wir dafür zu sorgen, daß der Krieg mit allen revolutionären Mitteln geführt und jede Regierung unmöglich gemacht wird, die sich weigert, diese Mittel anzuwenden ..." (38, 188)

2

M: „In dem russischen Vokabularium existiert das Wort ‚Ehre' nicht." (9, 396)

E: „Aber bis zur heutigen Zeit sind die Russen aller Klassen viel zu barbarisch, um an wissenschaftlicher oder geistiger Tätigkeit irgendwelcher Art (außer Intrigen) Gefallen zu finden. Deshalb sind fast alle ihre hervorragenden Leute im Militärdienst entweder Ausländer oder, was beinahe auf dasselbe herauskommt, ... Deutsche aus den baltischen Provinzen ... Der russische Soldat gehört zu den tapfersten Männern Europas. Seine Zähigkeit kommt fast der der Engländer und gewisser österreichischer Bataillone gleich ... Dennoch ist die russische Armee nicht sehr rühmenswert. ... Die Russen sind vor allem die schwerfälligsten Soldaten der Welt, sie sind weder für den Dienst in der leichten Infanterie, noch für den der leichten Kavallerie geeignet." (11, 452 ff.)

Rußland, Russen

M: „Die Hunde von Russen . . ." (28, 257)

M: „Es freut mich natürlich außerordentlich zu hören, daß mein Buch in *russischer* Übersetzung zu Petersburg erscheint." (32, 17)

M: „Da ich aber keinem Russen traue . . ." (32, 243)

M: „Die Sache war zwar russisch-schlau, aber doch dumm angefangen . . . Und grade die Arbeiter sind auf diese Weise nicht zu fangen." (32, 251)

E: „Der Serno tut mir leid, scheint wirklich mal ein anständiger Russe gewesen zu sein." (32, 383)

M: „Auch das Familienleben der russischen Bauern – mit der scheußlichen Zu-Tode-Prügelei ihrer Weiber, Schnaps und Kebsweiber – gut geschildert." (32, 437)

E: „Wenn irgend etwas die westeuropäische Bewegung ruinieren könnte, so wäre es die Importation dieser 40 000 ± gebildeten, ambitiösen, hungrigen russischen Nihilisten . . ." (32, 489)

M: „Vor einigen Tagen überraschte mich ein Petersburger Buchhändler mit der Nachricht, daß ‚Das Kapital' in russischer Übersetzung sich jetzt im Druck befindet. Er verlangte mein Photogramm dafür als Titelvignette, und diese Kleinigkeit konnte ich ‚meinen guten Freunden', den Russen, nicht abschlagen. Es ist eine Ironie des Schicksals, daß die Russen, die ich seit 25 Jahren unausgesetzt, und nicht nur deutsch, sondern französisch und englisch bekämpft habe, immer meine ‚Gönner' waren." (32, 566)

M: „Ein Russe sandte mir seine Arbeit . . . über die Lage der Bauernschaft und der Arbeiterklasse im allgemeinen in jenem umnachteten Land." (32, 636)

E: „Russ bleibt Russ." (33, 17)

M: „Lopatine . . . ist der einzig ‚solide' Russ, den ich bis jetzt kennengelernt, und das nationale Vorurteil werde ich ihm bald aus den Knochen schlagen." (33, 28)

[3]
E: „Wenn nun im Westen die Lösung der Widersprüche durch eine Neuorganisation der Gesellschaft zur Voraussetzung hat die Übernahme sämtlicher Produktionsmittel, also auch des Bodens, in das Gemeineigentum der Gesellschaft, wie verhält sich zu diesem erst zu schaffenden Gemeineigentums des Westens das schon oder vielmehr noch bestehende Gemeineigentum in Rußland? Kann es nicht dienen als Ausgangspunkt einer nationalen Aktion, die unter Überspringung der ganzen kapitalistischen Periode, den russischen Bauernkommunismus sofort hinüberführt in das moderne sozialistische Gemeineigentum an allen Produktionsmitteln, indem sie ihn bereichert mit den sämtlichen technischen Errungenschaften der kapitalistischen Ära? Oder, um die Worte zu gebrauchen, worin Marx in einem weiter unten zu zitierenden Brief Tschernyschewskis zusammenfaßt: ‚soll Rußland zunächst die Bauernkommune zerstören, wie die Liberalen dies verlangen, um dann zu kapitalistischen System überzugehn . . .?' . . . Schon hieraus geht hervor, daß die Initiative zu einer solchen etwaigen Umgestaltung der russischen Gemeinde nur ausgehn kann nicht von ihr selbst, sondern einzig von den industriellen Proletariern des

Rußland, Russen

Westens ... In der Tat: Nie und nirgends hat der aus der Gentilgesellschaft überkommene Agrarkommunismus aus sich selbst heraus etwas andres entwickelt als seine eigne Zersetzung." (18, 665 f.)

M: „Es ist ferner eine historische Lüge, dies Gemeineigentum sei mongolisch. Wie ich verschiedentlich in meinen Schriften angedeutet, ist es *indischer* Abkunft und findet sich daher bei allen europäischen Kulturvölkern im Beginn ihrer Entwicklung ... Daß dagegen der russische Staat in seiner Politik Europa und Amerika gegenüber den *Mongolismus* vertritt, ist natürlich eine jetzt schon zum Gemeinplatz gewordne Wahrheit ..." (32, 650)

E: „Mit dem Jahre 1861 begann Rußland die Entwicklung einer modernen Industrie in einem Maßstab, der einer großen Nation würdig ist ... Das einzig Kuriose dabei ist, daß dieselben Leute in Rußland, die nie müde werden, die unschätzbare Überlegenheit der primitiven Institutionen Rußlands über die des verderbten Abendlandes herauszustreichen, ihr Bestes tun, diese primitiven Institutionen zu zerstören und sie durch die des verderbten Abendlandes zu ersetzen." (38, 303 ff.)

E: „Er sagt, die üblen Folgen des modernen Kapitalismus in Rußland werden ebenso leicht überwunden werden wie in den Vereinigten Staaten. Hier vergißt er ganz, daß die USA von allem Anfang an modern, bourgeois waren; daß sie von Kleinbürgern und Bauern gegründet wurden, die dem europäischen Feudalismus entflohen, um eine rein bürgerliche Gesellschaft zu errichten. Dagegen haben wir in Rußland ein Fundament von primitiv-kommunistischem Charakter, eine noch aus der Zeit vor der Zivilisation stammende Gentilgesellschaft." (39, 148 f.)

E: „Es ist ganz unmöglich, mit dieser Generation von Russen zu diskutieren, zu der er gehört und die immer noch an die spontane kommunistische Mission glaubt, die Rußland, das wahre heilige Rußland, von den anderen profanen Völkern unterscheidet. Übrigens, in einem Lande wie dem Ihrigen, wo die moderne Großindustrie auf die ursprüngliche Bauerngemeinde aufgepfropft ist und alle Zwischenphasen der Zivilisation nebeneinander bestehen, in einem Lande, das außerdem von einer mehr oder weniger wirksamen geistigen chinesischen Mauer umgeben ist, die der Despotismus errichtet hat, in einem solchen Lande darf man sich nicht wundern, wenn dort die seltsamsten und unmöglichsten Ideenverbindungen entstehen." (39, 416 f.)

III. Kommentar

Was die Russen heute von Marx halten, läßt sich nicht ermitteln. Tatsache ist, daß unter anderem der Marxismus die ideologische Grundlage der Sowjetunion bildete und daß Marx, der Russenhasser, dem russischen Volk als eine der drei großen Autoritäten vorgestellt wurde. Offiziell hieß es in der Sowjet-

Rußland, Russen

union und in der DDR, Marx habe nur den Zarismus abgelehnt und bekämpft. Mit den Texten, die das Gegenteil beweisen, setzte man sich nicht auseinander. Teilweise sind sie sogar noch unveröffentlicht (Marx, „Geschichte", a.a.O.).

Marx und Engels, die den russischen Militarismus und Expansionismus auf das schärfste gegeißelt haben, mußten in Gigantengröße die Militärparaden der Roten Armee abnehmen – eine besondere Ironie der Weltgeschichte.

IV. Hinweise

1) 4, 462, 524; 6, 171, 270 ff.; 7, 516; 9, 20 f., 102, 164, 245, 381 ff.; 10, 313 f., 541; 11, 195 ff., 414, 445, 451, 567; 13, 407 ff.; 14, 498 f., 503 ff.; 16, 154 ff., 160 f., 202 f., 407; 18, 524 f., 556, 572 ff.; 19, 242f.; 22, 13 ff., 387, 429; 27, 266; 28, 501, 602; 29, 105; 30, 372, 377, 408, 548 f., 565, 667; 31, 486, 556; 32, 262, 389, 466, 567 ff.; 34, 163, 280, 433; 35, 271, 279, 408; 36, 303 f., 96 f.; 37, 363, 375, 524; 38, 95, 364; 39, 298. Marx „Geschichte", a.a.O., 1977 passim.
2) Doering, a.a.O.; Krause, a.a.O.

Schweiz, Schweizer

I. Thesen

„Wenn sie auch keine Köpfe und Ohren abschneiden, wie die Türken . . .", erzkonservative Barbaren sind die Schweizer, insbesondere die Urschweizer, gleichwohl und werden länger als die meisten anderen Völker brauchen, um das Mittelalter zu verlassen. Also sind sie Reaktionäre und haben als Staatsvolk keine Existenzberechtigung. – So die nahezu durchgehende Meinung Engels'. Marx äußert sich kaum dazu [1].
Doch auch zu diesem Thema gibt es – vereinzelt – Äußerungen, die für die gegenteilige Auffassung angeführt werden könnten [2].

II. Texte

[1]

E: „Endlich also wird dem unaufhörlichen Großprahlen von der ‚Wiege der Freiheit', von den ‚Enkeln Tells und Winkelrieds', von den tapferen Siegern von Sempach und Murten ein Ende gemacht werden! Endlich also hat es sich herausgestellt, daß die Wiege der Freiheit nichts anders ist als das Zentrum der Barbarei und die Pflanzschule der Jesuiten, daß die Enkel Tells und Winkelrieds durch keine andern Gründe zur Raison zu bringen sind als durch Kanonenkugeln, daß die Tapferkeit von Sempach und Murten nichts anders war als die Verzweiflung brutaler und bigotter Bergstämme, die sich störrisch gegen die Zivilisation und den Fortschritt stemmen!
Es ist ein wahres Glück, daß die europäische Demokratie endlich diesen urschweizerischen, sittenreinen und reaktionären Ballast los wird. Solange die Demokraten sich noch auf die Tugend, das Glück und die patriarchalische Einfalt dieser Alpenhirten beriefen, solange hatten sie selbst noch einen reaktionären Schein. . . .

Sowohl Norwegen wie die Urschweiz sind demokratisch organisiert. Aber es gibt verschiedenerlei Demokraten, und es ist sehr nötig, daß die Demokraten der zivilisierten Länder endlich die Verantwortlichkeit für die norwegische und urschweizerische Demokratie ablehnen. . . .
Seitdem hat man wenig mehr von ihnen gehört. Sie beschäftigten sich in aller Gottseligkeit und Ehrbarkeit mit Kühemelken, Käsemachen, Keuschheit und Jodeln. Von Zeit zu Zeit hielten sie Volksversammlungen, worin sie sich in Hornmänner, Klauenmänner und andre bestialische Klassen spalteten und nie ohne eine herzliche, christlich-germanische Prügelei auseinander gingen. Sie waren arm, aber rein von Sitten, dumm, aber fromm und wohlgefällig vor dem Herrn, brutal, aber breit von Schultern und hatten wenig Gehirn, aber viel Wade. . . .
Jetzt aber scheint diese Sittenreinheit aber doch einmal in Grund und Boden umgerührt werden zu sollen. Hoffentlich werden die Exekutionstruppen ihr möglichstes tun,

Schweiz, Schweizer

um aller Biederkeit, Urkraft und Einfalt den Garaus zu machen. Dann aber jammert, ihr Spießbürger! . . .
Doch lassen wir das. Diese Urschweizer müssen noch mit ganz andern Waffen bekämpft werden als mit bloßem Spott . . .
Die Urschweiz dagegen hat nie etwas andres getan, als sich gegen die Zentralisation angestemmt. Sie hat mit einer wirklich tierischen Hartnäckigkeit auf ihrer Absonderung von der ganzen übrigen Welt, auf ihren lokalen Sitten, Trachten, Vorurteilen, auf ihrer ganzen Lokalborniertheit und Abgeschlossenheit bestanden. Sie ist bei ihrer ursprünglichen Barbarei mitten in Europa stehengeblieben, während alle andern Nationen, selbst die übrigen Schweizer, fortgeschritten sind. Mit dem ganzen Starrsinn roher Urgermanen besteht sie auf der Kantonalsouveränität, d. h. auf dem Recht, in Ewigkeit nach Belieben dumm, bigott, brutal, borniert, widersinnig und käuflich zu sein, mögen ihre Nachbarn darunter leiden oder nicht." (4, 391 ff.)

E: „Die Masse der Schweizer Bevölkerung betreibt entweder Viehzucht oder Ackerbau; Viehzucht im Hochgebirge und Ackerbau überall dort, wo es die Beschaffenheit des Bodens erlaubt. Die Hirtenstämme, denn Stämme kann man sie nennen, gehören zu den am wenigsten zivilisierten Bewohnern Europas. Wenn sie auch keine Köpfe und Ohren abschneiden wie die Türken und Montenegriner, so verüben sie doch durch ihre Gerichtsversammlungen kaum weniger barbarische Handlungen, und zu welcher Grausamkeit und bestialischen Wildheit sie fähig sind, haben die schweizerischen Söldlinge in Neapel und andernorts bewiesen . . . Der Schweizer Bauer beackert das Stück Land, das sein Vater und Großvater vor ihm beackert hatten; er beackert es in derselben nachlässigen Weise, wie sie es taten; er hat etwa denselben Verdienst, den sie hatten; er lebt ungefähr in derselben Weise, wie sie es getan haben, und folglich denkt er auch fast genauso wie sie . . .
Was man bestenfalls noch zugunsten der schweizerischen Verfassung von 1848 sagen kann, ist, daß durch ihr Inkrafttreten der zivilisiertere Teil der Schweizer sich gewillt zeigte, bis zu einem gewissen Grade vom Mittelalter in die moderne Gesellschaft überzugehen. . . . Was die Schweizer Regierung anbelangt, so gab sie auf jede immer unverschämtere Forderungen einen noch demütigeren Bescheid. Wenn jedoch einmal in ihren Worten etwas von oppositionellem Geist zu spüren war, so konnte man sicher sein, daß sie dies in ihren Taten durch verstärkte Unterwürfigkeit wieder wettzumachen trachtete. Eine Infamie nach der anderen wurde geschluckt, ein Befehl nach dem anderen ausgeführt, bis die Schweiz schließlich in Europa auf die tiefste Stufe der Verachtung gesunken war — bis sie mehr verachtet war, als selbst ihre beiden Rivalen in der ‚Neutralität': Belgien und Griechenland. . . .
Wenn die Nationen Europas die Fähigkeit, frei und normal zu handeln, wiedererlangt haben, dann werden sie in Erwägung ziehen, was mit diesen kleinen ‚neutralen' Staaten geschehen soll, die sich zu Knechten einer im Vormarsch befindlichen Konterrevolution machen und sich andererseits jeder revolutionären Bewegung gegenüber neutral oder sogar feindlich verhalten und sich trotzdem als freie und unabhängige Nation ausgeben." (9, 88 ff.)

E: „Die militärisch ausgebildeten Schweizer sind wie alle Bergbewohner, ausgezeichnete Soldaten, und wo sie auch als reguläre

Schweiz, Schweizer

Truppen unter fremder Fahne gedient haben, kämpften sie außerordentlich gut. Da sie aber ziemlich schwer von Begriff sind, brauchen sie die Ausbildung wirklich weit nötiger als die Franzosen oder die Norddeutschen. . . ." (11, 472)

E: „Raveaux hat recht: selbst in dem oktroyierten Preußen ist man freier als in der freien Schweiz." (27, 133)

M: „Das Vieh [Wilhelm Liebknecht] glaubt an den zukünftigen ‚*Staat der Demokratie*'! Unterderhand ist das bald das konstitutionelle England, bald die bürgerlichen Vereinigten Staaten, bald die elende Schweiz. Von revolutionärer Politik hat ‚*es*' keine Ahnung." (32, 360)

E: „Die Schweizer revidierte Verfassung war bestenfalls nur ein höchst mäßiger Bourgeoisfortschritt, der einerseits den Barbaren der Urkantone etwas Bewegung aufzwang, andrerseits aber auch die fortschrittlichsten Kantone, namentlich das ausnahmsweise günstig gestellte Genf . . . in ihrer eigenen Entwicklung hemmen konnte. . . ." (33, 486)

E: „Die Schweizer sind und waren immer Philister und Kleinbürger . . ." (37, 271)

2

E: „Die kleinen Länder, wie Belgien und die Schweiz, sind die modernen politischen Laboratorien, die Versuchsfelder, wo man die Erfahrungen sammelt, die später in den großen Staaten angewandt werden. Sehr oft geht gerade von diesen kleinen Ländern der erste Anstoß zu einer Bewegung aus, die bestimmt ist, Europa zu erschüttern. So wie vor der Februarrevolution der Krieg des Schweizer Sonderbundes." (39, 302)

III. Kommentar

Daß die Schweizer Gegebenheiten recht wenig nach dem Geschmack der Freunde gewesen sind, ist nur zu verständlich. Kaum große Industrie, kaum Proletarier, d. h. kaum Chancen für eine sozialistische Revolution, daher keine Existenzberechtigung (→ Selbstbestimmungsrecht).
Die Texte stammen zwar fast ausnahmslos von Engels. Das zweite Zitat trägt jedoch die Überschrift „Karl Marx". Marx hat also die Äußerungen Engels' sicherlich im wesentlichen gebilligt.

IV. Hinweise

1) 12, 108; 16, 525; 29, 97; 32, 240, 243, 251; 34, 128; 36, 434; 37, 199.
2) –

Selbstbestimmungsrecht des Volkes

I. Thesen

Das Selbstbestimmungsrecht des Volkes als Eigenwert hat im Weltbild von Marx und Engels keinen Raum. Die Existenzberechtigung eines Volkes hängt davon ab, ob das Volk fortschrittlich oder reaktionär ist. Fortschrittlich ist es, wenn es Revolution macht oder, wie → Preußen, durch Zentralisation (→ Föderalismus) die Revolution vorbereitet [1].
An einigen Stellen sprechen sich die Freunde für Selbstbestimmung aus [2]. (→ Deutschland → Polen → Rußland → Schweiz)

II. Texte

[1]

E: „Mit demselben Recht, mit dem die Franzosen Flandern, Lothringen und Elsaß genommen haben und Belgien früher oder später nehmen werden, mit demselben Recht nimmt Deutschland Schleswig: mit dem Recht der Zivilisation gegen die Barbarei, des Fortschritts gegen die Stabilität. Und selbst wenn die Verträge für Dänemark wären — was noch sehr zweifelhaft ist —, dies Recht gilt mehr als alle Verträge, weil es das Recht der geschichtlichen Entwicklung ist." (5, 395

E: „Die Streitenden teilen sich in zwei große Heerlager; auf der einen Seite der Revolution die Deutschen, Polen und Magyaren; auf der Seite der Kontrerevolution die übrigen, die sämtlichen Slawen mit Ausnahme der Polen, Rumänen und die siebenbürgischen Sachsen.
Woher kömmt diese Scheidung nach Nationen, welche Tatsachen liegen ihr zugrunde? Diese Scheidung entspricht der ganzen bisherigen Geschichte der fraglichen Stämme. Sie ist der Anfang der Entscheidung über das Leben oder den Tod aller dieser großen und kleinen Nationen. Die ganze frühere Geschichte Österreichs beweist es bis auf diesen Tag, und das Jahr 1848 hat es bestätigt. Unter allen den Nationen und Nationchen Österreichs sind nur drei, die die Träger des Fortschritts waren, die aktiv in die Geschichte eingegriffen haben, die noch jetzt lebensfähig sind — die *Deutschen,* die *Polen,* die *Magyaren.* Daher sind sie jetzt revolutionär.
Alle anderen großen und kleinen Stämme und Völker haben zunächst die Mission, im revolutionären Weltsturm unterzugehen. Daher sind sie jetzt kontrerevolutionär." (6, 168)

E: „Es ist kein Land in Europa, das nicht in irgendeinem Winkel eine oder mehrere Völkerruinen besitzt, Überbleibsel einer früheren Bewohnerschaft, zurückgedrängt und unterjocht von der Nation, welche später Trägerin der geschichtlichen Entwicklung wurde. Diese Reste einer von dem Gang der Geschichte, wie Hegel sagt, unbarmherzig zertretenen Nation, die *Völkerabfälle* werden jedesmal und bleiben bis zur gänzlichen

Selbstbestimmungsrecht des Volkes

Vertilgung oder Entnationalisierung die fanatischen Träger der Kontrerevolution, wie ihre ganze Existenz überhaupt schon ein Protest gegen eine große geschichtliche Revolution ist. . . .

So in Österreich die panslawistischen *Südslawen,* die weiter nichts sind als der *Völkerabfall* einer höchst verworrenen tausendjährigen Entwicklung. Daß dieser ebenfalls höchst verworrene Völkerabfall sein Heil nur in der Umkehr der ganzen europäischen Bewegung sieht, die für ihn nicht von Westen nach Osten, sondern von Osten nach Westen gehen sollte, daß die befreiende Waffe, das Band der Einheit für ihn die *russische Knute* ist — das ist das Natürlichste von der Welt." (6, 172 f.)

E: „Der allgemeine Krieg, der dann ausbricht, wird diesen slawischen Sonderbund zersprengen und alle diese kleinen stierköpfigen Nationen bis auf ihren Namen vernichten.
Der nächste Weltkrieg wird nicht nur reaktionäre Klassen und Dynastien, er wird auch ganze reaktionäre Völker vom Erdboden verschwinden machen. Und das ist auch ein Fortschritt." (6, 176)

E: „Und endlich, welches ‚Verbrechen‘, welche ‚fluchwürdige Politik‘, daß die Deutschen und Magyaren zu der Zeit, als überhaupt in Europa die großen Monarchien eine ‚historische Notwendigkeit‘ wurden, alle diese kleinen verkrüppelnden, ohnmächtigen Nationchen zu einem großen Reich zusammenschlugen und sie dadurch befähigten, an einer geschichtlichen Entwicklung teilzunehmen, der sie, sich überlassen, gänzlich fremdgeblieben wären! Freilich, dergleichen läßt sich nicht durchsetzen, ohne manch sanftes Nationenblümlein gewaltsam zu zerknicken. Aber ohne Gewalt und ohne eherne Rücksichtslosigkeit wird nichts durchgesetzt in der Geschichte . . ." (6, 278 f.)

E: „Wenn die Nationen Europas die Fähigkeit, frei und normal zu handeln, wiedererlangt haben, dann werden sie in Erwägung ziehen, was mit diesen kleinen ‚neutralen‘ Staaten geschehen soll, die sich zu Knechten einer im Vormarsch befindlichen Konterrevolution machen und sich andererseits jeder revolutionären Bewegung gegenüber neutral oder sogar feindlich verhalten und sich trotzdem als freie und unabhängige Nationen ausgeben. Doch zu diesem Zeitpunkt wird vielleicht von diesen Auswüchsen eines ungesunden Körpers keine Spur mehr zu finden sein." (9, 94)

E: „Daß die Karte von Europa definitiv festgestellt sei, wird kein Mensch behaupten. Alle Veränderungen, sofern sie Dauer haben, müssen aber im ganzen und großen darauf hinausgehen, den großen und lebensfähigen europäischen Nationen mehr und mehr ihre *wirklichen* natürlichen Grenzen zu geben, die durch Sprache und Sympathien bestimmt werden, während gleichzeitig die Völkertrümmer, die sich hier und da noch finden und die einer nationalen Existenz nicht mehr fähig sind, den größeren Nationen einverleibt bleiben und entweder in ihnen aufgehen oder sich nur als ethnografische Denkmäler ohne politische Bedeutung erhalten. Militärische Erwägungen können nur in zweiter Linie gelten.
Soll aber die Karte von Europa revidiert werden, so haben wir Deutsche das Recht, zu fordern, daß es gründlich und unparteiisch geschehe und daß man nicht, wie es beliebte Methode ist, verlange, Deutschland allein solle Opfer bringen, während alle an-

Selbstbestimmungsrecht des Volkes

dern Nationen von ihnen Vorteil haben, ohne das geringste aufzugeben." (13, 267)

E: „Das deutsch-preußische Reich, als Vollendung des durch 1866 gewaltsam geschaffnen Norddeutschen Bundes, ist eine durchaus revolutionäre Schöpfung. Ich beklage mich nicht darüber. Was ich den Leuten vorwerfe, die es gemacht haben, ist, daß sie nur armselige Revolutionäre waren, nicht viel weiter gingen und gleich ganz Deutschland an Preußen annektierten." (36, 239)

E: „Diese elenden Trümmerstücke ehemaliger Nationen, Serben, Bulgaren, Griechen und anderes Räubergesindel, für die der liberale Philister im Interesse der Russen schwärmt, gönnen also einander die Luft nicht, die sie einatmen, und müssen sich untereinander die gierigen Hälse abschneiden. Das wäre wunderschön . . ." (36, 390)

2

M: „Das Volk, das ein anderes unterjocht, schmiedet seine eigenen Ketten." (16, 389; ebenso 16, 417)

M: „Der Imperialismus ist die prostituierteste und zugleich die schließliche Form jener Staatsmacht, die von der entstehenden bürgerlichen Gesellschaft ins Leben gerufen war als das Werkzeug ihrer eignen Befreiung vom Feudalismus und die die vollentwickelte Bourgeoisgesellschaft verwandelt hatte in ein Werkzeug zur Knechtung der Arbeit durch das Kapital." (17, 338)

E: „Nun aber steht hinter dem offiziellen Deutschland das sozialistische Deutschland, die Partei, der die Zukunft, die nahe Zukunft des Landes gehört. Sobald diese Partei an die Herrschaft kommt, kann sie diese weder ausüben noch festhalten, ohne die Ungerechtigkeiten wiedergutzumachen, die ihre Amtsvorgänger gegen andre Nationen begangen. Sie wird die Wiederherstellung des heute so schnöde von der französischen Bourgeoisie verratenen Polens vorbereiten, sie wird Nordschleswig und Elsaß-Lothringen in die Lage versetzen müssen, frei über ihre politische Zukunft zu entscheiden." (22, 253)

M: „Mein lieber Jung,
Die Fragen sind folgende. . . .
Die Notwendigkeit, den moskowitischen Einfluß in Europa zu beseitigen durch die Verwirklichung des Rechts der Völker auf Selbstbestimmung, die Wiederherstellung Polens auf demokratischer und sozialer Grundlage." (31, 486)

E: „Nur das eine ist sicher: das siegreiche Proletariat kann keinem fremden Volk irgendwelche Beglückung aufzwingen, ohne damit seinen eignen Sieg zu untergraben." (35, 358)

E: „Alles was ich sagen kann, ist, daß meiner Meinung nach die in Frage kommende Bevölkerung selbst über ihr Los zu entscheiden hat, ebenso wie die Elsässer selbst zwischen Deutschland und Frankreich wählen müssen." (37, 374)

Selbstbestimmungsrecht des Volkes

III. Kommentar

Die Mißachtung des Willens der Völker korrespondiert mit der Mißachtung des Willens der einzelnen Menschen (→ Freiheit). Den „Völkerabfällen" entspricht der „Menschenkehricht" (→ Menschenbild). Einige der Zitate können sogar als Rechtfertigungsversuche für Völkermord verstanden werden.
Soweit sich die Freunde scheinbar für ein unbedingtes Selbstbestimmungsrecht aussprechen, geschieht dies aus taktischen Gründen, so in Proklamationen, aber nicht in der Korrespondenz der Freunde untereinander.

IV. Hinweise

1) 4, 417; 6, 171, 173; 10, 203; 13, 253 ff.; 22, 537; 31, 491; 33, 43; 37, 4; 38, 187 f., 445.
2) Motschmann, a.a.O.

Sinn des Lebens

I. Thesen

Die Frage nach dem Sinn des Lebens wird weder von Marx noch von Engels ausdrücklich gestellt. Ausführungen, die sich unmittelbar als Antwort anbieten, gibt es ebenfalls nicht, es sei denn unter Heranziehung der Jugendschriften, zum Beispiel des Abituraufsatzes [1].
Ihr Atheismus (→ Religion) verbietet einen transzendenten Lebenssinn. Für Engels ist das Leben ein Sein zum Tode [2].
Marx sieht den Sinn seines Lebens in rücksichtslosem Kampf (→ Krisensehnsucht → Terror → Vernichtungsdrang) gegen das Bestehende, rücksichtslos gegen sich selbst, seine Familie, gegen Freund und Feind. In diesem Kampf ist Engels dabei ein treuer, hilfreicher Weggefährte [3].
(→ Menschenbild)

II. Texte

[1]

M: „Auch dem Menschen gab die Gottheit ein allgemeines Ziel, die Menschheit und sich zu veredeln . . ." (Ergbd. 1, 591)

[2]

E: „*Leben und Tod.* Schon jetzt gilt keine Physiologie für wissenschaftlich, die nicht den Tod als wesentliches Moment des Lebens auffaßt . . ., die *Negation* des Lebens als wesentlich im Leben selbst enthalten, so daß Leben stets gedacht wird mit Beziehung auf sein notwendiges Resultat, das stets im Keim in ihm liegt, den Tod. Weiter ist die dialektische Auffassung des Lebens nichts. Aber wer dies einmal verstanden, für den ist alles Gerede von Unsterblichkeit der Seele beseitigt. . . . Hier also einfaches Sichklarwerden vermittelst der Dialektik über die Natur von Leben und Tod hinreichend, einen uralten Aberglauben zu beseitigen. Leben heißt Sterben." (20, 554)

[3]

M: „Ist die Konstruktion der Zukunft und das Fertigwerden für alle Zeiten nicht unsre Sache, so ist desto gewisser, was wir gegenwärtig zu vollbringen haben, ich meine *die rücksichtslose Kritik alles Bestehenden* . . ." (1, 344)

M: „*Krieg* den deutschen Zuständen! Allerdings! Sie stehn *unter dem Niveau der Geschichte,* sie sind *unter aller Kritik* . . ." (1, 380)

M/E: „Aber es ist dennoch nötig, in einem Lande wie Deutschland, wo die philosophischen Phrasen seit Jahrhunderten eine gewisse Macht hatten und wo die Abwesenheit der scharfen Klassengegensätze anderer Nationen ohnehin dem kommunistischen Bewußtsein weniger Schärfe und Entschiedenheit gibt, allen Phrasen entgegenzutreten, die das Bewußtsein über den totalen Gegensatz des Kommunismus gegen die bestehen-

Sinn des Lebens

de Weltordnung noch mehr abschwächen und verwässern könnten." (3, 457)

E: „Mitzuwirken, in dieser oder jener Weise, am Sturz der kapitalistischen Gesellschaft und der durch sie geschaffenen Staatseinrichtungen, mitzuwirken an der Befreiung des modernen Proletariats, dem *er* [Marx] zuerst das Bewußtsein seiner eigenen Lage und seiner Bedürfnisse, das Bewußtsein der Bedingungen seiner Emanzipation gegeben hatte – das war sein wirklicher Lebensberuf." (19, 336)

E: „... unbarmherzige Kritik für alle ..." (27, 190)

M: „Aber ich muß meinen Zweck durch dick und dünn verfolgen und der bürgerlichen Gesellschaft nicht erlauben, mich in eine money-making machine zu verwandeln." (29, 570)

M: „Warum ich Ihnen also nicht antwortete? Weil ich fortwährend am Rande des Grabes schwebte. Ich mußte also *jeden* arbeitsfähigen Moment benutzen, um mein Werk fertigzumachen, dem ich Gesundheit, Lebensglück und Familie geopfert habe." (31, 542)

M: „Was das ‚settlement' betrifft, so konnte bei mir von vornherein nie die Rede von der Übernahme eines Geschäfts sein, bevor mein Buch fertig ist. Sonst hätte ich mich lang aus jeder Peinlichkeit der Lage herausziehen können." (32, 583)

III. Kommentar

Die Frage nach dem Lebenssinn taucht immer wieder auf, selbst dort, wo es eine verbindliche Ideologie gibt, die dazu schweigt. Gerade wegen dieses Mankos muß der Marxismus letztlich für viele immer unbefriedigend bleiben. Die Teilnahme an der Erfüllung einer historischen Mission, deren Absender die unpersönliche, namenlose Geschichte ist, kann letztlich nicht befriedigen. Auch Engels' Leben als Dasein zum Tod läßt das Geborenwerden und das Sein überhaupt unsinnig erscheinen.
Der revolutionäre Aktionismus widerspricht dem → Histomat als notwendigem Gesetz der Geschichte.

IV. Hinweise

1) Ergbd. 1, 593.
2) Kaltenbrunner, a.a.O.; Miller R., a.a.O.; Rolfes, a.a.O.

Sozialdemokratische Partei Deutschlands (SPD)

I. Thesen

Die SPD (zunächst Sozialistische Arbeiterpartei Deutschlands) entstand 1875 durch den Zusammenschluß des Allgemeinen Deutschen Arbeitervereins (ADAV → Lassalle) mit der Sozialdemokratischen Arbeiterpartei (SDAP → Liebknecht).
Die Vereinigung erfolgte ohne Wissen und gegen den Willen von Marx und Engels. Die Freunde unterziehen das Vereinigungsprogramm einer heftigen Kritik und sagen die baldige Spaltung vorher [1].
Allmählich steigt in Engels' Augen das Ansehen der Parteibasis trotz der suspekten Führung (→ Arbeiterbewegung → Liebknecht → Literaten) [2].
Gegen den Willen der Parteiführung wird Marxens Kritik des Vereinigungsparteitages 15 Jahre später auf Engels' Betreiben veröffentlicht, was zum Bruch mit Liebknecht führt [3].
Engels tut sein Möglichstes, um revisionistische Tendenzen abzuwehren (→ Bayern) [4].
Gleichwohl muß er es noch erleben, daß seine radikalen Ansichten durch die Parteiführung entschärft werden [5].
Obgleich weder Marx noch Engels Mitglied der SPD gewesen ist, unterstützt sie Engels mit beachtlichen Spenden [6].

II. Texte

[1]

M: „Randglossen zum Programm der Deutschen Arbeiterpartei . . .
Erster Teil des Paragraphen: ‚Die Arbeit ist die Quelle alles Reichtums und aller Kultur.' Die Arbeit ist *nicht die Quelle* alles Reichtums. Die Natur ist ebensosehr die Quelle der Gebrauchswerte . . ." (19, 15; typisch für die „Randglossen")

E: „Da, im Jahre 1875, vollzog sich die Verschmelzung. Und seitdem haben die ehemals feindlichen Brüder ununterbrochen eine einzige, innig vereinte Familie ausgemacht. Und wäre noch die geringste Aussicht gewesen, sie zu entzweien, so war Bismarck so freundlich, dem vorzubeugen, indem er 1878 den deutschen Sozialismus rechtlos erklärte durch sein berüchtigtes Ausnahmegesetz." (22, 249)

E (an August Bebel): „Jedenfalls glaube ich, daß die tüchtigen Elemente unter den Lassalleanern Ihnen mit der Zeit von selbst zufallen werden und daß es deshalb unklug wäre, die Frucht vor der Reife zu brechen, wie die Einigungsleute wollen." (33, 591)

Sozialdemokratische Partei Deutschlands (SPD)

E (an August Bebel): „Sie fragen mich, was wir von der Einigungsgeschichte halten? Leider ist es uns ganz gegangen wie Ihnen. Weder Liebknecht noch sonst jemand hat uns irgendwelche Mitteilungen gemacht, und auch wir wissen daher nur, was in den Blättern steht, und da stand nichts, bis vor ca. 8 Tagen der Programmentwurf kam. Der hat uns allerdings nicht wenig in Erstaunen gesetzt. ... Dabei bin ich überzeugt, daß eine Einigung auf *dieser* Basis kein Jahr dauern wird. ... Übrigens habe ich Ramm ebenfalls klaren Wein eingeschenkt, an Liebknecht schrieb ich nur kurz. Ich verzeihe ihm nicht, daß er uns von der ganzen Sache *kein Wort* mitgeteilt ... bis es sozusagen zu spät war." (34, 125 ff.)

M: „Nachstehend kritische Randglossen zu dem Koalitionsprogramm sind Sie wohl so gut, nach Durchlesung, zur Einsicht an Geib und Auer, Bebel und Liebknecht mitzuteilen ... Nach abgehaltenem Koalitionskongreß werden Engels und ich nämlich eine kurze Erklärung veröffentlichen, des Inhalts, daß wir besagtem Prinzipienprogramm durchaus fernstehn und nichts damit zu tun haben. Es ist dies unerläßlich, da man im Ausland die von Parteifeinden sorgsamst genährte Ansicht − die durchaus irrige Ansicht − hegt, daß wir die Bewegung der sog. Eisenacher Partei insgeheim von hier aus lenken. ... Abgesehn davon ist es meine Pflicht, ein nach meiner Überzeugung durchaus verwerfliches und die Partei demoralisierendes Programm auch nicht durch diplomatisches Stillschweigen anzuerkennen. ... Man wollte offenbar alle Kritik eskamotieren und die eigne Partei nicht zum Nachdenken kommen lassen.
Man weiß, wie die bloße Tatsache der Vereinigung die Arbeiter befriedigt, aber man irrt sich, wenn man glaubt, dieser augenblickliche Erfolg sei nicht zu teuer erkauft. Übrigens taugt das Programm nichts, auch abgesehn von der Heiligsprechung der Lassall'schen Glaubensartikel." (34, 137 f.)

E: „Wir sind ganz Ihrer Ansicht, daß Liebknecht durch seinen Eifer die Einigung zu erreichen, *jeden* Preis für sie zu zahlen, die ganze Sache verfahren hat." (34, 155)

E: „Ich sprach von der *Partei,* und die ist, als was sie vor der Öffentlichkeit, in Presse und Kongressen, sich gibt. Und da herrscht jetzt die Halbbildung und der sich zum Literaten aufblähende Ex-Arbeiter vor. Wenn diese Leute nur eine winzige Minderheit ausmachen, wie Du sagst, so müßt Ihr doch offenbar nur deswegen Rücksicht auf sie nehmen, weil jeder von ihnen seinen Anhang hat. Der moralische und intellektuelle Verfall der Partei datiert von der Einigung und war zu vermeiden, wenn man damals ein wenig mehr Zurückhaltung und Verstand bewiesen hätte." (34, 285)

E: „Der Bericht über den Kopenhagener Kongreß war immer so abgefaßt, daß ich genügend zwischen den Zeilen lesen und mir danach Liebknechts wie immer rosig gefärbte Mitteilung berichtigen konnte. Jedenfalls sah ich, daß die Halben eine derbe Niederlage erlitten, und glaubte damit allerdings, daß sie jetzt die Hörner einziehen würden. Das scheint also doch nicht in dem Grad der Fall zu sein. Über diese Leute haben wir uns nie getäuscht. Hasenclever ebensowenig wie Hasselmann hätten nie zugelassen werden dürfen, aber Liebknechts Überstürzung der Einigung, gegen die wir

Sozialdemokratische Partei Deutschlands (SPD)

damals aus Leibenskräften protestierten, hat uns einen Esel und für eine Zeit lang auch einen Schuft aufgeladen." (36, 25)

2

E: „Die Deutschen, obwohl sie ihren eignen Krakeel mit den Lassalleanern haben, sind durch den Haager Kongreß, wo sie im Gegensatz zu ihrem eignen Gezänk lauter Brüderlichkeit und Harmonie erwarteten, sehr enttäuscht und schlaff geworden; dazu kommt, daß die Parteibehörden der Sozialdemokratischen Arbeiterpartei augenblicklich aus lauter eingefleischten Lassalleanern . . . bestehn, die das Verlangen stellen, Partei und Parteiblatt soll auf den Standpunkt des allerplattesten Lassalleanismus herabgezwängt werden. Der Kampf dauert fort; die Leute wollen die Zeit, wo Liebknecht und Bebel sitzen, benutzen, um dies durchzusetzen; der kleine Heppner leistet energischen Widerspruch, ist aber aus der Redaktion des ‚Volksst.' so gut wie heraus und ohnehin aus Leipzig ausgewiesen. Der Sieg dieser Kerle wäre gleichbedeutend mit dem Verlust der Partei für uns – wenigstens für den Augenblick." (33, 583)

E: „Die Hamburger Wahl hat auch im Ausland große Sensation gemacht. Unsere Leute halten sich aber auch mehr als musterhaft. Solche Zähigkeit, Ausdauer, Elastizität, Schlagfertigkeit und solcher siegsgewisse Humor im Kampf mit den kleinen und großen Miseren der deutschen Gegenwart ist unerhört in der neueren deutschen Geschichte. Besonders prächtig hebt sich das hervor gegenüber der Korruption, Schlaffheit und allgemeinen Verkommenheit aller übrigen Klassen der deutschen Gesellschaft." (36, 56 f.)

E: „Die Polizei hat unsern Leuten ein ganz famoses Feld eröffnet: den allgegenwärtigen und ununterbrochenen Kampf mit der Polizei selbst. Der wird überall und immer geführt, mit großem Erfolg und, was das Beste ist, mit großem Humor. Die Polizei wird besiegt und – ausgelacht obendrein. . . . Unter den sog. Führern ist viel faules Zeug, aber in unsre Massen hab' ich unbedingtes Vertrauen, und was ihnen an revolutionärer Tradition fehlte, das bringt ihnen der kleine Krieg mit der Polizei mehr und mehr bei." (36, 106)

E: „Dank der großen Zunahme an petit bourgeois – gebildete Schafsköpfe, sind unsere ‚Führer' in Deutschland ein trauriger Haufen geworden." (36, 132)

E: „Und da ich einmal auf diesem Thema bin, so kann ich Dir nicht verschweigen, daß mich das Auftreten dieser Herren im Reichstag –, soweit die schlechten Zeitungsberichte beurteilen lassen – und in ihrer eignen Presse mehr und mehr überzeugt, daß wenigstens *ich* nicht im entferntesten mit ihnen auf gleichem Boden stehe und nichts mit ihnen gemein habe. Diese angeblich ‚gebildeten', in Wirklichkeit absolut unwissenden und mit Gewalt nichts lernen wollenden Philanthropen, die man gegen Marx und meine langjährigen Warnungen nicht nur zugelassen, sondern in Reichtagssitze hinein protegiert hat, scheinen mir mehr und mehr zu merken, daß sie in der Fraktion die Mehrzahl haben, und daß gerade sie mit ihrer Liebedienerei gegen jeden staatssozialistischen Brocken, den ihnen

Sozialdemokratische Partei Deutschlands (SPD)

Bismarck vor die Füße wirft, am allermeisten dabei interessiert sind, daß das Sozialistengesetz bestehn bleibt...." (36, 160 f.)

E: „Die Teilung ins proletarische und ins bürgerliche Lager wird immer ausgesprochener, und wenn die Bürgerlichen sich einmal dazu ermannt haben, die Proletarischen zu überstimmen, kann der Bruch provoziert werden. Diese Möglichkeit muß, glaub' ich, im Auge gehalten werden. Provozieren *sie* den Bruch – wozu sie sich aber noch etwas Courage antrinken müßten – so ist's nicht so schlimm. Ich bin stets der Ansicht, daß, solange das Sozialistengesetz besteht, wir ihn nicht provozieren dürfen; kommt er aber, nun dann drauf los, und dann geh' ich mit Dir ins Geschirr." (36, 215)

E: „Wirst Du Dich denn nie überzeugen, daß dies halbgebildete Literatengesindel nur die Partei verfälschen und verhunzen kann? Nach Dir sollte auch Viereck nie in den Reichstag kommen! Das kleinbürgerliche Element in der Partei bekommt mehr und mehr Oberwasser. Der Name von Marx soll möglichst unterdrückt werden. Wenn das so vorangeht, so gibt es eine Spaltung in der Partei, darauf kannst Du Dich verlassen." (36, 279)

E: „Der Krakeel in der deutschen Partei hat mich nicht überrascht. In einem Spießbürgerland wie Deutschland muß die Partei auch einen spießbürgerlichen ‚gebildeten' rechten Flügel haben, den sie im entscheidenden Moment abschüttelt. Der Spießbürger-Sozialismus datiert von 1844 in Deutschland und ist schon im ‚Kommunistischen Manifest' kritisiert. Er ist so unsterblich wie der deutsche Spießbürger selbst.

... Sollten aber die Herren die Spaltung selbst hervorrufen, indem sie den proletarischen Charakter der Partei unterdrücken und durch eine knotig-ästhetisch-sentimentale Philanthropie ohne Kraft und Saft ersetzen wollen, so müssen wir's eben nehmen, wie es kommt." (36, 328)

E: „Aber eines Tages wird die Spaltung kommen, und dann werden wir dem Spießbürger den nötigen Fußtritt geben." (36, 331)

E: „Wir haben die Satisfaktion, daß die Marxsche Kritik komplett durchgeschlagen hat. – Auch der letzte Rest Lassalleanismus ist entfernt. Mit Ausnahme einiger schwächlich redigierten Stellen ... läßt sich nichts mehr gegen das Programm sagen, wenigstens nicht nach *erster* Lesung." (38, 183)

E: „Die Arbeiter der Großstädte, also die intelligentesten und gewecktesten, haben wir ja schon, was jetzt kommt, sind entweder Arbeiter der Kleinstädte oder Landdistrikte, oder Studenten, Commis usw. .... Im Ernst ist keiner so dumm, sich von der großen Masse der Partei trennen zu wollen, und keiner so eingebildet zu glauben, er könne *neben* unsrer großen Partei noch ein kleines Privatparteichen, ähnlich wie die schwäbischen Volksparteiler, bilden ... All dieser Krakeel dient nur zur Enttäuschung der Bourgeois, die auf eine Spaltung nun seit 20 Jahren immer von neuem rechnen ..." (39, 367 f.)

E: „Die deutschen sozialdemokratischen Arbeiter haben soeben einen Triumph erfochten, wie ihre zähe Standhaftigkeit, ihre

Sozialdemokratische Partei Deutschlands (SPD)

eiserne Disziplin, ihr heiterer Humor im Kampf, ihre Unermüdlichkeit ihn nicht anders verdient haben, der aber wohl ihnen selbst unerwartet gekommen ist und der die Welt in Staunen versetzt hat. Mit der Unwiderstehlichkeit eines Naturprozesses ist der Zuwachs der sozialdemokratischen Stimmen bei jeder Neuwahl vor sich gegangen." (22, 10)

E: „Und zudem verbietet mir meine in 50jähriger Arbeit erworbene internationale Stellung, als Vertreter dieser oder jener nationalen sozialistischen Partei. . . . aufzutreten, wenn sie mir auch nicht verbietet, mich zu erinnern, daß ich ein Deutscher bin, und stolz zu sein auf die Position, die unsere deutschen Arbeiter vor allen andern sich erkämpft." (22, 247)

3

E: „Das hier abgedruckte Manuskript – der Begleitbrief an Bracke sowohl wie die Kritik des Programmentwurfs – wurde 1875 kurz vor dem Gothaer Einigungskongreß an Bracke zur Mitteilung an Geip, Auer, Bebel und Liebknecht und spätern Rücksendung an Marx abgesandt. Da der Haller Parteitag die Diskussion des Gothaer Programms auf die Tagesordnung der Partei gesetzt hat, würde ich glauben, eine Unterschlagung zu begehen, wenn ich dies wichtige – vielleicht das Wichtigste – in diese Diskussion einschlagende Aktenstück der Öffentlichkeit noch länger vorenthielte. . . .
Die rücksichtslose Schärfe, mit der hier der Programmentwurf zergliedert, die Unerbittlichkeit, womit die gewonnenen Resultate ausgesprochen, die Blößen des Entwurfs aufgedeckt werden, alles das kann heute, nach 15 Jahren, nicht mehr verletzen." (22, 90)

E: „An Bebel schreibe ich noch heute. Ich habe ihm früher nichts von der Sache gesagt, weil ich ihn nicht in eine falsche Stellung gegen Liebknecht bringen wollte. Diesem wäre er *verpflichtet* gewesen, davon zu sprechen, und Liebknecht, der, wie seine Haller Programmrede beweist, sich Auszüge aus dem Manuskript gemacht, würde Himmel und Hölle aufgeboten haben, den Druck zu verhindern." (38, 10)

E: „Der Artikel von Marx hat im Parteivorstand großen Zorn und in der Partei selbst viel Beifall hervorgerufen . . . Inzwischen erhalte ich keine direkten Nachrichten von ihnen, man boykottiert mich ein wenig." (38, 27 f.)

E: „Den Marxschen Artikel in der ‚Neuen Zeit' hast Du gelesen. Er hat bei den sozialistischen Machthabern in Deutschland anfangs großen Zorn verursacht, der sich aber schon etwas zu legen scheint . . . Liebknecht natürlich ist wütend, da die ganze Kritik speziell auf ihn gemünzt war und er der Vater, der mit dem Arschficker Hasselmann das faule Programm gezeugt hat." (38, 30 f.)

4

E: „Man wird bemerken, daß in allen diesen Aufsätzen und namentlich in diesem letztern ich mich durchweg nicht einen Sozialdemokraten nenne, sondern einen Kommunisten. Dies, weil damals in verschiedenen Ländern Leute sich Sozialdemokraten

Sozialdemokratische Partei Deutschlands (SPD)

nannten, die keineswegs die Übernahme sämtlicher Produktionsmittel durch die Gesellschaft auf ihre Fahne geschrieben hatten. In Frankreich verstand man unter einem Sozialdemokraten einen demokratischen Republikaner mit mehr oder weniger waschechten, aber immer unbestimmbaren Sympathien für die Arbeiterklasse. ... In Deutschland nannten sich die Lassalleaner Sozialdemokraten; aber obwohl die Masse derselben mehr und mehr die Notwendigkeit der Vergesellschaftung der Produktionsmittel einsah, blieben die spezifisch lassalleschen Produktionsgenossenschaften mit Staatshülfe doch der einzige öffentlich anerkannte Programmpunkt. Für Marx und mich war es daher rein unmöglich, zur Bezeichnung unseres speziellen Standpunkts einen Ausdruck von solcher Dehnbarkeit zu wählen. Heute ist das anders, und so mag das Wort passieren, so unpassend es bleibt für eine Partei, deren ökonomisches Programm nicht bloß allgemein sozialistisch, sondern direkt kommunistisch, und deren politisches letztes Endziel die Überwindung des ganzen Staates, also auch der Demokratie ist." (22, 417 f.)

5

E: „Zu meinem Erstaunen sehe ich heute im ‚Vorwärts' einen Auszug aus meiner ‚Einleitung' *ohne mein Vorwissen abgedruckt* und derart zurechtgestutzt, daß ich als friedfertiger Anbeter der Gesetzlichkeit quand même dastehe. Umso lieber ist es mir, daß das ganze jetzt in der ‚Neuen Zeit' erscheint, damit dieser schmähliche Eindruck verwischt wird." (39, 452)

E: „Liebknecht hat mir gerade einen schönen Streich gespielt. Er hat meiner Einleitung zu den Artikeln von Marx über das Frankreich von 1848 bis 1850 alles das entnommen, was ihm dazu dienen konnte, die um jeden Preis friedliche und Gewaltanwendung verwerfende Taktik zu stützen, die es ihm seit einiger Zeit, besonders in diesem Augenblick zu predigen beliebt, wo man in Berlin Ausnahmegesetze vorbereitet." (39, 458)

6

E: „Da es sich bei den diesmaligen Wahlen um einen großen Effekt handelt, so müssen wir uns alle anstrengen, und so lege ich Dir für den Wahlfonds eine Anweisung für £ 25 bei." (36, 207)

E: „*Ich vermache* August Bebel ... und Paul Singer ... die Summe von £ 1000, ... um die Wahl solcher Personen in den Deutschen Reichstag ... zu fördern ..." (39, 505)

III. Kommentar

Was Engels für die französische Arbeiterpartei schreibt (II 1; 22, 249), steht in scharfem Kontrast zu den brieflichen Äußerungen und ist ein beson-

Sozialdemokratische Partei Deutschlands (SPD)

ders gutes Beispiel für die Richtigkeit der Behauptung, daß der Briefwechsel weit aufschlußreicher ist als die öffentlichen Verlautbarungen.
Bezeichnend ist das Schimpfen auf jene Arbeiter, die es zu literarischen Leistungen gebracht haben und ebenfalls der Widerspruch, der darin zu sehen ist, daß die Massen so tüchtig, ihre Führer aber so dumm sind.
Trotz der „dummen Führer" schafft die SPD einen Siegeszug ohnegleichen. Ist das nicht paradox, und ebenso, daß die Tüchtigen Dumme zu ihren Führern wählen?
Zunächst wird von Engels immer wieder die Spaltung der neuen Partei vorhergesagt; doch sie findet nicht statt. Nun macht sich Engels über jene Bourgeois lustig, die die Spaltung prophezeiten.
Die Spaltung, an die er selbst nicht mehr glaubte, kam. Die Freunde haben stets die radikalen Parteimitglieder für die Rechtgläubigen gehalten. Sie sind es auch, die sich zu Recht auf Marx und Engels berufen (→ Demokratie → Diktatur des Proletariats → Menschenrechte → Parlament → Rechtsstaat).

IV. Hinweise

1) 22, 227 ff.; 33, 588 f.; 36, 155, 292, 299, 317, 323, 335, 347.
2) Miller S., a.a.O.

Sozialismus

I. Thesen

Marx und Engels verstanden sich als Kommunisten. Der → Kommunismus ist für sie jene Spielart des Sozialismus, deren Methoden radikal (→ Gewalt → Terror) und deren Ziele revolutionär (→ Revolution) sind. Die anderen Sozialisten wurden von ihnen bekämpft, wenngleich sie, wie die Bourgeois, als vorübergehende Bundesgenossen durchaus in Betracht kamen (→ Demokratie) [1].
Die radikalen Sozialisten sind siegesgewiß [2].
Eine Spielart des Sozialismus ist für Engels das Christentum früher Jahrhunderte [3].
Andererseits hat im fortschrittlichsten Land, in → England, der Sozialismus vorübergehend aufgehört zu existieren [4].

II. Texte

[1]

M: „Der Sozialismus und Kommunismus ging nicht von Deutschland aus, sondern von England, Frankreich und Nordamerika." (4, 341)

M/E: „1. Der reaktionäre Sozialismus a) Der feudale Sozialismus . . . b) Kleinbürgerlicher Sozialismus . . . c) Der deutsche oder der ‚wahre' Sozialismus . . .
2. Der konservative oder Bourgeoissozialismus . . .
3. Der kritisch-utopische Sozialismus und Kommunismus . . ." (4, 482 ff.)

M: „Während so die *Utopie,* der *doktrinäre Sozialismus,* der die Gesamtbewegung einem ihrer Momente unterordnet, der an die Stelle der gemeinschaftlichen, gesellschaftlichen Produktion die Hirntätigkeit des einzelnen Pedanten setzt und vor allem den revolutionären Kampf der Klassen mit seinen Notwendigkeiten durch kleine Kunststücke oder große Sentimentalitäten wegfantasiert . . . – gruppiert sich das *Proletariat* immer mehr um den *revolutionären Sozialismus,* den *Kommunismus,* für den die Bourgeoisie selbst den Namen *Blanqui* erfunden hat. Dieser Sozialismus ist die *Permanenzerklärung der Revolution,* die *Klassendiktatur* des Proletariats als notwendiger Durchgangspunkt zur *Abschaffung der Klassenunterschiede* überhaupt . . ." (7, 89)

M: „Handelt es sich um Petitionsrecht oder um Weinsteuer, um Pressefreiheit oder um Freihandel, um Klubs oder um Munizipalverfassung, um Schutz der persönlichen Freiheit oder um Regelung des Staatshaushaltes, das Losungswort kehrt immer wieder, das Thema bleibt immer dasselbe, der Urteilsspruch ist immer fertig und lautet unveränderlich: ‚*Sozialismus!*' Für *sozialistisch* wird selbst der bürgerliche Liberalis-

Sozialismus

mus erklärt, für sozialistisch die bürgerliche Aufklärung, für sozialistisch die bürgerliche Finanzreform. Es war sozialistisch, eine Eisenbahn zu bauen, wo schon ein Kanal vorhanden war, und es war sozialistisch, sich mit dem Stocke zu verteidigen, wenn man mit dem Degen angegriffen wurde.
Es war dies nicht bloße Redeform, Parteitaktik. Die Bourgeoisie hatte die richtige Einsicht, daß alle Waffen, die sie gegen den Feudalismus geschmiedet, ihre Spitze gegen sie selbst kehrten, daß alle Bildungsmittel, die sie erzeugt, gegen ihre eigene Zivilisation rebellierten, daß alle Götter, die sie geschaffen, von ihr abgefallen waren. Sie begriff, daß alle sogenannten bürgerlichen Freiheiten und Fortschrittsorgane ihre *Klassenherrschaft* zugleich an der gesellschaftlichen Grundlage und an der politischen Spitze angriffen und bedrohten, also ‚*sozialistisch*' geworden waren. In dieser Drohung und in diesem Angriffe fand sie mit Recht das Geheimnis des Sozialismus, dessen Sinn und Tendenz sie richtiger beurteilen, als der sogenannte Sozialismus selbst zu beurteilen weiß, der daher nicht begreifen kann, wie die Bourgeoisie sich verstockt gegen ihn verschließt, mag er nun sentimental über die Leiden der Menschheit winseln oder christlich das 1000jährige Reich und die allgemeine Bruderliebe verkünden oder humanistisch von Geist, Bildung, Freiheit faseln oder doktrinär ein System der Vermittlung und der Wohlfahrt aller Klassen aushecken. Was sie aber nicht begriff, war die Konsequenz, daß ihre *eignes parlamentarisches Regime,* daß ihre *politische Herrschaft* überhaupt nun auch als *sozialistisch* dem allgemeinen Verdammungsurteil verfallen mußte." (8, 152 f.)

E: „Die vom modernen Sozialismus erstrebte Umwälzung ist, kurz ausgedrückt, der Sieg des Proletariats über die Bourgeoisie und die Neuorganisation der Gesellschaft durch Vernichtung aller Klassenunterschiede. Dazu gehört nicht nur ein Proletariat, das diese Umwälzung durchführt, sondern auch eine Bourgeoisie, in deren Händen sich die gesellschaftlichen Produktionskräfte so weit entwickelt haben, daß sie die endgültige Vernichtung der Klassenunterschiede gestatten." (18, 556)

E: „Hiernach erschien jetzt der Sozialismus nicht mehr als zufällige Entdeckung dieses oder jenes genialen Kopfs, sondern als das notwendige Erzeugnis des Kampfes zweier geschichtlich entstandnen Klassen, des Proletariats und der Bourgeoisie. Seine Aufgabe war nicht mehr, ein möglichst vollkommenes System der Gesellschaft zu verfertigen, sondern den geschichtlichen ökonomischen Verlauf zu untersuchen, dem diese Klassen und ihr Widerstreit mit Notwendigkeit entsprungen, und in der dadurch geschaffnen ökonomischen Lage die Mittel zur Lösung des Konflikts entdecken. Mit dieser materialistischen Auffassung war aber der bisherige Sozialismus ebenso unverträglich wie die Naturauffassung des französischen Materialismus mit der Dialektik und der neueren Naturwissenschaft. Der bisherige Sozialismus kritisierte zwar die bestehende kapitalistische Produktionsweise und ihre Folgen, konnte sie aber nicht erklären, also auch nicht mit ihr fertig werden; er konnte sie nur einfach als schlecht verwerfen. Je heftiger er gegen die von ihr unzertrennliche Ausbeutung der Arbeiterklasse eiferte, desto weniger war er imstand, deutlich anzugeben, worin denn diese Ausbeutung bestehe und wie sie entstehe. Es handelte sich aber darum, die kapitalistische Produktionsweise einerseits in ihrem geschichtlichen Zusammenhang und ihrer

Sozialismus

Notwendigkeit für einen bestimmten geschichtlichen Zeitabschnitt, also auch die Notwendigkeit ihres Untergangs, darzustellen, andrerseits aber auch ihren innern Charakter bloßzulegen, der noch immer verborgen war. Dies geschah durch die Enthüllung des *Mehrwerts* ... Diese beiden großen Entdeckungen: die materialistische Geschichtsauffassung und die Enthüllung des Geheimnisses der kapitalistischen Produktion vermittelst des Mehrwerts verdanken wir *Marx*." (19, 208 f.)

E: „Ihr Vorschlag wegen der Vorrede über den *Bismarck*-Sozialismus ist soweit ganz in der Ordnung und stimmt teilweise mit meinen eignen Wünschen." (35, 359)

E: „Das Zeichen, worin der europäische Sozialismus steht, heißt augenblicklich: Krakeel." (37, 316)

2

E: „In dieser handgreiflichen, materiellen Tatsache, die sich den Köpfen der ausgebeuteten Proletarier mit unwiderstehlicher Notwendigkeit in mehr oder weniger klarer Gestalt aufdrängt – in ihr, nicht aber in den Vorstellungen dieses oder jenes Stubenhockers von Recht und Unrecht, begründet sich die Siegesgewißheit des modernen Sozialismus." (20, 147)

3

E: „Wenn also Herr Professor Anton Menger in seinem ‚Recht auf den vollen Arbeitsertrag' sich wundert, warum bei der kolossalen Zentralisation des Grundbesitzes unter den römischen Kaisern und bei dem maßlosen Leiden der damaligen, fast ausschließlich aus Sklaven bestehenden Arbeiterklasse ‚auf den Sturz des weströmischen Reichs nicht der Sozialismus gefolgt sei', – so sieht er eben nicht, daß dieser ‚Sozialismus', soweit er damals möglich war, in der Tat bestand und auch zur Herrschaft kam – im Christentum." (22, 449)

4

E: „Die Wahrheit ist diese: Solange Englands Industriemonopol dauerte, hat die englische Arbeiterklasse bis zu einem gewissen Grad teilgenommen an den Vorteilen dieses Monopols. Diese Vorteile wurden sehr ungleich unter sie verteilt; die privilegierte Minderheit sackte den größten Teil ein, aber selbst die große Masse hatte wenigstens dann und wann vorübergehend ihren Teil. Das ist der Grund, warum seit dem Aussterben des Owenismus es in England keinen Sozialismus gegeben hat. Mit dem Zusammenbruch des Monopols wird die englische Arbeiterklasse diese bevorrechtete Stellung verlieren." (22, 276 f.)

III. Kommentar

Bezeichnend ist, daß nach Engels der Sozialismus in einem Lande zumindest vorübergehend wieder verschwinden kann, wenn sich die Lage der arbeitenden Klasse verbessert. Diese Annahme, die wohl nur einer Verärgerung über seinen geringen Einfluß auf die Arbeiterbewegung in England entsprungen ist, steht im krassen Widerspruch zum → Histomat.

Sozialismus

IV. Hinweise

1) 2, 132, 138, 605; 4, 207 ff., 248 ff.; 7, 88 f.; 14, 439; 19, 181 ff.; 30, 155; 35, 179, 386, 427; 36, 149, 468; 37, 140.
2) Bartsch, a.a.O.; Fetscher „Sozialismus", a.a.O.

Staat

I. Thesen

Für Marx und Engels ist der Staat ein Instrument zur Unterdrückung einer Klasse durch eine andere Klasse. Mit der Herausbildung der Klassen ist der Staat entstanden, mit der Abschaffung der Klassen wird der Staat absterben. Für diese Auffassung gibt es zahlreiche Belege, weshalb sich die meisten Interpreten damit zufriedengeben ☐1.

Doch es finden sich auch Äußerungen, die daran zweifeln lassen, daß die Freunde diese negative Charakterisierung des Staates stets ernstgenommen haben. Engels hat mehrmals und mit großer Eindringlichkeit die Wichtigkeit von Autorität und Gehorsam herausgestellt ☐2.

Darüber hinaus haben die Freunde der kommunistischen Gesellschaft so einschneidende Kompetenzen zugedacht, daß ihre Wahrnehmung ohne autoritative Macht, d. h. Staatsgewalt, schlechterdings unvorstellbar ist (→ Erziehung → Kommunismus → Menschenbild → Planwirtschaft)☐3.
(→ Revolution)

II. Texte

☐1
M: „Die positive Aufhebung des Privateigentums, als die Aneignung des *menschlichen* Lebens, ist daher die positive Aufhebung aller Entfremdung, also die Rückkehr des Menschen aus Religion, Familie, Staat etc. in sein *menschliches* d. h. *gesellschaftliches* Dasein." (Ergbd. 1, 537)

M: „Denn diese Zerrissenheit, diese Niedertracht, dies Sklaventum der bürgerlichen Gesellschaft ist das Naturfundament, worauf der *moderne* Staat ruht, wie die *bürgerliche Gesellschaft des Sklaventums* das Naturfundament war, worauf der *antike* Staat ruhte. Die Existenz des Staates und die Existenz der Sklaverei sind unzertrennlich." (1, 401 f.)

M/E: „Da der Staat die Form ist, in welcher die Individuen einer herrschenden Klasse ihre gemeinsamen Interessen geltend machen und die ganze bürgerliche Gesellschaft einer Epoche sich zusammenfaßt, so folgt, daß alle gemeinsamen Institutionen durch den Staat vermittelt werden, eine politische Form erhalten." (3, 62)

M/E: „Die politische Gewalt im eigentlichen Sinne ist die organisierte Gewalt einer Klasse zur Unterdrückung einer andern." (4, 482)

M: „In dem Maß, wie der Fortschritt der modernen Industrie den Klassengegensatz zwischen Kapital und Arbeit entwickelte,

Staat

erweiterte, vertiefte, in demselben Maß erhielt die Staatsmacht mehr und mehr den Charakter einer öffentlichen Gewalt zur Unterdrückung der Arbeiterklasse, eine Maschine der Klassenherrschaft. Nach jeder Revolution, die einen Fortschritt des Klassenkampfs bezeichnet, tritt der rein unterdrückende Charakter der Staatsmacht offner und offner hervor." (17, 336)

M: „Daher war die Kommune nicht eine Revolution gegen diese oder jene – legitimistische, konstitutionelle, republikanische oder kaiserliche – Form der Staatsmacht. Die Kommune war eine Revolution gegen den *Staat* selbst, gegen diese übernatürliche Fehlgeburt der Gesellschaft." (17, 541)

E: „Indem die kapitalistische Produktionsweise mehr und mehr die große Mehrzahl der Bevölkerung in Proletarier verwandelt, schafft sie die Macht, die diese Umwälzung bei Strafe des Untergangs, zu vollziehn genötigt ist. Indem sie mehr und mehr auf Verwandlung der großen vergesellschafteten Produktionsmittel in Staatseigentum drängt, zeigt sie selbst den Weg an zur Vollziehung der Umwälzung. *Das Proletariat ergreift die Staatsgewalt und verwandelt die Produktionsmittel zunächst in Staatseigentum.* Aber damit hebt es sich selbst als Proletariat, damit hebt es alle Klassenunterschiede und Klassengegensätze auf und damit auch den Staat als Staat . . . Das Eingreifen einer Staatsgewalt in gesellschaftliche Verhältnisse wird auf einem Gebiete nach dem andern überflüssig und schläft dann von selbst ein. An die Stelle der Regierung über Personen tritt die Verwaltung von Sachen und die Leitung von Produktionsprozessen. Der Staat wird nicht ‚abgeschafft', *er stirbt ab.*" (19, 223 f.)

E: „Der Staat ist also keineswegs eine der Gesellschaft von außen aufgezwungne Macht; ebensowenig ist er ‚die Wirklichkeit der sittlichen Idee', ‚das Bild und die Wirklichkeit der Vernunft', wie Hegel behauptet. Er ist vielmehr ein Produkt der Gesellschaft auf bestimmter Entwicklungsstufe; . . ." (21, 165)

2

E: „Sie können mir entgegenhalten, daß derartige Präzedenzfälle bürgerlicher und autoritärer Larifari sind und wahrer Revolutionäre des Proletariats unwürdig, und ich werde Ihnen antworten, daß die Allgemeinen Statuten, Verwaltungs-Verordnungen, Kongreßbeschlüsse usw. usw. von der gleichen Kategorie sind, daß aber leider keine Assoziation, auch nicht die revolutionärste, sie entbehren kann." (33, 335)

E: „Jetzt werden unsere Freunde in Spanien verstehen, welchen Mißbrauch diese Herren mit dem Wort ‚autoritär' treiben. Sobald den Bakunisten etwas mißfällt, sagen sie: das ist *autoritär,* und damit glauben sie, es für immer verurteilt zu haben. Wenn sie, anstatt Bourgeois, Journalisten usw. zu sein, Arbeiter wären, oder wenn sie nur ein wenig die ökonomischen Fragen und die Bedingungen der modernen Industrie studiert hätten, dann wüßten sie, daß keine gemeinsame Aktion möglich ist, ohne einigen den Willen anderer, d. h. einer Autorität, aufzuerlegen. Ob dies nun der Wille einer Majorität von Wählern, eines leitenden Komitees oder eines einzelnen Menschen ist, es handelt sich immer um einen Willen, der den Dissidenten auferlegt wird; aber ohne diesen einen leitenden Willen ist keine Zusammenarbeit möglich. Lassen Sie doch eine der großen Fabriken von Barcelona

Staat

ohne Leitung, das heißt, ohne Autorität, arbeiten! Oder verwalten Sie eine Eisenbahn, ohne die Gewißheit, daß jeder Ingenieur, jeder Heizer usw. im richtigen Augenblick dort ist, wo er sein muß! Ich möchte wissen, ob der gute Bakunin seinen dicken Körper einem Eisenbahnwagen anvertrauen würde, wenn diese Eisenbahn nach seinen Prinzipien verwaltet würde, nach welchen sich niemand an seinem Platz befände, wenn es ihm nicht gefällt, sich der Autorität von Verordnungen zu unterwerfen, die in jeder beliebigen Gesellschaft noch ganz anders autoritär sind, als die des Baseler Kongresses! Alle diese großartigen ultraradikalen und revolutionären Phrasen verbergen nur die völlige geistige Misere und die absolute Unkenntnis der Bedingungen, unter welchen sich das tägliche Dasein der Gesellschaft vollzieht. Beseitigen Sie doch ‚jegliche Autorität', sogar die auf einem Schiff von den Matrosen ‚selbst anerkannte'!" (33, 365)

[3]

M: „Es fragt sich nun: Welche Umwandlung wird das Staatswesen in einer kommunistischen Gesellschaft untergehn? In andern Worten, welche gesellschaftliche Funktionen bleiben dort übrig, die jetzigen Staatsfunktionen analog sind? Diese Frage ist nur wissenschaftlich zu beantworten, und man kommt dem Problem durch tausendfache Zusammensetzung des Worts Volk mit dem Wort Staat auch nicht um einen Flohsprung näher." (19, 28)

E: „Nun sind aber Marx und ich fast ebenso alte und gute Atheisten und Materialisten wie Bakunin, und so sind es fast alle unsere Mitglieder; daß die Erbschaft eine Unsinnigkeit ist, wissen wir ebensogut wie er, auch wenn wir in bezug auf die Wichtigkeit und die Nützlichkeit, ihre Abschaffung als die Befreiung von allem Übel hinzustellen, anderer Meinung sind als er, und die ‚Abschaffung des Staates' ist eine alte Phrase der deutschen Philosophie, von der wir viel Gebrauch gemacht haben, als wir noch einfältige Jünglinge waren." (33, 656 f.)

III. Kommentar

Nirgendwo gab es in historischen Zeiten ein gedeihliches Zusammenleben vieler Menschen auf beschränktem Raum ohne ordnende Gewalt. Der zivilisatorische Fortschritt unter Einschluß der Bevölkerungsvermehrung und der fortschreitenden Arbeitsteilung haben die Bedeutung des Staates als Einrichtung der Daseinsvorsorge noch erheblich gesteigert. Auch wenn in der westlichen Welt die Staatsgewalt auf vielfältige Weise domestiziert worden ist, von einem Absterben des Staates kann nirgendwo die Rede sein, am wenigsten dort, wo Marx und Engels in besonderer Weise verehrt werden.

Staat

Selbst wenn man unterstellt, alle Menschen wären stets nach Kräften bemüht, dem Kantschen kategorischen Imperativ gemäß zu handeln, würde der Staat nur einen geringen Teil seiner jetzigen Aufgaben verlieren.
Die Ungereimtheiten der Marxschen Staatslehre zeigten sich schon in den Texten.
Bemerkenswert ist insbesondere, wie sie Autorität als unverzichtbare Kraft im gesellschaftlichen Leben schätzen. Was aber ist der Staat anderes als oberste Autorität mit Bezug auf die Menschen einer begrenzten Teilfläche der Welt.
So ist die Vermutung nicht von der Hand zu weisen, daß das behauptete Absterben des Staates nur anarchosozialistischen Konkurrenten (→ Bakunin) den Wind aus den Segeln nehmen sollte.

IV. Hinweise

1) 2, 521 ff., 541 ff.; 4, 132; 7, 288; 17, 538 ff.; 18, 60, 305 ff., 346; 19, 91 f., 344 f.; 20, 241 f., 261; 21, 27 ff.; 22, 198 f.; 27, 35; 32, 464 ff.; 33, 372, 388 f.; 34, 128 f.; 35, 281; 36, 11, 106; 38, 445; 39, 229.
2) Deutsche Akademie, a.a.O.; Löw „Lehre", a.a.O., S. 286 ff.; Weber-Fas, a.a.O.

Terror

I. Thesen

Marx und Engels bejahten stets eindeutig nicht nur illegale → Gewalt (→ Recht), sondern auch Schreckenstaten zur Durchsetzung des historisch Gebotenen. Moralische Skrupel (→ Moral) lehnten sie ab (→ Rache → Revolution → Vernichtungsdrang) [1].

II. Texte

[1]

M: „Braucht man sich übrigens zu wundern, daß eine auf den Klassengegensatz begründete Gesellschaft auf den brutalen *Widerspruch* hinausläuft, auf den Zusammenstoß Mann gegen Mann als letzte Lösung?" (4, 182)

M: „Mit dem Siege der ‚roten' Republik zu Paris werden die *Armeen aus dem Innern* der Länder an und über die Grenzen ausgespien werden, und die *wirkliche Macht der* ringenden Parteien wird sich rein herausstellen. Dann werden wir uns erinnern an den Juni, an den Oktober, und auch wir werden rufen: *Vae victis*!
Die resultatlosen Metzeleien seit den Juni und Oktobertagen, das langweilige Opferfest seit Februar und März, der Kannibalismus der Kontrerevolution selbst wird die Völker überzeugen, daß es nur ein Mittel gibt, die mörderischen Todeswehen der alten Gesellschaft, die blutigen Geburtswehen der neuen Gesellschaft *abzukürzen, zu* vereinfachen, zu konzentrieren, nur *ein Mittel – den revolutionären Terrorismus*." (5, 457)

E: „Dann Kampf, ‚unerbittlichen Kampf auf Leben und Tod' mit dem revolutionsverräterischen Slawentum; Vernichtungskampf und rücksichtslosen Terrorismus – nicht im Interesse Deutschlands, sondern im Interesse der Revolution!" (6, 286)

M: *„Wir sind rücksichtslos, wir verlangen keine Rücksicht von euch. Wenn die Reihe an uns kömmt, wir werden den Terrorismus nicht beschönigen."* (6, 505)

E: „Eine Revolution ist gewiß das autoritärste Ding, das es gibt; sie ist der Akt, durch den ein Teil der Bevölkerung dem anderen Teil seinen Willen vermittels Gewehren, Bajonetten und Kanonen, also mit denkbar autoritärsten Mitteln aufzwingt; und die siegreiche Partei muß, wenn sie nicht umsonst gekämpft haben will, dieser Herrschaft Dauer verleihen durch den Schrecken, den ihre Waffen den Reaktionären einflößen. Hätte die Pariser Kommune nur einen einzigen Tag Bestand gehabt, wenn sie sich gegenüber den Bourgeois nicht dieser Autorität des bewaffneten Volks bedient hätte? Kann man sie nicht, im Gegenteil, dafür tadeln, daß sie sich ihrer nicht umfassend genug bedient hat?" (18, 308)

E: „Gleichzeitig aber war es immer unsere Ansicht, daß, um zu diesem und den anderen weit wichtigeren Zielen der künftigen sozialen Revolution zu gelangen, die Arbeiterklasse zuerst die organisierte politische Gewalt des Staates in Besitz nehmen und mit ihrer Hilfe den Widerstand der Kapitalistenklasse niederstampfen und die Gesellschaft neu organisieren muß." (19, 344)

Terror

E: „Und à l'intérieur, welche famose Entwicklung! Die Mordversuche werden schon ganz alltäglich und die Maßregeln immer schöner." (28, 11)

E: „… in der Praxis werden wir wie immer darauf reduziert sein, vor allem auf resolute Maßregeln und absolute Rücksichtslosigkeit zu drängen. Und da liegt das Pech … Indessen ist das alles Wurst, und das beste ist, daß für einen solchen Fall in der *Literatur* unsrer Partei schon im voraus ihre Rehabilitierung in der Geschichte begründet ist." (28, 580)

M (an E): In dem heut angekommenen ‚Social-Demokrat' findet sich glücklicherweise, im Feuilleton, hinter meinem Artikel, wo selbst jedes ‚Schein-Kompromiß' verurteilt wird, Dein Aufruf zum Todschlagen des Adels." (31, 59)

M: „Hast Du die gerichtlichen Verhandlungen in St. Petersburg gegen die Attentäter verfolgt? Es sind durch und durch tüchtige Leute, sans pose mélodramatique, einfach, sachlich, heroisch. Schreien und Tun sind unversöhnliche Gegensätze …; sie bestreben sich umgekehrt, Europa zu belehren, daß ihr modus operandi eine spezifisch-russische, historisch unvermeidliche Aktionsweise ist, worüber ebensowenig zu moralisieren ist – für oder gegen – als über das Erdbeben in Chios." (35, 179)

E: „Die Dynamiter haben jetzt endlich das Richtige entdeckt. Es handelt sich darum, die alte Gesellschaft bei der Wurzel auszurotten und da findet sich, daß diese Wurzel eigentlich der Schwanz ist. Voll dieser tiefen Wahrheit, haben sie endlich dadurch entdeckt, wo die Sache am rechten Ende anzufassen ist und – einen Schiffwinkel in die Luft gesprengt." (36, 165)

E: „Padlewski verdient ein Denkmal und eine lebenslängliche Pension. Nicht so sehr deshalb, weil er dieses gemeine Vieh … erledigt hat, sondern weil er Paris vom russischen Inkubus erlöste." (37, 524)

E: „Aber die Geschichte ist nun einmal die grausamste aller Göttinnen, und sie führt ihren Triumphwagen über Haufen von Leichen, nicht nur im Krieg, sondern auch in Zeiten ‚friedlicher' ökonomischer Entwicklung. Und wir Männer und Frauen sind unglücklicherweise so stupide, daß wir nie den Mut zu einem wirklichen Fortschritt aufbringen können, es sei denn, wir werden dazu durch Leiden angetrieben, die beinahe jedes Maß übersteigen." (39, 38)

E: „Also den Carnot haben sie totgestochen. Dies arme, dumme, langweilige Vieh …" (39, 260)

III. Kommentar

Wenn sich Terroristen auf Marx berufen, so ist dies, wie die Texte zeigen, keine Verunglimpfung des Andenkens Verstorbener.

IV. Hinweise

1) 7, 88, 565; 8, 104; 9, 521; 19, 344; 29, 86; 30, 612; 31, 191; 34, 515; 35, 174, 176; 36, 291; 39, 229.
2) Funke, a.a.O.; Löw „Terror".

Tschechen

I. Thesen

Zunächst genießen die Tschechen bei Marx und Engels hohes Ansehen [1].
Da sich die Tschechen in ihrer großen Mehrheit anders verhalten als erhofft, führt dies zu ihrer gnadenlosen Verurteilung [2].
Böhmen liegt mitten in Deutschland [3].

II. Texte

[1]

E: „Wer am meisten zu bedauern ist, das sind die tapfern Tschechen selbst. Mögen sie siegen oder geschlagen werden, ihr Untergang ist gewiß. Durch die 400jährige Unterdrückung von seiten der Deutschen, die jetzt in dem Prager Straßenkampf fortgesetzt wird, sind sie den Russen in die Arme gejagt. In dem großen Kampfe zwischen dem Westen und dem Osten Europas, der in sehr kurzer Zeit – vielleicht in einigen Wochen – hereinbrechen wird, stellt ein unglückliches Verhängnis die Tschechen auf die Seite der Russen, auf die Seite des Despotismus gegen die Revolution. Die Revolution wird siegen, und die Tschechen werden die Ersten sein, die von ihr erdrückt werden.
Die Schuld für diesen Untergang der Tschechen tragen wieder die Deutschen. Es sind die Deutschen, die sie an Rußland verraten haben." (5, 81 f.)

E: „Es bestätigt sich täglich mehr, daß unsere Auffassung des Prager Aufstandes ... die richtige und daß die Verdächtigungen deutscher Blätter gegen die tschechische Partei, sie diene der Reaktion, der Aristokratie, den Russen etc., reine Lügen waren." (5, 108)

[2]

E: „Die Niederlage der Arbeiterklasse in Frankreich, der Sieg der französischen Bourgeoisie war gleichzeitig der Sieg des Ostens über den Westen, die Niederlage der Zivilisation unter der Barbarei. In der Walachei begann die Unterdrückung der Romanen durch die Russen und ihre Werkzeuge, die Türken; in Wien erwürgten Kroaten, Panduren, Tschechen, Sereschaner und ähnliches Lumpengesindel die germanische Freiheit." (6, 149)

E: „Der Panslawismus ist entstanden nicht in Rußland oder in Polen, sondern in Prag und in Agram. Der Panslawismus ist die Allianz aller kleinen slawischen Nationen und Natiönchen Österreichs und in zweiter Linie der Türkei zum Kampf gegen die österreichischen Deutschen ... In der Wirklichkeit haben alle diese Völker die verschiedensten Zivilisationsstufen, von der (durch *Deutsche*) auf einen ziemlich hohen Grad entwickelten modernen Industrie und Bildung Böhmens bis herab zu der fast nomadischen Barbarei der Kroaten und Bulgaren, und der Wirklichkeit haben alle diese Nationen daher die entgegengesetztesten Interessen. ... Wo ist ein einziger dieser Stämme, die Tschechen und Serben nicht ausgenom-

Tschechen

men, der eine nationale geschichtliche Tradition besitzt, die im Volke lebt und über die kleinsten Lokalkämpfe hinausgeht? ... Es ist kein Land in Europa, das nicht in irgendeinem Winkel eine oder mehrere Völkerruinen besitzt, Überbleibsel einer früheren Bewohnerschaft, zurückgedrängt und unterjocht von der Nation, welche später Trägerin der geschichtlichen Entwicklung wurde. Diese Reste einer von dem Gang der Geschichte, wie Hegel sagt, unbarmherzig zertretenen Nation, diese *Völkerabfälle* werden jedesmal und bleiben bis zu ihrer gänzlichen Vertilgung oder Entnationalisierung die fanatischen Träger der Kontrerevolution, wie ihre ganze Existenz überhaupt schon ein Protest gegen eine große geschichtliche Revolution ist." (6, 171 f.)

E: „Wir wiederholen dies: Außer den Polen, den Russen und Slawen der Türkei hat kein slawisches Volk eine Zukunft, aus dem einfachen Grunde, weil allen übrigen Slawen die ersten historischen, geographischen, politischen und industriellen Bedingungen der Selbständigkeit und Lebensfähigkeit fehlen ... Die Tschechen, zu denen wir selbst die Mähren und Tschechoslowaken rechnen wollen, obwohl sie sprachlich und geschichtlich verschieden sind, hatten nie eine Geschichte. Seit Karl dem Großen ist Böhmen an Deutschland gekettet. ... Und diese geschichtlich gar nicht existierende ‚Nation' macht Ansprüche auf Unabhängigkeit?" (6, 275)

E: „Auf die sentimentalen Brüderschaftsphrasen, die uns hier im Namen der kontrerevolutionärsten Nationen Europas dargeboten werden, antworten wir, daß der Russenhaß die *erste revolutionäre Leidenschaft* bei den Deutschen war und noch ist; daß seit der Revolution der Tschechen- und Kroatenhaß hinzugekommen ist und daß wir, in Gemeinschaft mit Polen und Magyaren, nur durch den entschiedensten Terrorismus gegen diese slawischen Völker die Revolution sicherstellen können." (6, 286)

E: „Die Geschichte eines Jahrtausends müßte ihnen gezeigt haben, daß ein solcher Rückschritt nicht möglich war; daß, wenn das ganze Gebiet östlich der Elbe und der Saale einstmals von miteinander verwandten slawischen Völkerschaften besiedelt gewesen, diese Tatsache nur die geschichtliche Tendenz und die physische und intellektuelle Fähigkeit der deutschen Nation bewies, ihre alten östlichen Nachbarn zu unterwerfen, aufzusaugen und sie zu assimilieren; daß diese absorbierende Tendenz der Deutschen stets eine der mächtigsten Mittel gewesen und noch ist, wodurch die westeuropäische Zivilisation in Osteuropa verbreitet wurde; daß diese Tendenz erst dann aufhören konnte, als der Prozeß der Germanisierung auf die Grenze starker, geschlossener, ungebrochener Nationen stieß, die imstande waren, ein selbständiges nationales Leben zu führen wie die Ungarn und in gewissem Grade wie die Polen; und daß es deshalb das natürliche unvermeidliche Schicksal dieser sterbenden Nationen war, diesen Prozeß der Auflösung und Aufsaugung durch ihre stärkeren Nachbarn sich vollenden zu lassen. Das ist allerdings keine sehr schmeichelhafte Aussicht für den nationalen Ehrgeiz der panslawistischen Schwärmer, die es fertiggebracht, einen Teil der Böhmen und Südslawen in Bewegung zu setzen; aber können sie erwarten, die Geschichte werde um tausend Jahre zurückschreiten, einigen schwindsüchtigen Völkerschaften zuliebe, die auf den von ihnen bewohnten Gebieten überall mitten unter Deutschen und in deutscher Umgebung leben, die seit fast undenk-

Tschechen

lichen Zeiten für jede Äußerung kulturellen Lebens keine andere Sprache haben als die deutsche und denen die ersten Bedingungen nationaler Existenz fehlen: größere Bevölkerung und Geschlossenheit des Gebiets?" (8, 81)

3

M: „Sehen wir, wie unser Reichs-Vogt durch seine Einverleibung Böhmens und Mährens in Rußland die deutsche Ostgrenze schützt. Böhmen russisch! Aber Böhmen liegt mitten in Deutschland, durch Schlesien von Russisch-Polen, durch das von Vogt russifizierte Mähren von dem durch Vogt russifizierten Galizien und Ungarn getrennt. So erhält Rußland ein Stück deutsches Bundesgebiet von fünfzig deutschen Meilen Länge und 25 – 35 Meilen Breite. Es schiebt seine Westgrenze um volle 65 deutsche Meilen nach Westen vor. Da nun von Eger bis Lauterburg im Elsaß, in gerader Linie, nur 45 deutsche Meilen sind, so wäre Norddeutschland durch den französischen Keil einerseits und noch weit mehr den russischen andererseits von Süddeutschland vollständig getrennt, und die *Teilung Deutschlands wäre fertig*. Der direkte Weg von Wien nach Berlin ginge *durch Rußland,* ja selbst der direkte Weg von München nach Berlin." (14, 507 f.)

III. Kommentar

Die Zitate stammen, von einer Ausnahme abgesehen, von Engels. Engels hat sie, wiederum von nur einer Ausnahme abgesehen, in der „Neuen Rheinischen Zeitung" veröffentlicht. Als Chefredakteur ist Marx mitverantwortlich.

Das „→ Selbstbestimmungsrecht" der Völker wird hier an den Tschechen exemplifiziert. Es bleibt ausschließlich jenen vorbehalten, die es unmittelbar oder mittelbar im Dienste der sozialistischen Revolution gebrauchen. Die anderen Völker dürfen offenbar sogar physisch vernichtet werden (→ Terror → Vernichtungsdrang). Die Texte verraten äußersten revolutionären Haß und Fanatismus. Nicht unerwähnt soll bleiben, daß die im ersten Zitat enthaltene Vorhersage nicht eingetreten ist.

Bemerkenswert erscheint auch die gänzlich widersprüchliche Beurteilung der Beziehungen zwischen → Deutschen und Tschechen. Mal sind die Deutschen verachtenswerte Unterdrücker, mal die Bringer des Fortschritts.

Welche Demütigung ist es für die Tschechen, daß sie Marx und Engels im Zentrum ihres sozialistischen Götterhimmels einen Thron errichten mußten.

IV. Hinweise

1) 6, 278 f.; 38, 445.
2) Rosdolsky „Engels", a.a.O.

Unternehmer

I. Thesen

Das Bild des Unternehmers aus der Feder von Marx und Engels ist nicht frei von überraschenden Details:
Wenngleich entfremdet (→Entfremdung), so lebt er dennoch glücklich [1].
Er und seinesgleichen sind Bringer des Fortschritts [2].
Die Welt verdankt ihnen schier Unglaubliches [3].
Im Produktionsprozeß ist er ebenso unentbehrlich wie ein Dirigent im Orchester [4].
Aber wertschaffend ist weder das in Grund und Boden noch in die Maschinen investierte Kapital, sondern nur das zum Ankauf von Arbeitskräften verwendete Kapital [5].
Auch der Unternehmer selbst, als Organisator und Leiter des Arbeitsprozesses, spielt in der Marxschen Erfolgsrechnung keine Rolle [6].
Der Unternehmer ist Objekt heftiger Anklagen (→ Moral).
Engels bekundet unfreiwillig, daß der Handlungsgehilfe ein bequemeres Dasein hat als der Unternehmer [7]. (→ Ausbeutung → Histomat → Produktionsweise)
Marx als Unternehmer übt heftige Kritik auch an den kommunistischen Arbeitern [8].
Auch Engels zeigt als „Boss" bemerkenswerte Züge [9].

II. Texte

[1]

M/E: „Die besitzende Klasse und die Klasse des Proletariats stellen dieselbe menschliche Selbstentfremdung dar. Aber die erste Klasse fühlt sich in dieser Selbstentfremdung wohl und bestätigt, weiß die Entfremdung als *ihre eigne Macht* und besitzt in ihr den *Schein* einer menschlichen Existenz..." (2, 37)

[2]

M: „Aber wir rufen den Arbeitern und Kleinbürgern zu: Leidet lieber in der modernen bürgerlichen Gesellschaft, die durch ihre Industrie die materiellen Mittel zur Begründung einer neuen, euch alle befreienden Gesellschaft schafft, als daß ihr zu einer vergangnen Gesellschaftsform zurückkehrt, die unter dem Vorwand, eure Klassen zu retten, die ganze Nation in mittelalterige Barbarei zurückstürzt!" (6, 195)

[3]

M/E: „Die Bourgeoisie hat in ihrer kaum 100jährigen Klassenherrschaft massenhafte-

Unternehmer

re und kolossalere Produktionskräfte geschaffen als alle vergangenen Generationen zusammen. Unterjochung der Naturkräfte, Maschinerie, Anwendung der Chemie auf Industrie und Ackerbau, Dampfschiffahrt, Eisenbahnen, elektrische Telegrafen, Urbarmachung ganzer Weltteile, Schiffbarmachung der Flüsse, ganze aus dem Boden hervorgestampfte Bevölkerungen . . ." (4, 467)

M: „Als Fanatiker der Verwertung des Werts zwingt er [der Unternehmer] rücksichtslos die Menschheit zur Produktion um der Produktion willen, daher zu einer Entwicklung der gesellschaftlichen Produktivkräfte und zur Schöpfung von materiellen Produktionsbedingungen, welche allein die reale Basis einer höheren Gesellschaftsform bilden können, deren Grundprinzip die volle und freie Entwicklung jedes Individuums ist." (23, 618)

M: „Die Entwicklung der Produktivkräfte der gesellschaftlichen Arbeit ist die historische Aufgabe und Berechtigung des Kapitals. Eben damit schafft es unbewußt die materiellen Bedingungen einer höheren Produktionsform." (25, 269)

4

M: „Der Arbeiter arbeitet unter der Kontrolle des Kapitalisten, dem seine Arbeit gehört. Der Kapitalist paßt auf, daß die Arbeit ordentlich vonstatten geht und die Produktionsmittel zweckmäßig verwandt werden, also kein Rohmaterial vergeudet und das Arbeitsinstrument geschont, d. h. nur so weit zerstört wird, als sein Gebrauch in der Arbeit ernötigt." (23, 199 f.)

M: „Der Befehl des Kapitalisten auf dem Produktionsfeld wird jetzt so unentbehrlich wie der Befehl des Generals auf dem Schlachtfeld. Alle unmittelbar gesellschaftliche oder gemeinschaftliche Arbeit auf größrem Maßstab bedarf mehr oder minder einer Direktion, welche die Harmonie der individuellen Tätigkeiten vermittelt und die allgemeinen Funktionen vollzieht, die aus der Bewegung des produktiven Gesamtkörpers in Unterschied von der Bewegung seiner selbständigen Organe entspringen. Ein einzelner Violinspieler dirigiert sich selbst, ein Orchester bedarf des Musikdirektors." (23, 350)

5

E: „Die arbeitende Klasse allein ist es, die alle Werte produziert. Denn Wert ist nur ein anderer Ausdruck für Arbeit, derjenige Ausdruck, wodurch in unserer heutigen kapitalistischen Gesellschaft die Menge der in einer bestimmten Ware steckenden gesellschaftlich notwendigen Arbeit bezeichnet wird. Diese von den Arbeitern produzierten Werte gehören aber nicht den Arbeitern. Sie gehören den Eigentümern der Rohstoffe, der Maschinen und Werkzeuge und der Vorschußmittel, die diesen Eigentümern erlauben, die Arbeitskraft der Arbeiterklasse zu kaufen." (20, 208 f.)

M: „Der Teil des Kapitals also, der sich in Produktionsmittel, d. h. in Rohmaterial, Hilfsstoffe und Arbeitsmittel umsetzt, verändert seine Wertgröße nicht im Produktionsprozeß. Ich nenne ihn daher konstanten Kapitalteil, oder kürzer: konstantes Kapital.
Der in Arbeitskraft umgesetzte Teil des Kapitals verändert dagegen seinen Wert im Produktionsprozeß. Er reproduziert sein eigenes Äquivalent und einen Überschuß darüber, Mehrwert, der selbst wechseln, größer

Unternehmer

oder kleiner sein kann. Aus einer konstanten Größe verwandelt sich dieser Teil des Kapitals fortwährend in eine variable. Ich nenne ihn daher variables Kapitalteil, oder kürzer: variables Kapital." (23, 223 f.)

6

M: „Unser Freund, eben noch so kapitalübermütig, nimmt plötzlich die anspruchslose Haltung seines eignen Arbeiters an. Hat er nicht selbst gearbeitet? Nicht die Arbeit der Überwachung, der Oberaufsicht über die Spinner verrichtet? Bildet diese seine Arbeit nicht auch Wert? Sein eigner overlooker und sein Manager zucken die Achseln. Unterdes hat er aber bereits mit heiterem Lächeln seine alte Physiognomie wieder angenommen. Er foppt uns mit der ganzen Litanei. Er gibt keinen Deut darum. Er überläßt diese und ähnliche faule Ausflüchte und hohle Flausen den dafür eigens bezahlten Professoren der politischen Ökonomie. Er selbst ist ein praktischer Mann, der zwar nicht immer bedenkt, was er außerhalb des Geschäfts sagt, aber stets weiß, was er im Geschäft tut." (23, 207)

M: „Der gemütliche Glaube an das Erfindungsgenie, das der einzelne Kapitalist in der Teilung der Arbeit a priori ausübt, findet sich nur noch bei deutschen Professoren, wie Herrn Roscher z. B., der den Kapitalisten, aus dessen Jupiterhaupt die Teilung der Arbeit fertig hervorspringe, zum Dank ‚diverse Arbeitslöhne' widmet." (23, 385)

7

E: „Ich sehne mich nach nichts mehr, als nach Erlösung von diesem hündischen Commerce, der mich mit seiner Zeitverschwendung ständig demoralisiert. So lange ich da drin bin, bin ich zu nichts fähig, besonders seitdem ich Prinzipal bin, ist das viel schlimmer geworden, wegen der größeren Verantwortlichkeit. Wenn es nicht wegen der vermehrten Einkünfte wäre, möchte ich wahrhaftig lieber wieder Kommis sein." (31, 293)

E: „Hurrah! Heute ist's mit dem doux commerce am Ende, und ich bin ein freier Mann." (32, 329)

8

M: „Du begreifst, daß in einer Lage, wo wir [Marxens Verlag] täglich Setzerrebellionen wegen ein paar Talern hatten, ich 150 Taler nicht verschmäht haben würde." (27, 493)

M: „Übrigens, unter uns gesagt, wären wir weiter mit dem Geld gekommen, wenn nicht immer aufs neue Defizits durch neue Diebstähle entständen. Diese aber gehen aus von den alten Agenten. Ich habe *alle,* die sich kompromittiert hatten, von Scherzer an, herausgeworfen. Aber was noch von dem Sauerteig da war, taugte nichts und wenn diese Knotenlumpen anständig bis dato, machen sie ihr *Exit* mit einer Prellerei. Endlich habe ich *den letzten* herausgeworfen vergangne Woche . . ." (29, 474)

9

E: „Aber unser Kontor sieht aus wie ein Schweinstall, der Gottfried hat mir da drei Kerle engagiert, die nichts wert sind, und hält mich laut Kontrakt daran, daß ich sie zu was machen soll. Da siehst Du, wie's hier hergeht. Ich werde ein paar schassen müssen." (31, 149)

E: „Zudem bin ich durch unangenehme Erfahrungen in puncto Geldausgaben genötigt

Unternehmer

worden, das Hausmädchen während unsrer Abwesenheit auf board wages [Kostgeld] zu setzen, d. h. ich gebe ihr soviel wöchentlich, und da muß sie sich selbst beköstigen..." (37, 444)

E: „Wer auch meinen Hausstand leitet, wird sich den hiesigen Vorstellungen unterordnen müssen, daß eine Dame keine manual services übernehmen darf." (37, 500)

E: „Eigentliche Hausarbeit soll und darf sie gar nicht tun – schon der Mägde wegen, die sie dann nicht für eine volle Lady ansehen würden. Sie hat nur zu dirigieren und zu beaufsichtigen." (37, 519)

III. Kommentar

Kein anderer Teil der Marxschen Theorie ist paradoxer als die Lehre vom Unternehmertum. Ohne Unternehmer kein Fortschritt, keine industrielle Revolution, keine sprunghafte Steigerung der Produktivität. Und doch ist der Unternehmer nicht mitursächlich für den Mehrwert, der in seinem Betrieb aus dem gelungenen Zusammenspiel von Maschinen, Rohstoffen und Arbeitskraft entsteht.
Was nicht sein darf, das ist auch nicht. Keine noch so zwingenden Überlegungen können Marx von seinem Ziel abhalten, die sozialistische Revolution als wissenschaftliche Notwendigkeit nachzuweisen.
Nach ihren eigenen Theorien haben Marx und Engels stets von „Unverdientem" gelebt.
Eine recht bezeichnende Schilderung des „Dolce vita" der Unternehmer durch Eleanor, eine Tochter von Marx, verdient auszugsweise Wiedergabe: „Nicht als ob Engels jemals geklagt oder gemurrt hätte! Im Gegenteil, er tat seine Arbeit so heiter und gelassen, als gäbe es nichts Besseres auf der Welt als ‚ins Geschäft zu gehen' und im Büro zu sitzen. Aber ich war mit Engels, als er ans Ende dieser Zwangsarbeit gekommen war, und daher kannte ich, was das all die Jahre hindurch für ihn bedeutet hatte. Ich werde niemals das triumphierende ‚zum letzten Male' vergessen, das er ausrief, als er seine Röhrenstiefel am Morgen anzog, um zum letzten Mal seinen Weg zum Geschäft zu nehmen." (Nach Enzensberger, a.a.O. S. 350)

IV. Hinweise

1) 10, 647 f.; 19, 288 ff.; 30, 10.
2) Nolte, a.a.O., S. 415 ff.

Verelendungstheorie

I. Thesen

Marx und Engels behaupten, in den kapitalistischen Staaten finde eine Polarisierung statt. Der Mittelstand verschwinde (anders → Proudhon) [1].
Immer weniger Menschen werden immer noch reicher, immer mehr Menschen werden ärmer, und zwar relativ wie absolut [2].
Nach dem Tode von Marx räumt Engels beiläufig ein, daß keine absolute Verelendung stattgefunden habe, vielmehr eine Besserung eingetreten sei [3].

II. Texte

[1]

M/E: „Die bisherigen kleinen Mittelstände, die kleinen Industriellen, Kaufleute und Rentiers, die Handwerker und Bauern, alle diese Klassen fallen ins Proletariat hinab, teils dadurch, daß ihr kleines Kapital für den Betrieb der großen Industrie nicht ausreicht und der Konkurrenz mit den größeren Kapitalisten erliegt, teils dadurch, daß ihre Geschicklichkeit von neuen Produktionsweisen entwertet wird. So rekrutiert sich das Proletariat aus allen Klassen der Bevölkerung." (4, 469)

[2]

M: „Also selbst in dem Zustand der Gesellschaft, welcher dem Arbeiter am günstigsten ist, ist die notwendige Folge für den Arbeiter Überarbeitung und früher Tod, Herabsinken zur Maschine, Knecht des Kapitals, das sich ihm gefährlich gegenüber aufhäuft, neue Konkurrenz, Hungertod oder Bettelei eines Teils der Arbeiter . . . Endlich, wie die Häufung des Kapitals die Quantität der Industrie, also die Arbeiter vermehrt, bringt durch diese Akkumulation dieselbe Quantität der Industrie eine *größere Quantität Machwerk* herbei, die zur Überproduktion wird und entweder damit endet, einen großen Teil Arbeiter außer Arbeit zu setzen oder ihren Lohn auf das kümmerlichste Minimum zu reduzieren.
Das sind die Folgen eines Gesellschaftszustandes, der dem Arbeiter am günstigsten ist, nämlich des Zustandes des *wachsenden, fortschreitenden* Reichtums . . . Also im abnehmenden Zustand der Gesellschaft progressives Elend des Arbeiters, im fortschreitenden Zustand kompliziertes Elend, im vollendeten Zustand stationäres Elend." (Ergbd. 1, 474 f.)

M/E: „Der Preis einer Ware, also auch der Arbeit, ist aber gleich ihren Produktionskosten. In demselben Maße, in dem die Widerwärtigkeit der Arbeit wächst, nimmt daher der Lohn ab . . .
Die Interessen, die Lebenslagen innerhalb des Proletariats gleichen sich immer mehr aus, indem die Maschinerie mehr und mehr die Unterschiede der Arbeit verwischt und den Lohn fast überall auf ein gleich niedriges Niveau herabdrückt." (4, 469 f.)

Verelendungstheorie

M/E: „Der moderne Arbeiter dagegen, statt sich mit dem Fortschritt der Industrie zu heben, sinkt immer tiefer unter die Bedingungen seiner eigenen Klasse herab. Der Arbeiter wird zum Pauper und der Pauperismus entwickelt sich noch schneller als Bevölkerung und Reichtum." (4, 473)

M: „Wenn der Arbeitslohn einmal gefallen ist und später wieder steigt, so steigt er dagegen nie mehr zu seiner früheren Höhe. Im Laufe der Entwicklung fällt also der Arbeitslohn doppelt: Erstens: relativ im Verhältnis zur Entwicklung des allgemeinen Reichtums. Zweitens: absolut, indem die Quantität Waren, die der Arbeiter im Austausch erhält, immer geringer wird." (6, 544)

M: „In der britischen Gesellschaft gibt es wohl keine feststehendere Tatsache als die, daß der Pauperismus im gleichen Maße anwächst wie der moderne Reichtum." (12, 533)

M: „Diese wenigen Andeutungen werden genügen, um zu zeigen, daß die ganze Entwicklung der modernen Industrie die Waagschale immer mehr zugunsten des Kapitalisten und gegen den Arbeiter neigen muß und daß es folglich die allgemeine Tendenz der kapitalistischen Produktion ist, den durchschnittlichen Lohnstandard nicht zu heben, sondern zu senken oder den *Wert der Arbeit* mehr oder weniger bis zu seiner *Minimalgrenze* zu drücken." (16, 151)

M: „Mit der beständig abnehmenden Zahl der Kapitalmagnaten, welche alle Vorteile dieses Umwandlungsprozesses usurpieren und monopolisieren, wächst die Masse des Elends, des Drucks, der Knechtschaft, der Entartung, der Ausbeutung . . ." (23, 790)

3

E: „Im ganzen aber wächst der Widerstand der Arbeiter mit ihrer wachsenden Organisation doch derart, daß die allgemeine Lage – im Durchschnitt – sich ein geringes hebt, daß keine Krise die Arbeiter dauernd *unter* oder nur *auf* den Nullpunkt, den *niedrigsten* Punkt der vorigen Krise wieder hinabdrückt." (38, 63 f.)

E: „Natürlich meine ich nicht, daß Sie jetzt Knall und Fall wieder nach Deutschland reisen sollen, im Gegenteil, es wird äußerst nützlich sein, wenn Sie erst die hiesigen Arbeiterverhältnisse genau kennenlernen und dann den Deutschen an der eignen Erfahrung klarmachen können, wieviel besser sie es selbst unter der kapitalistischen Wirtschaft haben können, wenn sie sich nur wehren." (38, 352)

III. Kommentar

Die sogenannte Verelendungstheorie, besser: das Verelendungsdogma, ist falsch und immer, auch zu Lebzeiten von Marx, falsch gewesen. Das hat Marx gewußt, als er „Das Kapital" verfaßte, aber, da nicht sein kann, was

Verelendungstheorie

nicht sein darf, nicht berücksichtigt (→ Krisensehnsucht → Vernichtungsdrang).
Die Verelendungstheorie konnte sich gar nicht verwirklichen, weil nach Marx und Engels die Proletarier ohnehin am Rande des Existenzminimums lebten. Nach langem Sträuben gab auch die Sowjetideologie die „Verelendungstheorie" preis (Wetter, IV 2).

IV. Hinweise

1) 6, 422 f.; 16, 9 f.; 20, 255 f.; 21, 195, 250 f.; 23, 674 f.; 36, 433.
2) Herre, a.a.O.; Löw „Lehre", S. 107 f.; Nolte, a.a.O., S. 427 ff.; Schwan, a.a.O., S. 160 f.; Wetter „Sowjetideologie", a.a.O., S. 292 f.

Vernichtungsdrang

I. Thesen

Schon beim Schüler und Studenten Marx begegnet uns „vernichten" ungewöhnlich häufig in unterschiedlichen Zusammenhängen ☐1.
Hegels Idealismus lehnt er zwar ab, aber nicht seine dialektische (→ Diamat) Methode der Weltbetrachtung (→ Menschenbild → Weltanschauung). Anders als Hegel hält er die Gegenwart für die negative Phase der Menschheitsentwicklung. Daher ersehnt (→ Krieg → Krisensehnsucht) und betreibt (→ Rache → Terror) er die Negation der Negation, die Rebellion gegen alles Bestehende ☐2.
(→ Parlament)

II. Texte

☐1

M (aus dem Abituraufsatz): „Diese Wahl ist ein großes Vorrecht vor den übrigen Wesen der Schöpfung, aber zugleich eine Tat, die sein ganzes Leben zu vernichten, alle seine Pläne zu vereiteln, ihn unglücklich zu machen vermag ... Leicht aber wird diese Stimme übertäubt, das, was wir für Begeistrung halten, kann der Augenblick erzeugt haben, wird der Augenblick vielleicht auch wieder vernichten ... aber, was wir glühend an unseren Busen gedrückt, stößt uns bald zurück, und unsre ganze Existenz sehn wir vernichtet ... Sie können den beglücken, der für sie berufen ist, allein sie vernichten den, der sie übereilt, unbesonnen, dem Augenblick gehorchend, ergreift ... Man wähne nicht, diese beiden Interessen könnten sich feindlich bekämpfen, das eine müsse das andere vernichten ... die Religion selber lehrt uns, daß das Ideal, dem alle nachstreben, sich für die Menschheit geopfert habe, und wer wagte solche Aussprüche zu vernichten?" (Ergbd. 1, 591 ff.)

M: „Und dann hinab, versinken in dem Nichts,
Ganz untergehn, nicht sein, es wäre Leben,
Doch so gewälzt hoch auf dem Strom der Ewigkeit,
Wehmelodie zu brausen für den Schöpfer,
Hohn auf der Stirn! Brennt ihn die Sonne weg?
Vermess'ner Fluch in zwanggebannter Seele!
Vernichtung jauchzt der Blick in gift'gen Strahlen ..." (Marx „Texte", a.a.O., S. 39)

☐2

M: „Der Kommunismus ist die Position als Negation der Negation, darum das *wirkliche*, für die nächste geschichtliche Entwicklung notwendige Moment der menschlichen Emanzipation und Wiedergewinnung." (Ergbd. 1, 546)

Vernichtungsdrang

M: „*Krieg* den deutschen Zuständen! Allerdings! Sie stehn *unter dem Niveau der Geschichte,* sie sind *unter aller Kritik,* aber sie bleiben ein Gegenstand der Kritik, wie der Verbrecher, der unter dem Niveau der Humanität steht, ein Gegenstand des *Scharfrichters* bleibt." (1, 380)

M: „Man muß jede Sphäre der deutschen Gesellschaft als die *partie honteuse* [den Schandfleck] der deutschen Gesellschaft schildern." (1, 381)

M/E: „... während es dem wirklichen Kommunisten darauf ankommt, dies Bestehende umzustürzen." (3, 42)

E: „Dann Kampf, ‚unerbittlichen Kampf auf Leben und Tod' mit dem revolutionsverräterischen Slawentum; Vernichtungskampf und rücksichtslosen Terrorismus – nicht im Interesse Deutschlands, sondern im Interesse der Revolution!" (6, 286)

M/E: „Es kann sich für uns nicht um Veränderung des Privateigentums handeln, sondern nur um seine Vernichtung, nicht um Vertuschung der Klassengegensätze, sondern um Aufhebung der Klassen, nicht um Verbesserung der bestehenden Gesellschaft, sondern um Gründung einer neuen." (7, 248)

M/E (Statuten des Kommunistischen Bundes, nach Hinweisen von Marx und Engels verfaßt): „Der *Zweck* des Kommunistischen Bundes ist, durch alle Mittel der Propaganda und des politischen Kampfes die Zertrümmerung der alten Gesellschaft ..." (7, 565)

E: „Die Gesamtlehre Hegels ließ, wie wir gesehen, reichlichen Raum für die Unterbringung der verschiedensten praktischen Parteianschauungen; und praktisch waren im damaligen theoretischen Deutschland vor allem zwei Dinge: die Religion und die Politik. Wer das Hauptgewicht auf das *System* Hegels legte konnte auf beiden Gebieten ziemlich konservativ sein; wer in der dialektischen *Methode* die Hauptsache sah, konnte religiös wie politisch zur äußersten Opposition gehören. ...
Gegen Ende der dreißiger Jahre trat die Spaltung in der Schule mehr und mehr hervor. Der linke Flügel, die sogenannten Junghegelianer, gaben im Kampf mit pietistischen Orthodoxen und feudalen Reaktionären ein Stück nach dem andern auf von jener philosophisch-vornehmen Zurückhaltung gegenüber den brennenden Tagesfragen, die ihrer Lehre bisher staatliche Duldung und sogar Protektion gesichert hatten ... Der Kampf wurde noch mit philosophischen Waffen geführt, aber nicht mehr um abstrakt-philosophische Ziele; es handelte sich direkt um Vernichtung der überlieferten Religion und des bestehenden Staats." (21, 270 f.)

M: „Auf einem gewissen Höhegrad bringt sie die materiellen Mittel ihrer eignen Vernichtung zu Welt. Von diesem Augenblick regen sich Kräfte und Leidenschaften im Gesellschaftsschoße, welche sich von ihr gefesselt fühlen. Sie muß vernichtet werden, sie wird vernichtet. ... Die aus der kapitalistischen Produktionsweise hervorgehende kapitalistische Aneignungsweise, daher das kapitalistische Privateigentum, ist die erste Negation des individuellen, auf eigene Arbeit gegründete Privateigentum. Aber die kapitalistische Produktion erzeugt mit der Notwendigkeit eines Naturprozesses ihre eigne Negation. Es ist die Negation der Negation." (23, 789 ff.)

Vernichtungsdrang

M: „Um die soziale Entwicklung Europas zu beschleunigen, muß man die Katastrophe des offiziellen England beschleunigen." (32, 656)

M: Marx, den Verfasser eines bestimmten Artikels, zeichne aus ein scharfer Verstand und eine „wahrhaft bewunderungswürdige Dialektik, womit der Verfasser sich in die hohlen Äußerungen der Abgeordneten gleichsam hineinfraß und sie dann von innen heraus vernichtete; nicht oft ward der kritische Verstand in solcher zerstörungslustigen Virtuosität gesehn, nie hat er glänzender seinen Haß gegen das sogenannte Positive gezeigt, dasselbe so in seine eignen Netze gefangen und erdrückt." (In einem unter falschem Namen veröffentlichten Selbstportrait; Mannheimer Abendzeitung, 28.12.1843)

III. Kommentar

Mit einer an Sicherheit grenzenden Wahrscheinlichkeit resultiert die Vernichtungsphilosophie in erster Linie aus einer unübertrefflichen, anlagebedingten Hybris, die alles Fremde als nichtswürdig erscheinen läßt.
Während Marx das Wort „vernichten" im Abituraufsatz sechsmal gebraucht, findet es sich in keinem Aufsatz eines der Mitschüler. Die zitierten Verse sind typisch für den Inhalt seiner zahlreichen Jugendgedichte.
Schon viele Zeitgenossen haben in Marx den Vernichtungsdrang entdeckt. „Vernichter" wurde zu einem Spitznamen.
Sein Werk ist nahezu ausschließlich Kritik, was schon in zahlreichen Titeln und Untertiteln zum Ausdruck kommt (siehe vor allem „Das → Kapital").

IV. Hinweise

1) 1, 201, 378; 2, 5; 3, 9; 13, 3; 23, 27 f.; 28, 519; 31, 362, 563.
2) Löw „Warum" (III., IV.), a.a.O.; Weigel, a.a.O.

Wahrhaftigkeit

I. Thesen

Wahrhaftigkeit wird hier als das Streben nach Erkenntnis und Bekenntnis des Wirklichen verstanden.

Über Wahrhaftigkeit gibt es keine grundsätzlichen Aussagen der Freunde. Da sie spätestens ab ihrer kommunistischen Periode moralische Kategorien ablehnen (→ Moral), sind Objektivität und Wahrhaftigkeit keine Werte, was auf vielfältige Weise seinen praktischen Niederschlag findet [1]. Besonders hervorzuheben ist:

Um „Das → Kapital" auch für die bürgerlichen Zeitungen besprechen zu können, spielt Engels die Rolle des → Bourgeois [2], um für die → Internationale Arbeiterassoziation tätig werden zu können, gebrauchen sie die von dort gewünschten „Phrasen": „Wahrheit, Gerechtigkeit und → Moral" [3], um das Ansehen des Freundes zu steigern, nennt ihn Engels – den Tatsachen zuwider – „Urheber" der → Internationalen Arbeiterassoziation.

Die kommunistischen Parteizeitungen Prawda, Bravo, Borba (Wahrheit) hatten eine gute Tradition. Einen Brief an die ‚Times' unterzeichnete Engels mit „Veritas" [4].

Über den Stand der Arbeiten am „Kapital" hat Marx auch gegenüber Engels mehrmals die Unwahrheit geäußert [5].

II. Texte

[1]

M (in der vorkommunistischen Periode): „Unsere Zeit vor allem hat selbst in der Philosophie sündhafte Erscheinungen hervorgetrieben, behaftet mit der größten Sünde, der Sünde gegen den Geist und die Wahrheit, indem eine versteckte Absicht hinter der Einsicht und eine versteckte Einsicht hinter der Sache sich logiert." (Ergbd. 1, 235)

M: „Es ist möglich, daß ich mich blamiere. Indes ist dann immer mit einiger Dialektik wieder zu helfen. Ich habe natürlich meine Aufstellungen so gehalten, daß ich im umgekehrten Fall auch recht habe." (29, 161)

M: „Es blieb nichts übrig, als eine Zeitlang gar nicht und dann nur sehr selten ... nach New York zu schreiben, so daß mir immer offen war, mit Schein später behaupten zu können, eigne Krankheit und häusliche troubles hätten mir alles Schreiben sehr schwierig gemacht ... Um mir also eine Hintertür offenzuhalten, schickte ich dem Dana die Lieferung ab, zugleich mit einem Brief, worin ich ihm 1. anzeigte, das bulk

Wahrhaftigkeit

[die Hauptmasse] der Beiträge sei am 7ten August abgegangen – (so daß er an Verlieren des Manuskripts denken muß) und ihm zugleich die Zögerung und Verschleppung aus einer Krankheit erklärte, die noch nicht ganz nachgelassen habe. Den Schritt tat ich, weil dadurch für alle Fälle gesorgt war. Kömmt Danas Reklamation..., so ist das Manuskript für A fertig oder nicht. Im ersten Fall ist es noch für ihn brauchbar oder nicht. Wenn das erstere, so ist nichts verloren. Wenn das zweite, so scheint die Schuld auf die Post zu fallen. Wenn es gar nicht ready war, so war die Täuschung um so nötiger." (29, 168 f.)

M: „Von Dana letzten Freitag Brief erhalten, kühl und kurz. Ich habe ihm geantwortet, daß ich sofort beim Postoffice reklamieren werden." (29, 179)

M: „Ich habe endlich an Lassalle geschrieben. Du mußt mir Absolution geben wegen der Elogen, die ich ‚Herakleitos dem Dunklen' machen mußte." (29, 330)

M: „Wärst Du sofort nach Deiner Ankunft in Manchester nachdem Du Erkundigung über den ‚Engländer' eingezogen, wieder abgereist, *etwa nach London,* und hättest den Schweinhund durch dritte Hand wissen lassen, Du seist *nach dem Kontinent,* so hättest Du *jedes* arrangement treffen können ... Solchem Kerl gegenüber jede Kriegslist anzuwenden." (29, 483)

M (an E): „Sieh von dem unendlichen Brief Lassalles auf die letzten Seiten des Schlusses, wo er mir große Elogen über die Ökonomie macht. Er scheint vieles Ökonomische – dies geht mir klar aus seinen Phrasen hervor – nicht verstanden zu haben." (30, 91)

M (an Lassalle): „Dein Lob über mein Buch hat mich gefreut, da es von einem kompetenten Richter kömmt." (30, 565)

M (an Lassalle): „Der Mann ist zäh, hat aber viel Eitelkeit auf mein Schriftstellertum. Du mußt daher in Deinem Brief an mich von dem Erfolg (lucus a non lucendo) [Mißerfolg] meiner letzten Schrift gegen Vogt, von gemeinschaftlichen Zeitungsplänen usf. sprechen, überhaupt Deinen Brief so einrichten, daß ich dem Herrn Onkel ‚das Vertrauen' schenken kann, ihm den Brief mitzuteilen." (30, 588)

M (an seine Base): „... mein Freund Lassalle ..." (30, 591)

M: „Sie haben ganz recht, wenn Sie unterstellen, daß niemand mehr als ich das Große und Bedeutende in Lassalle anerkennen konnte ... Aber von aller Leistungsfähigkeit abgesehen, liebte ich ihn *persönlich.*" (31, 419) (In Wirklichkeit: → Lassalle)

M: „Ich danke Ihnen herzlich für den Wein. Da ich aus einer Weingegend stamme und Ex-Weinbergbesitzer bin ..." (Nur der Vater besaß früher einen kleinen Weinberg) (31, 536)

M: „Borgheim fragte mich gestern: wer den Artikel in die ‚Zukunft' ... geschrieben? Er müsse von unserer Seite herrühren, da Sie ihm Abdruck zugeschickt. Ich sagte: *Ich wisse es nicht.* NB! Man muß sich nicht zusehr in die Karten sehn lassen!" (31, 577)

M: „Gestern sprach er vor, wurde aber natürlich wegen angeblichen Ausgegangenseins meinerseits nicht weiter vorgelassen." (32, 205)

Wahrhaftigkeit

M: „Sage ihm aber lieber, der Karlsbader Vorschlag komme von meinem englischen Arzt ..." (32, 474)

M: „Das, worauf Liebknecht, nach Vogts Brief anspielt, ist mir völlig unbekannt. *Ich wenigstens* habe nie einem Menschen ein Wort *gegen* Eccarius geschrieben ..." (32, 574)

M (6 Wochen früher an H. Jung): „In der ‚Times' verwandelt ihn Herr Eccarius in seinen *Persönlichen Vorschlag*. Hier ist ein Punkt, worüber Sie ihn packen müssen." (32, 562)

M: „... ließ ich meine Frau in ihrem eignen Namen ihnen sofort schreiben, unter Vorwand, ich sei auf einige Tage von London abwesend." (33, 74)

M: „Nach meiner Ansicht sollte er Brief schreiben mit Einlage der amerikanischen Geschichte und weiter erklären, daß Unwohlsein ihn verhindere, von den Mandaten ... Gebrauch zu machen ..." (33, 85)

E: „In Berlin tutet der von Bismarck bezahlte ‚Neue Sozial-Demokrat' ganz in dasselbe Horn. Wie weit die russische Polizei ihre Hand darin hat, will ich vorderhand dahingestellt sein lassen ..." (33, 392)

E: „Freund Singer scheint von meinen Äußerungen nur das aufgefaßt zu haben, was mit seinen Ansichten harmoniert –, man lernt dies leicht im Geschäft, wo es manchmal von Vorteil ist, aber in der Politik wie in der Wissenschaft muß man doch lernen, die Sachen objektiv auffassen ...
Auch sagte ich Singer, was ihm neu zu sein schien, daß man im parlamentarischen Leben wohl einmal in den Fall kommen könne, *gegen* etwas stimmen zu müssen, von dem man im Stillen wünsche, daß es doch durchgehe." (36, 260)

2

E: „Wir sagen nicht, daß sich gegen die Deduktionen dieses Buches nichts einwenden ließe, daß Marx seine Beweise vollständig erbracht habe ..." (16, 208)

E: „Ganz anders ist es mit der Tendenz, mit den subjektiven Schlußfolgerungen des Verfassers beschaffen, mit der Art und Weise, wie er sich und andern das Endresultat des jetzigen sozialen Entwicklungsprozesses darstellt. Diese habe mit dem, was wir den positiven Teil des Buches nennen, gar nichts zu schaffen; ja, wenn der Raum es erlaubte, darauf einzugehen, so könnte vielleicht gezeigt werden, daß diese seine *subjektiven* Grillen durch seine eigene *objektive* Entwicklung selbst widerlegt werden." (16, 227)

M: „Dein Plan, das Buch *vom bürgerlichen Standpunkt* zu attackieren, ist *das beste Kriegsmittel.*" (31, 346)

3

E: „Die Internationale fordert von ihren Anhängern, daß sie Wahrheit, Gerechtigkeit und Moral als die Grundlage ihres Verhaltens anerkennen; die Allianz auferlegt ihren Adepten als ihre erste Pflicht Verlogenheit, Heuchelei und Betrug ..." (18, 118)

M: „Meine Vorschläge alle angenommen vom subcomité. Nur wurde ich verpflichtet, in das Préamble der Statuten zwei ‚duty' und ‚right' Phrasen, dito ‚truth, morality and justice' aufzunehmen, das aber so placiert ist, daß es einen Schaden nicht tun kann ... Es war sehr schwierig, die Sache so zu halten, daß unsere Ansicht in einer

Wahrhaftigkeit

Form erschien, die sie dem jetzigen Standpunkt der Arbeiterbewegung acceptable machte... Es bedarf Zeit, bis die wiedererwachte Bewegung die alte Kühnheit der Sprache erlaubt." (31, 15 f.)

4

E: „Ich verbleibe, Sir, Ihr ergebenster Diener Veritas." (7, 467)

5

M: „Ich hätte Ihnen gern mit diesem Brief mein Buch über die politische Ökonomie geschickt, aber bisher ist es mir nicht möglich gewesen, dieses Werk und die Kritik an den deutschen Philosophen und Sozialisten, von der ich Ihnen in Brüssel erzählte, drucken zu lassen." (27, 462)

M (5 Jahre später): „Ich bin meist von 9 Uhr morgens bis abends 7 auf dem Britischen Museum. Der Stoff, den ich bearbeite, ist so verdammt viel verzweigt, daß es mit aller Anstrengung nicht gelingt, vor 6 – 8 Wochen abzuschließen." (27, 560)

M (weitere 14 Jahre später): „Was nun meine Arbeit betrifft, so will ich Dir darüber reinen Wein einschenken. Es sind noch drei Kapitel zu schreiben, um den theoretischen Teil (die drei ersten Bücher) fertigzumachen. Dann ist noch das 4. Buch, das historisch-literarische, zu schreiben, was mir relativ der leichteste Teil ist, da alle Fragen in den drei ersten Büchern gelöst sind, dies letzte also mehr Repetition in historischer Form ist. Ich kann mich aber nicht entschließen, irgend etwas wegzuschicken, bevor das ganze vor mir liegt." (31, 132; 2 Jahre später erschien Band 1).

E: „Er hat uns aber stets den Stand seiner Arbeiten verheimlicht: er wußte, hätte man erst in Erfahrung gebracht, was er fertig hatte, so wäre er so lange bedrängt worden, bis er sein Einverständnis zur Veröffentlichung gegeben hätte." (36, 3; in Wirklichkeit glaubte E., „Das Kapital" sei schon viel weiter gediehen, als es tatsächlich war).

III. Kommentar

Die Zitate betreffen überwiegend das Privatleben. Weit wichtiger ist die Marxsche Theorie. Sie steht unter dem Diktat des revolutionären Wollens, dem die Objektivität bedenkenlos geopfert wird. Die Wirklichkeit hat sich nach der Theorie zu richten. (→ Arbeitsteilung → Diamat → Histomat → „Kapital")

IV. Hinweise

1) 3, 5; 18, 142; 21, 267; 22, 134 ff., 340 f., 449; 28, 560; 29, 405; 30, 47, 315, 317, 403; 31, 43, 461; 32, 355; 33, 299, 501; 36, 596; 38, 485.
2) Schwan, a.a.O.

Weltanschauung

I. Thesen

Die Weltanschauung des Karl Marx ist einerseits geprägt durch das jüdisch-christliche Elternhaus und das zeitaufgeschlossene humanistische Friedrich-Wilhelm-Gymnasium in Trier, andererseits, und das wohl in besonderem Maße, durch die Jung-Hegelianer, die während Marxens Aufenthalt in Berlin tonangebend gewesen sind [1].

Marx übernimmt die Hegelsche Dialektik, jedoch mit drei wesentlichen Variationen: Anstelle des absoluten Geistes ist für ihn die Materie der Ausgangspunkt des Weltprozesses, an die Stelle von These, Antithese und Synthese setzt er Position, Negation, Negation der Negation (Negation der Negation bedeutet Vernichtung, Synthese jedoch harmonischen Ausgleich), und schließlich behauptet Marx, seine Gegenwart sei die Phase der Negation, wohingegen Hegel glaubte, im preußischen Staat seiner Tage vollziehe sich die Synthese [2].

Da Marx und Engels davon ausgehen, in der Phase der Negation zu leben, üben sie dauernd totale Kritik (→ Arbeitsteilung → Ausbeutung → Diamat → Eigentum → Entfremdung → Histomat → Religion) [3].

II. Texte

[1]

E: „Die Gesamtlehre Hegels ließ, wie wir gesehn, reichlichen Raum für die Unterbringung der verschiedensten praktischen Parteianschauungen; und praktisch waren im damaligen theoretischen Deutschland vor allem zwei Dinge: die Religion und die Politik. Wer das Hauptgewicht auf das *System* Hegels legte, konnte auf beiden Gebieten ziemlich konservativ sein; wer in der dialektischen *Methode* die Hauptsache sah, konnte religiös wie politisch zur äußersten Opposition gehören. Hegel selbst schien, trotz der ziemlich häufigen revolutionären Zornesausbrüche in seinen Werken, im ganzen mehr zur konservativen Seite zu neigen . . . Gegen Ende der dreißiger Jahre trat die Spaltung in der Schule mehr und mehr hervor. Der linke Flügel, die sogenannten Jung-Hegelianer, gaben im Kampf mit pietistischen Orthodoxen und feudalen Reaktionären ein Stück nach dem andern auf von jener philosophisch vornehmen Zurückhaltung gegenüber den brennenden Tagesfragen . . .

Der Kampf wurde noch mit philosophischen Waffen geführt, aber nicht mehr um abstrakt-philosophische Ziele; es handelte sich direkt um Vernichtung der überlieferten Religion und des bestehenden Staates. Und wenn in den ‚Deutschen Jahrbüchern' die praktischen Endzwecke noch vorwiegend in philosophischer Verkleidung auftra-

Weltanschauung

ten, so enthüllte sich die junghegelsche Schule in der ‚Rheinischen Zeitung' [des Karl Marx] von 1842 . . ." (21, 270 f.)

2

M: „Der Kommunismus hat die Position als Negation der Negation, darum das *wirkliche,* für die nächste geschichtliche Entwicklung notwendige Moment der menschlichen Emanzipation und Wiedergewinnung." (Ergbd. 1, 546)

M: „Meine dialektische Methode ist der Grundlage nach von der Hegelschen nicht nur verschieden, sondern ihr direktes Gegenteil. Für Hegel ist der Denkprozeß, den er sogar unter dem Namen Idee in ein selbständiges Subjekt verwandelt, der Demiurg des Wirklichen, das nur seine äußere Erscheinung bildet. Bei mir ist umgekehrt das Ideelle nichts anderes als das im Menschenkopf umgesetzte und übersetzte Materielle. Die mystifizierende Seite der Hegelschen Dialektik habe ich vor beinah dreißig Jahren, zu einer Zeit kritisiert, wo sie noch Tagesmode war. Aber grade als ich den ersten Band des ‚Kapital' ausarbeitete, gefiel sich das verdrießliche, anmaßliche und mittelmäßige Epigonentum, welches jetzt im gebildeten Deutschland das große Wort führt, darin, Hegel zu behandeln, wie der brave Moses Mendelssohn zu Lessings Zeit den Spinoza behandelt hat, nämlich als ‚toten Hund'. Ich bekannte mich daher offen als Schüler jenes großen Denkers, und kokettierte sogar hier und da im Kapital über die Werttheorie mit der ihm eigentümlichen Ausdrucksweise. Die Mystifikation, welche die Dialektik in Hegels Händen erleidet, verhindert in keiner Weise, daß er ihre allgemeine Bewegungsformen in umfassender und bewußter Weise dargestellt hat. Sie steht bei ihm auf dem Kopf. Man muß sie umstülpen, um den rationellen Kern in der mystischen Hülle zu entdecken." (23, 27)

3

M: „Ist die Konstruktion der Zukunft und das Fertigwerden für alle Zeiten nicht unsere Sache, so ist desto gewisser, was wir gegenwärtig zu vollbringen haben, ich meine *die rücksichtslose Kritik alles Bestehenden,* rücksichtslos sowohl in dem Sinne, daß Kritik sich nicht vor ihren Resultaten fürchtet und ebensowenig vor dem Konflikte mit den vorhandenen Mächten." (1, 344)

M: „*Krieg* den deutschen Zuständen! Allerdings! Sie stehen unter dem *Niveau der Geschichte,* sie sind *unter aller Kritik,* aber sie bleiben ein Gegenstand der Kritik, wie der Verbrecher, der unter dem Niveau der Humanität steht, ein Gegenstand des *Scharfrichters* bleibt." (1, 380)

M/E: „Aber es ist dennoch nötig, in einem Lande wie Deutschland, wo die philosophischen Phrasen seit Jahrhunderten eine gewisse Macht hatten und wo die Abwesenheit der scharfen Klassengegensätze anderer Nationen ohnehin dem kommunistischen Bewußtsein weniger Schärfe und Entschiedenheit gibt, allen Phrasen entgegenzutreten, die das Bewußtsein über den totalen Gegensatz des Kommunismus gegen die bestehende Weltordnung noch mehr abschwächen und verwässern könnten." (3, 457)

M: „Die erste Pflicht der Presse ist nun, *alle Grundlagen des bestehenden politischen Zustandes* zu unterwühlen." (6, 234)

E: „Nicht nur keine offizielle *Staats*stellung, auch so lange wie möglich keine offizielle

Weltanschauung

*Partei*stellung, kein Sitz in Komitees pp., keine Verantwortlichkeit für Esel, unbarmherzige Kritik für alle . . ." (27, 190)

M: „Alles im Staate Dänemark [ist] faul . . ." (28, 13)

III. Kommentar

Es ist ein handgreiflicher Widerspruch, einerseits eine zeitlos gültige → Moral zu leugnen und zugleich die bestehende Welt als durch und durch negativ anzusprechen. Die Zeitumstände bieten für diese Weltsicht keine hinlängliche Erklärung, da gerade im 19. Jahrhundert gewaltige Verbesserungen auf vielen Gebieten (Ausbau der Rechtsstaatlichkeit, Entwicklung der Demokratie, allmähliche aber stetige Verbesserung der hygienischen, medizinischen und materiellen Lebensbedingungen) erzielt worden sind. Die Ursachen für diese Weltsicht sind wohl in Marxens → Vernichtungsdrang und seiner → Krisensehnsucht zu suchen.

IV. Hinweise

1) 35, 256.
2) (Zum Verständnis der seelischen Triebkräfte:) Künzli, a.a.O.; Löw „Warum", a.a.O., S. 144 ff, 178 ff.; Senge, a.a.O.

Wissenschaft, Wissenschaftler

I. Thesen

Die Freunde trennen scharf → Philosophie von Wissenschaft [1].
Wahre Wissenschaft bleibt dem vorbehalten, der die Mühe des steilen Weges nicht scheut [2].
Vom Wissenschaftler, wie er sein soll, entwerfen sie ein überzeugendes Bild [3].
Trist ist hingegen der Zustand der Wissenschaft und der Wissenschaftler, vor allem jener, die auf Marxens Feld, der Nationalökonomie, tätig sind [4].
Nur ein Stern erhellt die Nacht, Karl Marx [5].
Im Kommunismus werden alle Menschen Wissenschaftler sein [6].

II. Texte

[1]

M/E: „Da, wo die Spekulation aufhört, beim wirklichen Leben, beginnt also die wirkliche, positive Wissenschaft die Darstellung der praktischen Betätigung, des praktischen Entwicklungsprozesses der Menschen. Die Phrasen vom Bewußtsein hören auf, wirkliches Wissen muß an ihre Stelle treten. Die selbständige Philosophie verliert mit der Darstellung der Wirklichkeit ihr Existenzmedium." (3, 27)

[2]

M: „Es gibt keine Landstraße für die Wissenschaft, und nur diejenigen haben Aussicht, ihre lichten Höhen zu erreichen, die die Mühe nicht scheuen, ihre steilen Pfade zu erklimmen." (23, 31)

[3]

M: „Die Frage, ob dem menschlichen Denken gegenständliche Wahrheit zukomme – ist keine Frage der Theorie, sondern eine *praktische* Frage. In der Praxis muß der Mensch die Wahrheit, i. e. Wirklichkeit und Macht, Diesseitigkeit seines Denkens beweisen." (3, 5)

M: „Nur dadurch, daß man an die Stelle der conflicting dogmas die conflicting facts und die realen Gegensätze stellt, die ihren verborgenen Hintergrund bilden, kann man die politische Ökonomie in eine positive Wissenschaft verwandeln." (32, 181)

E: „Marx würde gegen ‚das politische und gesellschaftliche Ideal' protestieren, daß Sie ihm unterstellen. Wenn schon von einem ‚Mann der Wissenschaft', der ökonomischen Wissenschaft die Rede ist, so darf man kein Ideal haben, man erarbeitet wissenschaftliche Ergebnisse, und wenn man darüber hinaus noch ein Mann der Partei ist, so kämpft man dafür, sie in die Praxis umzusetzen. Wenn man aber ein Ideal hat, kann man kein Mann der Wissenschaft sein,

Wissenschaft, Wissenschaftler

denn man hat eine vorgefaßte Meinung." (36, 198)

4

M/E: „Die Lakaiennatur deutscher Professoren wird in den gelehrten Herrn zu Berlin und Halle in ihrem Ideale übertroffen. Vor diesem Knechtssinn steht der russische Leibeigene beschämt da. Der fromme Buddhist, der gläubig die Exkremente seines Dalai-Lama hinunterschluckt, er hört verwundert die Sage von den Berliner-Halleschen Buddhisten, deren Prostitution vor dem Königtum ‚von Gottes Gnaden‘ ihm als Fabel erscheint." (6, 81)

M: „Obgleich die deutsche Gesellschaft sehr post festum, ist sie doch nach und nach aus der feudalen Naturalwirtschaft, oder wenigstens deren Vorwiegen, zur kapitalistischen Wirtschaft gelangt, aber die Professoren stehn mit einem Fuß immer noch im alten Dreck, was natürlich. Aus Leibeignen von Gutsbesitzern haben sie sich in Leibeigne des Staats, vulgo Regierung, verwandelt." (19, 371)

M: „Was den Roscher betrifft, so kann ich erst in einigen Wochen das Buch neben mich legen und einige Randglossen dazu machen. Ich behalte mir diesen Burschen für eine *Note* vor. In den *Text* passen solche Professoralschüler nicht. Roscher besitzt unbedingt viel – oft ganz nutzlose – Literaturkenntnis, obgleich ich selbst hier den Göttinger alumnus durchblicke, der unfrei in den Literaturschätzen wühlt und sozusagen nur ‚offizielle‘ Literatur kennt; respectable. Aber davon abgesehn. Was nützt mir ein Kerl, der die ganze mathematische Literatur kennte und keine Mathematik verstünde? So ein selbstgefälliger, wichtigtuender, gemäßigt gewiegter eklektischer Hund! Wenn ein solcher Professoralschüler, der seiner Natur nach nun einmal nie über Lernen und Lehren des Gelernten hinauskam, der nie zur Selbstbelehrung kommt, wenn ein solcher Wagner wenigstens ehrlich wäre, gewissenhaft, so könnte er seinen Schülern nützlich sein." (30, 627 f.)

M: „Und wozu anders werden die sykophantischen Schwätzer bezahlt, die keinen andern wissenschaftlichen Trumpf auszuspielen wissen, als daß man in der politischen Ökonomie überhaupt nicht denken darf!
Jedoch satis superque. Jedenfalls zeigt es, wie sehr diese Pfaffen der Bourgeoisie verkommen sind, daß Arbeiter und selbst Fabrikanten und Kaufleute mein Buch verstanden und sich darin zurechtgefunden haben, während diese ‚Schrift*gelehrten*(!)‘ klagen, daß ich ihrem Verstand gar Ungebührliches zumute." (32, 554)

M: „Es wäre in der Tat sehr angenehm, wenn eine wirklich wissenschaftliche sozialistische Zeitschrift erschiene. Sie gäbe Gelegenheit zu Kritiken und Antikritiken, wo theoretische Punkte von uns erörtert werden könnten und die absolute Unwissenheit der Professoren und Privatdozenten zu exponieren und damit gleichzeitig auch die Köpfe des general public – Arbeiter wie Bourgeois – zu lichten wären." (34, 48)

M: „Die ‚*Revue des deux mondes*‘ vom letzten September enthält eine sogenannte Kritik des ‚Capitals‘ ... Man muß das gelesen haben um sich eine Vorstellung von der Idiotie unserer bürgerlichen ‚Denker‘ zu machen." (34, 207)

Wissenschaft, Wissenschaftler

E: „Die Frage, die sie mir stellen, ist schwer oder gar nur negativ zu beantworten. Keine Wissenschaft wird heutzutage auf allen Universitäten der Welt mehr verhunzt als die ökonomische. Nicht nur, daß nirgendwo ein Mann existiert, der die alte klassische Ökonomie im Sinne Ricardos und seiner Schule vortrüge; es würde sogar schwerfallen, einen zu finden, der den vulgären Freihandel, die sog. Manchesterei à la Bastiat, in reiner Gestalt vortrüge. In England und Amerika, wie in Frankreich und Deutschland, hat der Druck der proletarischen Bewegung die bürgerlichen Ökonomen fast durchweg kathedersozialistisch-philanthropisch gefärbt, und ein kritikloser, wohlmeinender Eklektizismus herrscht überall: eine weiche, dehnbare, gallertartige Gelatine, die sich in jede Form beliebig pressen läßt und eben deswegen eine ausgezeichnete Nährflüssigkeit zur Züchtung von Strebern abgibt, ganz wie die wirkliche Gelatine zur Züchtung von Bakterien. Die Wirkung dieses entnervenden, haltlosen Gedankenbreis macht sich, wenigstens in Deutschland und stellenweise bei Deutsch-Amerikanern, bis in unsre Partei hinein fühlbar und wuchert üppig an ihren Grenzen." (36, 199)

E: „Und so beglotzt die deutsche ‚Wissenschaft' diesen neuen Band, ohne ihn verstehen zu können; lediglich eine gesunde Angst vor den Konsequenzen hindert sie, ihn öffentlich zu kritisieren, und daher hüllt sich die offizielle ökonomische Literatur in vorsichtiges Schweigen." (36, 384)

E: „... dann kurzes erdrückendes Artilleriefeuer und entscheidender Bajonettangriff. Hier wie nirgends sonst heißt es seine Munition und seine Reserven sparen bis auf den letzten Moment. Jedesmal, wo wir uns von diesen Regeln im Kampf mit den Bakunisten, Proudhonisten, deutschen Professoren und sonstigem derartigen Gelichter entfernt, haben wir dafür büßen müssen." (38, 407 f.)

5

E: „Solche Leser werden sich auch wundern, in einer skizzierten Entwicklungsgeschichte des Sozialismus auf die Kant-Laplacesche Kosmogonie, auf die moderne Naturwissenschaft und Darwin, auf die klassische deutsche Philosophie und Hegel zu stoßen. Aber der wissenschaftliche Sozialismus ist nun einmal ein wesentlich deutsches Produkt und konnte nur bei der Nation entstehn, deren klassische Philosophie die Tradition der bewußten Dialektik lebendig erhalten hatte: in Deutschland. Die materialistische Geschichtsanschauung und ihre spezielle Anwendung auf den modernen Klassenkampf zwischen Proletariat und Bourgeoisie war nur möglich vermittels der Dialektik." (19, 187 f.)

E: „Wie Darwin das Gesetz der Entwicklung der organischen Natur, so entdeckte Marx das Entwicklungsgesetz der menschlichen Geschichte ... Damit nicht genug, Marx entdeckte auch das spezielle Bewegungsgesetz der heutigen kapitalistischen Produktionsweise und der von ihr erzeugten bürgerlichen Gesellschaft ... Zwei solche Entdeckungen sollten für ein Leben genügen. Glücklich schon der, dem es vergönnt ist, nur eine solche zu machen. Aber auf jedem einzelnen Gebiet, das Marx der Untersuchung unterwarf, und dieser Gebiete waren sehr viele und keines hat er bloß flüchtig berührt – auf jedem, selbst auf dem der Mathematik, hat er selbständige Entdeckungen gemacht." (19, 335 f.)

Wissenschaft, Wissenschaftler

M: „Du verstehst, my dear fellow, daß in einem Werke wie meinem, manche shortcomings im détail existieren müssen. Aber die *Komposition*, der Zusammenhang, ist ein Triumph der deutschen Wissenschaft, den ein einzelner Deutscher eingestehen kann, da es in no way *sein* Verdienst ist, vielmehr der *Nation* gehört. Dies um so erfreulicher, da es sonst die *silliest nation* unter dem Sonnenlicht!" (31, 183)

E: „Unerwähnt kann ich eine Bemerkung über den alten Hegel nicht lassen, dem Sie die tiefere mathematisch naturwissenschaftliche Bildung absprechen. Hegel wußte soviel Mathematik, daß keiner seiner Schüler imstande war, die zahlreichen mathematischen Manuskripte in seinem Nachlaß herauszugeben. Der einzige Mann, der meines Wissens Mathematik und Philosophie genug versteht, um dies zu können, ist Marx." (31, 467 f.)

6

E: „Und grade durch diese industrielle Revolution hat die Produktionskraft der menschlichen Arbeit einen solchen Höhegrad erreicht, daß die Möglichkeit gegeben ist – zum erstenmal, solange Menschen existieren –, bei verständiger Verteilung der Arbeit unter alle, nicht nur genug für die reichliche Konsumtion aller Gesellschaftsglieder und für einen ausgiebigen Reservefonds hervorzubringen, sondern auch jedem einzelnen hinreichend Muße zu lassen, damit dasjenige, was aus der geschichtlich überkommenen Bildung – Wissenschaft, Kunst, Umgangsformen usw. – wirklich wert ist, erhalten zu werden, nicht nur erhalten, sondern aus einem Monopol der herrschenden Klasse in ein Gemeingut der ganzen Gesellschaft verwandelt und weiter fortgebildet werde." (18, 220 f.)

III. Kommentar

Daß Marx sehr wohl entgegen dem Zitat (II 3 36, 198) mit einer vorgefaßten Meinung an die Nationalökonomie herangetreten ist, bekennt Engels an anderer Stelle (8, 583; 21, 212).
Der Personenkult hat im Sozialismus nicht erst mit Stalin, sondern bereits mit Marx einen Höhepunkt erreicht. Das Pendant ist die totale Verachtung und Verhöhnung aller Andersdenkenden, wer immer sie auch sind (→ Bakunin → Lassalle → Liebknecht → Literaten → Mazzini → Proudhon).
Daß die Zitate unter II 5 den „Gesetzen" des Histomat direkt widersprechen, verdient besondere Betonung.

IV. Hinweise

1) 8, 46; 16, 129, 207; 19, 177; 20, 26; 23, 27; 32, 552 f.; 33, 434; 36, 59, 722; 37, 102 f., 113, 133, 447 f.; 38, 298.
2) –

Zins

I. Thesen

Der Zins wird nach Marx in aller Regel aus dem Mehrwerterlös bezahlt. Daher ist der Zins eine der Arten, wie → Ausbeutung realisiert wird [1].

II. Texte

[1]

M: „Der Kapitalist, der den Mehrwert produziert, d. h. unbezahlte Arbeit unmittelbar aus den Arbeitern auspumpt und in Waren fixiert, ist zwar der beste Aneigner, aber keineswegs der letzte Eigentümer dieses Mehrwerts. Er hat ihn hinterher zu teilen mit Kapitalisten, die andre Funktionen im großen und ganzen der gesellschaftlichen Produktion vollziehn, mit dem Grundeigentümer usw. Der Mehrwert spaltet sich daher in verschiedne Teile. Seine Bruchstücke fallen verschiednen Kategorien von Personen zu und erhalten verschiedne, gegeneinander selbstständige Formen, wie Profit, Zins, Handelsgewinn, Grundrente usw." (23, 589)

M: „Das Kapital erscheint als mysteriöse und selbstschöpferische Quelle des Zinses, seiner eignen Vermehrung. Das *Ding* (Geld, Ware, Wert) ist nun als bloßes Ding schon Kapital, und das Kapital erscheint als bloßes Ding... Im zinstragenden Kapital ist daher dieser automatische Fetisch rein herausgearbeitet, der sich selbst verwertende Wert, Geld heckendes Geld, und trägt es in dieser Form keine Narben seiner Entstehung mehr...

In G — G' haben wir die begrifflose Form des Kapitals, die Verkehrung und Versachlichung der Produktionsverhältnisse in der höchsten Potenz: zinstragende Gestalt, die einfache Gestalt des Kapitals, worin es seinem eignen Reproduktionsprozeß vorausgesetzt ist; Fähigkeit des Geldes, resp. der Ware, ihren eignen Wert zu verwerten, unabhängig von der der Reproduktion — die Kapitalmystifikation in der grellsten Form...

Das Kapital ist jetzt Ding, aber als Ding Kapital. Das Geld hat jetzt Lieb' im Leibe. Sobald es verliehen ist, oder auch im Reproduktionsprozeß angelegt (insofern es dem fungierenden Kapitalisten als seinem Eigentümer Zins abwirft, getrennt vom Unternehmergewinn), wächst ihm der Zins an, es mag schlafen oder wachen, sich zu Hause oder auf Reisen befinden, bei Tag und bei Nacht." (25, 405 ff.)

Zins

III. Kommentar

Marx läßt die plausiblen Rechtfertigungen des Zinses durch die bürgerliche Nationalökonomie unberücksichtigt. Seine Ausführungen sind konfus und mystifizierend.
In den sozialistischen Staaten wurde der Zins, zum Beispiel in Gestalt der Produktionsabgabe, wieder zu einer Selbstverständlichkeit, wie auch die Kirchen heute grundsätzlich keinen Anstoß mehr am Zinsgeschäft nehmen.

IV. Hinweise

1) 25, 351, 362 ff., 383 ff., 393.
2) Löw „Ausbeutung", a.a.O., S. 114 ff.

Zwangsarbeit

I. Thesen

Im Kapitalismus ist die Zwangsarbeit an der Tagesordnung. Die →Proletarier müssen ihre Arbeitskraft verkaufen, um leben zu können. Da ihnen das Produkt ihrer Arbeit nicht gehört, sind sie entfremdet (→ Entfremdung) [1].
Gelegentlich wird das Wort „Zwangsarbeit" auch im engeren, rechtlichen Sinne gebraucht [2].
Mit besonderer Entrüstung weist Marx darauf hin, daß früher die Arbeiter sogar staatlicherseits gehindert wurden, sich im Ausland um günstigere Arbeitsbedingungen umzusehen [3].
Zu der Frage, ob es auch im → Kommunismus Zwangsarbeit gibt, äußern sich die Freunde kaum. Daß die Arbeit noch Last sein wird, wird nicht durchweg bestritten (→ Arbeit). Die Möglichkeit, Zwang auszuüben, besteht auch dann noch (→ Staat). Doch werden wohl alle das tun, was ihre Pflicht ist (→ Moral) [4].

II. Texte

[1]

M: „Erstens, daß die Arbeit dem Arbeiter *äußerlich* ist, d. h. nicht zu seinem Wesen gehört, daß er sich daher in seiner Arbeit nicht bejaht, sondern verneint, nicht wohl, sondern unglücklich fühlt, keine freie physische und geistige Energie entwickelt, sondern seine Physis abkasteit und seinen Geist ruiniert. Der Arbeiter fühlt sich daher erst außer der Arbeit bei sich und in der Arbeit außer sich. Zu Hause ist er, wenn er nicht arbeitet, und wenn er arbeitet ist er nicht zu Hause. Seine Arbeit ist daher nicht freiwillig, sondern gezwungen, *Zwangsarbeit.*" (Ergbd. 1, 514)

M: „Wenn der Arbeiter nur einen halben Arbeitstag braucht, um einen ganzen Tag zu leben, so braucht er, um seine Existenz als Arbeiter zu fristen, nur einen halben Tag zu arbeiten. Die zweite Hälfte des Arbeitstages ist Zwangsarbeit; surplus-Arbeit." (42, 243 f.)

[2]

M: „Seit wann ist die *Zwangsarbeit* produktiver als die *Lohnarbeit?* Was würde man von einem Manchester Fabrikanten sagen, der sich über die Konkurrenz der Moskowiter Fabrikanten beklagte, weil er selbst nur Arbeiter zur Verfügung habe, die ihren Dienst freiwillig anböten!" (11, 299)

[3]

M: „Früher machte das Kapital, wo es ihm nötig schien, sein Eigentumsrecht auf den

Zwangsarbeit

freien Arbeiter durch Zwangsgesetz geltend. So war z. B. die Emigration der Maschinenarbeiter in England bis 1815 bei schwerer Strafe verboten." (23, 599)

4

M: „In einer höheren Phase der kommunistischen Gesellschaft, nachdem die knechtende Unterordnung der Individuen unter die Teilung der Arbeit, damit auch der Gegensatz geistiger und körperlicher Arbeit verschwunden ist; nachdem die Arbeit nicht nur Mittel zum Leben, sondern selbst das erste Lebensbedürfnis geworden. ... erst dann kann der enge bürgerliche Rechtshorizont ganz überschritten werden und die Gesellschaft auf ihre Fahne schreiben: Jeder nach seinen Fähigkeiten, jedem nach seinen Bedürfnissen!" (19, 21)

E: „Eine neue Gesellschaftsordnung ist möglich, worin die heutigen Klassenunterschiede verschwunden sind und wo – vielleicht nach einer kurzen, etwas knappen, aber jedenfalls moralisch sehr nützlichen Übergangszeit – durch planmäßige Ausnutzung und Weiterbildung der schon vorhandenen ungeheuren Produktivkräfte aller Gesellschaftsmitglieder, bei gleicher Arbeitspflicht, auch die Mittel zum Leben ... in stets wachsender Fülle zur Verfügung stehn." (22, 209)

M: „Das Reich der Freiheit beginnt in der Tat erst da, wo das Arbeiten, das durch Not und äußere Zweckmäßigkeit bestimmt ist, aufhört; es liegt also der Natur der Sache nach jenseits der Sphäre der eigentlichen materiellen Produktion. Wie der Wilde mit der Natur ringen muß, um seine Bedürfnisse zu befriedigen, um sein Leben zu erhalten und zu reproduzieren, so muß es der Zivilisierte, und er muß es in allen Gesellschaftsformen und unter allen möglichen Produktionsweisen." (25, 828)

III. Kommentar

Auch wenn die Arbeit knapp und begehrt ist, bereitet sie nicht nur Freude. Da sie, aufs ganze gesehen, in den sogenannten kapitalistischen Staaten besser bezahlt wird als in den sogenannten sozialistischen Staaten, gab es vor allem in Deutschland von 1945 bis 1961 eine gewaltige Bevölkerungsverschiebung von Ost nach West. (Daß auch andere Gründe dabei eine Rolle gespielt haben, bedarf in diesem Zusammenhang keiner Erläuterung (→ Diktatur des Proletariats → Freiheit → Menschenrechte).
Es gehört zu den Ironien des Marxismus, daß gerade die marxistischen Staaten zu jenen Methoden des Frühkapitalismus zurückgriffen, die Marx auf das entschiedenste ablehnt, nämlich die Pönalisierung der freien Wahl des besten Arbeitsplatzes durch den Straftatbestand der „Republikflucht".
Da selbst in nicht auf Zwang, sondern Idealismus fußenden kommunistischen Gemeinschaften (Kibbuzim, Klöster) alle menschlichen Laster Nah-

Zwangsarbeit

rung finden (IV 2), werden sie in den erzwungenen Kollektiven erst recht immer anzutreffen sein.

IV. Hinweise

1) 4, 481; 23, 416.
2) Utz, a.a.O.

Literaturverzeichnis

Ahlberg, René
„Das Proletariat – Die Perspektiven der Arbeiterklasse in der Industriegesellschaft"
Stuttgart 1974

Backhaus, Wilhelm
„Marx, Engels und die Sklaverei – Zur ökonomischen Problematik der Unfreiheit"
Düsseldorf 1974

Bakunin, Michail
„Gesammelte Werke"
Berlin 1924

Bartsch, Günther
„Kommunismus, Sozialismus, Anarchismus – Wurzeln, Unterschiede und Gemeinsamkeiten"
Freiburg 1976

Baske, Siegfried
„Bildung und Erziehung bei Karl Marx und das Bildungssystern der DDR" in Löw u. a. „Karl Marx und das politische System der DDR" a.a.O., S. 153 ff.

Becker, Werner
„Die Achillesferse des Marxismus: der Widerspruch von Kapital und Arbeit"
Hamburg 1974

Beyme, Klaus von
„Parlamentarismus" in Kernig a.a.O.

Bigo, Pierre
„Marxisme et Humanisme"
Paris 1961

Bleuel, Hans Peter
„Ferdinand Lassalle oder der Kampf wider die verdammte Bedürfnislosigkeit"
München 1979

Bloch, Maurice
„Marxism and Anthropology – The History of a Relationship"
Oxford 1983

Bobínska, Celina
„Marx und Engels über polnische Probleme"
Berlin (Ost) 1958

Brakelmann, Günter-Klaus Peter
„Karl Marx über Religion und Emanzipation"
Gütersloh 1975

Braunthal, Julius
„Geschichte der Internationale"
Bonn 1978

Browder, Earl (Mitglied des ZK der KP USA)
„Marx and Amerika. A study of the doctrine of impoverishment"
New York 1958

Brunner, Georg
„Karl Marx und die Grundrechte in der DDR" in Löw u. a. „Karl Marx und das politische System der DDR" a.a.O., S. 49

Buchanan, Allen E.
Marx and Justice
London 1982

Carlebach, Julius
„Karl Marx and the Radical Critique of Judaism"
London 1978

Dahrendorf, Ralf
„Die Idee des Gerechten im Denken von Karl Marx"
Bonn 1971

Literaturverzeichnis

Deppe, Frank
„Die Gewerkschaften" in Kernig a.a.O.

Deutsche Akademie für Staats- und Rechtswissenschaft
„Karl Marx Begründer der Staats- und Rechtstheorie der Arbeiterklasse"
Berlin (Ost) *1968*

Diehl, Karl
„Pierre Joseph Proudhon – Seine Lehre und sein Leben"
Aalen 1968

Dietrich, Theo
„Sozialistische Pädagogik – Ideologie ohne Wirklichkeit"
Bad Heilbrunn 1964

Doering, J. A.
„Marx kontra Rußland"
Stuttgart 1960

Dominick, Raymond H.
„Wilhelm Liebknecht and the Founding of the Social Democratic Party"
The University of North Carolina Press 1982

Ehlen, Peter
„Die ‚menschliche Bestimmung und Würde der Arbeit' – zu einem Grundsatz der Marxschen Anthropologie" in Löw u. a. „Karl Marx – Bilanz nach 100 Jahren" a.a.O., S. 45 ff.

Ehlen, Peter
„Marxismus als Weltanschauung – Die weltanschaulich-philosophischen Leitgedanken bei Karl Marx"
München 1982

Emden, Horst
„Der Marxismus und seine Pädagogik – Anspruch und Wirklichkeit"
St. Augustin 1983

Engelhardt, Ulrich
„‚Nur vereinigt sind wir stark' – Die Anfänge der deutschen Gewerkschaftsbewegung 1862/63 bis 1869/70"
Stuttgart 1977

Enzensberger, Hans Magnus
„Gespräche mit Marx und Engels"
Frankfurt 1973

Fetscher, Iring (Hrsg.)
„Der Sozialismus – Vom Klassenkampf zum Wohlfahrtsstaat"
München 1968

Fetscher, Iring
„Vom Wohlfahrtsstaat zur neuen Lebensqualität"
Köln 1982

Fetscher, Iring
„Religion" in Kernig a.a.O.

Fleischer, Helmut
„Zum marxistischen Begriff der Humanität" in H. E. Tödt „Marxismusstudien"
Tübingen 1972

Friedenthal, Richard
„Karl Marx"
München 1981

Funke, Manfred (Hrsg.)
„Terrorismus"
Düsseldorf 1977

George, Richard de
„Ethik" in Kernig a.a.O.

Literaturverzeichnis

Glahn, Michael von
„Kritik des Gerechtigkeitsprinzips in der marxistisch-sozialistischen Staats- und Rechtstheorie"
Frankfurt 1986

Goldman, Emma
„Frauen in der Revolution"
Berlin 1977

Görres-Gesellschaft
„Staatslexikon – Recht – Wirtschaft – Gesellschaft", 5 Bde.
Freiburg 1985 ff.

Grebing, Helga
„Geschichte der deutschen Arbeiterbewegung – Ein Überblick"
München 1966

Guillaume, James
„Karl Marx pangermaniste et l'Association Internationale des Travailleurs"
Paris 1915

Hanisch, Ernst
„Der kranke Mann an der Donau – Marx und Engels über Österreich"
Wien 1978

Hanstein, Ulrich
„Polnische Frage" in Kernig a.a.O.

Haupt, Georges
„Sozialistische Internationale" in Kerniig a.a.O.

Hautmann, Hans/Kropf, Rudolf
„Die österreichische Arbeiterbewegung vom Vormärz bis 1945 – Sozialökonomische Ursprünge ihrer Ideologie und Politik"
Wien 1974

Herre, Günther
„Verelendung und Proletariat bei Karl Marx"
Düsseldorf 1973

Himmelmann, Gerhard
„Arbeitswert, Mehrwert und Verteilung – Zur Problematik von Theorie und Praxis in der Marxschen Lehre"
Opladen 1974

Hirsch, Helmut
„Karl Marx zur ,Judenfrage' und zu Juden – eine weiterführende Metakritik?" in Grab Walter u. a. Juden im Vormärz und in der Revolution von 1848"
Stuttgart 1983

Hook, Sidney
„Revolution, Reform and Social Justice – Studies in the Theorie and Practice of Marxism"
Oxford 1975

Hondrich, Karl Otto u. a. (Hrsg.)
„Bedürfnisse"
Opladen 1983

Hornung, Klaus
„Emanzipation ist nicht Freiheit – Bemerkungen zum Umschlag der Emanzipation in den Despotismus bei Karl Marx" in Löw a.a.O., S. 148 ff.

Hornung, Klaus
„Der faszinierende Irrtum – Karl Marx und die Folgen"
Freiburg 1978

Hornung, Klaus
„Das totalitäre Zeitalter. Bilanz des 20. Jahrhunderts"
Frankfurt/M. 1993

Literaturverzeichnis

Juvilar, Peter
„Familie" in Kernig a.a.O.

Kadenbach, Johannes
„Das Religionsverständnis von Karl Marx"
Paderborn 1970

Kaiser, Philipp
„Ist der Marxismus notwendig atheistisch?"
München 1978

Kaltenbrunner, Gerd-Klaus
„Die Frage nach dem Sinn des Lebens im zeitgenössischen Marxismus"; Beilage zur Wochenzeitung „Das Parlament"
Nr. 11/1972

Kamenka, Eugene
„Marxism and Ethics"
London 1969

Kernig, Claus D. u. a.
„Sowjetsystem und Demokratische Gesellschaft – Eine Vergleichende Enzyklopädie"
Freiburg, Basel, Wien 1966

Korsch, Karl
„Marxismus und Philosophie"
Frankfurt 1971

Krause, Helmut
„Marx und Engels und das zeitgenössische Rußland"
Gießen 1958

Künzli, Arnold
„Karl Marx – Eine Psychographie"
Wien 1966

Lamm, Hans, u. a.
„Karl Marx 1818–1968"
Mainz 1968

Lees, Andrew
„Revolution and Reflection. Intellectual Change in Germany during the 1850's."
The Hague 1974

Leonhard, Wolfgang
„Diktatur des Proletariats" in Kernig a.a.O.

Leonhard, Wolfgang
„Sowjetideologie heute"
Frankfurt 1966

Lobkowicz, Nikolaus
„Entfremdung" in Kernig a.a.O.

Löw, Konrad
„Ausbeutung des Menschen durch den Menschen"
Köln 1983

Löw, Konrad
„Die Grundrechte – Verständnis und Wirklichkeit in beiden Teilen Deutschlands"
München 1982

Löw, Konrad
„Die Lehre des Karl Marx / Dokumentation – Kritik"
Köln 1989

Löw, Konrad
„Kann ein Christ Marxist sein?"
München 1985

Löw, Konrad
„Kommunismus" in Görres-Gesellschaft a.a.O.

Löw, Konrad
„Rechtsstaat, Demokratie, Sozialstaat – Verständnis und Wirklichkeit in beiden Teilen Deutschlands"
Köln 1980

Literaturverzeichnis

Löw, Konrad
„Warum fasziniert der Kommunismus?"
München 1985

Löw, Konrad u. a.
„Karl Marx und das politische System der DDR"
Asperg 1982

Löw, Konrad u. a.
„Karl Marx – Bilanz nach hundert Jahren"
Köln 1984

Löw, Konrad
„Terror – Theorie und Praxis im Marxismus"
Asendorf 1991

Löw, Konrad
„Der Mythos Marx und seine Macher – wie aus Geschichten Geschichte wird"
München 1996

Lowy, Michael
„La theorie de la révolution chez le jeune Marx"
Paris 1970

Manke, Michael
„Die Klassentheorie von Marx und Engels"
Frankfurt 1973

Marx, Karl
„Die Geschichte der Geheimdiplomatie des 18. Jahrhunderts"
Berlin (West) 1977

Marx, Karl
„Texte zur Methode und Praxis, Jugendschrift 1834–1841"
Reinbek 1965

Marx, Karl / Engels, Friedrich
Historisch-kritische Gesamtausgabe
(= Marx/Engels Gesamtausgabe, MEGA^1).
Im Auftrag des Marx-Engels-Instituts hrsg. von D. B. Rjazanow und V. V. Adorackij *(versch. Orte, u. a. Berlin und Moskau) 1927ff. 1. Abteilung Bd. 1*

Marx, Karl / Engels, Friedrich
Gesamtausgabe (MEGA^2); seit 1991, Hrsg. Internationale Marx-Engels-Stiftung, Berlin 1975 ff.

Marx, Karl / Engels, Friedrich
Werke (MEW). Hrsg. vom Institut für Marxismus-Leninismus beim ZK der SED
Berlin (Ost) 1956 ff. (auf der Basis der 2. russischen Ausgabe, 1955 ff.)

Marx, Karl / Engels, Friedrich
„Über Pädagogik und Bildungspolitik" (zwei Bände)
Berlin (Ost) 1976

Marx, Karl / Engels, Friedrich
„Pressefreiheit und Zensur" (herausgegeben und eingeleitet von Iring Fetscher)
Wien 1969

Mauke, Michael
„Die Klassentheorie von Marx und Engels"
Frankfurt 1973

Mazzini, Joseph
„The Duties of Man"
London 1955

Mendel, Arthur P.
„Michael Bakunin, Roots of Apocalypse"
New York 1981

Literaturverzeichnis

Mészáros, István
„Marx's Theory of Alienation"
London 1970

Meyer, Thomas
„Der Zwiespalt in der Marx'schen Emanzipationstheorie"
Kronberg 1973

Miller, Reinhold
„Vom Sinn des Lebens und der Arbeit; Einheit" (Zeitschrift für Theorie und Praxis des wiss. Sozialismus)
Berlin (Ost) 1983 Nr. 10

Miller, Susanne / Potthoff, Heinrich
„Kleine Geschichte der SPD – Darstellung und Dokumentation 1848–1980"
Bonn 1981

Mommsen, Hans
„Nationalismus, Nationalitäten?" in Kernig a.a.O.

Monz, Heinz
„Gerechtigkeit bei Karl Marx und in der Hebräischen Bibel"
Baden-Baden 1995

Motschmann, Klaus
„Sozialismus und Nation. . ."
München 1979

Niederstrasser, Heinz
„Prometheische Philanthropie im Spannungsfeld von realem Humanismus und christlicher Caritas"
Frankfurt 1982

Nolte, Ernst
„Marxismus und industrielle Revolution"
Stuttgart 1983

Oldenburg, Fred
„Der Parteibegriff der Sozialistischen Einheitspartei Deutschlands und Karl Marx" in Konrad Löw „Karl Marx und das politische System der DDR" a.a.O. S. 153 ff.

Orudshew, S. M.
„Dialektik als System"
Berlin (Ost) 1979

Padover, Saul K.
„Karl Marx on America and the Civil War"
New York 1972

Parkin, Frank
„Marxism and class theory: A bourgeois critique"
London 1979

Post, Werner
„Kritik der Religion bei Karl Marx"
Zürich 1969

Raith, Werner
„Humanismus und Unterdrückung. Streit gegen die Wiederkehr einer Gefahr"
Frankfurt a.M. 1985

Rattansi, Ali
„Marx and the Division of Labour"
London 1982

Rjasanow, David
„Karl Marx und Friedrich Engels über die Polenfrage" in: Archiv für die Geschichte des Sozialismus und der Arbeiterbewegung. 6. Jahrgang (1916) S. 175 ff.

Rolfes, Helmuth
„Der Sinn des Lebens im marxistischen Denken"
Düsseldorf 1971

Literaturverzeichnis

Rosdolsky, Roman
„Friedrich Engels und das Problem der ‚geschichtslosen' Völker"
Berlin 1979

Rosdolsky, Roman
„Zur Entstehungsgeschichte des Marxschen ‚Kapital'"
Frankfurt 1968

Schefold, Christoph
„Die Rechtsphilosophie des jungen Marx von 1842"
München 1969

Schiskin, A. F.
„Grundlagen der marxistischen Ethik"
Berlin (Ost) 1965

Schott, Rüdiger
„Eigentum" in Kernig a.a.O.

Schwan, Alexander
„Theorie als Dienstmagd der Praxis"
Stuttgart 1983

Senge, Angelika
„Marxismus als atheistische Weltanschauung – Zum Stellenwert des Atheismus im Gefüge marxistischen Denkens"
Paderborn 1983

Silberner, Edmund
„Kommunisten zur Judenfrage – Zur Geschichte von Theorie und Praxis des Kommunismus"
Opladen 1983

Topitsch, Ernst
„Die Verkündigung des Karl Marx als Heilslehre und Herrschaftsideologie" in Löw u. a. „Bilanz" a.a.O.

Tuchscheerer, Walter
„Bevor ‚Das Kapital' entstand"
Berlin (Ost) 1968

Tucker, Robert
„Karl Marx – Die Entwicklung seines Denkens von der Philosophie zum Mythos"
München 1963

Utz, Arthur
„Das Wirtschaftssystem der religiösen Orden – oder: Ist der Kommunismus möglich?"
Walberberg 1982

Villey, Michel
„Rechtsphilosophie" in Kernig a.a.O.

Vollmar, Georg von
„Reden und Schriften zur Reformpolitik"
Berlin 1977

Weber-Fas, Rudolf (Hrsg.)
„Der Staat" (zwei Bde.)
Pfullingen 1977

Weigel, Siegfried
„Der negative Marx – Marx im Urteil seiner Zeitgenossen – Eine Dokumentation"
o.O. 1976

Weiss, Andreas von
„Historischer Materialismus" in Kernig a.a.O.

Wetter, Gustav A.
„Dialektischer Materialismus" in Kernig a.a.O.

Wetter, Gustav A.
„Sowjetideologie heute"
Frankfurt 1962

Literaturverzeichnis

Wildermuth, Armin
„Marx und die Verwirklichung der Philosophie"
Den Haag 1970

Wilhelm, Theodor
„Jenseits der Emanzipation – pädagogische Alternativen zu einem magischen Freiheitsbegriff"
Stuttgart 1975

Wittig, Horst E.
„Karl Marx. Bildung und Erziehung Studientexte zur Marx'schen Bildungskonzeption"
Paderborn 1968

Wolfe, Bertram D.
„Marx und die Marxisten – 100 Jahre Theorie und Praxis einer Doktrin"
Frankfurt 1965

Wood, Allen W.
„The Marxian Critique of Justice" in Cohen, Marshall u. a. „Marx, Justice and History"
New Jersey 1980

Stichwortverzeichnis / Lexikonteil

ADAV (Allgemeiner Deutscher Arbeiterverband) → Arbeiterbewegung
Advokaten → Literaten
Akkumulation, ursprüngliche → Gewalt → Kommunismus
Aktiengesellschaft → Börse
All → Dialektischer Materialismus
Amerika, Amerikaner
Anarchie → Bakunin → Freiheit → Staat
Anthropologie → Arbeit → Menschenbild
Antike → Gerechtigkeit
Antisemitismus → Judentum
Arbeit
Arbeit, Recht auf
Arbeiter → Produktionsverhältnisse → Proletarier
Arbeiterbewegung
Arbeiterklasse → Amerika → Deutsche → England → → Frankreich → Klasse → Kommune
Arbeitserfahrung → Produktionsweise → Produktivkräfte
Arbeitsgeräte → Historischer Materialismus → Produktionsweise
Arbeitskampf → Gewerkschaftsbewegung
Arbeitskraft → Ausbeutung
Arbeitslohn → Gerechtigkeit → Verelendungstheorie
Arbeitsteilung
Arbeitswertlehre → Arbeitszeit → Ausbeutung
Arbeitszeitverkürzung → Freiheit
Arbeitszwang → Zwangsarbeit
Aristokratie → Klasse
Armee → Demokratie
Atheismus → Dialektischer Materialismus → Religion
Ausbeutung
Auswanderung → Zwangsarbeit
Autorität → Staat

Babeuf, François-Noel → Frankreich
Bacon, Francis → Familie → Freiheit
Badinguet, Louis Bonaparte → Frankreich
Bakunin, Bakunisten
Barbarei → Gerechtigkeit → Österreich → Rußland → Selbstbestimmungsrecht des Volkes
Basis → Produktionsweise

Stichwortverzeichnis / Lexikonteil

Bayern
Bayreuther Festspiele → Bayern
Bebel, August → Amerika → Internationale Arbeiter-Assoziation
→ Rechtsstaat
→ Assoziatizion → Liebknecht → Partei

Bedürfnis
Belgien → Internationale Arbeiter Assoziation
→ Selbstbestimmungsrecht des Volkes
Berlin → Preußen
Bernstein, Eduard → Liebknecht
Bewußtsein → Arbeitsteilung → Gerechtigkeit
→ Menschenbild → Moral → Produktionsweise

Bewußtsein, sozialistisches → Kommune
„Bibel der Arbeiterklasse" → Kapital
Bildung → Erziehung
Bismarck → Arbeit, Recht auf → Demokratie
→ Kapital → Lassalle → Literaten
→ Österreich → Preußen → Proudhon(isten)
→ Sozialdemokratische Partei Deutschlands
→ Sozialismus → Wahrhaftigkeit

Blanqui, Louis-Auguste → Diktatur des Proletariats
Blanquisten → Internationale Arbeiter-Assoziation
Börse
Bourgeois(ie)
Brüderlichkeit → Liebe
Buchführung → Kommunismus
Bundesstaat → Föderalismus
Bürgerkrieg → Krieg
Bürgertum → Bourgeois
Bund der Gerechten → Arbeiterbewegung → Gerechtigkeit
Bund der Kommunisten → Arbeiterbewegung → Gerechtigkeit

Cabet, Etienne → Dogmatismus → Frankreich
Chauvinismus → Nation
Christentum → Moral → Religion → Sozialismus
Commune → Kommune

Dänemark → Krieg → Preußen
Dänen → Deutsche

Stichwortverzeichnis / Lexikonteil

Darwin, Charles Robert	→ Kapital
Demokratie	
Denken	→ Dialektischer Materialismus → Historischer Materialismus → Wissenschaft
Deutsche, Deutschland	
Dialektik	→ Dialektischer Materialismus
Dialektischer Materialismus (Diamat)	
Diktatur des Proletariats	
Disraeli, Benjamin	→ Juden
Dogmatismus	
Düring, Eugen	→ Dialektischer Materialismus
Egoismus	
Ehe	
Eigennutz	→ Egoismus
Eigentum	
Einheitsstaat	→ Föderalismus
Einsicht	→ Freiheit
Eisenacher	→ Liebknecht
Elsaß-Lothringen	→ Bayern → Selbstbestimmungsrecht des Volkes
Emanzipation	
England, Engländer	
Entäußerung	→ Entfremdung
Entfremdung	
Entwicklung	→ Dialektischer Materialismus → Entfremdung → Krieg
Entwicklung, technische	→ Historischer Materialismus
Erbrecht	→ Eigentum
Erziehung	
Ethik	→ Moral
Europa	→ Rasse
Existenz	→ Humanismus
Fabrikant	→ Revolution → Unternehmer
Fabrikinspektor	→ Kinderarbeit
Familie	
Feudalherr	→ Bourgeoisie → Historischer Materialismus
Feudalismus	→ Gerechtigkeit → Historischer Materialismus

Stichwortverzeichnis / Lexikonteil

Feuerbach, Ludwig	→ Humanismus → Moral → Religion
Föderalismus	
Fortschritt	→ Klasse → Nation → Selbstbestimmungsrecht des Volkes
Fourier, François-Marie-Charles	→ Arbeit, Recht auf
Frankfurter Versammlung	→ Parlament
Frankreich, Franzosen	
Fraternité	→ Liebe
Frau	
Freiheit	
Freiheitsrechte	→ Freiheit
Freiligrath, Ferdinand	→ Lassalle → Literaten → Partei
Freizeit	→ Arbeitsteilung
Frieden	→ Krieg
Fünfstadienlehre	→ Historischer Materialismus
Garibaldi, Giuseppe	→ Internationale Arbeiter-Assoziation →Proudhon
Gattung	→ Entfremdung → Humanismus
Gebrauchswert	→ Ausbeutung
Gegensatz	→ Dialektischer Materialismus
Gehorsam	→ Familie → Staat
Geist	→ Entfremdung → Humanismus
Geist, deutscher	→ Kapital
Geld	
Gerechtigkeit	
Geschichte	→ Historischer Materialismus
Gesellschaft	→ Erziehung → Gewerkschaft → → Historischer Materialismus → Judentum → Klasse → Kommunismus → Rechtsstaat
Gesetz	→ Freiheit → Recht
Gewalt	
Gewaltenteilung	→ Diktatur des Proletariats → Parlament → Recht
Gewerkschaften	
Gleichberechtigung	→ Frau
Gleichheit	
Gott	→ Menschenbild → Religion
Großbritannien	→ England
Grundeigentum	→ Eigentum → Kommunismus
Grundrente	→ Eigentum → Kommunismus

Stichwortverzeichnis / Lexikonteil

Grundwerte	→ Emanzipation → Freiheit → Gerechtigkeit → Humanismus → Liebe → Menschenwürde → Moral
Gütergemeinschaft	→ Kommunismus
Handwerker	→ Proletarier
Haß	→ Liebe
Hatzfeld, Sophie von	→ Frau → Lassalle → Liebknecht
Hausarbeit	→ Unternehmer
Hausstand	→ Unternehmer
Hegel, Wilhelm Friedrich	→ Dialektischer Materialismus → Humanismus → Philosophie → Selbstbestimmungsrecht des Volkes → Vernichtungsdrang → Weltanschauung
Heine, Heinrich	→ Juden
Herrschaft	→ Eigentum → Staat
Historischer Materialismus (Histomat)	
Historische Mission	→ Diktatur des Proletariats → Proletariat
Holland	→ Gewalt
Humanismus	
Idealismus	→ Dialektischer Materialismus → Historischer Materialismus → Humanismus → Religion
Idealist	→ Dialektischer Materialismus
Ideologie	→ Historischer Materialismus
Imperatives Mandat	→ Mandat, Imperatives
Imperialismus	→ Rußland → Selbstbestimmungsrecht des Volkes
Individuum	→ Humanismus → Menschenbild
Industrie	→ Eigentum → Planwirtschaft
Industrialisierung	→ Unternehmer
Instinkt	→ Arbeitsteilung
Intelligenz	→ Klassen
Interessen	→ Bedürfnis → Kommunismus
Internationale Arbeiter-Assoziation	
Internationalismus	→ Nation
Intoleranz	→ Demokratie
Irland	→ Amerika → Nation
Isländer	→ Deutsche
Italien	→ Krisensehnsucht → Literaten → Mazzini

Stichwortverzeichnis / Lexikonteil

Jesuit	→ Juden
Jones, Ernst Charles	→ Krisensehnsucht → Liebe
Journalist	→ Literaten → Presse
Juden, Judentum	
Kalifornien	→ Amerika
Kampf	→ Krieg
Kanada	→ Amerika
Kant, Immanuel	→ Moral
Kapital	
Kapitalismus	→ Ausbeutung → Geld → Gerechtigkeit → Kapital → Kommunismus
Kategorischer Imperativ	→ Humanismus
Kautsky, Louise	→ Ehe → Frau → Österreich
Kinderarbeit	
Kinkel, Gottfried	→ Krisensehnsucht → Partei
Kirche	→ Religion
Klassen	
Klassengesellschaft	→ Entfremdung → Klassen
Klassenkampf	→ Histomat → Klassen → Partei
Kleinbürger	→ Bourgeois
Koalition	→ Gewerkschaft
Königtum	→ Klasse
Kollektiv	→ Individuum
Kolonialismus	→ Amerika → Gewalt → Rasse → Tschechen
Kommune, Pariser	
Kommunismus	
Kompromiß	→ Diktatur des Proletariats
Kompromißbereitschaft	→ Demokratie
Konkurrenz	→ Kommunismus → Planwirtschaft
Krieg	
Krisensehnsucht	
Kritik	→ Gewalt → Religion
Kritiksucht	→ Krisensehnsucht → Menschenbild → Vernichtungsdrang → Weltanschauung
Kultur	→ Geld
Lafargue	→ Proudhon → Rasse
Landwirtschaft	→ Eigentum
Lassalle	

Stichwortverzeichnis / Lexikonteil

Leben	→ Moral
Lebenssinn	→ Sinn des Lebens
Lehrer	→ Literaten
Leibeigene	→ Bourgeoisie
Leibeigenschaft	→ Gerechtigkeit
Lenin	→ Dogmatismus → Kommunismus
Liebe	
Liebknecht	
Literaten, Literatur	
Lohn, gerechter	→ Ausbeutung → Gerechtigkeit
	→ Verelendungstheorie
Lohnsklaverei	→ Gewerkschaft
Lüge	→ Religion → Wahrhaftigkeit
Lumpenproletariat	→ Ausbeutung → Diktatur des Proletriats
Macht	→ Geld → Gewalt → Gewerkschaften
	→ Recht → Staat → Verelendungstheorie
	→ Wissenschaft
Mandat, imperatives	
Marxismus	→ Ausbeutung → Diamat → Histomat
Marxist	→ Dogmatismus
Materialismus	→ Dialektischer Materialismus
	→ Histomat → Religion
Matriarchat	→ Frau
Mazzini	
Mehrarbeit	→ Kommunismus
Mehrwert	→ Ausbeutung
Mensch	→ Arbeit → Entfremdung
	→ Humanismus → Klassen
Menschenbild	
Menschenrechte	
Menschenwürde	→ Menschenbild → Menschenrechte
Menschheit	→ Dialektischer Materialismus → Klassen
	→ Menschenbild
Menschheitsgeschichte	→ Historischer Materialismus → Klasse
Menschlichkeit	→ Humanismus → Liebe
Metaphysik	→ Humanismus → Religion
Mexiko	→ Amerika
Milde	→ Liebe
Mission, historische	→ Diktatur des Proletariats → Proletariat
Mittelalter	→ Bourgeoisie → Historischer Materialismus

Stichwortverzeichnis / Lexikonteil

Monopol → Kommunismus
Montesquieu, Charles de → Recht
Moral
Morus, Thomas → Freiheit
Mutterrecht → Frau

Nachtarbeit → Kinderarbeit
Nächstenliebe → Liebe
Napoleon Bonaparte → Gewalt → Österreich → Rußland
Napoleon III. → Franzosen
Nation
Nationalbewußtsein → Nation
Nationalisierung → Eigentum
Nationalismus → Nation
Natur → Dialektischer Materialismus
Naturalismus → Humanismus
Naturrecht → Gerechtigkeit → Menschenrechte
Negation → Dialektischer Materialismus
　　→ Historischer Materialismus
Norwegen → Schweiz
Not → Krisensehnsucht → Verelendungstheorie
Notwendigkeit → Dialektischer Materialismus → Freiheit
　→ Historischer Materialismus
　　→ Humanismus

Objektivität → Dialektischer Materialismus
　→ Wahrhaftigkeit
Österreich
Opposition → Demokratie → Diktatur des Proletariats
　→ Presse
Owen, Robert → Arbeitsteilung

Panslawismus → Gewalt → Rasse → Rußland
　→ Tschechen
Papst → Juden
Paris → Frankreich
Pariser Kommune → Kommune, Pariser

Stichwortverzeichnis / Lexikonteil

Parlament, Parlamentarismus
Partei
Parteilichkeit → Philosophie
Pazifismus → Krieg
Personenkult → Wissenschaft
Philanthropie → Humanismus → Liebe
Philosophie
Planwirtschaft
Pluralismus → Diktatur des Proletariats → Freiheit
  → Menschenrechte → Presse
Polarisierung → Verelendungstheorie
Polen
Politik → Produktionsweise
Praxis → Wissenschaft
Presse
Pressefreiheit → Demokratie → Freiheit → Presse
Preußen
Privateigentum → Eigentum → Entfremdung
Produktion → Kommunismus
Produktionsfondsabgabe → Zins
Produktionsverhältnis → Produktionsweise
Progressivsteuer → Eigentum → Kommunismus
Proletariat, Proletarier
Prosperität → Krisensehnsucht
Proudhon(isten)

Qualität → Dialektischer Materialismus
Quantität → Dialektischer Materialismus

Rache
Rasse
Reaktion → Gewerkschaft → Krisensehnsucht
  → Österreich → Russen

Recht, Rechtsstaat
Rechtsphilosophie → Philosophie → Recht
Reich → Föderalismus
Religion
Republik → Demokratie → Revolution
Republikflucht → Zwangsarbeit

Stichwortverzeichnis / Lexikonteil

Revisionismus → Partei → Sozialdemokratische Partei Deutschlands
Revolution
Richter → Recht
Robinson → Kommunismus
Rousseau, Jean J. → Menschenbild
Rücksichtslosigkeit → Gewalt → Moral → Terror
Rumänien → Nation
Rußland, Russen

Saint-Simon, Claude-Henri de Rouvroy → Eigentum
Sanftmut → Liebe
Schleswig → Selbstbestimmungsrecht des Volkes
Schriftsteller → Literaten → Presse → Schweiz
Schule → Erziehung
Schulmeister → Literaten
Schweiz
Schweitzer, Johann Baptist von → Lassalle → Liebknecht → Partei
Sein, gesellschaftliches → Produktionsweise
Sekte → Partei
Selbstbestimmungsrecht des Volkes
Selbstbewußtsein → Philosophie → Religion
Selbstentfremdung → Entfremdung
Sentimentalität → Humanismus
Shaker → Amerika
Sinn des Lebens
Sittlichkeit → Moral
Sklavenhaltergesellschaft → Historischer Materialismus
Sklaverei → Amerika → Arbeitsteilung → Bourgeoisie → Emanzipation → England → Familie → Frau → Gerechtigkeit
Slaven → Gewalt → Rasse → Rußland → Tschechen
Sozialdemokratische Partei Deutschlands
Sozialismus
Spiritualismus → Humanismus
Staat
Staatssozialismus → Kapital
Stadt → Arbeitsteilung
Steuer → Kommunismus

Stichwortverzeichnis / Lexikonteil

Stirner, Max	→ Egoismus → Familie
Streik	→ Gewerkschaften
Studenten	→ Literaten
Sünde	→ Historischer Materialismus → Liebe
Tauschwert	→ Ausbeutung
Tausendjähriges Reich	→ Kommunismus
Terror	
Theologie	→ Humanismus → Religion
Theorie	→ Dogmatismus → Frankreich
	→ Gewalt → Partei → Wissenschaft
Trier	→ Menschenbild
Tiroler	→ Bayern
Tod	→ Familie
Toleranz	→ Demokratie → Diktaur des Proletariats
	→ Dogmatismus → Gewalt
	→ Krisensehnsucht → Liebe
	→ Moral → Partei → Terror
	→ Vernichtungsdrang
Trade Union	→ Gewerkschaften
Transportwesen	→ Kommunismus
Tschechen	
Türkei	→ Rasse
Tugend	→ Liebe
Tyrann	→ Internationale Arbeiter-Assoziation → Juden
Überbau	→ Histomat
Überfluß	→ Not
Unfehlbarkeit	→ Dogmatismus
Unglück	→ Krisensehnsucht
Unterdrücker	→ Juden
Unternehmer	
Unterricht	→ Erziehung
Urgesellschaft	→ Historischer Materialismus
USA	→ Amerika
Utopie	→ Freiheit → Geld
Vaterland	→ Deutschland → Nation
Verachtung	→ Liebe → Menschenbild

Stichwortverzeichnis / Lexikonteil

Verbrechen → Kommunismus → Terror
Vereinsfreiheit → Demokratie → Freiheit
Verelendungstheorie
Verfügungsgewalt → Eigentum
Vernichtungsdrang
Vernunft → Menschenrechte
Versammlungsfreiheit → Demokratie → Freiheit
Verstaatlichung → Planwirtschaft → Staat
Völkermord → Selbstbesimmungsrecht des Volkes
Volk → Selbstbestimmungsrecht des Volkes
Volksmassen → Partei
Vollmar, Georg → Bayern
Vorhersagen → Arbeiterbewegung → Preußen

Wagner, Richard → Bayern
Wahl → Demokratie → Diktatur des Proletariats
Wahlrecht → Demokratie
Wahrhaftigkeit
Wahrheit → Wahrhaftigkeit → Wissenschaft
Ware → Ausbeutung
Weibergemeinschaft → Ehe → Frau
Welt → Dialektischer Materialismus
Weltanschauung
Weltkrieg → Krieg → Selbstbestimmungsrecht des Volkes
Werkzeug → Histomat
Wertgesetz → Ausbeutung → Emanzipation
Wesen → Humanismus
Widerspruch → Geld → Dialektischer Materialismus
Willensfreiheit → Freiheit
Wirklichkeit → Wissenschaft
Wissenschaft(ler)
Wissenschaftlicher Sozialismus → Partei → Sozialismus
Wohlstand → Krisensehnsucht

Zar → Nation → Rußland
Zentralisation → Frankreich → Krieg → Schweiz
Zentralismus → Föderalismus
Zentrum → Demokratie → Partei
Ziel → Historischer Materialismus
Zins

Stichwortverzeichnis / Lexikonteil

Zivilisation → Amerika → Geld → Krieg
 → Österreich → Planwirtschaft
 → Selbstbestimmungsrecht des Volkes

Zufall → Historischer Materialismus
 → Produktionsweise

Zwangsarbeit

Anhang

Karl Marx – Friedrich Engels Werke

Berlin (Ost) 1956 – 1983
enthält Aufzeichnungen der Jahre:

Band		Band	
1	1839 – 1844	19	März 1875 – Mai 1883
2	1844 – 1846	20	Anti-Dühring, Dialektik der Natur
3	1845 – 1846	21	Mai 1883 – Dezember 1889
4	Mai 1846 – März 1848	22	Januar 1890 – August 1895
5	März 1848 – November 1848	23	Das Kapital – Erster Band
6	November 1848 – Juli 1849	24	Das Kapital – Zweiter Band
7	August 1849 – Juni 1851	25	Das Kapital – Dritter Band
8	August 1851 – März 1853	26,1	Theorien über den Mehrwert (Vierter Band des „Kapitals")
9	März 1853 – Dezember 1853	26,2	Theorien über den Mehrwert (Vierter Band des „Kapitals")
10	Januar 1854 – Januar 1855	26,3	Theorien über den Mehrwert (Vierter Band des „Kapitals")
11	Januar 1855 – April 1856	27	Briefe Februar 1842 – Dezember 1851 Briefwechsel zwischen Marx und Engels (S. 1 – 392) Briefe an dritte Personen (S. 393 – 614)
12	April 1856 – Januar 1859		
13	Januar 1859 – Februar 1860		
14	Juli 1857 – November 1860		
15	Januar 1860 – September 1864		
16	September 1864 – Juli 1870	28	Briefe Januar 1852 – Dezember 1855 Briefwechsel zwischen Marx und Engels (S. 1 – 467) Briefe an dritte Personen (S. 469 – 656)
17	Juli 1870 – Februar 1872		
18	März 1872 – Mai 1875		

Anhang

Band

29 Briefe
Januar 1856 – Dezember 1859
Briefwechsel zwischen Marx und Engels (S. 1 – 528)
Briefe an dritte Personen
April 1859 – Dezember 1859 (S. 529 ff.)

30 Briefe
Januar 1860 – September 1864
Briefwechsel zwischen Marx und Engels (S. 1 – 434)
Briefe an dritte Personen (S. 435 ff.)

31 Briefe
Oktober 1864 – Dezember 1867
Briefwechsel zwischen Marx und Engels (S. 1 – 414)
Briefe an dritte Personen (S. 415 ff.)

32 Briefe
Januar 1868 – Mitte Juli 1870
Briefwechsel zwischen Marx und Engels (S. 1 – 527)
Briefe an dritte Personen (S. 529 ff.)

33 Briefe
Juli 1870 – Dezember 1874
Briefwechsel zwischen Marx und Engels (S. 1 – 120)
Briefe an dritte Personen (S. 121 – 705)

34 Briefe
Januar 1875 – Dezember 1880
Briefwechsel zwischen Marx und Engels (S. 1 – 113)
Briefe an dritte Personen (S. 115 – 535)

Band

35 Briefe
Januar 1881 – März 1883
Briefwechsel zwischen Marx und Engels (S. 1 – 141)
Briefe an dritte Personen (S. 143 – 466)

36 Briefe (Engels)
April 1883 – Dezember 1887

37 Briefe (Engels)
Januar 1888 – Dezember 1890

38 Briefe (Engels)
Januar 1891 – Dezember 1892

39 Briefe (Engels)
Januar 1893 – Juli 1895

40 Ergänzungsband 1
Schriften bis 1844 – Karl Marx

41 Ergänzungsband 2
Schriften bis 1844 – Friedrich Engels

42 Ökonomische Manuskripte
1857/1858